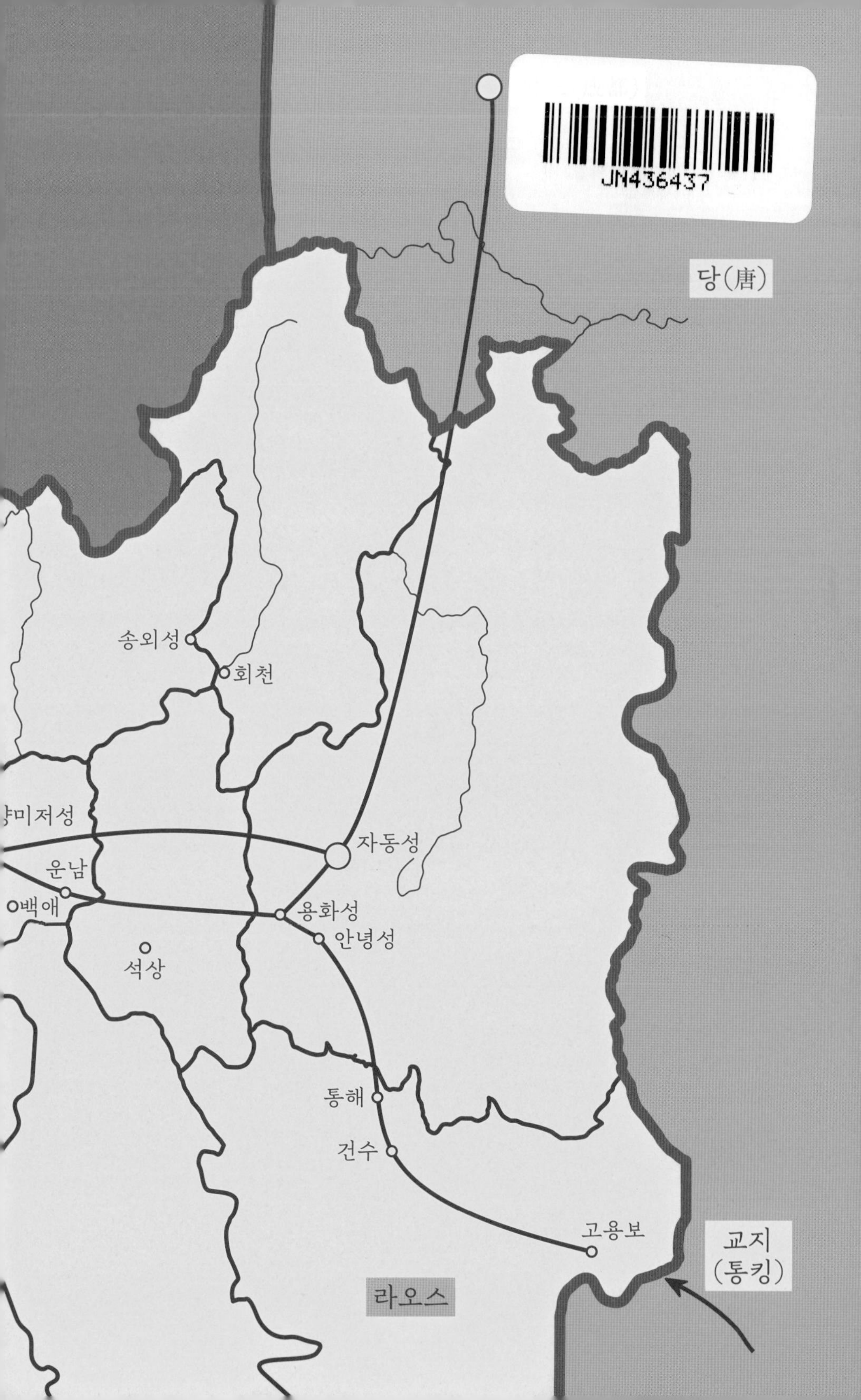

JN436437
당(唐)
송외성
회천
미저성
자동성
운남
백애
용화성
안녕성
석상
통해
건수
고용보
교지
(통킹)
라오스

폴 펠리오(Paul pelliot) 지음
박세욱 역주

8세기 말

중국에서 인도로 가는 두 갈래 여정

영남대학교출판부

8세기 말 중국에서 인도로 가는 두 갈래 여정

초판발행 2020년 12월 31일
지은이 폴 펠리오, Paul pelliot
역주 박세욱
디자인 구민호
펴낸이 서길수
펴낸곳 영남대학교출판부
출판등록 1975년 9월 5일 경산 제16-1호
주소 경북 경산시 대학로 280
전화 053-810-1801~3
팩스 053-810-4722
홈페이지 book.yu.ac.kr
ISBN 978-89-7581-829-5 93910

폴 펠리오(Paul Pelliot) 지음
박세욱 역주

8세기 말

중국에서 인도로 가는 두 갈래 여정

영남대학교출판부

저자 소개

○ 저자 폴 펠리오(Paul Pelliot, 1878~1945)는 프랑스 동양학자이자 언어학자이다. 에두아르 샤반느(Édouard Chavannes)의 소개로 저명한 동양학자 실뱅 레비(Sylvain Lévi)의 제자가 된다. 어학 능력이 뛰어나 중국어, 만주어, 몽골어, 티베트어, 아랍어, 페르시아어, 튀르크어 등 13개 언어를 구사했다. 극동프랑스학교(École Française d'Extrême-Orient)의 유급연구생이 되어 1900년 하노이로 갔고, 곧바로 중국 도서를 확보하기 위해 북경으로 여행했다. 마침 의화단 사건이 발발하여 프랑스 대표부를 방어하는 군사작전에 참여했는데, 그 공로로 레지옹 도뇌르 훈장을 받았다. 이후 겨우 23세의 나이로 극동프랑스학교 중국 문학 교수가 되었다. 1906년 6월 중앙아시아 탐사대를 이끌고 카슈갈에 도착하여, 툼슈크, 쿠차, 투루판, 둔황 막고굴을 탐사했다. 둔황 장경동에서 일일이 확인하며 선별한 6000여 필사본을 얻어냈다. 이러한 펠리오의 행운과 탁월한 혜안은 프랑스를 유럽 중국학의 중심으로 이끌었고, 20세기 동서양의 중국학계를 둔황학으로 향하게 했다. 1909년 프랑스로 돌아온 1911년부터 그는 콜레주 드 프랑스(Collège de France)에서 중앙아시아, 역사, 문화, 언어의 교수로 활동했고 1920년부터는 유럽 중국학의 산실인 『통보(T'oung Pao)』를 앙리 꼬르디에(Henri Cordier)와 함께 편집했으며, 이듬해에는 금석문 및 문학 아카데미(Académie des Inscriptions et Belles-Lettres)의 임원으로 선출되었고 1930년부터는 파리 엔느리(Ennery) 박물관장을 역임했다.

○ 옮긴이 박세욱은 프랑스 E.P.H.E. IV(파리 소르본)에서 둔황 문학과 예술로 박사학위(2001)를 받고, 귀국하여 동서양 문화교류를 중심으로 연구하고 소개하는 일에 전념하는 독서인이다. 역서로는 『돈황 이야기』(공역), 『실크로드』, 『중국의 시와 그림 그리고 정치』(공역), 『안득장자언』, 『바다의 왕국들: 제번지 역주』 등이 있다.

역자 서문

펠리오가 극동프랑스학교(École française d'Extrême-Orient)의 전신인 인도차이나 고고학 대표단(Mission archéologique de l'Indochin)의 유급 연구생으로 선발되어 하노이 극동프랑스학교에 도착한 것은 불과 21세(1899년) 때였다. 이듬해 22세(1900년) 2월에 도서 수집을 위해 북경으로 갔고, 그해 여름 의화단 사건이 발발하여, 다르시 대위의 소환을 받아 북경 프랑스 대표부를 성공적으로 방어한 공으로 레지옹 도뇌르 훈장을 받았다. 그해 말, 다시 하노이로 돌아왔고, 1901년에는 불과 23세의 나이로 극동프랑스학교의 교수가 되었다. 이후 1905년 알제리에서 국제 동양학자 학술대회에 극동프랑스학교의 대표로 참석한 뒤에 파리로 돌아왔다. 곧바로 정부가 지원하는 동투르키스탄 탐사를 맡아 1906년(28세) 6월 파리를 출발했다. 카슈갈, 툼슈크, 쿠차, 투루판, 둔황(1908년)에 이르는 탐사를 수행하고 1909년 10월 파리로 돌아왔다. 귀국한 펠리오는 자신이 가져온 자료들을 중심으로 연구하며, 유럽의 중국학계를 이끌어 둔황학을 학문적 반열에 올려놓았다. 그러므로 우리는 펠리오의 학문적 삶을 1909년을 기준으로 전후기로 나누어 볼 수 있다.

전기 펠리오의 학술활동 중에서 우리의 관심을 사로잡은 것은 단연 둔황석굴에서의 자료 발굴이다. 그것은 발굴과 소개 단계로써 심오한 연구의 성과라고는 볼 수 없다. 따라서 전기의 대표 연구성과는 여기에서 번역하여 소개하는 『8세기 말 중국에서 인도로 가는 두 갈래 여정(Deux itinéraires de Chine en Inde à la fin du VIIIe siècle)』이다. 이 연구는 펠리오가 석학의 반열에 올랐음을 입증하는 일종의 '박사학위 논문'이라고 부를 만하다. 그럼에도 이 연구물은 단 한 번도 단행본으로 출간되지 않았다. 확실히 이 성과는 둔황석굴의 찬란함 때문에 가려진 것이 틀림없다.

이 논문을 처음으로 소개하는 데 관심을 가졌던 학자는 바로 펠리오의 지도아래 수학했던 풍승균(馮承鈞, 1887~1948)이다. 풍승균은 1955년(중화서국)에 최초로 『교광인도양도고(交广印度两道考)』라는 서명으로 펠리오의 논문을 번역해 냈다. 하지만 이 번역물은 무슨 이유인지는 모르지만, 전체의 3분의 1정도만 번역했고 빼먹은 부분이 많다. 또한 펠리오의 연구는 본문과 주석이 각각 전체의 절반씩 차지하며, 주석과 부록을 합치면 전체 본문 내용을 웃도는 분량이다. 그럼에도 풍승균은 이 주석과 부록을 번역하지 않았다. 게다가 더 당혹스러운 것은 과연 이 역자가 원문을 제대로 이해하고 있는지에 대해 의문이 드는 곳도 더러 있었다는 점이다. 그래서 역자는 이 연구를 처음부터 끝까지 완역하고 필요에 따라서는 역자주를 추가하여 소개하고자 한다. 그러므로 이 역주서는 명실상부한 '세계 최초의 완역서'인 셈이다. 그렇다면 그럴만한 가치가 있는 연구일까?

서쪽은 동쪽의 끝으로, 동쪽은 서쪽의 끝으로! 두 대륙은 서로의 반대편을 끊임없이 탐구해왔다. 사마천과 반고의 역사기록에는 이러한 '서역'으로의 여행을 많이 기록하고 있다. 미지 세계의 탐구는 한나라 이후에도 쉼 없이 중국의 사서들 속에 언급되었다. 불교가 동쪽으로 향하면서 이러한 기록들은 역사서의 범위를 넘어섰다. 천축(天竺)으로 향하는 구법의 발길들이 이어졌고, 그들의 기록들은 오늘날까지 남아 있다. 4~5세기에 법현(法顯)의 일행이 있었고, 7세기에는 현장(玄奘)과 의정(義淨)의 기록이 있으며, 8세기에는 펠리오가 둔황 서실에서 찾아낸 혜초(慧超)가 있었던 것을 우리는 익히 알고 있다. 주지하는 바와 같이 이들은 모두 천산산맥 남쪽 기슭이나 곤륜산맥 북쪽 기슭을 따라 타클라마칸을 지나 인도로 향하는 발걸음들이었다. 물론 바다를 통해 돌아오는 구법승들도 있었지만, 바다로 돌아오는 여정은 육로의 여정에 비하면 무척 소략하다. 지도를 놓고 보면 중국의 위치에서 볼 때, 상당히 돌아가는 길임이 분명하다. 다시 말하자면 이들이 모두 서북쪽 길을 택했다는 것은 그 만큼 그 여정에 대한 정보가 많았다는 것을 시사하고, 그것은 바로 중국 사서들의 서역기술에서 고스란히 입증된다. 거꾸로 생각해보면, 중국의 서남쪽으로 가는 길에 대한 정보가 그만큼 부족했다는 것을 의미한다. 따라서 사서와 이들의 구법 여행기를 통한 연구들 또한 서북쪽 길을 따라가는 것들이었다.

펠리오는 중국에서 인도로 가는 다른 길에 관한 기록을 찾아냈다. 서남쪽 육로를 통해 인도로 가는 가탐(賈耽, 730~805)의 짧은 여정을 사서에서 찾아내고 그 여정을 따라가며 역사와 문화를 고증해 냈으며, 왜 이 길이 선호되지 않았는지를 규명했다. 또 다른 길이었던, 바다를 통해 인도로 가는 여정도 찾아냈다. 이 바닷길에대한 연구 역시 20세기 초 최초의 학문적 접근이었다. 이 두 갈래 길에 대한 펠리오의 연구는 매우 독보적이고 철저했다. 특히 바닷길에 대한 펠리오의 이 연구는 중국 남해를 통해 '서역'으로 향한 걸음들을 기록한 13세기 이후의 저술에 대한 연구와 역주에 기초가 되었다. 그뿐만 아니라, 펠리오가 이전 서양학자들의 기술을 철저히 분석하며 그 오류를 바로 잡았다는 것은 후기 펠리오의 연구가 나아가는 길을 예고해 주는 것이었다.

펠리오의 이 논문은 안타깝게도 목차를 구성하고 있지 않다. 자세히 처음부터 읽지 않으면 쉽게 연구의 흐름을 따라가기 어렵다. 다만, 본문은 자신이 직접 나눴으며, 4개의 장으로 구분했다.

첫 번째는 중국의 서남쪽 방향으로, 가탐이 제시한 길을 따라가며, 육로를 통해 인도로 가는 여정을 기술했다. 교지(交趾)와 광주를 지리적으로 설명한 다음, 소수민족인 료(獠)와 찬(爨)에 관한 기록을 검토했다. 이어서 보두(步頭)의 위치를 확인하고, 통킹을 통해 미얀마로 가는 길을 다루었다. 이들과 연관하여 '중국'이란 명칭에 대해 살펴본 다음 건창(建昌)으로 가는 길을 추적했다. 다시 운남의 명칭과 인문 지리적 상황을 파악하고, 남조(南詔) 왕들의 이름을 통해 지역의 주류 문화를 읽어냈으며, 여수(麗水)와 표국(驃國)을 역사적 기술에 따라 확인해 냈다. 이 운남 지역에서 미얀마로 가는 길을 따라가면 결국 앞서 언급한 루트들과 만나는 종점에서 인도에 이르는 길을 추적했다. 이와는 또 다른 길로, 환주(驩州)에서 환왕(環王)으로 가는 노선을 따라가며, 임읍(林邑)이라는 나라와 그 도읍을 탐색했으고 이어서 점성(占城)을 기술했다. 마지막으로 환주에서 진랍으로 가는 갈림길을 설명했다.

두 번째는 바다를 통해 인도로 가는 길을 서술하고 있는데, 역시 가탐의 여정을 기초로 하고 있으며, 서술 방식은 첫 장과 비슷하다. 먼저 광주에서 말라카 해협으로 가는 길을 개괄하고, 한역된 남해의 나라들에 대하여 다루고 있다. 특히 논란이 되었던 나라나 항구도시에 관한 동서양의 선행 연구들을 검토하며 자신의 견해를 기술하였다. 순서대로, 곤륜국(崑崙國), 나월(羅越), 단미류(丹眉流), 섬(暹), 나혹(羅斛), 가릉(訶陵), 엽조(葉調), 제박(諸薄), 가라단(訶羅單), 두박(杜薄), 염마나(閻摩那), 바리(婆利), 단단(丹丹), 가릉(訶陵), 승기(僧祇), 다마장(多摩萇), 천지불(千支弗), 사바(闍婆), 그리고 사바와 연관하여 대식(大食), 미려(尾閭), 여인국(女人國), 발니(勃泥), 시력정(柴歷亭) 등을 역사적으로 검토하면서 문화적 관점에서의 사바를 기술했고, 사바를 둘러싼 혼용된 명칭들을 규명하려 했다. 이어서 불서(佛逝), 말라유(末羅遊)와 슈리보자, 삼불제(三佛齊)와 수마트라, 갈갈승지국(葛葛僧祗國)에서 사자국(師子國)까지의 여정을 추적했다. 마지막으로 실론, 몰래국(沒來國), 천지불(千支弗)에 이어서 가탐이 기록한 종점에 대해 다루었다. 내용적 측면에서만 본다면 1장보다는 2장이 더 많은 지면을 차지한다.

3장과 4장은 앞서 다룬 두 갈래 길의 여정을 일목요연하게종합적으로 정리하고 있다. 3장은 가탐이 기술한 육로로 가는 길이고, 4장은 가탐이 기록한 바다로 가는 길이다.

펠리오는 이상과 같은 자료들로 논문을 끝내지 않고, 가탐의 여정을 기록하고 있는 자료와는 별개의 자료를 모아 번역하여 첨부함으로써 자신의 서술을 인정받고자 했다. 이 별첨 자료들은 「안남부성(安南府城)에서 양저미(羊苴咩, 대리)까지의 여정」, 「자동(柘東, Yunnansen)에서 양저미(陽苴咩)까지의 여정」, 「안녕(安寧, 연난센의 서쪽)에서 통킹과 라오스로 가는 여정」을 다루었다. 이어서 인도불교 자료에서 언급된 길을 찾아내 「인도불교에서 말하는 아리야바르타(Āryāvarta)의 동쪽 경계로서의 푼드라바르다나(Puṇḍravardhana)」라는 단락에 할애했고, 8세기 중반까지 중국인들이 언급한 베트남의 24명의 왕을 목록으로 만들어 제시하면서 연구가 완결성을 갖도록했다.

펠리오가 별첨자료의 마지막으로 구성한 것은 이 연구 논문의 대미를 장식하고 있다. 당시 펠리오는 프랑스 식민지 장교로서 참과 크메르어 비문으로 이름이 높았던 에티엔느 아이모니에(Étienne François Aymonier, 1844~1929)와 부남(扶南)을 둘러싸고 논쟁을 하였다. 펠리오는 이를 염두에 두고, 아이모니에의 선행 연구를 검토하며 오류를 찾아내 조목 조목 반박하며 자기 주장의 타당성을 밝혔다. 펠리오가 이러한 비평 문건을 수록한 것은 당시에 현지답사와 중국 자료에 대한 철저한 검토 없이 이루어진 유럽의 선행 연구들에 대한 경종으로 읽어도 된다.

펠리오가 둔황의 문서들을 발굴하여 파리로 돌아갔을 때, 불행히도 그 유물들의 중요성은 크게 받아들여지지 않았다. 그렇지만 이후 펠리오의 학술적 활동은 둔황자료들과 중국에서 가져온 유물들을 연구하는 데 집중하였다. 그의 연구 분야는 둔황의 자료만큼이나 너무나 다양했고, 또 『통보』를 편집하면서 유럽의 중국학을 학문적 반열에 올려놓기 위해서는 검토하고 수정해야 할 선행 연구들이 너무 많았다. 혹자는 펠리오가 한 분야에서 종합적인 이론을 내세운 것이 없다고 과소평가하곤 한다. 하지만 한마디로 그가 없었다면 둔황의 문서자료는 무지한 유럽인들에게 휴지조각이 되었을 가능성이 크다. 중국인들조차도 가치를 모르고 해외로 반출시킨 것이 이를 증명해 준다. 펠리오는 실증사학의 진면목을 우리에게 보여주고 있다. 중국 자료

중심으로부터, 소위 '대아지당'의 학문적 틀에서 벗어나, 중국문화의 아류가 아닌 하나의 독립된 문화적 정체성을 모색하는 우리에게 펠리오의 연구 소개는 다른 동아시아에 비해 많이 늦었다.

명성과는 달리 폴 펠리오의 연구 작업들은 국내에 단 한 편도 소개되지 않았다. 이는 펠리오가 교수 생활을 하면서 단 한 번도 일반인을 위한 강좌를 하지 않았다는 점과 같은 맥락이다. 또한 이 논문에서는 서구의 주목할 만한 동양학자들이 많이 언급된다. 이들에 관한 약력을 역자주로 넣고 싶었지만, 원저자의 주석이 너무 많아 구성하지 못했다. 이리 돌고 저리 돌아 이 논문을 역주하고 나니, 위의 두 가지 단점이 크게 부각되었다. 그래서 역자는 펠리오를 일반 독자들에게 소개하고, 아시아 연구에 낯선 서구 학자들의 활동도 개술할 수 있는 일종의 '입문서' 집필의 필요성을 느꼈다. 그 책은 『파리에서 둔황까지』라는 제목으로 출간할 예정이다. 이 책과 함께 읽어 준다면 여기에서의 약점이 보완될 것으로 생각한다. 또한 이 역주서와 함께 읽으면 좋은 책으로 『바다의 왕국들: 제번지 역주』를 추천한다.

인문학적 가치와 학문적 열정이 없이 이러한 책을 출간해 줄 곳은 없다. 이 책의 출간을 심사하고 선정해 준 영남대학교 출판부에 진심 어린 감사의 뜻을 전한다. 또한 나의 옆자리에서 돌발 질문에도 너그러이 웃으며, 독일어 원문을 꼼꼼히 읽어준 배정호 박사님에게도 꾸벅 인사를 드린다.

마지막으로 소위 '돈도 안 되는' 그야말로, 자기만 좋아하는 일을 응원하고 기다려준 아내에게 이 책을 헌정한다.

2020년 12월 3일 역자 씀.

차례

II. 바다로 가는 길

일러두기

○ 본 역서는 폴 펠리오(Pauln Pellliot, 1878~1945)가 하노이에 있는 극동프랑스학교(l'École française d'Extrême-Orient) 교수로 역임할 때, 『극동 프랑스학교학보(Bulletin de l'École française d'Extrême-Orient)』, 1904년(4호), 131~413쪽에 발표한 논문을 번역하고 약간의 추가 참고사항을 붙인것이다.

○ 고유명사에 대한 한글 표기는 국내에서 일반적으로 알려진 발음을 따랐고, 주로 국립국어원의 외래어표기법에 근거하되, 역자가 아는 범위에서, 해당 언어의 발음에 따라 약간 조정하였다.
모르는 경우는 영어식 발음으로 표기하였다.

○ 논문 끝에 첨부되어 있는 "보유와 정오표(Addenda & Errata)"를 해당 페이지로 옮겨 나누어 넣고, "보유"라고 표기했다.

○ III장과 IV장을 제외한 모든 장절의 제목은 이해를 위해 역자가 내용에 따라 추가했다.

○ 역자 주는 '밑줄'로 표기했다.

○ 인용 빈도가 높은 자료들은 다음과 같이 약칭했다.

- 『통보』: T'oung Pao
- 『JA』:Journal Asiatique.
- 『BEFEO』:Bulletin de l'École française d'Extrême-Orient.
- 『JRAS』: Journal of the Royal Asiatic Society.
- 『JASB』: Journal of the Asiatic Society of Bengal.
- 『AQR』: The Asiatic Quarterly Review.
- 『JChBrRAS』: Journal of the North China Branch of the Royal Asiatic Society.
- 『JStBRAS』: Journal of the Straits Branch of the Royal Asiatic Society.
- 『의정대당서역구법고승전』: Édouard Chavannes, 『Mémoire composé à l'époque de la grande dynastie T'ang sur les religieux éminents qui allèrent chercher la loi dans les pays d'occident par I-Tsing』, Paris, Ernest Leroux, 1894.

- 『의정남해기귀내법전』: J. Takakusu, 『A record of the Buddhist religion as practised in India and the Malay archipelago(A.D. 671-695)』 Oxford: Clarendon Press, 1896.
- 『미얀마의 역사』: Sir Arthur Purves Phayre(1812~1885), History of Burma: including Burma proper, Pegu, Taungu, Tenasserim, and Arakan, London: Trübner & Co, 1884.
- 「말레이 군도와 말라카에 관한 주석」: W. P. Groeneveldt, 「Notes on the Malay Archipelago and Malacca」, in 『Miscellaneous papers relating to Indo-China and the Indian archipelago』, Second series, London: Trübner & Co., 1887.
- 『캄보디아』: Étienne François Aymonier, 『Le Cambodge』, I(Le Royaume actuel), Paris: Ernest Leroux, 1900; II(Les provinces siamoises), Paris: Ernest Leroux, 1901; III(Le groupe d'Angkor et l'histoire), Paris: Ernest Leroux, 1904.
- 『월사통감강목』: Khâm định Việt sử Thông giám cương mục 欽定越史通鑑綱目.
- 『대월사기전서』: 『Đại Việt sử ký toàn thư』 大越史記全書.

I. 육로로 가는 길

1. 들어가며

중국에서 지리학은 당나라 시기(618~906)에 크게 발전했다. 안타깝게도 그러한 주요 자료들은 오늘날 전해지지 않았다. 이 시기에 편집된 가장 오래된 일반 지리서로서, 642년 간행된 『괄지지(括地志)』는 우리에게 부분적으로 전해지고 있다.[1] 가탐(賈耽, 730~805)[2]의 책인, 『십도지(十道志)』는 10세기 말 『태평환우기(太平寰宇記)』[3]에 인용된 것 이외에는 전혀 알려지지 않았다. 또 다른 『십도지』 또는 『십도도(十道圖)』는 이림보(李林甫)가 9세기 초에 간행한 것으로 『신당서』는 이 서명을 보여주고 있지만, 한 글귀라도 알아보기 위해서는 금석문자학자들에게 도움을 청해야 할 것이다.[4] 다만 이림보가 편집한 두 번째 지리서는 『원화군현도지(元和郡縣圖志)』 40권으

---

1) 샤반느(Chavannes), 「용문의 협로(Le défilé de Long-men)」, 『JA』(7-8월호 1902), 144쪽. 『괄지지(括地志)』의 남아있는 부분은 손성연(孫星衍)에 의해 집록되었고, 『대남각총서(岱南閣叢書)』로 1797년 간행되었다.

2) 가탐(賈耽)에 관하여 샤반느, 「가장 오래된 중국의 두 지도(Les deux plus aciens spécimens de la cartographie chinoise)」, 『BEFEO』, III, 244쪽을 참고하시오. 가탐의 이 책은 『신당서』 권176에 『정원십도록(貞元十道錄)』이라는 서명으로 인용되었다. 『태평환우기』에는 『십도술(十道述)』이라는 제목으로 되어있다. 당대(唐代)에 중국은 10개 지역으로 나누고 도(道)라 불렀다.

3) 악사(樂士)의 『태평환우기』는 976~983년에 간행되었다. 이 책에 관해서는 알렉산더 웨일리(Wylie)의 『중국 문헌에 관한 주석(Notes on Chinese liter-ature)』, 35쪽과 『BEFEO』, II, 338~339쪽을 참고하시오. 폴 펠리오, 「중국 문헌에 관한 주석(Notes de bibliographie chinoise)」, 『BEFEO』(1902), 315~340쪽.

4) 『BEFEO』, III, 717과 『손연여문집(孫淵如文集)』에서 『대남각문집(岱南閣文集)』, 권 2, 11쪽을 참고하시오. 폴 펠리오가 작성한 중국 참고 문헌 해제를 말한다.

로 806~820년의 것으로 추정되는데, 시간의 유린에서 벗어났다. 그마저도 수 세기를 거치면서 10여 권과 모든 지도를 잃었다.[5] 정원(貞元, 785~805)[6]연간에 가탐이 편찬한 것은 분량은 비록 짧지만, 아시아 전역에 걸친 역사 지리에 대한 매우 흥미로운 지리기록이다. 다행히도 『신당서』[7]에 비록 생략된 형태이긴 하지만 보존되어있다.

이 책은 중국에서 신라, 중앙아시아, 인도 그리고 바그다드까지 나아가는 일련의 여행기로 구성되어 있다. 518~522년[8] 송운(宋雲)의 여행기록을 번역하면서, 샤반느(Chavannes) 씨는 호탄(Khotan)에 이르는 여정을 인용했다. 그는 카라샤르(Karasahr)에서 쿠차(Kuqa)와 쿠차에서 아울리예아타(Auliye-Ata)까지의 여정을 『서돌궐에 관한 자료(Documents sur les Tou-kiue occidenteaux)』(7~10쪽)에 넣어 출간했다. 이제 나는 통킹[9]에서 운남을 거쳐 인도로 가는 여정과 광주에서 남해를 따라 인도로 가는 여정을 연구하고자 한다. 여기에 가탐의 책을 어느 정도 보충해 줄 『만서(蠻書)』[10]와 『신당서』를 덧붙인다.

---

5) 『BEFEO』, III, 717~718쪽을 참고하시오.

6) 마지막 해(805년)는 영정(永貞) 원년이기도 하다.

7) 권 43하, 13~16쪽.

8) 『BEFEO』, III, 390쪽, 주9를 참고하시오. 에두아르 샤반느의 「우드야나와 간다라의 송운 여행(Voyage de Song Yun dans l'Udyāna et le Gandhāra)」, 『BEFEO』(1903), 379~411쪽.

9) 통킹은 남월(南越) 왕조의 몰락 이후(기원전 111년~968년까지), 리(李, 544~ 602)왕조와 오(吳, 939~965)왕조를 제외하고 중국에 속했다.

10) 『만서』 10권은 번작(樊綽)의 저서로, 『신당서』(권222중, 2쪽)에는 통킹 자사인 채습(蔡襲)의 부관으로 언급되어있다. 862년 소요가 있었을 때, 자사가 죽자 번작은 그의 인장을 가지고 피난할 수 있었다. 함통(咸通) 연간(860~873) 초에 자신의 책을 간행했다(『사고전서총목』 권 66, 11쪽). 『만서』는 명나라 시기에 별도의 책으로는 존재하지 않다가, 이후 『영락대전』에

2. 교지와 광주

첫 여정은 통킹에서 시작한다. 결국, 통킹은 기나긴 세기 동안 중국과 불가분한 부분이었다. 진시황제시기, 즉 기원전 3세기에 처음으로 정복된 이래로 통킹과 안남 북쪽에는 한나라 시기 동안 교지(交阯, 하노이 지역), 구진(九眞, 단호아 주변?), 일남(日南, 꽝빈)[11]등 세 군(郡)이 설치되었다. 기원후 1세기 초에 중국과 남해의 나라들 사이에서 상업적, 정치적인 관계가 규칙적으로 이루어지면서, 교지 즉 통킹은 이러한 항해의 종점이었다. 166년 마르쿠스 아우렐리우스(Marcus Aurelius)의 사신들이 정박한 곳도 바로 교지였다.[12] 정확하게 말하자면 2세기 말에서 3세기 초 사이에 중국을 유린한 황건적

~ 수록되었다. 18세기 학자들이 많은 조목으로 분류된 긴 발췌문을 찾아 그 단편들을 원본의 권수에 맞춘다는 명목으로, 임의대로 10권으로 나눈 것이 바로 『영락대전』에 수록된 것이다. 『만서』는 1774년 무영전(武英殿)에서 활자로 간행되었다. 바로 이 판본을 내가 따르고 있다. 무영전에서 나온 총간(叢刊) 및 매우 귀중한 총서인 『운남비징지(雲南備徵志)』에서와 같은 좋은 영인본들이 있다. 고유명사들을 표기한 판본이 최근 『점서촌사총각(漸西村舍叢刻)』(『BEFEO』, III, 518쪽을 참고하시오)에 수록되었다. 『만서』는 전체적으로 역주할 만한 책이다.

11) 이러한 위치 추정은 전통에 따른 것이지만, 적어도 일남에 관해서는 정확히 어느 지역들이 그 관할에 있었는지를 판단하는 것은 상당히 어렵다. 해답은 이어지는 시대에 따라 달라질 것이다. 아래에 보이는 첫 번째 여행기의 마지막 부분을 참고하시오.

12) 파커(Parker) 씨는 메르귀(Mergui)에 있던 마르쿠스 아우렐리우스의 사신들이 이라와디(Irrawaddy), 안남의 옆에 있는 운남과 빈의 시쏭반나(Sip Song Panna)에 있는 시앙쿠앙(Xiangkhouang)과, 만달레이(Mandalay)로 가기 위해 테나세림(Tenasserim)에 정박했다는 기발한 생각을 했다(『차이나 리뷰』, XX, 339쪽). 하지만 원문과 상반되는 이 가설에 대해서는 지도를 일견하기 바란다.

(黃巾賊)의 난 동안, 통킹은 상대적으로 평온했다. 『안남지략(安南志略)』[13]은 안남으로 피난처를 찾아온 몇몇 중국인의 이름을 보여주고 있다. 삼국시대에 중국은 삼분되면서 통킹은 남경에 자리 잡은 오(吳)나라에 귀속되었다. 226년 지중해 동쪽 경계에서 온 진론(秦論)이라는 상인이 통킹에 도착했는데, 교지태수는 그를 오나라 조정으로 보냈다.[14] 조금 뒤에 교주자사 여대(呂岱)가 나라의 교화를 펴는 관리를 파견하자, 임읍(林邑), 부남(扶南)이 조공을 해왔다.[15] 『구당서』(권 41, 33쪽)에서 말하는 것처럼, 한나라 이래로 남해의 모든 왕국이 조공하러 왔는데, "반드시 교지의 길을 취했"[16]다.

항해하는 사람들은 조금씩 중국으로 가는 더 가까운 길을 택했기 때문에 광주는 결국 통킹을 능가했다. 특히 7세기에 구법승 의정(義淨)이 배를 탄 곳은 바로 광주였다. 이러한 전이에 다툼이 없었던 것은 아니었다. 광주는 실제로 중국 본토 안에 포함되었지만, 통킹

13) 『안남지략』, 1884년 일본에서 재간행된 판본, 권10, 1쪽. 번역본으로는 쌩송(Camille Sainson), 389~390쪽을 참고하시오. 『안남에게 관한 기록(Mémoires sur l'Annam)』, 북경, 나자리스트 출판사, 1896.

14) 히어트(Friedrich Hirth), 『중국과 동로마(China and the Roman Orient)』, 47~48쪽을 참고하시오.

15) 『안남지략』, 권7, 5쪽, 쌩송(Sainson)의 번역본, 330쪽과 『BEFEO』, III, 251, 303쪽을 참고하시오.

16) 광주로 가지 않았다고 말하는 것은 아니다. 광주를 향해 해협을 떠난 법현이 산동 해변의 위까지 폭풍에 밀려간 예는 사람들이 안남 해안을 따라가는 연안 항해를 오랫동안 선호했다는 사실을 설명해 준다. "양제(煬帝)는 교지(交趾)로 고치고 자사는 롱비엔[龍編]을 다스리고 교주도호는 여러 오랑캐를 제압했다. 그 해남의 여러 나라는 대저 교주 남쪽과 서남쪽에 있었는데, …… 한나라 무제 이래로 조공을 바쳤는데, 반드시 교지의 길을 경유했다(煬帝改為交趾, 刺史治龍編, 交州都護制諸蠻. 其海南諸國, 大抵在交州南及西南, ……. 自漢武已來朝貢, 必由交趾之道.)"

은 일종의 도호부를 구성했기 때문에 광주 사람들은 외국과의 교역에서 나오는 이익을 독점하려 했다. 792년 영남, 즉 양광(兩廣)의 지방관은 상소문을 올려[17] 외국의 배들이 얼마 전부터 안남(통킹)으로 가는 동향을 아뢰고, 지방행정을 담당할 관리로서 전담 특사를 요청하자, [황제는 그 대표를] 그러한 통상을 금지하기 위해 통킹에 파견했다. 황제는 이러한 요청이 타당하다고 생각했으나, 육지(陸贄)[18]는 다음과 같은 견해를 표했다.

"먼 나라에서 오는 상선들을 구하는 것은 이득이 될 뿐입니다. 그들을 잘 대접해 주어야 그들이 올 것입니다. 그들을 괴롭히면 그들은 떠날 것입니다. 광주는 오랫동안 외국 배들에게 약속의 장소였습니다. 이렇게 돌연히 바꿔 버리자 그들은 안남으로 갔습니다. 심한 부당징수에 희생된 것이라면 더는 (광주로) 그들을 끌어들일 것은 없습니다. 그러나 사람들은 이를 위해 조정에 호소하지 않으며 황제의 마음을 어지럽히려 하지 않습니다. 그렇지만 영남과 안남에서 황제의 땅이 아닌 곳이 없고 안팎의 신하들은 모두 황제의 신하입니다. 안남으로 가는 것을 막기 위해서는 영남의 신하들에게 믿음을 주셔야 하지 않겠습니까. 안의 신하들을 중시하시며 밖의 신하들은 가벼이 여기시는 것입니까? 이러한 점에 대하여 잘 헤아려 주시기 바랍니다."

결국, 이 계획은 실행되지 않았다. 반면에 이 사건은 광주의 역할이 법제에 의해서라기보다는 지리적 상황으로 부여된 것임을 증명해 주었다. 남해로 가는 가탐의 여정은 광주에서 시작되었다. 9세기 아랍의 상인들이 배에서 내린 곳이 바로 광주이다. 968년 안남이 독립함에 따라 통킹은 결정적으로 문제가 되지 않았다. 그래서 한때 자

---

17) 『자치통감보정(資治通鑑補正)』, 상해(1902), 권 234, 2쪽.
육지(陸贄)는 당나라 시기 잘 알려진 인물이다. 그는 754~805년까지 살았다.

18) 자일스의 『중국 인명사전(A Chinese Biographical Dictionary)』, no 1406과 『구당서』 권 139, 『신당서』 권 157을 참고하시오.

이툰(천주)의 번영으로 상쇄되었던 광주의 영화는 사실 19세기 말 유럽인들에 의해 손상되었을 뿐이다.

안남도호부는 679년 당나라 시대에 통킹에 설립되었다. 바로 안남이라는 명칭이 처음으로 나타나는 순간이다. 이 나라는 한나라 때 교지군(交趾郡)으로 설치되었다. 우리의 첫 번째 여행이 시작되는 시점이 8세기 말 안남도호부가 있었던 시기라고 어림잡아 결정했다. 866년 또는 867년 초에 통킹을 정복했던 남조(南詔)에 승리한 고병(高駢)은 대라성(大羅城)을 건설했다. 그러나 이 도성도 소력강(蘇歷江) 가에 있었던 이원가(李元嘉)에 의해 824년 건설된 나성(羅城)의 소재지에 있었다. 이원가는 풍수상의 이유로 이주했다고 하지만, 사실 808년 장주(張舟)가 건설한 대라성 때문이었던 것으로 보인다. 따라서 대라성은 791년 조창(趙昌)이 동일한 이름으로 세운 도성을 반영하여 767년 장백의(張伯儀)가 건설한 나성을 확장한 것이다. 그러므로 안남도호부는 8세기 말에 고병이 세운 도성에 이어서 같은 장소에 있었을 것이다. 그런데 고병의 도성 부지는 완전히 한정되어, 오늘날 하노이의 북서쪽 모퉁이, 즉 새 경마장 쪽에 있었으며, 옛 요새의 잔해로 북돋아진 땅이 아직 남아있다. 이렇게 북돋아진 땅을 따라 토릿(Tô Lịch) 강이 흐르고 그 강의 이름은 오늘날까지도 계속 사용된다. 그러므로 안남도호부의 거점을 하노이에 위치시킬 수 있다.[19]

어쨌든 이처럼 해결은 가능해 보이지만, 그 문제에 밝혀지지 않은 것이 있다는 것을 잊지 말아야 하는데, 바로 824년 이주의 필요성이다. 『신당서』(권 43, 8쪽)에서는 안남도호부의 거점이 송평(宋平, 똥삔)으로 옮겨졌다고 하였다. 그런데 『월사통감강목(越史通鑒

19) 『월사통감강목(越史通鑒綱目)』, 767, 791, 808, 824, 867년(1년이 잘못됨) 조목과 뒤무띠에(G. Dumoutier), 「호아뤼에 관한 역사적 고고학적 연구(Etude historique et archéologique sur Hoa-lư)」, 『역사와 기술 지리학 학보(Bulletin de géographie historique et descriptive)』, 1893, 38쪽을 참고하시오.

綱目)』(권 4, 32쪽)에서는 824년 이원가의 이주와 825년 이 이주 사이에 어떠한 관계도 설정하지 않아, 동일한 사건 같다. 그러므로 안남도호부의 소재지가 오늘날 대라성 유적에 해당하는 송평현의 소재지로 옮겨진 것은 824년 또는 825년이기 때문에, 이 도호부가 다른 현으로 설치된 것은 바로 그 이전으로, 결국 『신당서』(권 43, 33쪽)에 따라 교지현에 설치되었다고 결론지을 수 있다.

『구당서』(권 41, 33쪽)와 『신당서』(권 43상, 8쪽)의 목록에는 안남도호부의 주요 군현을 필두로 송평현(宋平縣)을 언급하고 있는데, 이는 당시 도호부 소재지가 남아있었던 824년 대라성이 행정적으로 송평현을 구성하고 있었다는 것을 의미한다. 때문에 『구당서』(권 41, 33쪽) 또한 도호부의 소재지를 교지현에 위치시키지 않고, 도호부의 소재지로부터 교지현 영내로 들어가려면 북동쪽으로 10리를 가야 한다고 하였다. 그러나 우리는 새로운 문제에 봉착한다. 정원 연간(785~805), 말하자면 824년 이전에, 도호부의 소재지는 여전히 교지현에 있었다. 도호부 소재지로부터 봉주(峯州)로 가기 위해서는 이 현을 가로질러야 한다는 것을 어떻게 설명할 수 있을까? 게다가 『구당서』에서 명시한 위치들은 믿을 수 없다.

동일한 텍스트는 이어서 주연현(朱鳶縣)이 도호부 소재지에서 동쪽으로 5백 리에서 시작하고 주연의 속현은 도호부 소재지로부터 549리에서 시작하는 것을 소개하고 있다. 안남 사람들이 주연을 북쪽으로 적어도 1백 리에 있는 쏭타이 성의 영상(永祥) 주에 위치시키고 있다고 사족을 달 수 있다(『월사통감강목』, 권2, 10쪽). 따라서 교지현의 소재지도 마찬가지로 다양했던 것 같다. 통킹에 있어 중국의 옛날 행정조직에 관한 체계적이고 자세한 연구가 있어야만 이러한 모순들을 해결할 수 있다. 우선은, 30~40km 오차 내에서 하노이를 가탐이 출발한 지점으로 생각하고자 한다.

당나라 시기 이전에 운남과 통킹을 연결하려는 중국인의 과감한 흔적을 찾지 못했다. 6세기 초에 역도원(酈道元)의 하천에 따른 대작인 『수경주(水經注)』는 이에 대해 침묵하고 있다. 그렇지만 기원 후부터 중국인들은 운남 북쪽과 서쪽을 행정적으로 어느 정도 조직화했다. 그러나 운남 남쪽, 귀주와 통킹 북쪽에는 비한족들이 사천과 홍강 남쪽 행정조직의 영향에서 벗어나 있었다. 통킹과 중원 사이의 관계는 통킹만 해안을 따라가는 바닷길을 통해서 아니면 광서(廣西)의 육로로 확보되었다. 638년 교주자사 이도언(李道彦)이 실제로 귀주 북방의 토착민들을 상대로 원정을 이끈 것[20)]은 광서를 통해 서안부(西安府)의 조정과 교류의 자유를 유지하기 위한 것이었다.

---

20) 마단림(馬端臨)의 『문헌통고(文獻通考)』(1859 목판본), 권 328, 27쪽과 번역본으로는 에르베이 드 생드니(d'Hervey de Saint-Denys)의 『남중국 외래 인들에 대한 민족분류(Ethnographie des peuples étrangers à la Chine, Méridionaux)』, 113쪽을 참고하시오.

3. 료(獠)와 찬(爨)

중국인들은 이민족들을 하노이로부터 운남 남쪽에 있는 료(獠)[21]와 운남에만 엄격하게 격리된 찬(爨) 두 부류로 나누었다. 료와 관계되는 옛날 자료들은 여전히 책으로 구성되지 않았다[22]. 료는 통킹 북쪽과 귀주 그리고 사천을 차지했다. 중국인들이 요(猺)라 부르는 "반호(盤瓠)족"과 관계되는 것 같지는 않다. 이들은 만(蠻)이라 불리며 통킹의 로(Lô) 강, 깜(Gâm) 강, 방(Bằng) 강 유역에 분포되어 있다. 그러나 누가 실제 전형인지를 결정하기 위해서는 전문적인 연구가 필요하다. 생료(生獠)로, 말하자면 중국의 종주권을 인식하지 못한 채, 오랫동안 명명되었기 때문에, 통킹 북쪽과 광서의 료들은 지주(智州) 자사 사법성(謝法成)에 의해 663년 처음으로 타협하게 되었던 것으로 보인다.[23] 이때부터 중국의 힘은 이 종족들에게 조금씩 확인되었다. 8세기 중반에 운남의 길이 열렸을 때, 요충지마다 몇몇 역참이 세워졌다. 그러나 통킹 북쪽의 료들이 차지한 영토 전체를 조직화하는 것은 8세기 말 전에는 시도되지 않았다.

---

21) 여기의 료(獠) 자는 료(獠) 자와 같다(『패문운부(珮文韻府)』를 참고하시오). 따라서 여기서는 [liao]로 읽어야 한다. 드베리아(Devéria), 『중국과 안남의 경계(La Frontière sino-annamite)』, 114쪽을 참고하시오.

22) 토료(土獠)에 관한 최근의 몇몇 자료들이 있지만, 우선 동일한 민족들을 말하는 것인지 확실하지 않다(『중국과 안남의 경계(La Frontière sino-annamite)』, 114쪽 이하를 참고하시오). 통킹 북쪽에 사는 료(獠)에 관한 자료들은 충분하지 않다. 료에 관한 마단림(馬端臨)의 기술은 완전히 사천과 귀주의 사람들에게 한정된 것 같다.

23) 『구당서』 권 41, 35쪽과 『신당서』 권 43상, 8쪽을 참고하시오. 지주(智州)는 광서에 있는 경원(慶源) 군의 하지(河池)라는 속현의 동쪽에 있다.

교주의 중국령과 사천에 있는 융주(戎州)[24]의 운남 속령과 교통하기 위한 첫 번째 적극적인 노력은 특히 북방 사람들에 의해 행해진 것 같다. 홍강을 얻기 위하여 사천에서 온 사람들은 운남 동쪽의 찬(爨)과 충돌했다. 중국인들은 찬을 두 부류로 나누고 서찬(西爨) 또는 백만(白蠻)과 동찬(東爨) 또는 오만(烏蠻)이라 불렀다. 오만 종족 중에서, 당나라 시기의 문헌들은 몽골시기 역사가들이 사천과 운남의 로로족을 당시의 과라(猓玀)[25]로 동일시한 노록(盧鹿)[26]을 언급하고 있다. 그러므로 로로족은 찬 동쪽 분파의 전형일 것이다. 서찬은 특히 현재 연난센(Yunnansen) 주위와 곡정(曲靖)의 현 시청을 차지하고 있는 북동쪽에 자리를 잡았다. 동찬은 서찬의 남동쪽에 있었다. 남쪽 보두(步頭)까지 펼쳐져 있었다.[27] 이 보두의 남쪽 지점은 운남 북쪽에 자리 잡은 중국인들의 이름으로 잘 알려져 있다. 그들은 이곳으로 통킹과 바다로 교통할 수 있다고 알고 있었다. 또한, 8세기 중반에 그들은 "보두의 길"을 열기 위해 모든 노력을 했다.

---

24) 사실 융주는 사천 서주(敍州) 소재지인 의빈현(宜賓縣)에 해당한다.

25) 『원사류편(元史類編)』 권 42, 65쪽을 참고하시오.

26) 『신당서』 권 222하, 8쪽을 참고하시오.

27) 『만서(蠻書)』 권 4, 1쪽과 『신당서』 권 222하, 7~8쪽을 참고하시오. 『만서』 권6, 2쪽에 따르면, 당나라 시기의 서찬 왕의 무덤들은 여전히 연난센의 남쪽에 있는 진녕(進寧) 계곡에서 많이 찾아볼 수 있다.

4. 보두(步頭)의 위치

보두는 어디에 있는가? 에르베이 드 생드니(d'Hervey de Saint-Denys)는 마단림(馬端臨)의 책을 번역하면서,[28] 정확한 근거를 제시하지 않고, 『독사방여기요(讀史方輿紀要)』에 따라 보두가 귀주에 있는 보안현(保安縣)에 있으므로, 이는 홍강을 따라 바다에 있는 연난센으로 가기 위한 길이 확실히 아니라고 했다. 그러나 이를 번역한 사람은 부주의하게 원문을 잘못 읽었다. 적어도 내가 알기로는 두 곳에서,[29] 『독사방여기요』는 보두가 운남에 있는 임안부(臨安府) 소재지라고 했다. 이것이 바로 『원사』가 이끄는 해법이다.[30] 이에 따르면 현재 임안인 건수주(建水州)는 806~820년 사이에 남조(南詔)가 건설한 건수의 옛 도성으로 옛날에는 보두라 불렸다. 그럼에도 불구하고 샤반느는 아무런 원문도 인용하지 않고 보두가 임안의 북쪽 60킬로미터 가량 떨어진 곳에 있는 통해(通海)에 상응한다고 여기는 것 같다.[31] 그러나 이러한 견해는 『원사』의 문장에 부합하기 어려울 뿐만 아니라, 가탐의 여행기와도 상응하지 않는다. 결과적으로 보두는 찬(爨)의 남쪽 지점이어야 한다. 그런데 가탐은 이미 통해의 남쪽에서 320리 이상 떨어진 곳에 있는 용무(龍武)를 찬이 차지한 지역 속에 넣고 있다. 따라서 임안의 옆이라고 위치시키기에는 너무 멀다.

분명, 동일한 장소가 동일한 시기에 보두와 용무라는 이중의 명칭을 가지고 있다는 것이 조금 이상하지만, 이러한 비정상적인 것

---

28) 『남중국 외래 인들에 대한 민족분류(Ethnographie des peuples étrangers à la Chine, Méridionaux)』, 272쪽.

29) 고조우(顧祖禹)의 『독사방여기요』 권 113, 11쪽과 권 114, 9쪽.

30) 『원사』 권 61, 10쪽. 상해본의 우(右) 자는 고(古) 자의 잘못이다.

31) 샤반느, 『남조 왕국의 비문(Une inscription du royaume de Nan-tchao)』, 『JA』, 11-12월호, 1900, 407쪽. 샤반느의 이러한 추정은 다음과 같은 이유

은 보두라는 명칭이 운남에서 통킹으로 가는 길에 관해 말하는 자료들에만 주어질 뿐, 통킹에서 운남으로 올라가는 자세한 두 여행기록에서는 보이지 않는다는 사실로 확인된다. 보두를 임안에, 또는 당연하게 통해에 위치시키는 것은 『만서』의 원문과 상반된다.[32] 그에 따르면 통해의 남쪽에서 14일 만에 보두에 도착하고, 거기에서 배를 타고 35일 동안 강을 내려간다고 하였다.[33] 그러나 기간이 너무 긴 것으로 보인다. 따라서 이 문장에서부터 보두는 가탐의 여행기록에 나오는 고용보(賈勇步)와 『만서』에서 나오는 것 중의 하나인 [고용보(古涌步)]와 같다고 추론할 수 있다. 그런데 보두에서 배를 탄다고 하는 동일한 문단에서 고용보는 길의 지점 중 하나로 설명되어 있다. 나는 이러한 모순들을 설명하지 못했다. 그래서 『만서』의 문장은 제쳐두고 임시로 옛 보두를 임안에 위치시키고자 한다.

~ 에 근거하고 있는 것 같다. 『원사』는 건수주가 옛날 보두에 해당한다고 했다. 그런데 오늘날 건수는 임안부의 소재지에 설치된 현이라는 행정적 명칭일 뿐이다. 한편 이조락(李兆洛)의 지리 사전에 따르면(권5, 6쪽), 원나라의 임안부는 현재 통해현에서 북동쪽으로 5리에 있다고 하였다. 따라서 샤반느는 보두가 건수이고, 건수가 임안이지만, 임안은 통해 근처이므로 보두는 통해와 가깝다고 생각한 것 같다. 그러나 사실 원나라 시기 건수주는 임안부 소재지에 세워진 것이 아니라 현 소재지의 서쪽에 설치되었다(이조락의 사전, 권 12, 14쪽). 그러므로 샤반느가 보두를 통해에 위치시키도록 이끈 것은 임안부의 신구 사이에서 일어난 혼동에 의한 것으로 생각한다.

32) 권6, 3쪽. 본 텍스트의 별첨 III을 참고하시오.

33) 보두는 "부두"를 의미할 수도 있다. 자일스의 『중국 인명사전(A Chinese Biographical Dictionary)』, no 9485과 『월사통감강목』, II, 13쪽을 참고하시오.

5. 통킹으로 가는 길

"보두로 가는 길을 열기" 위해 열정적인 활동을 한 최초의 중국 관리는 장구겸경(章仇兼瓊)인데, 그는 천보(天寶, 742~755)초에 월휴(越嶲), 죽령천(竹靈倩)의 절도사로, 안남으로 가는 길을 열기 위해 곤명(昆明)의 남서쪽에 있는 안녕(安寧)의 서찬(西爨)에 도성을 세우는 임무를 맡았다. 찬들이 반란을 일으키자 결국 중국은 운남 북서쪽에 세운 남조(南詔)의 군주 피라각(皮邏閣)을 구원하고, 그에게 "운남왕"이라는 칭호를 주었다.[34] 통킹의 길도 상당히 자주 이용된 것 같다. 남조와 관계가 끊어지고 그에 맞서기 위해 751년 중국이 사천의 선우중통(鮮于仲通) 군대를 보냈을 때, 왕지진(王知進)이 보두의 길을 통해 통킹의 군대를 운남으로 데려갔다. 조금 뒤인 754년 중국인들은 남조를 상대로 이복(李宓)을 보냈다. 이때 통킹의 자사 하리광(何履光)은 자신의 군대를 안녕까지 이끌고 가서 소금이 나는 주요 갱도를 확보하고자 했다.[35] 남조가 동운남의 대부분을 정복하면

---

34) 『만서』 권 4, 1쪽, 『신당서』 권 222하, 8쪽, 앞서 언급한 샤반느의 책에서 766년 비문, 406~407쪽 그리고 『독사방여기요』 권 115, 1~2쪽을 참고하시오. 나는 이 사건의 정확한 날짜를 찾지 못했지만, 『독사방여기요』는 천보 연간(742~755) 초에 두는 것이 타당하다고 보는 것 같다. 이 사건들은 분명히 748년 피라각(皮邏閣)의 돌연사 이전이다. 여기에서 남조(南詔)의 역사를 말하면서, 나는 『차이나 리뷰』, 20책, 337쪽 이후에 실린 파커(Parker)의 『서운남의 옛날 타이 또는 샨 왕국(The old thai or shan empire of Western Yunnan)』을 충분하게 참조하지 못한 것에 대해 양해를 구한다. 『차이나 리뷰』의 사본은 손상되어 이 논문의 처음 8쪽만 들어있을 뿐이다. 다만 각라봉(閣邏鳳)이 피라각 전에 재위했다는 사실을 지적할 따름이다. 이는 정확히 반대로 되어있다.

35) 『만서』 권 7, 2쪽; 『신당서』 권 222하, 2쪽; 『안남지략』 권 9, 3쪽; 쌩송(C. Sainson)의 『안남에게 관한 기록(Mémoires sur l'Annam)』, 361쪽; 샤반느,

서 안녕으로의 원정은 더는 문제가 되지 않았다. 그러나 중국은 임안 옆의 용무까지만 영향력을 유지하고 있었다. 이 지역도 766년 호전적 종족에게 침략당했다. 그래서 통킹의 도호인 일본사람 조형(朝衡)은 용무와 득화(得化)에 군대를 이끌고 갔다.[36] 틀림없이 득화, 용무 그리고 낭망(郎茫)이 본국의 속주(屬州)의 소재지로 되어 있을 때이다.[37] 789년에 남조의 이모심(異牟尋)이 중국과 화해하고자

~ 『남조 왕국의 비문(Une inscription du royaume de Nan-tchao)』, 415와 425쪽; 『독사방여기요』 권 113, 13과 26쪽; 권 114, 9쪽; 권 116, 11쪽; 권 117, 2와 10쪽을 참고하시오. 751년과 754년 이 원정에 대해 자세한 것은 특히나 모호하여 전문적인 연구가 필요하다. 『남조야사(南詔野史)』의 내용은 대체로 허구적인 것 같고 새롭게 복잡한 것을 더한 것일 뿐이다. 나는 샤반느가 번역한 766년의 비문에 들어있는 명칭과 연도를 취했지만, 단 한 가지 확실하게 확인된 것은 바로 당시 중국이 운남에 지원한 싸움에 통킹의 군대를 참여시킨 것이다. 어쨌든 하리광(何履光)이 다시 정복한 안녕(安寧)은 대리부(大理府)의 북서쪽에 있었다는 『독사방여기요』의 저자에 동의하기는 어렵다. 내가 생각하기에 연난센의 남서쪽에 있는, 그리고 안남의 길을 열기 위해 몇 년 전에 건설된 안녕성과 관계되는 것 같다. 나는 『만서』의 구절에 뒷받침이 될 만한 것을 찾지 못했다. 그 책에 따르면 하리광이 756년에 행한 새 원정에서 대리의 조금 남쪽에 있는 태화(太和)를 점령했다고 하고 있다.

36) 『안남사략』 권 9, 3쪽과 쌩송(C. Sainson)의 『안남에게 관한 기록(Mémoires sur l'Annam)』, 362쪽.

37) 『신당서』 권 43하, 12쪽; 『구당서』 권41, 38쪽; 1882년 남경본 『태평환우기』 권171, 18쪽. 용무에 관한 자료들은 이후 가탐의 첫 번째 여정에 관한 주석에서 논의할 것이다. 『안남에게 관한 기록(Mémoires sur l'Annam)』의 득화는 분명히 『당서』와 『태평환우기』의 덕화(德化)이다. 임도부(林都符)란 부족의 영토에 세워진 덕화는 1만 가구에 달했지만, 용무는 1500가구에 불과했다. 『신당서』는(권 222하, 11쪽) 통킹 도호의 원정을 대력 연간(766~779)에 두었지만, 여기의 대력 원년(766)은 다른 자료에서 제시된 영태(永泰) 2년(766)과 혼동한 것이다.

했을 때, 그들의 사신들이 연합군인 티베트에 의해 막힐까 걱정하여, 이모심은 한 명은 사천을 다른 하나는 귀주를, 또 하나는 통킹을 통해 사신을 보냈다.[38] 결국, 791년 통킹 북쪽에 관한 종주권을 공고히 하고 싶었던 중국은 료의 영토 전체를 조직화하고자 했다.

당나라는 제국에 복종한 이민족들에게 기미주(羈縻州)를 설치하는 관례를 만들었다. 기(羈)는 "말의 굴레"란 뜻이고, 미(縻)는 고삐로 소를 잡는 것이다.[39] 왕들은 중국으로부터 지명되었으나 이들의 직위는 세습되었다. 료에 적용된 것이 바로 이 시스템이다. 정원연간(785~805), 마단림이 따르고 있는[40] 『신당서』에 따르면,[41] 특히 791년 『신당서』의 다른 기록에 따르면,[42] 홍강 북쪽과 로(Lô)강에 세운[43]

---

38) 『만서』 권 3, 5쪽; 『신당서』 권222상, 3쪽; 『자치통감보정(資治通鑑補正)』 권 234, 8쪽을 참고하시오.

39) 현재에도 안남에 있는 중국의 속주(屬州)들은 일반적인 행정조직에 들어가지 않고, 주라는 명칭은 정확하게 민족이 안남족이 아닌, 안남 왕국의 지역에 특화된 이 조직에만 적용된다.

40) 권 222하, 8쪽.

41) 권 43하, 13쪽[년(年) 이후에 치(置) 자를 넣어야 한다]; 권 222하 12쪽.

42) 권 330, 12쪽, 에르베이 드 생드니는 277쪽에서 713~755년이라고 번역하여 밝혔지만, 번역자의 수많은 오류 중 하나가 바로 이것이다.

43) 『신당서』에서는(권 43하, 13쪽), 봉주에 속한 이 기미주들이 촉찬(蜀爨)에 설치되었다고 하는데, 이는 사천의 찬(爨)으로 해석될 수 있을 것 같다. 그러나 찬들은 특히 운남에 자리 잡고 있었다. 영남(크게는 양광과 통킹) 지역의 속령에 있는 용무의 옆에 있었을 가능성은 거의 없지만, 『신당서』는 이들을 여기에 연결했다. 따라서 18개 기미주에 대한 자세한 정보를 가지고 있지 않았던 『신당서』의 편집자들이 옛날에 살고 있었던 민족들의 장소와 속성에 대해 혼동했던 것이다. 『신당서』의 다른 문장에서(권 222하, 12쪽) 이러한 구역들을 언급하고 있는데, 봉주는 찬의 영토에 인접해 있었다고만 말하고 있다. 이것이 더 이해하기 쉽다.

18개의 기미주의 도호부 소재지를 봉주(峯州)[44]라고 했다. 그러나 이러한 행정 조직화는 오래가지 못했고 이 18개 구역에 대한 명칭은 오래전에 사라졌다.[45]

이 18개의 구역 명칭들은 남조가 통킹을 침략했을 때 사라졌을 것이다. 사실 그때까지 홍강의 길은 특히 운남에 군대를 데려가기 위해 통킹의 중국인들에게 사용되었다. 그러나 9세기 운남의 거의 전역에서 군림한 남조는 통킹을 침략했고 863년 1월 또는 2월에 하노이를 정복했다. 그후 3년 이상의 싸움이 있은 뒤에야 남조의 군대에 맞서 봉주에서 865년 승리를 거둔 중국의 장수 고병(高駢)이 866년 안남도호부의 도성을 재탈환할 수 있었다.[46] 그때부터 운남의 길은 한 번도 폐쇄되지 않았다. 15세기 초 목성(沐晟)의 군대가 통킹을 침략했던 것은 운남을 통해서였다.[47]

근대에 중국인들은 운남에서 델타로 들어가기 위해 두 갈래의 길을 사용했다. 두 길 모두 몽자(蒙自)에서 출발하지만, 하나는 홍강의 쉬운 길인 만모(蔓耗) 옆으로 가는 것이고 하나는 하장(Hagiang) 쪽 로강에 이르는 길이다. 두 길은 로강과 홍강의 합류 지점에서 만난다.[48] 최근 1870년 중국 반란군이 통킹과 운남의 교통을 장악했을 때,

---

44) 봉주는 선떠이(Sơn Tây) 또는 로(Lô) 강과 홍강이 합류하는 비에트리(Viétri) 맞은 편, 박학(Bạch Hạc, 白鶴)에 해당한다. 아래를 참고하시오.

45) 이 때문에 가탐의 여행 기록과 『만서』에서 주어진 여러 명칭은 두 『당서』의 지리지 목록에 들어있지 않다.

46) 남조의 이 침략에 관해서는 『신당서』 권 222중, 1~2쪽; 『만서』 여러 곳; 『월사통감강목』 권 4, 35~40; 권 5, 1~10쪽을 참고하시오.

47) 『명사』 권 126, 9쪽; 『독사방여기요』 권 115, 10쪽을 참고하시오.

48) 드베리아(Devéria), 『중국과 안남의 경계(La Frontière sino-annamite)』, 50쪽과 이하; 고염무(顧炎武), 『천하군국리병서(天下郡國利病書)』 권 118, 37쪽을 참고하시오. 중국에서 안남으로 가는 근대의 자세한 여정은 『독사방여기요』의 별첩 자료로 간행된 『여도요람(輿圖要覽)』 권 4, 30쪽에 실려 있다.

유영복(劉永福)의 흑기군(黑旗軍)이 홍강의 라오까이를 점령했고 반면, 잘 분할된 것은 아니지만, 황숭영(黃崇英)의 황기군(黃旗軍)은 우선 로강의 하장에 포진하고 있었다. 중국인들은 언제나 하장의 길이 가장 험난했지만, 이상하게도 가장 빠른 길로 생각했다. 8~9세기의 여정에서 어느 곳이 되었든지 봉주(峯州)와 몽자(蒙自) 사이에 확실하게 확인된 것은 없다. 이는 두 길에서 모두 그러하다. 여행하는 사람들이 당시 가장 쉬운 길을 따랐을 것이고 틀림없이 가탐과 번작(樊綽)이 제시한 명칭들을 홍강을 따라서 위치시켰을 것이다.

6. 미얀마로 가는 길

통킹의 길은 사천의 중국 사람들이 운남을 통해 열고자 한 유일한 것은 아니었다. 중국인들은 오래전부터 운남의 남서쪽으로부터 인도로 갈 수 있다는 것을 알고 있었다. 기원후 3세기, 『위략(魏略)』은 대진(大秦, 동로마)에서 운남의 영창(永昌)을 거쳐 중국에 이르는 길에 관해 언급하고 있다.[49] 중국과 미얀마를 경유하는 서남아시아 사이의 논쟁의 여지가 없는 최초의 관계는 기원후 2세기 초로, 옹유조(雍由調) 왕이 탄국(撣國)을 다스릴 때였다. 97년에 이 왕은 중국 황제로부터 책봉을 받았고, 120년에는 황제에게 대진 출신의 악공(樂工)들을 보냈다.[50] 그러나 좀 더 옛날로 거슬러 올라갈 수 있을 것 같다.

명제(明帝) 재위 시기에 처음으로 인도의 두 사신이 중국에 불법을 설파하기 위해 왔는데, 그들은 가섭마등(迦葉摩騰, kāśyapamātaṅga)과 축법란(竺法蘭, Dharmaratna?)으로, 이라와디 북부와 운남의 길을 택했었다. 이처럼 적어도 지역의 전승은 이를 인정하고 있지만, 믿을만한 근거를 가진 것은 아니다. 이 전승에 다른 단서가 없으므로 적어도 8세기까지 거슬러 올라가는 것이 좋겠다.[51]

---

49) 히어트(Friedrich Hirth), 『중국과 동로마(China and the Roman Orient)』, 74쪽을 참고하시오.

50) 히어트(Friedrich Hirth), 『중국과 동로마(China and the Roman Orient)』, 36~37쪽을 참고하시오. 오늘날 몇몇 중국인들은 살윈강 북부의 샨(Shans)이라는 나라의 명칭으로 쓰려면 탄(撣) 자를 [shan]으로 읽어야 한다고 한다. 설복성(薛福成)의 『전면획계도설(滇緬劃界圖說)』, 1902년 무석(無錫) 판본을 참고하시오.

51) 『대청일통지(大淸一統志)』 석판본, 권378, 6쪽(이미 포티에(Pauthier), 『마르코 폴로』, II, 396쪽에서 밝혔음)과 『운남통지고(雲南通志稿)』, 권95, 3쪽을 참고하시오.

그 이전인 기원전 2세기 무제(武帝) 재위 시기(기원전 140~87)에 장건이 박트리아에 갔는데, "거기에는 놀랍게도 오늘날 운남과 사천의 이름으로 알려진 중국에서 온 대나무와 기와가 있었다. 그는 현지인들에게 이 상품들을 어떻게 얻었는지를 물었다. 그는 그들에게서 풍요롭고 강성한 신독(身毒, 인도)이라는 나라가 있어 그 나라를 가로질러 카라반들이 중국 남부의 상품들을 아프가니스탄까지 가져간다는 것을 알았다."[52] 미얀마를 경유한 것이 아니라면, 중국 남서쪽 지방에서 인도의 국경 너머로 운반된 산물들이 어디로 지나갈 수 있겠는가? 결국, 미얀마를 경유한 중국과 인도의 관계는 유난히 모순되는 문제, 즉 중국이란 명칭의 기원에 관한 문제에 만족할 만한 해답을 제시할지도 모른다.

---

52) 샤반느, 『사마천의 사기(Les Mémoires historiques de Se-ma Ts'ien)』, 1책, 72~73쪽.

7. 중국이라는 명칭에 관하여

현재 어떤 견해들이 있는지 우리는 알고 있다. 18세기 중반부터 마르티니(P. Martini)는 중국이라는 명칭이 기원전 249~207년 존재했던 진(秦)왕조에서 나왔으며, 그래서 진나라의 유명한 진시황제는 그 명성이 멀리까지 퍼졌을 것으로 추정했다.[53] 이 견해는 거의 이견 없이 오랫동안 받아들여졌다. 그러나 오늘날 리히트호펜(von Richthofen)은 율(Yule)이 정리한 견해에 따라, 새로운 가설을 소개했다. "씬(Thin)"이라는 명칭은 기원후 1세기 말 프톨레마이오스의 『지리학(Geography)』에서 보이는데, 2세기의 시내(Sinae)를 언급하고 있다.[54] 이 때문에 리히트호펜은 기원후 1세기 이전으로 거슬러 올라갈 수 있는 바다를 통한 이 교역에 관하여 어떻게 중국이 기원전 3세기에 존재했던 한 왕조의 이름으로 알려질 수 있는지 의문을 가졌다. 따라서 그는 진(秦)나라를 배제하고 프톨레마이오스의 시내(Sinae)는 통킹에 있을 것으로 보고, 일남(日南)이라는 명칭에서 그들의 이름을 취했다고 추정했다. 그에 따르면 이 일남이라는 나라는 당시 통킹에 적용되었다고 한다.[55] 반대로 인도학자들이 19세기에 『마하드라타(Mahābhādrata)』와 『마누의 왕(Lois de Manou)』에서 그 존재를 알린 치나스(Cīnas)라는 이름은 한편으로는 진(秦)왕조와 완전히 분리해야 하고, 다른 한편으로는 시내 그리고 서양에서 중국의 근대적 명칭들과 구분되어야 한다.

---

53) 리히트호펜(Richthofen), 『China』, I, 504쪽을 참고하시오.

54) 리히트호펜(Richthofen), 『China』, I, 506~507쪽과 율(Yule), 『영국-인도의 용어사전(Hobson-Jobson)』, China조목을 참고하시오.

55) 리히트호펜(Richthofen), 『China』, I, 506쪽.

치나(Cīna)라는 인도식 이름은 인더스강 북부의 한 민족에게 적용되었다.[56] 최근에 샤반느는 시내(Sinae)에 대해 그 어원이 일남이라는 것을 명확하게 인정했지만, 후진(後秦, 484~517)이라는 작은 왕조에서 치나스(Cīnas)라는 인도식 이름이 나왔고, 이 명칭이 중국을 지칭하는 것으로 서양 전역에 퍼지게 되었다고 보았다.[57] 결국 라쿠페리(Terrien de Lacouperie)는 일남(日南)에서의 기원설을 거부했지만, 시내라는 명칭의 기원은 통킹에서 찾아야 한다는 생각에는 동의하고 있다. 이로써 옛날 운남에 있었던 전(滇) 왕국의 명칭을 생각해냈고, 이 왕국이 홍강을 통해 통킹만까지 상업적 영향력을 펼쳤다고 추정했다.[58] 나는 마르티니의 견해를 지지할 수 있다고 생각하지만, 먼저 리히트호펜, 샤반느, 라쿠페리의 가설에 대해 어떤 이의를 제기할 수 있는지 말해야 할 것이다.

리히트호펜이 제기한 일남을 시내의 어원으로 보는 것은 역사적으로 논쟁의 여지가 있고 문헌적으로도 불가능한 것 같다. 리히트호펜은 기원후 1세기에 남해를 항해한 사람들이 상륙했던 곳이자 중국에 복속된 통킹은 일남이라는 일반적인 이름을 가지고 있었다고 했다. 166년 마르쿠스 아우렐리우스의 사신이 상륙했던 곳이 바로 일남이다.[59] 교지는 결국 일남의 한 부분일 뿐이었다. 그러나 후한(25~220) 때와 마찬가지로 전한(기원전 206~기원후 24) 시기에 통킹은 세 개의 군(郡)으로 나누었는데, 교지, 구진(九眞), 일남이었다.[60] 자료들은 마

---

56) 리히트호펜(Richthofen), 『China』, I, 437~441쪽.

57) 『BEFEO』, III, 434쪽, 주4를 참고하시오.

58) 라쿠페리의 견해는 율의 『영국-인도의 용어사전(Hobson-Jobson)』, 중국 조목에서 인용되었다.

59) 편의상 나는 사신이라는 용어를 그대로 쓴다. 그러나 대부분은 자신들의 군주를 대표하는 사람들이라고 자처하는 단순한 상인들이었다.

60) 앞의 132쪽을 참고하시오. 샤반느는 하노이(옛 교지)는 "당나라 때 일남군의 도읍이었다"라고 하였다(『의정대당서역구법고승전』, 53쪽). 그러나 이

르쿠스 아우렐리우스의 사신들이 일남에 상륙했다고 하지 않지만, 그곳이 통킹의 세 군(郡) 중에서 가장 남쪽이므로 그 사신들이 일남의 경계 너머로 왔다고 하였다.[61] 그곳이 홍강의 델타지역인 교지였기 때문에 통킹의 지방정부 중에서 가장 중요했을 것이고, 확실히 다음 세기에 항해의 종점이 교지였기 때문에,[62] 마르쿠스 아우렐리우스의 사신들이 상륙한 곳은 일남이 아니라 교지였다. 그러므로 우리는 일남이 항해하는 사람들에게 중국 전체를 지칭하는 이름으로 쉽게 받아들여질 수 있을 만큼 중요한 곳이 아니었음을 알 수 있다.

그러나 완벽히 결정적인 이의가 있는데, 그것은 바로 기원후 2세기에 시내와 거의 닮지 않은 일남이 음성적으로 훨씬 더 멀어지게 되었다는 점이다.[63] 일(日) 자는 고어에서 자음의 종성을 가지고 있고, 오늘날 방언들은 이 자음이 치음이었다는 것을 입증해 준다. 초성은 어느 정도 구개음화된 비음이며, 불명확한 음색으로 된 모음 [i]였던 것 같다. 두 번째 글자인 남(南)은 종성이 비음인 [m]이었다. 그러므로 기원후 1세기의 발음은 [nit-nam]또는 [n̠it-nam]이었던 것으로 보인다.[64] 따라서 여기에서 프톨레마이오스의 시내를 생각해 내는 것은 완전히 불가능하다.

~ 는 실수다. 『당서』「지리지」에서는 완전히 다른 설명을 하고 있다. 라쿠페리(Terrien de Lacouperie)가 이미 일남은 교지가 아니라고 밝히게 했다(율의 『영국-인도의 용어사전(Hobson-Jobson)』, 중국 조목).

61) 히어트(Friedrich Hirth), 『중국과 동로마』, 42, 47, 82, 94쪽을 참고하시오.

62) 모든 자료는 "自日南徼外"라고 하고 있다. 위의 책 133쪽을 참고하시오.

63) 이러한 이의는 이미 라쿠페리에 의해 제기되었다(율의 『영국-인도의 용어사전(Hobson-Jobson)』, 중국 조목).

64) 나는 중국어의 고음을 말할 때, 부분적으로 전사한 방식, 초성과 종성으로 표기된 중국 사전들 그리고 현재 방언 발음이 제시하는 대로 중국어 발음을 이해한다. 이러한 복원은 이론적이지만, 2~4세기의 중국어에 상당히 잘 적용되었다. 라쿠페리의 고어 발음들은 너무 멀리 용례를 찾아서, 도리어 역사

치나를 중국인과 분리하는 것으로 리히트호펜의 견해를 부정할 수 있을 것으로 생각한다. 그러나 이는 인도학에서 밝혀야 하는 문제로, 나는 그에 대한 지식이 짧다. 리히트호펜은 특히 『마하바드라타(Mahābhādrata)』와 『마누의 왕(Lois de Manou)』이 아주 오래된 것이라는 점에 근거하여, 그리고 『마하바드라타』에서 쿠린다(Kulinda)란 도시에 있었던 판다바(Pándavas) 왕국으로 가기 위해서는 치나, 투카라(Tukhàras), 다라다(Daradas)의 나라를 경유해야 한다고 하는 다른 이유로 치나와 중국인을 구분하는 것 같다. 하지만 이 책은 치나를 인도의 북서쪽에 위치시키고 있다. 그러나 진(秦)왕조 시기인 기원전 3세기는 『마누의 왕』 또는 인도의 서사시들에서 보이는 지명들 때문에 충분히 뒤로 물린 시기인 것 같다. 한편 『마하드라타』가 치나를 잘못 위치시킨 것으로 보이지만, 그 나라의 이름은 오히려 실제 위치보다 더 익숙했다. 결국, 리히트호펜은, 물론 언젠가 명확하게 규정되겠지만, 치나가 틀림없이 중국인이라는 중요한 사실을 등한시했다. 나는 항상 그렇지만 않았다는 어떠한 이유도 찾지 못했다. 어쨌든 먼 옛날 치나인들이 중국인이 아니라고 할지라도, 그들이 중국인에 대한 이름으로 서아시아와 유럽에서 중국에 부여한 다른 이름들과 역사적으로 분리될 수 없다는 사실만으로 충분하다.

이것이 바로 샤반느가 최근에 인도의 치나로부터 중국이 서양에서 받은 명칭들을 불러와야 한다고 제안하면서 생각했던 것이다. 5세기 초에 인도로 간 사람은 후진(後秦)의 승려인 법현과 지맹(智猛)으로, 이들은 거기에서 사람들이 자신들의 나라에 적용한 군주의 이름을 알려 주었을 것이다. 그러나 이 가설은 마찬가지로 약간의 이의를 제기한다. 먼저 이 가설은 프톨레마이오스의 시내 사람들에 대하여 샤

~ 이전의 것들이다. 이는 어떠한 자료에도 기초하지 않은 기계적인 재구성으로, 저자가 생각하기에 이것들은 훨씬 더 오래된 시기에 적용된 것으로 보았을 것이다.

반느가 일남이라는 어원을 받아들였다는 것을 전제하는 것 같지만, 나는 불가능하다고 생각한다. 이어서 리히트호펜처럼 치나와 중국인을 분리하는 대신에, 샤반느에 따르면, 치나가 중국에 관한 현대의 명칭들과 아무런 관계가 없는 것은 바로 시내라는 명칭이다. 음성적 유사성에 비중을 두지 않더라도, 적어도 하나의 기이한 우연의 일치가 있다. 그러나 샤반느의 이론이 모순되어 결코 받아들일 수 없는 것은 바로 치나라는 명칭이 기원후 5세기가 시작되면서부터 인도에서 보인다는 것이다. 5세기 전에 인도인들이 중국인에 대해 말하는 것을 결코 듣지 못했다고는 생각하지 않는다. 그런데 치나 이외에 달리 불렸다는 흔적이 전혀 없다. 한편 치나가 언급된 책의 편집에 관해 정확한 연도가 없지만, 중국의 번역자들은 몇 년간의 연도를 제시하고 있는데 그 아래로 내려갈 수는 없을 것이다.

치나라는 이름은 『라리타비스타라(Lalitavistara, 方廣大莊嚴經)』의 문자들 목록에서 보인다. 『라리타비스타라』는 기원후 3세기부터 중국어로 번역되었다. 최초의 역본은 사실 사라졌지만, 법현과 지맹의 여행보다 100년 전인 308년의 것은 남아있다. 거기에는 중국 문자의 명칭이 보이므로 『라리타비스타라』의 산스크리트어본에서 치나라는 이름이 이후의 가필에서 나오지 않았음은 틀림없다.[65] 따라서 치나라는 이름과 이어서 중국이라는 명칭을 후진(後秦)까지 거슬러 올라가게 하는 것은 불가능하다.

라쿠페리는 시내를 치나로부터, 그리고 치나를 중국 사람들로부터 분리하는 데 있어 여러 어려움을 겪었다. 그는 적어도 이 모든 명칭에 동일한 어원을 제시하는 이점을 가진 해결책을 제시했다. 그는 그 이름이 해상 교역을 통해 알려졌다고 인정하는 만큼, 그 어원을 통킹에서 찾아야 한다고 했다. 그러나 일남을 통한 그 어원에 대

65) 『BEFEO』, III, 341쪽 주2를 참고하시오.

해서는 위에서 내가 언급한 동일한 이의를 제기하게 한다.

그는 통킹 주변에서 어느 지역이 시내라는 이름을 낳을 수 있는지를 찾으면서 전(滇)이라는 운남인의 나라를 생각했다. 그 이름은 옛날 [쩐Tsen]으로 발음되었다. 이 왕국은 기원전 4세기, 양자강 중류 출신의 중국인 장교(莊蹻)에 의해 오늘날 곤명(昆明) 옆에 건설되었다고 한다.[66] 기원전 122년에 한나라 무제는 장건을 통해 박트리아에 사천의 대나무와 기와가 있다는 것을 알고 운남을 통해 인도로 가는 길을 열고자 했다. 몇몇 사신들은 전(滇)왕 상강(嘗羌)에게 상당히 푸대접을 받았고 한나라가 자신보다 더 크냐는 질문을 받았다.[67] 라쿠페리는 전(滇) 나라와 바다를 통해 교역한 원래의 길이 홍강인 것을 알고, 이 나라가 수송하는 항구들을 장악하고 있었고 강어귀에 세운 상관들을 유지하고 있었던 것은 그 나라였기 때문에 그 이름이 이렇게 멀리 퍼지게 되었고, 한나라가 통킹의 델타지역을 정복한 기원후 2세기까지 그 지배권을 차지했다고 추측했다.

앞서 본 것처럼 이 가정은 받아들일 수 없다. 바다와 홍해를 통해 교역한 전나라에 관한 어떤 실마리도 보이지 않고, 이 길을 통해 당시 약간의 교역이 이루어졌더라도 당연히 델타지역의 운남왕의 권위를 끌어들이지 않았을 것이다. 게다가 그때는 기원후 2세기가 아니라 기원전 2세기로 중국이 통킹만까지 지배력을 확장했던 때이다. 따라서 라쿠페리의 이론은 달리, 더 그럴듯한 방법으로 취할 수 있는지에 대해 긴 검토를 할 필요가 없다. 기원전 2세기부터 미얀마를 통해 운남과 인도 사이에 약간의 교역이 있었는데, 전(滇) 나라 또는 옛날식으로 [쩐]이 이 시기부터 모든 중국인에게 적용된 치나라는 이름으로 인도에 알려졌다는 것이 가능하겠는가? 하나의 그럴듯한 가

66) 샤반느, 『사마천의 사기(Les Mémoires historiques de Se-ma Ts'ien)』, 1책, 79쪽을 참고하시오.

67) 샤반느, 앞의 책, 83쪽과 『사기』, 권 116, 2쪽을 참고하시오.

설을 반박할 결정적인 이유를 찾지는 못했지만, 그럼에도 이 가설은 약점들을 가지고 있다.

우선 전(滇)에 대한 [Tsen]이라는 발음은 라쿠페리가 지어낸 것이다. 자신이 복원한 것을 위해 중국 안남어 사전의 발음인 [chen]을 환기하고 있다(사전에서 ch는 tch로 정확히 말하자면 사실상 슈음을 가지는 것이 아니라 구개 묵음임). 라쿠페리에 따르면, 중국 안남어 사전의 발음은 가장 오래된 중국어의 방언 발음을 나타낸다고 한다. 그러나 이 견해는 여러 가지로 논란이 되고 있을 뿐만 아니라, 전(滇)자는 중국-안남 사전에서 결코 [chen]으로 발음되지 않는다. 판 득 호아(Phan Đức Hòa)[68]의 색인과 제니브렐(Génibrel)의 사전[69]에서는 동일하게 [diên]으로 표기되어있다. 제니브렐의 사전에서는 또한 전(滇)으로 표시된 [chan]이라는 단어를 찾을 수 있지만, 이는 [쯔놈(chư-nôm)]으로, 즉 근근이 순수한 안남어를 표기하기 위해 상당히 최근에 음성적으로 적용된 한자이다. 안남어로 "많은", "풍부한" 등의 뜻을 가진 [chan]은 일반적으로 "진실한"이라는 의미를 지니는 한자인 진(眞)으로 표기된다. 중국 안남어 사전에서의 발음은 [전(chơn)] 또는 [저언(chân)]이다. "적시다"라는 뜻을 가진 [chan]이라는 안남어가 있는데, 안남 사람들이 그것을 표기하기 위해 전(滇)자를 택한 것은 바로 이 의미 때문이다. 이 글자가 [diên]으로 발음되어서가 아니라 그 글자가 [chan]을 표기하기 위해 이미 사용된 진(眞) 자가 있고, "적시다"는 전(滇) 자의 의미에 해당하는 삼수변으로 되어있기 때문이다. 이렇게 순수한 안남식 표기들은 중국-안남어

---

68) 판 득 호아(Phan Đức Hòa), 『윌리엄스의 중국-영어 사전에서 중국어-안남어 발음을 병기한 한자 색인(Index des caractères chinois dans le dictionnaire chinois-anglais de Williams, avec la prononciation mandarine annamite)』, Saïgon, Collège des Interprètes, 1886, 전사석판본, 184쪽.

69) 제니브렐(J. F. M. Génibrel), 『안남-프랑스어 사전(Dictionnaire annamite-français)』, Saïgon, Imprimerie de la Mission, 1898, 4절판.

사전에서 우리가 규정한 것과 아무런 관계가 없다. 즉 중국어에 대한 안남식 발음이다.

이처럼 전(滇) 왕국의 명칭과 치나 사이의 음성적 유사성은 원하는 만큼 완벽하지 않다. 게다가 전나라 왕의 역할을 과대평가하지 말아야 할 것이다. 중국에서 미얀마로 가기 위해 자신의 나라를 가로지르는 것이 절대적으로 필요한 것으로는 보이지 않는다. 사천으로부터 건창(建昌) 계곡을 통해 연난센을 지나지 않고 서운남으로 직접 갈 수 있었다. 무제의 사신들이 전(滇)에 간 것은 인도로 가는 길을 찾고 있었던 무제가 귀주(歸州) 서쪽에 있는 야랑(夜郎)의 왕, 운남 동쪽에 있는 전왕, 운남의 서쪽에 있는 곤명(昆明)의 야만족 등 여러 방향으로 사신들을 파견했기 때문이다. 11년이 지나서 야랑의 왕과 전의 왕이 신복(臣服)했고 한나라의 군대들이 곤명까지 들어갈 수 있었던 것 같다.[70)]

하지만 받아들일 만한 다른 가정이 없어, 중국이 아니었던 전(滇)이라는 이 나라의 명칭은 중국이라는 명칭과 관련하여 수긍할만한 하나의 설명을 줄 수 있다. 그러나 이 해결이 필수불가결한 것은 아니다. 따라서 여기에서 그의 가정을 빌리도록 강요하는 것은 아무것도 없다고 생각한다. 마르티니의 옛 어원으로 돌아가서 기원전 3세기의 진(秦)나라라는 명칭에서 중국의 이름을 찾는 것이 더 단순하다. 이 명칭은 많은 문헌적 자료를 가지고 있으며, 적어도 합법적으로 중국 전체에 적용되었다.

이제 연대기적 문제가 남는다. 진(秦)이란 이 명칭이 기원후 1~2세기 중국인이 통킹에 세운 나라에 여전히 주어졌다는 리히트호펜의 설을 더는 고려하지 않는다. 그러나 기원전 2세기까지 모종의 교역이 중국 서쪽과 인도 사이에서 확인되기 때문에, 진이라는 정복

---

70) 샤반느, 『사마천의 사기(Les Mémoires historiques de Se-ma Ts'ien)』, 1책, 82, 84쪽을 참고하시오.

된 왕조의 이름이한 세기 이상이나 빨리 남서쪽의 영토에 파고들어 인도인의 귀에 이를 수 있을 가능성이 있겠는가? 이제 치나라는 명칭의 출현을 인도로 거슬러 올라가야 하는 순간이다.

그 뒤에 박트리아 쪽으로 인도 스키타이 사람들이 진출했을 때인 기원전 2~1세기에 인도사람들은 북서쪽의 중국인들에 관해 말하는 것을 듣고 그들을 투카라(Tukhāras) 근처에 위치시켰을 것이다. 거기에는 그럴법한 것이 아무것도 없다. 그러나 틀림없이 기원후 1세기에 다소 정기적인 교역이 한쪽은 인도, 다른 쪽은 인도차이나와 동인도의 고대 왕국을 사이에 두고 만들어지기 시작했고, 인도의 고유명사가 주변을 따라 우세했을 것이다. 이미 중국인을 치나라고 부르는 것에 익숙해졌기 때문에 항해하는 사람들은 그들을 통킹에서 찾았고 계속하여 인도에서 주어진 이름으로 중국인을 불렀다. 카티가라(Cattigara)라는 항구의 이름이 인도식 옷을 입고 있는 것처럼.[71] 그렇지만 중국인들은 치나라는 이름으로 알려지는 것에 크게 염려를 한 것 같지는 않다. 진(秦)왕조의 이름으로 자신들을 더는 부르지 않았다면, 적어도 이 단어는 여전히 그들에게 그들의 종족과 그들의 나라라는 생각을 불러일으켰을 것이다. 지중해 동쪽 또는 대진(大秦)에 관한 중국의 거의 모든 기록에 보이는 전통적인 주석에 따르면, 이 나라는 사람들이 크고 호의적이라는 점에서 중국 사람들과 닮았기 때문에 붙여진 이름이라고 한다.[72] 중국인들은 결코 치나라는 어원에 대해 경시하지 않은 것 같다.

308년에 이루어진 『라리타비스타라』 번역에서 산스크리트어 치나는 진(秦)으로 번역되었다.[73] 같은 형태를 더 이전의 자료에서 찾을 수 있다. 『대장경』의 목록에서 인정하는 것처럼, 『대방편불

71) 리히트호펜, 『China』, I, 509쪽을 참고하시오.
72) 히어트(Friedrich Hirth), 『중국과 동로마』, 41, 50, 70, 78, 92쪽을 참고하시오.
73) 『BEFEO』, III, 431쪽, 주2를 참고하시오.

보은경(大方便佛報恩經)』의 번역본은 이미 후한(25~220)의 문헌 목록에 나타난다.[74] 5세기 초로 샤반느가 인용한 경우에서[75], 진지(秦地)는 당시에 존재했던 후진(後秦)을 암시하는 것이 아니라 브라만 나열(羅閱)[76]이 사용한 치나데샤(Cīnadeça) 또는 치나스타나(Cīnasthāna) 형태가 바뀐 것으로 보아야 할 것 같다. 따라서 중국이라는 이름을 진(秦)에서 찾는 것은 음성적, 지리적인 면에서 만족스럽고, 역사적으로도 어울리며, 고유한 전통에서도 확인된다.[77] 그러므로 이를 채택해야 한다고 생각한다.

---

74) 에두아르 위베르(Ed. Huber)의 설명에 따른 이 텍스트는 『대방편불보은경』의 권6에 있다(Nanjio, n° 431과 『신수대장경』, 宙 5, 29쪽). 문제의 문장은 진(秦)나라에서 파란색으로 염색하는 방법[秦地染青法]에 대해 말하고 있다.

75) 『BEFEO』, III, 434쪽, 주4를 참고하시오.

76) 나열(羅閱)이란 이름은 나태사미(羅太私迷) 또는 나태사파미(羅太私婆迷)나란 형태로 법현의 기록에 보인다. 레그는 빌(Beal)에 이어서 라다스바미(Rādhasvāmi) 또는 라다사미(Rādhasāmi)로 재구성했다. 그러나 역자들은 당나라의 혜림(慧琳)이 『일체경음의(一切經音義)』에 끼워 넣은 법현의 짧은 주석을 몰랐던 것 같다(『신수대장경』, 爲10, 권100, 103~104쪽). 이 이름은 거기에서 나발사파미(羅犮私婆迷)로 쓰여 있는데, 오늘날 일반적으로 [fu]로 발음되지만 거의 쓰이지 않는 두 번째 글자는 반(盤)과 말(末)로 발음된다는 주석이 달려있다. 나열(羅閱)의 [열]처럼 나발의 [발]은 고어에서 치음의 종성이다. 이 두 번째 글자의 음가는 [vat] 정도가 된다. 아마도 라이바타(Raivata)로 되어야 할 것 같다. 게다가 혜림의 주석은 이름의 두 번째 요소의 발음을 확인시켜주고 있는데, 바로 svāmin이 확실한 것 같다. 태(太) 자는 발(犮) 자가 변화된 것이 틀림없다. 보유: 나는 5세기 초 법현과 지맹(智猛)이 파탈리푸트라(Pāṭaliputra)에서 알았던 브라만의 이름을 라이바타(Raivata)로 읽을 것을 주장했다. 같은 시기 팔리어 전승에서 붓다고사(Buddhaghoṣa)의 스승으로 알려진 레바타(Revata)일까? (케른, 『인도의 불교사(Histoire du bouddhisme dans l'Inde)』(불어번역본), II, 370, 417쪽을 참고하시오).

77) 중국이라는 이름은 또한 현장(玄奘)의 『대당서역기』, II, 79쪽의 상당히 모호한 글귀에서 진(秦)이라는 이름과 연결된다.

8. 건창(建昌)으로 가는 길

옛날의 자료들은 사람들이 인도로 가기 위해 미얀마의 길을 택했던 것을 보여주고 있지만, 투르키스탄과 남해를 통한 교역이 발전하면서, 더 멀지만, 더 쉬운 이 길을 더는 선호하지 않았다. 3세기에서 6세기 말까지의 내부 분쟁 시기 동안, 중국인이 운남에서 한 활동은 갑작스럽게 이루어졌고 큰 효과가 없었다. 의정(義淨)의 기술에 따르면,[78] 3세기 말에 재위했던 슈리굽타[德護, Śrīgupta]는 중국에서 운남과 미얀마를 통해 인도로 온 20명의 중국 승려들을 위해 치나라는 사원을 세우게 했다. 마침내 7세기 초중반에 제국은 당 왕조로 견고하게 재건되었다.

사람들은 운남을 통해 인도로 가는 길을 다시 열고자 했다. 운남에 접근하는 길들은, 늦게까지 활용된 홍강의 길과 험난하여 거의 사용되지 않은 귀주의 길을 제외하면 서주(敍州), 동천(東川), 곤명(昆明)의 길이었다. 이러한 길을 통해 대리(大理)의 서쪽에 이르렀고, 곤명(昆明) 남동쪽에 있는 건창(建昌) 계곡의 길은 직접 대리로 뚫려 있었다. 중국인들은 서주, 동천, 곤명의 길을 상당히 부정확하게 북로(北路)라고 불렀고, 건창 계곡의 길을 남로(南路)라 불렀다.[79] 북로는 찬(爨)의 나라들을 가로질러야 했고, 남로는 역사와 전

---

78) 샤반느, 『의정대당서역구법고승전』, 83쪽을 참고하시오. 당나라 혜림(慧琳)이 이 문장에 할애한 이상한 주석에서(『신수대장경』, 爲 10, 45쪽), 샤반느가 말한 것처럼, 운남의 종족들이 불교로 개종한 것에 대해서는 문제 되지 않을 것 같지만, 중국의 영향으로 들어오게 되었다는 것에 대해서는 문제가 된다. 혜림은 인도로 가는 육로의 어려움을 기술하고 있는데, 여름에는 열기와 뱀, 가을에는 비, 겨울에는 추위와 눈이었다. 그에 따르면, 이 길은 음력 1, 2, 3월에만 이용할 수 있을 뿐이라고 하였다.

79) 『만서』 권 1, 2~5쪽을 참고하시오.

설에서 3세기 제갈량(諸葛亮)이 운남 원정을 한 길로 잘 알려져 있다. 당나라의 중국인들이 되도록이면 선택하고자 했던 것은 바로 건창의 길이었다.

그러나 안녕강 쪽과 양자강의 상류로는 송외만(松外蠻) 또는 송외제만(松外諸蠻)이라 부르는 원주민들과 부딪치게 되었다.[80] 정관(貞觀) 연간에(627~649)[81], 건창 계곡 상류의 지방관 유백영(柳伯英)이 서이하(西洱河)와 천축(天竺)으로 가는 길을 열기 위해 송외만(松外蠻)을 정벌할 것을 요청했다. 서이하는 대리강에 해당하고 천축은 인도로 잘 알려진 이름이다. 몇 년 뒤에 황제는 실제로 장군 양건방(梁建方)을 파견하여 송외(松外)의 종족들을 없애게 했고, 그 중국 군대는 서이하까지 밀고 나갔다. 이 원정의 결과로 안녕강과 대리강의 합류점 상류인, 양자강 상류에 정착한 종족들은 648~656년까지 정기적으로 조공을 바쳤다.[82]

이 순간 새로운 민족이 등장하는데 바로 티베트인들이다. 그들의 짧은 행운은 두 세기 동안 투르키스탄의 관문에서부터 산서에 있

---

80) 나는 이 이름의 기원을 모른다. "송(松) 너머의 야만인들"을 의미하는 것 같다. 따라서 당나라 시기의 송주(松州)를 생각하기 쉽다. 송주는 현 송반(松潘)에 해당하며, 사천의 용안(龍安)에 속해 있었다. 그러나 송판은 성도(成都)에서 너무 북쪽에 있으므로 나는 에르베이 드 생드니(d'Hervey de Saint-Denys)가 생각한 것과는 반대로(『남중국 외래 인들에 대한 민족분류(Ethnographie des peuples étrangers à la Chine, Méridionaux)』, 290쪽), 성도와 비교하여 완전히 반대되는 방향에 있었던 종족들로 보는 것이 문제가 될 수 있다고 생각하지 않는다.

81) 『신당서』에서는 단지 "정관 연간에"라고만 했고, 『독사방여기요』에서는 646년이라고 명시했으나 『당서』의 문장에 따르면, 이 상소문과 양건방(梁建方)의 원정 사이에는 몇 년이 흘렀고, 양건방의 원정도 648년 이전이므로, 고조우(顧祖禹)가 제시한 연도는 너무 늦은 것으로 보인다.

82) 『신당서』 권 222하, 11쪽을 참고하시오.

는 중원제국의 수도까지 펼쳐졌다. 7세기 초중반에 그들은 중국 조정과 상당히 좋은 관계를 유지하고 있었다. 심지어 648년 티베트 왕은 중국 사신 왕현책(王玄策)에게 반란을 일으킨 마가다(Magadha)를 축출하도록 군대의 전권을 맡겼다. 서로에게 적이 된다는 염려 때문에 이루어진 이러한 상대적 동맹은 오래가지 못했다. 사천의 중국인들은 티베트인들과 대리강의 종족들이 교통하는 것을 차단하기 위해, 서쪽에 안융성(安戎城)을 세웠다.[83] 결국, 670년 전쟁이 일어나, 티베트인들은 최초로 안서도호부의 네 요새를 점령했다.[84] 바로 이때 그들은 양자강 상류의 중국인들을 전복시키고 사천 서쪽과 운남 북서쪽 부분에서 지배력을 확장했다. 중국 사가들이 말한 것처럼 한나라와 위나라 사이의 서융들이 그렇게 강력했던 적은 결코 없었다.[85]

한편 중국인들은 680년 요주(姚州)의 전진 역참을 포기하고 621년부터 운남, 현 요주의 약간 북쪽에 창설했다.[86] 688년에만 그곳에 다시 기지를 설치하고자 했을 뿐이다. 양자강 남쪽에 일곱 개의 역참을 설치하고 5백 명이 요주에 있는 요새를 유지했다. 이 먼 곳에서 복무하는 것은 성도 평야의 사람들에게는 무거운 짐이었다. 698년에 자사(刺史) 장간지(張柬之)는 황제에게 상소문을 올렸다.[87] 이전

---

83) 앞의 책, 같은 곳.

84) 당나라 시기 티베트와 중국 사이의 모든 전쟁에 대해서는 부쉘(Bushell), 「티베트의 초기 역사(The early history of Tibet)」, 『JRAS』, 뉴 시리즈, XII, 434쪽 이하를 참고하시오.

85) 『신당서』 권 216상, 4쪽을 참고하시오.

86) 『신당서』 권 42, 3쪽과 『전계(滇繫)』, 4책, 권 1, 7쪽을 참고하시오.

87) 이 상소문은 『자치통감』 권 206, 6쪽(698년)에 요약되어 있다. 두우(杜佑)의 『통전(通典)』(권 187, 22~23쪽)에 자세하게 기록되어 있는데, 마단림의 『문헌통고』에서 인용되었다(권329, 12~13쪽, 번역본으로는 에르베이 드 생드니의 『남중국 외래 인들에 대한 민족분류(Ethno-graphie des peuples étrangers à la Chine, Méridionaux)』, 184~188쪽).

왕조들은 운남에 포진하는 이점을 알았다. 그곳에서 서쪽으로는 대진(大秦)과 통할 수 있고, 남쪽으로는 통킹과 통할 수 있었다. 그러나 오늘날 운남의 오랑캐들은 어떠한 조공도 바치지 않고 있고, 저들과 맺은 관계들은 인적·물적으로 크게 잃게 되었다고 했다. 그는 요주를 포기하고 모든 중국 군대를 여(濾)[88], 즉 양자강의 북쪽으로 철수시키며 분쟁을 피하고자, 공식적인 임무가 아닌 한, 중국인들이 오랑캐들과 흥정하는 것을 특별히 막아 주기를 요청했다. 이 계획은 송나라의 계획이 되어버렸지만 무측천의 야망과 맞지 않아 폐기되었다.

결국, 738년 소득 없는 첫 번째 시도 이후로 중국인들은 740년 남서쪽에서 큰 공을 들여 장구겸경(章仇兼瓊)이 안융성을 탈환했다.[89] 동시에 그는 남쪽을 통해 통킹도호부와 관계를 맺고자 했다. 몇 년 뒤에 죽령천(竹靈倩)을 보내 곤명(昆明) 근처에 안녕성을 세우는 임무를 맡겼던 바로 그 사람이다. 운남과 인도로 가는 길은 중국 사람들의 힘을 벗어난 것 같았다. 그러나 너무 방대한 제국은 여기저기서 삐거덕거렸고, 중국인과 티베트인들의 싸움은 남조(南詔)라는 새로운 왕조의 탄생을 조장했을 뿐이었다.

---

88) 샤반느가 제시하고 있는 것처럼(『JA』, 11~12월호, 1900, 403쪽), 여(濾) 강은 건창(建昌) 계곡을 가로지르는 안녕강이다. 그러나 당나라 시기에는 광의적으로 양자강이었다. 『만서』 권2, 2~3쪽과 자일스의 사전에서 여(濾) 조목을 참고하시오.

89) 부쉘(Bushell), 「티베트의 초기 역사(The early history of Tibet)」, 『JRAS』, 뉴 시리즈, XII, 470~472쪽을 참고하시오.

9. 남조(南詔) 왕국에 관하여

남조(南詔)의 역사는 이미 파커(Parker)와 로셔(Rocher) 씨가 이미 기술했으므로[90], 자세하게 알아야 할 것이 남았더라도, 본 연구의 목적이 아니다. 그렇지만 남조는 미얀마로 가는 길을 막았기 때문에, 그 존재에 관한 큰 국면들을 환기하는 것도 무용하지 않다고 생각한다.

확정되지 않은 시기부터 운남의 서쪽과 북서쪽에는 여섯 조(詔)가 있었다. 조는 그 나라 말로 왕을 의미한다. 개원(開元) 연간에(713~741) 여섯 조(또는 왕) 중에서 가장 남쪽에 있었던, 지리적 위치 때문에 남조라는 이름으로 알려졌는데, 피라각(皮邏閣)이 중국으로부터 나머지 다섯 공국을 점령하도록 허락을 받았다. 이 때문에 이 남조라는 이름은 새로운 왕조 전체에 적용되었다.[91] 중국은 그에게 운남왕이라는 칭호를 주었고, 742년과 748년 사이에 그는 현 연난센에서 멀지 않은 곳에 새롭게 세운 안녕성을 치기 위해 일어난 찬(爨)들을 정복하는 것을 도왔다.

피라각은 각라봉(閣邏鳳)에게 권력을 넘기고 748년 죽었다. 이때부터 새로운 왕국이 공고하게 대리부에 안착했다. 중국인들은 떠오르는 행운이 시들기를 기다렸지만, 그들의 군대는 751년과 754년

---

90) 파커(Parker), 「서운남의 옛날 타이 또는 샨 왕국(The old thai or shan empire of Western Yunnan)」, 『차이나 리뷰』, XX, 337쪽 이하와 로셔(E. Rocher), 「운남 왕들의 역사(Histoire des princes du Yunnan)」, 『통보』, X, 1~32쪽, 115~154쪽, 337~368쪽, 437~458쪽.

91) 정확하게 말하자면, "남조의 왕들"이라고 말하면 안 된다. 왜냐하면, 남조는 직명이지 나라의 이름이 아니기 때문이다. 그러나 실제로 중국 사람들은 나라의 이름으로 썼고, 마찬가지로 8세기 말에 중국 황제가 이모심(異牟尋)에게 준 작위도 "남조왕(南詔王)"이었다(『신당서』 권 222상, 4쪽). 그 명칭이 편리하므로 나도 그것을 사용할 것이다.

에 참혹한 반전을 겪게 되자 각라봉은 티베트 사람들의 품에 들어갔다. 티베트는 그에게 동제(東帝)라는 칭호를 수여했고 찬보종(贊普鍾)이라는 작위를 주었다. 이는 "첸포(btsanpo)의 아우"라는 뜻으로, 종(鍾)은 "오랑캐" 언어로 동생을 의미한다. 아마도 이것은 티베트어로 충(čung)일 것이다.

779년 각라봉이 죽자 그의 손자인 이모심(異牟尋)이 계승했다. 중국을 몹시 동경했던 그는 중국과 평화를 유지하고자 했고 티베트와의 동맹을 포기하기 시작했다. 그는 즉각 자신의 계획을 실천에 옮길 수 없었고, 우선 티베트로부터 일동왕(日東王)이라는 칭호를 받았다. 791년부터 중국 황제에게 사신들을 보내 복종을 표했다. 794년 그는 신천(神川), 즉 양자강 상류에서 티베트를 상대로 큰 승리를 거두었다. 그의 후계자들은 중국과의 우의에 훨씬 정성을 덜 쏟았다.

829년 전쟁이 다시 일어났고 남조의 장군은 성도의 성문 앞에 진을 쳤다. 상황은 좋게 진행되지 않았다. 통킹 자사의 부당한 징수로 운남 남부와 홍강 상류의 종족들이 반란을 일으켰다. 남조의 군대는 그 종족들에게 가담하여 863년 초에는 통킹도호부의 소재지, 즉 하노이를 점령했다. 고병(高駢) 장군에 의해 운남으로 내몰리자, 침략자들은 사천 쪽으로 거슬러 올라갔다. 그들은 성도를 취했고 그들을 이기기 위해서는 다시 고병에게 요청해야 했다. 874년 다시 억압을 받자, 남조의 군대는 안남 쪽으로 새로운 시도를 하여 결국 운남의 변경으로 들어갔다. 정복의 시대는 종결되었다.[92] 그때부터 남조 왕조는 근근이 이어졌다. 현 대리에 있던 본국은 운남 동쪽의 37 종족에 대해 여전히 지배력을 펼치고 있었고, 8세기 중반부터 오늘날 곤명(昆明)에 두 번째 도읍을 건설했다. 그러나 그들은 중국 본토에 관

92) 당나라 시기 남조의 이러한 역사에 대해서는 파커 씨와 로셔 씨의 논문 이외에도 『신당서』 권 222와 파커 씨가 「중국의 초기 라오스인(The early Laos in China)」란 제목으로 『차이나 리뷰』 20책, 72~106쪽에 실린 번역을 따랐다.

심을 가지지 않았고, 10세기 초반 당 왕조를 시들게 한 무정부 시기 이후, 중국인들은 퉁구스 민족의 진출에 너무 골몰한 나머지 남서쪽의 경계로 지나가는 것에 큰 관심을 기울이지 못했다.

남쪽으로의 중국의 팽창은 몽골 시대에 다시 시작되었다. 1253년[93] 쿠빌라이 칸의 군대에 의한 첫 번째 공격에서, 남조를 이은 대리 왕국은 무너졌다. 그렇지만 몽골인들은 대리의 몰락한 왕에게 마하라자(mahārāja)라는 영예로운 작위를 내렸다.[94]

남조의 사람들은 타이인들이라고 추정한다.[95] 그러나 이러한 기원문제는 여전히 매우 불확실하게 쌓여있다. 남조가 중국 문명에 깊숙이 영향을 받았다는 것은 더 잘 알려져 있다. 이는 내가 역점을 두고자 하는 것이 아니다. 그러나 여기서는 중국에서 미얀마를 통해 인도로 가는 길을 주로 다루고 있으므로, 인도차이나 동쪽과 남쪽에서 그렇게 강했던 미얀마의 영향과 인도의 영향이 이라와디 상류와 살윈 상류의 산들을 조금 넘어 운남까지 감지되었다는 것을 밝혀주기에 적절한 몇몇 설명들을 모아보고자 한다.

---

93) 쿠빌라이가 대리를 취한 것은 1253년이다. 율(Yule)은 다소 부정확하게 1253~1254년이라고 했다(『마르코폴로』, II, 80쪽). 꼬르디에 씨는 그가 보지 못한 것 같은 보충 주석에서, 율의 주석과 모순되게 "1252년에 대리왕국은 몽골에 의해 무너졌다."라고 했는데, 이는 잘못이다. 『원사』 권 3, 2쪽과 『원사류편』 권 42, 56쪽을 참고하시오.

94) 꼬르디에 씨는 세조가 몰락한 대리의 왕에게 마하라자(mahārāja)라는 칭호를 주었다고 했다. 그러나 쿠빌라이는 1260년에 세조가 되었다. 그는 쿠빌라이가 운남 원정을 할 당시 재위했던 헌종(憲宗)이다. 그리고 1256년부터 대리국의 왕에게 주어진 마하라자라는 작위가 몽골의 연대기에서 나타난다(『원사』 권 3, 3쪽).

95) 파커(Parker), 「서운남의 옛날 타이 또는 샨 왕국(The old thai or shan empire of Western Yunnan)」과 폰탈리스(Pierre Lefèvre Pontalis), 「인도차이나에서의 타이족 침입(L'invasion thaïe en Indo-Chine)」, 『통보』, VIII, 57쪽을 참고하시오.

사실, 이러한 영향에 대한 훌륭한 증거가 될, 인도 기원의 글씨로 된 비문들은 부족하다. 옛날 남조가 남긴 중요하고 유일한 기념비는 샤반느에 의해 연구된 766년의 비석으로, 중국 피난민에 의해 작성되어 한문으로 되어있다.[96] 샤반느는 이 점에 대해 남조는 고유한 글자를 가지지 않았다고 했다.[97] 그의 견해가 내가 빠뜨린 문헌에 근거한 것인지, 남조의 글씨로 쓴 자료에 관해 우리가 무지한 결과인지는 모르겠다. 내가 보기에 이 문제는 명료하지 않다.

모사[Mosso, 摩梭]족들의 채색문자를 제외하고도, 운남에서 사용된 중국어가 아닌 글자로 쓰인 것이 적어도 두 건이 있다. 하나는 로로족의 것이고 하나는 파이(擺夷)족의 것이다. 세워진 연대에 대해서는 모르지만, 이것들은 확실히 수 세기를 거슬러 올라간다. 그런 언어들이 사용된 비문에 대해서 더는 아는 것이 없다. 옛날에 존재했다면 남조의 글자는 손글씨용과 똑같이 사용되었을 것이다. 이것이 어떤 아비(阿毘)에 의해 고안된 소위 위(韙)라는 찬(爨)의 글자였는지는 확실히 모른다. 대리 왕국의 찬들은 몽골 시대부터 글자를 사용했으므로, 이것이 로로족의 글씨일 가능성이 크다.[98] 그러나 약간의 의문은 남는다. 무정(武定)의 녹권(祿勸)현 바위에 찬의 글씨로 새겨진

---

96) 샤반느, 「남조 왕국의 비문(Une inscription du royaume de Nan-tchao)」, 『JA』, 11~12월호, 1900, 381쪽 이하를 참고하시오.

97) 앞의 문헌, 390쪽.

98) 드베리아(Devéria), 『중국과 안남의 경계(La Frontière sino-annamite)』, 127쪽과 「로로족과 묘족(Les Lolos et les Miao-tze)」, 『JA』, 9~10월호, 1891, 358~359쪽을 참고하시오. 1882년 9월 23일의 『아테네움(Athenaeum)』에 라쿠페리((Terrien de Lacouperie)는 내가 확보하지 못한 기사를 실었는데, 「로로는 베이 글자와 관련이 없다(Lolo not connected with Vei Characters)」이다. 아비(阿毘)는 납구(納垢) 종족에 속하고, 중국인들은 마룡(馬龍)의 속현에 위치시키고 있다. 납구족은 남조(南詔)시기에 운남 동쪽에서 일종의 연맹을 형성한 37개 종족 중의 하나였다(『통보』, X, 132쪽).

비석이 있는 것이 사실이라면[99], 문제는 상당히 쉽게 해결될 것이다.

마지막으로 미얀마 쪽에서 뭔가를 찾을 수 있을 것이다. 파간(Pagan)에는 11세기의 비석이 있는데, 한 면에는 알려지지 않은 글씨로 되어있다.[100] 위베르(Huber)는 하나의 탁본을 덧붙였는데, 내가 보기에는 인도 기원의 알파벳과 비슷했다. 그곳으로부터 멀지 않은 곳에 다른 돌 조각은 동일한 글자로 쓰여 있었다.[101] 페구인들과 미얀마인을 제외하고 11세기에 어느 민족이 파간에서 쓰인 인도 기원의 글씨를 가지고 있었는지 모르지만, 남조를 생각할 수 없는 것은 아니다.[102] 남조의 왕국들은 결국 여러 차례 운남의 서쪽 경계를 넘었고, 미얀마 북부의 문제에 중요한 역할을 했다. 이는 자료들이 입증해 준다.

---

99) 이 비문은 1901년에 간행된 『속운남통지고(續雲南通志稿)』, 권192, 33쪽에서 언급되었다(『BEFEO』, III, 33쪽).

100) 이 비석은 사각형이다. 한 면에는 미얀마 비문으로 채워져 있고, 다른 면은 팔리어 비문으로 채워져 있다. 세 번째 면은 페구 비문으로 쓰여 있고, 마지막 면은 알 수 없는 비문으로 되어있다. 미얀마 비문은 『파간, 피니야 그리고 아바의 비문들(Inscriptions of Pagan, Piniya and Ava)』, Rangoon, Government printing, 1899, 8절판, 97쪽에서 번역되었다. 1084년 아버지 왕의 죽음에, Sîritribhavanàtityadhammarâjà(Crītribhuvanādityadharmarāja)와 부인 Trilokavadhamsakâ devi(Trilokāvataṃ sakadevī)의 아들인 라자쿠마라(Rājakumāra)에 의해 이루어진 기부와 관계되어 있다. 팔리어 문장은 미얀마 텍스트와 일치한다. 페구어로 된 비문에 대해서는 어떤 영국학자도 연구에 할애하지 않았다. 페구어 비문들은 현재까지 사어로 남아있다. 그중 몇몇은 갠지스강 너머의 인도에서 가장 오래된 것들 속에 들어간다.

101) 『파간, 피니야 그리고 아바의 비문들(Inscriptions of Pagan, Piniya and Ava)』, 98쪽을 참고하시오.

102) 남조가 가진 특수한 글자를 찾지는 못했지만, 일반적 사용에는 미얀마의 글자들을 사용했을 법하다. 13세기에 파이(擺夷)족이 그것을 사용했고 현재 파이족의 알파벳은 미얀마의 것에서 나왔다. 드베리아(Devéria), 『중국과 안남의 경계(La Frontière sino-annamite)』, 103쪽.

중국의 보호 감독을 벗어난 각라봉(閣邏鳳)은 754년 승리 이후, 중국 내부의 다툼으로 동쪽의 모든 근심거리에서 벗어날 수 있었고, 그의 군대를 양자강 상류 계곡과 이라와디 상류를 차지하고 있던 심전(尋傳)[103]과 표(驃)[104] 왕국, 즉 미얀마로 돌렸다. 『당서』의 다른 문장에[105] 따르면, 군대의 힘과 상대적으로 영토가 가까운 덕으로 남조는 언제나 표나라를 속국으로 가지고 있었다고 한다. 8세기 말에 이모심(異牟尋)이 중국에 항복한 이후, 표나라는 전례를 따라 802년 표나라의 노래하는 사람들을 보냈는데, 이에 대해 『신당서』는 긴 설명을 하고 있다.[106]

---

103) 이 심전 원정은 두 차례 766년 비문에서 언급되었다(샤반느, 「남조 왕국의 비문(Une inscription du royaume de Nan-tchao)」, 430, 438쪽). 비문에서는 757년과 763년 사이에 두고 있다. 이는 안록산(安祿山)의 난(755~ 757) 이후에 이 사건을 두고 있는 『구당서』(권 197, 5쪽), 『신당서』(권 222하, 2쪽)와 완벽하게 일치한다. 『만서』는(권 3, 5쪽), 그 이야기가 역사적으로 잘 정리되어 있지는 않지만, 선우중통(鮮于仲通)의 패배를 언급하기 전에 심전으로 가는 이 원정에 관해 말하고 있다. 그러나 연도를 제시하고 있지는 않다. 『신당서』에서는 심전에 관한 짧은 기술이 이름을 언급한 이후에 끼워져 있다. 766년의 비문에서(샤반느, 앞의 글, 431쪽) 심전은 "남쪽으로 발해(渤海)와 통하고 서쪽으로는 대진(大秦)과 가깝다."라고 하였다. 발해는 바다를 가리키지, 남해를 가리키는 것 같지는 않다. 통(通) 자는 사실 서로 접경한 왕국들이나 중국과 비교하여 국한되지 않은 나라들로 가는 길이 열린 나라들에 적용된다. 어쨌든 『만서』의 문장은 심전이 양자강과 이라와디 상류 계곡에 있다는 것에 의심의 여지가 없다(『만서』, 권 2, 3, 4, 6쪽). 바다와 통했다면 미얀마의 중계에 의한 것이었다.

104) 표(驃)라는 이 나라가 더 문제가 된다. 『신당서』(권 222하, 2쪽)와 『만서』(권 3, 5쪽)는 심전의 항복 옆에 표(驃)의 항복을 언급하고 있지만, 표나라는 766년의 비문과 『구당서』에는 전혀 언급되어있지 않다. 『만서』는 권 10, 1쪽에서 각라봉(閣邏鳳)이 표나라에 원정한 것을 다시 언급하고 있다.

105) 『신당서』 권 222하, 5쪽.

106) 『구상서』 권 197, 7쪽과 『신당서』 권 222하, 5쪽과 그 이하. 『신당서』는 다만

832년 남조는 다시 표나라를 침략하여 운남의 자동(柘東)에서 3천 명의 포로를 잡았다.[107] 863년 초에 남조의 군대가 하노이를 취할 때, 심전의 서쪽에 살고 있었던 오랑캐인 야만(野蠻)이 침략군의 대오에 합류하여 또 릭(Tô Lịch) 강가에 진영을 세웠다.[108] 전승에 따르자면, 남조는 실론 왕이 파견한 군대에 대항하여 방어하는 전쟁에 미얀마를 구원하러 왔다고도 한다.[109] 『남조야사(南詔野史)』와 같은 이후의 역사들은 809~815년에 이 개입을 위치시키고 있으므로,

---

~ 이 사절이 온 것을 정확한 연도를 확정하지 않고 정원(貞元) 연간(785~ 805)이라고 했다. 『구당서』는 「표국전」에서(권197, 7쪽) 8년(792)이라고 했다. 그러나 「본기」와 비교해보면 8년을 18년(802)으로 고쳐야 하는 것을 알 수 있다. 『자치통감』에서 이 사건을 넣고 있는 것은 바로 802년이다(권 236, 2쪽).

107) 『신당서』 권 222하, 7쪽과 『만서』는 권 10, 2쪽. 『만서』는 권 10, 1쪽에서는 남조가 835년에 벵갈만에 있는 미신(彌臣) 왕국으로 가서 3천 명의 포로를 잡아 여수(麗水) 상류에 금이 들어있는 모래를 씻도록 활용했다는 다른 원정을 언급하고 있다. 그러나 아마도 832년의 원정과 혼동이 있는 것으로 보인다.

108) 야만(野蠻) 또는 나만(裸蠻)은 『신당서』에서 심전에 관해 말하면서 언급되었다(샤반느, 「남조 왕국의 비문(Une inscription du royaume de Nan-tchao)」, 431쪽). 이들은 오늘날 야인(野人)이라 불리는 카친 족일 것이다. 중국어로는 다른 특별한 명칭이 없다(Scott, 『상부 미얀마와 샨족 나라들의 지명 사전(Gazetteer of Upper Burma and the Shan states)』, I, 369쪽). 『만서』에서 여러 차례 야만으로 언급되었는데, 별도의 조목으로 기술하고 있다(권 4, 7쪽). 그들은 심전의 서쪽 300리 떨어진 곳에 사는 진정한 야만인으로 표현되어있다. 일부다처제를 행한다. 각라봉(閣邏鳳)은 첫 번째 심전 원정에서 그들을 굴복시켰다. 863년 야만의 출현을 알려주는 것 또한 『만서』의 동일한 문장이다.

109) 라쿠페리(Terrien de Lacouperie)는 현재 카인(Karen)족의 조상들은 "기원전 778년에 중국에서 2십만 가구가 남조의 강력한 왕에 의해(운남 동쪽의) 영창(永昌)으로 쫓겨났는데, 바로 남조가 (광서 북쪽의) 찬(爨) 왕국의 서쪽 부분을 무너뜨렸을 때였다."라고 하였다(『샨족의 요람(The Cradle of the

미얀마가 면(緬)이라고 불렸고, 중국인들은 12세기에 이미 알고 있었던 것 같다고 하는 기술을 받아들이기 어렵다.[110] 한편 『마하왐사(Mahāvaṃsa)』[111]는 상당히 정확하게 7세기 중반에 실론의 왕 파라크라마 바후(Parākrama Bāhu)가 페구에 군대를 보낸 원정을 이야기하고 있다.[112] 연대기적으로는 혼란스럽지만 그로써 중국의 다른 전설은 진실을 담고 있다고 할 수 있다.

Shan race)』, 27쪽). 이는 완전히 허구이므로 나는 이 생각을 취하지 않겠지만, 스콧은 『상부 미얀마와 샨족 나라들의 지명 사전(Gazetteer of Upper Burma and the Shan states)』(I, 193쪽)에서 이를 인용하고 있다.

110) 『운남비징지(雲南備徵志)』본 『남조야사(南詔野史)』로는 8권 14, 17쪽과 풍소(馮甦)의 『전고(滇攷)』 본으로는 권 12, 6쪽.

111) 『마하왐사』, 라지바 위에시나(Wijesinha)의 번역본, 76장, 229~232쪽과 데이비즈(Rhys Davids), 「12세기 실론 왕 파라크라마 바후의 남인도 정복(The Conquest of South India in the Twelfth century by Parākrama Bāhu, the Great King of Ceylon)」, 『JASB』, 41책, 197~199쪽. 미얀마의 연대기에는 스리랑카의 이러한 침입을 언급하고 있지 않다. 파이어(Phayre), 『미얀마의 역사』, 런던, 1884, 50쪽을 참고하시오.

112) 스리랑카의 두 선박이 이르는(데이비드, 앞의 책, 198쪽과 『마하왐사』, 232쪽) 쿠수마(Kusuma) 또는 쿠수미(Kusumi)라는 도시는 바세인(Bassein)이고 산스크리트 명칭이 쿠수마이다(율, 『영국-인도의 용어사전(Hobson-Jobson)』, Bassein 과 Cosmin 조목을 참고하시오.

10. 운남의 산스크리트어 명칭

남조라는 명칭을 사용하지는 않았지만, 미얀마의 역사가 남조를 몰랐던 것은 아니다. 인도차이나로부터 인도화한 사람들이 사용한 것은 그들의 나라, 즉 하나의 새로운 인도에서 고유한 인도의 지명들을 그들 사이에서 환기하며 만들어낸 것이었다. 혹은 고유의 명칭을 산스크리트어식으로 바꾸거나, 어떤 경우에는 인도식 명칭이 마구잡이로 부과되었다. 간다라가 인도의 북쪽에 있다면, 운남은 인도차이나의 북쪽에 있다. 간다라는 산들로 둘러싸여 있고[113], 운남으로 가기 위해서는 인도차이나의 큰 강들과 나란히 뻗어있는 산맥을 넘어야 한다. 운남이 간다라가 되기에 충분했다.

전설에 따르면, 11세기에 아나률(Anuruddha)이 부처의 이빨을 찾으러 간 곳이 바로 간다라즈(Gandhālarāj, Gandhālarāja로 이 나라의 이름이 되었음)이다.[114] 오늘날 『사사나왐사(Sāsanavaṃsa)』가

---

113) 낭아수(狼牙修, 틀림없이 테나세림Tenasserim)의 왕이 515년에 중국의 황제에게 보낸 편지에서(『양서』 권 54, 6쪽), "간다라의 산들 만큼이나 높이 성과 누각들이 서있다(城閣高峻如乾陁山)"라고 하였다.

114) 파이어(Phayre), 『미얀마의 역사』, 35쪽. 『마하왐사』의 글에는 페구를 통해 실론에 보낸 승려들을 언급하고 있는데 위예신하(Wijesiṇha) 번역본의 색인과 같이(388쪽) 라마냐(Rāmaṉya)의 왕 아나률로 읽어야 하지, 번역본에서처럼, 그리고 내가 『BEFEO』, II, 130쪽에서 잘못 인용한 것처럼, 아나률의 왕으로 읽어서는 안 된다(108쪽). 특히 미얀마의 연대기들이(파이어, 『미얀마의 역사』, 37쪽과 281쪽과 또세인꼬(Taw Sein Ko)의 「칼야니 비문에 관한 몇가지 언급(Some remarks on the Kalyani inscriptions)」, 『Indian Antiquary』, XXIII, 257쪽에서는 아나률의 타통(Thatôn) 정복은 1057년으로 되어있음을 참고하시오) 11세기 초중반에 아나률이 재위했다고 하는 반면, 『마하왐사』에 따르면(60장; 위예신하의 번역본 108쪽; 뮐러(Ed. Müller, 『실론의

원래 중국(Gīnaraṭṭha)에 속하지 않은, 그리고 이후에도 병합되지 않은 카쉬미라간다라(Kasmīragandhāra)를 말하면서[115], 보데(Bode) 부인이 하고 있는 것처럼 어떻게 중국의 영향력이 인도의 간다라에 미칠 수 있었는지를 찾을 필요가 없다. 그것은 아주 간단히 운남을 말하기 때문이다.

간다라라는 새로운 명칭이 적용된 것은 단지 미얀마 사람들에게만 알려진 것은 아니었다. 라시드 웃딘은 "카세이의 남서쪽에는 중국인이 다이-리오우[Dai-Liou] 또는 '큰 왕국'이라 부르는 나라가 있는데 몽골어로는 카라장(Karajang), 인도와 카슈미르 언어로는 칸다르(Kandar)라고 하고 우리는 칸다하르(Kandahar)라고 한다"[116]라고 하였다. 다른 곳에서도 그는 "칸다하르, 몽골어로는 카라장이라 한다. (이 나라의) 사람들은 카세이어와 인도어를 한다. 쿠빌라이 칸 시기에 (이 나라는) 몽골에 의해 정복되었고, 티베트, 카세이, 인도를 옆에 두고 있다"라고 하였다. 그리고 흥미로운 혼동으로, 이 페르시아 역사가는 인더스강 유역의 간다라에 관련되는 것임에 틀림없는 갠지스 강 너머의 간다라에 붙여서 "인도는 그들의 군대로, 칸다하르는 코끼리로, 그리고 터키는 말로 유명해졌다"라는 유명한 말로 끝을 맺고 있다.[117]

~ 옛 비문(Ancient inscriptions in Ceylon)』, 런던, 1883, 8절판, 61쪽), 그에게 비자야 바후(Vijaya Bāhu)를 보낸 사절은 1071년으로 되어있다는 것에 주목할 필요가 있다. 미얀마 단어들의 발음과 표기에 관한 문제에 대해서는 이 언어에 관한 지식으로 기꺼이 나를 도와준 위베르(Ed. Huber) 씨에게 큰 신세를 졌다.

115) 보데 부인이 팔리 어문 학회(Pāli Text Society)를 위해 편집한, 『사사나왐사(Sāsanavaṃsa)』, 1883, 8절판, 8쪽.

116) 율, 『마르코 폴로』, 꼬르디에 편집본, II, 72쪽을 참고하시오.

117) 엘리엇(Sir H. M. Elliot), 『인도의 역사가들이 말하는 인도사(The history of India as told by its own historians)』, 런던, 1867년, 8절판, 1책, 73쪽 이하; 율, 「라시드 웃딘의 인도에 관한 지리적 기술을 밝히는 시도(An endeavour to

라시드 웃딘의 이 문장은 간다라에 대한 운남인들의 용례를 명시해준다. 마르코 폴로가 지나치게 입증하려한 것처럼, 카라장이라는 나라는 곤명(昆明)과 대리(大理)의 지역이다.[118] 오늘날 "검은 장"을 뜻하는 카라장(Karajang)과 "흰 장"을 뜻하는 차간장(Tchaganjang)이라는 명칭들은 운남의 두 민족에 대해 몽골사람들이 적용한 것으로 잘 알려져 있다.

내가 아는 한 "장"은 설명되지 않았다. 나는 찬(爨)에 대한 몽골식 음역이라고 보고 싶지만, 원칙적으로 카라장이라는 명칭을 옛날 남조의 독특한 종족들의 것으로 예정된 것으로 본다. 중국인들은 찬(爨)을 백찬(白爨)과 오찬(烏爨)으로 나누었다. 그런데 옛 남조의 사람들은 원래 찬족에 속하지 않았다고 할지라도[119], 자료들은 그들이 오래전부터 오찬들과 결혼을 통해 섞였으며[120], 마찬가지로 남조 사람들은 오찬들 중에서 흰 사람들일 뿐임을 말해 주고 있다.[121] 따라서 몽골인들은 지배적이었던 부적절한 명칭을 남조에게 적용했을 것이다.[122] 그러므로 넓은 의미에서 카라장은 남조에 굴복한 모든 민족들일 것이고, 또한 남조가 두 번째 수도로 가지고 있었던 곤명(昆明)의 사람들과 언제나 그들의 사실적 수도였던 대리의 사람들

~ elucidate Rashiduddin's geographical notices of India)」, 『JRAS』, 뉴 시리즈, 1870, 4책, 354~356쪽을 참고하시오.

118) 『마르코 폴로』, 48, 49장. 율(Yule), 2책, 64~84쪽을 보시오.

119) 그들은 『신당서』 권 222하, 8쪽에서 언급된 오찬들의 7개의 큰 종족에는 보이지 않는다.

120) 『신당서』 권 222하, 8쪽.

121) 『구당서』 권 197, 5쪽; 『신당서』 권 222상, 1쪽; 『만서』 권 3, 1쪽.

122) "장"이 "찬"이라는 나의 가정이 확인된다면, 카라장이라는 명칭의 적용은 부적절할 것이다. 왜냐하면 오찬을 진정으로 대표하는 것은 로로족이 되어야 하기 때문이다. 로로족은 아마도 당나라 시기부터 원나라 시기에 이미 알려져 있었고, 이들도 여러 종족으로 나뉘어 백로로, 흑로로가 있었다.

도 된다. 그러나 좁은 의미에서 이 용어는 남조의 요람인 대리 계곡을 지칭했다.[123] 라시드 웃딘의 다이리오우(Dai-liou)에 관해서, "대국"이라는 주석에도 불구하고, 대리(大理)란 명칭이 변화된 것으로,

---

123) 인도차이나의 사이비 인도 지리서는, 인도에서처럼 수도를 메이틸라(Meittila, 산스크리트어로는 Mithilā)라고 한 것과 함께 운남에 대한 다른 명칭, 즉 비데하라즈(Videharaj)를 알려주고 있다. 그곳은 바로 샨의 몽케(Mong Khe), 즉 중국이다. 그러나 좁은 의미로는 운남이다. 비데하라즈는 운남 동쪽에 해당하고 메이틸라는 곤명(昆明)에 해당한다(Scott, 『상부 미얀마와 샨족 나라들의 지명 사전(Gazetteer of Upper Burma and the Shan states)』, I, 219쪽). 이 추정이 정확하다면, 불교의 우주론에서 메루(Meru)의 동쪽에 있는 대륙인 불파제(弗波提, Pūrvavideha)는 미얀마의 영향이 스며든 나라의 더 동쪽에 비데하라즈라는 명칭을 부여한 것과 관계가 있지 않은지 의문을 제기할 수 있다. 스콧은 샨과 타이 왕국에 관한 흥미로운 장에서 남조를 마니푸르(Manipur) 연대기가 언급하고 있고, 아나률이 그가 정복한 나라들로 열거한(마찬가지로 율, 『마르코 폴로』, 2책, 79쪽을 참고하시오. 나는 스콧이 『상부 미얀마와 샨족 나라들의 지명 사전(Gazetteer of Upper Burma and the Shan states)』, 2책, 562쪽에서 말한 것처럼, 마르코 폴로가 언급한 팡(Pang)이라는 왕국을 모른다) 퐁(Pong) 왕국으로, 또한 미얀마 사람들이 코샨피(Ko-shan-pyi, Ko-rham-pran으로 씀)라고 하며, "샨의 아홉 나라"란 뜻인 코샴비(Koçambī)로 볼 것을 제안했다(『상부 미얀마와 샨족 나라들의 지명 사전(Gazetteer of Upper Burma and the Shan states)』, I, 190쪽과 여러 곳). 이 가정의 출발점은 일반적으로 코샴비로 보는 샨족 연대기와 특별히 퐁으로 보는 마니푸르 연대기는 이 명칭들을 강력한 샨 왕국의 명칭으로 간주하고 있다는 것이다. 그러나 우리는 역사적으로 남조보다 더 강력한 나라를 알고 있지 않다. 파커(Parker) 씨는 아나률이 정복한 이 퐁이라는 나라가 "남조가 분할된 이후, 대리부(大理府)에 있던 찬(爨)의 반 중국인 가문에 의해 통치된 중국 쪽 절반과 구분하여, 남조가 차지했던 원래 땅의 절반일 것이다."(『미얀마, 중국과의 관계를 중심으로(Burma, with special reference to her relations with China)』, 23쪽)라고 추측했다. 그리고 퐁왕국이 시간이 흐르면서 변화했고, 주도권을 쥔 샨의 속국들 중의 각각에 계속해서 적

~ 용되었다는 설에 근거하여, 마니푸르의 연대기에 나오는 퐁 왕국은(나는 아나률의 연대기와 반드시 구분해야 한다고는 생각하지 않음) "오늘날 모가웅(Mogaung), 몬인(Mohnyin), 그리고 아마도 모메잇(Momeit), 세인니(Theinni)와 같은 속국들로, 그리고 Nantian, Ganai, Longchuan, Mongmao, Manmu, Hulasa등과 같이 중국의 소유로 되어 격하된 여러 샨 왕국들로 대표되는 영역에서 끊임없이 변하는 부분들을 포함했을 것이다." 파커 씨는 결국 남조를 영창(永昌)과 대리부(大理府)라는 두 개의 수도를 가지는 것으로 보았다. 그런데 영창은 중국인들에게 남조의 조상인 옛 애뢰(哀牢)의 소재지로 간주되었다(『차이나 리뷰』, XX, 340쪽). 대리와 운남 동쪽 지역은 찬에 지배된 중국쪽 절반을 형성했고, 영창에 중심이 있었던 다른 절반은 미얀마 북쪽의 모든 샨왕국을 포함했다. 이는 그다지 놀랍지 않다. 왜냐하면, 파커 씨는 남조가 사실상 서쪽으로 "갠지스 계곡으로 아마도 아쌈을 포함한" 마가다(Magadha)까지 펼쳐져 있었다고 인정하고 있기 때문이다(『차이나 리뷰』, XIX, 73쪽). 그러나 애뢰나 남조에 관계되는 것이든, 옛 애뢰가 위치했던 곳이건 간에, 여섯 조(詔)가 역사에서 나타날 때, 그들은 운남의 남서쪽에 있는 영창 옆에 있었던 것이 아니라 대리 지역의 북서쪽에, 자료에 따른다면, 사천의 건창 계곡에 있었다. 남조의 두 도시는 영창과 대리가 아니라, 이론의 여지없이 대리와 곤명(昆明)이다. 남조의 요람은 바로 대리 지역이었고, 남조가 둘로 나뉘었을 때도, 미얀마 북쪽과 유일하게 관계되는 찬에 의해 지배된 이 지역이었다. 왜냐하면 다른 절반은 곤명에 중심을 두고 동쪽에 위치하며 연맹을 이룬 37개 종족의 것이었기 때문이다. 그러나 파커 씨가 상상한 분할이 전혀 사실과 부합하지 않는다면, 찬에 의해 지배된 대리지역에서 코샴비 왕국을 찾을 수 있겠는가? 이처럼 이 지역은 인도식 두 개의 이름을 가지고 있었으므로 『사사나왐사(Sāsanavaṃsa)』(8쪽)의 카슈미라-간다라(Kasmīra-gandhāra)에 대응하는 코샴비-간다라(Koçambī-gandhāra)로 보아야 할 것이다. 이 같은 설명은 내가 보기에 거의 설득력이 없다. 특히 파커 씨의 견해에 동기를 부여했던 이유 중의 하나와 스콧 경의 견해로서, 서쪽에 남조 왕국을 두는 것은 확대해석이다. 그러나 이 왕국은 미얀마를 통해 인도와 관계를 맺고 있었는데, 이것이 바로 마가다가 언급된 『당서』의 문장에서 확인할 수 있는 모든 것이다. 따라서 옛날 남조의 왕들이, 파커 씨가 함부로 새로운 지리적 위치에 근거하고 있는 마가다 국경까지 군대를 이끌지

몽골 시기 적어도 대(大) 자가 "크다"는 것을 의미하는 옛 남조 왕국을 부르는 것으로 보아야 할 것이다.[124]

마지막으로 간다라라는 명칭을 대리 계곡에 적용한 최후의 확증을 중국의 문헌에서 찾을 수 있을 것이다. 대리 계곡은 어떤 문헌에 따르면 천축묘향국(天竺妙香國)이라고 한다.[125] 그런데 중국인들이 간다라를 "향"을 의미하는 gandha로 설명하려는 자료를 보지 못했으므로, 중국인들은 일반적으로 간다르바(gandharva)에 대해 적용하는 것이 그 어원이다.[126] "좋은 향"이라는 "인도"와 간다라라는 명

~ 않았다는 것은 확실하다. 타이 민족들은 수 세기에 걸쳐 이라와디 상류, 마니푸르 그리고 아쌈 북부까지를 차지했지만, 그들의 이주 시기에 대해 알지 못한다(이 문제에 관해서는 스콧의 책 4장을 참고하시오). 혹 각라봉(閣邏鳳)과 그의 후계자들이 만족스러운 전쟁을 통해 이라와디강 상류와 마이인지(Myitnge)강 상류의 민족들에게 한시적인 지배권을 빚을 지고 있다면, 내가 아는 바로는, 이 지역들이 실제로 남조 왕국의 부분이었음을 가리키는 것은 아무것도 없다. 사실 남조의 서쪽 경계에 관해 말하는 유일한 자료는 8세기 말 가탐의 여행기로, 그는 오늘날 중국과 미얀마의 경계 넘어가는 곳에 두는 것 같다. 새로운 자료가 나올 때까지는 코샴비 또는 남조에 있었던 퐁왕국을 더는 찾지 않는 것이 현명할 것으로 보인다.

124) 이 또한 대리(大理) 또는 대리국(大理國)인데, 나는 미얀마 사람들이 중국인을 부르는 타롭(Tarôp), 타록(Tarôk) 또는 타렛(Taret)이라는 난해한 이름에서 찾고 싶다. 이것이 음성적으로 그렇게 만족스럽지는 못하지만, "터키"로 설명하는 파이어(Phayre)의 설, 라쿠페리(Terrien de Lacouperie)가 가상으로 만든 "테루(Teru)"로 설명하는 스콧 경의 설보다 더 정당화될 수 있다. 『BEFEO』, III, 478쪽을 참고하시오.

125) 진정(陳鼎)의 『전검기유(滇黔紀遊)』, 『운남비징지(雲南備徵志)』본, 권 14, 18쪽과 20쪽과 『운남통지고(雲南通志稿)』 권 171, 1쪽, 권 195, 40쪽.

126) 이 설명은 아이텔(Eitel), 『중국 불교의 핸드북(Handbook of Chinese buddhism)』, 간다르바 조목에서 주장되었다.

127) 『전검기유』, 같은 판본의 권 14, 18쪽.

128) 『운남통지고』 권 171, 15쪽.

칭 사이의 우연의 일치는 너무 강력해서 두 명칭의 동질성을 인정하도록 허락하지 않는다. 게다가 사람들은 대리 왕국을 불교에서 선택된 땅이라고 한다. 아발로키테스바라(Avalokiteśvara)가 중인도에서 개종시키기 위해 왔다.[127)]

어떤 전설에 따르면, 이모심(異牟尋)이 중국에 흠뻑 빠져있을 시기인 8세기 말 경 남조에는 강력한 주술사였던 7명의 인도승이 있었는데, 그들이 자신이 존경하는 당나라의 군주를 조롱했다고 한다.[128)] 9세기 초중반에 마가다 출신인 인도의 찬드라굽타라는 승려는, 이 때문에 사람들은 그를 마가다라고도 부르는데, 운남에서 화려한 경력을 가진 마술사였다.[129)] 운남에는 보리수인 피팔라(Pippala) 동굴이 있고, 성산인 그리드라쿠타(Gṛdhrakūṭa, 영취산)가 있는데, 이는 대리 계곡 서쪽을 차지하고 있는 점창산(點蒼山)이다.[130)] 당시 왕조의 여행가였던 진정(陳鼎)은 964년에 황제가 인도에 성서들을 찾으러 파견되어[131)] 976년에야 돌아온 300명의 승려들이 쿠쿠다파다기리(Kukkuṭapādagiri), 우파굽타(Upaguhta)의 돌로 만든 집, 라자그라(Rājagṛha), 그리드라쿠타, 아난다의 몸에서 나온 사리가 들어있는 탑, 피팔라 동굴을 보았다고 신중하게 기술하고 있는데, 이는

---

129) 찬타홀치(贊陀崛哆), 또는 마가타(摩伽陀)로 불린다. 모음의 길이는 중국어로만 기록될 수 있다. 『운남통지고』 권 171, 38, 42쪽과 권 212, 18, 21쪽; 『남조야사(南詔野史)』, 『운남비징지』본 권 8, 16쪽을 참고하시오.

130) 『독사방여기요(讀史方輿紀要)』 권 113, 12쪽과 『전검기유』 같은 판본, 권 14, 18쪽.

131) 계업(繼業) 순례의 한 부분으로 그 짧은 이야기가 『오선록(吳船錄)』에 들어있다. 위베르(Ed. Huber)의 『BEFEO』, II, 256~259쪽과 IV, 75~81쪽을 참고하시오. 진정(陳鼎)은 이 순례의 정확한 날짜를 제시하면서 실수로 송(宋)이 아니라 당(唐)으로 표기하고 있다. 반드시 단락의 끝에서 그가 거명하고 있는 『오선록』을 활용해야 할 것이다. 아난다의 사리가 있는 탑은 현장이 언급하지 않았다. 그러나 『법원주림(法苑珠林)』(권 29)에 따르면, 갠지스 기슭마

모두 대리 지역의 성지에 있는 것들이다. 이 승려들이 서쪽으로 가서 티베트를 돌아 인도로 들어갔다가 동쪽으로 돌아와 대리 계곡에 이르렀을 것이 틀림없는데, 당시 사천 또는 귀주와 남조의 땅인 대리 지역 사이의 교통은 단절되어 있었다.[132]

미얀마를 매개로하여 대리 지역의 상대적인 인도화는 남조의 왕들이 가진 칭호에서도 밝혀진다. 중국왕이 운남의 왕에게 준 중국 칭호들과 티베트 첸포(btsanpo)가 하사한 첸포의 아우(btsanpo-čung)라는 티베트 칭호들은 제쳐두었다. 그러나 티베트인들은 각라봉(閣邏鳳)을 동제(東帝)라는 명칭으로 구분했고[133], 이모심은 그들

~ 다 탑이 하나씩 있는데, 아난다가 두 왕국에 주기 위해 자신의 몸을 나눈 곳이 바로 그곳이라고 한다(『신수대장경』, 雨, 6, 96쪽). 이야기는 『아육왕경(阿育王經, Aśokarājasūtra)』에 고스란히 실려 있다(Nanjio, no 1343과 『신수대장경』, 藏, 권10, 51쪽). 진정은 『백고통(白古通)』에 따라, 석가모니가 보리를 얻은 곳은 바로 대리의 호수인 이해(洱海)라고 덧붙였다. 나는 아쉽게도 이 이상한 전승이 어느 시기까지 거슬러 올라가는지 확인하지 못했다. 위베르 씨는 대리의 호수에서 나온 성상(聖像)을 말하고 있는 『법원주림』의 한 문장을 알려 주었는데(『일본대장경』, 雨, 6, 권 14, 6쪽), 그 텍스트는 이 지역이 "인도에서 멀지 않아 이 나라로 가는 (대리의) 사람들이 끊임없이 있었다."라고 덧붙이고 있다. 『법원주림』은 668년에 편집되었다.

132) 『전검기유』, 같은 판본, 권14, 21쪽. 이렇게 옛날에 남조가 불교로 개종했다는 것은 산스크리트어와 중국어로 된 11세기의 두 종으로 증명된다(『운남통지고』 권 196, 1쪽). 『신당서』 열전에서(권 59, 6쪽) 칠과의상(七科義狀)을 언급하고 있는데, 다음과 같은 주석이 있다. "운남 왕국에서 보낸 단립지(段立之)가 오달(悟達) 스님에게 낸 문제에 대한 대답"이라 하였다.

133) 『구당서』 권 197, 5쪽; 『신당서』 권 222상, 2쪽; 『자치통감』 권 216, 5쪽, 751년.

134) 『신당서』 권 222상, 3쪽(상해에 있는 『도서집성』 서고의 석판본에는 '日軍王'으로 되어있는데, 파커 씨가 활용한 판본과 같이 일동왕으로 고쳐야 한다.

로부터 일동왕(日東王)이라는 칭호를 받았다.[134] 남조의 군주들은 사실 이러한 칭호들을 의전에서 사용했다. 이는 이모심이 중국 황제에게 보내는 한 편지로 증명할 수 있다. 편지에서 그는 스스로를 "운남왕의 손자, 티베트 첸포의 의제(義弟), 일동왕"[135]이라는 했다. 그런데 "동제" 또는 "일동왕"이란 이 칭호는 인도의 기원을 가진 칭호에 대한 중국식 번역이므로, 미얀마 역사에서 그 흔적을 찾아야 할 것이다.

중국의 황제에 관해 말하면서 미얀마인들은 오늘날에도 우디드바(udi-dhva)라고 부른다. 파커 씨는 우디가 "틀림없이 한나라의 유명한 정복 황제였던 무제(武帝)에서 나왔다."라고 하였다.[136] 그러나 기원전 3세기 무제의 원정은 운남을 넘지 않았기 때문에 그의 이름이 미얀마 사람들의 귀에 들어가지 않았을 것이다. 그들은 수 세기 뒤에 이러한 잔재가 다소 뜻밖이라고 간주했을 것이다. 우디드바라는 명칭은 옛날에 간다라라즈(Gandhālarāj)와 연관되어 사용되었다.[137] 그래서 남조에 대해 모르면서 간다라라즈가 중국이라고 생각한 이후의 역사가들은 우디드바를 중국의 황제로 보았다. 그러므로 우디드바는 원래 남조의 군주였음이 틀림없다.

~ 파커 씨의 번역은 『차이나 리뷰』 XIX, 81쪽에 실려 있음)과 『자치통감』 권 216, 2쪽, 779년.

135) 唐雲南王孫吐番贊普義弟日東王(『자치통감』 권 234, 8쪽, 793년). 의제(義弟)는 속어로는 파제(把弟)라고 하는데, 형제애를 서로 맹세한 사람들을 가리킨다. 이모심은 재위 초기에 할아버지 각라봉의 전통을 따랐는데, 첸포 충(btsanpo-čung)이라는 칭호는 첸포의 형제임을 의미했다.

136) 파커(Edward Harper Parker), 『미얀마, 중국과의 관계를 중심으로(Burma, with special reference to her relations with China)』, Rangoon, 1893, 작은 4절판, 73쪽.

137) 이 정보에 대해서는 위베르 씨에게 감사를 드린다.

138) 쿠싱(J. N. Cushing), 『샨어에 관한 기초 핸드북(Elementary handbook of the Shan language)』, Rangoon, 1888, 15쪽.

드바라는 단어는 미얀마 고유의 말이 아니다. 그것은 샨의 모든 추장들에게 주어진 사우드바(saudhva)라는 명칭과 관계되고, 샨어 사우파(sau-pha)에 대한 미얀마식 표기이다.[138] 사우(sau)는 차오(chao)라는 단어로[139], 추장을 말하는 모든 타이어 방언에서 공통적이다. 남조라는 명칭과 관계되는 것이 바로 이것이다. 파(pha)에 관하여, 쿠싱(Cushing)의 사전은 내가 가지고 있지 않아, 샨어에서 그 음가가 무엇인지 모르지만, 아마도 시암어 프라(phra)에 해당하는 것일 것이다.[140] 그것이 무엇이든 간에 드바라는 단어를 옮긴 것이라는 유일한 사실은 남조로 추정되는 기원과 잘 어울린다.

우디에 관해서, 위베르 씨가 내게 알려준 것처럼, 우디는 우다니(udañ)로 쓰고 우다야(udaya)에 해당하는데, 마치 비니(vini)를 비나니(vinañ)이라 쓰고 비나야(vinaya)에 대응시키는 것과 같다. 우다야는 "태양이 뜨다", "동방"이라는 뜻을 가진다. 미얀마어의 우

---

139) 쿠싱, 앞의 책, 14쪽. 라쿠페리(Terrien de Lacouperie), 『중국어 이전의 중국 언어들(Les langues de la Chine avant les Chinois)』, Paris, Leroux, 1888, 8절판, 91쪽에 따르면, 중국의 어휘들은 로로어로 추장을 뜻하는 사보화(sabohwa)라는 단어를 제시한다. 이것은 어떤 참고자료도 근거하지 않고 있다. 이 정보가 정확하다면, 이 사보화는 비알(P. Vial)이 제시한 "주인"이란 뜻의 se-p'a와 같은데(『로로족(Les Lolos)』, 상해, 1898, 8절판, 46쪽), 샨어의 [sau-pha]와 공통되는 것이 아무것도 없다. 이후에 타이어 사우(sau, chao, 여기서 [ch]는 유성이 아니라 무성의 구개음을 표현함)는 미얀마어에서 알려지지 않는 것임을 보게 될 것이다.

140) 이 어원추적은 15세기 샨 왕, 사임발(思任發)의 이름에 보이는 발(發)이란 명칭에 대해 파커 씨가 제시한 것이다(『미얀마, 중국과의 관계를 중심으로(Burma, with special reference to her relations with China)』, 45쪽). 이 설은 스콧 경에 의해 채택되었다(『상부 미얀마와 샨족 나라들의 지명 사전(Gazetteer of Upper Burma and the Shan states)』, I, 271쪽). 이는 극동 프랑스 학교가 소유한 맹시(孟市: 영창에 있음)의 중국-타이식 어휘로 확인될

디드바는 남조왕이 지녔던 인도-타이식 명칭을 표현하는 것이 틀림없다. 그러므로 중국어로는 일동왕(日東王)이라 번역되었던 것이다.[141]

~ 수 있다. 즉 황제(黃帝)는 법홍다(法紅爹)로 번역되었는데, 이는 분명히 홍다(紅爹)=황제(黃帝)라는 표기이며, 법(法)은 시암어의 프라(phra)에 해당한다. 미얀마인들도 이 단어가 있지만 그들은 푸라(phura, [phaya]로 발음됨)로 쓴다. 이 용어가 인도차이나 전역과 자바까지 퍼져있었지만, 그 내원의 문제는 여전히 명백하지 않음을 알 수 있다. 그렇지만 모든 타이 방언에서 존재하는 "하늘"이란 뜻의 fa또는 pha란 단어로 사임발(思任發)의 발(發)을 설명하는 것을 절대적으로 배제해서는 안 된다. 이러한 설명은 조수교(曹樹翹)의 『전남잡지(滇南雜志)』 권 9, 14쪽에 주어져 있지만, 그가 발상한 것은 아니다. 보유: 유보적이긴 하지만, 나는 특히 스콧(J. Scott)경이 읽어준 사임발(思任發)의 발(發)을 프라(phraḥ)로 설명하는 것을 받아들였다. 이 설명은 이제 좋지 않은 것 같다. 왜냐하면, 이 설명은 결국 sao-bhva(sau-pha) 때문에 폐기되어야 하기 때문이다. 즉 sau-pha의 pha는 하늘을 뜻하는 시암어 [fa]와 같은 단어이다. [chao-fa]의 시암어 명칭은 캄보디아에서 čauhvã 형태로 접할 수 있다(아이모니에, 『크메르-프랑스어 사전(Dictionnaire khmêr-français)』, 115쪽을 참고하시오). 시암어 [fa]는 Vraḥ KeoFa에도 들어있다. 이는 분명 아이모니에 씨가 제르베즈(Gervaise)에 따라 인용한 "Neak Pra Chou-fa"(『캄보디아』, III, 776쪽)란 명칭이 끝나는 čauhvã(chao-fa)일 것이다. "Choboa"는 어네스트 사토우(Sir Ernest Satow)경이 인용한 책의 제목에 보이는 어떤 시암왕의 이름 끝에 들어있다(『J.St.B.R.A.S』, 17호, 41쪽). 법홍다(法紅爹)의 풀이는 회동관(會同館)의 타이-중국어 탄원서가 입증하는 것처럼 "하늘(타이어의 [fa])의 황제(중국어의 황제)"이다. 그곳에서 중국의 황제는 천황제(天皇帝)로 지칭되어있다. Chou-fa는 팔르구와의 사전에는 들어있지 않다.

141) 루마이(몽크메르)인들은 우디드바를 순수하게 전설적인 설명을 생각해 냈는데, "알을 낳다"는 의미이다. 스콧, 『상부 미얀마와 샨족 나라들의 지명 사전(Gazetteer of Upper Burma and the Shan states)』, I, 485쪽을 참고하시오.

142) 몽골인들은 이 명칭을 마하라차(摩訶羅嵯)라고 쓴다(『원사류편(元史類編)』, 권 42, 58쪽). 건륭(乾隆)시기에 나온 판본에는 마합라차(摩合羅嵯)로 되어

그래도 내 생각으로는, 1253~1256년 사이 몽골인들이 왕의 자리에서 내려온 대리의 왕에게 준 마하라자(mahārāja)라는 명칭은 옛날 남조의 군주들이 지녔던 명칭이다.[142] 내가 아는 한 몽골 시기 이전 어떤 자료에서도 이 명칭에 관한 언급이 보이지 않지만, 여러 문헌들이 몽(蒙)가의 마하차(摩訶嵯)와 37 종족들 사이의 동맹을 기념하는 비석을 언급하고 있다.[143] 다른 곳에는 단(段) 가문과 37개 부족 사이에서 맺은 동맹을 환기하는 것이라고 한다.[144] 하지만 마하차(摩訶嵯)는 확실히 마하라자에 해당한다. 한편 몽(蒙) 가문은 902년부터 남조의 왕좌를 차지하지 않았고, 단(段) 가문이 몽골이 왕에서 끌어내린 가문이다. 결국 8, 9세기의 전성기 이후에 남조는 둘로 나뉘었고, 대리지역에 있었던 서쪽 절반은 남조의 옛 영지였고, 동쪽 절반은 오히려 남조가 더 이상 지배권을 가지지 못했던 37개 종족의 연맹에 의해 점령되었다.[145] 몽골 정복 이전 시기로 마하라자라는 명칭을 언급하고 있는 텍스트들을 어느 정도 믿을 수 있지만, 그래도 곤명(昆明) 지역의 37개 종족의 군주로서 남조의 왕들이 지녔던 것으로 보인다. 원나라가 충성을 다짐한 옛 대리의 왕들에게 주었던 것은 바로 이 명칭이다. 왜 이 몽골인들이 타이 왕에게 인도식 명칭을 주었는지 달리 보기 어렵다.

~ 있다(『원사』 권 3, 3쪽). 이 명칭이 구분된 상황에 관해서는 앞의 61쪽, 주94를 참고하시오.

143) 『남조야사(南詔野史)』, 『운남비징지(雲南備徵志)』본, 권8, 5쪽과 『운남통지고(雲南通志稿)』 권 196, 12~13쪽.

144) 『운남통지고』 권 196, 19쪽.

145) 운남에서 몽골의 승리를 기념하기 위해 대리 근처에 1304년 세운 흥미로운 비석은, 『운남통지고』 권 196, 21~24쪽에 인용되어있는데, 몽골 장군이 오만(烏蠻)의 37개 종족을 평정했음을 상기하고 있다(22쪽). 37개 종족의 명칭들은 운남왕에 관한 로셔 씨의 논문에 보인다(『통보』, X, 132~133쪽). 몽골인들은 이들을 3개의 권(圈)으로 나누었다(『원사류편』 권 42, 58쪽).

11. 남조 왕들의 이름에 관하여

남조의 왕들에 대한 마지막 칭호로서, 그것의 어원은 더욱 분명하지 않은데, 그것은 바로 표신(驃信)이란 것이다. 이는 808년 왕좌에서 죽었을 때, 이모심(異牟尋)의 아들, 심각권(尋閣勸)이 지녔던 것이다.[146] 심각권은 다음 해에 죽었지만 그가 선택한 칭호는 유지되었고, 9세기 말에는 그를 남조의 왕으로 여러 차례 지칭했음을 알 수 있다.[147] 『신당서』는 표신(驃信)이 그들의 언어로 군(君)을 의미한다고 덧붙이고 있다.[148] 그런데 표(驃) 자는 미얀마어의 옛 명칭을 중국어로 표현하기 위해 적용된 것이다. 그것은 옛날 지배적인 미얀마 부족이 가졌던 퓨(Pyū)란 이름과 아주 그럴법하게 호응하고 있음을 볼 수 있다. 남조의 왕들은 여러 차례 미얀마를 침략했다. 그러므로 1893년 파커 씨가 추측한 것처럼[149], 표신(驃信)을 퓨신(pyū-shin, prū-rhang으로 씀), 즉 "퓨의 왕"이란 미얀마식 명칭으로 보여 질 수 있다. 이 설명은 다른 대안이 없기 때문에 가치가 있다. 왜냐하면 남조의 정복에도 불구하고 남조의 군주들이 중국으로부터 "미얀마의 왕"이라는 칭호를 받았다는 것이 이상하기 때문이다. 더욱 그럴듯한 가설은 상반되게 여태껏 남조에 부여된, 순수하게 타이어의 특성을 가지고 있

---

146) 『구당서』 권 197, 7쪽과 『신당서』 권 222중, 1쪽. 『구당서』에는 사실 표신저(驃信苴)로 되어있다. 원문에 오류가 없다면, 저(苴) 자는 [čo]의 음역자로 볼 수 있을 것이다. 이에 대해서는 나중에 다시 언급할 것이다. 저(苴) 자 대신에 『책부원구(冊府元龜)』(권 965, 11쪽)에는 추(酋) 자로 되어있는데 이는 중국어로 추장을 뜻한다.

147) 『신당서』, 앞에 언급한 곳, 4쪽, 5쪽, 6쪽.

148) 『신당서』, 앞에 언급한 곳, 1쪽.

149) 『미얀마, 중국과의 관계를 중심으로(Burma, with special reference to her relations with China)』, 16쪽.

다. 그러나 적어도 이 마지막 이의는 없앨 수 있다고 생각한다. 어쨌든 그것이 타이와 관계되는 것은 인정하지만 약간의 단서들은 이 민족이 미얀마로부터 상당한 영향을 받았다는 것을 보여준다.

남조 왕의 이름은 오래전부터 아버지의 이름 마지막 글자로 시작했다. 예를 들어 성라피(盛羅皮)의 아들은 피라각(皮邏閣)이고, 그의 아들은 각라봉(閣邏鳳)이며, 그의 아들은 봉가이(鳳迦異)이고, 그의 아들은 이모심(異牟尋)이며, 그의 아들은 심각권(尋閣勸)이고, 그의 아들 권용성(勸龍盛)이며, 그의 계승자는 형인 권리(勸利)였다. 형과 권리의 계승자인 풍우(豊祐)가 부친 이름의 마지막 글자를 앞에 두지 않은 것은 『당서』가 명확하게 밝히고 있는데, 중국의 관습에 대한 동경 탓으로 돌리는 것 같다. 그러나 중국에는 이러한 관습이 알려지지 않았었다. 다른 조(詔)들도 남조에 흡수되기 전에는 마찬가지였다. 몽수(蒙嶲)의 조(詔)는 구양조(佉陽照)의 아들 후계자는 조원(照原)이었고, 그의 아들은 원라(原羅)라고 불렸다. 낭궁(浪穹)의 조(詔)에서 나탁(羅鐸)의 아들은 탁라망(鐸羅望)이었고, 그의 아들은 망편(望偏)이며 그의 아들은 편라의(偏羅矣)였다. 등섬(邆睒)의 조(詔)는 풍미(豊咩)의 아들이 미라피(咩羅皮)이고 그의 아들은 피라등(皮羅鄧)이며, 그의 아들은 등라전(鄧羅顚)이고 그의 아들은 전문탁(顚文託)이었다.[150]

게다가 내가 예로 든 것에 두 글자로 된 이름을 거의 넣지 않는 것은 바로 아버지 이름의 어떤 글자도 들어있지 않은 경우가 매우 흔했기 때문이다. 그 때부터 이러한 명칭의 습관을 엿볼 수 있는 것 같다. 첫 글자를 아버지의 이름 마지막 글자로 취하는 것이 규칙이 아니었을 수도 있지만, 관례상 아버지 이름의 마지막 글자를 독립적으로 성숙한 아들의 이름에 선행시켰다. 아들의 이 이름은 그 자체로 충분했기 때문에, 의도적으로 생략한 풍우(豊祐)의 경우를 제외하고,

---

150) 이 이름에 관해서는 『신당서』 권 122를 보시오.

이것이 일반적으로 아들의 이름 앞에 선행되는 글자를 중국인들은 전혀 몰랐다는 것을 설명하는 것이다.

마지막으로 남조의 이름 명단에서 중간 글자로 나(羅) 자의 빈도를 주목할 필요가 있다. 아마도 오늘날 안남어에서처럼, 왕의 실제 이름은 단순히 또는 원칙적으로 이름의 마지막 글자이다. 아들은 바로 그곳에 자신의 이름을 붙이는 것이다.

어쨌든 아버지 이름의 마지막 글자를 아들 이름의 맨 앞에 고정하는 관습은 타이에서는 찾을 수 없다.[151] 반대로 미얀마의 일반적인 규칙에서 나온 것이 아니라면, 황실의 명단은 매우 단순한 예를 제공하고 있을 뿐이다. 파이어(Phayre)의 『미얀마의 역사』의 도표에서[152] 퓨망티(Prū-mang-t'i, Phū-min-t'i로 발음) 또는 퓨-소-티(Prū-čo-t'i, Phū-so-t'i로 발음)[153]왕의 아들은 티-민-이(T'i-mang-yañ, T'i-min-yi로 발음)이고, 그의 아들은 이-민-바익(Yañ-mang-pok, Yi-min-Baik으로 발음)이며, 그의 아들은 파익-선-리(Pok-señ-lañ, Paik-theñ-li로 발음)이고, 그의 아들은 선-리-종(Señ-lañ-krong)이며, 그의 아들은 총-두-잇(Krong-dū-rai, Čong-dū-yit으로 발음)이다. 이러한 동일한 일치를 단순한 우연으로 설명하기는 불가능할 것 같다.

따라서 중국 문헌들이 한결같이 보여주는 운남의 타이 민족의 것으로 추정하는 한 전설에서 미얀마의 영향을 찾을 수 있을 것이다. 기원후 25~220의 기간을 기록하고 있는, 5세기 초중반에 만들어진

151) 스콧 경은 이점에 대하여 "세습적인 글자에 대한 사고는 순수하게 허구적인 것이거나 중국사람들이 만들어낸 것 같다"고 하였다(『상부 미얀마와 샨족 나라들의 지명 사전(Gazetteer of Upper Burma and the Shan states)』, I, 264쪽).

152) 『미얀마의 역사』, 279쪽.

153) 영어에서는 [th]로 발음되는 [s]의 미얀마 발음의 일반적인 표기를 조정하지 않기 위해 나는 유기음 [t]를 쉼표가 붙은 [t]로 표기한다. 퓨-소-티(Prū-so-t'i)의 형태는 마하야자빈(Mahāyazavin)의 것이고, 퓨-민-티(Pyū-min-t'i)는 파이어에 따른 것이다.

『후한서』에서부터 애뢰(哀牢) 민족에게 널리 퍼진 구융(九隆)의 전설이 언급되어 있다.[154] 뇌산(牢山)에 사는 사일(沙壹)이라는 여인이 물에 떠있는 나무에 부딪치고, 임신을 하여 열 달 만에 열 명의 아들을 낳았다. 얼마 뒤에 떠있던 나무는 용으로 변해, 자신이 낳게 해준 10명의 아들을 그 여인에게 요구했다. 용이 보는 앞에서 아홉 아들은 도망갔지만, 가장 어린놈은[155] 도망가지 못하고 용의 등에 올라앉았다. 그 어머니의 말로 구(九)는 "등"이라는 뜻이고, 융(隆)은 "앉다"라는 뜻이라고 했다. 얼마 뒤에 아홉 형들은 구륭을 우두머리로 인정했다. 열 명의 형제는 뇌(牢)산에 사는 사람의 딸 열 명과 결혼했다. 애뢰는 그들의 후손들이다. 중국인들은 애뢰를 영창(永昌), 말하자면 운남의 남서쪽에 둔다.[156] 이것이 우리에게 전해지는 가장 오래된 이야기이다.

그러나 불교가 유입됨에 따라, 구륭의 이야기는 아쇼카왕의 재위부터 시작하는 보다 광범위하게 퍼져있던 한 전설에서 나온 하나의 일화에 지나지 않았다.[157] 그 장소를 둘러싼 여러 설들에 관해

154) 『후한서』 권116, 7쪽.

155) 이 열 명의 쌍둥이들 사이에 어떻게 나이 차이가 있는지 모르겠다.

156) 중국 사람들이 이 전설을 위치시키는 곳은 영창군의 보산(寶山) 현, 구융산(九隆山)이다(『대청일통지(大淸一統志)』, 권 380, 2쪽). 시숭반나(Sipsong-panna) 지역에서 메콩강이 가진 구룡이란 명칭은, 그래서 드베리아(Devéria)는 전설의 구륭을 연결하고 있지만(『중국과 안남의 경계(La Frontière sino-annamite)』, 119쪽), 일반적으로 구룡(九龍)이라 쓴다(『대청일통지』 권377, 1쪽).

157) 이 전설은 드베리아(Devéria)의 『중국과 안남의 경계(La Frontière sino-annamite)』, 117~121쪽에 다 기록되어 있다. 드베리아의 이야기는 1834년 간행된 『운남비고(雲南備考)』에서 가져온 것이다. 이 책은 희귀하여 내가 북경에서 찾으려 했지만 헛수고였다. 드베리아의 사본은 암스테르담의 크람프(Kramp) 씨가 가지고 있는 것 같다. 우리는 『원사류편』 권 42, 54쪽에서 다른 이야기를 찾을 수 있는데, 『일통지』를 인용하고 있다. 『원사류편』은 『대

서는 여기에서 다루지 않을 것이다. 여기서는 다양한 이야기에서 밝혀진 것으로 보이는 내용들만 기술한다. 마가다(Magadha)의 아육왕(阿育王)은 표저저(驃苴低)의 셋째 아들이고, 표저저는 부인 흠몽휴(欠蒙虧)와의 사이에 저몽저(低蒙苴)라는 아들이 있었다. 저몽저는 티베트인, 중국인, 안남인, 스리랑카인, 남조인, 파이(擺夷)인 등의 조상인 아홉 아들이 있었다. 다섯 번째 아들, 몽저독(蒙苴篤) 또는 몽가독(蒙伽獨)이 물에 빠져 죽고 구융(九隆)과 아홉 형제를 낳은 떠다니는 나무가 되었다. 남조에 대해서 말하자면, 그들은 여덟 번째 아들로, 인과왕(仁果王)의 아버지인 몽저송(蒙苴頌)의 후손들이다.

다른 어떤 전설에 따르면, 인과왕은 슈클로다나(Çuklodana)왕의 후손이라고 하고 어떤 전설은 슈클로다나가 아쇼카왕의 후손이라고 한다. 어떤 자료는 몽가독(蒙伽獨)을 표저저(驃苴低)의 아들이라 하고, 다른 자료의 아홉 아들은 기술하는 사람들에게 알려진 모든 지역에서 널리 퍼져있는 사람들로, 그의 아들들이며 구륭의 아홉 형제들이라고 한다.[158] 이 마지막 설이 가장 오염된 것 같다. 첫 번째에서 구륭의 옛 전설과 불교에 의해 소개된 더 이후의 전설들 사이에서

~ 청일통지』의 편집이전이므로, 『대명일통지』를 지칭해야 한다. 그러나 나는 이 책에서 이 구절을 찾지 못했다. 세 번째 기술이 『남조야사(南詔野史)』에서 주어지고 있는데, 이 책은 『백고기(白古記)』를 근거하고 있다. 나는 이 책을 모르지만, 이 『백고기』는 아마도 앞에서 본 진정(陳鼎)이 언급한 『백고통(白古通)』과 같은 것일 것이다. 명나라의 것으로 추정되지만, 원나라의 장도종(張道宗)이란 미심쩍은 사람으로 추정되는 자의 『기고전설(記古滇說)』, 『운남비징지(雲南備徵志)』 권 5, 44쪽을 참고하시오.

158) 여러 전설 중의 하나는 몽(蒙)대신에 모(牟) 자로 쓰여 있다. 이렇게 다르게 표기된 예가 없는 것은 아니다(드베리아, 『중국과 안남의 경계(La Frontière sino-annamite)』, 101쪽, 주1. 몽가독(蒙伽獨)이란 이름은 용가독(龍迦獨)이란 이름과 상당히 비슷하고, 나란히 『구당서』에 근거하고 있는 어떤 자료들은(『전고(滇攷)』, 『운남비징지』본, 권 11, 30쪽) 아버지를 세노라(細奴邏)라고 하였다. 타이어의 고유명사라는 관점에서, 미얀마 연대기들이 13세기에 마

의 접합점을 명확하게 볼 수 있지만, 두 번째의 경우는 한 덩어리로 녹아있고 아쇼카왕만 분명하게 외국에서 가져온 것으로 확인할 수 있는 상태이다. 이러한 아쇼카왕의 전설에 관한 가설을 시도하면서, 내가 근거하고자 하는 것은 첫 번째 설이다.

아쇼카 왕의 아들들, 그의 손자와 증손자들의 이름들은 그들이 비중국인 출신이라는 것을 분명하게 드러낸다. 그 구성을 살펴보면, 아쇼카의 아들인 표저저(驃苴低)의 마지막 글자는 그의 아들 저몽저(低蒙苴)의 첫 번째 글자로 들어가 있고, 저몽저의 아홉 아들 중에서 여덟째의 이름은 부친의 이름의 '몽저'라는 동일한 두 글자로 시작한다. 이는 매우 가까이 남조와 미얀마의 관습을 환기시키고 있다. 게다가 표저저의 표(驃) 자는 남조시기에 미얀마에서 군림한 퓨(Pyū)라는 명칭을 옮기기 위해 중국인들이 사용한 글자와 정확하게 같다. 따라서 위에서 인용한 미얀마의 명단과 그 왕들은 2~4세기에 통치했다는 것을 참조해보면, 퓨-소-티(Prū-čo-t'i)왕의 아들 티-민-이(T'i-mang-t'i)와 표저저 왕의 아들 저몽저 사이의 묘한 닮은 점을 확인할 수 있다.

어의론적 관점에서 퓨-소-티는 '퓨'종족의 명칭의 [퓨], '왕' 또는 '주인'을 의미하며 샨족의 사오(sao, chao)에 해당하는 것일 수

~ 르타반(Martaban, 모타마)의 와레루왕(Wareru)이 된 샨족 모험가에게 돌리는 마가두(Magadū)라는 이름을 연결시킬 수도 있을 것이다(파이어, 『미얀마의 역사』, 65쪽; 아르두엥(Hardouin)의 「시암의 역사적 전설, 마르타반 왕, 막가토의 전설(Légendes historiques siamoises, Légende de Makkat̉ho, roi de Martaban)」, 『Revue indo-chinoise』, 1904, 2월 15일자, 121쪽 이하). 『원사류편』에 따르면(권 42, 54쪽), 구융과 그의 형제들의 후손들은 99개 종족으로 나뉜다고 한다. 그런데, 미얀마인들에 따르면 샨족은 99개 속국으로 나뉜다고 한다. 스콧, 『상부 미얀마와 샨족 나라들의 지명 사전(Gazetteer of Upper Burma and the Shan states)』, I, 189쪽을 참고하시오. 보유: 99개의 부족 수는 『원사』, 권 32, 9쪽과 권 33, 2쪽에도 언급되어 있다.

도 있는 [소], '파라솔'을 의미하는 [티][159]로 구성되어 있다. 그런데 퓨-소-티라는 이 이름은 퓨의 이름을 가지고 있는 미얀마 왕실의 옛 명단에서 분명히 유일하다. 티-민-이라는 이름의 첫 번째 글자 [티]는 '파라솔'을, 두 번째 글자 [민]은 '군주'를 의미하는데, 이 두 글자는 저몽저(低蒙苴)의 '저몽'이다. 세 번째 글자인 [이]는 중국 음역의 저(苴)와 분명히 같지 않다. 저(苴) 자는 또한 표저저의 '저'자와 동일한 의미를 가지므로 미얀마어로 설명될 수 있을 것이다. '저' 자는 우두머리 [소]를 뜻하고, '군주'를 의미하는 민소[min-so]는 미얀마 왕의 이름에서 흔히 만나 볼 수 있다. 아나률은 아노야타-소(Anòyat'ā-so) 또는 아노야타-민-소(Anòyat'ā-min-so)라고 더 자주 불린다. 결국 왜 타이 전설은 미얀마 왕을 아쇼카 왕의 아들로 여기는지를 묻는다면, 미얀마 연대기들은 다음과 같은 해답을 제시하고 있다. 퓨-소-티로 소위 모리야(Moriya, Maurya)의 후손이라 일컬어지는 혈통이 미얀마 왕좌에 올랐다고.[160] 이상하고 모호함에도 불구하고, 운남에서 찾은 아쇼카 왕의 전설을 미얀마 기원으로 설명하는 것이 즉흥적으로 제기되었다고 보기에는 너무 충분한 사실들과 부합하는 것 같다.

---

159) 이 글자는 미얀마 왕실의 이름에서 여러 차례 만날 수 있다. 슈베-티(Shve-t'i)왕은 '황금 파라솔'이란 뜻이다.

160) 파이어, 『미얀마의 역사』, 20, 279쪽

12. 여수(麗水)와 표국(驃國)

곤명(昆明)과 미얀마가 만나는 길은 오늘날과 같이 8세기에도 대리(大理)를 출발하여 영창(永昌)을 가로질렀다. 살윈 강 서쪽에서 고려공산(高黎貢山)[161]을 지나고 그 위엔 제갈량성(諸葛亮城)이 있다.[162] 거기에서 둘로 갈라지고 중심 길은 내리 뻗어 남서쪽에 있는 이라와디 강과 만나고, 다른 길은 곧장 서쪽에 이르게 된다.

이라와디 강 상류에 관한 당나라 시기 사람들의 인식은 이 강과 양자강 상류와의 끊임없는 혼동으로 뒤죽박죽 되어있다. 건창(建昌)강 또는 노수(瀘水)를 통해 양자강 위쪽으로 온 중국인들은 이 명칭을 위쪽의 강에도 적용했다.[163] 또한 그들은 금이 함유된 모래가 흐르기 때문에 금사강(金沙江)이라고도 한다. 그렇지만 그들은 이 명칭으로 이라와디를[164], 심지어는 브라마푸트라(Brahmaputra)를

---

161) 고려공산(高黎共山), 고륜산(高崙山), 고량공산(高良共山), 곤륜강(崑崙岡)으로도 표기된다. 『독사방여기요』 권 113, 14쪽; 『운남통지』 권 26, 21쪽; 『속운남통지고』 권 14, 9쪽을 참고하시오.

162) 3세기 제갈량의 원정은 운남에서 아주 잘 알려져 있어 땅이 솟아오른 여러 곳이 제갈량의 성으로 되어있다. 이는 『속운남통지고』(권 14, 9쪽)에서 알려 준 바와 같이 고려공산(高黎貢山)의 분수령(分水嶺)위에 있는 옛 제갈량성이다.

163) 쯔보이 쿠마조(Tsuboi Kumazo)씨는 노수(盧水)라고 쓰고, 노(盧) 자가 "검다"는 뜻이 있으므로, 노수와 「우공(禹貢)」의 흑수(黑水) 사이의 의미론적 관계를 설정했다(『제 12차 동양학 국제 학술대회 보고서(Actes XIIᵉ Congrès international des Orientalistes Rome)』, Florence, 1902, II, 98쪽). 그러나

164) 자료에서 이 노수를 만날 때마다 예외 없이 노수(瀘水)라고 쓰고 있을 뿐이다. 『독사방여기요』 권 113, 23쪽을 참고하시오. 『전면획계도설(滇緬劃界圖說)』, 무석(無錫), 1902년 판본, 16쪽에 들어있는 1893년의 기록에도 이라와디를 대금사강(大金沙江)이라 부르고 있다.

부르기도 한다.[165] 결국 양자강은 여수(麗水)라는 이름으로 알려져 있었는데, 바로 여기에서 여강주(麗江州)라는 명칭이 생겨났다.[166] 하지만 여수는 가탐의 여행기와 『만서(蠻書)』에서 이라와디를 불렀던 명칭이다.[167] 766년의 비문에서 "녹비(祿郫)는 여수에서 금을 생산한다"[168]라고 한 것은 이라와디를 말하는 것일 것이다.

사실 『만서』는 여수(이라와디)의 이름들 가운데 하나가 녹두강(祿{日+斗}江)이라 하는데, 이 두{日+斗} 자는 비(卑)=비(郫) 자가 잘못된 것으로 보인다.[169] 『만서』(권2, 4쪽)는 이라와디 강의 흐

---

165) 브라마푸트라 강은 종종 대금사강(大金沙江)으로 불린다. 제소남(齊召南)의 『수도제강(水道提綱)』, 권 22, 1쪽을 참고하시오.

166) 샤반느, 『남조 왕국의 비문(Une inscription du royaume de Nan-tchao)』, 『JA』, 11-12월호, 1900, 438쪽을 참고하시오.

167) 가탐의 여행기의 기록은 아래를 참고하고, 『만서』의 기록은 권 2, 4쪽을 참고하시오.

168) 샤반느, 『남조 왕국의 비문(Une inscription du royaume de Nan-tchao)』, 샤438쪽. 샤반느의 해석 대신에 내가 제시한 해석은 이라와디 강을 祿{日+斗}=祿郫라는 이름을 적용한 『만서』에 의해서일 뿐이다. 이색은 이 명칭이 또한 양자강에도 적용되었는가에 이른다. 가탐의 전기(『구당서』 권 138, 5쪽)에서 "전의 남쪽 지역은 여수의 금을 바친다(滇南貢麗水之金)"고 한 것은 바로 양자강에 관한 것이다.

169) 녹두라는 이 명칭은 『만서』 권 6, 5쪽과 권7, 3쪽에 동일하게 보인다. 편집자들이 언급하고 있는 것처럼, 두자는 자전에서 찾을 수 없다. 내가 두로 읽은 것은 그 발음부분을 고려한 것일 뿐이다. 766년 비석에서 녹비(祿郫)라고 한 것이 전통적 텍스트에서 보여주는 것이다. 그러나 『속운남통지고』 권 195, 56쪽에 따르면, 녹(祿) 자만 비석 상에서 알아 볼 수 있다고 한다. 녹비가 맞는지 녹두가 맞는지 모른다. 녹비가 정확하다고 생각하게 하는 것은, 운남에는 녹비산(祿卑山)이 있는데, 거기에서 녹비강(祿卑江)이 나와 안녕으로 흐르고 곡강(曲江)으로 흘러든다는 점이다. 『독사방여기요』, 권 115, 8쪽과 『명사』, 권 46, 2쪽을 참고하시오.

름에 관해 내가 다음과 같이 번역해두는 만큼 매우 흥미로운 설명들을 제시하고 있다. "녹두라고도 부르는 여수는 라사(邏些)[170] 성의 삼위산(三危山)[171] 기슭에서 출원한다. 남쪽으로 흐르며 여수성 서쪽을 지나 창망(蒼望)[172]에 이른다. 그리고 남동쪽으로 도쌍왕의 도물 계곡을 가로지른다[道雙王道勿川].[173] 서쪽으로 미낙도립(彌諾道立)[174]의

---

170) 『강희자전』은 정확하게 이 명칭에서 사(些) 자를 [xiē]가 아니라 [suò]로 읽어야 한다고 밝히고 있다. 따라서 사자는 사(娑)와 같다. 당나라 시기 라사(邏些) 또는 라사(邏娑)라는 성은 라싸였다. 『구당서』, 권 196상, 1쪽; 『신당서』, 권 216상, 1쪽; 부쉘(Bushell), 「티베트의 초기 역사(The early history of Tibet)」, 442, 527, 540쪽을 참고하시오. 따라서 중국 사람들은 살윈강 상류를 이라와디 상류로 여겼다는 것을 인정해야 한다. 이러한 오류는 19세기 유럽지도에서도 마찬가지였다(율, 『1855년 인도 총독이 아바 조정에 보낸 미션에 관하여(A narrative of the mission sent by the Governor-general of India to the court of Ava in 1855)』, 캘커타, 4절판, 263쪽). 이는 이라와디 상류의 유량에 비해 살윈 강 상류의 미약한 유량에 기인한 것이다(Sir J. G. Scott, 『상부 미얀마와 샨족 나라들의 지명 사전(Gazetteer of Upper Burma and the Shan states)』, 1900, I, 7쪽).

171) 삼위산이란 명칭은 『서경(書經)』에서 빌려온 것이다. 「우공(禹貢)」에서 흑수(黑水)는 삼위(三危)를 지나서 남해로 흘러든다. 일반적으로 당하(當河) 또는 돈황강으로 본다(리히트호펜, 『China』, I, 315쪽과 샤반느 『사마천의 사기(Les Mémoires historiques de Se-ma Ts'ien)』, I, 126쪽). 그러나 『만서』의 저자는 이 강이 남해로 흐르기 때문에 당연하게 이라와디를 흑수로 보고 있다.

172) 창망성은 『만서』, 권 6, 5쪽과 권10, 3쪽에 언급되어 있다.

173) 『만서』에서 제시하고 있는 것을 이와 같이 번역했다. 그러나 『신당서』에(권 222하, 4쪽), 도쌍(道雙)과 도물(道勿)은 표(驃)국에 속한 298종족 가운데 주요한 32종족에 들어있다.

174) 미낙도립(彌諾道立)은 『신당서』(권 222하, 4쪽)에서 표 왕국의 아홉 진성(鎭城) 중의 하나라고 언급되어있다. 다른 진(鎭)이나 성(城)들의 명칭과의 유사성을 고려한다면, 미낙도립은 미낙과 도립이 조합된 것이고, 미낙은 이 도성이 미낙(彌諾)과 이라와디 강의 합류점에서 약간 북쪽에 있었음을 입증하고 있다.

책(柵)[175]을 통과한다. 이어서 다시 서쪽에서 미낙강[176]과 합쳐지고 표(驃)[177] 왕국을 가로질러 남쪽으로 흘러 바다로 들어간다." 『만서』는 미낙강에 대해서도 한 단락을 할애하고 있다. "미낙강은 여수의 서쪽에 있다. 북서쪽에 있는 소바라문(小婆羅門)[178]에서 출원하여 남쪽으로 흘러, 전야저(湎{日+夜}苴)[179] 계곡을 통과하여 남동쪽으로 두미가목(兜彌伽木)의 책(柵)에 이르러 나뉘어 두른다. 책(柵)은 모래층 위에 있고 남북으로 100리이고 동서로는 60리이다. (그 강은) 합해져

---

175) 책(柵)은 원래 울타리를 의미한다. 중국인들은 특별히 갠지스강 너머에 있는 도시들의 방책으로 된 울타리를 이렇게 불렀으며, 이러한 도시들에 있는 우뚝 솟은 집에는 분명 고유한 언어로 보이는 간란(杆欄)이란 이름을 부여했다. 책과 간란은 혜초(惠超)의 『왕오천축국전(往五天竺國傳)』에서 혜림(慧琳)이 주석을 달아 설명하고 있다(『일체경음의』, 권 100, 『일본대장경』, 爲. 10, 104쪽). 불행하게도 나는 혜초에 관한 어떠한 설명도 찾지 못했다. 혜림의 주석 순서는 3권으로 된 일실된 이 여행기가 남해를 통해 중국에서 인도로 갔으며, 돌아올 때는 투르키스탄을 통해 인도에서 중국으로 돌아왔음을 보여주고 있다. 혜림의 『일체경음의』가 810년에 완성되었으므로, 혜초의 저술은 이 시기까지 내려갈 수 있다.

176) 이라와디 강의 오른쪽 지류인 이 강은 만달레이(Mandalay)와 파간(Pagan) 사이의 중간지점에서 이라와디 강으로 흘러드는 친드윈(Chindwin)강과 전혀 관계가 없다. 미얀마 지리에서 "큰 강"이란 뜻의 마이기(Myitgi), 즉 이라와디 강과 더불어 자주 보이는 마이인지(Myitnge: 작은 강이란 뜻)를 생각해 볼 수 있지만, 나는 마이인지를 친드윈에 적용한 경우를 찾지 못했다. 스콧, 『상부 미얀마와 샨족 나라들의 지명 사전(Gazetteer of Upper Burma and the Shan states)』, 1900, I, 4, 10쪽을 참고하시오. 미낙강은 『만서』, 권 7, 6쪽에서도 언급되어 있다.

177) 가탐의 여행기에서도 마찬가지로, 프로메(Prome)의 경우처럼, 왕국의 도성으로 왕국을 지칭하고 있는 것으로 보아야 한다.

178) 이 나라에 대해서는 조금 뒤에 언급할 것이다.

179) {日+夜}자는 『강희자전』에 보이지 않는다. 나는 그 발음부분에 따라서 읽었다.

미신(彌臣)[180] 왕국의 동쪽으로 곧장 가로지른 다음, 남쪽으로 흘러 바다로 들어간다." 이 기술에 나오는 대부분의 명칭들은 지도상에 위치시킬 수 없고 몇몇 내용들은 모순되는 것 같지만, 여수를 이라와디로, 그 지류인 친드윈을 미락강으로 보아야 하는 것은 확실해 보인다.

이라와디 강의 모든 유역은 표왕국이 차지했다. 이 나라들에 관한 기술을 하고 있는 공식 역사로는 두 『당서』가 유일하지만, 중국인들은 이전부터 그 나라들에 관한 이야기를 듣고 있었다. 10세기 말에 편집된 『태평환우기』에 따르면,[181] 표왕국은 이미 위(魏, 220~265)와

---

180) 미신(彌臣)이란 명칭은 『신당서』, 권 222하, 4쪽에 보인다. 이 나라는 『만서』, 권 10, 1쪽에 별도로 기술되어 있다. 외국에 관한 『만서』의 모든 기술들과 마찬가지로, 이 나라에 대한 기술도 『태평어람』(권 789)에서 인용한 것이다. 거기에는 『남이지(南夷志)』란 이름으로 『만서』를 인용하고 있다. 『책부원구』(권 974, 5쪽)에는 804년(더 정확하게는 805년 초), 미신국이 사신을 보냈다고 하였다. 같은 책(권 965, 10쪽)에서는 『태평환우기』(권 177, 15쪽)을 따르고 있는데, 중국이 805년에 미신의 왕을 즉위시킨 것을 언급하고 있다. 두 『당서』에 보이는 외국전과 본기들은 외국의 나라들과 사신들에 관한 정보들을 하나로 묶어놓지 않아 명백한 실수들을 가지고 있으므로, 『당회요』, 『책부원구』, 『태평환우기』, 『통전』, 『태평어람』에 흩어져 있는 문구들을 모아봐야 한다. 여기서는 그럴법한 논의를 진행할 수 없다. 내가 보기에 자료들 중에는 약간의 모순들이 존재하지만, 미신은 이라와디 강어귀에 있었다. 따라서 미얀마의 속국인 페구인들의 나라였을 것이다. 그러나 어떤 시기에는 주도권을 가졌을 수도 있다. 보유: 『남중팔군지(南中八郡志)』에 관해서는 브레트슈나이더의 『중국 식물 사전(Botanicon Sinicum)』, I, no 543을 참고하시오. 『광지(廣志)』는 527년에 죽은 역도원(酈道元)의 『수경주(水經注)』에서 인용되어 있으므로 적어도 527년 이전의 것이다. 나는 브레트슈나이더가 무슨 근거로 『광지』의 저자인 곽의공(郭義恭)을 양나라 시기(502~556년)에 산 것으로 보았는지 모르겠다. 『광지』의 많은 일문은 『옥함산방집일서(玉函山房輯佚書)』에 2권으로 수록되었는데(『BEFEO』, II, 319쪽, 주5를 참고하시오), 거기에는 곽의공이 진(晉, 265~420)나라 시기에 산 것으로 되어있다.

181) 권 177, 14쪽. 이 설명은 마단림(馬端臨)의 책에서도 인용되었다(d'Hervey de

진(晉, 265~419)나라 시기에 만든 『서남이방지(西南異方志)』와 『남중팔군지(南中八郡志)』에는 영창(永昌)의 남서쪽으로 3천 리에 있다고 기록되어 있다.[182)]

나는 곽의공(郭義恭)의 『광지(廣志)』를 인용하여 표왕국을 언급하고 있는 두 조목을 찾았다. 곽의공이 어느 시기에 살았는지 모르지만, 『수서(隋書)』에 서명이 보이기 때문에 그의 책은 확실히 당나라 이전이다.[183)] 첫 번째 인용은 당나라 장회태자(章懷太子)가 지은 『후한서』의 주석에서 찾을 수 있는데, 그 원문에 따르면 애뢰(哀牢)라는 나라에서는 오동(梧桐)나무 꽃으로 천을 만든다고 기술하고 있다.[184)] 그 주석에는 『광지』의 문장을 인용하여 "오동나무라는 것에는 흰 것이 있다. 표국(驃國)에는 동(桐)나무가 있는데, 그 꽃에는 흰 솜털이 있다. 그 솜털을 물에 담갔다가 짜서 베로 만든다"[185)]라고 하였다.

『광지』를 인용한 다른 조목은 『법원주림』에서 향들을 설명하고 있는 긴 문장에 들어 있는데, "『광지』에서는 애납(艾納)이란 향은

~ Saint-Denys, 『남중국 외래 인들에 대한 민족분류(Ethnographie des peuples étrangers à la Chine, Méridionaux)』, 228쪽을 참고하시오.

182) 나는 이 저술들에 관해 어떠한 정보도 없다.

183) 『수서』, 권 34, 4쪽. 『신당서』, 권 59, 7쪽을 참고하시오.

184) 이 주제에 관하여 주석자가 인용한 『광지』의 문장과 마찬가지로, 『후한서』의 원문은 정확하게 오동나무의 꽃으로 베를 만든다고 말하고 있다. 이는 브레트슈나이더(Bretschneider)가 근거하고 있는 원문과 일치하지 않는다(『중국 식물 사전(Botanicon sinicum)』, II, 349, 351쪽). 거기에서 천은 나무의 심(心)으로 만들어 진다고 한다. 또한 『만서』, 권 7, 2쪽을 참고하면, 파라(婆羅)는 사라(娑羅)로 고쳐야 하고, 여기서는 사라(sâla), 즉 바티카 로부스타(Vatica Robusta)를 가리키는 것이 아니라, 살마리(śalmalī), 즉 비단솜 나무(Bombax Heptaphyllum)를 말한다(Watters, 『중국어에 관한 논문(Essays on the Chinese language)』, 435쪽).

185) 『후한서』, 권116, 8쪽. 梧桐有白者, 剽國有桐木, 其華有白毲, 取其毲淹漬, 緝織以為布.

표국에서 난다고 하였다."[186] 따라서 당나라 이전에 표(驃)라는 이름이 미얀마를 지칭하기 위해 사용되었음에 틀림없다. 『태평환우기』의 문장은 운남을 통해서 이 나라를 알았다고 하고, 『당서』들은 같은 결론에 이르고 있다. 왜냐하면 802년[187] 표왕국의 왕은 그의 동생을 보내 자기 나라의 악공(樂工)들을 선물로 바친 것이 남조가 중국에 항복한 다음이기 때문이다. 807년 초에 표왕국에서 보낸 다른 사신이 남조의 사신들과 함께 입조(入朝)했다.[188] 표(驃)라는 명칭의 기원에 관하여, 파간 이전 미얀마의 옛 수도인 프로메(Prome)에서 지배적이었던 종족의 이름인 퓨(Prū)의 음역으로 보는 것과 공통된 견해[189]이므로 이를 따르는 수밖에 없는 것 같다.

---

186) 『법원주림』, 권 36(『일본대장경』, 雨, 7, 49쪽). 『법원주림』의 이 문장은 『삼국지』에 인용되었고, 히어트가 연구한(『중국과 동로마』, 74쪽), 대진(大秦)에 관한 『위략(魏略)』의 문장을 해석하도록 해준다. 히어트는 적제미미두납(狄提迷迷兜納)이란 향을 말하고 있다. 그러나 『도서집성』에 수록된 『삼국지』 판본에는 미미(迷迷)가 아니라 미질(迷迭)로 되어있다. 이 이본은 『법원주림』으로 확인된다. 『법원주림』이 미질과 두납(兜納)이란 향에 관해 별도의 인용을 하고 있으므로, 적제미미두납은 둘로 나누어야 된다. 두납은 산스크리트어 두나카(dhūnaka)일 것이다. 또한 워터스(Watters), 『중국어에 관한 논문(Essays on the Chinese language)』, 442쪽을 참고하시오.

187) 이 연도에 관해서는 앞의 156쪽 주3을 보시오. 또한 『영표록이(嶺表錄異)』, 권 1, 5쪽을 참고하시오.

188) 『책부원구』, 권 972, 5쪽. 왕부(王溥)의 『당회요(唐會要)』에 따르면(권 100, 19쪽), 862년 2월에 표왕국에서 보낸 또 하나의 사신이 있었다. 그러나 이 연도는 조금 이상하다. 왜냐하면 이 시기에 남조는 중국과 전쟁을 하고 있었다. 『당서』들의 본기에도, 『자치통감』에서도 왕부가 말한 것을 입증할 수 없었다.

189) 파커, 『미얀마, 중국과의 관계를 중심으로(Burma, with special reference to her relations with China)』, 5, 8쪽; 파이어, 『미얀마의 역사』, 8, 18쪽; 『영국 미얀마 지명사전(British Burma Gazetteer)』, II, 503쪽 이하를 참고하시오. 표(驃)라는 명칭은 원나라 시기에도 나타나지만 영창(永昌) 서쪽과 이라

왕국의 수도라는 의미로 알려진 "표국"에 관하여, 이라와디 강이 친드윈과 합류한 뒤로 프로메를 가로지른다는 것은 정확하다.[190] 송나라 시기 이전에 미얀마 사신이 바닷길을 통해 중국에 왔다는 어떠한 흔적도 없다. 그렇지만 중국의 여행자들이 남해에서 이 나라에 관해 말하는 것을 듣지 못했다는 것은 아니다. 프로메의 산스크리트 명칭은 슈리크세트라(Śrī Kṣetra)인데, 미얀마 사람들에 의해 사예케타야(Sarekhettarā, Thayekhettayā로 발음됨)로 변질되었다.

그럼에도 파이어(Phayre)는 오래전부터 인도 동쪽에 있는 나라들 중에서 현장(玄奘)이 언급한 스리크세트라에서, 비비앙 드 생 마르탱(Vivien de Saint-Martin)이 생각한 것처럼 실렛(Sylhet)이 아니라, 수도의 이름으로 지칭되는 미얀마로 보아야 한다고 인정했다.[191]

~ 와디 강 동쪽에 정착한 종족을 지칭했다. 나는 이 명칭이 무엇에 대응하는지 모른다. 『원사』, 권 61, 12쪽과 『원사류편』, 권 42, 41~42쪽을 참고하시오.

190) 프로메의 폐허는 현 프로메의 동쪽 5~6마일까지 상당한 범위를 차지하고 있다. 결코 수록한 연도가 부족한 것이 아닌, 미얀마의 연대기들은 프로메를 포기한 것을 기원후 2세기로 두고 있다. 그러나 미얀마 사람들이 파간에 더 오랜 역사성을 부여하기 위해 프로메의 몰락시기를 앞당겨 잡은 것일 뿐이다. 파간이 역사적으로 중요한 역할을 한 것은 아나률의 직계 후손들에게서 시작될 뿐이다. 이 유적들에 관해서는 『영국 미얀마 지명사전(British Burma Gazetteer)』, II, 504쪽, 또한 바스티안(Adolf Bastian), 『동아시아의 민족(Die Völker des oestlichen Asien)』, I, 14~30쪽을 참고하시오. 프로메의 미얀마 명칭은 피-묘(Prañ-mro)이고, 몽(Mon)어로는 프란(Prañ)이다. 이 둘 중의 어느 것도 만족할 정도로 설명되지 않았다. 그렇지만 이들을 분리하는 것은 어려울 것 같다(mro는 마을과 나라를 의미함). 사람들이 간혹 분리하는 시도를 하곤 하지만 말이다.

191) 현장(玄奘), I, 182, III, 82, 391쪽; 파이어, 『미얀마의 역사』, 32쪽; 샤반느가 『의정대당서역구법고승전』, 59쪽에서 인용한 빌(Beal), 『서역기(Si-yu-ki, Buddhist records of the Western world)』, II, 200쪽을 참고하시오. 첫 번째 참고 문헌은 "Hiuan-tsang"으로만 표기되어 있어, 현장의 『대당서역기』를

의정(義淨) 또한 동일한 명칭을 부여하고 있다.[192] 게다가 『당서』의 편집자들이 모르고 있었던 것은 아닌 것 같다.[193] 『구당서』에서는 "중국말로 (이 나라를) 돌라성(突羅成)이라 하고, 사바(闍婆)[194] 사람들은 도리굴(徒里掘)이라 부른다."라고 하였다. 돌라성 대신에 『신당서』에서는 돌라주(突羅朱)로 되어있다.[195] 두 형태 중에서 어느 것도 만족할 만한 복원에는 적합하지 않다. 그러나 도리굴(徒里掘)의 굴(掘) 자는 고어에서 치음의 종성을 가지는 글자로, 미얀

~ 지칭하는 것인지 분명하지 않다.

192) 의정, 『남해기귀내법전』, 다카쿠스(Takakusu)의 번역본, 9쪽. J. Takakusu, 『A record of the Buddhist religion as practised in India and the Malay archipelago(A. D. 671-695)』 Oxford: Clarendon Press, 1896. 이하는 『의정남해기귀내법전』로 표기함.

193) 『구당서』, 권 197, 7쪽과 『신당서』, 권222하, 4쪽.

194) 사바에 관하여 매우 논란이 되는 문제에 관해서는 뒤에서 다시 언급할 것이다.

195) 『책부원구』(권 996, 6쪽)과 『태평어람』(권 789, 18쪽)에는 돌라성으로 되어있고, 『태평환우기』(권 177, 15쪽)과 『당회요』(권 100, 17쪽), 『문헌통고』(권 330, 1쪽)에서는 돌라주로 쓰여 있다. 『신당서』와 『책부원구』는 도리굴 대신에 도리졸(徒里拙)로 되어있다. 사바 사람들이 지어낸 것을 잘 알지는 못하지만, 그 문장은 명백한 것 같다. 그럼에도 불구하고 『도서집성』의 편집자들은 다르게 이해하고 「변예전(邊裔典)」의 권 122에서 표왕국에 관한 기술을 첫머리에 넣는 설명은 그들이 돌라주를 사바와 합쳐서 하나의 나라이름으로 만들어 버렸음을 보여준다. 『구당서교감기』(권 66, 6쪽)에서 이 구를 분리시킨 방법은 이 책을 편찬한 사람들도 이러한 해석을 채택했음을 증명해 준다. 또한 "두르쥬 자바(Durdju djavâ)" 또는 "자파(djapâ)"로 복원한 슐레겔(『통보』, IX, 283쪽)과 에르베이 드 생드니(d'Hervey de Saint-Denys)가 이 구를 번역할 때에도 같은 방식이었다(『남중국 외래 인들에 대한 민족분류(Ethnographie des peuples étrangers à la Chine, Méridionaux)』, 229쪽). 나는 하나의 오역으로 볼 뿐이다. 『태평어람』(권 789, 18쪽)에는 라(羅) 자가 사(闍)와 바(婆) 자에 잘못 들어가 있다.

마 발음인 사예케타야(Thayekhettayā)에서 찾아야 할 가능성이 크다. 『구당서』의 이 문장을 전통에 따라서, 사람들은 표(驃)라는 도시(즉 사예케타야)가 사리불(舍利弗, Śāriputra)이라는 옛 도시라고 생각한다.[196] 미얀마 사람들은 샤리푸트라(Śāriputrā, Thayekhettayā로 발음)로 여기고, 사레케타라(Sarekhettarā)의 어원인 사리풋타라(Sariputtarā, Thayekhettayā)라고 부른 것에 놀랄 것은 없다.

196) 『구당서』(권 197, 7쪽), 『책부원구』(권 957, 13쪽), 『태평어람』(권 789, 18쪽), 『당회요』(권 100, 18쪽), 『태평환우기』(권 177, 15쪽) 그리고 『문헌통고』(권 330, 1쪽)에 모두 동일하다. 따라서 『신당서』의 텍스트를 고려할 필요가 없다. 『신당서』에 따르면 표왕국의 수도는 "중인도의 서쪽 샤리(Çāri)인, 서사리성(西舍利城)에서 서쪽으로 20일 거리"에 있다.

13. 운남에서 미얀마로 가는 두 길

미얀마를 가로질러 가는 가탐의 두 길 중에서 첫 번째 길은 남서쪽으로 이라와디 강과 합쳐진다. 여행기의 정보는 원하는 만큼 정보가 많지 않다. 제갈량성의 남쪽에서 2백 리를 가면 낙성(樂城)[197]에 이르고, 그곳에서 7백 리를 가서 표국의 경계를 넘고 8개 종족, 그 중에서도 만공(萬公)[198]족을 가로질러 실리(悉利)에 도착하며, 실리에서 표국의 (수도)까지 돌민(突旻)을 지나는 1천 리라고 한다. 출발점은 알려졌다. 제갈량성은 쉘리(Shweli)강과 살윈강 사이에 있는 등충(騰沖, Momein)의 동쪽에 있다. 그러므로 쉘리강을 따라서 가서 이라와디 강으로 이 여정의 끝인 프로메까지 내려가야 했을 것이다. 2백 리, 7백 리, 1천 리의 비율로 따져보면[199] 실리성은 중간 지점에서 조금 이전인, 따가웅(Tagaung)의 남쪽이면서 만달레이의 북쪽에 있어야 한다. 그러나 길의 첫 부분은 마지막 부분보다 더 힘든 지역에 있고 중국의 거리로 리(里)는 너무 짧으므로 당연히 실리는 북쪽으로 조금 더 올라가야 한다.

---

197) 미얀마로 들어가기 이전 남조(南詔)의 마지막 도시였던 낙성(樂城, 발음이 요일수도 있음)은 『구당서』(권 197, 7쪽)에서 사락(些樂)이라는 이름으로 지칭한 것과 같은 것이다. "북쪽에 (표국)은 남조의 사락성의 (영토와) 경계에 이른다."라고 하였다. 이 정보는 『태평환우기』(권 177, 15쪽)에서 인용되었다. 이는 역시 『만서』(권 6, 5쪽)의 매우 흥미롭지만 매우 모호한 여행기에서 언급된 마사락(磨些樂)일 것이다("마사족의 낙성"으로 번역하는 것이 좋겠지만 그들이 운남의 남서쪽에 있었는지는 모르겠다).

198) 만공(萬公)은 『신당서』(권 222하, 4쪽)에서 표국에 복속된 298개 종족 중에서 주요한 32개 종족으로 언급되었다.

199) 가탐의 이 여행기는 대체로 거리의 관점에서 상당히 잘 설정되어 있다. 전체 거리는 약간 부족한 것 같다. 우리는 『구당서』(권 197, 7쪽)의 문장을 통해

실리는 미얀마의 주요 도시들 중의 하나임에 틀림없었다. 이 도시는 『신당서』에서 표국의 아홉 도성 중 실리이(悉利移)라는 이름으로 언급되었을 뿐만 아니라, 802년에 표국의 왕이 그의 동생인 서난타(舒難陀)를 보내 중국 조정에 악공들을 데려갈 때, 서난타는 "실리이의 성주"로 불렸다.[200] 뜨가웅은 미얀마의 오래된 도시들 중 하나였고, 심지어는 첫 번째 수도였다고도 한다.[201] 이곳을 실리이성으로 보아야 할 것이다. 실리이와 프로메 사이에 위치한 돌민(突旻)이 남아있다. 이 돌민이라는 도시는 마찬가지로 『신당서』의 아홉 도성 중에 언급되었

~ 편집자들의 비판적 생각을 판단할 수 있을 것이다. 『구당서』에서는 표국의 수도는 북동쪽으로 양저미(陽苴咩), 즉 대리부(大理府)로부터 6,800리이고, 영창의 남쪽에서는 2천 리 이상이라고 했다. 그런데 영창은 대리부에서 며칠 걸리는 거리이다. 이렇게 모순된 내용들은 『당회요』(권 100, 18쪽)과 『태평환우기』(권 177, 14쪽)에서 성실하게 인용되었다.

200) 『신당서』, 권 222하, 6쪽. 표국의 음악에 관한 『신당서』의 긴 설명이 좋은 자료에서 가져왔음을 입증하는 만큼 이 기술은 믿을 만하다. 표국 왕 동생의 이름을 실리이(悉利移)라고 한 『구당서』(권 197, 7쪽)의 텍스트를 버려도 된다. 이 문장은 『책부원구』(권 972, 5쪽, 이(移) 자 대신에 이(夷)를 쓰고 있음), 『당회요』(권 100, 17쪽), 『태평어람』(권 789, 18쪽), 『태평환우기』(권 177, 14쪽) 그리고 『문헌통고』(권 330, 1쪽)등에서 인용되었지만 말이다. 『책부원구』(권 976, 7쪽)에서 소위 실리이는 표왕의 아들로 되어있다. 『전남잡지(滇南雜志)』(권 15, 1쪽)는 이 때 미얀마 왕에게 보내는 덕종(德宗) 편지의 문장을 담고 있다. 거기에서 사신으로 온 왕은 서난타나(舒難陀那)로 불렸고, 왕의 아들이었다. 그는 마하사나(摩訶斯那)를 수행했는데, 『신당서』(권 222하, 4쪽)에 따르면, 이는 미얀마 장관의 직명이다. 이 텍스트는 『책부원구』에서 가져온 것이지만 나는 그것을 찾지 못했다.

201) 파어, 『미얀마의 역사』, 14쪽을 참고하시오. 중국인들은 궁극적으로 뜨가웅을 대공(大公)이란 이름으로 알았다. 예를 들어, 『남조야사(南詔野史)』, 『운남비징지』본, 권 8, 14~15쪽에 실린 등충에서 파간으로 가는 매우 상세한 여행기를 참고하시오. 이 여행기는 명나라 초로 추정된다. 그 이전인 원나라 시

다. 이 도시는 실리이 다음에 열거되어있으므로, 이 목록은 북쪽에서 남쪽으로 향하는 것 같다. 이라와디 강과 친드윈강에 관한 『만서』의 기술은 『신당서』에서 실리이와 돌민 사이에 언급된 미낙도립(彌諾道立)이라는 도시를 친드윈 강의 합류점 조금 북쪽으로 위치시키게 한다. 친드윈 합류점과 프로메의 사이에 당시 가장 중요한 도시는 파간[202]이다. 그러므로 나는 돌민을 파간으로 추정하고자 한다.[203]

~ 기에, 중국인들은 상부 미얀마에 있는 다섯 개의 대 도시를 알고 있었다. 강두(江頭, 대략 바모Bhamo), 대공(大公, 뜨가웅), 마래(馬來, 마레Male), 안정(安正) 그리고 포감면성(蒲甘緬城, 파간의 미엔이란 도시)이다. 『원사』, 그 이후의 저술들인 『원사류편』(권 42, 40~43쪽) 또는 『독사방여기요』(권 119), 그리고 『수산각총서(守山閣叢書)』에 수록된 매우 흥미로운 『원조정면록(元朝征緬錄)』은 원나라의 미얀마 원정을 연구하는데 모든 수월성을 제공하고 있다. 마르코 폴로의 최신 판본은 우리가 이 작업을 시도하지 않았다는 아쉬움을 남겼다.

202) 파간(Pugan으로 씀)는 송나라 시기에 포감(蒲甘)이란 이름으로 중국인들에게 알려졌다. 『송사』, 권 489, 5쪽을 참고하시오. 참어 비문의 푸캄(pukām)과(Finot, 「판두랑가(Pāṇḍuanga)」, 『BEFEO』, III, 634) 시암어의 푸캄(phukām, Pallegoix, 『시암어-프랑스어-영어 사전(Dictionnaire siamois-français-anglais)』, 726쪽에서는 페구로 잘못 번역되어 있음)을 비교해보면, 이 형태는 옛날 발음으로 쓴 것과 완벽히 일치하는 푸간(Pugan)이었음이 틀림없다. 뜨가웅 바로 뒤에 파간을 언급한 중국 기술의 정확성은 몽골인들은 파간까지만 나아갔을 것이라는 파커 씨(『미얀마, 중국과의 관계를 중심으로(Burma, with special reference to her relations with China)』, 34쪽)의 가설을 무색하게 만든다. 슐레겔(『통보』, IX, 90쪽)과 쯔보이 쿠마조(『Actes XII° Congrès international des Orientalistes Rome』, Florence, 1902, II, 98쪽』, Florence, 1902, II, 99쪽)가 최근 포감(蒲甘)이 파간이라는 대응에 의문을 제기한 것은 잘못이다.

203) 이 추정은 쉘리 강어귀에서부터 이라와디 강과 만난다는 것을 전제한다. 그렇지만 세인니(Theinni)와 아바(Ava)에서 이라와디 강으로 흘러드는 마이인지 강으로 가는 길을 완전히 배제할 수는 없다.

프로메에서, 의정(義淨)도 언급한,[204] 아라칸(Arakan) 산맥 또는 영국 지도에서 아라칸 요마(Arakan Yoma), 흑산(黑山) 서쪽을 넘어서, 1600리를 간 다음에 동인도의 가마파(迦摩波, Kāmarūpa) 왕국, 즉 아쌈(Assam)에 도착한다. 첫 번째 길과 두 번째 길이 만나는 곳은 바로 이곳이다.

이 두 번째 길은 제갈량성에서 첫 번째 길과 나뉘어 서쪽으로 2백 리를 곧장 가면, 등충(騰充)이란 도시에 이르고, 다시 서쪽으로 1백 리를 가면 여수성에 이른다. 여수는 바로 이라와디 강이다. 두 번째 길이 닿는 곳은 바로 여기이다. 중간 지점들은 정확하게 결정하기가 매우 어렵다. 『속운남통지고』에 따르면[205], 『신당서』에 인용된 등충이라는 도시가(사실 가탐의 이 여행기에 잘못 들어감) 확인되지 않는다고 했다. 등충이란 도시는 또한 『만서』에도 언급되어 있는데[206], 바로 영창(永昌)의 서북쪽에 있으며, 그곳에는 티베트 첸포(btsanpo, 황제)의 거주지로 가는 길이 있는 대설산(大雪山)으로 가는 곳이다. 『만서』의 다른 두 문장에는 등충(藤充)이라는 도시를 언급하고 있는데[207] 같은 이름의 다른 표기일 뿐으로 보인다.

쉐리강의 서쪽에 있는 주요 중국 도시는 오늘날 등월(騰越, 현지어로는 Momein)이다. 등월은 원나라와 명나라 시기에 여러 차례 등충(騰衝)이라는 이름을 가졌다. 그래서 『원사』는 등충(騰衝)이 남조시

---

204) 다카쿠스(Takakusu), 『의정남해기귀내법전』, 9쪽. 의정의 원문에는 대흑산(大黑山)으로 되어있다. 인도에서 오면서 슈리크세트라(Śrī Kṣetra: 프로메) 전에 이 명칭을 언급하고 있으므로, 이라와디강 서쪽에 위치시키든지, 아니면 다카쿠스가 그의 지도에서 표기한 것처럼 동쪽에 위치시켜야 한다.

205) 『속운남통지고』, 권 14, 10쪽.

206) 『만서』, 권 2, 2쪽.

207) 『만서』, 권 7, 4쪽과 5쪽. 『원사』(권 61, 11쪽)에서 등월(騰越)이란 명칭은 등월(藤越)로 되어있다.

기부터 존재했다고 한다.[208] 따라서 우리의 여행기에서 등충(藤充)은 8세기 말부터 이미 존재해온 등충(騰衝)에 지나지 않고, 그곳은 현재 등월로 간주되는 것 같다. 제갈량성이 있었던 고려공산(高黎貢山)에서 등월까지의 거리는 이라와디강에 이르기까지 주어진 숫자와 비교해 너무 짧은 것 같다. 아마도 옛날 등충은 현 행정소재지보다 더 서쪽에 있지 않았을까.

이어서 언급된 도시는 미(彌)인데, 『만서』에도 인용되어 있다.[209] 『속운남통지고』는 마찬가지로 확인할 수 없다고 밝히고 있다.[210] 이라와디 강가에 있는 여수성은 위치를 추정하기 힘든 다른 도시들과 함께 『만서』에서 여러 차례 보인다.[211] 바모(Bhamo)라든가 바모의 북쪽의 한 지점을 생각해 볼 수 있을 것이다. 이 문제를 명백히 하려면, 여정의 다음 지점을 확정할 수 있어야 하는데 나는 그에 대해 아는 것이 없다. 원문은 여수성에서 여수와 용천수(龍泉水)를 건너면, 2백 리 뒤에 안서성(安西城)에 이른다고 하였다. 이 안서성은 『속운남통지고』에서는 밝히지 못했지만,[212] 『만서』에서 두 차례 언급되었다.[213] 한 문장에서는 안서성에서 정북쪽으로 소바라문(小婆羅門)이라는 나라에 이르고, 다른 언급은 대진(大秦)의 바라문(婆羅門)에 관한 알아보기 힘들고 훼손된 한 문장에서 만날 수 있다. 안서성의 위치를 모르기 때문에 여수 다음에 건너는 용천수의 위치를 확인할 수 없다. 이라와디 강인 여수는 몬인(Mohnyin)과 모가웅

208) 『독사방여기요』, 권 118, 8쪽과 『원사』, 권 61, 11쪽.

209) 『만서』, 권 6, 5쪽.

210) 『속운남통지고』, 권 14, 10쪽.

211) 『속운남통지고』(권 14, 11쪽)는 마찬가지로 확인할 수 었다고 한다. 여수성은 또한 『만서』, 권 6, 5쪽과 권 7, 3쪽에도 언급되어있다.

212) 권 14, 11쪽.

213) 권 6, 5쪽과 권 10, 2쪽.

(Mogaung) 강에 있는 용천수로 생각할 수 있지만, 여행기의 전체적인 방향을 알지 못하는 만큼 확신하는 것은 불가능하다.

안서성에서 서쪽으로 가서 미낙(彌諾) 강을 건너 1천 리 뒤에 대진바라문(大秦婆羅門) 왕국에 도착한다. 서쪽으로 큰 산맥을 넘어 3백 리를 가면 개몰로(箇沒盧) 왕국에 도착한다. 이 최종점은 적어도 쉽게 추정할 수 있는데, 카마루파(Kāmarūpa), 더 정확하게는 카마루파의 수도로, 브라마푸트라 강 좌안에 있는 구와하티(Guwahati)이다. 이라와디 강과 구와하티 사이에는 미낙(彌諾)이라는 다른 이정표가 있는데 내가 생각하기에 친드윈 강에 지나지 않는다. 어떤 고도에서 지나가는지는 알려진 바 없다. 영국 학자들은 상부 미얀마와 아쌈 사이의 교통로를 완벽하게 연구했지만 지리학 쪽보다는 문헌학 쪽인 프랑스 도서관에서 이 주제를 접하지 못했다.[214] 상대적으로 쉬운 교통이 옛날 이라와디 강 유역과 브라마푸트라 강 사이에 존재했던 것은 확실하다. 샨족들은 상부 아쌈에 거점을 건설했고[215], 19세기 초에 이 모든 지역이 미얀마에 넘어갔다.[216] 이라와디에서 친드윈 상류 계곡인 후캉계곡(Hukawng)을 통해 브라마푸트라 강으로 가는

---

214) 이 연구를 하면서 나는 콜본 바버(Colborne Baber)의 『서부 중국에서의 여행과 연구(Travels and researches in western China)』 또는 길(William John Gill)의 『황금 모래의 강(The river of golden sand)』과 같은 옛날 저서의 부족을 절실하게 느꼈다. 렙퍼(Charles H. Lepper)의 연구인 『아쌈을 거쳐 인도에서 중국으로 가는 육로에 관한 문제(The Question of an Overland Route to China from India Viâ Assam)』는 『극동과 아프리카 연보(Annales de l'Extrême Orient et de l'Afrique)』, 1884, 310~308, 330~340쪽에서 번역되었는데, 후캉계곡(Hukawng)에 있는 마쿰(Makum)으로 가는 길에 관한 약간의 정보를 제시하고 있을 뿐이다.

215) 파이어, 『미얀마의 역사』, 13쪽을 참고하시오.

216) 파이어, 『미얀마의 역사』, 227~228쪽을 참고하시오.

길이 있었지만[217], 8세기의 여행가들이 이 북쪽 길을 택했을 것이라고 생각하지 않는다. 아쌈에서 뚫리는 산맥은 코히마(Kohima)와 마니푸르(Manipur)의 서쪽에 있는 바렐(Barel) 산맥의 능선으로 보인다. 이러한 해법은 거리의 비율로 보아 일치하는 것 같지 않지만, 이라와디로부터 계속 서쪽으로 가는 길이 지나는 곳은 바로 마니푸르라고 생각하고 싶다.

대진바라문(大秦婆羅門)을 찾아야 하는 것은 바로 마니푸르이다. 이 명칭의 두 번째 부분은, 그것이 허구가 아니라면, 현지 명칭을 잘못 적용한 것으로 확인할 수밖에 없다.[218] 바라문이라는 언급은 아쌈과 아쌈 동쪽 계곡에서 브라만교가 우세했던 것으로 설명될 수 있다.[219] 여기에서도 미얀마와 인도에 관한 정확한 자료의 부족을 느낀다. 그럼에도 불구하고 나는 베인스(Baines)에 따라, "네팔처럼 마니푸르는 브라만교의 침입을 받았다. 그래서 중앙 계곡에서는 상당한 혼혈이 이루어졌다. 이것이 바로 이 지역에서 상대적으로 진보

217) 스콧, 『상부 미얀마와 샨족 나라들의 지명 사전(Gazetteer of Upper Burma and the Shan states)』, I, 350쪽을 참고하시오.

218) 대진(大秦)은 동지중해를 지칭하는 것으로 알고 있다(위의 149쪽을 참고하시오). 음성적 유사함으로 불교도들은 간혹 닥시나(Dakṣiṇa, patha) 즉 데칸(Deccan)을 대진에 채용했다(Ernest John Eitel, 『중국 불교 핸드북(Handbook of Chinese Buddhism)』, Dakchiṇa조목을 참고하시오). 여기에서도 같은 종류의 혼동이 발생했을 수 있다.

219) 현장(玄奘)의 시기에, 카마루파에 브라만 종파가 있었을 뿐이다. 유일하게 쿠마라(Kumāra)왕은 외국의 물품에 호기심을 가졌다. 이것이 바로 현장이 마가다(Nagadha) 다난다(Nātanda) 사원에 도착했다는 소식을 듣고 그가 카마루파에 초청한 것을 설명하는 것이다. 그는 중국에 관한 것을 물었고, 마침내 노자의 『도덕경(道德經)』을 산스크리트어로 번역해 줄 것을 황제에게 요청했다는 것을 알고 있다(Sylvain Lévi, 「왕현책의 인도 사신행(Les missions de Wang Hiuen-ts'e dans l'Inde)」, 『JA』, 3~4월호, 1900, 308쪽을 참고하시오). 사실 그럼에도 불구하고 카마루파에는 불교도들이 있었다고 하는 줄

된 문명을 설명하는 것이다."[220]라고 한 것에 주목한다. 중국인들이 미얀만의 서쪽과 북쪽 경계에 있는 브라만들에 관해 말하는 것은 잘못이 없어 보인다. 안서성 정북쪽에 있는 소바라문이란 이 나라에서 사람들은 소고기를 먹지 않고, 피안(彼岸)의 것들을 예견할 수 있다고, 『만서』는 지적하고 있다.[221] 그런데 소고기를 먹지 않는 것은 인도의 모든 민족과 카스트에게 공통적이므로, 중국인들이 항상 예언가와 마술사들로 여겨왔던 사람들은 브라만들이다. 따라서 중국인들이 대진바라문(大秦婆羅門)이라는 나라를 위치시킨 곳에 브라만들이

~ 리앙(Stanilas Julien)의 번역에서 나온 것이다. 쥴리앙은 다음과 같이 말하고 있기 때문이다(『대당서역기(Mémoires sur les contrées occidentales)』, II, 78쪽). "한 승려가 도착했다는 것을 알고, 먼 나라에서 마가다 왕국의 나란타 사원에서 부처의 심오한 법을 공부하기 위해 와 있었던 이 왕국(Kâmaroûpa)의 수도사들이 호감을 표시하며 두세 차례 그를 찾아왔다. 그러나 그는 그들의 명령에 따르지 않았다." 그러나 이 번역문은 오역이다. 쥴리앙은 지(至) 자와 나(那) 자에 각각 실제 의미를 부여했지만, 여기서는 지나(至那)로 붙여 읽어야하고, 치나(Cīna), 즉 중국을 가리키는 말이다. 이러한 실수는 동일한 문단에서(앞의 책, 79쪽), 동일한 지나란 두 글자가 들어간 마하지나(摩訶至那)를 언급하고, 마하치나(Mahacīna)로 복원했던 만큼 더욱 이해할 수 없다. 다음과 같이 이해해야 한다. "옛날 그는(왕) 마가다 나란다 사원에, 부처의 심오한 법을 공부하기 위해 먼 나라에서 온 중국의 사문(沙門) 한 명이 있다고 말하는 것을 듣고, 두세 차례 간곡하게 방문해 줄 것을 요청했다. 그러나 그는(현장) 그를 오게 한 명령을 따르지 않았다." 쥴리앙의 오역은 빌(Beal)의 번역에서 분명히 교정되었지만, 현재 나는 그 책을 가지고 있지 않다. 어쨌든 현장의 책에서는 카마루파에 있는 불교도들을 언급한 것이 아님을 알 수 있다. 『대당서역기(大唐西域記)』, 권10, "初聞有至那國沙門在摩揭陀那爛陀僧伽藍, 自遠方來學佛深法, 殷勤往復者再三, 未從來命."

220) 베인스(Baines), 「인도의 언어 센서스(The language census of India)」, 『제9차 국제 동양학회 번역자료(Translations of The Ninth International Congress of Orientalists)』, 런던, 1893, 8절판, I, 117쪽.

221) 권 10, 3쪽.

있었을 가능성은 충분하다. 『만서』에 이 나라에 할애한 조목은 복구할 수 없을 정도로 훼손되었다.[222] 다만 서쪽으로 안서성에 이르고 대진바라문이라는 나라에서 40일을 가야만 대리(大理)에 이른다고 한 것만 남아있다. 그곳이 마니푸르라면, 단순한 정보이긴 하지만, 오늘날 마니푸르에서 미얀마로 가는 이민자들이 "브라만교도들, 점성가처럼 상당히 존경을 받은 불교도들을 만난다. 포로나 자유 이민자들처럼 중국 조정의 모든 마술사들을 보낸 곳은 바로 마니푸르이다."[223]라고 한 것이 떠오른다.

두 번째 길중에서 개몰로(箇沒盧)의 어원은 첫 번째 길의 가마파(迦摩波)다. 이 둘 다 카마루파의 불완전한 음역으로 보아야 한다. 여기에서 현장의 여행기록과 합치된다는 점은 그 위치 추정을 더 정확히 하는 데 더할 나위 없는 도움이 된다.[224] 마가다를 떠나 9백 리쯤 간 다음 현장은 카징갈라(Kajiṅgala?)에 이르렀다.[225] 바갈푸

222) 권 10, 2쪽.

223) 스웨이 요(Shway Yoe), 『미얀마 사람: 삶과 개념(The Burman: His Life and Notions)』. 스웨이 요는 제임스 스콧 경(Sir James Scott)의 필명이다. 프랑스 도서관에는 이 책이 없다. 그래서 르클루(Élisée Reclus)의 『새로운 세계 지리(Nouvelle géographie universelle)』, 제8책, 794쪽을 따라 인용하였다.

224) 『대당서역기(Mémoires sur les contrées occidentales)』, II. 현장은 마가다에서 카징갈라(Kajiṅgala?)까지의 거리는 얼마나 되는지 말하지 않았다. 마가다에 도착한 뒤로 현장은 히랑야파르바타(Hiraṇya parvata)까지는 2백 리, 참파까지는 3백 리, 카징갈라까지는 4백 리로 계산했다.

225) 현장이 갈주올기라(羯朱嗢祇羅)로 음역하고 있고, 현재 우리의 자료에서는 갈주올라(羯朱嗢羅)로 되어있기 때문에 이 명칭은 의심스럽다. 쥴리앙이 제시한 형태 중 하나인 카쥬기라(Kajūghira)는 근거한 바가 없다. 한편 현장은 갈승게라(羯蠅揭羅)라는 변형을 보여준다. 푸라나(Puranas) 목록에서 카징가(Kajiṅga)를 들고 있으므로 카징갈라에서 나온 한 형태를 생각해 볼 수 있다. 『대당서역기(Mémoires sur les contrées occidentales)』, II, 387쪽을 참고하시오. 마찬가지로 『마하박가(Mahāvagga)』, V, XII, 13쪽의 Kajiṅgala

르(Bhagalpur) 아래 갠지스강 남안에 있는 현 라즈마할(Rajmahal)에 해당하는 카징갈라(Kajiṅgala)에서 현장은 동쪽으로 갠지스를 지나 6백 리를 가서 푼드라바르다나(Puṇḍravardhana)라는 나라에 도착했다. 계속해서 그는 동쪽으로 9백 리를 갔고, 큰 강을 지나 카마루파라는 왕국에 도착했다.[226] 비비앙 생 마르탱(Vivien de Saint-Martin)은 여정의 방향이나 갠지스강을 횡단하는 방향들을 고려하지 않고, 푼드라바르다바를 캘커타의 북서쪽에 있는 바르드반(Bardvân, Bardhaman)에서 찾을 것을 제안했다. 이는 현장 여행기의 끝을 카마루파로 정확히 밝히지 못하게 한다.[227] 이러한 오류는 커닝엄(Cunningham)이 제기한 것이지만, 솔직하게 현장(玄奘)을 따라간 것이 아니라, 텍스트를 따른 것으로, 그는 먼저 남동쪽으로 향해 파브나(Pabna)로 가게했고, 이어서 정북쪽으로 브라마푸트라 북서쪽에 있는 쿠치 베하르(Cooch Behar)의 캄타푸르(Kamtapur)로 가게했다.[228] 퍼거슨(James Fergusson)은 푼드라바르다나가 랑푸르(Rangpur) 옆에 있고, 이어서 현장이 건넌 강은 브라마푸트라 강일 것이며, 아쌈으로 가는 길의 종점은 강의 좌안에 있는 아쌈의 옛 도읍인 구와하티(Guwahati)라는 결정적인 해법을 제시했다.[229]

~ 그리고 리스 데이비즈(Rhys Davids)가 번역한 『밀린다 왕문경(Milinda Pañha)』, I, 14, 18쪽 등을 참고하시오. 커닝엄(Alexander Cunningham)의 가설들은 변호하기 힘들어 보인다(『인도의 고고학적 조사(Archaeological Survey of India)』, XV, 37~38쪽).

226) 현장은 카마루파를 넘어가지 않았지만, 그도 거기에서 두 달 만에 촉(蜀)의 남서쪽, 즉 사천으로 가는 길에 관해 말하는 것을 들었다(『대당서역기(Mémoires sur les contrées occidentales)』, II, 80~81쪽).

227) 『대당서역기(Mémoires sur les contrées occidentales)』, II, 388~389쪽.

228) 커닝엄(Alexander Cunningham), 『인도의 옛 지리(The ancient geography of India)』, 480, 500~501쪽.

229) 퍼거슨(James Fergusson), 「파트나에서 발라비까지 현장의 여정에 관하여

~ (On Hiouen-Thsang's journey from Patna to Ballabhi)」, 『JRAS』, VI(1873), 237~241쪽.

14. 두 길의 종점에서 인도로 가는 길

가탐의 첫 번째 여정은, 북서쪽으로 600리 떨어진 가마파(迦摩波, 카마루파)에 도착한 다음 가라도(迦羅都, Karatoyā) 강을 건너 분나벌단나(奔那伐檀那, 푼드라바르다나)에 이르는 길이다. 이어서 남서쪽으로 4백 리를 가면 갠지스 강 우안에 있는 갈주올라(羯朱嗢羅, Kajiṅga?)에 이르고 다시 서쪽으로 6백 리를 가면 마가다 왕국에 도착한다. 우리가 보고 있는 이 여행기는 정확히 현장의 것과 일치한다. 왕국의 명칭들이 동일하며, "대강(大江)"은 카라토야(Karatoyā)에 해당한다.[230] 그렇지만 가탐의 이 여행기에 보이는 리(里)는 현장이 말하는 리에 항상 3분의 1이 모자란다. 즉, 카마루파에서 푼드라바르다나까지는 9백 리 대신에 6백 리로 되어있고, 푼드라바르다나에서 카징갈라까지 6백 리가 아니라 4백 리로, 카징갈라에서 마가다까지는 9백 리가 아니라 6백 리로 되어있다. 이러한 차이는 가탐의 두 번째 길을 연구하는데 의미가 없는 것은 아니다.

동일한 종점을 가지는 두 번째 길은 첫 번째 길과 푼드라바르다나에서만 합류될 뿐이다.[231] 첫 번째 길에서 가마파로부터 푼드라바르다나까지는 6백 리였지만 두 번째 길은 가마파에서 푼드라바르다나까지 천 2백 리로 되어있다. 그리고 첫 번째 길은 북서쪽으로 나있다고 하지만 두 번째 길은 남서쪽 방향으로 되어있다. 이러한 차이

---

230) 카라토야(Karatoyā)는 여기의 브라마푸트라 강이다. 푸라나(pourâna) 지리에서 카라토야의 언급에 관해서는 『비스누프라나(Viṣṇupurāṇa)』, 윌슨(Wilson)의 번역본, 2책, 154쪽과 『마르칸데야 푸라나(Mārkaṇḍeya Purāṇa)』, 『Bibliotheca Indica』의 번역본, 872호, 293쪽, 주301을 참고하시오. 현대 지리에서 코라토야란 명칭은 보그라(Bogra)를 지나는 브라마푸트라 강의 오른쪽 지류에 적용되고 있다.

231) 푼드라바르다나에 관한 다른 중국 자료에 관해서는 첨부자료 IV를 참고하시오.

에도 불구하고, 가탐이 다른 자료에서 가져온 정보를 보고 있지만 첫 번째 길의 가마파(迦摩波)는 바로 두 번째 길의 개몰로(箇沒盧)라고 생각한다.

음성적으로 두 명칭의 동질성은 확실해 보인다. 왜냐하면 여러 사실들이 가마파가 현장의 카마루파에 해당한다는 것을 증명한다면, 『신당서』의 가몰로(迦沒路)[232]라는 음역과 어느 무슬림 작가가 쓴 캄루(Kāmrū, Kāmru)[233] 형태는 개몰로와 놀랍게 유사하다. 다만 우리는 첫 번째 길의 가마파가 카마루파의 수도인 구와하티라면, 두 번째 길이 카마루파의 영토로만 통하는 브라마푸트라 강의 상류에 어느 지점을 가리키는 것은 아닌지 의문을 가질 수 있다.

그렇다면 대진바라문이라는 나라를 마니푸르의 북쪽에서 찾아야 할 것이다. 그러나 이 가설에서 힘을 빌릴 필요는 없을 것 같다. 리(里)는 아주 다양한 척도이다. 첫 번째 길의 리(里)는 너무 길고, 두 번째 길의 리는 오히려 매우 짧은데, 현장은 그 둘 사이에 두고 있다. 현장이 제시한 것이 정확한 숫자라고 인정한다면, 900~1200까지의 차이는 600~900의 차이보다는 심하지 않다. 그렇지만 중국의 여행기에서 한 나라에 이른다고 하는 것은 그 나라의 수도에 도착하는 것을 의미하는 관습을 거스를 필요는 없다. 따라서 나는 등월(藤越, Momein) 서쪽에서 분리되는 두 갈래 길이 아쌈의 구와하티에서 합쳐지는 것을 인정한다.

---

232) 『신당서』, 권221상, 10~11쪽. 보유: 『신당서』, 권 221하, 3쪽에는 카마루파(Kāmarūpa)가 중국에서 인도로 가는 여정이 언급되어 있다.

233) 라시드 웃딘(Elliot, 『인도의 역사가들이 말하는 인도사(The history of India as told by its own historians)』, I, 57쪽)은 캄루(Kāmrū)라 하였고, 이븐바투타(C. Defrémery and B. R. Sanguinetti의 번역본, IV, 215쪽)도 캄루(Kāmru)라 하였다. 이븐 코르다베(Ibn Khordadbeh)는 "캄룬(Kamroun)왕, 그의 왕국은 중국과 닿아있다"고 하였다(「도로와 지방에 관한 책(Le Livre des routes et des provinces)」, C. Barbier de Meynard번역, 『JA』, 1865 3~4월호, 290쪽).

이것이 바로 중국에서 미얀마를 거쳐 인도로 가는 여정이다. 이 여행기가 거의 알려지지 않은 남쪽 육로를 기록하고 있고, 인도와 극동이 바닷길 또는 투르키스탄을 통한 교류에 주목해온 역사적 역할을 현대 과학이 축소시키고 있다는 점에서 상당히 소중한 의미를 가진다. 대리(大理) 왕국이 운남을 넘어가는 교통을 차단했음에도 불구하고 7세기 중국 지리학은 소문으로라도 영창을 출발하여 인도로 가는 길을 알고 있었다.[234]

몽골시기에 라시드 웃딘은 인도에서 중국으로 가는 두 갈래 길을 개략적으로 조사했는데, 하나는 해협들과 광주, 천주(泉州), 항주(杭州)로 가는 길과 다른 하나는 미얀마와 자르단단(Zardandan)과 카라장(Karajang)이란 나라를 경유하는 길이다.[235] 1652년 미르 줌라(Mir Jumla)가 아쌈을 정복했을 때, 그곳으로부터 중국으로 가는 길을 열 수 있다고 자부했다.[236]

미얀마의 영국 학자들은 오래전부터 바닷길을 통해 페구와 이라와디 강 하류에 미친 인도화와 비교하여, 아쌈의 길을 통해 상부 미얀마에서 온 대승불교와 브라만교의 유입에 한 자리를 내어 주어야 한다는 것을 알았다.[237] 고고학, 언어, 전통들이 이 가설을 뒷받침

---

234) 주거비(周去非)의 『영외대답(嶺外代答)』에는 여러 차례 운남에 있는 대리 왕국과 관계되어있는 미얀마를 말하면서도 서쪽으로 인도와의 교류는 어니하(淤泥河)로 단절되어 있었기 때문에 매우 어려웠다고 하였다(『영외대답』, 『지부족재총서(知不足齋叢書)』본, 권 2, 11쪽과 권3, 4쪽과 9쪽).

235) 엘리엇(Sir H. M. Elliot), 『인도의 역사가들이 말하는 인도사(The history of India as told by its own historians)』, I, 70~73쪽과 율, 「라시드 웃딘의 인도에 관한 지리적 기술을 밝히는 시도(An endeavour to elucidate Rashiduddin's geographical notices of India)」, 『JRAS』, 뉴 시리즈, 1870, 4책, 350~356쪽.

236) 엘핀스톤(Mountstuart Elphinstone), 『인도의 역사(The history of India)』, 613쪽.

237) 파이어(Phayre), 『미얀마의 역사』, 제 1장을 참고하시오. 한 사원에 기증된

해줄 것에 대한 정확한 연구가 이루어지길 바란다. 요컨대 인도의 영향력이 운남의 산들을 넘을 수 있었는지를 연구하는 것이 흥미롭다고 생각한다. 다른 곳과 마찬가지로 틀림없이 미얀마사람들은 타이인의 진정한 교육자였다는 것을 그것으로 보여줄 수만 있다면, 아무리 본론에서 벗어날 지라도 후회하지 않을 것이다.

~ 책들 중에서 1442년의 기록에는 여전히 『Amarakoça』와 같은 산스크리트어로 된 책들이 보인다(Tun Nyein, 『파간, 피니야 그리고 아바의 비문들(Inscriptions of Pagan, Piniya and Ava)』, 랑군, 1899, 8절판, 37~47쪽).

15. 환주(驩州)에서 환왕(環王)으로 가는 길

통킹에 관해 언급한 이 최초의 여행기에서 가탐은 두 갈래 다른 길을 덧붙이고 있는데, 하나는 통킹에서 참파의 수도로 가는 것과 하나는 통킹에서 캄보디아로 가는 길이고, 모두 육로이다. 이 새로운 여정들은 환주(驩州, 안남어로는 Hoan-châo)를 출발점으로 한다.[238] 바로 8세기 말에 중국의 최남단이다. 봉주(峯州)와 같은 시기에 환주는 791년 여러 기미주(羈縻州)의 행정소재지가 되었다.[239] 환주의 위치는 절대적으로 확실한 것은 아니지만, 중대한 오류를 남겨 두지는 않고 있다. 애주(愛州)에 있어서도 오늘날 타인호아(Thanh Hóa)로 보는 것에 일치하고 있다.[240]

문헌에 따르면, 애주 남쪽으로 250리에 연주(演州, 안남어로 Diễn Châu)가 있고, 연주 남쪽으로 150리에 환주가 있다고 하였다.[241] 연주는 동일한 이름으로 아직 남아있다. 행정적으로는 디엔짜우(Diễn Châu)의 푸(Phủ)이고 지도에는 푸디엔(Phú Diễn)으로 표기되어 있고 빈(Vinh)의 북쪽 가장자리에 있다. 거리는 거의 정확하며 디엔짜우 남쪽 150리는 빈 강의 남안, 하띤(Hà Tĩnh)에 있는 덕수(德壽, Đức Thọ)와 같은 주 행정소재지 사이에 이르게 한다.[242] 당나

---

238) 환주(驩州)의 역사에 관해서는 『구당서』, 권41, 35쪽과 『신당서』, 권43상, 8쪽 그리고 『태평환우기』, 권171, 6쪽을 참고하시오.

239) 『신당서』, 권222하, 12쪽.

240) 이는 안남의 학자(『월사통감강목(Khâm định Việt sử Thông giám cương mục)』, 1장, 5쪽과 3장, 33쪽을 참고하시오)와 샤반느(『BEFEO』, III, 233쪽)의 견해이다.

241) 『태평환우기』, 권171, 7쪽과 14쪽.

242) 환주(驩州)에 대한 전통적인 위치추정은 응에안(Nghệ An)이다. 그러나 옛날 응에안이어야 한다. 하띤(Hà Tĩnh)은 19세기까지 분리되지 않았다.

라의 환주를 위치시켜야 하는 곳은 바로 이 지역이다. 최근 샤반느가 주장하는 것처럼 득토(Đức Thọ)이든[243], 하띤이든 말이다.

환주에 관하여 가탐은 동쪽으로 이틀 동안 가서 당림주(唐林州)의 안원현(安遠縣)에 이른다고 하였다. 이러한 지명들은 『당서』에서 찾을 수 있지만[244], 위치하는 곳을 명시하지는 않았다. 안원으로부터 가탐의 여정은 남쪽으로 향하여 고라(古羅) 강을 지나서, 이틀 만에 환왕(環王) 왕국의 단동(檀洞) 강에 도착한다. 환왕국(環王國)은 바로 참파로 단동에서 경계에 이른다. 여행기의 설명은 우리의 지도와 일치하는 것 같다. 특히 안남쪽은 바다로 뻗어 있는 횡산(橫山, 안남어로 Hoành So'n) 산맥을 돌아가기 위해 거의 동쪽으로 이틀 동안 길을 가야하는 하띤과 아무런 관계가 없다. 이어서 남쪽으로 가는데, 나는 고라(古羅)를 잔 강(Sông Gianh)으로 단동(檀洞)을 일려(日麗,

243) 『BEFEO』, III, 233쪽. 슐레겔은 『통보』, IX, 379쪽에서 제시한 23도 59분의 고도는 일남(日南)의 상림(象林)과 광서(廣西)의 상현(象縣)과 혼동에서 비롯한 것이다.

244) 당림주(唐林州)의 역사는 모호하다. 간헐적으로 행정조직화된 것으로 보인다. 복록주(福祿州)라고도 불렸고, 여러 차례 치소(治所)가 설치되었다. 당나라 초기에 당림주는 당림현과 안원현(安遠縣)을 포함했다. 이후 폐지되었다가 다시 복록현을 넣어 설치되었다. 『당서』들은 편집될 당시에 그 위치를 잘 알지 못했다. 게다가 이 복록현은 당나라 말경에 틀림없이 무정(武定) 기미주로 바뀌었다. 이러한 변동은 상부 안남을 놓고 다투었던 중국과 참파사이의 진퇴에 상응한다. 안원이란 명칭은 756년 유원(柔遠)으로 바뀌었다고 한다. 그러므로 가탐의 정보들은 이 연도보다 이전일 것이다. 그러나 이 논의에 너무 깊이 들어갈 필요는 없다. 가탐은 행정적으로 더 이상 존재하지 않는 명칭을 사용했을 수 있다. 참파를 부르는 환왕(環王)은 756년 이전에는 보이지 않는다. 『구당서』, 권 41, 35쪽을 참고하시오. 여기에서 당두(唐杜)는 '당림'으로 읽어야 한다. 『신당서』, 권 43상, 8~9쪽과 권43하, 12쪽을 참고하되, 여기의 강림(康林)은 역시 '당림'으로 읽어야 한다.

Nhật Lệ) 또는 동허이(Đồng Hới)강으로 보고자 한다.[245] 여행기는 주애(朱崖, 안남어로 Châu Nhai)[246]까지 4일이 걸리고 주애에서 이틀이면 단보진(單補鎭)을 지나 환왕국의 도읍에 도착한다고 하였다.

245) 호안손과 꽝빈 지역에 관해서는 까르디에(P. Cadiere)의 「왕실 연보에 따른 꽝빈의 역사지리(Géographie historique du Quãng Bình d'apres les Annales Impériales)」, 『BEFEO』, II, 55~73쪽과 「꽝빈의 역사유적(Les lieux historiques du Quãng-Bình)」, 『BEFEO』, III, 164~205쪽을 참고하시오.

246) 옛 일남(日南)의 중국 명칭이 주애(朱崖)와 비슷하지만, 나는 주오(朱吾) 또는 주오(朱梧) 라는 현을 알고 있을 뿐이다. 한편 주애(珠崖) 간혹 주애(朱崖)라고 쓰는 지명도 있다(『전한서』, 권 28하, 17쪽과 『영환지략(瀛環志略)』, 권 2, 3쪽 그리고 『북사』, 권 12, 7쪽을 참고하시오). 주오(朱吾)와 주애(朱崖) 사이에 혼동이 있는 것 같지만, 해남의 주오와 주애와는 별도로 또 다른 주애일 수도 있다.

16. 임읍의 옛 도읍에 관하여

가탐이 여행기의 마지막 부분에 대해 더 이상 언급하지 않은 것은 참으로 아쉽다. 왜냐하면 참의 역사에 관한 난관들 중 하나를 그만큼 명백하게 설명할 수 있기 때문이다. 어떠한 고고학적 발굴도, 어떠한 비문들도 참의 왕들이 도읍을 가졌다는 것을 보장해 줄만한 것이 없다. 한편 신뢰성이 좀 떨어지는 참의 연대기는 연속적으로 스리 바노이(Sri Banoy), 발 한고브(Bal-Hangov), 발 앙구에(Bal-Angoue)를 언급하고 있다.[247] 아이모니에(Aymonier) 씨는 15년 전부터 스리 바노이를 동허이 옆 꽝빈에, 발 한고브를 후에(Huế)에, 발 앙구에를 빈딘에 있는 짜반(Cha bàn)에 위치시켰다. 그 수도가 동허이에서 후에로 옮겨간 것은 바로 982년 안남원정의 결과였다. 그리고 참 연대기에 따르면, 후에에서 빈딘으로 다시 옮긴 것은 13세기 후반으로 거슬러 올라간다.

이처럼 8세기 참파의 수도는 동허이에 있었을 것이다. 그러나 이러한 해법이 가탐이 기술하는 여정의 내용과 부합하지 않는 것을 볼 수 있다. 게다가 참 사람들이 그들의 수도를 소위 늑대의 소굴인 북쪽의 끝에 두었다는 것은 좀 의외이다. 참파의 수도에 관한 이 중요한 문제에 더 자세한 내용을 연구하지 못한 것이 아쉽지만, 결정적으로 그

---

247) 19세기에 편집된 이 연대기는 『여행과 답사(Excursions et reconnaissances)』, 31호, 14책, 77~92쪽에서 아이모니에(É. Aymonier)가 번역 출간되었고, 32호, 14책, 147~206쪽에서 주석을 달았다. 그는 우연하게 「참의 비문에 관한 첫 번째 연구(Première étude sur les inscriptions Tchames)」, 『JA』, 1~2월호, 1891, 23쪽과 『참족과 그들의 종교(Les Tchames et leurs religions)』, 파리, 1894, 9쪽에서 그 문제로 다시 돌아왔고, 마침내 그는 「참파의 역사(The history of Tchampa)」, 『The Asiatic Quarterly Review』, 1893년 7월호, 9쪽과 12쪽에서 다시 자신의 이론을 발표했다.

문제를 해결하고자 하는 것이 아니라 그 문제가 어떻게 제기되는지를 말해야 할 것이다.

참의 연대기는 세 도읍에 관한 상대적 위치를 제시하지 않았다. 안남인들의 진출로 남쪽으로 물러나야 했던 참 사람들을 고려하면서, 아이모니에 씨는 이 세 수도가 북쪽에서 남쪽 방향으로 위치시켜야 한다고 주장했다. 스리 바노이를 동허이 지역으로 보는 그의 추정은 다음과 같은 주장을 근거로 하고 있다. 프란시스 가르니에(Francis Garnier)가 인용한 어떤 중국인의 계산에 따르면 참의 연대기가 시작하는 시기에,[248] 참파의 수도는 오늘날 꽝빈에 있고, 게다가 동허이란 명칭은 "안남인들은 참 사람들에게 허이(Hới)란 칭호를 붙였으므로, 참의 유적을 가리키는 것 같다"라고 하였다. 이것이 바로 아이모니에가 조금 뒤에 암시했던 "좋은 해석"일 것이다. 그가 자신의 주장을 뒷받침하기 위해 다른 것을 제시했는지는 모르겠다.

동허이란 명칭에서 끌어낸 추론은 그 자체로 문제가 되는데, 동허이의 허이(Hới)는 안남인들이 참 사람들을 부른 명칭으로서의 허이(Hới)와 같지 않고,[249] 안남인들이 이와 같은 해석을 생각해 냈다는 근거도 없다.

이제 프란시스 가르니에가 인용한 중국인의 계산을 살펴보자. 가르니에는 다음과 같이 기술하고 있는데, "이항(Y-hang)이란 불교의 한 중국 승려가 당나라의 주요 도시들에서 북극성의 고도를 측정하게 되었다. 그는 임읍(林邑)이 북방 17도 10분의 고도, 말하자

248) 「참의 역사적 전설(Légendes historiques des Tchames)」, 『여행과 답사(Excursions et reconnaissances)』, 32호, 153쪽. 이것이 완벽히 정확한 것은 아니다. 프란시스 가르니에(Francis Garnier)가 제시한 계산에 따르면 8세기 전반까지 거슬러 올라간다. 아이모니에 씨가 작성한 연표에 따르면(앞의 책, 151쪽), 그 연대기는 11세기에 시작하며 여전히 알라(Allah)의 통치하에 있었다.

249) 「꽝빈의 역사유적(Les lieux historiques du Quãng-Bình)」, 『BEFEO』, III, 180~195쪽을 참고하시오.

면 오늘날 꽝빈의 주변에 있다는 계산을 해내게 되었다."라고 하였다. 가르니에가 인용한 이 정보는 쑤시에(P. Souciet)가 『수학적 관찰(Observations mathématiques)』, 2책에서 간행한 고빌(P. Gaubil)의 『중국 천문학 약사(Histoire abrégée de l'Astronomie chinoise)』에서 가져왔다. 고빌의 책을 보지 못한 것이 아쉽지만, 적어도 그가 근거한 것들을 중국 역사에서 쉽게 찾을 수 있다.

이항(Y-hang)이란 승려는 일행(一行)으로 불렸고 683~727년까지 살았다.[250] 천문학에 조예가 깊었던 그는 당나라 때 사용된 여덟 개의 역법서 중 하나를 지었다.[251] 고빌이 임읍에서 북극성의 고도에 관한 자료를 어디에서 취했는지는 모르지만, 『신당서』의 것임이 확실시 된다. 이에 따르면, 북극성의 고도는 임읍에서 17도 4분이다.[252] 중국인의 계산을 유럽식으로 대응시켜보면 그곳의 고도는 17도 24분이다. 17도 10분이라고 한 고빌은 틀림없이 교정을 했겠지만 나

---

250) 자일스가 제시한 672~717년은 잘못된 것이다(『중국 인명사전(A Chinese Biographical Dictionary)』, no 902). 『구당서』, 권191, 11쪽을 참고하시오. 이는 『신당서』, 권27상, 1쪽에서 확인된다. 또한 『일본대장경』, 致, IV, 19의 『송고승전』, 권5을 참고하시오.

251) 일행(一行)이 721년 새로운 역법서를 만들기 조금 이전, 718년 황제는 구담실달(瞿曇悉達, Gautama Siddha)에게 인도의 달력을 번역하게 했다(『신당서』, 권28하, 11쪽). 이 번역본은 고타마 싯다의 『개원점경(開元占經)』, 권104에 수록되어 있고(Wylie, 『중국 문헌에 관한 주석(Notes on Chinese literature)』, 105쪽), 그 사본들은 중국에서 쉽게 찾아 볼 수 있다.

252) 『구당서』, 권35, 5쪽과 『신당서』, 권31, 5쪽. 『신당서』에 보이는 이 문장의 완전한 문장을 보자. 지시침의 그림자 길이는 북극성의 고도에서 추출한 정보를 확인할 수 있다. "임읍에서 태양은 천정점 북쪽 6도 6분 약간 넘는 곳에 있다. 북극성의 높이는 17도 4분이고, 천체의 35도는 항상 보이며 사라지지 않는다. 동지에 지시침의 그림자는 (북쪽으로)6척 9촌이고, 춘분과 추분에 2척 8촌 5분(分)이며, 하지에 지시침 남쪽으로 5척 7분이다. [임읍(林邑)과 양성(陽城) 사이의] 직선거리는 6112리다." 지시침의 높이는 주어지지 않

는 그 원리를 잘 모른다. 어쨌든 그는 17도 이상 꽝빈 남쪽으로 내려가는 것이 문제가 된다는 것을 몰랐던 것은 확실하다.

우리가 꽝빈에 있었던 이 임읍으로 이해해야 하는 지를 알아보자. 가르니에는 임읍의 "수도"에 관해 말하고 있지만, 고빌까지 거슬러 올라가는 것을 보면 이것은 틀림없이 그가 추가한 것이다. 주석에서 번역한 전체 문장에는 왕국이라든가 수도에 관해 아무런 언급이 없다. 그런데 『수서』는 605년 유방(劉方)의 임읍 원정[253] 이후에, 당나라 시기 환주에 해당하는 일남군(日南郡)[254] 남쪽에 곧바로 비영군(比景郡)[255]으로 고친 탕주(蕩州), 곧바로 해음군(海陰郡)으로 바뀐 농주(農州), 곧바로 임읍군(林邑郡)으로 고친 충주(沖州)를 설치

~ 았으나, 지시침은 일반적으로 8척이다(J. B. Biot, 『인도와 중국의 천문학에 관한 연구(Études sur l'astronomie indienne et chinoise)』, 파리, 1862, 8절판, 308쪽을 참고하시오). 1척은 10촌이다. 양성(陽城)은 이조락(李兆洛)의 사전에 따르면(권9하, 5쪽), 현재 하남성 등봉현(登封縣) 남쪽 30리에 있다. 『구당서』에는 필요한 몇몇 정보들이 빠져 있다. 至林邑, 日在天頂北六度六分強, 極高十七度四分, 周圓三十五度, 常見不隱. 冬至晷六尺九寸, 定春秋分二尺八寸五分, 夏至在表南五寸七分, 其徑六千一百一十二里.

253) 이 원정에 관해서는 『수서』, 권53, 4~5쪽의 「유방전(劉方傳)」과 샤반느, 『BEFEO』, III, 438~439쪽을 참고하시오.

254) 수나라 시기의 일남군은 한나라 시기의 일남군과 혼동하면 안 된다. 뒤에 이 문제를 다시 언급하기로 한다.

255) 일반적으로 이 명칭은 비영(比景)으로 읽지만, 정확히 첫 번째 글자의 의미가 무엇이건 간에 아마도 비(庇)의 뜻일 것이고, 두 번째 글자를 "그림자"로 보는 것에 대체로 동의하고 있다. 따라서 경(景) 자는 영(影) 자와 같은 것이므로 [경]이 아니라 [영]으로 발음 한다. 또한 비영(匕景)이라고도 쓰는데, 이는 틀림없이 의정(義淨)의 책에서 보이는 상영(上景)이란 잘못된 형태의 근거가 되었으며, 이 때문에 샤반느는 첫 번째 명칭과 다른 명칭으로 보았다(『의정대당서역구법고승전』, 108, 136, 158쪽). 『남해기귀내법전(南海寄歸內法傳)』(다카쿠스, 『의정남해기귀내법전』, 12쪽)은 명칭의 동질성에 의문을 남

했음을 알 수 있다.[256] 이들 세 군은 결정적으로 임읍의 수도로 부여한 위치에 따르자면, 한나라 시기 일남군(日南郡)의 북쪽 지역, 말하자면 후에 성에 있는 꽝빈과 꽝찌(Quảng Trị)를 차지하고 있었다. 이 지역은 면적이 넓지 않았고 인구도 적었다. 비영(比景)의 인구는 수나라 시기에 1815가구가 있었을 뿐이고, 해음(海陰)의 인구는 1100, 임읍의 인구는 1220가구였다. 반면 구진(九眞, 타인호아Thanh Hóa)은 16135가구, 교지(하노이 지역)는 30056가구에 달했다.[257] 이러한 행정조직은 당나라가 수나라를 이어받는 618년까지 지속될 수 있었다.

새 왕조는 한차례 이상 통킹의 행정지도를 변경했다. 상부 안남의 명칭들이 바뀌었지만, 임주(林州)의 행정소재지는 수나라의 임읍이란 명칭을 그대로 유지했다. 이러한 조직은 명목상으로는 8세기 말까지 지속되었지만,[258] 가탐의 여행기는 그것을 몰랐고, 8세기 후반에는 더 이상 현실과 맞지 않는다는 것을 보여준다. 우리는 그것들이 없어졌다는 것을 충분히 알 수 있다.

~ 기지 않았다. 한국 판본에서만 비영(匕景)으로 되어 있고, 송대에는 사영(巳景), 원대에서는 혜영(匸景), 그리고 명대에는 상영(上景)이라 했는데, 이 모든 형태들이 한국 판본(『일본대장경』, 致, VII, 68쪽)이 보여주는 서법상의 변형 때문에 비롯된 것이라고 쉽게 설명될 수 있다. 정사(正史)에서 볼 수 있는 북영(北景)이란 형태는 비영(匕景)의 또 다른 변형일 것이다. 이 명칭에 관해서는 『전한서』, 권 28하, 8쪽; 『후한서』, 권 33, 8쪽; 『수경주』, 권 36, 22~23쪽; 『수서』, 권 31, 6쪽; 『구당서』, 권 41, 36쪽; 『신당서』, 권 43상, 8쪽을 참고하시오. 『패문운부(珮文韻府)』에서는 비영을 영(影) 자 아래에 두고 있으므로 이 명칭이 비경으로 발음되는 것이 아니었음을 잘 보여준다.

256) 『수서』, 권 31, 6쪽. 『통감강목(通鑑綱目)』에 따르면, 수나라는 589~618년까지 통치했다. 그러나 『진서(陳書)』와 『수서』는 581년부터 수나라 진나라를 대체했다고 여기고 있다.

257) 『수서』, 권 31, 6쪽.

258) 『신당서』, 권 43상, 8쪽.

북방의 영토를 정복한 참파의 왕은 시간이 흐름에 따라 재난에서 회복했고, 8세기에는 중앙아시아에서 중국은 전쟁에 휘말리는 혼란을 이용하여, 조금씩 잃어버린 영토를 되찾았다. 또한 가탐에게 그의 왕국은 북쪽으로 내가 동허이라고 생각하는 단동(檀洞) 강까지 새롭게 확장되었다. 그때부터 우리는 임읍 조목에서 북극성의 고도에 관한 『신당서』의 문장이 말하는 것을 볼 수 있다. 일행(一行)은 황제를 위해 일하는 천문가로, 나라 도시들의 고도를 측정하는 일을 맡게 되었다. 임읍 구역은 720년경 여전히 남아있었던 가장 남단이었다. 그래서 천문학적 관찰 기록을 남기고 있는 것이다. 그러나 『구당서』에 언급된 것처럼,[259] "환주 남쪽 땅에 임읍군을 설치하여 [임읍왕을] 기미했다. 이는 임읍이란 진정한 왕국이 아니다"[260]고 하였다.

그러나 동허이에 관한 이러한 위치 추정이 벌어졌기 때문에 문

---

259) 『구당서』, 권 41, 36쪽. 동일한 문장을 『태평환우기』, 권 171, 15쪽에서 찾아볼 수 있다.

260) 상상의 명칭을 지명으로 사용한 다른 예들이 있는데, 이는 중국인들에게 몇몇 외국에 대한 통치권을 가지고 있다는 망상을 주었다. 샤반느, 『서돌궐에 관한 자료(Documents sur les Tou-kiue occidentaux)』, 257쪽을 참고하시오. 742년에 중국인들은 농주(籠州, 오늘날 광서에 있으나 어딘지는 확인되지 않음)라는 명칭을 부남군(扶南郡)으로 바꾸었다. 그래서 『구당서』(권 41, 37~38쪽)는 그 명칭이 부남국(扶南國)에서 가져온 것임을 보여주지만, 정관(貞觀, 629~649)시기에 사신들을 보냈던 실제의 부남국은 아니다. 나는 금린국(金隣國)에 관한 자료를 모았는데(『BEFEO』, III, 266~267쪽, 여기에는 『신당서』, 권 207, 1쪽에 보이는 722년의 자료를 추가해야 함), 676년에 통킹에 금린 기미주를 설치했다(『신당서』, 권 43하, 12쪽). 『구당서』는 638년 광서에 설치된 환주(環州)가 환국(環國)의 이름으로 되었다고 한다(『구당서』, 권 41, 38쪽). 이것이 환왕국(環王國) 또는 참파를 말하는 것으로 보인다. 그러나 8세기 전에 환왕(環王)이 참파에 적용된 흔적은 없다. 이점에 관해서는 『신당서』라는 공식적인 문장이 있다(권 222하, 1쪽). 따라서 그 예는 의심스러운 것 같다. 乃於驩州南僑置林邑郡以羈縻之, 非正林邑國.

제는 여전히 남아있다. 우리는 임읍의 수도가 어디인지, 또는 그 수도들이 어디에 있었는지 더 이상 알 수 없다. 그럼에도 불구하고 중국 역사들은 중국인을 이어서 임읍국을 세운 한나라의 상림현(象林縣)이 일남군의 속현 중에서 가장 남쪽에 있다고 확실하게 기술하고 있다.[261] 게다가 137년 구련(區憐)의 반란을 언급하고 있는 문장이 실제로 참의 이동을 겨냥한 것이라면, 매우 그럴법하므로, 상림 지역은 당시 참에게 정복되었다고 말해야 한다. 왜냐하면 그 문장은 구련과 그의 오랑캐 지지 세력을 "일남 상림의 경계 너머에서 온"이라고 말하고 있기 때문이다.[262]

---

261) 『전한서』, 권 28하, 6쪽; 『후한서』, 권 33, 8쪽; 『진서』, 권 97, 7쪽; 『구당서』, 권 41, 36쪽을 참고하시오. 양한(兩漢) 시기에 다섯 현은 일남군을 구성했는데, 주오(朱吾), 비영(比景), 노용(盧容), 서권(西捲), 상림(象林)이었다. 이러한 열거 순서는 『전한서』를 따른 것으로 『후한서』와 『진서』에서는 바뀌었다. 그러나 다른 곳에서(『구당서』, 권 41, 36쪽) 군의 행정소재지가 주오에 있었다는 것을 알 수 있다. 그래서 이 소재지가 제국과 보다 원활한 관계를 위해 군의 북쪽에 있었다고 하는 것은 상당히 그럴법하다. 그리고 『전한서』의 마지막 명칭은 상림으로 가장 남쪽에 있었던 현이기 때문에, 옛 일남군의 다섯 현들의 상대적 위치를 북쪽에서 남쪽으로 배치되었을 수 있다. 그러나 하나의 가설일 뿐이다.

262) 임읍의 설치에 관한 문제에 대해서는 샤반느, 『의정대당서역구법고승전』, 107, 203쪽을 참고하시오. 왕국의 이름으로서 임읍이란 명칭은 내가 아는 바로는 확실히 3세기에 나타난다. 후한 시기에 관련된 아주 의심스러운 언급에 관해서는 레그(Legge), 『중국 고전(Chinese Classic)』, II, 537쪽과 『BEFEO』, III, 250쪽을 참고하시오. 225~230년 사이 임읍의 사신에 관해서는 『BEFEO』, III, 251쪽을 참고하시오. 내가 아는 바로, 왕국으로 건설된 임읍과 통킹에 위치한 중국의 지방 정권과의 첫 번째 전투는, 『수경주』(권 36, 22쪽)에 따르면, "오나라 적오(赤烏, 238~250) 11년 또는 위(魏)나라 정시(正始, 240~248) 9년에", 말하자면 248년에 고전만(古戰灣)에서 일어났다. 바로 이때 중국인들이 처음으로 구속(區粟)을 잃었고, 이것이 지역의 명칭으로 나중에는 도시의 이름으로 되었다.

그렇다면 일남군은 어디에 해당하는가? 수나라 시기(589~618)에는 당나라 때 응에안(Nghệ An), 하띤(Hà Tĩnh)의 환주(驩州)가 된 것을 일남이라 불렀던 것은 확실하다. 그러나 모든 자료들은 한나라 시기와 같지 않으며 일남군은 훨씬 더 남쪽 영토를 차지하고 있었음을 증명해 준다.[263] 다행히도 우리는 일남의 위치에 관하여 기원후 초반 몇 세기의 결정적인 증거를 가지고 있다. 그에 대해 주목하지 않을 수 없다. "임읍은 땅이 거의 없어 일남의 땅을 탐냈다." 그래서 347년에 임읍왕 범문(范文)은 일남의 북쪽을 정복하고, "통킹 자사 주번(朱蕃)에게 일남의 북쪽 끝인 횡산(橫山)을 경계로 확정해 줄 것을 요구했다."[264] 산은 도시처럼 옮겨질 수 없는 것이므로, 횡산(橫山, Hoành Sơn)은 "가로지르는 산"이란 의미이고, 4세기에 불렸던 명칭이 오늘날에도 사용되고 있다.[265] 바로 안남과 통킹의 자연적인 경계이다. 하띤과 꽝빈 사이에서 바다로 뻗어 있는 것은 바로 이 산맥이다. 이로써 유럽인들은 그 관문에 "안남의 문(Porte d'Annam)"이란 명칭을 부여했다.[266]

---

263) 수나라 때 일남인 환주(驩州) 지역을 응에안으로 위치 추정한(『월사통감강목』, 4장, 15쪽) 안남의 역사가들은 한나라의 일남을 꽝빈과 꽝찌에 위치시켰다(『월사통감강목』, 서문, 2장, 5쪽).

264) 『진서』, 권97, 7쪽. 4세기의 횡산을 오늘날 호안손(Hoành Sơn)으로 추정하는 것은 이미 『명일통지(明一統志)』, 권90, 4쪽에서 찾을 수 있다.

265) 안남 속어로는 데우 응앙(Đèo Ngang)이라 하는데 동일한 의미이다. 『진서』의 이 문장은 마단림(馬端臨)의 책에서 인용되었고, 그로부터 에르베이 드 생드니(Saint-Denys)의 번역에서도(『남중국 외래 인들에 대한 민족분류(Ethnographie des peuples étrangers à la Chine, Méridionaux)』, 427쪽)인용되었다. 다만 그는 횡산을 송나라 때 광서에 있었던 횡산의 장터로 추정하면서 "시장"이란 단어를 추가했다. 이는 원문에는 없는 것으로 아이모니에가 일남은 광주를 포함한다고(「참파의 역사(The history of Tchampa)」, 7쪽과 「부남(Le Fou-nan)」, 『JA』, 1~2월호, 1903, 113쪽) 여러 차례 설명한 것에서 비롯된 오해라고 생각한다.

266) 까르디에(P. Cadiere)의 「꽝빈의 역사유적(Les lieux historiques du Quãng-

이어서 중국인들이 일남이란 동일한 명칭을 더 북쪽 지역에 이전했다면, 수세기에 거쳐 실제 일남을 조금씩 잃게 되면서[267] 중국인들은 자신들에게 복속되어있는 가장 가까운 영토를 그 명칭으로 부르면서 그것을 소유하고 있다고 생각하고자 했다. 이후 7세기 초에 중국인들이 그들이 옛날에 소유했던 부분을 임시적으로나마 차지했을 때, 습관적으로 다시 정복한 영토에 한나라 시기의 일남의 속현들 명칭인 비영(比景), 주오(朱吾), 서권(西捲)이라는 이름을 부여했다. 그러나 그들에게 일남군은 호아손 북쪽에 있었다.

6세기 초의 『수경주』[268]는 참의 두 도시를 묘사하고 있는데, 북쪽에 있는 구속(區粟)과 남쪽에 있는 임읍의 수도이다. 이 두 도시는 상당히 확장된 성벽을 가지고 있어 하루 만에 지상의 흔적들을 다 둘러볼 수 없다는 것은 아주 놀랍다. 참 사람들이 처음으로 중국인에게 구속(區粟)의 탄탄한 자리를 취한 것은 248년이다.[269] 그러나 모든 자료들이 범문(范文)이 그의 후계자였던 범일(范逸) 왕에게 한 충고에 따라 성벽을 보강했다고 말하고 있으므로,[270] 이 구조물은 4세기 전반까지만 거슬러 올라갈 뿐이다. 구속성(區粟城)은 둘레가 6리 170보,[271]

~ Bình)」, 『BEFEO』, III, 201~202쪽을 참고하시오.

267) 범문(范文) 왕은 349년에 죽었고 그의 후계자들은 그 영토를 유지할 수 없었다. 이후 성공과 실패를 거듭하며 그 영토를 되찾았다.

268) 『수경주』의 저자인 역도원(酈道元)에 관해서는 『위서』, 권89와 『북사』, 권27을 참고하시오. 무영전(武英殿)의 18세기 말 판본에 따라 인용했고, 거기에는 『영락대전』에 들어 있는 역도원의 서문이 들어있다. 참의 두 도시에 관한 문장들은, 여기에서 요약만 했지만, 권 36, 18~19쪽과 26~27쪽에 수록되어 있다. 나는 상부 안남과 관계된 권 36(17~31쪽)의 전체를 번역하려 했으나, 현 왕조에서 간행된 『수경주』의 보주(補註) 본들을 기다려야 했다.

269) 앞의 121쪽, 주262을 참고하시오.

270) 『수경주』, 권 36, 25쪽과 『남제서』, 권 58, 4쪽을 참고하시오.

271) 중국의 보(步)는 이중적이다. 장(丈)은 10보이고, 보는 10촌이다.

동서로는 650보의 벽돌로 만든 1층의 토대로 만들어졌다. 이 토대는 2장(丈)의 높이이고 그 위로 벽돌로 벽을 쌓아 높이는 10보이고 총안이 뚫려 있다. 벽돌로 만든 이 성벽에는 방책들이 세워져 있어 모든 것은 70~80보에 달하는 누각과 난간에 의해 지배된다. 성은 13개의 문을 가지고 있고, 모든 공공건물들은 남향이며 2100가구 이상이 거기에 거주하고 있다. 임읍에게는 전술적으로 매우 중요한 곳이 바로 이곳이었기 때문에 임읍의 전쟁 물품들이 구속(區粟)에 집중되었다.

구속의 위치에 관하여, 여러 자료에서 466년 범양매(范陽邁)[272)]를 상대로 한 단화지(檀和之)의 원정까지 거슬러 올라가는 자료를 찾을 수 있는데, "구속성에 8척의 지시침을 세웠다. 해의 그림자가 남쪽으로 8촌에 있었다."[273)]라는 것이다. 이러한 관찰이 이루어진 시기가 달리 명시되지 않았다 할지라도, 하지(夏至)였던 것 같다. 어쨌든 그림자가 딱 8촌이었다면,[274)] 이 구속성을 거의 꽝빈 남쪽에

---

272) 범(范)은 중국이 임읍 왕에게 하사한 성(姓)이다. 양매(陽邁)에 관해서 중국인들은 임신기간 동안 양매의 어머니가 꿈을 꿨는데, 한 정령이 아들을 받아서 황금으로 만든 자리로 싸는 꿈이었다. 야만인들은 금의 첫 번째 성질을 양매라고 부르기 때문에 그 아이에게 이 이름을 주었다고 한다(『수경주』, 권 36, 27쪽과 『남제서』, 권 58, 3쪽). 나는 부분적으로 이 해석을 받아들일 수 있다. [yāṅ]은 신이나 왕의 이름 앞에 붙이는 영예로운 참어로 "폐하"정도를 의미한다. [mai]는 아마도 "금"이란 뜻의 참어 마(māḥ)의 음역일 것이다. 비문들에서도 이와 같이 썼지만, 오늘날은 [möḥ] 또는 [maḥ]로 발음된다(아이모니에, 「참의 비문에 관한 첫 번째 연구(Première étude sur les inscriptions Tchames)」, 31쪽). 이는 말레이어(mās 또는 amās)와 캄보디아어(mās)에도 보인다. [aḥ]를 [ai]로 옮기는 것에 관해서는 「po-lai=práḥ」(『BEFEO』, II, 149쪽)를 참고하시오.

273) 『남제서』, 권 58, 4쪽. 『남제서』에는 두 번이나 구율(區栗)이라 쓰여 있는데, 이는 구속(區粟)의 잘못된 표기로 보인다.

274) 5세기 중반에 행해진 것과 724년 교지(交趾)로 행해진 관찰을 비교해보면 촌(寸)의 차이가 있을 수 있다. 단화지(檀和之) 원정 때, 교지의 치소에서 지시침

서 찾아야 할 것이다. 왜냐하면 8세기의 관찰에서 꽝빈에 두었던 17도 이상의 고도로, 8척 지시침 남향 그림자는 최대, 즉 하지로 5촌 7분을 넘지 않는다.

『수경주』에서 기술의 대상이 되고 있는 다른 큰 성은 수도이다. 성벽은 둘레가 8리 1백보이다. 성벽은 20보의 벽돌로 만든 토대로 이루어졌는데, 그 위로 총안이 있는 10보의 벽돌 벽이 세워져 있다. 구속(區粟)처럼 이 성벽은 난간과 누각이 굽어보게 되어있다. 성벽에는 4개의 문이 나있고, 동문은 중심 문으로 여겨지며, 동쪽 옆으로는 회강(淮江)의 두 갈래가 흐른다. 오랑캐의 글자로 된 비석은 호달(胡達)[275] 왕에 대한 칭송으로 유명하다. 서쪽 문과 마주하여 이중의 해자(垓字)가 있는데[276], 구릉으로 올라가면서 북쪽으로 굽어지고 구릉의 서쪽에서 회강이 흐른다. 남쪽의 문으로 이중의 해자를 건너면 온공(溫公)의 두 성벽을 마주하게 된다. 북문은 회강 가에 있고 길은

~ 의 남방 그림자는 3촌에 달했고, 724년 일행(一行)이 행한 관찰에서는, 더욱 신중했을 것이 틀림없지만, 2촌 3분이었다. 그럼에도 불구하고 일행은 대체로 두 관찰이 일치한다고 생각했다(『신당서』, 권 31, 4쪽). 그렇지만 교지의 치소가 두 시기동안 옮겨지지 않았다는 것을 전제해야 할 것이다.

275) 범호달(范胡達) 왕의 이름은 간혹 수달(須達)이라고도 쓴다. 범불(范佛)을 계승했는데, 아들이라고도 하고 손자라고도 한다. 자료들은 399, 407, 413년에 안남인들과의 전쟁을 입증해 준다. 『진서』, 권 97, 7쪽; 『양서』, 권 54, 2쪽; 『수경주』, 권 36, 22쪽을 참고하시오.

276) 양중참(兩重壍). 푸르네로(Lucien Fournereau)의 『앙코르의 유적(Les ruines d'Angkor)』에 보이는 한 구절과의 잘못된 비교 때문에 『BEFEO』, II, 141쪽에서 내가 채택한 잘못된 번역을 바로잡는 기회로 삼고자 한다. 주4에 인용된 이 문장은 앙코르 톰(Angkor Thom)이 아니라, 프레아 칸(Preah Khan)과 관계된 것이다. 문각양중(門各兩重)이란 중국 문장에 있어 나는 "측면의 두 문으로 드나드는 각각의 문"으로 번역했는데, "각 문은 이중으로 되어있다"라고 번역해야 한다. 말하자면 각각의 아치에 실제로 두 개의 문이 있는데, 하나는 아치의 입구에 있고 하나는 출구에 있다.

이쪽에서 끊어진다. 성안에는 둘레 320보의 부속된 성이 있다. 성에는 8개의 사찰이 들어서 있고, 사람들이 적고 마을이 없다.

446년 단화지가 원정을 했을 때, 그 왕 범양매는 그 수도를 버리고 산속으로 도망갔다. 단화지는 성을 약탈하고 파괴했다. 범양매가 돌아와 파괴된 성과 흩어진 사람들을 찾았을 때, 그는 너무 큰 충격을 받아 죽었다. 매우 가능성이 있지만, 5세기의 이 수도가 이전 세기의 것과 같은 곳이라면, 그 위치 추정을 용이하게 해주는 지시침에 의한 관측이 있다.

349년 범문의 죽음 이후, 범불(范佛)이 그를 계승했다. 그러나 범불과 통킹의 중국인과의 싸움은 언제나 만족스러운 것은 아니었다. 중국 장수 관수(灌邃)는 사실상 수도인 임읍까지 쳐들어갈 수 있었다. 5월 5일에 지시침을 설치했는데, 그 그림자가 남쪽으로 9촌 1분이었다.[277] 5월 5일이 하지의 정확한 날짜가 아니지만, 멀리 떨어지지 않은 것은 확실하다. 관측의 정확성에 대해 의문을 제기하지 않는 한, 임읍이란 도읍을 4세기에 8척의 지시침과 최대로 9촌 1분의 남쪽 그림자의 길이, 즉 하지를 통해 지시된 고도의 북쪽에서 찾는 것은 불가능하다.[278]

---

277) 『수경주』의 기술과 지시침에 의한 관측사이에는 1세기의 틈으로 분리되어 있으므로, 임읍의 위치에 대한 나의 견해에 가장 우호적이지 않은 가정을 원문에서 채택했다. 『통전』(권 188, 13쪽)과 『태평환우기』(권 171, 16쪽)가 말하는 관측은 결국 관수(灌邃)의 것이다. 그러나 참 사람들을 상대로 한 단화지의 결정적인 승리는 5월에 있었다는 것을 『송서』(권 97, 1쪽)를 통해 알 수 있는 만큼, 단화지에게 돌리고 있는 『구당서』(권 35, 4쪽)과 『신당서』(권 31, 4쪽)의 정보에는 사실일 것 같은 것이 있다. 이 경우에, 『수경주』가 묘사하고 있는 수도의 위치, 즉 꽝빈의 아주 남쪽에 있어야 한다는 것을 따랐음에 틀림없을 것이다. 『당서』에서 임읍으로 언급된 두 관측, 9촌 1분과 5촌 7분은 내가 보기에는 아주 다른 지역에 해당하지만, 편집자들이 그 불일치를 인식하지 못하고 나란히 위치시키고 있다.

278) 『수경주』(권 36, 24쪽)를 따른 것이지만, 도읍을 기술하고 있는 별도의 문

이후의 연구들이 4세기, 5세기, 6세기 임읍의 도읍을 찾겠지만, 현재로서는 605년 유방(劉方)이 원정할 당시에도 여전히 같은 장소였다는 것을 부정하거나 긍정할 어떠한 근거도 없다. 중국이 그 왕국의 북방 지역을 계속해서 차지했고, 세 군(郡)을 세웠기 때문에[279], 『당서』에서는 범범지(范梵志)[280]가 "남은 백성들을 모아 다른 곳에 도읍

~ 장에서는 그 위치에 관한 중요한 정보를 담고 있다. 구속(區粟)을 취한 이후 446년 단화지가 원정할 당시, 중국 장수는 팽룡(彭龍)만 옆에 있는 브라만 사원[?鬼塔] 근처에서 참 사람들과 큰 전투를 벌여, 포(浦)에서 전충(典沖)으로부터 40리 떨어진 임읍의 수도로 올라갔다. 이 정보는 정확하다. 6세기에 수도가 더 이상 같은 곳에 있지 않았다는 것을 인정하지 않는 한, "[임읍의] 수도는 바다로부터 120리, 일남의 경계에서 400리에 있다"라고 하는 『양서』(권 54, 1쪽)의 기술과 모순된다. 이 때문에 나는 『수경주』의 문장도, 『양서』의 문장도 신뢰하지 않는다.

279) 앞의 118~120쪽을 참고하시오.

280) 중국인들은 3세기에서 7세기 중반까지 통치한 참 왕조에 범(范)씨 성을 주었다. 상당수의 장군들과 사신들 이름에는 마찬가지로 범(范) 자가 들어있다. 중국의 성씨에서 사용하는 것처럼 범(范)이란 성이 참 사람들에게 하사된 것인지, 고유한 단어를 드러내는 것이지는 말하기 어렵다. 첫 번째 가정은 나를 미소 짓게 하지 않는다. 7세기 중반에 새 왕조를 연 자는 제갈(諸葛)이란 매우 중국적인 이름으로 지칭했고, 986년 유계종(柳繼宗)이란 왕의 이름은 더 널리 퍼진 유 씨로 시작한다(이 유계종이란 이름은 유보되어야 한다. 왜냐하면 『송사』는 986년 사신을 보낸 참파 왕을 유계종으로 보았지만, 안남의 『대월사기전서』, 「본끼 토안트(bốn ký toàn thư)」, 권1, 10쪽에서는 안남의 피난민일 따름이다. 따라서 이 텍스트는 『송사』와 쉽사리 부합하지 않는 것 같기 때문이다). 반면에 오늘날 중국에 살고 있는 유럽인들의 이름을 중국 고유명사의 습관에 따라 옮기는 방식이 고유한 이름의 번안으로 생각된다. 송나라 시기 참 왕에게 주어진 양씨(楊氏)는 틀림없이 "신"이란 뜻을 가진 [yāṅ]이다. 이 범 씨는 중국인들에 의해 나머지 이름과 분리되어 쓰기도 하고 없애기도 했다. 한 차례 참 왕들의 성씨로 간주되면서, 그 왕조가 막을 내렸다고 인정되는 때까지 이름 앞에 붙이는 접두사였을 수가 있다. 부

을 세웠다"[281]고 하였다. 이것이 바로 중국 문헌에 따른, 7~8세기 참파의 역사이다.

623년과 625년 그리고 정관(貞觀, 627~649)초기에 범범지(范梵志) 왕은 사신들을 파견했다. 630년, 631년 그리고 이어지는 해에 범두려(范頭黎) 왕은 정기적으로 조공을 바쳤고, 그는 태종(太宗, 627~649)의 비석에 표현되었다. 범두려가 죽고 그의 아들 범진룡(范鎭龍)이 계승했으나, 645년 범진룡은 그의 신하 마하만다가독(摩訶漫多伽獨)[282]에게 가족과 함께 살해되어 범씨의 남자 후손은 대가

~ 남에게도 마찬가지로, 3세기 내내 중국인들은 통치하고 있는 왕조의 성씨로 동일한 글자의 범 씨를 부여했다(『BEFEO』, III, 291~293쪽을 참고하시오). 부남의 기록이 부재하기 때문에 중국인들이 여기처럼 고유한 방식에 영감을 받았는지는 말할 수 없다. 참파에 있어서는 적어도 비문에서는 범(范)을 연상시키는 이름이나 용어가 왕족 이름에 전혀 없다. 중국인들은 한 개인의 출신국을 그의 성씨로 종종 삼는다(『BEFEO』, III, 252쪽을 참고하시오). 최선의 해결책이 없으므로 나는 카스트의 명칭을 취한 것이라고 생각한다. 진랍(眞臘), 중인도와 같은 나라에 있어, 통치하는 가문은 크샤트리야(Ksatriya)라는 성씨를 가지고 있다고 한다(『BEFEO』, II, 123쪽과 『신당서』, 권221상, 10쪽을 참고하시오). 한편 『양서』(권 54, 2쪽)에서는 "[참의] 대족들은 바라문(婆羅門)이라 불린다."라는 것을 읽을 수 있다. 힌두교의 동의어가 된 브라마(Bramā)는 대체로 범(梵) 자로 옮긴다. 범(范) 자는 여기의 브라만에 해당하지 않는다. 임의적으로 선택된 이 새 글자가 중국에서는 성씨로 사용된 것인가? 가설은 빈약하지만, 이 동일한 성씨가 부남의 왕에게서처럼 참파의 왕들에게도 주어졌다는 것을 달리 설명할 길이 없다. 범범지(范梵志)란 이름에 있어서, 범지(梵志)는 브라마카린(brahmacārin)의 일반적인 번역이지만, 이 의미가 여기에 적용될 수 있을지 모르겠다.

281) 『신당서』, 권 222하, 1쪽.

282) 사람들은 이 이름의 첫 번째 부분을 마하만트린(mahāmantrin)이란 칭호로 인식하려 했지만, 나는 마지막 두 글자에 대한 것을 모른다. 『신당서』(권 222하, 1쪽)에는 참의 대신들을 파만지(婆漫地, po mantrin)라고 불렀다고 했다. [po]라는 수식어는 대체로 "각하"에 해당한다.

끊어졌다. 참 사람들은 범두려의 사위인 브라만을 즉위시켰으나, 대신들은 이전 왕조를 여전히 마음에 두고 있었다. 그들은 브라만 왕을 내리고 범두려의 합법적인 딸을 왕으로 선택했다.[283] 불행하게도 이 여인은 나라를 안정시키지 못하자 사람들은 범두려 숙모의 아들인 제갈지(諸葛地)에게 도움을 청했다. 제갈지의 아버지는 잘못을 저지른 것 때문에 캄보디아로 도망했다. 제갈지가 참파로 돌아오자 대신들은 범두려의 딸과 그를 결혼시키고 그를 왕으로 선언했다.[284] 653년 제갈지는 중국에 사신을 보냈다.[285] 669년에는 발가사발마(鉢伽舍跋摩, Prakāçavarman)[286] 왕의 사신이, 713년에는 건다달마(建多達摩)[287]

---

283) 브라만의 배우자로 이 합법적인 딸로 보아야 하는지 모르겠다. 그렇다면, 사람들이 그들을 이혼시켰어야 했을 것이다. 왜냐하면 범두려(范頭黎)의 딸인 왕비가 새 왕인 제갈지(諸葛地)와 결혼했기 때문이다.

284) 『구당서』, 권 197, 1쪽과 『신당서』, 권 222하, 1쪽을 참고하시오.

285) 『책부원구』, 권 970, 14쪽.

286) 이 표기는 『책부원구』, 권 970, 16쪽과 권 976, 5쪽을 따른 것이다. 『당회요』(권 98, 12쪽)에는 발가함파마(鉢迦含波摩)로 되어있다. 피노(Finot)씨는 프라카샤다르마(Prakāçadharma)왕의 기부를 기념하는 미선(Mỹ Sơn)의 한 비문을 알려주었는데, 틀림없이 601사카인 아난담바라삿샤타(ānandāmvaraṣaṭçata)의 기원후 679년의 것으로 추정된다. 바로 이것이 중국어의 프라카샤다르마(Prakāçadharma)일 것이다.

287) 이 음역은 확실히 잘못되어 있다. 그 이름을 정확하게 재구성하는 것은 쉽지 않다. 표기는 『책부원구』(권 971, 1쪽과 권976, 5쪽)와 『당회요』(권 98, 12쪽)에서도 동일하다. "건다"에 대해서 첫 번째 음절을 옮기지 않는 비크라타(vikrāta)라 든지 아니면 건(建) 자를 율(律) 자로 고쳐서 루드라(rudra)로 생각해 볼 수 있을 것이다. 따라서 바르만(varman)을 예상하지만, "달마"는 다르마(dharma)에 대한 일반적인 음역이다(尸達摩提婆라는 왕, Crïdharmadeva의 이름은 수라분(修羅分)으로 662년 사신을 보냈다는 것과 『책부원구』, 권970, 15쪽을 참고하시오). 따라서 바르만의 var를 옮기는데 사용한 어떠한 글자도 "달마"의 달 자와 혼동 될 수 있다고 생각되지 않는다.

라는 왕의 사신이, 749년에는 노타라(盧陀羅, Rudra[varman])[288]라는 왕의 사신이 왔다. 이 사신들에 따르면, 참파에 주어진 명칭은 계속 임읍이었다. 그러나 『신당서』에 따르면,[289] 참파는 지덕(至德, 756~757) 이후로 환왕(環王)[290]이라는 설명할 수 없는 명칭을 받았다. 이것이 바로 8세기 말 가탐의 여행기에서 주어진 명칭이고, 내가 알기로는 최초로, 793년 사신에게 불린 명칭이다.[291] 마침내, 809년

~ 프라카샤다르마(Prakāçadharma)왕이 언급된 미선(Mỹ Sơn)의 동일한 비석에는 비크라타바르만(Vikrântavarman)왕에 대한 칭송이 들어있다. 이 두 비문은 동일한 시기에 새겨진 것은 아닌 것 같다. 713년에 사신을 보낸 건다달마(建多達摩)는 바로 이 비크라타바르만일 수 있다. 비크라타다르마=비크라타바르만은 프라카샤바르만=크라카샤다르마와 유사하다.

288) 『당회요』, 권 98, 12쪽과 『책부원구』, 권 976, 5쪽. 『책부원구』(권 971, 17쪽)의 표기 또한 노타(盧陀)인데, 그에게는 임읍국(林邑國) 성주(城主)라는 칭호가 주어져 있다.

289) 『신당서』, 권 222하, 1쪽.

290) 이 명칭은 『구당서』(권 41, 38쪽)에서 나오는 한 구절을 믿는다면 더욱 옛날로 거슬러 올라간다. 그에 따르면, 638년 광서(廣西)에 설치된 환주(環州)는 환국(環國)에서 그 이름을 가져온 것이다. 이는 완벽히 환왕국(環王國)이었던 참파를 지칭하는 명칭이 아니다. 『자치통감』(권 208, 7쪽)은 그 명칭이 환왕국(環王國)에서 왔음을 분명히 하고 있다. 이러한 믿을 만한 자료에도 불구하고, 나는 참파에 적용된 환왕(環王)이란 명칭을 그렇게 옛날로 거슬러 올라가야 한다고 생각하지 않는다. 『구당서』의 문장은 반만 믿을 만하다. 왜냐하면 그 명칭이 완전히 일치하지 않기 때문이다. 한편 임읍에 관한 기술에서 『구당서』는 환왕(環王)이란 명칭을 시사하지 않고 있다. 게다가 『책부원구』에서 793년까지 언급한 모든 사신들은 임읍에서 왔다고 했지 결코 환왕에서 온 것이라 하지 않았다. 따라서 나는 『태평환우기』(권 168, 10쪽)의 설명을 따르고 싶다. 거기에서는 환락동(環落洞)이라는 국부적인 경계의 이름에서 환주(環州)라는 명칭을 따왔다고 하였다.

291) 『책부원구』, 권 972, 4쪽.

안남자사 장주(張舟)가 참파를 정복했다.[292)]

안남의 사가들이 따르는[293)], 늦은 자료인 『명일통지(明一統志)』[294)]와 『동서양고(東西洋考)』[295)]에 따르면, 참왕이 점성(占城, Chiêm Thành)으로 수도를 옮긴 것은 장주의 정복 이후이고, 이러한 천도 이후로 참파는 중국인들에게 점성(占城)으로 알려졌다고 한다. 불행하게도 나는 이 정보를 어느 자료까지 거슬러 올라가야 할지 알아내지 못했다. 참파에 관한 『구당서』의 내용은 7세기 중반 범두려(范頭黎)의 딸이 등극하는 것에 그치고, 참파 또는 점성이란 명칭에 대해서는 모르고 있다. 두우(杜佑, 735~812)는 『통전(通典)』에서 범두려의 등극까지만 언급하고 있다. 하지만 그는 마지막 주석[296)]에서 자신의 시기에 임읍은 환왕(環王)이란 명칭을 가졌다고 했지만, 점성과 참파에 관해서는 말하지 않았다. 『신당서』에 이르면, 9세기 초를 포함하여 장주(張舟)의 원정까지 이야기를 밀어 나가, 전(傳)의 표제에서는 임읍이 환왕(環王)으로 바뀐 것으로 보았고, 점파(占婆)의 문장에서는 환왕의 동의어로, 점성은 도읍의 명칭으로 보았다.[297)] 틀림없이 877년부터[298)],

292) 『신당서』, 권 222하, 1쪽과 『책부원구』, 권 987, 6쪽에서는 이름이 장단(張丹)으로 잘못 기록되어 있다.

293) 『월사통감강목』, 권 3, 21쪽.

294) 권90, 8쪽. 『명일통지』를 황제에게 올린 것은 1461년이다. 여기서는 만수당(萬壽堂) 판본을 인용했다.

295) 『석음헌총서(惜陰軒叢書)』본, 권 2, 2쪽. 『동서양고』는 장섭(張燮)의 저술로, 그의 친구가 쓴 서문에 따르면, 1617~1618년에 지었다고 한다.

296) 권 188, 14쪽.

297) 『신당서』, 권 222하, 1쪽. 『신당서』는 참왕의 두 번째 거처를 제국(齊國)과 봉피세(蓬皮勢)라 불리는 두 곳을 추가하고 있다. 이 명칭에서 두 번째 것만이 음역자로 보이지만 아는 것이 전혀 없다.

298) 내가 알기로 877년의 이 사신은 유순(劉恂)의 『영표록이(嶺表錄異)』, 권상, 8쪽에서만 언급되었다. 『당서』들은 그들의 침묵이 유순의 증언에 이의를 제기할 수 있을 정도로 외국에 대한 충분한 정보를 제공하고 있지는 않다.

결과적으로 인덕만(因德漫, Indravarman)[299]왕이 958년과 959년에 후주(後周)에 보낸 사신들로부터, 점성은 나라의 이름이 되었고, 그 수도가 옮겨갔음에도 불구하고 참왕국이 멸망할 때까지 계속되었다.이처럼 천문학적 계산과 고고학적, 금석학적 발굴들이 새로운 정보를 가져다주지 않는 한, 임읍의 수도를 분명하게 하는 것은 어려울 것 같다. 내가 꽝남(Quảng Nam)에서 찾게 된 것은 순전한 나의 느낌이다. 아마도 이러한 도읍들이 차지하고 있는 장소들과 구속성(區粟城)을 후에 지역에 위치시키는 것에서 너무 멀지 않기 때문이다. 하지만 이 가설에는 심각한 난관이 있다. 『수경주』가 기술하고 있는 상당한 성벽을 대표할 수 있는 유적들을 꽝남에서 찾을 수 없다는 것이다. 마찬가지로, 후에 지역에는 옛날 구속이라고 할 만한 거대한 참의 성벽으로는 현재 도시의 조금 위에 있는 강의 우안에 매우 쉽게 알아볼 수 있는 무너진 성벽이 있을 뿐이다. 그러나 나중에 다시 살펴보겠지만, 사람들은 이 성벽이 참의 수도인 불서(佛誓)로 알고 있다. 만약 이 전통적인 견해가 심각한 이의를 야기한다면, 그에 대한 안남 사가들의 확실한 설명이 있다. 유방(劉方)이 옛 임읍성을 605년에 조금도 남아있지 않을 정도로 잘 파괴했다는 것을 인정해야 하는가. 아니면 446년 단화지(檀和之)에 의해 파괴되어 성벽들이 재건되지 않은 것인가. 현재로서는 이 문제에 답하는 것이 불가능하다. 적어도

299) 『신오대사』, 권 74, 6쪽; 『책부원구』, 권972, 22쪽과 권976, 22쪽. 『책부원구』에는 석리인덕만(釋利因德漫, Çrīndravarman)으로 되어있다. 흔히 [çāk(ya)]와 [çak(ra)]를 음역하고, 종성에 후음을 가진 글자였던 석(釋) 자가 10세기부터 슈리(çri)라는 치찰음을 옮기는데 사용되었다는 것은 다소 놀랍다. 하지만 그러한 이전 용례는 있다. 바로 『송서』(권 97, 4쪽)에서 499년 사신을 보낸 근타리(斤陁利) 왕은 석파라나련타(釋婆羅那憐陁)라고 불렸다는 것이다. 슐레겔(『통보』, II, 122쪽)은 석리인덕만을 "샤캬(Çākya) 가문의 전사(bala) 나렌드라(Narendra) 왕"으로 추정했지만, 틀림없이 슈린드라바르만(Çrīndravarman)으로 읽어야 한다.

내 생각으로는 가탐의 여행기 내용과는 부합한다. 중계지점을 지나 6일이면 동허이에서 꽝남으로 충분히 갈 수 있다는 것이다.[300)]

300) 『태평환우기』(권 171, 7쪽)에 따르면, 환주(環州)에서 "환왕국(環王國)의 수도까지 남동쪽으로 10일 여정으로, 약 500리이다." 내 가정이 정확하다면, 이 거리는 너무 짧다. 의정(義淨)은 환주에서 비영(比景)까지 육로로 반 달 이상, 또는 바다로 5~6조(潮)로 계산하여 "남쪽으로 더 가면 참파에 이른다"라고 하였다. 『남해기귀내법전(南海寄歸內法傳)』, 『일본대장경』, 致, VII, 68쪽과 다카쿠스(Takakusu), 『의정남해기귀내법전』, 12쪽을 참고하시오. 다카쿠스는 환주와 비영을 잘못 읽고 있다.

17. 점성(占城)

두우의 『통전』에서 보이는 이 문장에서 마지막 정보를 찾을 수 있는데, "임읍포(林邑浦)의 밖에는 불로산(不勞山)이 있다"[301]라고 한 것이다. 조금 뒤에 보게 되겠지만, 불로산은 내가 보기에 꽝남강의 먼 바다에 있는 쿠 로 참(Cu Lao Cham)섬으로, 사람들은 임읍포를 꽝남강으로 추정하는 이유를 여기에서 찾고자 했다. 감각적으로 같은 지역에서 임읍이란 도시와 점성이란 새로운 도시를 찾고 있는 나로서는 두우의 이 증언을 있는 그대로 받아들일 수 있다. 그러나 앞으로 이 두 도시가 너무 멀어 분리해야 한다면, 두우가 점성으로의 천도를 말하지 않았고, 불로산에 관한 그의 정보가 사실은 이러한 천도 이후라고 하더라도, 점성의 포(浦)를 생각하고 있었음을 인정해야 한다. 왜냐하면, 나는 꽝남강을 통해서 점성에 도착했다고 생각하기 때문이다.

사실 임읍이란 도시의 위치추정에 관한 것보다도 점성의 위치추정에 관한 보다 더 견고한 몇몇 주장들이 있다. 우리는 늦어도 9세기 초에 참의 왕이 점성으로 수도를 옮긴 것을 보았다. 그런데 참이란 이 명칭은 오늘날까지 전체 왕국을 부르는 일반명칭 이외에 꽝남의 지리에서 특수한 지칭으로 남아있다. 안남 사람들은 일반적으로 참의 사람들을 허이(Hởi), 로이(Lôi) 그리고 쯔놈(Chữ Nôm)어로 藍[chàm], 針[chăm]으로 쓰는 참(Chàm)이란 명칭으로 알고 있었지만[302], 그들은 꽝남이 옛날 점(占, Chiêm)의 동(洞), 참파의 리(里,

---

301) 『통전』, 권188, 12쪽.

302) 이 명칭들에 관해서는 제니브렐(Génibrel)과 보네(Jean Bonet)의 『안남-프랑스어 사전(Dictionnaire annamite-français)』 두 사전을 보시오.

Li)를 구성했다고 한다.[303)] 따라서 이 점(占)이란 글자는 안남에서처럼 중국에서 참이란 명칭을 쓰는데 사용하는 글자이다.[304)] 마찬가지로 안남의 지도상에는 꽝남강의 어귀는 오늘날에도 대점해구(大占海口, Đại Chiêm hải khẩu)로 불린다. 대점서(大占嶼, Đại chiêm dư) 또는 구로점(岣嶗占, Cù lao Chiêm)이라고 불리는 강의 어귀에서 바다로 12킬로미터에 있는 섬이다.[305)]

대점해구라는 명칭을 어느 시기까지 거슬러 올라가는지 자료들을 통해 살펴볼 수는 없지만, 안남인의 점령 초기부터 변경되지는 않았을 것이다. 뒤무띠에(Dumoutier) 씨가 출간한 해도(海圖)에

303) 『Đại Nam Quốc Cương Giới Vựng Biên(大南國疆界彙編)』, 권3과 『Hoàng Việt địa dư chí(皇越地輿志)』, 그리고 뒤무띠에(Gustave Dumoutier), 「15세기 안남의 해도에 관한 연구(Etude sur un portulan annamite du XVe siècle)」, 『역사와 기술 지리학 학보(Bulletin de géographie historique et descriptive)』, 1896, 196쪽을 참고하시오. 뒤무띠에 씨는 동(洞) 자 대신에 동(峝) 자로 쓰고 있는데, 같은 의미이다.

304) 점(占) 자는 안남어로 [Chiêm]으로 발음한다. 보네와 제니브렐의 사전과 루로(E. Luro)의 『안남국(Le pays d'Annam)』, 23쪽에서 찾아 볼 수 있다. 판득 호아(Phan Đức Hòa)의 『윌리엄스의 중국-영어 사전에서 중국어-안남어 발음을 병기한 한자 색인(Index des caractères chinois dans le dictionnaire chinois-anglais de Williams, avec la prononciation mandarine annamite)』에서 [chim]이란 발음은 필사하는 사람의 잘못에서 나온 것이다. 참을 지칭할 때 이 글자에 대한 다른 발음은 없다. 뒤무띠에(앞의 책, 196~197쪽)는 [xiêm]이라 잘못 옮기고 있다. 제니브렐의 사전에서 주어진 섬성(暹城, Xiêm-thành)은 테오필 르 그랑(Théophile Le Grand de la Liraye)가 옛날에 점성(占城, Chiêm-thành: Champa)과 섬라(暹羅, Xiêm-la: Siam)를 혼동한 것의 잔재이다.

305) 이러한 명칭들은 내가 후에(Huế)에서 복사해온 완문현(阮文顯, Nguyễn Văn Hiển)이 1860년에 지은 『사반성기(闍盤城記, Cha bàn thành ký)』라는 짧은 필사본에 언급되어있다.

는 그 날짜가 확실하지 않다.[306] 우리는 다행히도 쿠 로 참(Cu Lao Cham)이란 명칭을 더 정확하게 할 수 있다. 『신당서』는 『통전』과 거의 동시대지만, "임읍포"를 말하지 않고, 참파에서 "죄인들은 코끼리 발로 짓이김을 당하거나 불로산(不勞山)으로 보내 죽게 한다."[307] 라고 하였다.

한편 가탐의 두 번째 여행기에서, 광주를 떠나, 안남 쪽으로 따라가기 전에, "점불로산(占不勞山)에 도착한다. 이 산은 환왕국의 동쪽으로 2백 리 바다에 있다."[308]라고 하였다. 『신당서』는 환왕국이 점불로(占不勞), 점파(占婆)라고도 불린다고 하고 있다.[309] 가탐의 점불로산은 그곳으로부터 터무니없는 거리에 있지만, 지도상에서 쿠로 참 또는 그랜드 쿠로라 불린 섬으로 보지 않으면 안 될 것 같다. 불로산에 관한 『통전』과 『신당서』의 내용들은 완벽하게 이러한 해석과 일치한다. 문제는 용어의 조합이다. 사람들은 『신당서』에서 참파의 명칭 중의 하나로 명시한 점불로(占不勞)라는 명칭은 참파푸라(Campapura)의 음역으로 생각했다.[310] 이는 약간 불규칙적이긴 하지만 가능

306) 앞의 책, 147쪽. 이 해도는 균질하게 편집된 것은 아니다. 어떤 명칭들은 동시기에 존재하지 않았던 것으로 보인다. 『월사통감강목』에 따르면, 후에 라군의 남쪽 관문은 『포르톨라노(Portulan)』에서 막(Mạc)사람들이 사객(思客, Tư Khách)으로 불렀을 뿐이다. 이 정보가 정확하다면, 『포르톨라노』는 16세기 이전으로 넘어가지 않는다. 또한 뒤무띠에 씨의 연표에서 교정해야 할 몇 가지가 있다. 동허이와 후에에 관한 『Hoàng Việt địa dư chí(皇越地輿志)』의 정보들을 연결시켜야 하는 것은 기원전 왕들이 아니라, 17, 18세기 안남의 응우옌(Nguyễn)이다(192쪽, 194~195쪽).

307) 『신당서』, 권222하, 1쪽.

308) 아래 가탐의 두 번째 여행기를 참고하시오.

309) 『신당서』, 권222하, 1쪽.

310) 슐레겔은 "Tjempura"로 표기했다(『통보』, IX, 282쪽). 그렇지만 슐레겔이 환왕과 참파푸라라는 두 명칭을 "환왕은 임읍에 해당하고 참파의 서쪽에 있다"는 설명으로 어떻게 하나로 볼 수 있는지 모르겠다(『통보』, IX, 196쪽).

할 수도 있다. 그러나 참파의 명칭으로 점불로는 가탐의 점불로산과 분리시킬 수 없다. 따라서 이 섬을 참파푸라라고 명명하기는 힘들다.

남조(南詔)에 대한 『신당서』의 다양한 명칭에서,[311] 그 대부분이 전체 민족을 위한 일반적인 의미를 가진 것이 아니라 정확한 장소들에 적용된 지명들이었다. 광주에서 오면서, 참파 쪽으로 인식한 것은 쿠로 참이었기 때문에, 이 섬에 주어진 명칭은 혼란한 방식으로 몇몇 여행자들과 특히 『신당서』의 편집자들에게 상당히 폭넓은 의미를 가졌다. 그러나 점불로를 구로점(岣嶗占, Cù lao Chiêm), 즉 말레이어로 푸로 참(Pūlau Cham)과 동일한 명칭으로 보아야 한다. 구로(岣嶗, Cù lao)는 문제가 되지 않는다. 안남어도 중국어도 아닌 이 용어는 코친차이나 남부와 캄보디아, 말하자면 말레이 사람들이 들어온 곳에서 아주 흔하게 안남사람들이 "섬"이란 의미로 사용하였다. 안남사람들은 자신들의 언어에 [p]로 시작하는 묵음의 순음이 없다. 원주민들이 "poisson(물고기)"을 "coisson"로, "petits pois(작은콩)"를 "petits cois"라고 말하는 예는 [p]초성이 [u]란 모음 또는 반모음 앞에서 [k]로 쉽게 변화하는 것을 입증해 준다. 따라서 쿠로(Cù lao)가 푸로(Pūlau)로 인정되는 일반적인 설명[312]을 받아들일 수밖에 없다.

한편, 불로산(不勞山)이란 명칭은 어원적으로 정확한 의미를 가지지 않고 단순히 "섬 산"을 의미하기 때문에 당황스러울 수 있다. 그러나 점불로를 잘못 약칭한 것으로 보아야 한다. 그리고 우리의 지

---

311) 권 222상, 1쪽. 예를 들어, 저미(苴咩)는 대리(大理)의 옛 명칭이고, 용미(龍尾)는 대리 계곡의 남쪽 관문에 세워진 성이었다. 아래 가탐의 첫 번째 여행기의 주석들을 참고하시오.

312) 보네(Jean Bonet)의 『안남-프랑스어 사전(Dictionnaire annamite-français)』, 보I, 115쪽을 참고하시오. 중국 자료에서 이 용어를 찾지 못했다. 단순히 성고라(Senggora), 즉 말레이반도의 리고르와 파타니에 있는 송클라(Songkhla)의 음역인 송거로(宋腒髝)에서 찾아서는 안 된다.

도는 단순히 그랜드 쿠로, 즉 쿠로 참을 지칭할 때마다 그 비슷한 것을 제공하고 있다. 결과적으로, 말레이어의 언어구조와는 반대로, 점불로가 푸로 참(Pūlau Cham)이 아니라 참 푸로(Cham Pūlau)라는 것이 의아하다면, 유사한 도치로는 아랍 여행가들 속에서 푸로 콘도르(Poulo Condor)와 푸로 고무스(Poulo Gomus)에 해당하는 순다 푸랏(Sundar Fūlāt)과 자미스푸라(Jamisfulah)를 찾을 수 있다.[313] 그러나 명나라 시기의 중국 지리서는 쿠로 참에 점필라(占筆羅)라는 중국 이름을 제시하면서 모든 의문을 없애주고 있다.[314] 따라서 당나라 시기에 참왕들이 죄수를 보낸 불로산과 가탐의 점불로산이 쿠로 참이라는 것을 당연하게 받아들였다.

이렇게 오래된 명명에서 꽝남강 어귀를 "참의 항구"로 만든 안남의 전통을 고려한 주장을 알고 있는데, 이는 이 강의 하류에서 수도 점성을 찾도록 이끈다. 옛날의 성벽이 없다는 것은 위치추정에 있어 문제가 되지 않을 것이다. 왜냐하면 『구당서』는 "왕이 사는 성에는 사람들이 방책을 세워 울타리를 만들었다."[315]라고 하였다. 『구당서』가 말하는 수도가 무엇이든지, 이 문장으로부터 당나라 시기 참의 왕들은 옛날 임읍의 성과 비슷한 성벽을 재건하지 않았다는 것을 추론할 수 있을 것 같다. 적어도 송나라(960~1278)의 초반까지는 이와 같았을 것이다. 왜냐하면 『송사』는 공식적으로 참사람들은 "성(城)을 가지지 않았다."[316]라고 하고 있기 때문이다.

---

313) 율, 『마르코 폴로』, 꼬르디에 편집본, II, 277, 307쪽을 참고하시오.

314) 『동서양고(東西洋考)』, 권 9, 3쪽을 참고하시오. 『송사』(권 489, 9쪽)는 해협들을 점불뢰(占不牢)라고 명명하면서 동일한 구조의 예를 보여주고 있다(『문헌통고』, 권 332, 28쪽에는 고불뢰(古不牢)로 되어있다). 이는 쿠로 참과는 아무런 관계가 없다.

315) 『구당서』, 권 197, 1쪽.

316) 『송사』, 권 487, 1쪽.

반란(Ban-lanh)의 비문에 따르면 898년 재위하고 있었던 자야 심하바르만(Jaya Siṃhavarman)의 재위시기로 추정되는 동즈엉(Đông Dương)에서 나온 비석은 정확하게 이러한 내용들과 일치하며 그것들을 정확하게 해준다. 이 비석은 거의 있는 그 자리에서 발굴되었다. 그런데 이 비석은 인드라푸라(Indrapura)라고 불리는 곳에 세워졌고, 조금 훼손되기는 했지만 한 문장은 인드라푸라를 "참파라 불린" 성(城), 즉 왕국의 수도라고 하는 것 이외에는 달리 해석될 수 없을 것 같다.[317] 이 해석은 피노(Finot) 씨의 것이고, 그를 둘러싼 유보사항들은 어떤 결과가 참의 수도에 관한 현재의 이론과 충돌되는 것에서 나왔다. 오늘날 중국 자료들은 점성이란 도시를 꽝남에서 찾도록 이끌지만, 현 동즈엉의 마을이자 9세기 참파의 수도인 인드라푸라로 보는 것을 주저할 필요가 없다.

이러한 위치추정은 새로운 문제를 낳고 있다. 아니모니에 씨는 참의 연대기에서 두 번째 수도로, 12세기 중반에 포 클롱 가라이(Po Klong Garai)가 세운 발 한고브(Bal Hangov)를 후에 근처로 위치시키고 있다.[318] 이 지점은 어디에 해당하며, 왜 안남인들과 끊임없이 싸우면서 참인들은 적의 문에 수도를 세웠을까?

사실 아이모니에(Aymonier) 씨가 제시한 위치추정은 다음과 같은 이유에 근거하고 있는 것으로 보인다. 참의 첫 번째 수도는 동허이(Đồng Hới)에 있는 스리 바노이(Sri Banoy), 그리고 세 번째는 빈딘(Bình Địn)에 있었으므로, 두 번째 도읍을 이 둘 사이에 넣어야 했다. 후에에는 옛날 성읍이 남아있으므로 발 한고브를 거기에 두는 것

317) 피노(L. Finot), 「꽝남의 비문, 7세기 묘지명에 관한 주석(Notes d'épigraphie VII, Inscriptions du Quang Nam)」, 『BEFEO』(1904), 84, 100, 103, 106, 107, 109, 110, 112쪽을 참고하시오.

318) 「참의 역사적 전설(Légendes historiques des Tchames)」, 『여행과 답사(Excursions et reconnaissances)』, 32호, 155쪽.

은 상당히 자연스러워 보인다. 그러나 동허이는 옛 도읍이 더는 아니고, 후에 주변의 옛 성벽들은 임읍, 아마도 구속성(區粟城) 중 하나의 잔재라고 할 수 있으므로, 참의 도읍들에 있어서 북쪽으로 이상한 방향전환을 할 이유가 없다. 따라서 안남의 역사가들이 여기에서 아이모니에 씨와 일치하지 않으므로 발 한고브를 후에에 위치시키는 것을 포기해야 한다고 말하고 싶다. 안남의 역사에 따르면 참파의 두 도읍은 불서(佛誓, Phật-thê)[319]와 사반(闍槃, Cha-bàn)[320]이라고 한다.

---

319) 서(誓) 자 대신에 중국 텍스트에서는 서(逝) 자로 되어있다(『송사』, 상해, 석판본, 권 489, 3쪽에는 유(遊) 자로 되어 있다. 이 오류는 상당히 오래되었는데, 의정(義淨)의 어떤 판본에도 동일하다. 샤반느, 『의정대당서역구법고승전』, 119쪽을 참고하시오). 불서라는 이 명칭은 불서란 나라의 이름과 동일한데, 불서(佛逝)와 불서(佛誓)로 쓰며, 당나라 시기에 존재했다. 그리고 가탐의 두 번째 여행기에서도 찾아볼 수 있다. 당나라 시기의 불서를 보자(Bhoja)로 재구성하는 것에 거의 일치를 보인다. 10세기 말 참의 수도에 대하여 동일한 해법을 채택해야 할 것으로 보인다.

320) 나는 중국 자료에서 짜반(Cha-bàn)이란 이 명칭을 찾지 못했다. 이 명칭이 안남에서 여전히 사용되고 있으므로 나는 중국-안남사전의 발음을 채택했다. 하지만 안남의 사전에는 도(闍) 자에 [Cha]란 발음을 제시하지 않는다는 것을 지적해야겠다. 판 득 호아(Phan Đức Hòa)의 『윌리엄스의 중국-영어 사전에서 중국어-안남어 발음을 병기한 한자 색인(Index des caractères chinois dans le dictionnaire chinois-anglais de Williams, avec la prononciation mandarine annamite)』에서는 [dô]와 [dà]로 옮기고 있다. 제니브렐은 [dô]를 참조하도록 하면서 [xà]를 제시했지만, 그 글자는 없다. 끝내 그 글자는 보네의 사전에도 보이지 않는 것 같다. [Cha]란 발음은 짜반(Cha-bàn)에 방문한 모든 여행자가 채택했고, 다른 방언 발음과 비교해 보았을 때 만족스러우므로, 이 발음을 유지하는 것이 좋겠다. 그 명칭은 설명되지 않았다. 우리는 두 번째 글자를 "성채"를 뜻하는 참어의 [bal]을 생각해 볼 수도 있지만, 이 글자는 일반적으로 명사의 앞에 놓인다(예를 들어 발 한고브). 참의 마지막 도읍을 알고 있었던 말레이 사람들은 "성채"란 뜻을 가

1044년과 1069년[321]에 안남왕은 불서를 정복했다. 사반이란 이름은 1312년에 나타난다.[322] 안남의 『월사통감강목』은 공식적으로 불서는 바로 후에이고, 짜반은 바로 빈딘이라고 말하고 있다.[323]

이 텍스트는 나를 오랫동안 멈추게 했지만, 그 권위를 논박하기에 충분한 이유가 있다고 생각한다. 우선 후에로 보는 불서의 위치추정은 아주 최근의 것이라고 할 수 있다. 『월사통감강목』은 19세기 중반에 편집되었으므로 여기에서 옛 자료에 근거하고 있는 것인지 확실하지 않다. 문제가 되는 구절은 다음과 같다. "불서. 『대청일통

~ 지는 [Bal(산스크리트어로는 bala)]이라고만 불렀고, 참의 연대기에 따르면, 발 한고브의 창건자인 전설의 포 클롱 가라이(Po Klong Garai)임에 틀림없는 포 클롱(Po Klong) 왕이 건설한 것으로 간주한다. 어떤 말레이 연대기는 참의 수도를 "소발(Sobal)왕의 도시"라고 부르는데, 아마도 이것이 하나의 해법이 될 수도 있다. 레이던(John Leyden), 『말레이 연대기(Malay annals)』, 런던. 1821, 8절판, 208쪽 이하; 브래들(T. Braddell), 「시라자 말라유의 개요(Abstract of the Siraja Malayu)」, 『인도양 군도와 동아시아 저널(Journal of the Indian Archipelago and Eastern Asia)』, V, 729쪽 이하; 마레(Aristide Marre), 「마자파힛과 참파(Madjapahit et Tchampa)」, 『동양 언어학교 100주년 논문집(Centenaire de L'Ecole Des Langues Orientales Vivantes), 1795-1895: Recueil de Memoires』, 파리, 1895, 4절판, 110쪽(세나파티(senapati)는 "용감한" 의미의 [sena]와 "죽음"이란 의미의 [pati]라고 하는 96쪽의 이 문장으로 판단한다면, 조심스럽게 참고해야 할 것)을 참고하시오. 짜반(Cha-bàn)이란 명칭은, 중국 사람들에 따르면, 푸로 콘도르(Poulo Condor)의 남쪽에 있는 차반(茶盤)이란 섬의 명칭과 비교할 수도 있다(『통보』, IX, 377쪽과 『영환지략(瀛環志略)』, 권 2, 14쪽을 참고하시오).

321) 『월사통감강목』, 권 3, 7~10, 28~29쪽; 1884년 일본 영인본, 『대월사기전서』의 「本紀全書」, 권 2, 21쪽과 권 2, 3쪽; 『수산각총서(守山閣叢書)』본의 『월사략(Việt Sử Lược 越史略)』, 권 2, 8쪽과 13쪽을 참고하시오.

322) 『대월사기전서』의 「本紀全書」, 권 6, 18쪽.

323) 『월사통감강목』, 서문, 권 3, 21쪽과 본문, 권3, 9쪽.

지(大淸一統志)』의 안남 조목에 따르면, 불서란 도시는 참왕들의 옛 수도이다. 오늘날 승천(承天, Thừa Thiên), 향수(香水, Hương thủy) 현, 월표(月瓢, Nguyệt Biều) 촌의 땅이다." 우리가 가지고 있는 『대청일통지』의 사본은 완전하지 않고, 정확히 안남 조목이 빠져있어 이 인용문을 확인하지는 못했지만, 내가 생각하기에 승천(承天, Thừa Thiên)은 19세기의 명칭으로 추정될 뿐이고, 『대청일통지』는 18세기에 편집되었으므로, 가져온 인용문은 "불서란 도시는 참왕들의 옛 수도이다"라는 것에 그쳐야 할 것이다. 위치추정은 『월사통감강목』의 편집자들에 의한 것이다.

이 점에서 불서를 후에로 보는 위치추정에 심각한 이의를 제기할 수 있다. 주요한 내용은 중국 자료에서 온 것이다. 안남의 역사는 982년 안남왕 여환(黎桓, Lê Hoàn)이 참파를 점령하고 참의 왕 비미세(篦眉稅, Bê Mi Thuế: Parameshvara)를 죽였다.[324] 그런데 『송사』

324) 『월사통감강목』, 권 1, 19쪽; 『대월사기전서』의 「本紀全書」, 권 1, 10쪽; 『월사략(Việt Sử Lược)』, 권1, 19쪽. 『월사략(Việt Sử Lược)』만 프라메슈바라(Parameshvara)가 그 나라의 왕이었다고 하고 있다. 『월사통감강목』은 그를 장(將)이라 했고, 『대월사기전서』는 기(其) 자가 이름 앞에 붙여져 있다. 한편, 여환(黎桓)의 통치에 관한 조목 마지막에서 이야기하는 전체를 놓고 판단하면, 『대월사기전서』(15쪽)에서 여환이 참의 왕을 죽였다는 것이 연상된다. 따라서 구술이 독립된 『월사략』을 따라야 할 것이 확실해 보인다. 『월사통감강목』의 "장군"은 『대월사기전서』에서 떨어진 글자를 임의로 재구성한 것이다. 주지하다시피 중국어와 중국, 한국, 일본의 중국식 방언발음에서 [i] 앞에 있는 [p]라는 초성은 아주 흔히 중국-안남사전에서 [t]에 해당한다. 라쿠페리(Terrien De Lacouperie)는 안남어 형태가 가장 오래된 것으로 생각했다. 이 이론에 따르면, 중국어의 피휘(避諱)는 중국-안남어로는 [tí-húi]이므로, 인도네시아어의 타부(tabou)를 떠올리게 하는 역할을 했다고 한다. 그러나 중국어에서 [i]앞에 있는 [p]에 해당하는 안남어의 이 [t]는 본토 중국의 어떠한 방언에도 없으므로, 중국에서 어떠한 방언도 형성되기 전

에서는 985년에 "시리타반오일환(施利陀盤吳日歡, Çrīndravarman?)이 브라만 금가마(金歌麻)를 보내 그 나라의 산물을 바치고, 교주(통킹)의 침략을 하소연했다."라고 하였다. 986년에 담주(儋州) 자사는 안남의 침략으로 쫓겨난 백 명의 참사람들이 그에게 귀의했으며, 광주의 지방관은 987년에 150명, 988년에는 301명을 받았다. 마침내 989년에는 "신좌불서국양타배(新坐佛逝國楊陁排)이라 칭한 새로운 왕 양타배(楊陁排, Yān Indravarman?)는 이진(李臻)을 사신으로 보내 길들인 무소와 방물을 바쳤으며, 사람과 재물을 약탈한 교주의 침략을 하소연했다. 황제는 여환(黎桓)에게 각기 자신의 영토를 지키

~ 에 통킹은 중국의 언어를 알았다고 결론지어야 한다. 이는 역사적으로 거의 그렇지가 않다. 현재 우리는 중국 발음의 특별한 변화를 보고 있을 가능성이 크다. 중국어에서 [i]앞에 있는 [p]가 [t]에서 나왔다고 보는 것보다는 [p]가 변화된 것이 [t]일 것이다. 10세기의 안남 사람들이 오늘날 중국-안남어로 [티 미 투에(Tì Mi Thuế)]라고 발음되는 글자들로 옮긴 프라메슈바라의 경우처럼, 이러한 변경이 적어도 10세 이후였음을 입증하기 위해서 많은 예를 들 필요가 없을 것이다. 아니면 중국-안남어 발음에서 [bi]란 소리를 가졌던 안남인들이 순음 초성을 [t]로 옮기는 것을 선호했다고 결론지어야 하는데, 이는 가능성이 거의 없다. 또는 중국어에 대해 중국-안남어 발음을 가지고 있었으므로, 이 참왕의 이름을 옮기기 위해 중국 본토의 발음을 찾으려 했다고 할지라도, 이 또한 억지스럽다. [th]로 옮기는 구개치찰음에 대해서도 마찬가지로, 우리는 11세기 중반까지 슈리(çrī)를 시리(尸利), 중국-안남어로는 [티 러이(thi-lơi)]로 전사한 것에서 그 예를 찾을 수 있는데, 이러한 전사가 만들어진 때에 치찰음은 여전히 치찰음이었고 파열 치음으로 되지 않았다고 말하고 싶다. 안남이 중국의 지방이었던 만큼 광동 사람들이 중국어를 발음하는 것과 거의 비슷하게 안남 사람들이 중국어를 발음했을 것이라는 것은 그다지 이상하지 않다. 그러나 독립된 968년 이후, 안남사람들이 자신들의 것이 아닌 한 언어를 발음하는 방식이 고립되어 있다는 것을 빨리 느꼈을 것이다. 이것이 바로 상고 중국어에서가 아니라, 중국-안남어를 중국 남방의 다른 발음들로부터 구별하는 특수성으로부터 그 이유를 찾아야 하는 근거이다.

라는 명령을 내렸다."[325] 참왕이 불서로 옮겨간 것은 안남인의 침략이 있었던 990년 조금 이전이다.[326] 이러한 상황에서 볼 때, 남쪽으로 옮겨가는 것은 확실하다. 이는 『송사』의 다른 문장에서 확인할 수 있다. 1007년 중국에 온 참 사신은 "우리나라는 옛날 교주에 속했습니다. 이후 우리는 옛날 있던 곳에서 남쪽으로 700리에 있는 불서로 달아났습니다."[327]라고 하였다.

이 자료들은 반론의 여지가 없는 것 같다. 꽝빈 동즈엉(Đông Dương)의 남쪽 700리, 350킬로미터에는 빈딘의 근처이고, 거기에는 이미 사반이란 도시가 있었다. 아마도 사반은 우선 불서라는 이름으로 알려진 도시를, 이후에 지칭하게 된 명칭일 뿐이다. 이러한 가설을 입증하기 위해 약간의 설명들을 참고할 수 있을 것이다.

15세기 안남사람들에 의해 점령된, 독립한 참파의 마지막 수도가 빈딘, 특히 오늘날에도 사반이란 이름을 가진 폐허의 성에 있었다는 것은 의심의 여지가 없다. 이 명칭은 1312년에 보인다고 하였다. 어디에서 어디로 옮겼다는 어떠한 근거도 없으므로, 이곳은 14세기 초에 이미 있었다. 우리는 좀 더 거슬러 올라갈 수 있다. 13세기 초중반에 조여괄(趙汝适)[328]은 참파의 도읍을 신주(新州)라고 부르고 있다.[329] 그런데 『명사』에서처럼, 『동서양고(東西洋考)』에서의 신주(新州) 혹

---

325) 『송사』, 권489, 2쪽. 雍熙二年, 其王施利陀盤吳日歡遣婆羅門金歌麻獻方物, 且訴為交州所侵, 詔答令保國睦鄰. ; 淳化元年, 新王楊陁排 自稱新坐佛逝國. 楊陁排遣使李臻貢馴犀方物, 表訴為交州所攻, 國中人民財寶皆為所略. 上賜黎桓詔, 令各守境.

326) 『대월사기전서』의 「本紀全書」, 권 1, 11쪽에서는 988년으로 정확한 연도를 밝히고 있다. 이 텍스트에서 불성(佛城, Phật-thành)은 불서성(佛誓城, Phật-thệ-thành)으로 고쳐야 한다.

327) 『송사』, 권 489, 3쪽. 布祿爹地加言本國舊隸交州, 後奔于佛遊, 北去舊所七百里.

328) 조여괄의 연대에 관해서는 히어트(Hirth), 『중국 연구(Chinesische studien)』, I, 29~30쪽을 참고하시오.

329) 『제번지(諸蕃志)』, 『함해(函海)』본, 권 1, 1쪽.

은 신주(新洲)는 우리가 꾸이년(Quinhon)이라 부르는 빈딘의 항구, 티 나이(Thi-nai)이다. 인도차이나가 아니라면, 명나라 시기에 홍콩에도 신주라는 명칭이 같은 의미를 띠고 있었다.[330] 참의 왕이 신 슈리샤나바드레슈바라(Çrīçānabhadreçvara)의 링가들(liṅga) 북쪽, 즉 꽝남의 미선(Mỹ Sơn), 얀 푸 나가라(Yāṅ Pu Nagara)의 링가들 남쪽, 즉 나짱(Nha Trang)에 있는 포 나가르(Po Nagar) 사원에 세웠다고 하는 1234년의 비문이 이끄는 곳도 바로 빈딘이다.[331] 마침내 피노 씨는 아마라바티(Amarāvatī)라는 지역을 꽝남에 위치시켜야 한다고 생각했다. 그런데 1170년과 1194년의 비문에서 참의 왕들은 자신들이 아마라바티의 북쪽에 왔다고 말하고 있다. 이는 또한 그들의 도읍을 꽝남의 남쪽 그리고 필시 그 이후에는 빈딘에서 찾도록 이끈다.[332]

그러나 조여괄과 참 비문의 내용은 12세기까지만 거슬러 올라갈 뿐이다. 10세기 말부터 빈딘에 위치시키기 위해서는 대충 어림잡아 계산한 리(里)에 근거해야 한다. 『월사략(Việt Sử Lược)』의 한 문장은 다행히도 우리에게 도움을 주고 있다.[333] 공식적인 역사가들은 1069년 불서를 정복하기 위해 황제의 함대가 간 노선을 제시하고 있지

330) 『석음헌총서(惜陰軒叢書)』본, 권9, 4쪽.

331) 『BEFEO』, III, 639쪽, 주7을 참고하시오.

332) 앞의 책, 주5. 그렇지만 도읍이 빈딘에 있었다는 사실은 절대적으로 짜반에 있었다는 것을 의미하지는 않는다. 우리는 짜반이 언제 건설되었는지 모르므로, 송나라 시기 중국 역사는 참파에는 "성이 없었다"라고 말하고 있다. 게다가 짜반 유적에 관한 연구에 따르면, 1471년의 약탈뿐만 아니라, 떠이선(Tây Sơn)왕조가 18세기 말에 수도로 짜반을 선택했을 때, 성벽을 개수한 것도 고려해야할 것이다.

333) 『안남지략(安南志略)』에 따르고 있는 『월사략』은 우리에게 전해지는 가장 오래된 안남의 역사이다. 안남에서 사라졌기 때문에, 『안남지략』처럼 레(Lê)와 응우엔(Nguyễn) 왕조의 공식 역가들 중에서 알려지지 않았다. 14세기 말까지 거슬러 올라가고 많는 사실들에 대해 별개의 전승을 제공하고 있다. 나는 『수산각총서』본을 사용했다. 여기서 말하는 문장은 권2, 13쪽에 있다.

않지만, 『월사략』은 상세한 기항지들을 남겨두고 있다. 1069년 2월, 정사(丁巳, 53번째 간지)일에 함대는 응에안(Nghệ An)에 도착했다. 을축(乙丑, 두 번째 간지)일에 동허이 강어귀의 일려(日麗, Nhật Lệ)를 정복했다. 기사(己巳, 6번째 간지)일에 대장사(大長沙)를 건넜다(동허이 강의 남쪽 석호를 따라가는 것을 말함).[334] 경오(庚午, 7번째 간지)일에 사용(思容, Tư Dung, 후에 석호의 남쪽 입구) 항에 도착했다.[335] 3월 계유(癸酉, 10번째 간지)일 밤에 용이 경승(景勝, Cảnh Thắng) 정크에 나타났다. 병자(丙子, 13번째 간지)[336]일에 시리피내(尸唎皮奈, 중국-안남어 Thi-lợi-bì-nại) 항에 도착했다. 이어서 군대는 수모(須毛, 중국-안남어, Tu-mao)까지 나아갔다. 참의 장수 포피타라(布皮陁囉, 중국-안남어, Bô-Bì-dà-la)는 전투를 했지만, 패하고 죽임을 당했다. 제구(第矩, 중국-안남어, Đệ-củ)왕은 이 실패를 알고, 밤에 가족과 함께 달아났다. 같은 날 밤에 군대는 불서란 도

334) 『월사통감강목』, 권3, 9쪽과 까르디에(P. Cadiere)의 「꽝빈의 역사유적(Les lieux historiques du Quãng-Bình)」, 『BEFEO』, III, 185~186쪽을 참고하시오.

335) 『월사통감강목』, 권3, 9쪽과 까르디에의 앞의 책, 186쪽을 참고하시오. Tư Dung이란 명칭은 19세기 초까지 존재했다. 지아릉(Gia Long)의 명령으로 간행된 『Nhất thống Dư địa chí(一統輿地志)』의 권5 초반부에서 이 명칭을 찾을 수 있다. 바로 오늘날 사현(思賢, Tư Hiền)으로 후에 석호의 남문이다. 한때 뜨 칵(Tư-khách)이라는 이름을 가졌었던 뜨 중(Tư Dung)항은 뒤무띠에 씨가 출간한 해도상에서 언급했지만(Gustave Dumoutier, 「15세기 안남의 해도에 관한 연구(Etude sur un portulan annamite du XVe siècle)」, 30쪽, 도판 17, no 505), 뒤무띠에 씨는 뚜언 안(Tuân An)으로 추정하는 것 같다.

336) 원문에는 병오(丙午, 43번째 간지)로 인쇄되어 있지만, 이 날짜는 그달에 30일까지 밖에 없으므로 불가능하고, 이미 8일이 지났으므로 적어도 두 글자 중의 하나를 고쳐야 한다. 오(午) 자를 가지기 위해서는 간지의 19번째 날까지 가야 하므로 이는 너무 늦은 것 같고, 아니면 거리를 더 늘려야 한다. 내가 제시한 교정은 뜨 중(Tư Dung)과 시리피내(尸唎皮奈) 사이의 여정을 최소한으로 잡아 추론한 것이다, 오(午) 자가 자(子) 자로 바뀌는 것은 고문헌에서 쉽게 보인다.

시로 나아가 동라(同羅, 중국-안남어, Đông La) 여울에 도착하자 불서의 사람들은 항복했다. 4월에, 안남의 장수가 캄보디아 땅에서 제구왕을 사로잡았다.

이처럼 왕의 함대는 후에의 석호 남문에서 참파의 수도 항구까지 6일이 걸렸다. 이는 불서에서 후에까지의 위치추정과 완전히 부합하지 않는다. 반대로, 함께 노를 저어 나아가야 하는 함대의 이동에 일어날 수 있는 사건들을 고려하더라도, 안남사람들이 6일이 걸려 꾸이년의 석호 어귀까지 간 것은 그럴법하다. 뒤무띠에 씨가 해도에 첨부한 항해 지도서와 비교할 수 있는데, 사용(思容), 즉 뜨 칵(Tư-khách, 『월사략』에서 말하는 Tư Dung)과 꽝남 강의 입구 사이를 하루의 항해로 계산했다.[337]

시리피내(尸唎皮奈)라는 동일한 명칭은 안남 역사에서도 찾을 수 있다. 『대월사기전서(Đại Việt sử ký toàn thư)』에 따르면[338], 1303년에 안남의 사신이 비니(毘尼, 중국-안남어, Tì-ni와 Bì-ni)와의 교역을 유지시키라는 명령을 알리고자 했다. 그리고 비니라는 명칭에는 다음과 같은 주석이 달려있다. "참파의 교역항이다. 여기에서 큰 정크선의 상인들이 모인다." 그런데 14세기 초에 수도는 빈딘에 있었다는 것을 아무도 의심하지 않는다. 이 문장의 어투는 이 비니라는 항구가 수도에서 멀지 않다는 것을 보여준다. 비니는 시리피내가 되지 않으면 안 된다. 시리피내의 첫 두 글자는 분명히 슈리(çrī)이다. 현 중국-안남어로 [Thi-lợi-bì-nại]라는 발음에서 멈칫할 수 있지만, 의문은 『대월사기전서』에서[339] 988년 구시리(俱尸利, 중국-안남어, cu-thi-lợi)로 시작하는 참 왕, 쿠 슈리(ku çrī)라는 이름의 등장으로

337) 뒤무띠에(Gustave Dumoutier), 「15세기 안남의 해도에 관한 연구(Etude sur un portulan annamite du XVe siècle)」, 7쪽.

338) 『대월사기전서』의 「本紀全書」, 권 6, 11쪽.

339) 앞의 책, 권1, 11쪽.

제기된다. 비니로 축약된 형태에서 슈리를 없앤 것은 문제가 되지 않는다. 따라서 시리피내가 비니이고 비니가 꾸이년일 가능성이 크다.

한 중국 자료가 이 문제를 명백하게 해 줄 수 있을 것이다. 15세기 초 영락제의 환관들이 남해로 간 항해에 참여한 이야기를 기술한 1520년 황성증(黃省曾)의 『서양조공전록(西洋朝貢典錄)』에서 우리는 다음과 같은 문장을 찾을 수 있다.[340)]

—— "……남오(南澳)[341)]에 도착했다. 40경(更)[342)]에, 독저산(獨猪山)[343)]에 도착했다. 이어서 10경에 통초(通草)[344)]섬을 보고 외

---

340) 『월아당총서(粵雅堂叢書)』본, 권 상, 1쪽. 이 저술의 출처에 관해서는 메이어스(Mayers)의 「15세기 동안 중국의 인도양 탐험(Chinese explorations of the Indian Ocean during fifteenth century)」, 『차이나리뷰』, III, 219~225쪽과 『BEFEO』, II, 139쪽을 참고하시오. 여기에 인용된 문장은 메이어스가 『차이나리뷰』, III, 321~322쪽에 번역된 것이다.

341) 남오(南澳)는 유럽인들에게는 스와토우(Swatow) 동쪽에 있는 나모아(Namoa)의 음역으로 잘 알려진 섬이다.

342) 어떤 주석에는 시간으로 설명하지만 60리의 길로 이해해야 한다. 메이어스가 지적하고 있는 것처럼(앞의 책, 34쪽), 24시간의 길을 10경으로 계산하는 다른 기준이 있다.

343) 독저산(獨猪山) 또는 독주산(獨珠山)은 우리 지도상에서 해남 동쪽 해안 쪽에 있는 틴호사(Tinhosa) 라는 이름을 가진 섬이다. 광주(廣州)에서 칠주산(七州山) 또는 해남의 북동쪽 지점에 있는 타야(Taya)섬을 지나서 온다. 『동서양고(東西洋考)』, 권9, 2~3쪽; 필립스(Phillipps), 「인도와 실론의 항구(The Seaports of India and Ceylon)」, 『JChBrRAS』, XXI, 41쪽과 지도를 참고하시오. 이러한 위치추정에는 이론의 여지가 없지만, 내가 『BEFEO』, II, 138쪽에서 메이어스를 따라서 독저산의 위치를 파라셀 군도의 북쪽 섬으로 추정한 것은 잘못이다. 메이어스의 연구는 『동서양고』의 신주(新州)를 통킹의 어떤 항구로 위치를 잘못 추정하면서 모든 부분에 걸쳐 지장을 받고 있다. 그곳은 황성증(黃省曾)의 책에서처럼 꾸이년이 맞다.

344) 통초라는 이 섬은 쿠로 레(Culao Rê) 북쪽에 있는 북섬일 것이다.

라산(外羅山)[345]으로 향했다. 그리고 7경에 양(羊)[346] 섬에 이르렀다. 왕국의 [수도에서] 북동쪽으로 1백 리에, 신주항(新洲港)이라 부르는 큰 항구가 있다. 항구의 연안은 석탑으로 표시되어 있다. (그곳의) 요새화된 진지는 설비내(設比奈)라 불린다. 오랑캐 두 추장이 50~60가구와 함께 거기에 살고 있다.[347] 강어귀의 남서쪽으로 육로로 1백 리 되는 곳은 왕국의 도읍으로 점성(占城)이라 부른다. [성벽은] 돌을 쌓아 만들어졌다. 사방에는 4개의 문이 있고, 문마다 위병이 서 있다.……"

15세기 참의 수도가 빈딘에 있었다는 것은 이론의 여지가 없다. 수도의 항구인 신주(新州)는 확실히 꾸이년이다. 입구에 세워진 석탑은 필립스 씨가 간행한 『무비비서』의 지도에 기록되어 있다. 만의 입구에 아직 남아있는 흐응 탄(Hưng Thành)의 탑 중에서 그 잔재들을 찾아야 할 것으로 보인다.[348] 짜반(Cha bàn)은 꾸이년의 남서쪽이 아니

---

345) 필립스 씨처럼(앞의 책, 41쪽), 나도 외라산은 푸로 캉통(Poulo Canton)이라고도 불리는 쿠로 레라고 생각한다. 『동서양고』, 권9, 3쪽을 참고하시오.

346) 필립스 씨가 논문에 첨부한 『무비비서』의 지도는 북쪽에서 꾸이년으로 들어올 때는 남쪽에 있는 양(羊) 섬을 남겨두고, 꾸이년의 남쪽에서 올 때는 그 해안과 양(羊) 섬 사이를 지나며, 결국 꾸이년에 가지 않을 때는 양 섬의 먼 바다를 지나는 것을 보여준다. 이러한 조건으로 볼 때, 양 섬은 푸로 감비르(Poulo Gambir: Cù lao Xanh)임에 틀림없다.50~60가구라는 숫자는, 나중에 다시 보겠지만, 안남사람들이 진짜 요새로 간주한 이 진지에는 너무 작은 것 같다. 십(十) 자가 천(千) 자의 잘못이 아닌지 모르겠다. 그렇다면 "5천~6천 가구 이상"으로 해석된다. 그러나 이 숫자는 너무 많은 것 같다.

347) 『인도와 중국의 고고학 지도(Atlas archéologique de l'Indo-Chine)』, 꾸이년 서쪽의 지도A를 참고하시오. 이 탑들은 도읍의 성벽들이 그런 것처럼 돌이 아니라 벽돌로 만들어졌다. 보유: 내가 짜반(Cha-bàn)의 벽들이 벽돌로 되어있다고 말한 것은 착오이다. 그것들은 bien-hoa라는 벽돌로 되어있다.

348) 파르망티에(Parmentier) 씨가 알려준 정보에 따르면, 구릉을 뒤로 둔 흥 탄(Hưng Thành)의 망루들은 구이년(Qui Nhon)만의 입구에서 보이지 않는다.

라 북서쪽에 있는 것이 사실이지만, 이러한 실수는 신주(新州)에 대한 확실한 위치추정을 사전에 소홀히 했기 때문이다. 그런데 이곳에 세워진 요새가 설비내(設比奈)라고 불리는 것을 보았는데, 이는 확실히 『월사략(Việt Sử Lược)』의 시리피내(尸唎皮奈)이다. 시리피내가 불서(佛誓)의 항구이고, 설비내는 짜반의 항구이므로 불서는 짜반이 아니라면, 적어도 그 주변이나 반드시 빈딘에 있어야 한다.[349] 그러므로 시리피내는 꾸이년의 만이다. 하지만 이 만은 오늘날 안남사람들에게 시내(尸耐) 또는 시내(施耐)로 알려져 있는데, 중국어의 의미도, 안남어어의 의미도 가지고 있지 않은 것으로 생각된다. 하물며 이 명칭은 참의 지배 시기까지 거슬러 올라간다. 레 성종(Lê Thánh Tông)이 1471년 참파 원정을 하여 짜반을 정복했을 때 그는 시내(尸耐) 성을 탈취하기 시작했다.[350] 그렇지만 설비내라는 요새가 중국인에게 알려진 것은 바로 15세기이다.[351] 이처럼 안남의 점령 이전에 알려졌던 이 명칭은 참의 기원을 가질 가능성이 있지만, 현재의 티나이(Thi nai)가 15세기 중후반의 티나이가, 이전 세기에 안남사람들이 더욱 정확하게 시리피내라고 옮긴 참의 명칭을 안남사람들이 약칭한 것이라고 보는 것이 자연스럽지 않겠는가?

슈리(çrī)로 시작하는 시리피내란 명칭은 참의 연대기에 보이는 슈리 바노이(Çrī Banöy)를 더 가까이서 연상시킨다. 참파의 왕을 11세기에는 알라(Allah)로, 12세기에는 전설의 포 클롱 가라이(Po Klong Garai)라고 명명했던 이 연대기의 가치를 생각해보면, 참이 짜반에서 쫓겨났을 시기인 15세기 훨씬 이후로 너무 늦은 편집이 아닌지,

---

~ 문의 출입을 지휘하는 안남의 작은 보루는 옛 참족 망루 자리에 건설되지 않았던 한, 탑 반 잇(Tháp Bánh Ít)을 고려해야 할 것이다.

349) 발 한고브는 발 앙구에(Bal-Angoue)의 이중어(어원이 같은 두 단어)인가?

350) 『대월사기전서』의 「本紀全書」, 권 3, 36쪽.

351) 이 티나이(Thi nai)란 요새화된 도시를 차반과 티나이 만 사이에 있는 빈람(Binh-làm)의 폐허가 된 성채로 위치시킬 수도 있을 것 같다.

일반인의 기억 속에 남아있다가 수도의 명칭이 된 빈딘의 옛 항구 이름이 아닌지 모르겠다.

이처럼 우리는 참의 도읍들에 관한 탐구의 마지막에 이르렀다. 옛 임읍성과 현재의 수도들을 양쪽에서 언급하지 않고는 8세기 말 환왕(環王)의 도읍이 어디에 있었는지 확정하는 것은 불가능하다. 내가 도달한 결과는 동허이에 참의 수도는 없었고, 옛 임읍성은 분명 꽝남에 있었으며, 어쨌든 9세기 초에 도읍을 위치시켜야 할 곳은 정확하게 말해서 바로 동즈엉(Đông Dương)이라는 현재의 마을이고, 982년과 990년에 이 수도는 꾸이년의 항구인 불서라는 도시로 옮겨졌으며, 마침내 불서라는 도시는 적어도 14세기 초반부터 빈딘의 성채 북쪽에 여전히 유적이 남아있는 수도 짜반을 세운 동일한 곳이 틀림없다는 것이다.[352)]

인도차이나를 가로지르는 가탐의 마지막 여행기가 시작하는 것은 분명 하띤(Hà Tĩnh)인 환주(驩州)로부터이다. 남서쪽으로 가면서 그는 안남산맥을 넘었고, 메콩강 유역을 따라서 캄보디아로 내려갔다. 불행하게도 다른 자료에 정보가 없으므로, 위치추정은 상당히 어렵다.

---

352) 나는 프톨레마이오스가 언급한 발롱가(Balonga)란 명칭과 그곳을 제리니(Gerini, 『제 1차 극동 연구 학회 대회(Premier Congrès international des études d'Extrême-Orient)』, 하노이, 1902, 「분과 분석 보고서(Compte rendu analytique des séances)」, 39쪽), 블래그덴(Blagden, 『JRAS』, 34책, 672쪽)과 같은 동양학자들이 참의 수도로 보는 것은 이 논의에서 의도적으로 넣지 않았다. 이러한 위치추정은 여기에 넣을 만큼 충분히 잘 설정된 것은 아닌 것 같다.

18. 환주(驩州)에서 진랍(眞蠟)으로 가는 길

원문에서 말하고 있는 것처럼, 환주에서 남서쪽으로 3일을 걸어가면 무온(霧溫) 산맥을 넘게 된다. 이것이 안남의 산맥임에는 의심의 여지가 없다. 무온이라는 산 이름은 『신당서』 환왕국 조목에서 보이는데, 이 나라는 서쪽으로 진랍(眞臘)의 무온산에 닿아있다고 하였다.[353] 안남의 역사에서도 그 명칭을 찾아 볼 수 있는데, 1150년 "9월에 캄보디아 사람들이 응에안을 정복하러 왔다. 그들은 무습(霧濕, 중국-안남어, Vụ-thấp) 산에 도착했다. 날씨는 덥고 습했다. [그들 중] 많은 사람이 열병으로 죽었다. 그들은 제 스스로 패주했다."[354] 무습은 『월사통감강목』의 편집자들이 알고 있었던 것처럼, 무온(霧溫)의 다른 형태이다.[355] 슐레겔은 이 무온산이 오늘날 모이 보분(Moi Bôvun)[356], 내가 생각하기에 바로 카 볼로벤(Kha Boloven) 사람들이 사는 나라에 해당한다고 하는 것은 전혀 근거가 없는 것이다. 가탐의 여행기와 참파 조목의 원문은 그 명칭이 적어도 산맥의 큰 부분, 아니면 산맥 전체에 주어졌음을 보여준다.[357]

---

353) 『신당서』, 권 222하, 1쪽.

354) 『대월사기전서』의 「本紀全書」, 권 4와 『월사통감강목』, 권5, 1쪽.

355) 『월사통감강목』(권 5, 1쪽)은 가탐의 문장을 인용하고 있지만, 『신당서』에 무습으로 되어있다고 잘못 말하고 있다. 내가 잘 모르는 안남의 책인 『예안지(乂安志)』는 『월사통감강목』을 따라서 무온과 무습 두 형태를 언급하고 있다. 가탐의 원문과 환왕에 관한 문장은 무온을 더 선호하게 한다.

356) 『통보』, IX, 282쪽.

357) 『월사통감강목』(권5, 1쪽)은 장국용(張國用, Trương Quốc Dụng)이 『퇴식기문(退食記聞), Thoái thực kí văn』에서 설명한 견해를 인용하고 있다. 그에 따르면 무온산은 응에안 향산(香山, Hương Sơn) 영역에 있고, 우문(禹門, Vũ môn) 산의 한 줄기여야 한다. 그러나 안남의 역사가들이 언급하고 있지

무온산을 넘어 이틀을 가면, 당주(棠州)의 일락현(日落縣)에 이른다. 『태평환우기』에 따르면[358], 환주에서 남서쪽으로 300리를 가면 상(裳)이란 기미주(羈縻州)에 도착한다고 하였다. 이것이 바로 가탐이 말하는 당주(棠州)임이 틀림없다. 가탐의 여행기는 일남에서 고랑동(古朗洞)의 나륜(羅倫) 강과 석밀(石密)[359] 산을 건너 3일 만에 당주의 문양(文陽)[360] 현에 이른다. 이어서 이리간(犛犛澗) 개울을 건너 4일 여정으로 문단(文單) 왕국의 산대(算臺) 현에 이른다. 이후 3일 여정으로 문단의 외성(外城)에 이르고 하루를 더 가서 내성(內城)에 이른다. 그곳으로부터 수진랍(水眞臘)에 이르고, 소해(小海)를 건너면, 광주에서 출판하는 여행기에서 보았던 나월(羅越)이란 나라에 도착한다.

가탐의 이 여행기는 8세기에 적어도 중국의 명목상 영향력이 라오스까지 미쳤음을 보여준다. 왜냐하면, 문단이라는 나라에 속하는 첫 번째 구역에 이른 것은 안남산맥을 넘은 지 9일 이후일 뿐이기 때문이다. 안타깝게도 여행기는 지도상에 지명들을 쉽게 위치시키기에는 너무 모호하다. 그 위치가 아직도 결정되지 않았지만, 문단은 알려져 있었다.

~ 않은 『신당서』 환왕(참파) 조목의 문장은 무온산이라는 명칭에 더 큰 가치를 부여하게 한다. 득토(Đức Thọ)이든 하띤이든 사람들이 환주로 보는 결정적인 위치에 따르면, 하 짜이(Ha Trai) 고개에 있든, 송 나이(Song Nai)협곡과 새방파이(Se Bang Fai)의 협곡으로 보고하고 있는, 최근에 연구된 고개에 있든, 무온산을 넘어가야 한다.

358) 『태평환우기』, 권 171, 7쪽.

359) 별다른 의미가 없는 석밀(石密)보다는 석밀(石蜜)로 읽어야 할 것 같다. 석밀(石蜜)에 관해서는 『당회요』, 권 100, 21쪽을 참고하시오. 『당회요』의 이야기는 태종(太宗, 627~649)이 인도에 보낸 사신들에 관한 것으로 석밀을 만드는 비밀을 마가다에서 가져온 이의표(李義表)와 왕현책(王玄策)의 지휘 아래 이루어진 것이다. 양주(揚州)에서 성공적으로 시도되었다.

360) 『신당서』(권 43하, 8쪽)과 『구당서』(권 41, 35쪽)는 문양현을 안남의 보호령으로 보고 있지만, 그 위치는 여기와 맞지 않는 것으로 보인다.

중국인들에 따르면, 진랍은 신룡(神龍, 705~706) 시기 이후에 육진랍(陸眞臘)이라 불리는 북쪽 부분과 수진랍(水眞臘)의 남쪽 부분으로 나뉘었다. 육진랍은 문단(文單), 파루(婆鏤)라는 이름으로도 불렸다. 가탐의 여행기에서 말하는 것은 바로 이곳이다. 중국인들은 그 왕은 차굴(笡屈)이란 칭호로 불렸다고 한다[361]. 하지만 이에 대해서는 어떤 것도 떠오르지 않는다.

문단에 관한 설명으로, 첫 번째 사신은 717년[362]에, 두 번째 사신은 아마도 750[363]년에 있었다. 753년에 문단왕의 아들이 그의 식솔 26명을 데리고 내조했다가 754년 남조를 상대로 운남으로 가는 하리광의 군대를 따라갔다가, 그 후에 그의 나라로 돌아갔다.[364] 문단의 새로운 사신은 771년에 있었다. 이번에는 두 번째 왕인 파미(婆彌)가 직접 내조해왔는데 이는 개부의동삼사(開府儀同三司)라는 중국식 작위를 내릴 만한 것이었다.[365] 마지막으로 799년에 문단의 사

---

361) 『구당서』, 권 197, 2쪽과 『신당서』, 권 222하, 2쪽.

362) 『책부원구』, 권 971, 2쪽과 권 974, 17쪽, 그리고 『당회요』, 권 98, 14쪽. 이 자료들은 왜 『도서집성』 「변예전」, 권 101, 진랍 조목의 편집자들이 진랍이 둘로 나누어진 시기를 개원(713~741) 시기로 보았는지를 설명하고 있다. 『책부원구』는 나란히 여기 문단과 진랍을 언급하고 있는데, 이는 다른 수식어 없이 진랍으로 중국 사람들이 수진랍을 이해하고 있음을 보여준다. 내 생각으로는 수진랍의 왕이 진짜 캄보디아의 왕이었다.

363) 문단과 수진랍의 사신들은 『당회요』(권 98, 14쪽)에서 뒤섞여 있다. 『책부원구』(권 971, 18쪽)는 다른 특별한 설명 없이 750년의 사신은 진랍(眞臈)으로 돌리고 있는데, 진랍(眞臘)으로 고쳐야 할 것이다. 그러므로 나는 그 나라가 더욱 수진랍으로 생각된다.

364) 『책부원구』, 권 975, 22쪽. 하리광의 원정에 관해서는 위의 139쪽과 아래 가탐이 첫 번째 여행기 주석들을 참고하시오.

365) 『신당서』, 권 222하, 2쪽; 『책부원구』, 권 965, 7쪽과 권 976, 4쪽과 권 999, 9쪽. 개부의동삼사(開府儀同三司)라는 작위에 관해서는 『BEFEO』, III, 667쪽, 주7을 참고하시오. 『책부원구』의 원문은 완전히 신뢰할 만하지만, 내가 보기

신 이두급(李頭及)은 자신의 나라로 돌아가지 전에 중국의 작위를 받았다.[366] 나는 그 이후로 문단에 관한 언급이나 캄보디아가 더는 하나의 나라를 구성하고 있지 않은 시기에 관한 설명을 찾지 못했다.[367]

문단의 위치에 관하여, 수진랍(水眞臘)의 북쪽에 있다고 알고 있으며, 가탐의 여행기의 방향이 보여주는 것에 따르면 메콩의 중류에 있다. 『당서』에 따르면, 북서쪽에는 그 나라의 속국으로, 625년 중국에 사신을 보낸 참반(參半)이란 나라가 있다. 다른 자료에서는 부남의 서쪽에 있었던 백두(白頭)의 북동쪽에 두고 있다.[368] 속국 중에는 도명(道明)[369]이란 속국도 있다. 다만, 이러한 속국들에 관한 언급들이 전적으로 캄보디아에 할애된 조목에서 나왔고, 참반의 사신은 캄보디

~ 에 『도서집성』의 편집자들이 의도적으로 파미왕이 온 것을 779년으로 확정했다고 알고 있는 것은 잘못이다. 레무사(Jean-Pierre Abel-Rémusat, 『새로운 아시아 논문집(Nouveaux Mélanges asiatiques)』, I, 86쪽)는 『도서집성』의 설명을 따르고 있다.

366) 『책부원구』, 권 976, 6쪽.

367) 육진랍(陸眞臘)과 수진랍의 통합을 780년으로 본 바스티안(Adolf Bastian, 『동아시아의 민족(Die Völker des oestlichen Asien)』, I, 466쪽) 씨가 무엇에 근거하고 있는지 모르겠다. 800년 이전으로는 될 수 없을 것으로 보인다.

368) 참반은 『수서』(권 82, 3쪽)에서 진랍의 이웃인 것처럼 주강(朱江)의 옆에 열거되어 있다. 또한 『신당서』(권 222하, 2쪽)에서는 진랍이 항상 좋은 관계를 맺고 있었던 나라 중의 하나로 보인다. 현재까지 참반을 정확하게 위치시킬 수 있는 단서는 없다. 삼반은 625년에 사신을 보냈다. 『신당서』, 권 222하, 2쪽; 『책부원구』, 권 970, 5쪽[여기에서 참주(參朱)는 참반으로 교정해야 함]; 아이모니에(Aymonier), 「부남(Le Fou-nan)」, 『JA』, 1~2월호, 1903, 120~121쪽; 『BEFEO』, III, 274쪽을 참고하시오. 『책부원구』(권957, 8쪽)는 참반을 진랍의 남서쪽에 두었다. 송나라 시기부터 참반은 더는 알려지지 않았고, 『명일통지』(권 90, 12쪽)는 그 나라를 진랍의 속령에 속하는 것으로 계산한 것은 바로 이 난처한 고어 때문이었을 것이다.

369) 이 나라는 확인되지 않았다.

아가 육진랍과 수진랍으로 나뉘기 이전이므로, 참반과 도명을 문단의 속국들이 아니라[370], 대체로 캄보디아의 속국들로 보는 것이 상당히 그럴법하다.

중국의 통킹과 문단 사이의 직접적인 관계는 『신당서』에서 환주(驩州)는 "문단과 점파(占婆)에 접해 있다"[371]라고 한 문장과 『태평환우기』에서 환주는 "남서쪽으로 가면 문단 왕국에 이르는데, 15일 여정 또는 750리이다"[372]라고 한 문장을 통해 확인될 수 있다. 결국, 메콩의 길이 오래전부터 안남왕국과 캄보디아를 연결하고 있었다는

---

370) 문단은 또한 『책부원구』(권 9957, 9쪽)에서 바리(婆利)란 나라에 관하여 언급되었다. 그리고 『신당서』(권 222하, 2쪽) 외국전에서도 보이고, 『당회요』(권 100, 17쪽)는 655년에 사신을 보내온 구루밀(拘蔞蜜)이란 나라를 설명하고 있는데, 이 사신은 『책부원구』의 것을 가리키는 것이 아니다. 『신당서』에 따르면, 구루밀은 반반(盤盤, 또는 哥羅)의 남동쪽 바다를 통해 한 달 여정의 거리에, 바리(婆利)의 북쪽에서 10일, 불술(不述)의 서쪽에서 5일, 문단의 남동쪽에서 6일 거리에 있다. 『당회요』에 따르면, 임읍의 서쪽에서 육로로 3달 여정의 거리에, 반반과 치물(致物)이란 나라의 남동쪽 바다로 한 달 여정의 거리에, 바리의 북쪽에서는 10일, 불술의 서쪽에서 5일, 문단의 남동쪽에서 6일의 거리에 있다. 이러한 나라들이 대부분 아직 확인되지 않았지만, 정보들이 일치하지 않음을 쉽게 볼 수 있다. 이 정보들은 흐루너펠트(Groeneveldt, 「말레이 군도와 말라카에 관한 주석」, 242쪽)에 의해 별다른 성과 없이 연구되었고, 슐레겔(Schlegel, 『통보』, IX, 196쪽과 X, 465~466쪽)도 연구했지만, 슐레겔은 구두를 잘못하여 구루밀은 나라의 이름이 아니라 바다의 명칭으로 간주하고 있다. 보유: 『책부원구』의 문단(文單) 표기는 확실히 잘못된 것이다. 단단(單單)으로 읽어야 한다(아래 281쪽을 참고하시오). 구루밀(拘蔞密)에 관한 텍스트에 관해서도 동일한 해법이 적용되어야 한다. 왜냐하면, 이 나라에 관해 말하는 조목들이 655년으로 거슬러 올라가고, 거기에는 문단이란 나라는 없기 때문이다.

371) 『신당서』, 권 222하, 12쪽.

372) 『태평환우기』, 권 171, 7쪽.

것은, 무온(霧溫) 산맥이 언급되어 있고 안남산맥을 넘어 통킹의 응에안을 공격하러 온 12세기 캄보디아 사람들을 보여주는 『대월사기전서』의 문장으로 입증된다.

그런데 메콩 중류의 어느 지점에 문단을 위치시켜야 할까? 바스티안 씨는 비엔티안(Vieng Chan)을 생각했지만[373], 비엔티안은 하띤의 남서쪽이 아니라 서쪽 지점에 있다. 13세기 비엔티안이 캄보디아 제국을 구성한 것이 확실하게 보인다고 할지라도[374], 현재까지 11세기 어떠한 비문도 세문(Se Mun)[375]의 북쪽으로 보고되지 않았다.[376] 여행의 시간이 바싹(Bassac)의 남쪽까지 이르기에는 『태평환우기』에서와 마찬가지로 가탐의 여행기에서도 너무 짧다.

한편, 문단의 위치를 찾도록 안내하고 있는 캄보디아 비문의 내용은 메콩에서 너무 하류에 있다. 8세기 말까지 캄보디아의 수도는 브야다푸라(Vyadhapura)에 있었고, 아이모니에 씨를 따라서, 사람들은 일반적으로 프레이 크레바스(Prei Krebas) 지방에 있는 앙코르 보레이(Angkor Borei)로 추정한다.[377] 802년에 왕위에 오른 자야바르만(Jayavarman) 왕은 현 프롬텝(Promtep) 지방에 있는 프놈 쿨렌(Phnom Kulen)인 모헨드라(Mohendra) 산 위로 수도를 옮겼다.[378]

---

373) 바스티안(Adolf Bastian), 『동아시아의 민족(Die Völker des oestlichen Asien)』, I, 468쪽. 바스티안 씨는 틀림없이 발음의 유사성에서 추정한 것일 뿐이다. 문단(文單)이란 명칭은 단(單) 자가 두 개의 발음을 가지기 때문에 문선[Wen-chan]으로도 읽을 수 있다.

374) 『BEFEO』, III, 18~19쪽을 참고하시오.

375) 세뭄(Se-Mum)의 오기로 보인다.

376) 『BEFEO』, III, 442~443쪽을 참고하시오.

377) 아이모니에(Étienne François Aymonier), 『캄보디아』, I, 197~198쪽.

378) 베르갠느(Abel Bergaigne), 「캄보디아의 산스크리트어 비문(Inscriptions sanscrites du Cambodge)」, 『JA』, 8~9월호, 1882, 181쪽과 「고대 크메르 왕국의 연대기(Chronologie de l'ancien royaume Khmêr)」, 『JA』, 1월호, 1884, 58쪽을 참고하시오.

비문들은 자야바르만이 브야드하푸라의 아디라자스(Adhirājas) 가문 출신이 아니라, 현 삼보(Sambor)인 샴부푸라(Çambhupura) 왕의 가문 출신임을 알려 주고 있고, 이 샴부푸라 속국의 이전 두 왕의 이름을 제시하고 있는데, "어머니 외삼촌의 외삼촌"인 푸슈카락샤(Puṣkarākṣa)와 그의 아버지 라젠드라바르만(Rājendravarman)이다.[379] 피노(Finot) 씨는 삼보 지역에서[380] 나온 716년의 짧은 비문을 나에게 알려 주었는데, 그 비문은 푸쉬카라(Puṣkara)가 푸슈카레샤(Puṣkareça)의 신상을 세운 것을 기념하고 있다. 분명 푸슈카락샤(Puṣkarākṣa)를 가리킨다. 어쨌든 샴부푸라라는 이 속국은 그 비문이 알려 주는 것처럼, 8세기에 전역을 차지하고 있었다. 중국인이 문단을 알게 된 것은 정확히 같은 세기였다.

중국인들이 문단을 중요시 했다는 것은 샴부푸라의 왕들이 거의 독립되어 있었던 것과 결국에는 이들이 최고 권력자가 된다는 사실과 모순되지 않았다는 것을 전제로 한다.[381] 중국인들이 8세기 이후에 몰랐다는 것은 바로 자야바르만이 802년 캄보디아 왕국을 통일했을 때이다. 이는 또한 한참 뒤에도 비문들이 그의 즉위 연도를 언급하고 있는지를 설명해 준다.[382] 가탐의 너무 짧은 거리에도 불구하고,

379) 베르갠느, 앞의 책, 179~180쪽.

380) 정확하게 말하자면, 삼보 남동쪽으로 50킬로미터쯤에 있는 프라 떼아트 크반 피(Prah Theat Kvan Pi)이다.

381) 판두랑가 왕들의 위치를 참의 왕들과 동등하게 놓는 것과 좀 유사하게 샴부푸라의 속왕들을 크메르 왕들의 위상과 대응하는 것으로 볼 수도 있을 것이다. 그렇지만 중국인들은 수진랍(水眞臘)과 유지했던 관계에서 완전히 독립되었음이 틀림없는 만큼 문단과의 관계에 더욱더 큰 의미를 부여하려는 경향을 보인다. 수진랍으로부터 바다를 통해 중국에 갔겠지만, 문단으로부터는 가탐이 기술하고 있는 길을 취했던 것으로 보인다.

382) 베르갠느, 「고대 크메르 왕국의 연대기(Chronologie de l'ancien royaume Khmêr)」, 『JA』, 1월호, 1884, 60쪽을 참고하시오.

샴부푸라를 문단으로 보아야 할 것 같다. 따라서 바싹 지역에서 산대(算臺)를 찾아야 할 것이다.[383]

383) 내가 보기에, 『신당서』(권 222하, 2쪽)의 원문으로부터 제기할 이의는 없다. 『신당서』는 원화(元和, 806~820) 연간에, 수진랍의 사신을 언급하고 있다. 『책부원구』(권 972, 6쪽)는 더욱 정확하게 813년의 일로 되어 있으며 수식어 없이 진랍(眞臘)이라 하고 있다. 이때는 캄보디아의 통일이 이루어졌다. 샴부푸라의 옛 속왕은 브야다푸라의 아디라자스(Adhirājas) 가문의 계승자가 된 것이다. 그러나 『신당서』가 특별히 813년의 사신을 수진랍이라고 추정하는 믿을만한 자료에 근거하고 있을지라도, 여기서는 수진랍을 크메르 전제국을 포괄하는 봉건국가인 브야다푸라의 옛 수진랍으로 이해해야 한다. 그래야 통일이 육진랍 속국왕들의 도움으로 이루어졌다는 것에 쉽게 동의할 수 있다. 내가 제기한 위치추정을 무너뜨리려면 9세기 문단의 사신을 찾아야 하는데, 현재까지 그에 대해 알려진 것은 없다.

II. 바다로 가는 길

1. 광주에서 말라카 해협으로

통킹이라는 중국 지역에서 외국으로 가는 육로를 탐사한 뒤에 가탐은 바닷길을 통해 서방으로 가는 길을 기술하고 있다.[1] 깡똥(Canton)[2]을 떠나, 바다를 통해 남동쪽으로 2백 리를 가면 둔문산(屯門山)에 이른다. "바다를 통해"라는 말은 여행기 전체에 적용되지만, 광주에서 남해로 가기 위해서는 광주의 강을 나와 남동쪽으로 가면 그만이다. "12세기 『영외대답』에서는 광주에 가려는 사람들은 둔문(屯門)으로 들어간다."[3] 둔문은 또한 『광동통지』[4]의 지도에도

---

1) 가탐의 바닷길 여행기는 『차이나 리뷰』, VIII, 32쪽에서 필립스(George Phillips, 1804~1892)의 주석과 둘리틀(Justus Doolittle)의 『중국어의 어휘와 핸드북(Vocabulary and Hand-book of the Chinese Language)』, II, 557쪽에 언급되어 있다.

2) 가탐이 명명한 깡똥은 오늘날의 광주이다. 전체 명칭은 광주부(廣州府)이다. 옛날 아랍의 여행자들은 깡똥을 칸푸(Khanfu)로 알았던 것으로 보인다. 이 명칭은 잘 설명되지 않았다(율의 『마르코 폴로』, II, 199쪽의 요약을 보시오). 나는 광주부의 약칭인 광부(廣府)의 음역으로 본다. 현재 중국의 용법에는 이러한 약칭이 일반적이다. 예를 들어, 보정부(保定府)는 흔히 보부(保府)로 약칭하여 사용한다. 광주를 광부라고 부른 것은 당나라 시기에 의정(義淨)과(『일본 대장경』, 塞, V, 57쪽과 VII, 101쪽; Takakusu, 『의정남해기귀내법전』, 34쪽; 샤반느, 『의정대당서역구법고승전』, 183쪽, 샤반의 책에서 "광 지역의 행정소재지"는 "광주부, 즉 캉똥"으로 바꾸어야 한다) 그리고 『대당정원속개원석교록(大唐貞元續開元釋教錄)』(『일본 대장경』, 結, V, 98쪽)의 문장을 통해 확인할 수 있다. 나는 다른 예들도 충분히 찾을 수 있을 것이라고 확신한다.

3) 1178년의 『영외대답』으로, 이 문장은 권 3, 11쪽에 기술되어 있다.

4) 1822년 완원(阮元)의 지도아래 편집 간행된 『광동통지(廣東通志)』, 권 124, 36쪽.

수록되어 있는데, 란터우[大嶼山]와 홍콩의 북쪽, 그 해변과 비파주(琵琶洲)사이에 있다. 이러한 주변은 그곳이 당송시기 둔문이었음을 잘 설명해준다. 왜냐하면 1015년 남해에서 오는 여행기에 따르면[5], "광주의 비파주"에 정확하게 이르고 있기 때문이다.

좋은 바람을 타고 둔문에서 서쪽으로 이틀을 가면 구주(九洲)에 이르고, 남쪽으로 이틀을 가면 상석(象石)에 도착한다. 마침내 남서쪽으로 사흘을 가서 점불뢰산(占不牢山)에 이르는데, 이 산은 환왕(環王)의 동쪽에서 2백 리 바다에 있다. 점불뢰산은 바로 쿠로 참(Culao Cham)이다. 우리는 이제부터 이전의 지명들을 어느 정도 위치시킬 수 있을 것이다. 서쪽으로 이틀 배를 타고 가면 해남도의 북동쪽 모퉁이에 닿는다. 따라서 구주[6]는 최종적으로 칠주(七洲)로 알

---

5) 이 여행기는 『송사』, 권 489, 9쪽에 수록되어있다. 나는 마지막 부분을 주석을 달지 않고, 『BEFEO』, III, 649쪽에서 번역했다. 거기에 나오는 명칭들 중 몇몇에 관한 중요한 주석은 다음과 같다. 천축산(天竺山)은 『영외대답』(권 3, 11쪽)의 상하축(上下竺), 『서양조공전록』(권 상, 4쪽)과 『무비비서(武備秘書)』의 지도에 보이는(필립스, 앞의 책, 39쪽) 동축서(東竺嶼)과 서축서(西竺嶼), 『성사승람』(『고금설해』본, 권 2, 3쪽)과 『동서양고』(권 9, 5쪽)의 동서축(東西竺)과 같은 것으로 보인다. 천축산에 대해 흐루너펠트 씨(Groeneveldt, 「말레이 군도와 말라카에 관한 주석」, 258~259쪽)는 싱가포르의 한 섬으로 필립스 씨(앞의 책, 39쪽)는 티오만 남쪽에 있는 푸로 아오르(Poulo Aor)로 위치를 추정했다. 필립스 씨의 견해가 더욱 그럴듯해 보인다. 『영외대답』(권3, 11쪽)에 따르면, 자바에서 중국으로 오는 직선항로가 인도양으로부터 오는 길과 해협을 경유하여 수마트라에서 오는 길이 만나는 곳은 바로 상하축이다. 따라서 이미 싱가포르를 떠났어야 한다. 양산(羊山)은 앞서 푸로 감비르(Poulo Gambir)로 확인되었다. 구성(九星)은 『무비비서』 지도, 진주하(眞珠河) 초입에 언급되어 있다. 우리가 본 바와 같이 비파주는 란터우와 홍콩 북쪽에서 아주 가까이 있다.

6) 명나라 시기의 항해가들은 또한 구주산(九州山)으로 기술했지만, 이는 푸로

려진 타야(Taya) 군도를 다르게 지칭하는 것일 뿐이다. 타야를 출발하여 남쪽으로 이틀 간다는 것은 해남도의 동안을 따라 가는 것을 말하고, 상석은 바로 명나라 시기 항해가들의 독주산(獨珠山)인 틴호사(Tinhosa) 섬이거나, 더 남쪽 지점일 수 있다. 그 뒤에 남동쪽으로 뱃머리를 돌려야 쿠로 참에 다다른다.

쿠로 참에서 남쪽 방향을 취한다. 이틀 여정에 능산(陵山)에 도착하고, 다시 하루 만에 문독국(門毒國)에 도착하며, 또 하루 만에 고달국(古笪國)에 이르고, 마침내 반나절 만에 분타랑(奔陀浪), 판두랑가[7], 오늘날 판랑(Phan Rang)에 도달한다. 참 왕국을 구성하는 이 모든 지역, 소위 문독국과 고달국은 참 왕국의 지방들일 뿐이지만, 어느 정도의 자치권을 행사했을 것이다. 판두랑가 이전에 주어졌던 고달이란 명칭은 비문이 나짱(Nha Trang)의 산스크리트 명칭으로 알려

~ 셈빌란(Pulau Sembilan)에 대한 단순한 번역으로 여기와는 관련이 없다. 흐루너펠트(Groeneveldt), 「말레이 군도와 말라카에 관한 주석」, 258쪽을 참고하시오.

7) 판두랑가에 관해서는 『BEFEO』, III, 630~648쪽에 실린 피노(Finot) 씨의 논문을 참고하시오. 나는 이 논문 뒤에 판두랑가와 관련된 중국 자료들을 붙여 발표했다. 가탐의 여행기에 보이는 이 언급이외에도, 다음과 같은 『신당서』(권 222하, 1쪽)문장을 덧붙여야 한다. 환왕(環王)은 "남쪽으로 분랑타(奔浪陀)의 땅에 이른다." 여기의 분랑타는 당연히 분타랑[판두랑가]으로 고쳐야 한다. 또한 『책부원구』(권 957, 7쪽)에서 『구당서』와 동일한 문장을 찾을 수가 있는데, "[진랍은] 동쪽에서 분타랑의 땅과 접해있다."는 것이다. 『당회요』, 권 98, 14쪽에서도 동일하지만, 주(州) 자 대신에 주(洲) 자로 되어있다. 나는 『당회요』의 표기가 맞다고 생각한다.

8) 『국립도서관과 다른 도서관의 필사본 선집과 해제(Notices et extraits des manuscrits de la Bibliothèque nationale et autres bibliotheques)』, 27책에 실린, 베르갠느(Abel Bergaigne)의 『참파와 캄보디아의 산스트리트어 비문(Inscriptions sanscrites de Campa et du Cambodge)』, 244, 290쪽.

주는 코타라(Kauṭhāra)에 해당하는 것 같다.[8] 문독은 어쨌든 꾸이년 쪽에서 찾아야 하고, 능산은 더 북쪽의 싸호이 곶(Cap Sa Hoi)일 것이다. 우리가 더 자연스럽게 생각할 수 있는 바탄간(Batangan) 곶은 여행기에서 설명한 여정과 맞지 않는 것 같다. 결국 우리는 능산(陵山)을 명나라 시기 이쪽에 있었던 영산(靈山)과 비교할 수 있을 뿐이다.[9] 이 영산은 바렐라 곶(Cap Varella)의 연통(煙筒)과 가남모(伽南貌) 사이에 있었다.[10]

가탐의 여행기는 판두랑가를 떠나서 이틀이면 군돌농산(軍突弄山)에 도착한다고 한다. "그리고 닷새를 가면 현주민들이 질(質)이라고 하는 해협에 이른다. 남북으로 1백 리이다. 북안은 나월국(羅越國)이고, 남안은 불서국(佛逝國)이다."[11] 이곳이 말라카 해협임에 의심의 여지가 없다. 따라서 가탐의 여행기에서 광주에서 해협까지

9) 『성사승람』, 권1, 4쪽; 『서양조공전록』, 권 상, 4쪽; 『동서양고』, 권 9, 4쪽; 조지 필립스, 앞의 책, 40쪽을 참고하시오.

10) 『동서양고』, 권 9, 4쪽; 조지 필립스, 앞의 책, 40쪽을 참고하시오. 가남모(伽南貌)란 명칭은 매우 이상하다. 『서양조공전록』(권중, 1쪽)에는 가남모(伽喃模)로 되어 있고 이 산을 섬[嶼]이라 하였다. 이 두 형태는 앞의 두 글자가 [가남]으로 발음되는 단어의 음역인 것 같다. [가남]은 침향의 명칭 중 하나로, 가람(伽藍, 『원사』, 권 23, 4쪽), 가란(迦闌), 기남(奇南, 『서양조공전록』, 권 상, 3쪽), 기남(棋楠, 『성사승람』, 권 1, 5쪽)등의 표기가 있다. [가람]의 형태는 카람박(calanbac)과 유사한 음역임을 보여준다. 참파에서 침향의 명칭은 [갈로]라고 발음하는 [galhå]이다. 율, 『영국-인도의 용어사전(Hobson-Jobson)』, 카람박과 침향 조목; 카바통(Antoine Cabaton), 『참족에 관한 새로운 연구(Nouvelles recherches sur les Chams)』, 49~51쪽; 스키트(Walter William Skeat), 『말레이의 매력(Malay Magic)』, 206~212쪽을 참고하시오.

11) 가탐의 이 문장은 샤반느, 『의정대당서역구법고승전』, 42쪽에서 인용되었고, 흐루너펠트 씨가 『통보』, VII, 119쪽에서 연구했다.

의 여행시간은 약 20일이다. 이는 다른 자료에도 찾아볼 수 있는 거리이다.[12] 판랑에서 해협의 입구까지 7일 만에 갈 수 있다고 할지라도, 참파의 도읍(아마도 꾸이년이었을 것임)에서 빈탕 해변에 있는 용아문(龍牙門)까지 8일 정(程)으로 계산한 『명사』[13]가 근거한 것은 바로 이것인 것 같다. 심지어, 『명일통지』와 『광동통지』에 따르면[14], 참파의 도읍에서 수마트라 해안까지 5일 만에 간다고 하는데, 이는 아무리 순풍이라고 하더라도, 정크선으로는 너무 빠른 것 같다.

---

12) 의정(義淨)은 20일이 걸리지 않는다고 했다(샤반느, 『의정대당서역구법고승전』, 119쪽). 다른 구법승은(앞의 책, 114쪽) 배로 한 달이 걸려 수마트라에 도착했는데 그가 떠난 곳을 특정하지는 않았다. 그렇지만 아마도 광주일 것이다. 13세기에 조여괄은 복건성 천주에서 수마트라 삼불제(三佛齊)까지 달포 걸린다고 하였다(『제번지』, 권 상, 5쪽).

13) 『명사』, 권3 25, 3쪽.

14) 『명일통지』, 권 90, 14쪽. 학옥린(郝玉麟)의 1731년 간행본 『광동통지(廣東通志)』, 권 58, 28쪽(이 문장은 완원의 1822년 수정본에서는 보이지 않는다).

2. 곤륜국(崑崙國)에 관하여

군돌농(軍突弄)이라는 산 이름은 수마트라에 있는 실리불서국(室利佛逝國)에 관한 『당서』의 전에도 보이는데, 군도농(軍徒弄)으로 되어 있다. "실리불서는 군도농산 넘어 2천 리에 있다"고 하였다.[15] 슐레겔은 이 명칭을 군투랑(Gunturang)으로 읽었다.[16] 그러나 판랑에서 군돌농산까지 이틀이 걸리고 군돌농산과 말라카해협 사이는 닷새가 걸리는 것을 고려해보면, 여기는 푸로 콘도르(Poulo Condore) 군도임에 의심이 없다. [농(또는 롱)]이 무엇인지 모르지만, 군돌의 [돌]은 고어로 [thut]에 해당하는데[17], 콘도르(Condore)가 될 수 있을 만큼 반듯한 중국어 음역이다. 일반적으로 이 콘도르라는 표기가 상당히 변경된 것이라고 보는 것은 사실이다. "흐루너펠트가 공언하는 것처럼 그 고유 명칭은 콘논(Kon-non)이며 콘도르는 낯선 변화이다."[18] 다카쿠수 씨는 "콘도르가 잘못된 것이므로, 고유한 명칭

---

15) 『신당서』, 권 222하, 4쪽.

16) 『통보』, II, 178쪽. 「지리적 주석 16. 수마트라섬의 고대 국가들(Geographical Notes. XVI. The Old States in the Island of Sumatra)」.

17) 종성으로 [r]을 가질 수 없는 중국어는 종종 치음의 종성으로 음역을 채웠다. 예를 들어, 다르마(dharma)를 달마(達摩, tat-ma)를 들 수 있다. 그러나 근거도 없이 이 견해를 히어트에게서 차용하여 종성 [t]는 언제나 [r]을 표현하는 것이라고 슐레겔처럼 말하는 것은 잘못이다. 드바다타(Devadatta)를 음역한 제바달다(提婆達多)에서 [r]이 어디에 있는가?

18) 흐루너펠트, 「말레이 군도와 말라카에 관한 주석」, 185쪽. 흐루너펠트는 이 "고유의" 명칭표기에 대해 케른(Johan Hendrik Caspar Kern)이 그의 논문인 『인도네시아 군도 민족들에 대한 인도, 아랍 그리고 유럽 문명의 영향에 관하여(Over den invloed der Indische, Arabische en Europese beschaving op de volken van den Indische Archipel)』(불행하게도 우리가 가지고 있지

은 콘논이다"고 하였다."[19] 슐레겔에 따르면, 푸로 콘도르란 명칭이 "(더 고유한 명칭인 Côn-nôn은) 중국인에 의해 곤륜과 곤둔(崑屯)으로 음역되었다"[20]고 하였다. 그러나 무엇을 "원래의 명칭"으로 이해할 것인가? 슐레겔은 조금 더 뒤에 말레이 사람들은 푸로 콘도르, 푸로 쿤두르(Pulao Kundur) 또는 "호박의 섬"이라 불렀다고 하였다.[21] 이와 같이 콘논(Côn-nôn)은 말레이어가 아니며 닮은 모습도 전혀 없다. 그 명칭은 캄보디아어일 수 없으므로, 이 "원래의 명칭"은 현재 안남어의 곤눈(崑嫩, Côn-nôn)의 형태이다.[22] 그러나 이 안남어 형태는 그 자체로 연도가 얼마 되지 않는다. 안남사람들이 코친차이나 남부에 이른 것은 18세기가 되어서일 뿐이므로 적어도 15세기에 찾을 수 있는 중국어 곤륜의 어원이 될 수 없다.[23] 안남사람들이 이르기 전에, 그 명칭은 말레이어일 수 있을 뿐이다.

~ 는 않음)에서, 푸로 콘도르를 『양서』(권 54, 6쪽)의 간타리국(干陀利國)으로 추정하는 것에 반대하고 있다. 게다가 흐루너펠트 씨는 바로 6세기에 푸로 콘도르는 이미 중국 사람들에 의해 곤륜(崑崙)으로 불렸다고 하는데, 이 두 번째 이유가 첫 번째 이유보다 낫다고 생각한다. 한편 그는 푸로 콘도르라는 이 바위산이 결코 인도의 영향을 받은 나라의 거점일 수가 없다고 덧붙였는데, 이점에서 나는 완벽하게 동의한다.

19) 『의정남해기귀내법전』, 49쪽.

20) 『통보』, II, 118쪽.

21) 『통보』, II, 119쪽. 쿤두르는 말레이어로 일종의 호박을 가리킨다. 월(Von de Wall), 『말레이-네덜란드어 사전(Maleisch-Nederlandsch woordenboek)』, 바타비아, 1880, II, 551쪽을 참고하시오.

22) 제니브렐(Génibrel)의 『안남-프랑스어 사전(Dictionnaire annamite-français)』, 81쪽과 보네(Jean Bonet)의 사전, I, 11쪽을 보시오.

23) 예를 들어, 영락(永樂) 연간에 환관들의 여행기록을 들 수 있다(『성사승람(星槎勝覽)』, 권 1, 4쪽과 『서양조공전록』, 권 상, 4쪽). 13세기 말부터 주달관(周達觀)의 『진랍풍토기(眞臘風土記)』의 "곤륜양(崑崙洋)"이 틀림없이 "푸로 콘도르 바다"로 해석되었을 것이다(『BEFEO』, II, 138쪽을 참고하시오)

동일한 의미를 지니는 캄보디아어 코 트라라쉬(Koḥ Tralàch)에 해당하는 것은 바로 푸로 쿤두르, 호박섬이다.[24] 결국 8세기 가탐의 군돌농(軍突弄), 9세기 아랍 여행가들의 순다 푸랏(Sundar Fûlât)[25], 그리고 13세기 마르코 폴로의 손두르(Sondur)와 콘두르(Condur)[26]라는 형태와 마찬가지로 필요한 것은 치음을 가지는 명칭이다. 곤륜이란 중국어 형태는 그 자체로 어려운 것은 아니다. 말레이어 [d]의 음가는 그것이 [t]로도 [l]로도 될 수 있음을 설명한다. 따라서 안남사람들이 콘논에서 자신들에 맞게 변경한 것은 한편, 말레이어의 쿤두르 또는 중국어의 곤륜이다.

군돌농이란 이 형태는 다른 관점에서도 특히 중요하다. 7세기와 8세기의 중국인들은 여러 차례 곤륜국(崑崙國)과 곤륜어(崑崙語)에 관해 언급하고 있다. 한편, 오늘날 푸로 콘도르란 명칭이 곤륜으로 음역되기 때문에, 사람들은 언제나 푸로 콘도르와 곤륜어(崑崙語)의 명칭 사이에 어원적 관계를 설정하곤 한다.[27] 내 생각에 이는 잘못이다. 곤륜은 중국 지리에서 익숙한 명칭이다. 전설에 따르면, 진목공(秦穆公)이 기원전 10세기에 "서왕모(西王母)"를 찾아 갔다고 하는 중앙아시아의 산 이름이다.[28] 그때부터 사람들은 곤륜을 여기저기에

---

24) 베르나르(J. B. Bernard), 『캄보디아-프랑스어 사전(Dictionnaire cambodgien-français)』, 홍콩, 1902, 4절판, 373쪽을 참고하시오. 이 사전에는 [Kŏ Trâlach]라고 발음을 표기하고 있다.

25) 레이노(Joseph Toussaint Reinaud), 『아랍인과 페르시아인의 여행기록(Relation des voyages faits par les Arabes et les Persans)』, I, 18쪽과 율의 『마르코 폴로』(꼬르디에 편집본), II, 277쪽.

26) 율의 『마르코 폴로』(꼬르디에 편집본), II, 276쪽.

27) 샤반느, 『의정대당서역구법고승전』, 63쪽; 다카쿠스, 『의정남해기귀내법전』, 49쪽; 펠리오, 『BEFEO』, II, 129쪽.

28) 샤반느, 『사마천의 사기(Les Mémoires historiques de Se-ma Ts'ien)』, II, 7~9쪽 주석을 참고하시오.

끌어다 붙였다. 발음상의 유사성 때문에 갠지스강 너머의 인도의 사람들에 대한 명칭, 이후에는 푸로 콘도르의 명칭에 이 익숙한 이름을 붙이게 되었다는 것은 그렇게 놀랍지는 않다. 그러나 가탐의 문장과 『당서』의 글들은 당나라 시기에 푸로 콘도르가 곤륜으로 불리 않았음을 잘 설명해 준다.

곤륜이란 민족과 언어의 명칭에 관해서는 상당히 모호하다. 605년 중국의 장수 유방(劉方)이 참의 도읍을 점령했을 때, 『속고승전』에 따르면, 564질로 구성된 1350권의 불교문헌을 가져왔는데, 곤륜어로 쓰여 있다고 했다.[29] 의정은 중국 승려들이 팔렘방 또는 잠비의 옆에 있는 실리불서(室利佛逝)에서 곤륜어를 배웠다고 두 차례 언급하고 있다.[30] 혜림(慧琳)은 일실된 『왕오천축국전』의 주석[31]에서 각멸(閣蔑)[32]이란 나라에 주를 달면서 "곤륜국이 가장 크고, 경건하게 삼보(三寶, Triratna)를 믿는다"고 하였다. 『구당서』에 따르면[33], "임

---

29) 앞의 187쪽과 『BEFEO』, III, 438~439쪽을 참고하시오. 보유: 『당회요』, 권75, 18쪽은 당나라 시기에 곤륜의 약탈자들이 통킹에 온 것을 언급하고 있다.

30) 샤반느, 『의정대당서역구법고승전』, 159, 183쪽. 실리불서의 위치추정은 이후 다시 다룰 것이다.

31) 『일본대장경』, 爲, X, 104쪽. 이 주석에 관해서는 앞의 171쪽, 주3을 참고하시오.

32) 크메르란 명칭을 각멸로 보고 싶다. 두 『당서』(『구당서』, 권197, 2쪽과 『신당서』, 권222하, 2쪽)에서 길멸(吉蔑)로 표기되어있다(『BEFEO』, II, 125쪽을 참고하시오). 혜림의 주석은 알려지지 않는 읍심(邑心)이란 나라의 옛 이름이라고 했는데, 아마도 잘못된 것 같다. 그래서 일본 편집자들은 임읍(林邑)으로 바꾸지만, 여기서는 불가능하다. 이 나라를 캄보디아로 위치 추정하는 것은 심각한 어려움을 가지고 있다. 왜냐하면 각(閣) 자는 고어에서 후음종성을 가지기 때문이다[kak]. 그러나 크메르로 보는 길멸의 길(吉)은 고어에서 파열종성을 가진다[kit].

33) 『구당서』, 권 197, 1쪽.

읍을 떠나 남쪽으로 가면 사람들은 곱슬머리에 검은 피부를 가지고 있다. 그들을 일반적으로 곤륜이라 부른다."고 하였다. 『책부원구』에 따르면[34], 곤륜이란 섬에는 화산이 있는데 거기에서 석면의 천을 만드는 섬유를 얻는다고 하였다. 여기에서는 용어의 의미를 넓게 사용하고 있다.[35] 따라서 일반적으로 남인도차이나와 섬에 사는 모든 사람들을 지칭하는 것으로 보인다.

중국 승려들이 실리불서에서 배운 것과 의정이 조심스럽게 산스크리트와 구분한 곤륜어는 말레이어나 자바어가 결코 아니라고 할 수 있다. 곤륜어로 된 650질의 불교 문헌들이 어쨌든 매우 놀라운 것은 사실이다. 그렇게 많은 참의 문헌들이 이전에 있었던 것은 아닌 것 같다. 말레이어 문헌들은 상대적으로 더 늦다. 자바만이 그렇게 많이 만들어 낼 것 같지만, 카위(kawi)어의 문헌들은 그렇게 멀리 거슬러 올라가게 하지 않는다.[36] 모든 경전을 소유하고 있는 몽어의 문헌들

---

34) 『책부원구』, 권 960, 4쪽. 원문에는 곤륜지허(崑崙之墟)로 되어 있는데, 허(墟) 자는 여기에서 잘못된 것으로 『산해경』(畢沅본, 권 98, 1쪽)에 영향을 받은 것으로 보인다.

35) 예를 들어, 『당회요』(권 98, 16쪽과 권99, 19쪽)에서 수내(殊奈)와 감당(甘棠)은 "곤륜사람들"이 살고 있다고 하는 문장은 이처럼 넓은 의미로 이해해야 한다. 이상의 예들 중 하나인 각멸(閣蔑)이 바로 크메르 나라인지 의심을 가질만하다. 이 경우 내가 위에서 제기한 설명이 맞다면 진정한 곤륜국들 가운데 넣을 수 있을 것이다. 『책부원구』, 권 971, 8쪽에 있는 독화라(獨和羅) 사람들에게 곤륜이란 용어를 사용할 수 있는지에 대해서는 동일한 의문을 품을 수 있다.

36) 네덜란드 학자들은 가장 오래된 유적에서 입증된 대로 카위어를 약 700사카(기원후 778년)으로 추정하고 있을 뿐이다. 『네덜란드 동인도 백과사전(Encyclopaedie van Nederlandsch-Indië)』, III, 126쪽, 고대와 중세의 자바어(Oud-en Middel-Javaansch) 조목을 참고하시오.

이 남아있지만, 거의 알려지지 않아 이 주제에 대해 언급할 만한 것이 전혀 없다.[37] 한편 『속고승전』과 같은 불교 문헌에서 곤륜어가 산스크리트어와 혼동되고 있다는 것은 이상하다. 현재 우리의 지식으로는 해결할 수 없는 문제가 바로 여기에 있다.

의정이 제시하는 것에 따르면 곤륜이란 이 명칭은 또한 남해에서 더욱 좁은 의미를 가진다. 인도의 동쪽에 있으며 불교를 신봉하는 내륙의 큰 나라들을, 슈리크세트라(Çrīkṣetra), 테나세림[郎迦戍], 드바라바티(Dvāravatī, 메남 유역), 임읍(林邑, 참파)을 열거한 다음에, 의정은 불교가 행해지는 주요 섬들을 열거했다. 그 섬들 중에는 굴륜(掘倫)이란 섬이 보인다.[38] 그리고 몇 줄을 지나 의정은 다음과 같이 덧붙이고 있다. "교주와 광주에서 온 최초의 사람들은 굴륜사람들이다. 사람들은 (이 나라 전체를) 곤륜이란 일반적인 명칭으로 불렀다. 그러나 (실제) 곤륜 사람들은 곱슬머리와 검은 몸을 가지고 있다. 다른 왕국의 (사람들은) 중국인과 다르지 않은 반면 (그들은) 맨발로 다니며 감만(敢曼)을 (쓴다)."[39] 다카쿠스 씨는 푸로 콘도르에 주어진 곤륜이란 현재 명칭에서 출발하여, 곤륜과 같은 굴륜이 푸로

---

37) 로건(James Richardson Logan), 포브스(Charles James Forbes Smith), 커스트(Robert Needham Cust), 포르크함메르(Forchhammer)의 논문들 이외에, 몽어에 관한 중요한 연구는 하스웰(James Madison Haswell)의 『페구어 사전과 문법적 주석(Grammatical Notes And Vocabulary Of The Peguan Language)』, 스티븐스(Edward Oliver Stevens)이 검토한 제2판, 랑군, 1901년과 스티븐스의 『영어-페구어 사전(English-Peguan Vocabulary)』, 1896년, 8절판이다. 미얀마 고고학 분야에 있어서 사실상 몽어를 아는 사람은 아무도 없다.

38) 『일본대장경』, 致, VII, 68쪽; 샤반느, 『의정대당서역구법고승전』, 57~59쪽; 다카쿠스, 『의정남해기귀내법전』, 9~10쪽.

39) 『일본대장경』, 앞에 언급한 곳; 샤반느, 앞의 책, 63~64쪽; 다카쿠스, 앞의 책, 11~12쪽. 감만(敢曼)에 관해서는 다카쿠스의 앞의 책, 12쪽과 『BEFEO』, III, 268쪽을 참고하시오.

콘도르일 것이라고 확신했다. 그래서 그는 서문에서 곤륜이란 용어가 더욱 일반적인 명칭이라고 지적하면서, 푸로 콘도르에서 사용하는 물시계, 푸로 콘도르에서 암송되는 경전들, 푸로 콘도르에서 나는 정향을 기술했다.[40)]

아이모니에 씨는 기껏해야 몇 백 명의 주민들만 먹고 살 수 있는 한 섬에 너무 과한 영화를 주는 것이라고 타당한 지적을 했다.[41)] 그러나 이 모든 경우에서 만약 의정이 곤륜, 더 정확히는 여기에서 표기되어 있는 대로 골륜(骨崙) 또는 굴륜(堀倫)[42)]으로 넓은 의미를 취했다면, 의정은 굴륜, 곤륜이라는 특정한 나라로 알았음에는 틀림없다. 그리고 푸로 콘도르라는 섬은 당시 곤륜이라 불리지 않았으므로 그곳에 곤륜을 위치시킬 이유는 없다.[43)]

---

40) 다카쿠스, 『의정남해기귀내법전』, 129, 145, 169쪽. 나 또한 『BEFEO』, II, 129쪽에서 동일한 오류를 범했다.

41) 아이모니에, 「부남(Le Fou-nan)」, 『JA』, 1~2월호, 1903, 135~136, 144~146쪽. 1902년 『프랑스의 인도-중국에 관한 행정적, 상업적, 산업적 일반 연감(Annuaire général administratif, commercial et industriel de Indo-Chine française)』(804쪽)은 푸로 콘도르의 주민은 죄인들을 제외하고 300명이라고 계산하고 있다.

42) 『일본대장경』, 致, VII, 83, 85, 87쪽(또한 101쪽을 참고하시오). 슐레겔은 고룡(古龍)이란 표기를 의정에게 돌렸으나(『통보』, II, 119쪽) 아무런 근거가 없으므로 이는 실수이다.

43) 『중국 식물 사전(Botanicon sinicum)』, III, 573에서 브레트슈나이더(Bretschneider)는 푸로 콘도르가 당나라 시기에 곤륜으로 불렸다고 언급하고 자신의 논문, 1871년 트뤼브너(Trübner) 출판사에서 간행한 『아랍과 아라비아 식민지들에 관해 고대 중국인들이 가졌던 지식에 관하여(On the Knowledge Possessed by the Ancient Chinese of the Arabs and Arabian Colonies)』를 참조하게 했다. 불행하게도 이 논문은 우리 도서관에 소장되어 있지 않아, 저자가 이 확신을 위해 어떤 자료를 근거했는지 모른다.

그러나 중국인들이 특별히 곤륜국이라 부른 나라는 남해에 있는 다른 나라들이다. 중국인들이 자바의 동쪽에서 15일을 항해해서 가는 곤륜이란 나라[44]를 우선은 제쳐두도록 하자. 어쨌거나 통킹과 광주에 그렇게 일찍 모습을 드러냈음에 틀림없는 것은 그 나라가 아니다. 그러나 인수린드(Insulinde)로 알려진 섬들을 제외하면 말레이반도가 남는다. 의정이 사용한 주(洲)라는 명칭은 좀 곤란하기는 하지만, 산스크리트어 드위빠(dvīpa)는 섬을 의미하고, 산스크리트어 드위빠로 대륙을 의미하기도 한다. 판두랑가는 자바처럼 주(洲)이다.[45] 의정의 목록에서 확인할 수 있는 명칭들은 실제 섬의 이름들이라고 이의를 제기할 수 있을 뿐이다. 한편 중국으로 일찍이 올 수 있었던 반도의 뱃사람들을 떠올리는 것은 매우 당연하다. 몇몇 사실에 근거한 이유들이 이 관점을 지지해 줄 것 같다.

표국(驃國)에 관한 『신당서』의 전(傳)에서[46], 미얀마의 많은 속국들을 언급하고 있지만, 미얀마의 사신들은 그대로 중국 조정에 모습을 드러냈다. 그 속국들 중에는 미신(彌臣)이 있는데, 나는 앞서 그 나라를 이라와디 강 어귀로 추정했다.[47] 전라파제(磚羅婆提)는 필시 현장이 슈리크세트라(미얀마)의 동쪽과 이샤나푸라(Īçānapura, 캄보디아) 서쪽에서 인용한 타라발저(墮羅鉢底)[48]로, 의정이 같은 장소에 위치시킨 사화발저(社和鉢底)[49] 보아야 한다. 『구당서』에 따

---

44) 『송사』, 권 489, 6쪽와 『제번지』, 권 상, 10쪽.

45) 판두랑가에 관해서는 앞의 216쪽, 주3을 참고하시오. 자바에 관해서는 아래를 참고하시오. 전통적인 표기는 염부주(閻浮洲)로, 잠부드위빠(Jambudvīpa)이다.

46) 『신당서』, 권 222하, 4쪽.

47) 앞의 92쪽을 참고하시오.

48) 현장(玄奘), 『대당서역기(大唐西域記)』, 권 2, 83쪽.

49) 다카쿠스, 『의정남해기귀내법전』, 10쪽.

르면[50], 타라발저는 수진랍(水眞臘)이 서쪽에서 끝나는 바로 메남강유역의 드바라바티(Dvāravatī)이다.[51] 이 책은 다음과 같은 설명을 덧붙이고 있다.

---

50) 『구당서』, 권 197, 2쪽. 『책부원구』, 권 957, 7쪽에도 동일한 문장이 들어있다. 이 명칭은 『신당서』(권222하, 4쪽)에서도 보이는데, 나월(羅越)의 풍속은 타라발저와 같다고 하였다. 펠리오는 여기의 나월을 [P'an-p'an]이라 하였는데, 아마도 단단국(單單國)을 잘못 기록한 것으로 보이며, 이 또한 나월로 되어야 한다. 羅越者, 北距海五千里, 西南哥谷羅. 商賈往來所湊集, 俗與墮羅鉢底同.

51) 샤반느, 『의정대당서역구법고승전』, 59, 203쪽과 다카쿠스, 『의정남해기귀내법전』, 10쪽. 드바라바티의 위치는 현장과 의정이 열거한 순서와 『구당서』의 기술에 따른 것이지만, 그 명칭이 고대 비석에 제시되었다고는 생각하지 않는다. 크메르인의 비명(碑銘)들은 드바라바티를 언급하고 있는데, 거기에서는 참페슈바라(Campeçvarati)신를 숭배한다고 하지만, 이는 단순한 지역명칭으로 보인다. 한편으로 이 드바라바티는 스토엉(Stoung) 지방에 있는 톤레샤프 호수 북쪽에 있는 현 트베아르 크데이(Thvéar Kedei)일 가능성이 크다(아이모니에, 「옛 크메르어 비문에 관한 몇 가지 지식(Quelques notions sur les inscriptions en vieux khmêr)」, 『JA』, 4~6월호, 1883, 459쪽과 『캄보디아』, I, 444~446쪽을 참고하시오). 미얀마에서 드바라바티는 아라칸(Arakan) 남부에 있는 산도웨이(Sandoway)와 시암(Siam)의 옛 지명이다(Phayre, 『미얀마의 역사』, 32쪽). 샤반느 씨는 "드바라바티는 시암의 옛 수도인 아유타야의 산스크리트 명칭이다"(『의정대당서역구법고승전』, 203쪽)고 했지만, 아유타야의 산스크리트 명칭은 아요디야(Ayodhyā)이다. 드바라바티만이 아요디야라는 이 명칭에 결부시키는 공식적인 명칭 속에 들어있다(아이모니에, 「고대의 시암(Le Siam ancien)」, 『JA』, 3~4월호, 1903, 229쪽). 따라서 분명 푸르네로 씨(「고대의 시암(Le Siam ancien)」, 53쪽)과 슈미트(P. Schmitt, 『인도-차이나의 파비 미션(Mission Pavie Indo-Chine, 1879-1895, Vol. 2: Études Diverses)』, 212쪽)가 드바라바티와 아유타야를 절대적으로 동일하게 보게 한 것은 바로 이것이다. 그러나 나중에 말하겠지만, 거기에는 14세기 중반 야유티아에 건설된 옛 도읍의 흔적이 없다. 그러므로 옛날 르보(Lvo) 또

미신(彌臣)에서 "곤랑(坤朗)에 도착하는데, 거기에는 소곤륜이라는 종족이 있다. 왕은 망실월(芒悉越)이라 부르고 풍속은 미신과 비슷하다. 곤랑에서 녹우(祿羽) 대곤륜이라는 왕국이 있다. 그 왕은 사리박파난다산나(思利泊婆難多珊那, Çrībhavānandeçāna?)[52] 평야는 미신보다 더 넓다. 곤륜의 소왕이 사는 곳에서 반나절만에 마지발(磨地勃, Martaban?)[53]의 책(柵)[54]에 이른다. 바닷길로 다섯 달을 가서(여기의 월(月)은 일(日)의 잘못 임에 틀림없다), 불대국(佛代國)에 도착한다. 이 나라에는 360리를 흘러가는 강이 있다. 왕은 사리사미타(思利些彌他, Çrīçamitra?)라고 한다. 사리비리예(思利毘離芮)라는 강이 있다. 이 나라는 희귀한 향료들 많이 산출한다. 북쪽에 시장이 있는데 다양한 나라의 정크선 상인들이 그곳에 모인다. 바다를 건

~ 는 라보(Lavo)인 롭부리(Lopburi) 쪽에서 드바라바티를 찾아야할 것 같다. 롭부리는 아유타야 이전 메남 강 유역에서 가장 중요한 중심지였다. 또세인꼬(Taw Sein-ko) 씨는 『1774년 신부유인의 포 우 다웅 비문에 관한 시론(A Preliminary Study of the Po-u-daung Inscription of S'inbuyuyin, 1774 A.D.)』(『인도의 고고(Indian Antiquary)』, 22책, 별쇄본 4쪽)에서 드바라바티는 방콕에 두었다. 이는 최근 명칭을 적용한 것일 뿐이다. 방콕이란 명칭은 18세기에 나타났다.

52) 이러한 이름들 앞에 사리(思利)라는 음역은 원래의 명칭이 산스크리트어가 아니라, 팔리어, 프라크리트어에서 나온 지방어 형태에서 구개치찰음이 치찰음으로 된다는 것을 설명해 준다. 본국의 문서가 없어 이러한 형태의 재구성은 항상 다소 임의적이다. 내가 산스크리트어로 이름들을 재구성한 것은 이 때문이다.

53) 이 인명 추정은 가설적인 것이다. 이름의 몽어 형태는 율에 따르면(『영국-인도의 용어사전(Hobson-Jobson)』, Martaban조목), [Mut-ta-man]이고, 하스웰에 따르면(『페구어 사전과 문법적 주석(Grammatical Notes And Vocabulary Of The Peguan Language)』, 344쪽), [Muh-tmaṃ]이다.

54) 책의 의미에 대해서는 앞의 83쪽의 주 175를 참고하시오.

너면 바로 사바(闍婆)[55]이다. 15일을 더 가면 두 개의 큰 산을 지나는데 하나는 정미(正迷)이고 다른 하나는 사제(射鞮)이다. 왕국이 있는데, 그 왕은 사리마하라사(思利摩訶羅闍, çrīmahārāja)라고 한다. 습속은 불대국과 동일한다. 다용보라(多茸補邏, Tanjung Pura?)[56]라는 천(川)을 건너면, 사바(자바)에 도착한다. 이어서 8일을 가면 파회가로(婆賄伽盧)에 이른다. 이 나라는 무더워서 사거리와 길에는

---

55) 사바는 또한 표국(驃國) 조목에서 표국에 조공을 바치는 18개 왕국 중의 하나로 기록되어 있지만, 슈라바스티(Çrāvastī)와 첨파(瞻婆) 쪽에 있다(이 표기는 일반적으로 인도의 참파(Campa)에 쓰는 것으로, 『신당서』에서 말하는 것처럼 "갠지스 강과 닿는 북쪽에 있는" 곳으로 인도차이나의 참파가 아니다. 이 참파는 점파(占婆)로 표기한다). 여기에는 미얀마 사신들의 허풍이 없다. 그래서 나는 자바에 있는 사바의 위치에 대해 심각한 이의를 제기할 이러한 주장이 있었다고 생각하지 않는다. 나중에 파간의 왕들은 속국의 왕들로 라오스, 시암, 캄보디아의 왕을 들고 있는데(율, 『마르코 폴로』, II, 279쪽), 우리들은 삼불제(三佛齊)와 마자파힛 왕국에게서도 동일한 류의 나라 명칭들을 찾을 수 있다.

56) 탄중푸라는 말레이반도의 나라에서는 일반적인 명칭이므로 가능해 보이지만(탄중은 곶을 의미함), 그곳으로는 위치 추정이 더욱 어려워진다, 오늘날 수마트라에 탄중푸라가 있는데, 술탄국 랑칵(Langkak)의 중심지이다(『네덜란드 동인도 백과사전(Encyclopaedie van Nederlandsch-Indië)』, III, 266쪽). 탄중푸라는 마자파힛 왕국에 예속된 나라들을 열거하고 있는 옛 자바인의 시에서 보르네오에 대한 명칭이다(H. Kern, 『마자파힛의 전성기 자바의 오래된 서사시(Een Oud-Javaansch geschiedkundig gedicht uit het bloeitijdperk van Madjapahit)』, 1903년 3월, 352쪽과 브란데스(J. L. A. Brandes), 『왕의 책(Pararaton)』, 126쪽). 중세의 이 탄중푸라는 13세기 『제번지』(권 상, 132쪽)에서도 찾아 볼 수 있는데, 거기에서는 단융무라(丹戎武囉), 단중포라(丹重布囉)로 되어있다(슐레겔, 「지리적 주석 13 자바(Geographical Notes, XIII, Java)」, 『통보』, II, 239쪽). 나는 당나라 시기의 탄중푸라에 관해 제기할 만한 어떠한 추정도 할 수 없다.

코코넛 나무와 빈랑나무를 심어 두어 머리를 들고 태양을 피할 수 있다. 왕의 거처에 기와는 금으로 만들어졌고 주방은 은 기와로 덮혀 있다. 향나무를 피우고 방들은 찬란한 진주들로 장식되어 있다. 두 연못이 있는데 그 가장자리들은 금으로 만들어졌다. 선박의 노들은 황금과 보석으로 완벽하게 장식되어 있다."[57]고 하였다.

당나라 시기의 다른 자료들이 가릉(訶陵)이라 칭한 것이 이 텍스트에서 사바(闍婆)와 동일하다면, 그것은 내가 보기에 자바이다. 이는 자베즈(Zabedj)의 왕에게만 어울리는 번영이 없었으므로, 파회가로라는 나라와 동일한 명칭임을 입증하는 것이라고 생각한다. 표국전에는 파회가로를 첫 번째와 세 번째 글자, 즉 '파가'로 되어있고, 가릉전[58]에는 군주들이 사바란 도시에 살았지만, 왕의 할아버지인 길연(吉延)이 파로가사(婆露伽斯)[59]라는 도시 동쪽으로 이주했다고 하

57) 『신당서』, 권222하, 중화서국, 6307~8. 繇彌臣至坤朗, 又有小崑崙部, 王名茫悉越, 俗與彌臣同. 繇坤朗至祿羽, 有大崑崙王國, 王名思利泊婆難多珊那. 川原大於彌臣. 繇崑崙小王所居, 半日行至磨地勃柵, 海行五月至佛代國. 有江, 支流三百六十. 其王名思利些彌他. 有川名思利毗離芮. 土多異香. 北有市, 諸國估舶所湊, 越海即闍婆也. 十五日行, 踰二大山, 一曰正迷, 一曰射鞮, 有國, 其王名思利摩訶羅闍, 俗與佛代同. 經多茸補邏川至闍婆, 八日行至婆賄伽盧, 國土熱, 衢路植椰子檳榔, 仰不見日. 王居以金為甓, 廚覆銀瓦, 爨香木, 堂飾明珠. 有二池, 以金為隄, 舟檝皆飾金寶.

58) 『신당서』, 권 222하, 3쪽.

59) 이 해석은 가설적이다. 원문은 "王居闍婆城其祖吉延東遷於婆露伽斯城"라고 되어있다. 흐루너펠트는 다음과 같이 번역했다. "왕은 자바란 도읍에 살지만, 그의 조상인 길연은 더 동쪽인 파로가사에서 살았다."(Groeneveldt, 「말레이 군도와 말라카에 관한 주석」, 139쪽). 슐레겔에 따르면 "왕은 사바란 도시에 살았으나 그의 조상 길연은 파로가사라는 도시에서 동쪽으로 옮겨갔다(had removed to the east from the city of Polukiasze)"고 이해했다. 그 어떤 역자도 이 문장에서 의문을 제기하지는 않았다. 텍스트를 나누어보면, 문

였다. 명칭에 관해 상당히 민감한 차이에도 불구하고 하나는 미얀마와 남조를 통해서 이르고, 다른 하나는 남해로 곧장 도달하므로, 사바의 동쪽에서 8일 거리에 있는 파회가로(婆賄伽盧)라는 왕성을, 가릉왕들이 사바라는 서쪽의 도읍을 버리고 이주한 파로가사로 확인해야 할 것 같다.

일단 표국전의 사바가 『당서』에 전으로 들어있는 가릉 또는 사바이고, 이 사바를 자바로 위치추정하는 것을 우선은 믿을 수 있으므로, 미신을 출발하여 미얀마의 남쪽으로 가는 일반적인 여행기의 방향을 따른다. 마지발(磨地勃)에서 마르타반(Martaban)까지 문제가 되는 위치추정을 고려하지 않은 채, 그때부터 살윈 강 입구에 곤륜국을 위치시켜야 했던 것 같다.

~ 장이 두 문장이라는 것은 명백하다. "왕은 사바란 도시에 살고, 그의 조상은 동쪽인 포로가사란 도시로 (수도를) 옮겨갔다." 흐루너펠트가 읽고 있는 것처럼 천(遷) 자가 "…에 살다"라는 의미가 아니라 "(도읍을) 옮겨가다"란 의미임에는 의심이 없다. 한편 이러한 천도는 슐레겔이 이해하고 있는 것처럼, 포로가사로부터 동쪽으로가 아니라 동쪽으로 포로가사란 도시에 어울린다. 그러므로 가능한 두 해석은 글자 그대로 "왕은 사바란 도시에 살고, 그의 조상인 길연은 (수도를) 동쪽 포로사가라는 도시로 옮겼다"라고 해석하던가 또는 내가 위에서 제기한 해석을 받아들이거나 둘 중 하나이다. 아니면 원문 그대로는, "왕은 사바라는 도시에 산다. (현재 왕의) 조부, 길연은 (수도를) 동쪽 포로가사라는 도시로 옮겼다"이다. 나의 해석은 『영환지략(瀛環志略)』(권 2, 16쪽)의 저자들이 채택한 것 같다. 왜냐하면, 그들은 천보(天寶) 연간(742~755)에 "사바란 도시에서 파로가사란 도시로 (수도를) 옮겼다."라고 하고 있기 때문이다. 그러나 이러한 천도시기에 관한 정보가 어디에서 나왔는지 모르겠다. 보유: 파로가사(婆露伽斯)에 관련된 문장으로, 『영환지략』의 저자들에게서 빌려온 해석은 그들의 기술이 아니다. 그들은 『원사류편(元史類編)』, 권 42, 37쪽을 글자 그대로 베낀 것이다. 자바 군주의 궁전에 관해서는 『오도릭(Odoric de Pordenone)』(꼬르디에본), 162쪽을 참고하시오.

『만서』의 문장[60]이 이끄는 것도 마찬가지 결과이다. 이 책에 따르면, "정북쪽에 있는 곤륜국은 만(蠻)의 경계인 서이하(西洱河) 길로 81일 거리에 있다"고 했는데, 바로 남조의 대리(大理) 지역이다. 같은 책 다른 문장에 따르면[61], 운남 영주(寧州)에 있는 양수천(量水川)의 남서쪽으로 용하(龍河)에 이르고, 남쪽으로 청목향산(青木香山)의 길과 만나며, 곧장 남쪽으로 곤륜국에 이른다고 하였다.[62] 청목향의 산들은 같은 책 다른 곳에서 영창(永昌) 남쪽에서 3일 거리에 있다고 하였는데,[63] 사람들이 거기에서 청목향[64]의 뿌리를 많이 채취할 수 있어 붙여진 이름이다. 브레트슈나이더가 활용한 식물 기술들은 최상의 청목향이 곤륜에서 난다고 하였다.[65] 마지막으로 『만서』[66]는 남조가 곤륜을 상대로 군사 원정을 했고, 곤륜 사람들은 적군의 진격을 내버려 두었다가 제방을 뚫어 남조의 거의 모든 군대를 익사시켰으며, 살아남은 병사들은 오른손을 잘라 본국으로 돌려보냈다는 사실을 알려준다.[67]

---

60) 권 10, 2쪽. 昆崙國, 正北去蠻界西洱河八十一日程.

61) 권 6, 3쪽. 별첨자료 III을 보시오. 또한 『만서』, 권 6, 5쪽을 참고하시오.

62) 量水川西南至龍河, 又南與青木香山路直, 南至昆崙國矣.

63) 앞의 책, 권 7, 3쪽. 이 거리는 너무 모자란것 같다. 其山多青木香山, 在永昌南三日程

64) 『법원주림』, 권 36(『일본대장경』, 雨, VII, 49쪽) 그리고 브레트슈나이더(『중국 식물 사전(Botanicon sinicum)』, III, 「고대 중국의 의약재(Materia medica of the ancient Chinese)」, 『JNChBrRAS』, t. 29, 11~114쪽, no 54)를 참고하시오. 불교문헌에서의 명칭은 구슬타(矩瑟侘), kuṣṭha, 즉 코스투스이다.

65) 브레트슈나이더, 앞에 언급한 책, 111쪽.

66) 권 10, 2쪽.

67) 『책부원구』(권 970, 19쪽)는 709년 3월에 온 곤륜국의 사신을 언급하고 있지만 이 나라를 확인할 만한 어떠한 정보도 제시하지 않았다. 보유: 『책부원구』(권 961, 16쪽)와 『태평어람』(권 937, 11쪽)은 장강(藏江)을 언급하고

당시 어떤 민족이 살윈 강의 어귀에 살았을까? 주저할 것 없이 테나세림은 언제나 몽왕국이었다. 시암으로 이주하기 전, 미얀마 사람들에게 페구에서 조금씩 쫓겨난 몽 사람들이 오늘날에도 밀집되어 살고 있는 곳이 바록 그곳이다. 한편 슐레겔은 문명도 없고 교역도 없는 원주민인 오랑 세망(Orang Semang) 사람들을 상상했지만[68], 사람들은 극동의 교통이 당시 끄라(Kra) 지협을 통했으므로, 통킹과 광주에 처음으로 와서 곤륜국, 말하자면 인도차이나 남쪽부분과 인수린드(Insulinde)에서 일반적인 이름을 가져온 것은 끄라 지협의 몽 사람들일 것이다.

불행하게도 이 가설에는 폐기해야 할 정도의 심각한 반론이 있다. 우리는 곤륜국을 테나세림에 위치시켰다. 그런데 의정(義淨)은 인도의 동쪽에서 불교를 실천하는 대륙의 주요 왕국들을 열거하면서 슈리크세트라(Çrīkṣetra, 미얀마) 남동쪽과 드바라바티(메남 강 유역) 서쪽에 있는 낭가수(郞伽戍)를 언급했다. 이 문장과 나중에 언급할 문장[69]은 낭가수를 테나세림에서 찾도록 이끄는데, 어떻게 의정은 낭가수란 명칭으로 대륙의 나라들 중에 테나세림을 언급하고 굴륜(掘倫)이라 부르면서 "섬"들 가운데 넣을 수 있었을까? 나는 이 반론에 만족할 만한 해답을 제시하지 못했다. 의정이 곤륜국에 가지 않았기 때문에 자바 동쪽 멀리에 위치한 곤륜섬과 타나세림의 낭가수라 부르는 곤륜국과 혼동하여 실제로 다른 곳과 연관되는 명칭의 기원을 끌어다 붙였다고 인정해야 하는가?

사실 의정이 『만서』와 표국전에 나오는 곤륜국을 몰랐으며, 한편 표국전이나 『만서』 어디에도 낭가수를 언급하지 않았다는 것은

~ 있는데, 이 강은 라사(羅些, Lassa)에서 3백 리 거리에 있고, 남동쪽에서 남쪽으로 흘러 곤륜국(崑崙國)으로 들어간다고 하였다.

68) 『통보』, II(2), 119쪽.

69) 별첨자료 V를 보시오.

상당히 주목할 만하다. 설명이 상당히 약하다고 생각하지만, 우리는 세 가지 해법 중에 하나를 선택해야 한다. 첫째 굴륜은 푸로 콘도르를 지칭한다. 당나라 시기의 다른 자료에서 찾을 수 있는 표기가 아니라고 한다면, 그 분야에 대해서 의정이 본국 선배들의 용례를 따르지 않은 많은 예들을 통해 증명할 수 있다. 둘째 푸로 콘도르는 사실상 말레이반도의 나라이다. 그렇지만 푸로 콘도르는 평범한 군도이므로, 의정이 통상적인 표기를 따르지 않은 것은 고유한 형태에 가깝도록 하기 위해서이다. 여기 이 경우는 아니다. 마지막으로 곤륜이란 이름이 나온 것이 푸로 콘도르라면, 『당서』와 가탐이 명칭을 다르게 옮기고 있는 것을 설명할 수 없다. 혹 의정에게 굴륜이란 명칭이 『송사』에서 자바의 동쪽까지 15일 걸린다고 하는 미지의 섬인 이 곤륜국을 지칭하고, 곤륜국이란 일반적인 명칭을 남인도차이나와 섬에 붙인 것은 이 나라 사람들이라고 말해야 한다. 그러나 남해와 중국의 교역이 이름만 알고 있는 섬의 원주민들이 처음으로 중개하면서 이루어졌으며, 이들이 분명 자바의 동쪽에 아직 있다고 하는 것은 그럴법하지 않다. 아니면 의정에게서 곤륜이란 명칭은 필시 푸로 콘도르가 아니라, 『송서』에서 말하는 곤륜이란 섬과 같은 곳으로 보이는 남해의 섬을 지칭한다는 것을 인정한다면, 곤륜이란 명칭이 특정한 나라, 사실상 테나세림을 가리키는 것을 잘 알고 있었다. 그러므로 의정은 너무 일반적인 의미를 부당하게 받기 전에 낭가수라는 명칭으로 테나세림을 부르면서, 곤륜이라는 일반 명칭의 기원을 그가 알았던 유일한 곤륜, 즉 남해에 있는 굴륜 또는 곤륜이란 섬에 잘못 연관시켰을 것이다.[70)]

---

70) 아마도 의정에게는 이러한 혼동의 예가 있을 것이다. 의정은 나인국(裸人國)이란 명칭으로 니코바르 또는 안다만 섬들을 기술하면서, "이 나라는 촉(蜀, 사천 서쪽)의 남서쪽 끝에 있다고 한다."라고 덧붙였다(샤반느, 『의정대당서역구법고승전』, 120~121쪽과 『일본대장경』, 致, VII, 98쪽). 그런데 의정이 착각한 것은 명백하지만 그의 실수가 당나라 시기의 자료들이 사천의 남

이 세 번째 가설에 대해 마지막 논의를 펼쳐볼 수 있다. 5세기 중반 또는 6세기 초에, 축지(竺芝)는 『부남기(扶南記)』에서 돈손(頓遜)의 왕은 곤륜이라 불렸다[71]고 했다. 『신당서』는 고룡(古龍)을 부남의 군주들의 성(姓)으로 제시하고 있고[72], 반반국(盤盤國)에서 중국의 사서들이 인용하고 있는 고위 관리들의 네 개의 관직명들 중, 세 개가 곤륜으로 시작한다.[73] 사가들은 이에 관련하여 곤륜을 거의 동일한 모

~ 서쪽과 운남의 서쪽에 위치시키는 나만(裸蠻) 또는 나형만(裸形蠻)과 같은 나라와의 혼동 때문은 아닌지 모르겠다(앞 65쪽 주108과 『만서』, 권4, 7쪽 그리고 『태평어람』, 권789, 19쪽을 참고하시오).

71) 『BEFEO』, III, 263, 279쪽을 참고하시오. 보유: 『태평어람』(권 786, 12쪽)은 『남주이물지(南州異物志)』를 인용하여, "모두 곤륜이라 불리는" 부남의 고관들에 관해 말하고 있다.

72) 『신당서』, 권 222하, 2쪽. 샤반느, 『의정대당서역구법고승전』, 64쪽과 『BEFEO』, III, 274쪽을 참고하시오. 같은 텍스트에서 부남의 사람들은 곱슬머리이고 몸은 검으며 나체로 다닌다고 했지만, 짜깁기된 이 마지막 문장은 1세기 초에 여왕 유엽(柳葉)의 부남에 관한 옛 기록을 단순히 인용한 것이다(『BEFEO』, III, 265, 268쪽을 참고하시오). 슐레겔은 왕이 옷을 벗고 있다고 이해했는데(『통보』, II(2), 84, 120쪽), 이는 오해이다.

73) 『신당서』, 권 222하, 2쪽. 샤반느가 옮기고 있는 것처럼(『의정대당서역구법고승전』, 64쪽), 두 번째 관직은 "곤륜황제"로 번역되어야 한다고 생각하지 않는다. 네 글자 곤륜제야(崑崙帝也)는 음역한 것으로 보인다. 제리니 씨는 반반국의 이러한 관직들에 대해 내가 인정할 수 없는 재구성을 제시했다(「시암과 중국의 교류(Siam's Intercourse With China)」, 135쪽). 확실하게 말해 둘 것은 "각하"란 뜻의 발(勃)은 제리니 씨가 생각하는 시암어 프라(phraḥ)와 아무런 관련이 없다. 나는 반반국의 이러한 관직명들이 언제 중국 자료에 나타났는지 확인할 수 없었다. 내가 알기로 정사로는 『신당서』에서 주어졌을 뿐이지만, 『태평어람』(권 787, 14~15쪽)에서도 이러한 명칭들을 찾을 수 있는데, 『양서』를 인용했다고 하고 있다. 그런데 이 명칭들은 우리에게 전해지는 『양서』에서는 찾을 수 없다. 한편, 『태평어람』을 편집할 당시

습으로 발음되는 고룡으로 바꿀 수 있다고 덧붙이고 있다.[74] 사람들은 이 텍스트로부터 곤륜국들이 고룡 또는 곤륜이란 단어가 왕이나 대신들의 명칭에 들어있는 나라들이라는 것과, 곤륜은 중국인들에게 익숙한 명칭이었기 때문에 틀림없이 곤륜이 고룡으로 바뀌었다고 하는 것보다는 곤륜으로 되어야 하는 것이 바로 고룡임을 추론하고자 했다.

지리적 관점과 민족적 관점에서 볼 때, 부남은 현 캄보디아에 해당한다. 반반국에 관하여 우리는 지도상에서 상당히 분명하게 위치시킬 수 있다. 자료에 따르면, 낭아수(狼牙修)와 이웃하고 있고, 남동쪽으로는 가라(哥羅)에 이르고, 참파와는 작은 바다로 나뉜다[75]고 하였다. 이 기록에 따라서 나는 낭아수가 테나세림이고 가라는 크다(Kedah)임을 밝힐 것이다. 그러므로 반반국은 테나세림 북쪽과 크다의 남동쪽이 아니라 남쪽 사이에 있는 말라카 섬일 것이다. 작은 바다[小海]는 바로 시암 만이다.[76] 마르코 폴로의 이야기에 따르면 카마우(Camau)라는 곶을 우회한 뒤에 말라카 해협 남쪽에 이르기 전

~ 에 『신당서』는 존재하지 않았고, 두 책의 편집은 명백하게 다르기 때문에 양(梁) 자는 당(唐) 자로 고쳐야 한다고 생각할 수도 있다. 10세기 말에 편집된 『태평어람』은 반반국의 알려진 두 왕의 이름을 접했던 유일한 옛 자료이다. 정사는 그 중 한 사람만 언급했을 뿐이라고 생각한다.

74) 이 설명은 반반국의 명칭으로 『신당서』에서만 보이지만, 두우(杜佑, 735~812)의 『통전』, 권 188, 16쪽에서도 찾을 수 있는데, 부남왕 고룡이란 이름에 관하여 이어지는 주석은 다음과 같다. "수나라 시기에 이 왕국의 왕은 고룡이란 성을 가졌다. 여러 왕국에서 많은 사람들이 고룡이란 성을 가지고 있다. 나이 많은 사람들에게 물어보니, 곤륜 사람들은 성을 가지지 않는다. 그러므로 (고룡은) 곤륜의 잘못이다."라고 하였다. 隋時其國王姓古龍. 諸國多姓古龍, 訊耆老, 言, 崑崙無姓氏, 乃崑崙之訛.

75) 『구당서』, 권 197, 1쪽과 『신당서』, 권 222하, 2쪽.

76) 시암 만이 캄보디아를 가로지르는 가탐의 여정 끝에서 서술한 것과 같은 방식이다. 수진랍(水眞臘)에서 작은 바다를 건너 나월(羅越)에 이른다(앞의

에 말라카 섭 쪽을 상당히 위로 인식하고 있음을 보여준다.[77] 그러므로 반반은 반돈(Bandon) 또는 리고르(Ligor)[78] 고도에 있어야 한다. 그래야만 4세기 말 또는 5세기 초에 왜 부남의 왕이 되었던 인도의 브라만 까웅딩냐(Kauṇḍinya)[79]가 반반을 통해 부남에 이르렀는지 이해할 수 있다.[80]

~ 154쪽을 참고하시오).

77) 율, 『마르코 폴로』, 꼬르디에 편집본, II, 276~280쪽.

78) 낭아수를 끄라 지협의 동안에 있는 츰폰에 둔 제리니 씨는 반반을 시암 만의 북동쪽에 있는 수판부리 강과 남서쪽의 펫차부리 강 사이에 있는 북서쪽 모퉁이로 위치시키고자 했다(「시암과 중국의 교류(Siam's Intercourse With China)」, 133쪽). 나는 분명하게 확인하지는 않았지만 내가 제시한 해법이 더 그럴듯하다고 생각한다. 둘 중의 어느 해법이 맞든 우리가 텍스트에서 검토한 문제는 어디에도 부자연스럽지는 않다.

79) 한자로는 교진여(僑陳如)로, 『남제서』, 「부남전」에서 풍승균이 재구성했다. 『중국남양교통사』, 116쪽.

80) 『BEFEO』, III, 269쪽. 발레이 반도의 동안에 있는 반반국의 이 위치에 지리적인 문제가 아니라 문헌상의 작은 문제가 있다. 중국 저자가 우리에게 전해주는 반반국의 두 왕의 이름은 양(楊)으로 시작하는데(『태평어람』, 권787, 14쪽과 에르베이 드 생드니의 『남중국 외래 인들에 대한 민족분류(Ethnographie des peuples étrangers à la Chine, Méridionaux)』, 462~463쪽), 우리는 참어 얀(yān)에서 그 어원을 찾으려 했다. 이것이 최근에 아이모니에 씨가 반반을 안남 해안에 있는 판띠엣 쪽으로 위치시키도록 이끈 것이다(「부남(Le Fou-nan)」, 『JA』, 1~2월호, 1903, 131쪽). 제리니 씨는 이 양(楊, 시암어 [ong], 산스크리트어 [aṅga], 크메르어 [añ, aññа])에서 미얀마어로 [aung]이 되는 시암어 [ong]을 생각했다(앞의 책, 134쪽). 이 모두가 매우 가설적이다. 예를 들어, "이기다"는 뜻의 미얀마어 [aung]은 산스크리트어 [aṅga]와 아무런 관계가 없다. 양(楊)과 관련하여 제시된 어떠한 설명도 결국 반도에 반반국을 두는 것을 막기에는 너무 약한 주장이다. 자료들은 이 점에 관해 명백한 것 같다.

이와 같이 『만서』와 『당서』의 표국전이 곤륜국을 위치시키게 하는 것은 테나세림이다. 고룡 또는 곤륜이란 명칭의 존재가 입증된 것은 하나는 테나세림의 약간 동쪽이고, 하나는 정 남쪽이다. 이 명칭에서 제리니 대령[81]과 아이모니에[82] 씨가 옛 크메르어로 "왕" 또는 "섭정"을 뜻하는 쿠룽(kuruṅ)으로 볼 충분한 이유를 가지고 있다고 생각한다. 그것은 또한 참어도 되며, 크룽(kruṅ)으로 되면, 그것은 시암의 왕들과 마찬가지로 캄보디아 왕들의 칭호에도 들어있다.

우연이든 의도적인 의고주의이든, 크룽(kruṅ)이 1673년 중국에 사신을 보낸 시암왕의 명칭에서 음사된 것은 당나라 시기에 적용된 고룡(古龍)이란 동일한 한자들이었다.[83] 이 크룽이란 동일한 단어가 반반국에 존재했기 때문에 장관급 관료들의 명칭에 들어갔으며, 테나세림에도 있었기 때문에 이 나라에 표면적으로 곤륜이란 명칭을 부여했을 것이라고 인정해야 하는가?[84] 옛 반반국이라고 할 수 있는 현 테나세림의 말은 몽어이다. 오늘날까지 출간된 빈약한 어휘들 속에서 쿠룽(kuruṅ)이란 단어를 찾아 내지 못했다.[85] 그러나 몽사람들

---

81) 「시암과 중국의 교류(Siam's Intercourse With China)」, 135쪽.

82) 「부남(Le Fou-nan)」, 『JA』, 1~2월호, 1903, 146쪽.

83) 『광동통지(廣東通志)』(1822년본), 권 330, 55쪽. 『도서집성(圖書集成)』「변예전(邊裔典)」, 권 101, 시암조목, 12쪽.

84) 우리는 위에서 두우가 부남의 고룡을 곤륜의 변형으로 간주하려는 것을 보았다. 우리로서는 구룽(kuruṅ)이 실제로 크메르 나라에서 존재했다는 것을 알고 있으므로, 만약 하나가 실제로 다른 하나로부터 나왔다면, 역으로의 진행 과정을 인정해야 한다. 그렇지만 이는 충분히 설명될 수 없는 것 같다. 내가 두우의 주석과 『신당서』에서 끌어오려 했던 것은 곤륜이란 명칭이 있는 곤륜국에서일 뿐이다.

85) 스티븐스(Stevens)의 영어-페구어 사전에는 섭정이라든가 장관 등의 의미를 가진 어떠한 단어도 들어있지 않다. 왕은 에카라(ekarāt)라고 하며, 힌두어 어원[ekarāja]을 가진다고 한다. 하스웰(Haswell)의 페구어-영어 사전에

이 그 단어를 현재 모르고, 특히 과거에 몰랐다는 것을 의미하지는 않는다. 몽이란 나라는 오늘날 상당히 축소되었지만, 몽어가 얼마나 어휘나 문법에 있어 크메르어와 긴밀하게 연관되어 있는지를 알고 있으므로, 이 두 그룹은 틀림없이 역사적으로 관계가 단절되지 않았다.

전성기의 부남이 벵골만에 있는 메콩강의 어귀까지 지배력을 확장한 것처럼 보이지만, 이 거대한 영토에서 어떤 외래 종족도 길을 막지 못했을 것이다. 두 부분으로 나뉘려면 시암인들이 메남강 유역에 들어왔어야 할 것으로 보인다. 시암어 기록이 8세기를 넘어 거슬러 올라가지 않는다는 점을 생각하면, 완전히 인도화 된 민족들 중에서 이러한 타이인들의 출현은 상당히 늦은 것이 분명하다.[86] 드바라바티(Dvāravatī)[87]란 나라는 분명 몽 아니면 크메르이다. 내가 유보적으

~ 서 왕의 의미로 ekarāt와 몽어인 talati을 찾았다. 그러나 장관이나 다른 근접한 용어에 대해서, "수상" 또는 "부왕"의 의미를 가진 우파라자(upparājā)만 찾을 수 있었는데, 이는 또한 하나의 가차어[uparāja]이다. 제리니는(앞의 책, 135쪽) 그룽(krung)이 몽-크메르어라고 하지만, 그가 그 단어를 실제로 몽어에서 접했을까?

86) 람캄행(Rāma Kamheng)의 비문에 따른 것이다. 그러나 또한 아이모니에, 「고대의 시암(Le Siam ancien)」, 『JA』, 3~4월호, 1903, 209쪽을 참고하시오.

87) 드바라바티란 나라 이전에는 언제나 시암에 있는 것으로 확인된 적토국(赤土國)이란 나라를 언급해야 할 것 같다. 그러나 이러한 전통적인 견해에 반대하는 것은 아니지만, 충분한 검토 없이 받아들여진 것이라고 생각하지 않고는 매우 심각한 이의를 야기한다. 케른은 중국어 적토를 락타므르티카(Raktamṛttikā, 붉은 땅)라는 도시와 연결시켰다(Johan Hendrik Caspar Kern, 「말레이 반도의 옛 산스크리트어 비문에 관하여(Over eenige oude Sanskritopschriften van't Maleische Schiereiland)」, 『왕실 학술원 발표자료 및 보고서, 문학 분야(Verslagen en mededeelingen der Koninklijke Akademie van Wetenschappen, Afdeeling Letterkunde)』, 세 번째 시리즈, 1편, 8~9쪽과 『베카시의 산스크리트어 비문, 언어, 토지 및 민족학에 기여

로 중국인들에 의해 언급된[88], 곱슬머리[89]에 검은 몸을 가진 실제 곤륜으로 보고자 했던 것은 바로 몽-크메르 그룹, 더 특별히는 말레이 반도의 몽사람들이다.

~ (Een Sanskritopschrift te Bekasih, Bijdragen tot de taal-, land- en volkenkunde)』, 네 번째 시리즈, 10편, 527~528쪽). 이곳에는 약 기원후 400년으로 거슬러 올라가는, 크다에서 발견된 산스크리트어 비문으로 알려진 선장 부다굽타가 살고 있었다.

88) 『해어(海語)』에는 16세기 굴룡(崛龍)이란 나라가 들어있다. 그러나 오늘날 우리가 말할 수 있는 것은 남해에 있다는 것뿐이다(흐루너펠트, 「말레이 군도와 말라카에 관한 주석」, 246쪽과 슐레겔, 『통보』, II(2), 119쪽). 결국 곱슬머리의 사람들을 지칭하는 곤륜은 말레이 사람들이 아니라, 최종적으로 검은 인종이란 의미를 가진 것으로 보인다. 당나라 시기 승지노(僧祇奴) 또는 승기노(僧祇奴)와 동일한 방식으로 사용된 송나라(10세기)시기부터의 곤륜노(崑崙奴)란 명칭을 찾을 수 있다(『송사』, 권 489, 5쪽, 권 490, 7쪽; 『동서양고』, 권 4, 9쪽; 흐루너펠트, 앞의 책, 188, 257쪽; 승기에 대해서는 아래 사바(闍婆)에 관한 설명을 참고하시오). 결국 12세기 말에 『영외대답』(1178년 간행본, 3권, 6쪽)과 13세기의 『제번지』(권 상, 32쪽)에서 동아프리카의 흑인 나라에 적용한 곤륜층기(崑崙層期)를 찾을 수 있는데, 곤륜과 층기란 두 명칭은 하나로 혼동되기도 했다(히어트, 「중국 자료에 따른 이슬람 국가들(Die Länder des Islâm, nach Chinesischen Quellen)」, 『통보』, VIII, 부록, 54~55쪽과 쯔보이 쿠마조(Tsuboi Kamazo), 「주거비(周去非)의 이국에 관한 기술(Cheu Ch'üfe's Aufzeichnungen über die fremden Laender)」, 『제 12차 동양학 국제 학술대회 보고서(Actes XII° Congrès international des Orientalistes Rome)』, Florence, 1902, II, 120~121쪽).

89) 나는 권(捲) 자를 "곱슬곱슬한[frisé]"으로 번역했고, 샤반느 씨는 "숱이 많고 곱슬곱슬한[crépu]"으로 번역했으며(『의정대당서역구법고승전』, 64쪽), 다카쿠스 씨는 북슬북슬한 머리털[woolly-haired]로 옮겼다(『의정남해기귀내법전』, 12쪽). 글자는 두 가지 의미를 가지고 있지만 옛 명칭에서 네그리토스 민족과 관계된 것은 어디에서도 지칭되지 않았다.

3. 나월(羅越)과 단미류(丹眉流)

푸로 콘도르에서 말라카 해협에 도착한 것을 살펴보았는데, 가탐에 따르면, 원주민들은 질(質)이란 명칭이 붙여졌다. 현재까지 이 음역에 대해 어떠한 재구성도 주어지지 않았다.[90] 해협은 폭 1백 리이고 북쪽은 나월(羅越)이고 남쪽은 불서(佛逝)이다. 이 나월이란 나라는 그다지 잘 알려지지 않았다. 우리는 가탐의 첫 번째 여행기 끝에서 그 명칭을 찾아 볼 수 있는데, 소해(小海)[91]를 가로 질러 캄보디아로

---

90) 질(質) 자는 입성의 발음을 가지고(종성으로 고자음, 실제로는 치음) 다른 하나는 거성의 음을 가진다. 질다발마(質多跋摩)에서 첫 번째 음절인 싯타바르만(Cittavarman)과 질다사나(質多斯那)에서 첫 번째 음절인 시트라세나(Citrasena)를 옮기는데 적용된 것은 틀림없이 입성의 발음이다(『BEFEO』, II, 123쪽과 III, 444쪽). 반면 『미란다왕문경(Milandapañho)』(『일본대장경』, 藏, VIII, 48, 51, 61, 64쪽)에서 팔리어로 티싸(Tissa)라고 하는 필사자의 이름과 팔리어로 단순히 판차요바나사티가 막챠(pañcayojanasatika maccha)라고 부르는 티미(timi)라는 거대한 물고기의 이름을 옮길 때(Ed. V. Trenckner, 『The Milindapañhā』, 77과 85쪽; 리스 데이비즈(T. W. Ryhs Davids), 『미란다왕문경(The Questions of King Milinda)』, 동방의 성서(The Sacred Books of the East) 시리즈의 35책, 110, 130쪽; 간혹 광동어로 질(質) 자를 [tchat]로 발음하는데 이에 대해서는 고려하지 않는다. 이는 스페치(Edouard Specht) 씨가, 『미란다왕문경의 두 중국어 번역본(Deux traductions chinoises du Milandapañho)』, 15쪽, 주석 3에서 설명했다), [ti]에 해당하는 질(質) 자의 음가는 거성에 틀림없다. 질(質)이란 해협에 대하여, 해협이란 뜻을 가진 말레이어 [selat]를 생각해 볼 수 있는데, 이 지역을 여행한 아랍사람들에 의해 위치된 슈라헤스(Shelaheth)라는 바다 명칭인 것 같다(P.A. Van der Lith, 『인도의 불가사의한 것들에 관한 책(Le Livre des merveilles de l'Inde)』, 260쪽을 참고하시오).

91) 앞의 146쪽을 참고하시오. 시암 만에 적용된 "소해"란 명칭은 또한 『구당

부터 이른다고 한 것이다. 『신당서』는 그에 대해 좀 분명한 한 문장을 할애하고 있는데[92], 그렇게 정확하지는 않은 것 같다. "북쪽으로 나월은 바다로 5천리이고, 남서쪽으로 가곡라(哥谷羅)가 있다. 이곳은 오가는 상인들이 만나는 곳이다. 관습은 타라발저(墮羅鉢底, 드바라바티)와 동일하다. 매년 (사람들이) 배를 타고 광주로 왔다. 광주에서는 이에 대한 정보들을 확실히 가지고 있었다." 일본 왕 신니오 타카오카가 인도에 순례를 갔다가 881년 죽은 곳은 바로 나월이다.[93] 『송사』는 나월 북쪽 바다로 15정(程)에 단미류(丹眉流)라는 나라가 있다고 하였다.[94]

가탐의 여행기는 우리에게 확실한 설명을 제공하고 있다. 북쪽으로 확장되긴 했지만, 나월은 현재 조호르(Johore)를 포함한다. 『당서』의 주에서의 기술은 터무니없다. 천(千) 자 대신에 십(十) 자를 생각해 볼 수 있지만, 나월을 바다로부터 50리에 둔다면, "만나는 장소"라는 구를 가곡라(哥谷羅)와 연관 지어야 하는데, 이는 바다의 항구에만 적용될 수 있다. 그런데 원문은 이러한 해석에 쉽사리 동의하지 않는다. 가곡라의 위치도 불확실하다는 것을 조금 뒤에 볼 것이다. 나월과 드바라바티의 관습상 공통점은 상당히 막연한 설명일 뿐

~ 서』(권 197, 2쪽)에서도 보이는데, 수진랍(水眞臘)은 "남쪽에서 소해와 닿아있다"고 하였다.

92) 『신당서』, 권 222하, 4쪽. 나는 마지막 구인 "州必以聞"을 잘 번역했는지 모르겠다.

93) 다카쿠스, 『의정남해기귀내법전』, XLV쪽. 동일한 사실이 다카쿠스와 난지오의 「佛領印度支那」(『BEFEO』, III, 749쪽을 참고하시오), 34쪽에서 인용되었다. 그러나 거기에서 나월은 라오스의 옛 명칭으로 주어졌다. 이러한 추정은 단순히 발음상 유사점에서 나온 것이다. 다른 잘못된 견해에 대해서는 좀 더 뒤에 소개하겠다.

94) 『송사』, 권 489, 10쪽.

만 아니라, 완전히 몽-크메르 지배를 받았던 말레이반도에서 나월을 찾도록 이끈다. 이 점에 대해 이미 의문을 제기했다.

『송사』의 설명이 남았지만, 그것은 단미류(丹眉流)의 위치에 달려있다. 단미류란 나라는 1178년 『영외대답』[95]과 13세기 전반의 『제번지』[96] 그리고 『송사』[97]의 같은 문장에서 언급된 등류미(登流眉)임에 틀림없으며, 캄보디아의 남서쪽 모퉁이에 있다. 마단림은 단미류에 관한 『송사』의 설명 전체를 인용했지만, 그 명칭을 주미류(州眉流)로 바꾸었다.[98] 마단림의 형태는 잘못된 것이긴 하지만, 『송사』의 글자 순서인 단미류(丹眉流)가 등류미와 비교하여 다른 것이 아님을 확인시켜준다. 이 왕국에 주어진 『송사』의 상세한 정보들은 『송사』의 표기를 따르게 하므로 단미류로 읽고자 한다.

단미류라는 이 왕국으로부터 『송사』는 1001년 사신이 왔음을 알려준다.[99] 이 나라의 위치에 관해 우리에게 남아있는 귀중한 정보들을 추적해 올라갈 수 있는 것은 아마도 이 연도일 것이다. "단미류국. 동쪽으로 점랍(占臘)에 이르려면 50정(程)이고, 남쪽으로 나월

95) 『영외대답』, 권 2, 11쪽.

96) 권 상, 4쪽과 5쪽.

97) 『송사』, 권489, 5쪽. 이 두 나라를 하나로 보는 것은 명칭의 유사성과 위치를 설명하고 있는 것에서 비롯되었다. 그렇지만 확실한 것은 아니다. 슐레겔은 두 명칭이 동일하다는 것을 인정하면서도(『통보』, X, 291쪽) 약간의 의문을 제기하고 있다(294쪽).

98) 『문헌통고』, 권332, 29~30쪽. 에르베이 드 생드니(d'Hervey de Saint-Denys)의 『남중국 외래 인들에 대한 민족분류(Ethnographie des peuples étrangers à la Chine, Méridionaux)』, 583~585쪽.

99) 『송사』, 권489, 10쪽. 丹眉流國, 東至占臘五十程, 南至羅越水路十五程, 西至西天三十五程, 北至程良六十程, 東北至羅斛二十五程, 東南至闍婆四十五程, 西南至程若十五程, 西北至洛華二十五程, 東北至廣州一百三十五程.

에 이르려면 물길로 15정(程)을 가야하며, 서쪽으로 서천(西天)에 가려면 35정이고, 북동쪽으로 정량(程良)에 가려면 60정이며, 북동쪽으로 나혹(羅斛)에 가려면 25정고, 남동쪽으로 사바(闍婆)에 가려면 45정이고, 남서쪽으로 정약(程若)에 가려면 15정이며, 북서쪽으로 낙화(落華)에 가려면 25정이며, 북동쪽으로 광주에 가려면 135정이다."[100] 이 명칭들을 등한시했기 때문에 아직도 만족할 만한 위치 추정을 하지 못했다. 점랍은 캄보디아이고, 나월은 말레이반도 남쪽을 지칭해야 하며, 서천은 인도여야 하므로 적어도 그 방향은 제시하고 있다. 사바를 자바에 두는 것에 대해서는 그 이유를 뒤에 말할 것이고, 나혹은 메남 강 유역을 지칭해야 한다. 따라서 나는 단미류를 스리 담마라자(Sri Dhammarāja), 즉 리고르(Ligor)[101]로 추정하고자 한다. 말하자면 리고르의 서쪽에 서인도가 있고, 남쪽과 남동쪽에 반도의 극단, 남남동쪽에 자바, 동쪽에 캄보디아, 북쪽과 약간 북동쪽에 메남 유역이 있다.

---

100) 이 텍스트는 슐레겔이 『통보』, X, 291~292쪽에서 번역했다.

101) 리고르 또는 라콘(Lakhon)은 도시를 뜻하는 nagara에서 변형된 것들이다. 비문에서 확인되는 리고르의 공식 명칭은 무옹 니콘 시 탐마랏(Muong Nakhon Si Thanmarat, Çrī Dharmarāja)이다. 아이모니에(Étienne François Aymonier), 『캄보디아』, II, 76쪽과 『인도-차이나의 파비 미션(Mission Pavie Indo-Chine, 1879-1895, Vol. 2: Études Diverses)』, 195쪽을 참고하시오.

4. 섬(暹)과 나혹(羅斛)

이처럼 반도의 남쪽에 나월을, 단미류는 리고르에, 나혹은 메남 강 유역으로 추정했다. 그러나 이러한 위치추정은 보편적으로 인정되는 것은 아니다. 우선 마르코 폴로의 로칵(Locac)에 관하여 문제가 제기되었다. 푸로 콘도르를 지나 500마일 가서 마르코 폴로는 로칵이란 나라에 도착했고 500마일을 더 가서 펜탐(Pentam)섬에 이르렀는데, 이 섬은 지도상에서 해협의 입구에 있는 빈탕(Bintang) 섬으로 보는데 동의하고 있다.[102] 율에 따르면, 이 거리들은 리고르 쪽에서 로칵을 찾도록 하며, 리고르는 시암 왕국의 부분이므로, 바로 나혹 또는 복건과 광주에서 [Lo-kok]으로 발음되는 아마도 축약된 형태인 나국(羅國)이란 왕국이고, 그곳에서는 라오스인들의 명칭을 찾을 수 있다. 이것이 마르코 폴로의 로칵(Locac)을 낳았을 것이다.[103] 조지 필립 씨는 율의 주석에 따라[104] 리고르 또는 라콘이란 명칭을 로칵에서 찾고 있다. 나는 필립스가 어떻게 이들 두 견해를 화해시키고 있는지 알아내지 못했지만, 그는 로칵을 시암, 더 정확히는 나혹으로 보는 율의 위치추정을 전적으로 받아들이고 있다.[105] 그는 당나라 시기에 나혹은 "당시 [Lo-gueh]로 발음된 나월(羅越)로 알려져 있었던 것 같다. 나월은 말레이반도의 동쪽 해안에 위치했으며 오늘날 조호르란 이름으로 알져진 지역인, 싱가포르 해협의 입구까지 펼쳐져 있었던 것 같다"라고 덧붙이고 있다.

---

102) 율, 『마르코 폴로』, 꼬르디에 편집본, II, 276~280쪽.

103) 앞의 책, 278쪽.

104) 앞의 책, 279쪽.

105) 조지 필립스(George Phillips), 「인도와 실론의 항구(The Seaports of India and Ceylon)」, 34쪽 주석.

나는 나월 또는 로칵에 관한 제리니의 견해를 모르지만, 제리니 씨는 바로 나혹을 시암에 두었다. 그러나 단미류를 리고르에 위치시킨 것이 아니라, 다이아몬드 제도(Diamond Island)와 이라와디 강 어귀 서쪽에 있는 파테인[Bassein] 지역 케이프 네그라이스(Cape Negrais) 쪽에 두었다.[106] 마침내 슐레겔은 다음과 같이 말했다. "[Lo-Wak羅越]로 불리는 곳은 조금의 의심도 없이 시암어 [Lăvĕk]이고, 팔르구와(Pallegoix)는 캄보디아에 있는 옛 도시의 이름이라고 했다."[107] 그는 자신의 주장을 근거로 시암의 불의 왕에 관한 다음 문장을 인용했다. "기원후 1350년 이전에 옛 도읍 아유티아(Ayuthia)는 옛날 [Lawék]으로 불린 캄보디아에 속한 옛 지역의 폐허일 뿐이고 그곳의 주민들은 시암 남쪽 또는 캄보디아 서쪽을 차지하고 있었다."

반면에 단미류는 아유티아 상류에서 15일정에 있는 메남 강 상류에서 찾아야 하고, 나곡은 시암의 속국이지만 그에 대해 슐레겔은 어떠한 입장도 밝히지 않았다. 시암어 기원에 관한 문제들은 너무 모호하기 때문에 이러한 위치추정들은 문제를 복잡하게 만들 뿐이다. 아이모니에 씨의 [Kan-t'o=li]는 제쳐두고서라도, 수나라 시기의 적토(赤土), 당나라 시기의 타화라(墮和羅)[108]와 드바라바티는 송

106) 제리니(G.F. Gerini), 「시암과 중국의 교류(Siam's Intercourse With China)」, 『제국과 아시아의 분기별 리뷰와 동양 및 식민지의 기록(The Imperial and Asiatic Quarterly Review and Oriental and Colonial Record)』, 1902, 13, 119~132쪽. 이 글 131쪽에서 제리니 씨는 "이들 지명의 실제 해당 지역"을 『제국과 아시아의 분기별 리뷰와 동양 및 식민지의 기록(The Imperial and Asiatic Quarterly Review and Oriental and Colonial Record)』, 1898, 1월호에서 제시했다고 했지만 나는 유감스럽게도 참고하지 못했다.

107) 『통보』, X, 292쪽.

108) 슐레겔은 타화라(墮和羅)를 타콜라(Takola)로 추정했다(『통보』, X, 155쪽). 그는 제리니 씨가 프톨레마이오스의 타콜라를 위치시킨 거의 같은 고도에 말레이반도의 상부지역에 위치시켰으므로, 독립적으로 수행한 연구의 결과가

나라 때, 단미류의 북동쪽에서 25정(程)에 위치한 나혹국이란 명칭으로 나타났음을 보았다.

조여괄(趙汝适)은 나혹을 캄보디아의 속국중 하나로 언급했다.[109] 송나라 말과 원나라 시기에 이 나라는 섬라(暹羅) 또는 시암으로 되었는데, 두 지역으로 나뉘었다. 하나는 땅이 평탄하지 않고 비옥하지 않은 곳에서는 섬(暹)이란 나라가 형성되었고, 다른 것은 평지이고 생산량이 많은 곳으로 나혹이란 왕국을 구성했다.[110] 이 두 나라는 13세기 말과 14세기 초에 중국 조정으로 사신을 보내왔다.[111] 이후의 자료들은, 지정(至正, 1341~1368) 연간에 나혹은 섬을 정복하여 섬라혹(暹羅斛) 또는 섬라(暹羅)라는 새로운 명칭이 생겨났다는 것을 추가하고 있다. 명나라 초, 1374년에 섬라혹 또는 섬라로부터 온 첫 번째 사신이 조정에 이른 이후로 관계는 오늘날까지 단절 없이 이어지고 있다.[112]

~ 보여주는 이러한 일치는 타콜라와 타화라의 지리적 위치를 "결정적으로 확정해 준다"라고 밝혔다. 그러나 슐레겔이 제리니 씨가 타콜라를 위치시킨 그곳에 타화라를 두었다면, 제리리 씨는 타화라를 드바라푸리 또는 드바라바티로 보았을 수 있다(『제국과 아시아의 분기별 리뷰와 동양 및 식민지의 기록(The Imperial and Asiatic Quarterly Review and Oriental and Colonial Record)』, XIII, 133과 134쪽). 나는 위에서 아이모니에 씨의 견해를 따랐다(위의, 223쪽, 주5). 그에 따르면 드바라바티는 옛날 롭부리이다. 그렇지만 제리니 씨는 드바라바티를 야유티아 상류에 있는 프남의 한 섬에 두었다(『제국과 아시아의 분기별 리뷰와 동양 및 식민지의 기록(The Imperial and Asiatic Quarterly Review and Oriental and Colonial Record)』, 1902, XIII, 124와 128쪽을 참고하시오)는 것을 언급했어야 했다.

109) 『제번지』, 권 상, 4쪽.

110) 『명일통지』, 권 90, 10쪽; 『원사류편』, 권 42, 35쪽; 『명사』, 권 324, 6쪽.

111) 조금 뒤에 이 사신들에 관한 텍스트를 볼 수 있을 것이다.

112) 『명일통지』, 권 90, 10쪽; 『원사류편』, 권 42, 35쪽; 『명사』, 권 324, 6쪽과 8쪽; 『대명회전(大明會典)』, 권 105, 9쪽.

섬과 나혹이란 두 나라는, 땅의 성격으로 볼 때 하나는 메남강 상류에 하나는 하류에서 찾게 하지만, 정확히 캄보디아 비문에서 이들을 찾을 수 있다. 그렇지만 섬에 시암이란 명칭을 부여하는 것은 아니다. 11세기 중반부터, 1190(?), 1207, 1233년에 참의 비문들 속에서 중국인, 안남인, 캄보디아인, 미얀마인 노예들 옆에 나타나는 "시암(syam)" 노예들을 볼 수 있다.[113] 그러나 이 건조한 용어는 시암인들의 존재 이외에는 아무것도 설명해 주지 않는다. 앙코르 와트 남서쪽 회랑은 더 정확하게 명시할 수 있다. 부조에 언급된 짧은 비문 중 하나는 "숲에서 르보(Lvo)의 군대를 이끄는 Vraḥ Kamrateñ añ çrī Jaya Siṃha Varman"이라고 언급하고 있고, 다른 둘은 캄보디아 병사들과는 완전히 다른 모습으로 이상한 무기와 모자를 쓴 전사들을 시암 쿳(Syāṃ Kut)이라 부르고 있다. 이 비문들은 분명 12세기의 것이다.[114]

113) 아이모니에, 「참의 비문에 관한 첫 번째 연구(Première étude sur les inscriptions Tchames)」, 『JA』, 1~2월호, 1891, 29, 49~50쪽; 「고대의 시암(Le Siam ancien)」, 『JA』, 3~4월호, 1903, 194, 201쪽.

114) 아이모니에, 「옛 크메르어 비문에 관한 몇 가지 지식(Quelques notions sur les inscriptions en vieux khmêr」, 『JA』, 4~6월호, 1883, 219~222쪽. 아이모니에 씨는 어떤 곳에서는 시암 쿳(Syāṃ Kut)으로 읽고 다른 곳에서는 시암 칵(Syāṃ Kak)으로 읽었다. 제리니 씨는 이 명칭을 샤마쿠타(Çyamakūṭa)로 재구성하고 시암의 남서쪽에 두었었다. 그리고 샤마카카(Çyamakaka)는 북서쪽에 있으며 수코타이(Sukhotaï)왕국에 해당한다고 하였다(「시암과 중국의 교류(Siam's Intercourse With China)」, 『제국과 아시아의 분기별 리뷰와 동양 및 식민지의 기록(The Imperial and Asiatic Quarterly Review and Oriental and Colonial Record)』, 1902, 13, 122쪽). 그러나 피노(Finot) 씨는 시암 칵이 잘못 읽은 것이고, 원석에는 두 명칭이 모두 분명히 "시암 쿳(Syāṃ Kut)"으로 되어 있다고 나에게 알려 주었다. 아이모니에 씨가 이상한 복장을 하고 있다고 한 "시암 쿳을 이끄는" 말을 탄 대장은 피노 씨가 내게 말해준 것에 따르면, 거의 캄보디아의 다른 대장들처럼 입고 있는데, 징집된 이국인들을 이끄는 캄보디아 대장인 것 같다고 하였다.

르보의 위치에 관하여 우리는 중요한 증거를 가지고 있다. 시암 롭부리(Lopburī)에서 발굴된 비석 조각에는, 아이모니에 씨에 따르면 글씨는 늦어도 10세기 말이라고 하는데, 르보라는 나라가 언급되어 있다.[115] 르보란 이 나라는 롭부리이고 옛 시암어 이름이 라보(Lavo)였으며, 옛날 사신들이 아유티아의 시암 왕 여름 궁전으로 루보(Louvo)란 이름으로 쓴 것이다.[116] 그러므로 메남 강 하류에 나혹이란 나라와 조금 더 위의 섬(暹)이란 나라를 시암에 둔 중국 자료들과 르보란 나라가 롭부리이며 그 병사들은 캄보디아의 병사들처럼 옷을 입고 있다. 이들은 주로 캄보디아 사람들일 것이며, 캄보디아의 속국인 시암 쿳(Syāṃ Kut)이란 나라는 군대를 제공했지만 그 주민들은 모습과 의복이 캄보디아 사람들과 다르다는 것을 알려주는 비문의 내용과 완벽한 일치를 보이고 있다.

이로부터 나월, 단미류, 로칵(Locac) 그리고 나혹에 관한 율, 필립스, 제리니, 슐레겔의 견해로 돌아와 보면, 무엇이 오류이고 사실인지를 쉽게 볼 수 있다. 『마르코 폴로』 초판에서 로칵을 라보(롭부리), 아니면 곧 슐레겔에게서 볼 수 있는 라벡(Lawék)으로 생각한 율은 로칵을 나혹으로 연관 짓는 이러한 견해를 포기하고, 거기에서 라오스인들의 이름을 찾아냈다. 그러나 라오스인들은 별개의 것이며, 왜 율이 시암 만의 해안 쪽으로 그들을 내려가게 했는지 이해할 수 없다.[117]

115) 아이모니에, 『캄보디아』, II, 82~83쪽.

116) 롭부리의 명칭에 관하여, 프랑크푸르터(Frankfurter)의 『시암어 기초 문법(Elements of Siamese grammar)』, 15쪽과 제리니의 앞의 책, 128쪽에 인용된 마하 몽쿳(Mahā Mongkut)왕의 칙령들을 참고하시오.

117) 프랜시스 가르니에(Francis Garnier)의 다소 명확하지 않은 이론(『인도차이나로의 탐사 여행(Voyage d'exploration en Indochine)』, I, 136~137쪽) 때문에 착각한 율은 13세기에 시암 만의 기슭을 차지한 타이인들은 타이 나이(Thaï-ngai, 큰 타이)이고, 14세기에 그들은 타이 노이(Thaï-noi, 작은 타

잊지 말아야 할 것은 나혹과 동일하든지 않든지 간에 마르코 폴로에게서 리고르 지역을 지칭하는 것 같은 로칵을 로보 또는 라보의 나혹과 분리시키는 것은 불가능하다는 것이다. 필립스의 [Lo-gueh]란 발음은 완전히 상상에 따른 것이지만, 나월은 나혹과 동일한 장소일 수 없다. 왜냐하면 『송사』는 단미류를 나월의 북쪽에서 바다로 15정(程) 거리에, 나혹의 남서쪽으로 25정의 거리에 두고 있기 때문이다.

제리니 씨는 단미류를 "Ch'i-mi-hla, Tamila,...프톨레마이오스의 Temala"와의 유사한 발음에 근거하여 파테인(Bassein) 지역에 위치시켰다. 그러나 단미류가 네그라이스(Negrais) 갑 쪽에 있었다면, 제리니 씨는 나처럼 나혹을 롭부리에 위치시켰으므로 어떻게 남쪽에 나월을, 동쪽에 캄보디아 그리고 바세인의 북동쪽에 롭부리를 둘 수 있었는지 이해하기 어렵다.

이제 슐레겔의 견해가 남게 된다. 그러나 그의 견해는 우선 임의적일 뿐만 아니라, 나월의 옛 발음을 [Lo-wak]으로 복원한 잘못이 있다. 월(越) 자는 고어에서 치음종성을 가지는 글자이고, 후음(喉音)은 여기에서 위치추정의 필요에 따라 들어간 것이다.[118] 이 라

~ 이)의 후손들, 즉 현 시암사람들에게 축출당했으며, 이 13세기의 큰 타이인들은 수코타이(Sukhotaï)에 정착했고 그들은 라오스 인의 지류였고, 이것이 바로 이들에게 부여된 "나국(羅國)"이란 명칭을 설명하는 것임을 인정했다. 그러나 수코타이의 타이인들은 나혹이 아니라 섬(暹)의 사람들이고(중국 자료에는 나국이란 명칭이 전혀 보이지 않는다), 현 시암인들의 조상인 섬(暹) 사람들의 "후손"에 관하여, 그것이 모순을 낳는다는 것을 곧 보게 될 것이다. 덧붙여 말하자면, 광동과 복건 방언 발음의 대부분은 국(國) 자는 율이 읽고 있는 것처럼 [kok]으로 읽히는 것이 아니라 [kwok]으로 읽힌다. 이 사소한 것은 여기에서 큰 문제가 되는 것은 아니다.

118) 복건 방언에서만 월(越) 자는 오늘날 후음종성으로 발음된다. 그러나 정확한 고어의 종성을 원할 때에는 광동 방언에 근거하고, 이 종성 [t]가 [k]로 될

벡(Lawék)에 관하여, 팔르구와(Pallegoix)에 따르면 캄보디아의 옛 도시이고, 시암 불의 왕에 따르면 아유티아의 옛 이름인데, "조금의 의심도 없이" 나월일 것이지만, 거기에는 이상한 혼동이 있다. 라벡(Lawék), 더 정확히는 로벡(Lovèk)은 결과적으로 캄보디아 도시의 이름이고 그 도시의 나머지는 우동(Oudong)의 약간 북쪽에 있으며, 15세기에 그 도시는 앙코르와 바바우르(Babaur) 이래로 캄보디아의 수도가 되었다.[119)]

그러나 캄보디아의 메콩강 유역에 있는 이 로벡이 메남의 하류에 있는 시암 불왕의 라벡(Lawék)과 아무런 관계가 없을 수 있다. 시암인의 전승에 따르면, 아유티아는 1350년에 건설되었고, 아이모니에 씨는 이 연도보다 약 100년 내려간다고 주장했으며, 그 이전 그곳에 중요한 도시가 있었다는 증거는 아무것도 없다.

~ 필요가 있을 경우에는 복건 발음에 근거하며, 한 글자의 마지막에 있는 후음에서 치음의 비음을 사라지게 하고 싶을 때는 아모이의 방언에 근거하여 선택적으로 구성한 것을 인정할 수 없다. 고어의 종성을 잘 보존하고 있는 광동어 발음과 특히 그 음역은 월(越) 자의 고음 종성이 치음이었다는 것에는 어떠한 의문의 여지도 남기고 있지 않다.

119) 아이모니에, 『캄보디아』, I, 223쪽. 우리는 캄보디아의 수도가 확실히 앙코르였던 시기인 13세기 초반으로 추정되는 조여괄의 『제번지』에서 이 도시는 복건 발음에서 후음종성을 가지는 두 글자를 가지는 녹올(祿兀)로 불렸는데, 복건 항구의 관리로 있었던 조여괄이 그 발음을 따른 것으로 보인다. 이 [Luk-wok]은 상당히 근접하게 로벡(Lovèk)을 연상시킨다. 하지만 로벡(Lovèk)은 15세기가 되어서 수도가 되었으므로 이 시기에는 건설되지도 않았다고 말할 수 있다. 나중에 고친 내가 제시한 가정은(『BEFEO』, II, 132쪽) 더 이상 그럴법하지 않은 것 같다. 결국 『제번지』는 18세기까지 필사본으로 남아있었지만 로벡이 수도로 된 시기 이전인 15세기 초부터 그 책은 『영락대전』에 수록되었고 거의 4세기가 지나서야 우리가 볼 수 있는 판본으로 인쇄되어 나왔을 뿐이다. 분명하게 할 방법이 보이지 않는 어려움이 있다.

한편 아유티아는 롭부리의 남쪽과 그다지 멀지 않고, 롭부리는 모든 가능성을 따져보아도 옛날 르보 또는 라보이며, 교화한 마하 몽쿳(Mahā Mongkut)왕을 무시하지 않고 롭부리와 아유티아 사이의 혼동을 그에게 돌리려는 의도가 있지 않은지 의문을 품을 수 있다. 『중국의 보고(Chinese Repository)』로 출간되기 전에 존 브라우링 경의 저서[120]에 재인쇄된 [마하 몽쿳의]주석들은 의사 딘(Dean)에 의해 "출판을 위해 준비"되었다고 하는데, 우리는 이 "준비"의 정확한 기준이 무엇이었는지 모른다는 점을 상기할 필요가 있다. 문제의 문장은 그 자체로 모호한 점을 야기하고 있고[121], 게다가 마하 몽쿳은 아유티아의 건설 전에 캄보디아의 중심지인 라보보다 중요한 다른 중심지는 없었다고 언급되었다. 아마도 옛날 시암을 캄보디아가 지배한 것을 몰랐던 의사 딘이 그의 마음대로 적어도 캄보디아에 있었던

---

120) 바우링(Sir John Bowring), 『시암 민족과 왕국(The Kingdom and People of Siam)』, I, 341쪽 이하.

121) 마하 몽쿳(Mahā Mongkut) 왕은 고약한 영어로 썼다(브라우링, 앞의 책, 43쪽 주석을 참고하시오). 문제의 문장은 다음과 같다. "기원후 1350년 이전에 우리의 옛 수도 아유티아는 다만 캄부자(Kambuja, 오늘날 캄보디아), 속한 옛 땅이었고, 공식적으로는 라벡(Lawék)으로 불렸으며, 사는 사람들은 시암 남쪽 또는 캄부자 서쪽을 차지했다." 시암인들이 캄보디아의 왕들을 라벡(Lawék)왕의 이름으로 불렀다는 것과(브라우링, 앞의 책, I, 52쪽) 실제로 캄보디아에서 이 왕들에게 "Prah chau Longvek(=Lovèk) krung Kambujādhipati"라는 호칭을 적용한 것을 상기해보면(A. Leclère, 『금석문과 문학 아카데미 학기 보고서(Comptes rendus des séances de l'Académie des Inscriptions et Belles-Lettres)』, 1903, 7~8월호, 375쪽을 참고하시오), 마하 몽쿳의 문장으로부터 아유티아가 아니라 옛날 라벡(Lawék)이라 불렸던 캄보디아를 대체한 도시라는 것을 끌어내도록 그렇게 강요할 필요는 없을 것이다. 나는 프랑크푸르터(Frankfurter)의 문법에 관한 문장에서 언급한(85쪽) 프야 라벡(Phya Lavék)이 누구인지 모른다.

라보 라벡으로 대체시켰다는 것이 가능한가?[122] 어쨌든 나월을 라벡으로 보는 것은 슐레겔의 유일한 확신에 근거하고 있지만 알려진 모든 것들과 상치된다. 우선은 계속해서 나월을 말레이반도에, 나혹은 롭부리와 메남 상류에 있는 시암의 나라에 두어야 한다.

그렇다면 이러한 해결책이 더 이상 어떠한 이의도 야기하지 않을 것이라고 말할 수 있을까? 그렇지 않다. 이 해결책은 심각한 것을 제기하고 있다. 먼저 나혹이란 나라, 즉 비문의 르보는 오랫동안 캄보디아 제국을 구성했고, 캄보디아 사람들은 대부분 자신들의 인구에 포함시켰다는 것이 확실하다. 실제 타이란 나라는 분명히 섬(暹)으로, 12세기 시암 큿(Syāṃ Kut)이라는 반미개 지역이었다. 그러므로 메남 하류를 정복하여 시암 제국을 건설한 사람들은 시암 큿 사람들이다. 따라서 비문들이 건설된 시암 제국을 보여 줄 때, 수도였던 나혹, 롭부리에 있었던 것이 아니라 훨씬 더 북쪽의 수코타이에

122) 그것이 라보(Lavo)에 관한 것이라도, 이는 내게 전혀 의문스럽지 않다. 그러나 엄격하게 라보의 Lawék이라는 중복이 있을 수 있다. 마하 몽큿(Mahā Mongkut)왕의 역사적 기록의 의심스러운 Lawék 형태를 고려하지 않는다면 이 군주가 롭부리의 일반적 형태인 녹부리(Nokburī)에 대해 항의했다는 것을 상기해야 한다. 더욱이 나혹이란 중국 명칭은 종성 자음을 따져 볼 수 있는 시기인 송나라 때 나타났다. 그런데 혹(斛)은 고어의 [huk]에 해당한다. 결국 중국인들은 나혹이란 나라의 이름에서 나온 알로에의 일종인 나혹향을 알고 있었다(『명일통지』, 권90, 10쪽, 『황조문헌통고(皇朝文獻通考)』, 권297, 3쪽). 사람들은 이 알로에를 헨리 율의 설명에 따라(『마르코 폴로』, 코르디에 편집본, II, 279쪽), 『아인 이 아크바리(Ain-i-Akbari)』에서 언급된 라와키(lawaki)로 보는 경향이 있다. 종성후음을 가진 형태가 있었다면, 비문들 속에서 그것을 알아보지 못했다는 것은 상당히 의아하다. 앞서 제리니 씨에 의해 만들어진 라훗(Lahôt) 형태에 관하여(제리니, 앞에 언급한 책, 118쪽), 그는 "분명히 라바코타(Lavakoṭa)가 분절된 것"이라고 했지만, 크게 신뢰할 만한 것은 아닌 것 같다.

있었다. 게다가 섬라혹(暹羅斛) 또는 섬라(暹羅)라는 명칭은 글자들이 조합된 순서에 따르면, 섬(暹)에 우선된 것 같다. 그렇지만 중국의 자료들은 형식적이다. 웨이드(Wade)와 서머(Summers)의 번역에도 불구하고[123], 그들은 섬을 정복한 것이 나혹이고, 이 정복에 따라서 두 나라는 한 나라로 건설되었다는 점에서 일치하지 않고 있다.

---

123) 웨이드가 말한 나라는(Bowring, 『시암 민족과 왕국(The Kingdom and People of Siam)』, I, 72) "Lo-fo와 섬(暹, 또는 Tsim)으로 나뉘어졌고 상당히 강력해진 섬은 Lo-fo를 흡수하여 형성된 나라는 Sien Lo-fo라 불렸다"(웨이드의 Lo-fo는 나혹이고, 웨이드는 광동 발음을 사용했지만, 나는 혹(斛) 자의 공동 발음으로 [huk]만 알고 있을 뿐이다). 서머 교수에 따르면(율, 마르코 폴로, 코르디에 편집본, II, 277쪽), 시암은 "원래 섬과 나혹이라는 두 나라에 의해 점유되었다. 섬의 사람들은 1341년에 나혹으로 내려오기 시작한 한 종족 중 살아남은 사람들로, 단일 나라로 통합되었다."라고 하였다. 이 통합에 관한 중국 자료들은 두 그룹으로 나뉜다. 첫 번째는 『명일통지』(권90, 10쪽)과 『원사류편』(권 42, 35쪽)의 기록으로, "지정 연간에 섬이 처음 나혹으로 내려왔다(至正間暹始降於羅斛)"라는 것이다. 두 번째는 『명사』(권 324, 6쪽)의 문장으로 다른 편집본에서도 찾을 수 있는데, 그 뒤에 나혹은 강성해져 섬의 땅을 병합했다(其後羅斛强併有暹地)"라고 했다. 다만 정효(鄭曉)의 『황명사이고(皇明四夷考)』(권 상, 44쪽)는 첫 번째 그룹에 연결되는데, 강(强) 자 뒤에 어(於) 자를 없앴다. 따라서 "섬은 나혹을 복속시켰다"는 해석이 가능하다. 그러나 이 탈루는 매우 늦은 이 텍스트에서 우연한 것이다. 사용한 용어에 따라, 웨이드는 명사의 문장과 비슷한 원문을 활용했고 부주의하게도 섬과 나혹의 역할을 바꾸어 놓았다. 서머 교수의 번역에 관하여, 강으로 발음될 때는 내려온다는 의미이고, 항으로 발음될 때, 타동사로는 복종시키다, 중성적 의미로 항복하다는 의미를 가지는 "降"자를 혼동했다. 조사 어(於) 자에 따라 그 글자는 "항복하다"란 의미를 가짐에 틀림없다. 또한 슐레겔, 『통보』, X, 293쪽을 참고하시오.

통일된 동일한 연도에 관하여, 중국에는 다른 기술이 있다. 시암의 통일은 1341~1368년까지 거슬러 올라간다.[124] 유럽인들은 일반적으로 시암이 1371년 섬라혹(暹羅斛)이란 명칭으로 최초에 사신을 보냈다고 덧붙이고 있다. 그러나 섬라로 결정된 명칭은 1403년이 되어서야 나타날 뿐이다.[125] 이러한 기술이 시암인의 연대기와 충돌하든지간에, 이상의 자료들은 부분적으로 취할만하다는 확신을 거의 제공하지 않는다. 그러나 중국인들은 13세기 말에 수코타이의 시암 제국이 메콩강 비엔티안(Vieng-chan)에서 말레이반도의 리고르까지 확장되어 있었다는 것을 보여주는 람캄행(Rāma Kamheng)의 비문만큼 결정적인 자료들과 상반되는 것 같다.[126] 시암의 고대사에 관한 최근 논문에서 아이모니에 씨는 이러한 문제점들을 언급하지 않고 시암과 나혹의 통합을 수코타이 람캄행 왕에게 돌렸다.[127] 우리는 중국의 정보들을 무효로 간주해야 할 것인가? 반대로 비문과 전승을 화해시키는 것이 가능한가? 이것이 바로 우리가 검토할 것이다.

모든 논의의 토대로서, 『원사』[128]에서 섬과 나혹의 기술에 관해 주어진 매우 불충분한 정보들을 보완할 필요가 있을 것 같다. 내가 찾은 문장들은 다음과 같다.

---

124) 서머 교수가 1341년이라고 한 것은 연간의 첫 번째 해를 임의로 취했기 때문이다. 『명일통지』, 권 90, 10쪽과 『원사류편』, 권 42, 35쪽, 그리고 명확하지는 않지만 『명사』, 권 324, 6쪽을 참고하시오.

125) 필립스, 「인도와 실론의 항구(The Seaports of India and Ceylon)」, 34쪽 주석으로, 율의 『마르코 폴로』, 꼬르디에 편집본, II, 278쪽에서 인용되었다.

126) 『인도-차이나의 파비 미션(Mission Pavie Indo-Chine, 1879-1895, Vol. 2: Études Diverses)』, 203쪽을 참고하시오.

127) 「고대의 시암(Le Siam ancien)」, 『JA』, 3~4월호, 1903, 203쪽.

128) 일반적으로 외국에 관한 정사의 설명들은 각 나라에 할애된 전(傳)에서 찾을 수 있다고 예상하지만, 거기에는 아무것도 없다. 나는 다른 사람들처럼 실수를 했다. 그런데 『원사』의 마지막에는 몽골시기 캄보디아에서 온 단 한 명의 사신

— 지원(至元) 19년(1282), 6월, "기해(己亥)일에 하자지(何子志)를 관군만호(管軍萬戶)라는 직함으로 섬국(暹國)에 사신으로 보냈다."[129]

— 지원 19년(1282), 만호 하자지와 천호(千戶) 황보걸(皇甫傑)은 섬국에 사신으로, 선위사(宣慰使) 우영현이란(尤永賢伊蘭)은

~ 에 대한 언급도 보이지 않았기 때문에 원나라 시기에 캄보디아나 자바에서 어떠한 사신도 오지 않았다는 명나라 저자의 견해를 받아들였다(『BEFEO』, II, 7쪽). 그러나 메이어스에 따라, 나는 『서양조공전록(西洋朝貢典錄)』(당시 나는 원본을 가지고 있지 않았다)의 이 원문을 인용했데, 메이어스는 황성증(黃省曾)의 원문을 잘못 읽었다. 점성(占城, 참파)은 있지만 진랍(眞臘, 캄보디아)는 없다(『월아당총서』본, 이것이 메이어스가 사용한 판본으로, 서문, 1쪽을 참고하시오). 한편 황성증의 견해는 참파에 대해서도 자바에 대해서도 잘못되었다. 그것은 캄보디아에 관한 것으로, 아마도 1281년 간불석(干不昔)이란 이름으로 나타나는 것 같다(『원사』, 권 11, 7쪽). 1282년 말에 참파에 상륙한 중국인들은 전투를 벌였고 아무런 답도 없는 7차례의 경고를 참사람들에게 보냈었다. 1283년 초에 진랍(眞臘)에 황명을 고지하는 임무를 맡은 [招眞臘國史] 속로만(速魯蠻, 건륭시기 재조정된 표기에서는 색랄묵色埒默으로 술레이만)은 참사람들에게 최후의 시도를 하여 그들에게서 적어도 한 통의 편지를 얻어냈다(『원사』, 권 210, 3쪽). 주달관(周達觀)이 15년 뒤라고 암시한 것은 바로 이 술레이만의 미션이다(『BEFEO』, II, 140쪽). 1285년 캄보디아(점랍)은 사신을 보냈다(『원사』, 권13, 8쪽). 1292년 아리(阿里)는 장존(張存)을 수행하여 참파와 캄보디아일 뿐인 감불찰(甘不察)에 사신으로 보내 줄 것을 요청했다(『원사』, 권 17, 4쪽). 1320년 황제는 점랍(占臘)에 코끼리를 요청하게 했다(『원사』, 권 27, 5쪽). 점랍의 마지막 사신은 1330년에 조정에 왔다(『원사』, 권33, 4쪽). 『원사』의 어디에도 주달관이 행한 1296~1297년의 원정을 언급하고 있지 않은 것은 의아하다.

129) 『원사』, 권12, 3쪽. 만호(萬戶)와 천호(千戶)라는 직함에 관해서는 『BEFEO』, II, 140쪽을 참고하시오.

마팔아국(馬八兒國, Malabar)[130]로 가는데 그들의 배가 참파를 지나면서 모두 잡혔다. 그 때문에 [참파를] 정벌하러 군대를 파견했다."[131] 1283년 1~3월에 중국인들은 또 "이날 [참사람들은] 하자지, 황보걸 등 백여 명을 죽였다."[132]

— 지원 26년(1289), 10월, "신축(辛丑)일에 나혹과 두 여인국(女人國)이 사신을 보내(각각 인지는 모르겠음) 그들 나라에서 나는 산물을 조공했다."[133]

— 지원 28년(1291), 10월, "계미(癸未)일에 나혹국(羅斛國) 왕이 사신을 보내 금으로 글자를 쓴[134] 표문을 올리고 황금, 상

---

130) 보유: 마팔아(馬八兒, Malabar) 대신에 마팔아(Ma'abar)로 읽으시오.

131) 『원사』, 권 210, 3쪽. 萬戶何子志千戶皇甫傑使暹國, 宣慰使尤永賢亞闌等使馬八兒國, 舟經占城, 皆被執, 故遣兵征之.

132) 『원사』, 권 210, 4쪽. 是日, 又殺何子志皇甫傑等百餘人.

133) 『원사』, 권 15, 10쪽. 원문은 하나의 난점을 가지고 있는데, "羅斛二女人國遣使…"이다. 나는 글자 그대로 번역했지만 이(二) 자는 삭제해야 할 수도 있다. 『역대기사년표(歷代記事年表)』는 이 사신들을 언급하고 있는데(권 98, 16쪽), 이(二) 자를 넣지 않았다. 여인국인지 두 여인국인지가 어디인지 정확하지 않기 때문에 결정하기 어렵다. 1289년 나혹의 사신은 『원사류편』, 권 42, 35쪽에서도 기록되어 있다.

134) 원문은 以金書字로 되어 있고, 조금 뒤에 금책(金冊, 금으로 만든 서신)이 나오고, 더 멀리 가면 금자표(金字表, 금 글자로 쓴 표문)가 나온다. 웨이드는(바우링, 앞서 인용한 책, I, 71쪽) 이 문헌들이 비단 위에 황금 글자로 된 것이라고 생각했다. 첫 번째와 세 번째 표현에는 이 설명이 타당하다. 그러나 두 번째는 의심스럽다. 내가 좀 뒤에 한 대목을 인용하겠지만, 회동관(會同館)에 원본과 번역본으로 보관된 명나라 시기 표문들 가운데 하나는 금으로 만든 종이 위에 쓴 표문에 관해 말하고 있다. 몽골시기에도 마찬가지로, 이 해석을, 더 정확히 말하자면 이 수정된 것을 절대적으로 배제해야 한다고 생각하지는 않는다.

아, 정수리가 붉은 학[135], 오색의 앵무새, 비취, 무소의 뿔, 독욕(篤縟)[136], 용뇌(龍腦) 등의 물품을 바쳤다."[137]

— 지원 39년(1292), 10월, 갑진(甲辰)일에 "광동도(廣東道)의 선위사(宣慰司)는 사람을 보내 섬국(暹國)의 군주가 올린 금책(金冊)을 수도로 가져왔다."[138]

— 지원 30년(1293), 4월, "갑인(甲寅)일에 사신을 보내 섬국에 황명을 알렸다."[139]

— 지원 31년(1294), 7월, 갑술(甲戌)일에 "황명을 섬국의 왕 감목정(敢木丁)에게 조정에 올 것을 지시했다. 혹 사유가 있다면 자제와 사신들을 볼모로 들이라고 하였다."[140]

— 성종(成宗), 원정(元貞) 원년(1295), 섬국은 금자표(金字表)를 올려 조정에서 자신의 나라에 사신을 파견해 줄 것을 요청했다. 그런데 이 표문이 도착하기 전에, 이미 사신을 보냈다. 그들은(섬국 사람들) 그 사실을 여전히 모르고 있었다. 사신에게 허리에 찰 수 있도록 합금의 판을 주었다.[141] 사신들을 즉시 돌아갔다. 황명으로 사신을 보내 그와 함께 떠나도록 했

---

135) 단정학(丹頂鶴). 바로 길상의 동물이다.

136) 이 향에 관해서는 워터스, 『중국어에 관한 논문(Essays on the Chinese language)』, 442쪽을 참고하시오.

137) 『원사』, 권 16, 9쪽. 癸未, 羅斛國王遣使上表, 以金書字, 仍貢黃金, 象齒, 丹頂鶴, 五色鸚鵡, 翠毛, 犀角, 篤縟, 龍腦等物.

138) 『원사』, 권 17, 5쪽. 廣東道宣慰司遣人以暹國主所上金冊詣京師.

139) 『원사』, 권 17, 8쪽. 甲寅, 詔遣使招諭暹國.

140) 『원사』, 권 18, 3쪽. 몽골이 자바원정을 이끈 것이 이와 비슷한 요구였음을 알고 있다. 甲戌(…), 詔招諭暹國王 敢木丁來朝, 或有故, 則令其子弟及陪臣入質.

141) 흠모하다는 넓은 의미에서가 아니라 "허리에 차다"는 좁은 의미로 패(佩)자를 새겨야 할 것이다.

다.[142] 섬국 사람들은 오래전부터 마리여아(麻里予兒)[143]와 서로 죽이려 했는데, 이때 모두 복종해왔다. 섬국 사람들에 보내는 황명이 있었는데, "그대들의 약속을 지키도록 마리여아를 상해하지 말라!"[144]라고 하였다.

— 원정 2년(1296), 12월 계해(癸亥) 일에 "금치(金齒)[145]와 나혹의 사신들에게 관복을 하사했다."[146]

---

142) 슐레겔은 이 문장을 완전히 다르게 해석했는데(『통보』, IX, 289쪽), 구두를 잘못 뗀 것이 확실하다.

143) 마리여아는 분명 마르코 폴로의 말라이우르(Malaiur)의 사람들일 것이다. 좀 더 뒤에 다시 볼 수 있을 것이다.

144) 『원사』, 권 210, 5쪽. 1295년의 이 사신이 본기에서는 보이지 않지만, 섬국 조목만큼이나 상세하게 기술되어 있다는 것은 놀랍다. 『원사류편』(권 42, 35쪽)은 원정(元貞, 1295~1296)초에 섬국의 사신들이 온 것에 관해 언급하고 있다. 그것은 1295년에 온 사신이 분명하다. 원문은 다음과 같다. 暹國, 當成宗元貞元年, 進金字表, 欲朝廷遣使至其國. 比其表至, 已先遣使, 蓋彼未之知也. 賜來使素金符佩之, 使急追詔使同往. 以暹人與麻里予兒舊相讎殺, 至是皆歸順, 有旨諭暹人勿傷麻里予兒, 以踐爾言. 펠리오는 이 대목을 정확하게 번역해 내는데 어려움이 있었던 것으로 보인다. 따라서 그는 사실들만 기술하고, 마지막 황명 만을 번역하여 보여주고 있다. 이 단락을 해석해보면 다음과 같다. "섬국은 성종 원종 원년(1295)에 금자표를 올려 중국 조정에서 그 나라에 사신을 보내줄 것을 원했다. 그 표문이 왔을 때에는 이미 먼저 사신을 보냈었는데, 저들은 그것을 몰랐기 때문이다. 온 사신들에게 꾸미지 않은 금부(金符)를 하사하고 허리에 차게 하여 조서를 가지고 간 사신들을 급히 뒤쫓아서 함께 가게 했다. 섬인들과 마리여아는 예부터 서로 원수로 죽였는데, 이에 이르러 모두 귀순하여, 교지를 내려 섬인들에게 마리야아를 상해하지 맑고 너희들의 말을 실천하라고 지시했다."

145) 금치(金齒)는 마르코 폴로의 자르단단(Zardandan) 사람들이다.

146) 『원사』, 권 19, 4쪽. 賜金齒, 羅斛來朝人衣.

— 대덕(大德) 원년(1297), 4월, 임인(壬寅) 일에 "각각의 등급에 따라 섬국과 나혹국의 사신들에게 관복을 하사했다."[147)]

— "대덕 3년(1299), 봄, 첫 번째 달, 첫째 날인 계미(癸未)일에 섬(暹)의 야만, 몰랄유(沒剌由)[148)], 나혹 등의 나라들이 각기 그 나라의 산물들을 조공으로 가져왔다. 섬의 야만 세자에게 호부(虎符)를 하사했다."[149)]

— 대덕 3년(1290), 섬국의 군주가 황제에게 (표문을) 올려 "자신의 부친이 왕위에 있을 때, 중국 조정에서 그 부친에게 예물로 안장고삐, 백마[150)] 그리고 금실로 만든 옷을 하사했으므로 선례대로 자신에게도 하사해 줄 것을 요청했다. 황제는 작은 왕국인데도 저들에게 말을 준 것은 저들의 이웃인 흔도(忻都, 힌두)가 조정을 우습게보지는 않을까 걱정해서였다는 승상 완택 타르칸(tarkan)[完澤答剌罕][151)]의 말에 따라 금실로 만든 옷을 하사했으나 말은 하사하지 않았다."[152)]

---

147) 『원사』, 권 19, 5쪽. 賜暹國, 羅斛來朝者衣服有差.

148) 몰랄유(沒剌由)는 마리여아(麻里予兒)와 같은 나라사람들로 생각한다.

149) 『원사』, 권 20, 1쪽. 호부(虎符)에 관해서는 『BEFEO』, II, 140쪽 주6을 참고하시오. 三年春正月癸未朔, 暹番, 沒剌由, 羅斛諸國, 各以方物來貢. 賜暹番世子虎符.

150) 원문에는 단수인지 복수인지 밝히지 않았다.

151) 완택(完澤)의 전기는 『원사』, 권 130에 실려 있다. 여기에서 답랄한(答剌罕)으로 쓴 타르칸이란 관직명은 옛날 돌궐에게 이미 있었다. 샤반느, 『서돌궐에 관한 자료(Documents sur les Tou-kiue occidentaux)』, 239쪽을 참고하시오.

152) 『원사』, 권 210, 5쪽. 大德三年, 暹國主上言, 其父在位時, 朝廷嘗賜鞍轡, 白馬及金縷衣, 乞循舊例以賜. 帝以丞相完澤答剌罕言, 彼小國而賜以馬, 恐其鄰忻都輩譏議朝廷. 仍賜金縷衣, 不賜以馬.

— 대덕 4년(1300), 6월, 갑자(甲子)일에 "조와국(爪哇國, 자바), 섬국(暹國), 잠팔국(蘸八國)[153]의 22명이 조정에 왔다. 그들에게 의복을 하사했다."[154]

— 연우(延祐) 원년(1314), 2월, "계묘(癸卯)일에 섬국의 왕은 신하인 애탐(愛耽)을 사신을 보내 조공을 바쳤다."[155]

— "(연우) 6년(1319), 봄, 1월 1일인 정사(丁巳)일에, 섬국은 사신을 보내 표문을 올리고 그 나라의 산물을 조공으로 바쳤다."[156]

— "[지치(至治)] 3년(1323), 봄, 1월 1일, 계사(癸巳) 일에 섬국과 팔번(八番)[157]족 만(蠻)의 추장들이 각각 사신을 보내고 조공을 바쳤다."[158]

『원사』의 이 문장들을 종합하기 전에, 원나라의 지리적 용어에 대한 불확실성 때문에, 중국인들이 시암의 사신들을 어떤 때는 나혹에 넣고 어떤 때는 섬(暹)에 넣은 것을 인정하는 경향이 다분했다. 그러나

---

153) 나는 잠팔(蘸八)이란 이 명칭을 그 어디에서도 접하지 못했다. 참파와 관계된다고 생각지는 않는다. 『원사』에서의 그 명칭은 점성(占城) 또는 점팔(占八)로 쓰였기 때문이다. 그러나 몽골시기 지명의 표기에서 이와 같은 변형들이 있고, 나는 이 문제를 단언할 수 있는 자료는 아무것도 가지고 있지 않다.

154) 『원사』, 권 20, 3쪽. 吊吉而, 爪哇, 暹國, 蘸八等國二十二人來朝, 賜衣遣之. 원문에서 보는바와 같이 펠리오는 조길이란 나라를 빼먹었고, 마지막 문장도 "옷을 하사하여 그들을 보냈다."는 말을 생략했다.

155) 『원사』, 권 25, 1쪽. 癸卯, 暹國王遣其臣愛耽入貢. 원문에는 3월로 되어 있다. 펠레오의 오기로 보인다.

156) 『원사』, 권 26, 5쪽. 六年春正月丁巳朔, 暹國遣使奉表來貢方物.

157) 『원사』의 본기에는 이 팔번(八番)들이 종종 언급된다. 이들은 운남 옆에 있는 것이 틀림없지만 실제 위치에 대해서는 모른다.

158) 『원사』, 권 28, 4쪽. 이 사신들에 대한 기술은 『원사류편』, 권42, 35쪽에도 기록되어 있다. 三年春正月癸巳朔, 暹國及八番洞蠻酋長, 各遣使來貢.

사실 수코타이 조정에서만 온 것이다.[159] 이러한 설명은 오늘날 불가능한 것 같다. 섬(暹)은 수코타이가 지배하는 속국에 해당해야 한다. 왜냐하면 나혹의 북쪽, 경매(景邁, 치앙마이)[160]의 남쪽에 있었고, 13세기 말 람캄행(Rāma Kamheng)의 비문으로 입증되는 시암의 세력은 사실 수코타이에 있었기 때문이다. 그러나 섬과 나혹을 나란히 언급하고 있는 중국 자료들은 이후 람캄행의 재위 시에 섬의 옆에는 여전히 형성된 나라가 있었고, 그 나라는 틀림없이 속국이었고, 나혹이라 불렸으며 중국에 사신을 보냈다고 기록하고 있다. 드 로즈니(de Rosny) 씨는 너무 늦은 시기 때문에 시암 속국의 왕들이 사신들을 보낸 것으로 생각했다.[161] 그러나 아이모니에 씨는 자신의 가설을 명확하게 밝히며 "중국인들이 차지하고 있는 거리에 시암의 왕들이 언급될 수 없다"라고 하였다. 이것이 확실하다면, 이 주장은 섬의 나혹 속

---

159) 수코타이란 명칭은 아마도 『원사』(권 20, 2쪽)에서 1299년 호랑이와 코끼리를 가지고 온 남해의 속고대속룡탐분해리(速古臺速龍探奔奚里)라는 사람들을 말하면서 나온다. 그러나 속고대(速古臺)를 수반한 명칭들이 재구성되지 않았기 때문에 아무것도 언급할 만한 것이 없다.

160) 나는 섬(暹)이 치앙마이를 포함하여 남방 타이의 모든 속국들이 중국, 섬과의 관계에 있어 바닷길로만 이어져 있었지만 어느 정도는 운남의 중국 행정조직에 복속되었기 때문에 치앙마이의 남쪽에 있어야 한다고 말했다. 경매와 무옹 용(Muong Yong) 지역은 중국인의 눈에는 팔백식부(八百媳婦)라는 나라를 형성하고 있었고(Devéria, 『중국과 안남의 경계(La Frontière sino-annamite)』; 율, 『마르코 폴로』, II, 117쪽을 참고하시오), 『원사류편』, 권42, 43쪽에서 팔백식부란 나라의 현지 명칭이 경매이며, 회동관(會同館)에서 나온 표문에서 기꺼이 나를 위해 검토해 준 사령관 라종끼에르(Lajonquière)는 중국어 팔백식부가 타이의 치앙마이에 해당한다고 하였다. 또한 뮐러(Friedrich W. K. Müller), 『통보』, III, 3쪽을 참고하시오.

161) 『고대 중국인들이 알고 있었던 동방의 민족들(Les peuples orientaux connus des anciens Chinois)』, 214쪽.

국에서 온 사신들과 상치될 수 있다. 그러나 거리문제는 우리가 섬과 나혹 때문에 자료들이 참파와 판두랑가로 증명해 주는 것을 배제할 정도의 비중은 없어 보인다.

『원사』의 이 문장들은 수코타이 왕들의 역사를 위해서도 매우 중요하다. 옛 시암의 역사를 기술한 것에 있어서 시암 사람들의 주요 연대기는 『북의 연대기(Phoṅsāvadān Nưa)』와 『아유티아 연대기(Phoṅsāvadān Kruṅ Kao)』이다. 연대기로서 근사한 정확성을 갖추고 있지만, 이 자료들은 그다지 신뢰할 만한 것이 아니다. 최근 논문인 「고대의 시암(Le Siam ancien)」(186쪽)에서 아이모니에 씨는 『북의 연대기』를 "혼돈된 개념의 미로, 뒤죽박죽된 사실, 경이로운 이야기, 지겨운 반복, 받아들일 수 없는 연대"라고 하면서 완전히 부정했다. 『아유티아 연대기』에서는 어떠한 매력도 찾을 수 없고 하면서(188쪽), "첫 2세기에 관해서는 거의 위서에 가까운 이 연대기들은 역사를 왜곡했다"라고 하였다. 그렇기는 하지만, 이러한 자료들에 도움을 받는 것이 안 된다면 시암의 옛 역사를 쓰는 것은 거의 불가능하게 될 것이다. 그 역사를 쓰고자 했던 아이모니에 씨는 결국 약간의 타협이 필요하다고 생각했고 "하찮은 것들로 채워진" 이러한 전승에서 소위 역사적인 내용들을 끌어 모으는 것을 삼가지 않고 먼저 걸음을 내디뎠다.

시암의 역사로 이끌어줄 중요한 첫 번째 자료는 람캄행의 비문으로, 최후의 연대는 1292년이나 빨라도 1296년까지 거슬러 올라간다.[162] 람캄행의 부왕(父王)은 슈리 인드라딧야(Çrī Indrāditya)이고 람캄행의 형이 먼저 재위하고 람캄행이 뒤를 이어서 1283년 왕위

162) 마하 몽쿳(Mahā Mongkut)왕이 1834년 방콕, 수코타이에서 가지고 온 이 비문은 바우링의 『시암 민족과 왕국(The Kingdom and People of Siam)』(1책, 278쪽)에서 알려졌고, 바스티안(Bastian)씨가 『JASB』, 1865, 34책, 31~36쪽에서 번역되었다. 가르니에는 『인도차이나로의 탐사 여행(Voyage d'exploration en Indochine)』, 1책, 136쪽에서 활용했다. 이 비문은 슈미

에 올라 자신의 왕국을 슈리 사차날라야-수코다야(Çrī Sajjanālaya-Sukhodaya)라고 불렀다.[163] 이러한 정보들은 빈약하지만 확실하다. 아이모니에 씨는 시암의 전설이나 역사에서 나오는 몇몇의 인물들을 인드라딧야와 람캄행으로 동일시하면서 그 정보들을 부풀리려 했다. 여기에서 우리는 그가 중요시했던 방법을, 그리고 그가 이전에 간타리(干陁利) 낭아수(狼牙脩), 바리(婆里), 개라(箇羅)를 부남에 일치

~ 트(P. Schmitt), 『여행과 답사(Excursions et reconnaissances)』, 8책, 19, 169~178쪽, 그리고 푸르네로의 『고대의 시암(Le Siam ancien)』, 225~241쪽, 『인도-차이나의 파비 미션(Mission Pavie Indo-Chine, 1879-1895, Vol. 2: Études Diverses)』, 175~193쪽에서 새로 번역되었다. 아이모니에 씨도 『캄보디아』, II, 70~73쪽에서 언급했다. 이 비문에 주어진 가장 늦은 연도는 1292년이지만 그러나 아이모니에 씨(「고대의 시암(Le Siam ancien)」, 209쪽)가 언급한 것처럼 그 비문은 1292년이라고 말할 근거는 되지 못한다. 사실 이 기념비 1287년에 의도되었다고 했으므로(『인도-차이나의 파비 미션(Mission Pavie Indo-Chine, 1879-1895, Vol. 2: Études Diverses)』, 192쪽), 6년 뒤에 완성된 것이다. 그 후에 이 기념비의 주위에 돌기둥을 세웠는데 이 작업은 3년이 걸렸으므로 적어도 1296년으로 잡은 것이다.

163) 슈미트(P. Schmitt)는 사차나라야(Sajjanālaya)를 상깔록(Sangkalok) 근처에 위치한 가장 오래된 수도이고, 수코다야 건국이후에 두 번째 수도가 자리 잡았다고 보았다(『인도-차이나의 파비 미션(Mission Pavie Indo-Chine, 1879-1895, Vol. 2: Études Diverses)』, 191쪽). 푸르네로(Lucien Fournereau) 씨는 이 견해를 수용했으나 사차날라야를 캄행펫(Kamphaeng Phet)에 위치시켰다(「고대의 시암(Le Siam ancien)」, 157쪽). 아이모니에 씨는 이러한 견해들이 "완전히 잘못되었다"고 판단했다(「고대의 시암(Le Siam ancien)」, 208쪽). 이는 가능하지만 원용한 두 주장중 단 하나만 설득력이 없다. 두 도시가 슈리 사차날라야와 슈리 수코타야라고 불린 것이 아니라 슈리 사차날라야-수코타야라고 했다는 데 있다. 그러나 슈리 사차날라야-수코타이는 두 수도의 이름으로 형성되어 그 왕국을 지칭했을 것이다. 따라서 『북의 연대기』가 그 왕국을 사차날라야라고도 하고 수코다야라고도 한 것에 있어 별다른 차이는 없다.

시켰다는 것을 알 수 있다. 이것이 바로 아이모니에 씨가 한 개인 또는 한 나라에 "정합성"을 부여하기라고 불렀던 것이다.

『북의 연대기』는 첫 번째 왕을 프라타마라자(Prathamarāja)라고 했는데, 이 왕은 기원전 4세기에 재위하여 상깔록(Sangkalok)을 건설했다. 그러나 비문이 우리에게 알려주는 첫 번째 왕은 람캄행의 아버지인 인드라딧야이다. 따라서 프라타마라자가 바로 인드라딧야이다.[164] 결론적으로 인드라딧야는 상깔록에 재위했다. 틀림없이 이름의 유사성 때문에 인드라딧야는 타이족 전설에서 람푼(Lamphun)에 재위했던 아딧야라자(Ādityarāja)이기도하다. 결국 프라 루앙(Phraḥ Ruang) 왕은 아바야가무니(Abhayagamuni)이다. 그러나 우리는 프라 루앙이 람캄행이고, 람캄행의 아버지 인드라딧야는 결국 프라 루앙의 아버지인 아바야가무니임을 보게 될 것이다.

시암 전설에서 타이 족을 해방시킨 사람은 바로 프라 루앙이다. 『북의 연대기』는 불기(佛紀) 1000년, 또는 기원후 4세기경에 살았다고 하고 또 그의 재위가 638년에 시작한다고 하므로 7세기라고도 한다. 결국 타이 알파벳의 사용은 그에게로 거슬러 올라간다. 그러나 1581년으로 추정하는 치앙마이의 비문은 프라 루앙이 1296년에 보위에 올랐다고 언급하고 있다. 하지만 1296년은 람캄행이 수코타이에 재위하고 있었다. 그는 팽창된 왕국을 통치하고 있었고 그의 이전에는 타이족의 글이 없었다고 했다.[165] 그러므로 프라 루앙이

164) 나는 아이모니에 씨가 첫번째 왕인 프라타마라자를 인드라딧야로 보도록 이끈 것을 이제야 보았다. 람캄행의 아버지가 비문에서 알려진 가장 오래된 왕이라 할지라도 그가 시암 쿳(Syāṃ Kut) 종족의 첫 번째 왕으로 귀결되지 않는다. 아이모니에 씨는 타이 족의 해방을 그의 아들 람캄행에게 돌렸을 뿐이므로, 우리는 그가 독립된 시암의 첫 번째 왕이라고 더 이상 인정할 수 없다.

165) 람캄행은 한 스승에게 타이족의 글을 만들게 한 것이 1283년이라고 했다. 이 주장은 기원후 1251년의 비석이 치앙마이에서 발견됨에 따라 모순이 생겨

바로 그이다. 아이모니에 씨에 따르면, 그는 1250년과 1260년 사이에 태어났다. 그런데 『북의 연대기』는 프라 루앙을 7세기경에 두었고 12간지로 돼지해에 태어났다고 하였다. 1250년 이후의 첫 번째 돼지해는 1251년이다. 따라서 아이모니에 씨는 람캄행의 출생연도를 1251년으로 추정했다.

람캄행 전에 그의 형이 먼저 재위한 것은 확실하다. 아이모니에 씨는 비문에 나오는 번(Bân)일 것으로 생각했다. 비문에서 번이

~ 났다. 슈미트(P. Schmitt)는 고고학적 주장들을 근거로 이 비문이 실제보다 날짜가 앞당겨졌다고 생각했다(『인도-차이나의 파비 미션(Mission Pavie Indo-Chine, 1879-1895, Vol. 2: Études Diverses)』, 248쪽). 아이모니에 씨는 이러한 견해에 동의하지 않았지만, 그 이유를 언급하지는 않았다(「고대의 시암(Le Siam ancien)」, 203쪽). 나는 슈미트가 치앙마이에 있는 옛 비문의 존재와 경매에서 세워진 것을 1738~1741년 사이로 확정하여 번역한 것과의 모순을 어떻게 해결했는지 이해할 수 없다. 아이모니에 씨는 아무런 견해 없이 슈미트의 설을 인용했다(『캄보디아』, II, 69쪽). 그렇지만 경매는 이 시기 이전에 존재했음이 확실하다. 유럽인과의 관계는 16세기부터 알려져 있다(율, 『영국-인도의 용어사전(Hobson-Jobson)』, Jangomai 조목를 참고하시오). 따라서 문제의 비문은 우리가 말하고 있는 것을 말하는 것이 아니거나 그 비문은 638년으로 연대 추정되지 않음을 인정해야 한다. 아이모니에 씨는 1283년에 타이의 글을 만들었다고 주장하는 것과 관련하여 "이러한 글자는 다소 인도화된 북방의 타이족들에 사용되지는 않았지만 이미 이전에 있었다"라고 말하면서 틀림없이 1251년의 치앙마이 비문을 암시했을 것이다(209쪽). 사실 그는 치앙마이의 이 비석을 "타이 언어로 된 첫 번째 비문"이라고 했다(203쪽). 하지만 이는 그의 『캄보디아』, II, 145쪽에서 말한 문장과 부합하지 않는다. 이 책에서 그는 966년과 970년의 농카이(Nongkhaī)의 두 타이어 비석을 언급하고 있는데, 하나는 사카시기의 것이어야 하고 다른 하나는 연도가 명시되지 않았지만 "사카 시기의 것일 뿐"이므로 기원후 1044년과 1048년으로 추정했다. 보유: 『캄보디아』, 3책에서(756쪽) 아이모니에 씨는 농카이(Nongkhaï) 비석을 사카 연도가 아니라 서기 638년으로 연도추정을 했다.

"아주 어렸을 때" 죽었다고 한 것은 사실이다. 그러나 아이모니에 씨는 "어린 나이"가 아니라 "젊은 나이"로 죽은 것으로 이해해야 한다고 생각하고 "그가 짧은 기간 재위했을 뿐이다"라고 추론했다.

그에 따르면 람캄행은 25세에서 30세의 나이, 즉 1275~1280년 사이에 왕위에 올랐다. 무엇인지 말하지는 않았지만 "몇몇 실마리들이" 1278년에 수코타이를 건설했다고 생각하게 한다고 하였다. 바로 이 사람이 1295년 중국에 사신을 보냈다. 『마르타반 연대기』는 1313년에 마르타반의 왕이자 프라 루앙의 사위인 "파 루아(Fa Roua)"가 죽었고 그의 형이 계승하여 서둘러 프라 루앙에게 왕권의 상징을 요청했다. 따라서 프라 루앙, 다른 말로 람캄행은 1313년에 살아있었다. 그러나 『북의 연대기』는 프라 루앙이 7세기 쥐의 해에 죽었다고 한다. 1313년 이후의 첫 번째 쥐의 해는 1324년이다. 그래서 아이모니에 씨에 따르면 유보적인 자세로 람캄행의 죽음을 1324년으로 추정하고 있다.

결국 『북의 연대기』는 프라 루앙의 아우를 치앙마이의 왕인 르띠 쿠마라(Ṛddhi Kumāra)라고 했고 프라 루앙을 계승한 사람은 챠오 수착(Chao Suchak)이라고 했다. 아이모니에는 수코타이 비문에서 언급된 람캄행의 형 뮈옹(Müong)을 르띠 쿠마라로 볼 것을 제안했다. 그러나 마지막 형제인 챠오 수착을 위치시킬 곳이 더 이상 없고 줌(Jum)의 비문은 람캄행의 계승자를 그의 아들인 프라 쉬아 타이(Phraḥ Süa Thaï)로 보는 것 같다. 『북의 연대기』의 이야기는 이러한 방향으로 고쳐야 하며, 프라 쉬아 타이, 즉 챠오 수착은 형이 아니라 프라 루앙의 아들 즉 람캄행이다.

그러므로 이 프라 쉬아 타이는 1324년에 왕위에 올랐다. 『북의 연대기』는 핏사눌록(Phitsanulok)을 건설한 시엉-썬(Xieng-sen)의 왕을 옛 프라 루앙의 형인 챠오 수착의 이름으로 공격하게 했다고 한다. 그러나 핏사눌록이 프라 쉬아 타이의 수도인 수코타이에 아주 근접해 있으므로 이는 받아들일 수 없다. 프라 쉬아 타이가 죽은 날은 말레이의 연대기에서 언급되었는데, 그는 1340년 말라카 원정에서 전투 중 시암왕에게 죽었다.

아이모니에 씨가 그의 논문 첫 부분에서 제기한 가설은 이와 같은데, 그 이전에 시암의 수도로 아유티아의 승격을 일반적으로 인정한 연도는 1350년까지였다. 우리는 아이모니에가 빈약한 자료들을 잘 구성했고, 그가 자신의 재구성을 공고하게 하면서 확실히 심각한 착각이 없었음을 알 수 있다. 그렇지만 아직 더 보완하면 좋을 것들이 있다.

그의 추정 중에서 의심스러운 것은 이미 1865년 바스티안 씨가 제기한 것[166]으로, 프라 루앙을 람캄행으로 추정하는 것이다. 7세기는 타이를 해방 시킨 사람만큼이나 유명한 인물과는 너무나 먼 연도이다. 또한 타이 알파벳의 창제가 있는데, 전설에서 프라 루앙의 영광으로 돌리고 있는 것처럼 람캄행은 그의 비문에서 주장하고 있다. 프라 루앙은 8세기 말과 9세기 초에 살아있었다고 하는 『마르타반 연대기』의 문장이 있다. 특히 치앙마이의 비문에 따르면 프라 루앙은 1296년에 왕위에 올랐다고 하는데, 그때는 정확하게 람캄행이 재위할 때였다. 이러한 근거들은 이미 슈미트(P. Schmitt)에 의해 제기되었는데, 슈미트가 이러한 조건에서도 프라 루앙을 람캄행이 아니라 그의 아들로 보려 했다는 것은 놀랄 만하다.[167] 그러나 우리가 원하는 대로 프라 루랑과 람캄행의 동일함이 그럴법하다고 말

166) 바스티안 씨가 람캄행에 관해 말하면서 "매우 식견이 있는 이 왕이 유명한 프라 루앙인 것 같다"라고 하였다(『JASB』, XXXIV, 36쪽). 바스티안 씨는 "페구 역사"에 근거하고 있다.

167) 아이모니에 씨는 여기에서 슈미트(P. Schmitt) 씨가 "실수"했다고 말했지만, 도서관과는 거리가 먼 시암에 살았던 슈미트가 바스티안의 가정을 몰랐다고 용인할 수 있다. 아이모니에 씨는 적어도 1901년에 프라 루앙이 12세기경 상깔록에서 재위하고 있었음을 기억할 수 있었을 것이다(『캄보디아』, II, 75쪽).

할 수 있다면 더 이상 멀리 나아갈 필요가 없다. 치앙마이의 각진 비석의 비문은 1581년의 것인데[168], 1296년 건국 당시 프라 루앙의 존재를 언급하면서 3세기 이전의 전승을 이야기 하고 있다. 너무 높이 거슬러 올라가지 않고 우리가 확인할 수 있는 연대에 대한 퐁사바다(Phongsavada)의 오류들은 시암의 연대기를 너무 신뢰하지 말아야 한다는 것을 입증하고 있다.

치앙마이 의 비문에서 프라 루앙이 모습을 드러내는 동일한 방식에 대해서는 조금도 놀랄 것이 없다. 타이민족의 이 해방자, 수코타이의 아디라자(adhirāja)는 아무런 명칭 없이 세번째 줄, 말하자면 프라야 망그레이(Phrayâ Mangrây) 왕과 프라야 응암((Phrayâ Ngâm) 뒤에 거명되어있다. 따라서 그가 『북의 연대기』의 프라 루앙일 가능성이 있지만 분명한 것은 아니다.[169] 우리는 조금 뒤에 『마르타반 연대기』의 문장도 마찬가지로 난제를 제기하고 있다는 것을 보게 될 것이다. 프라 루앙과 람캄행에 대한 그럴법한 아이모니에 씨의 해법들은 그들의 가문에는 터무니없고 수긍할 수 없을 것 같다. 전설이 유명한 한 영웅에게 역사의 몇몇 행위들을 부여했다고 할지라도 전혀 자연스럽지 않다. 그러나 이 영웅의 주변에 많은 부수적인 인물들이 빠르게 형성되는데 거기에서 실제 측근을 찾는 것은 무의미하다. 어떠한 이름도 일치하지 않는다. 예를 들어, 아바야가무니(Abhayagamuni)가 인드라딧야와 같은 사람이라고 말할 수 있다면,

---

168) 『인도-차이나의 파비 미션(Mission Pavie Indo-Chine, 1879-1895, Vol. 2: Études Diverses)』, 297~312쪽에 있는 슈미트(P. Schmitt)의 번역을 참고하시오.

169) 제리니 대령은 전설의 프라 루앙은 상깔록에 재위했고 다른 프라 루앙은 1256년 캄보디아의 억압에서 타이 민족을 해방시켰고 수코타이의 왕이 되었다고 구분했다(『AQR』, 1902, XIII, 126쪽). 이 이론은 그렇게 솔깃하지 않다. 정확한 자료들에 근거할 필요가 있다.

전설의 프라 루앙이 된 람캄행이 분명히 한 아버지를 가진다는 범위 내에서이다. 그를 알지 못해서 우리는 필요에 따라 만들어 낸 것이다. 그러나 가족관계의 덜 중요한 요소들, 즉 두 영웅의 형제들에게 나아가 보면 전혀 일치하지 않는다.

우리는 아이모니에 씨가 람캄행 이전에 그의 형인 번(Bân)을 재위시켰고, 그의 다른 형인 뮈옹(Müong)을 『북의 연대기』의 르띠쿠마라(Ṛddhi Kumāra)로 확인했으며, 『북의 연대기』의 세 번째 형인, 챠오 수착(Chao Suchak)은 프라 루앙의 형이자 계승자이고, 그가 프라 쉬아 타이를 낳았고 람캄행의 아들이자 계승자라고 한 것을 보았다. 이러한 교정에도 불구하고 『북의 연대기』의 이야기와 수코타이의 비문의 모순을 해결하는 것은 불가능하다. 람캄행은 슈미트의 번역에서 다음과 같이 말했다. "나의 아버지는 슈리 인드라딧야(Çrī Indrāditya)이고 나의 어머니는 낭 쉬옹(Nang Süong)이며, 나의 형제들은 번(Bân)과 뮈옹(Müong)이다. 우리는 동일한 아버지와 어머니로부터 난 다섯, 즉 3남 2녀였다. 내 동생은 남아 있고 형은 아주 어린 나이에 죽었다. 내가 성장하여 19살이 되었을 때 서열 삼위의 관리인 쇼드(Chod)의 행정관이 턱(Tâk)이란 도시를 공격하러 갔다. 나의 아버지는 서열 삼위의 이 관리를 전투에 내보내고 좌안으로 전진했다. ……" 조금 더 뒤에서 "나의 아버지는 죽었고 나에게는 가장 나이 많은 형제가 남았다. 나의 아버지를 슬퍼하면서 나는 내가 아버지에게 표했던 정성을 내 형에게도 이어갔다. 내 형의 죽음으로 정권이 그의 자원과 더불어 나에게 돌아왔다."라고 하였다.

아이모니에 씨는 이로부터 반이 "아직 젊은 나이로" 죽은 것이지 "어린 나이로" 죽은 것이 아니라고 추론했다. 그러나 비문의 [lĕk]이란 단어는 명백하다. 그 단어는 "작은, 어린"을 뜻하므로 아이에게만 적용될 뿐이다. 실제로 라종끼에르(Lajonquière) 대장은 호의적으로 이 시암의 자료는 어떠한 모호한 문구로 되어있지 않다고 설명해 주었다. 람캄행은 두 형제를 가졌으나 둘 다 그보다 나이가 더 많고, 맏형은 어린 나이에 죽었으며, 그의 둘째 형이 아버지가 죽자 람캄행 전에 왕위에 올랐다는 것이다. [cadet]란 단어는 그 가족의 어떤 식구와 관련하여 상대적인 용법으로 사용되든지, 아니면 둘째 아들이라는 절대적인 용법으로 사용된다.

덜 일반적이지만, 내 생각에 슈미트가 적용하고자 한 것은 바로 이 두 번째 의미일 것이다. 그가 여기에서 [cadet]로 번역한 단어는 시암어의 [phi]인데, 이 단어는 더 어린 형과 상대적인 용법으로 사용되어 "맏형", "나이 많은 형"을 의미한다.[170] 이로부터 한편으로 아이모니에 씨가 람캄행 형의 짧은 재위 기간을 근거로 람캄행의 재위 시작으로 제시한 연도는 그 근거를 잃었다. 왜냐하면 얼마나 많은 기간 동안 뮈옹이 재위했는지 모르기 때문이다. 한편으로 프라 루앙의 과정에서 르띠 쿠마라로 확인할 수 있는 람캄행의 형은 더 이상 없다.[171]

---

170) 슈미트(P. Schmitt)가 말하고자 했던 것이 이러한 의미인데, 40페이지 뒤에(226쪽)서는 자신의 번역을 곡해하고 있다. 그래서 람캄행 이전에 뮈옹이 아닌 반을 재위시켰다. 그러나 그는 아마도 비문의 동일한 텍스트를 당시에 까먹었을 것이다. 왜냐하면 어린 나이에 죽은 반을 재위시키는 것이 불가능하다는 것을 고려하지 않고, 그들의 아버지가 죽었을 때 그에게는 19살 이상이었던 동생 람캄행이 있었는데, 슈미트가 가족의 둘째 아들, 즉 첫째와 비교해서는 동생이지만 셋째와 비교해서는 형이 되는 사람을 "동생"으로 이해하지 않았다면, [phì], 즉 "맏형"을 "동생"으로 번역한 것을 나로서는 인정할 수 없기 때문이다. 어쨌거나 원문은 의심스럽지 않다. 그리고 적어도 이점에 관해서 바스티안 씨의 옛 번역이(31쪽) 슈미트의 번역보다 만족스럽다.

171) 논의를 혼란하게 하지 않기 위해서 나는 슈미트와 아이모니에와 더불어 람캄행의 두 형이 비문의 앞부분에 거명되었고 장자의 순서대로 임을 인정한다. 내가 생각하기에 첫 번째 점이 두 번째를 이끌지만, 의심스러운 것은 바로 이 첫 번째 점이다. 우리는 다음과 같이 이해할 수 있을 것이다. "나의 맏형은 번 뮈옹(Bân-müong)이라 불렸다." 그래서 우리는 세 형제 중에서 첫째

람캄행의 즉위에 관하여 아이모니에 씨가 제기한 1275~1280년이라는 연도가 더 이상 의심스러워 보이지 않는다면, 적어도 그의 죽음으로 추정한 1324년이라는 연도는 믿을 수 있을까? 나는 그렇게 생각하지 않는다. 먼저 『북의 연대기』의 연대를 650년으로 서슴없이 고치면서 그가 순환력을 신뢰하고 있다는 점이 이상하다. 프라 루앙은 7세기에서 8세기까지 살다가 쥐의 해에 죽었다.[172] 게다가 아이모니

~ 가 어린 나이에 죽어 뒤를 이어 어떠한 역할도 할 수 없었기 때문에 람캄행은 자신보다 먼저 왕위에 오른 둘째 형의 이름을 언급했을 뿐임을 인정해야 한다. 이것이 바로 바스티안 씨의 번역이다. 그리고 바우링(Sir John Bowring, 앞에 언급한 책, I, 278쪽)이 부분적으로 영인한 것이 마하 몽쿳(Mahā Mongkut)을 통해 바스티안 씨에게 보내졌다(바스티안, 앞에 언급한 책, 30쪽)는 것이 정확하다면, 거기에 손으로 쓴 몇몇 주석들은 마하 몽쿳이 동일한 해석을 채택했음을 시사한다. 시암사람들은 번 뮈옹(Bân-müong)이란 하나의 이름이 번과 뮈옹이라는 두 이름보다 덜 그럴법한지를 결정해야 한다.

172) 종종 순환 주기로 날짜를 세는 사람들을 이라면, 이러한 순환 주기로 정해진 한 숫자로 사실을 이야기해야 할 수도 있다. 이것이 바로 일본 역사의 어떤 사건들을 위해 효과적으로 설정된 것이다(『BEFEO』, III, 582쪽). 여기 이 경우는 완전히 다르다. 통상 연속되는 연도인 사카(çaka) 또는 추라사카(cūlaçaka)를 사용하는 시암사람들은 가장 환상적인 날짜에 사건들을 배정해 놓았다. 그런데 이러한 연대들은 덧붙여 놓은 순환력과 항상 일치한다. 따라서 아이모니에 씨가 생각으로 연속되는 연대에서 잘못된 이러한 연도들은 12지지의 주기 중 하나의 정수로, 사건들을 실제 연도보다 더 앞당기면서 얻어진 것일 것이다. 그러나 우리가 확인할 수 있는 연도에 대하여 우리는 시암사람들이 자신들의 연대기에서, 주기적 연도에 연속되는 서기의 해라고 부르는 연도가 없는 것은 아니지만, 2년, 3년, 5년, 말하자면 순환 주기의 몫의 연대를 착각한 것을 볼 때, 순환력의 연도 앞에 선행하는 하나의 표기로부터 나온 연속되는 시기의 연도들이 아니라, 그 반대로 연속되는 서력으로 인정되는 연도에 따라 거슬러 올라가는 계산으로 얻어진 순환주기의 연도들임이 분명하다. 하나의 값은 다른 것의 값에 대해 정확하게 그 기준을 제공한다.

에 씨는 1313년에 '파 루아', 즉 미얀마의 와리유(Wareru), 프라 루앙의 사위가 죽었다고 하는 『마르타반 연대기』를 근거하고 있고, 계승자로 그의 형제들 중 한 명에게 맡겼으며 그가 프라 루앙에게 왕국의 상징을 요청했다.

그러나 이 증언에 대해 약간의 이의도 제기하지 않는 것이 좋을 것이다. 아이모니에 씨는 시암어로 된 자료를 한 캄보디아 사람이 프랑스어로 번역한 것에 따라 『마르타반 연대기』를 인용했다. 거기에는 이미 실수할 확률이 있었다. 파이어(Phayre)의 『미얀마의 역사(History of Burma)』(66쪽)에서 시암 왕의 사위가 된 사람은 와리유의 형의 조카였다. 슈미트[173]의 번역과, 최근에는 하르두인(C. Hardouin)[174]에 의한 번역들은 아이모니에 씨가 프라 루앙의 딸과 와리유를 결혼시키고 있는 것과는 반대이다. 우리가 고려해야 하는 것은 바로 이 이야기라고 생각한다.

아이모니에 씨의 정보와 파어와 슈미트의 정보에는 더욱 심각한 불일치가 있는데, 바로 아이모니에 씨와 하르두인 씨는 와리유가 죽은 연도를 1313년이라고 하는 반면 파어와 슈미트는 1306년이라고 하고 있다는 것이다. 아이모니에 씨가 12년에서부터 쥐의 해로 거슬러 올라가게 한 불일치에 관해서 아무런 언급을 하지 않고 있다는 것은 놀랍다.

한편 미얀마의 야자빈(yazavin)들은 적어도 13세기부터 시암의 연대기들만큼이나 확실한 연대기를 보여 주고 있으므로[175] 파어

173) 『인도-차이나의 파비 미션(Mission Pavie Indo-Chine, 1879-1895, Vol. 2: Études Diverses)』, 290쪽.

174) 「시암의 역사적 전설, 마르타반 왕, 막가토의 전설(Légendes historiques siamoises, Légende de Makkatho, roi de Martaban)」, 『인도차이나 리뷰(Revue Indo-Chinoise)』, no 3, 2월 15일, 1904, 121~128쪽.

175) 미얀마에 대한 몽골 원정에 관한 연구를 준비하고 있었던 에두아르 위베르

의 날짜는 정확할 가능성이 유력하다. 이러한 불일치를 통해 우리는 다음과 같이 물을 수 있다. 와리유의 계승자가 바로 프라 루랑에게 사신을 보낸 것인가? 왜냐하면, 프라 루랑이 바로 람캄행이라면 이 정보는 중국의 자료와 모순되기 때문이다.

위에서 『원사』의 기록을 읽으면서 우리는 1295년에만 섬(暹) 왕의 사신이 조정에 왔다고 한 것을 볼 수 있었다. 1295년에 수코타이에 재위하고 있었던 것은 람캄행이 틀림없고, 1294년 황명 속에 감목정(敢木丁)[176]이란 이름으로 언급된 사람이 바로 이 사람이다. 그러나 1299년 시암 왕은 조정에서 안장과 말굴레를 갖춘 백마를 그의 부친에게 하사한 것을 회상하여 자신에게도 동일한 은총을 내려 줄 것을 요청하고 있다. 따라서 1295와 1299년 사이에 왕위의 변화가 섬(暹)에서 일어났음을 알 수 있다. 람캄행의 비문이 빨라도 1296년의 것이므로 이 왕의 죽음도 1296년과 1299년 사이로 위치시켜야 한다. 아마도 이러한 계기로 그의 아들의 사신이 즉위 조금 뒤에 있었을 것

~ (Ed. Huber) 씨는 나에게 이 시기 미얀마의 연대기는 중국의 자료와 정확하게 일치한다고 말해주었다. 우리는 좀 더 뒤에 16세기 미얀마-페구의 군대에 의해 아유티아가 함락된 연도에 대해 동일한 경우의 다른 예를 찾을 수 있다. 그런데 중국과 미얀마의 연대기들은 서로 독립되어 있지만 두 기록의 일치는 이들의 정확성을 유리하게 입증해준다.

176) 이로써 감목정(敢木丁)이 확실히 람캄행의 음역이라고 말하고 싶지는 않다. 이러한 결론을 끌어내기에는 음성학적으로 차이가 너무 크고 감목정은 오히려 수코타이 왕의 크메르식 작위에 들어있는 캄라텡(kamrateñ)이라는 캄보디아 직책을 시사하며(아이모니에, 『캄보디아』, II, 90쪽), 여기서는 군주의 명칭으로 간주되었을 것이다. 그러나 섬(暹)이 수코타이의 왕국임을 인정할 경우 1294년에 수코타이의 왕은 람캄행임은 확실하므로 황명 속에서 겨냥한 사람은 바로 그가 된다. 1295년 이전에 광동 정부에 의해 보내온 섬왕의 편지가 1292년 단 한 차례 있었다. 1295년이라는 이 연도를 취하더라도 우리는 동일한 결론에 이른다.

이다. 그렇지만 와리유가 1306년 또는 1313년에 죽었다고 할지라도, 프라 루앙이 바로 람캄행이라면 그의 형과 계승자가 프라 루앙에게 사신을 보내는 것은 불가능하다. 따라서 새로운 체제가 들어선 것이 아니라면 『마르타반 연대기』의 주장을, 최소한 그러한 주장이 아이모니에 씨가 활용한 번역문에 들어있는 바와 같이 충분히 의심을 제기할 수 있다고 생각한다.

람캄행의 이 계승자에 관하여 중국 자료는 어떠한 정보도 제공하지 않고 시암의 비문들은 그의 이름만 알려 줄 뿐이다. 아이모니에 씨는(212쪽) 다른 곳에서 다음과 같은 어떤 정보를 찾을 수 있다고 생각했다. "말라카의 말레이인들에 대한 이 '타이인의 사자'에 관한 전쟁들은 더욱 진실성을 띠고 있고, 말레이 연대기를 통해서 우리는 시암왕의 죽음이 1340년 전투 중이었을 것이라고 알고 있다." 불행하게도 여기에서도 정확해 보이는 이것은 속임수에 불과하다. 1340년 말라카는 사실상 건설되지 않았었다. 아이모니에 씨는 직간접적으로 어떠한 참고 문헌도 제시하지 않았다.[177)]

발렌타인은 시암의 왕이 전투 중에 죽었고, 그것도 정확히 1340년이라고 말하지 않았지만, 이러한 정보를 거슬러 올라가면 분명 『동인도의 신구(Oud en nieuw Oost-Indiën)』에서 일 것이다.[178)]

---

177) 아이모니에 씨는 아마도 프랜치스 가르니에(Francis Gamier, 『인도-중국의 탐사 여행(Voyage d'exploration en Indo-Chine)』, I, 138쪽)에게 영감을 받은 것 같다. 가르니에는 크로포드의 책(『인도양 군도의 역사(History of the Indian Archipelago)』, II, 484쪽)을 인용하고 있다. 그런데 말라카 역사에 관한 크로포드의 내용은(앞의 책, II, 373쪽) 발렌타인(Valentijn)에게서, 또 발렌타인이 인용한 저자와 발렌타인이 사용한 연대기에서 가져온 것이다.

178) 우리의 도서관에는 케이저(Keijzer)가 간행한 발렌타인 요약문만 가지고 있다. 또 말라카에 관한 장은 문고판 원본에만 찾을 수 있다. 따라서 나는 1884년 『JStBRAS』, 13호, 68쪽에서 보이는 영어 번역본에 따라 인용했다.

발렌타인은 다음과 같이 기술했다. "부바밧냐(Boobatnja)라 불린 아주 강한 왕이 1340년 시암(당시에는 Sjaharnouw, Sornau로 불림)[179] 왕국을 통치했다. 제국 주변의 모든 나라를 복종시킨 이 왕은 말라카 도시들의 상업적 호황에 관한 조언을 듣고, 그들의 번성을 질투하여 그에게 항복을 명령했고, 모다파르(Modafar) 왕은 그에게 경의를 표하지 않자, 장군 아위 이자카르(Awi Isjakar)를 보내 그를 공격했다. 치열한 전투가 두 왕 사이, 더 정확히는 두 장군 사이에서 벌어졌다. 그러나 말라카의 장군 시리 나라 디라자(Siri Nara Dirâja)는 용감하게 맞서 싸워 시암의 군대를 참패시켜 물러나게 했다. 시암의 이 왕은 조금 뒤에 죽고 계승자로 추판단(Chupandan)이란 사람을 세웠다. 그는 포기하지 않고 다시 말라카 왕을 공격하여 두 번째로 도시를 포위했다. 그러나 이번에도 그의 선행자만큼이나 불행했다. 말라카의 같은 장군에게 패배했다. 말라카 장군은 그들을 도시로부터 몰아내면서 맹렬하게 공격했다. 그 또한 얼마 뒤에 슬픔에 차 죽었다."[180]

나는 이 이야기 전체를 두 가지 이유에서 번역했다. 먼저 시암의 두 왕이 1340년경에 매우 짧은 기간 내에 죽었음을 보여 주고, 우리가 보게 되겠지만 아이모니에 씨가 이 이야기를 완전히 믿고 제시한 연대기와 일치하지 않고, 1340년이란 연도가 말라카 역사를 위한 전통적인 말레이 연대기에서 나왔다는 것을 밝히는 데 유용하기 때문이다.

---

179) 내가 인용한 텍스트에는 스자하르난(Sjaharnan)과 소르난(Sornan)으로 되어 있는데, 이는 분명 인쇄상의 오류로 판단되어 율의 『영국-인도의 용어사전(Hobson-Jobson)』, Sarnau 조목을 참고하여 바로잡았다.

180) 비슷한 이야기로는 존 레이던(John Leyden), 『말레이 연대기(Malay annals)』, 208쪽 그리고 브래들(Sir Thomas Braddell)의 『시자라 말라유에 관한 개요(Abstract of the Sijarah Malayu)』, 454쪽을 참고하시오.

그런데 이 연대기는 말라카의 건국을 1252년 또는 1253년으로 잡고 있다.[181] 그러나 우리는 오래전부터 이 연도는 적어도 1세기 더 내려가야 한다고 알고 있다. 율은 "말라카가 아들에게 통치를 맡기고 1411년 중국에 사신으로 간 한 왕에 의해 건국되었다고 결론지을 수 있을 것 같다."[182]라고 하였다. 마찬가지로 1874년 티엘레(Tiele)도 "말라카의 수도는 팔렘방의 자바인 이주자들에 의해 1400년경에 건설된 것이 틀림없다."[183]라고 하였다. 말레이 연대기, 알부케르크(Albuquerque)의 해설과 중국 자료들을 비교하면서 블래그덴은 다음과 같이 결론지었다.[184] 말라카는 14세기 후반에 건설되었다.

발렌타인이 말레이 연대기에 따라 말한 시암과 말라카 전투에 관하여, 모다파르란 이름은 우리에게 아주 정확한 정보를 제공하고 있다. 모다파르라는 이 말라카 왕은 1455년 중국에 사신을 보냈다.[185] 그렇지만 전쟁이 그의 재위 기간에 일어났다는 것은 어디에서도 입증되지 않았음으로, 말레이 연대기로부터 람캄행의 아들이 1340년에 죽었다고 추론할 수는 없다.

---

181) 발렌타인의 텍스트에는 1253년이 분명해 보인다(앞에 언급한 책, 66쪽). 나는 발렌타인의 연대기를 따른다고 한 율이 왜 1252년이라고 했는지(꼬르디에 본, 『마르코 폴로』, II, 282쪽)모르겠다. 블래그덴(C.O. Blagden), 「말라카의 중세 연대기(The mediaeval chronology of Malacca)」, 253쪽 또한 1252년으로 되어있다.

182) 꼬르디에 본, 『마르코 폴로』, II, 282쪽.

183) 티엘레(Pieter Anton Tiele), 「포루투칼인의 도착 이전의 동방(Het oosten voor de Komst der Portugeezen)」, 『De Gids』, 1874, 8호, 229쪽.

184) 블래그덴(C.O. Blagden), 「말라카의 중세 연대기(The mediaeval chronology of Malacca)」, 『제 11차 동양학 국제 학술대회 보고서(Actes XI° Congrès international des Orientalistes)』, Paris 1897, II, 239~253쪽.

185) 『명사』, 권325, 4쪽; 블래그덴, 앞의 책, 247쪽; 슐레겔, 「지리적 주석(Geographical Notes)」, 『통보』, X, 475쪽.

프라 쉬아 타이가 언제 죽었든지 간에 현재로서는 14세기 중반, 말하자면 중국인들이 섬(暹)이 나혹(羅斛)으로 흡수된 때라고 말하고 있는 시기와 같다. 우리는 수코타이 지역에 섬(暹)을 메남강 하류의 롭부리에 나혹을 위치시켰다. 그런데 정확하게 이 시기, 1350년에 시암의 연대기들은 롭부리[186]의 약간 남쪽에 위치한 아유티아가 세워졌다고 한다. 수코타이 이후에 아유티아는 이때 시암의 수도가 되었다. 따라서 우리는 동일한 사건에 대한 두 경우이므로, 나혹의 공국이 섬(暹)이라는 옛 군주국에 지배권을 획득하여 오늘날까지 유지한 것으로 생각할 수 있다. 그러나 이러한 가정은 약간의 이의를 제기한다. 그것들을 검토해보자.

우선, 중국인들이 말하고자 하는 것처럼, 14세기 중반에 섬(暹)을 점령한 것이 나혹이라면 1370년에 나타나는 섬라혹(暹羅斛), 1403년에는 섬라(暹羅)로 합성된 명칭을 어떻게 이해해야 할까? 첫 번째 글자가 어떻게 승리한 나혹이 아니라 정복당한 섬의 명칭이라는 말인가. 그러나 무엇보다도 섬라(暹羅)라는 명칭이 우리가 일반적으로 생각하는 것보다 더 오래되었다는 것을 지적해야 할 것이다.[187] 시암

---

186) 아이모니에 씨에 따르면 10개의 장소가 있다(「고대의 시암(Le Siam ancien)」, 229쪽).

187) 안남의 『대월사기전서』, 「본끼 토안트(bốn ký toàn thư)」, 권 4, 4쪽에서 나온 문장은 고려하지 않았는데, 그에 따르면 1149년 조와(爪哇), 노맥(路貉), 섬라(暹羅) 삼국의 상선들이 해동(海東, Hải Đông, 『월사통감강목』, IV, 43쪽에 따르면 꽝옌, Quảng Yên)에서의 개시(開市)를 요청했고, 운둔(雲屯, 번돈(Vân Đồn), 『월사통감강목』, IV, 43쪽에 따르면, 오늘날 테이블(Table)섬 동쪽에 있는 번하이(Vân Hải)섬에 있는 번하이(雲海) 지역을 양도해 주었다. 나혹은 알려지지 않았다. 그러나 자바를 조와라고 한 명칭은 13세기 중반에 나타날 뿐이므로 사용된 옛 명칭들이 안남의 역사가들에 의해 현대화되었을 가능성이 크다.

의 왕이 1376년 명태조가 하사한 인장을 받았는데, 그 인장에는 "섬라국왕의 인"[188]이라고 쓰여 있었다. 『명일통지』 또는 『광동통지』 같은 책들은 이 사신이 섬라혹의 이름을 가지고 왔다고 하였다.[189] 그러나 『명사』가 두 나라가 합해진 뒤로 섬라혹이라 했다고 했지만, 『명사』의 시암전에는 1371년 사신을 보낸 나라의 명칭을 밝히지 않았고, 매년 작성된 본기에서 1371년에 시암이라 불렀고, 이어지는 해에도 섬라(暹羅)라고 했지 섬라혹이라 하지 않았다.[190] 분명 14세기 중반으로 거슬러 올라가는 원나라 시기, 왕대연(汪大淵)의 『도이지략(島夷志

---

188) 暹羅國王之印. 『명사』(권324, 7쪽)에서 나온 말로, (『도서집성』, 「변예전」, 권 101, 시암조목, 4쪽에 인용된) 『명외사(明外史)』와도 일치한다. 16세기 중반 시암의 탄원서에는 홍무(洪武)가 하사한 이 인장이 "섬라국왕의 인장"으로 말하고 있다. 그러나 인장 위에 새겨져 있던 같은 글자였는지 아무런 언급이 없다. 『도서집성』(앞에 언급한 곳)에서 인용된 『광동통지(廣東通志)』는 "섬국왕의 인장"이라고 말하고 있으나, 『도서집성』의 판본과는 다르게 편집된 것으로 보이는 1731년 판본(권58, 7쪽)에서는 "섬라의 인장"으로 되어있고, 라(羅) 자는 『광동통지』 구 판본에서는 라(邏) 자로 쓰여 있다. 1822년의 새 판본을 고려할 필요는 없다. 『원사』(권 330, 41쪽)에서는 단순히 구판본의 단락을 『명사』의 것들로 바꾸어 놓고 있다. 따라서 인장 위에 새겨진 동일한 말에 관해서 우리는 『명사』를 인정할 수 있다. 인장을 하사한 연도에 관해서, 『명사』는 1377년이라 했지만 본기에서는 1376년 시암의 사신에 관해 아무런 언급이 없다. 그렇지만 1731년 판본인 『도서집성』에 인용된 옛 텍스트에서도 1376년의 사건으로 두었다. 이는 16세기로 거슬러 올라가는 시암왕의 탄원서에서 말하는 연도이고 그것은 더 이상 문제가 되지 않는다. 『광동통지』의 편집자들이 그들이 틀림없이 무시했을 탄원서에 영향 받지 않았을 것이므로 1377년 대신에 1376년을 채택해야 할 것 같다. 그러나 이는 하나의 가능성이지 정해진 해답은 아니다.

189) 『명일통지』, 권 90, 10쪽; 『광동통지』, 1731년 판본, 권58, 7쪽.

190) 『명사』, 권 324, 6쪽; 권2, 4~7쪽.

略)』에서 시암을 지칭하고 있는 것은 섬라라는 명칭이다.[191]

우리는 주달관(周達觀)의 『진랍풍토기(眞臘風土記)』에서 한 세기 앞에 섬라라는 명칭을 찾을 수 있다.[192] 대안을 강구하지 않는

---

191) 왕대연의 저서는 매우 드물어 내가 손에 넣을 수 없었다. 섬라에 관한 문단은 『도서집성』, 「변예전(邊裔典)」, 권101, 시암 조목, 3쪽(앞면과 뒷면)에서 인용되어 있다. 『도이지략』에 관해서는 알렉산더 웨일리(Wylie)의 『중국 문헌에 관한 주석(Notes on Chinese literature)』, 47쪽; 『사고전서총목』, 권71, 12~14쪽; 『해산선관총서(海山仙館叢書)』본 『독서민구기(讀書敏求記)』, 권2, 57쪽을 참고하시오. 『도서집성』(권 97, 자바조목, I, 5쪽)에서 채택한 『도이지』란 명칭은 『독서민구기』에서의 서명과 동일하다. 다카쿠수와 난조분유의 『불령인도지나(佛領印度支那)』, 176쪽에 따르면, 『도이지략』은 『지복재총서(知服齋叢書)』에 들어있다고 하나 나는 모른다. 브레트슈나이더는 『서방으로 간 중세의 중국 여행자들에 관한 주석(Notes on Chinese mediaeval travellers to the West)』, 상해, 1875, 85쪽에서 메카에 관한 『도이지략』의 단락을 암시했고 그의 논문인 『아랍과 아라비아 식민지들에 관해 고대 중국인들이 가졌던 지식에 관하여(On the Knowledge Possessed by the Ancient Chinese of the Arabs and Arabian Colonies)』에서 참고하고 있지만, 우리의 도서관에는 아직 이 책을 가지고 있지 않다. 메카에 관한 이 조목이 『도서집성』에서 인용한 것이 아니므로 브레트슈나이더가 직접 그 책에서 취했을 것이다. 왕대연은 자신이 기술한 나라들을 오랫동안 여행했고 서문 중 하나가 1349년으로 되어있기 때문에 이 책은 이 시기 이후일 것이다. 『독서민구기(讀書敏求記)』가 인용한 한 구절에서 왕대연이 1330년 목격한 것이라고 했다. 따라서 이 저작은 14세기 중반에 기록된 것으로 보인다. 유감스럽게도 나는 『사고전서총목』의 기술에 따라 왕대연이 나혹에 관해 말했다는 『도이지략』을 더 이상 참고할 수 없다. 거기에서 문제의 열쇠를 찾을 수 있을 것이다. 현재로는 잠정적인 해답만 제기할 뿐이다.

192) 『고금설해(古今說海)』본 『진랍풍토기』, 2쪽과 6쪽; 『BEFEO』, II, 140쪽과 146쪽을 참고하시오. 또한 우리는 시암에 대해 섬(暹) 한 글자로 지칭한 것을 찾아볼 수 있다(『진랍풍토기』, 30쪽과 『BEFEO』, 171쪽). 다른 여러 경우

한, 매우 가능성 있는 것으로[193], 주달관의 원문에서, 정사와는 상반되지만, 13세기 말부터 섬의 속국인 나혹을 알고 있었던 중국인들은 시암제국에 섬라혹 또는 섬라라는 전체 명칭을 부여했고, 지배하는 자의 명칭을 당연히 첫 번째로 놓았을 것이라는 점을 인정해야 할 것이다. 이 명칭은 14세기 초반에 퍼졌고, 1341~1368년 사이에 강성해진 나혹은 봉신으로서 섬(暹) 자를 삭제했지만 인정된 순서는 바뀌지 않았다. 시암 제국은 섬라로 존속했다. 이는 단순한 가설이지만 적어도 섬에 대한 나혹의 승리를 거꾸로 하여 섬라라는 명칭으로부터 끌어낼 수 있다는 반박 논리의 힘을 많이 제거할 수 있다.[194]

~ 에서(『진랍풍토기』, 15, 30쪽과 『BEFEO』, 156, 171, 173, 176쪽), 주달관은 시암에 뿐만 아니라 시암사람들에 관해 말하면서 섬인(暹人)이라고만 했고 왕국의 이름을 속단하지 않았다. 이는 글자의 수를 짝수로 표현하려는 중국인들의 경향에 이끌린 "섬라의 사람들"을 약칭하여 섬의 사람들이라고 했을 가능성이 크다. 주달관이 시암인의 침략에 관해(173쪽) 언급한 것과 캄보디아가 그 침공을 물리치면서 저지른 악행들에 관해(176쪽) 말한 것은 우리에게 13세기 말 시암제국의 강성함을 확인시켜준다.

193) 『진랍풍토기』의 모든 근래 판본들은 명나라 시기 『고금설해』에서 간행된 판본에서 나왔다(『BEFEO』, II, 133~134쪽). 그러나 『독서민구기』의 작자인 전증(錢曾)은 원나라 시기로 거슬러 올라가는 필사본을 가지고 있었는데, 거기에서는(권2, 55쪽 배면) 『고금설해』의 판본은 원본의 "6~7할을 빼먹었다"라고 하였다. 불행하게도 우리는 이 주장을 확인할 수 없고, 전증이 가지고 있던 원문도 일실된 것으로 보인다.

194) 1902년 『AQR』(XIII, 130쪽)에서 제리니는 섬라혹과 섬라를 설명하면서 섬은 시암(Syām), 라혹은 라보(Lavo)라고 인정했지만, 정복자의 명칭 앞에 보이는 정복된 나라의 명칭이 있는 것에 대해 의아해했다. 그는 이름의 순서에서 말레이 사람들이 그리고 그들에 이어서 16세기 몇몇 유럽의 저자들이 시암을 오랫동안 불러온 사르나우(Sarnau)로부터 영향을 받은 것으로 보고자

따라서 중국의 텍스트와 시암의 전승을, 한편으로는 14세기 중반경에 나혹이 섬을 흡수한 것과 한편으로는 1350년에 수코타이에서 아유티아로 수도를 옮겼다고 하는 것을 비교하면서, 어긋나는 것을 푸는 것이 쉬울 것 같다. 그러나 우리는 여기에서 새로운 이론에 부딪히는데, 그 논거는 아이모니에 씨의 논문에서 나온 수도의 지점이다.[195]

~ 했다. 이 가정은 그다지 필요하지 않은 것 같다. 사르나우는 일반적으로 몇몇 무슬림 작가들에게서 찾을 수 있는 형태인, 샤 이 나오(Shahr-i-nao), 즉 "새로운 도시"로 해석된다. 그래서 율은 불확실한 형태인 나바푸리(Navapurī)를 롭부리와 비교했다. 제리니는 내가 생각하는 이유로, 나바푸리를 증명해주는 것은 아무것도 없고 옛 르보(Lvo) 또는 라보인 롭부리는 반대로 매우 오래된 도시임을 주지시켰다. 제리니는 사르나우를 아유티아 지역을 부르는 명칭으로 "사노란 식물의 밭"을 의미하는 사노(Sano) 또는 농 사노(Nong Sano)로 해석하고자 했다. 여기에서도 결정적인 증거들이 필요하다. 제리니에 따르면 말레이 연대기에는 12세기 말에 샤헤르 알 나위(Shaher al Nawi)로 알고 있었고, 14세기 중반 연대기에서는 옛날 샤헤르 알 나위라고 불렸다고 했다. 그러나 이러한 연대들은 완전히 말레이 연대기로 수정되어야 하고 틀림없이 150년 정도는 더 내려가야 한다. 또 같은 왕국의 다양한 이름들이 혼용되어 이 연대기들 속에서 사용되었을 수도 있다. 아유티아인 "새로운 도시"로, 또는 아유티아 지역을 지칭하는 농 사노로 사르나우를 설명하는 것을 채택한다고 할지라도, 이 명칭은 아유티아가 수도로서 수코타이를 대체했을 때에만 알려질 수 있었을 뿐이다. 이러한 관점이 지배적이었다면 1459~1460년에 아유티아의 건설에 관한 아이모니에 씨의 이론은 지지될 수 없다. 왜냐하면 사르나우는 1430년부터 나콜로 콘티(Nicolo Conti)에서 나타나고, 어쨌든 우리는 샤 이 나오를 1442년 압두라삭(Abdurrasâk)에서 찾을 수 있기 때문이다(율, 『영국-인도의 용어사전(Hobson-Jobson)』, Sarnau 조목을 참고하시오).

195) 여기에서 나는 아이모니에 씨가 「고대의 시암(Le Siam ancien)」, 213~234쪽에서 전개한 논증을 요약한다. 다만 나는 17세기 말에 아유티아는 건설된 지 "2백 년밖에 되지 않았다"라는 제르베즈(Nicolas Gervaise)의 증거를 고려하

아유티아의 건설에 관한 관례적인 연대는 1백 년 이상을 내려가게 해야 한다. 연대기에서 말하는 1350년이란 연대에 대해 아이모니에 씨는 아유티아에서는 전혀 발견되지 않는, 13세기 말부터 1426년까지 수코타이에서 이어지는 일련의 왕실비문들을 반박한다. 아유티아가 건설된 실제 연도는 1459년 또는 1460년일 것이다. 이것들이 논증의 자료들이다. 연대기에 따르면 아유티아는 라마디파티(Rāmādhipati)에 의해 1350년에 건설되었다. 우리는 그 연대가 너무 후퇴했음을 보지만, 건국자의 이름은 정확할 것이다. 그런데 한 세기 뒤에 우리는 아유티야가 형성되었을 수 없는 시기인 1470~1509년까지 재위한 다른 라마디파티를 찾을 수 있다. 그의 재위 연도는 절대적으로 정확한 것은 아니지만 중국의 사서를 통해 그 연도를 고칠 수 있다. 그는 1453~1482년에 재위했다. 이 동일한 연대기들이 마라디파티가 1350년에 그의 새 수도를 건설했다고 말하면서 1세기나 틀렸는데, 그럼에도 불구하고 재위 6년 뒤, 즉 1453+6=1459년에 그 수도를 건설했다고 한다면 믿을 수 있을 것이다. 따라서 아유티아의 건설은 1429년 또는 1460년까지 거슬러 올라간다.

이로써 우리는 연대기의 의심스러운 내용들이 염려스러운 방법으로 수코타이의 비문 내용에 뒤섞인 이 논증의 약점들을 알아볼 수 있다. 사실 이 묘지명 증거는 약간의 가치만 가질 뿐이다. 아이모니에 씨는 다음과 같이 판단했다(233쪽). "오랜 잠에서 깨어난 이 비석들은 역사적 진실을 주장하기 위해 세워졌다. 가짜로 만들어진 사본들과는 달리 명백하고 결정적인 증거들에 대해 거짓으로 기록하기 위해서는 허영심에 가득 찬 왕들과 거리낌 없는 역사 편수관들에 의해 4세기 내내 편집되고, 원하는 대로 수정되어야 했을 것이다." 이

~ 지 않았다. 이 부정확한 설명은 마찬가지로 아이모니에 씨를 인용한 그의 동시대인 라 루베르(Simon de La Loubère)의 명백한 증거와 상반되며, 라 루베르는 아유티아의 건설을 불기 1894년 즉 기원후 1351년으로 잡고 있다.

비석들은 요란스럽게 깨어났으므로 비석들이 말하고 있는 것을 좀 더 가까이서 연구해보자.

역사적 관점에서 가장 중요한 두 자료는 수코타이의 크메르어 비문[196)]과 줌(Jum)[197)]의 타이어 비문이다. 줌의 비문은 1357년의 것

196) 이 비문은 마하 몽큿(Mahā Mongkut)에 의해 방콕 수코타이로부터 1834년에 보고되었다고 한다. 네 면에 새겨져 있었지만, 현재는 두 면만 남아 있고, 첫 번째와 세 번째는 거의 마모되었다. 아이모니에 씨는 『캄보디아』(II, 86~90쪽)에서 비문에서 그래도 판독할 수 있는 것을 번역해 냈지만, 탁본하거나 탈초를 해낸 것은 아니다. 슈미트(P. Schmitt)는 그 전에 푸르네로(Lucien Fournereau)의 「고대의 시암(Le Siam ancien)」(159~179쪽)과 『인도-차이나의 파비 미션(Mission Pavie Indo-Chine, 1879-1895, Vol. 2: Études Diverses)』, 203~223쪽)에서 두 번째와 네 번째 면을 탁본 뜨고 판독할 수 있는 모든 것을 탈초하여 출간했다. 그러나 번역에서 슈미트는 탈초본을 제시하지 않았지만, 비석이 마모되기 전에 행해진 타이어 번역본으로부터 프랑스어 역본을 얻었고 그것은 오늘날 방콕의 왕궁에 보관되어 있다. 나는 아이모니에 씨가 이 타이어본의 진위를 의심하는 충분한 이유를 가지고 있었다고 생각한다. 원래 비문에서 마멸된 부분을 상상으로 채워 넣은 어떤 시암 학자의 최근 작품임에는 의문의 여지가 없다. 번역문의 주석에서 슈미트는 칸나푸라(Cannapura)에 관해 말하고 있는데, 그곳은 7세기에 현장이 방문했고 거기에서 참파푸라(Campapura), 즉 참바싹(Chambassak)에 이르렀을 것이라고 했다. 아이모니에 씨는 슈미트의 주석과 번역을 인용하며 자신의 견해를 덧붙였다(『캄보디아』, II, 90쪽 이하). 그는 현장이 칸나푸라를 언급한 것이 아니라 이샤나푸라(Īçanapura) 왕국, 즉 캄보디아이고, 현장은 참파푸라를 거명한 것이 아니라 마하참파(Mahācampa), 그 자체로는 참바싹이 아니라 참파이며, 결국 현장은 인도차이나에 발을 들이지 않았다고 하였다.

197) 이 비문은 슈미트가 탈초하고, 번역하여 탁본과 함께 『인도-차이나의 파비 미션(Mission Pavie Indo-Chine, 1879-1895, Vol. 2: Études Diverses)』, 225~245쪽)에서 출간되었다. 비문은 사암(沙巖)으로 만들어진 비석에 새겨져 있고 오늘날에는 방콕 박물관에 소장되어 있는데, 거기에서 파비 씨가

이고 수코타이의 비문은 아마도 1361년의 것이다. 두 비문 모두 흐르다야(Hṛdaya) 또는 흐다야라자(Ṛdayarāja)라는 왕을 언급하고 있는데, 줌의 비문은 확실하게 프라 쉬아 타이의 아들이라고 하고 있다. 수코타이의 크메르어 비문의 첫 번째 면은 매우 심하게 훼손되었다. 여기에서 읽을 수 있는 것은 아이모니에 씨에 따르면(『캄보디아』, II, 86쪽), "사카 1269에, 쿠르(Kur, 멧돼지의 해) S. M. Hṛi(? 또는 Çrī, 지워진 글자)daya……그는 S. M. Çrī Dharmma(?)rāja의 존엄한 손자였는데, 군대를 이끌었다(?)……황실의 퍼짐……그는 살게 되었다……. 그는 마을을 건설했다……. S. M. Çrī Sūryavaṃçarāma……dharmmarājadhi……"[198]이다.

~ 1883년에 탁본을 떴다. 내 생각에 아이모니에 씨는 방콕의 타이어 비문들 가운데, 거의 일치하지 않는 기술에도 불구하고 사람들이 아이모니에 씨에게 캄행펫(Kamphaeng Phet)에서 나왔다고 한, 두 번째 면이 매우 지워진 비석이 아니었기 때문에 『캄보디아』에서 다루지 않았을 것이다. 슈미트의 설명으로부터 우리는 사실 그 비석이 어디에서 왔는지 모른다. 원래 있었던 곳으로 "나가라 줌"의 "오늘날 어디인지 모르는" 그곳은 비석이 세워진 곳으로 비문 자체에 기록되어 있지만, 이 "나가라 줌(Nagara Jum)"이 어디인지 모른다. 한편 나는 십중팔구 그 비문은 수코타이 지역에서 나왔다고 생각한다. 나는 슈미트의 나가라 줌과 아이모니에 씨의 노코르 줌(Nokor Jum) 대신에 줌의 비문이라 명명한다. 무엇보다도 타이어 또는 캄보디아어의 명칭을 아무것으로도 입증할 수 없는 오늘날의 노코르 줌으로 재구성하는 것은 유용하지 않은 것 같다. 게다가 비문 자체에서 한 차례 뮈옹 슈리 줌(müong çrī Jum)이라 했고, 한번은 "나가라 줌"이라고 했다. 뮈옹은 나가라 임이 틀림없지만, 명칭의 한 구성 부분인 "도시" "공국"을 의미한 이 단어들로 말할 이유가 전혀 없다.

198) 이 면에 대한 탁본은 없다. 그리고 아이모니에 씨는 읽은 문장을 제시하지 않았다. 슈미트가 읽은 것은 "hṛdaya jaya jeta jā……braḥ pād kamrateñ añ çrī dharmmarāja"이다. 아이모니에 씨의 번역은 슈미트가 다르게 읽었다고

아이모니에 씨는 다음과 같이 덧붙였다. "거기에서 왕은 적어도 두 번 언급되었는데, 그 하나가 이 면의 마지막 행에서이다. 따라서 십중팔구 그는 두 번째 면에서 이어지는 문장의 주어이다." 그런데 그 문장 중에는 다음과 같은 것이 들어있다. "황실의 모든 권력을 누리면서 S.M.은 슈리 사차날라야-수코다야(Çrī Sajjanālaya-Sukhodaya)에서 1283사카까지 통치했다." 따라서 이때, 즉 1901년에 아이모니에 씨는 비문의 저자를 우선 흐르다야(Hṛdaya), 이어서 수르야밤사(Sūryavaṃça) 등등으로 불린 왕으로 생각했는데, 이 왕은 1261사카, 즉 1339년에 즉위했으며 1283사카, 즉 1361년에도 재위하고 있었다.

1903년에 아이모니에 씨는 줌의 비문(슈미트의 번역)의 명백한 용어와 함께 자신의 첫 번째 해석을 십중팔구 조정할 수 있다고 하면서 이 텍스트를 완전히 다르게 이해하고 있다. "사카 1279(1357년)에 이러한 건설이 이루어졌다. 프라야 쉬아 타이의 아들이자 프라야 라마라자(Phrayā Rāmarāja)의 손자인 프라야 흐다야라자(Phrayā Ṛdayarāja)는 슈리 사차날라야-수코다야의 왕으로 더 이상 재위하지 않았다. 타오 프라야(Thao Phrayā)들이……이미 왕(그의 계승자)[199]을 추대했는데, 그는 Çrī Sūrya Phraḥ Mahā Dharmarājādhirāja라는 칭호를 가졌다."

결과적으로 흐르다야가 1357년에 통치하지 않았다면, 수르야왐사(Sūryavaṃça)는 동일한 왕의 다른 이름이 될 수 없고, 필연적으로 그의 계승자의 이름이 틀림없다. 아이모니에 씨는 정확하게 한 비

~ 한다. braḥ ćau란 단어가 확실하고, 그리고 "존엄한 손자"로 번역한 단어는 슈미트의 텍스트에는 없다. 누군가 braḥ pād 앞에 있는 공간에 그것을 채워 넣었거나, 아니면 슈미트가 braḥ pād라고 읽은 동일한 단어일 것이라고 했다. 일반적인 타이어 의미로 braḥ ćau는 "존엄한 군주"로 번역해야 할 것 같고, 타이어에서 아이모니에 씨의 번역은 잘 받아들여지지 않는다.

199) 번역자가 추가한 것임에 주의하시오.

문은 1357년 "이 시암의 첫 번째 왕조에서, 통치의 바뀜과 이전 죽은 부친을 계승하는 왕들의 장례와 동시에 일어난 듯한 '숲에서' 일종의 의식 또는 은퇴식"을 언급하고 있다고 하였다.[200] 따라서 아이모니에 씨는 암묵적으로 자신의 첫 번째 견해를 슈미트의 것으로 폐기해 버렸다. 그러나 더욱 통찰력 있게 이 해석으로 야기되는 새로운 문제를 알아차렸다.

수르야밤사가 1357년에 왕위에 올랐다면 1361년까지 단 4년만 재위했다. 그렇다면 어떻게 그가 22년째 재위했다는 것과 이 연도를 맞출 것인가? 아이모니에 씨는 수르야밤사가 그의 부친이 살아있을 때 왕위를 계승했을 수 있다고 가정하여, 그때부터 그의 재위 기간을 계산함으로써 변통하려 했다. 그러나 그의 실재 재위는 1357년에 시작되어 1388년에 끝날 뿐이고, 이 연도로 중국의 사서들은 시암왕의 죽음을 알려주고 있다. 한편 타이어로 된 묘지명은 같은 해인 1388년 군주의 죽음으로 인한 것으로 보이는 조정의 경건한 퇴임식 중의 하나를 알려주고 있다.

아이모니에 씨가 제기한 임시방편을 해결하기 전에, 줌의 비문이나 적어도 번역문에도 불구하고 그의 첫 번째 번역이 맞는지를 검토하도록 하자. 줌의 비문에서 무엇이라고 했는가? "Ṛdaiy raja müa dai svey rāja nai müong Çrī Sajjanālaiy Sukhodaiy……dai rājābhisek."이라고 하였다. 말하자면 다음과 같다. [건국 당시에] "흐르다야 왕은 이미 슈리 사차날라야-수코다야란 나라에 재위하고 있었다. ……이미 공인되었다." 모든 문제는 [dǎi]라는 단어에 달려있다. 만기가 된 행위를 의미한다면 슈미트의 번역이 당연하다. 그러나 단순히 과거를 표현한 것이라면 모순이 해결된다. 우리 앞에는 신성한 수르야밤사라는 이름의 흐르다야라자(Hṛdayarāja)라고 명명하

200) 「고대의 시암(Le Siam ancien)」, 214쪽.

는 한 명의 왕뿐이다. 그는 1339년 왕위에 올랐고 1357년 줌의 경건한 건국을 축하했고 1361년에도 여전히 재위하고 있었다. 가장 그럴 법한 것은 바로 이러한 의미에서지만 마지막 단어는 당연히 시암학자에게 돌아간다.[201]

아이모니에 씨에 따르면, 1388년에 관하여, 시암왕의 죽음을 "다른 저자들은, 그중에서도 바우링(Sir John Bowring), 중국의 사서 편찬자들에 따라 1388년으로 기록했다."[202]라고 하였고, 실제로 바우링의 책에서(I, 73쪽) 찾을 수 있지만, 그 이외에 아이모니에 씨가 근거하고 있는 "다른 저자들"을 알고 싶다. 왜냐하면 1388년이라는 이 연도는 바우링의 정보제공자인 토마스 웨이드 경(Sir Thomas Wade)의 부주의에 기인한다고 생각하는 것이 당연하기 때문이다. 웨이드는 두 단락을 혼동했는데, 하나는 그가 1388년이라고 말한 것으로 그것은 1389년의 것으로 시암의 태자가 중국 조정에 온 것을 언급하고 있고, 다른 것은 1395년에 시암의 태자가 그의 부친의 죽음을 중국 조정에 알렸다고 하는 것이다.[203] 시암의 왕이 이 해에 죽었다는 줌의 비문을 포기한다면, 아이모니에 씨가 1357년으로 근접시

---

201) 라종끼에르(Lajonquière) 대장은 나에게 『아유티아 연대기(Annales d'Ayuthia)』(Phŏngsávădan krŭng kão, 방콕본, 1863, I, 1쪽)에서 나오는 아주 비슷한 한 문장을 알려주었다. "chŭng sŏmdêt pra: chảo ramă raxăbütr dải savởi raxăsŏmbăt sứb ma dải sĭb hà pi", "왕의 아들, 솜뎃 프라 차오 라마(somdet phraḥ chao Rāma), 자연스러운 계승으로 15년 동안 재위했다." 여기에서 dải는 단순한 과거를 의미한다.

202) 「고대의 시암(Le Siam ancien)」, 222쪽.

203) 1388년에 시암의 사신이 있었지만, 웨이드는 1387년에 있었다고 하였다. 웨이드에 따르면, 그 사신은 30마리의 코끼리를 바쳤다고 하는데, 『명사』(권324, 7쪽)에서 말하고 있는 것이다. 그렇지만 『도서집성』(「변예전」, 권101, 시암 조목, 5쪽)에서 30개의 코끼리 보호대라고 하였다. 이 사신들에 관해서는 『명사』, 권324, 7쪽을 참고하시오.

킨 것이 사라지므로, 중국의 저자들이 말하는 1388년이라는 연도와 시암 조정에서의 경건한 은퇴식 사이의 근접함도 동시에 사라진다.[204)]

그러나 아이모니에 씨가 제시한 연도를 단순하게 7년 낮춰서 1339년 왕위에 오른 흐르다야가 56년 동안 재위했다고 인정해야 하는가? 이 같은 결론은 필수불가결한 것은 아니다. 왜냐하면 먼저 중국인들은 수코타이 크메르어 비문의 어림잡은 연도인 1361년과 명조정에 시암의 첫 번째 사신이 온 연도인 1371년 사이에 시암에 관해 아무런 말도 하지 않고 있기 때문이다. 시암왕은 이 10년 사이에 죽었을 수 있다. 더욱이 중국 자료들은 1373년에 시암왕이 폐위되었고 그의 삼촌으로 대체되었으며, 1393년에 죽은 사람은 바로 이 삼촌이라는 것을 알려주고 있다.[205)] 요컨대 14세기 말과 15세기 초반의 중국 자료들에서 수코타이의 왕들과 관계된다고 하는 것은 아이모니에 씨의 주장보다 훨씬 덜 확실한 것 같다.

---

204) 한편 비문은 아이모니에 씨가 생각하는 것만큼 그다지 분명하지 않다. 그것이 마하 다르마라자디라자(Mahādharmarājādhirāja) 왕이 1388년에 행한 것이 은퇴가 아니라 이 왕의 죽음을 말한 것일 수가 있다. 모든 것은 슈미트가 첫 번째 것은 "시작"으로 다른 것은 "은퇴"로 번역한(Fournereau, 「고대의 시암(Le Siam ancien)」, 280쪽), 어느 것이 맞는지 모르지만, 크사야(kṣaya)에 주어진 의미에 달려있다. 수코타이 왕이 실제로 1388년에 죽었다면, 이는 아이모니에 씨의 이론에 새로운 난관을 낳게 될 뿐이다. 사실 우리는 시암의 동일한 왕이 1373~1395년까지 중국에 사신을 보냈다는 것을 볼 것이다. 이 시암의 왕은 여전히 수코타이의 왕이면서 수코타이에서 1388년에 통치의 변화가 일어날 수 있겠는가? 나는 아이모니에 씨가 1388년과 1406년 그리고 조금 뒤에 황태후의 언급을 끌어낼 수 있었던 것을 이해할 수 없다. 그에 따르면, "황태후의 존재는 필연적으로 죽은 왕을 상정한다"라고 하였다. 거의 반박할 수 없는 진실이지만 황태후의 단순한 언급이 무엇을 말하는지, 누가 그의 죽은 남편이며, 어느 시기에 그가 죽었다는 것인가?

205) 『명사』, 권324, 6~7쪽을 참고하시오.

결국 수코타이의 크메르어 비석과 줌의 비석에서 무엇을 끌어낼 수 있을까? 1361년에도 여전히 수코타이에는 람캄행의 후예인 왕이 있었다는 것뿐이다. 아유티아가 15세기 후반에 건설되었을 뿐임을 밝히기 위해 아이모니에 씨가 근거한 다른 자료들은 무엇인가? 14세기 후반에 다르마라자디라자(Dharmarājādhirāja)에 관해 말하고 있는 수코타이의 한두 비석과 마찬가지로 다르마라자디라자를 언급하고 있는 1426년의 비문을 가지고 있는 수코타이에서 가져온 프라흐 밧(Phraḥ Bat)의 것이다. 아이모니에 씨에 따르면, 다르마라자디라자는 1361년경 수코타이의 크메르어 비문에서 사용된 브라 파다(Braḥ Pāda)라는 칭호가 "시암의 최고의 왕"이라는 것을 "반박할 수 없이" 해 놓은 것과 마찬가지로, "왕중의 최고의 왕"으로 인간의 스승이자 시암의 군주라고 한다.[206]

그러나 우선 1361년의 비문을 벗어나게 할 수도 있다. 아유티아의 건국년으로 1350년은 절대적으로 강제적인 것은 아니다. 우리가 제시한 설명에서 중국의 자료들은 섭(暹)에 대한 나혹의 승리, 말하자면 메남강 하류의 속국이 수코타이의 옛 군주국에 대한 승리에 대해 1361년에서 1368년까지의 7년이라는 여지를 남기고 있다.

한편 줌의 비석에 대해 내가 채택한 해석에 따르면, 전승되는 연도와는 아무런 관계가 없이, 흐르다야 왕은 나혹의 승리 이전에 수코타이에 재위하고 있었다. 심지어 섭정 이후라도, 그의 고유한 왕국에서 더 이상 실제 권력에 상응하지 않는 그의 옛 칭호들을 유지할 수 없었을까? 요컨대 프라 파다라는 칭호를 가진 속국의 왕을 생각해서가 결코 아니라는 것은 확실한가? 수코타이의 이 크메르어 비문은 별다른 것을 입증해주지 않는다. 이름과 다르마라자디라자라는 칭호를 만날 수 있는 비문들부터 아무 것도 끌어낼 것이 없는 것은 아니다.

---

206) 아이모니에, 「고대의 시암(Le Siam ancien)」, 220과 225쪽.

1246년의 프라 밧(Praḥ Bat)의 경우에서[207] 우선 수코타이의 동일한 왕들과 관계된다는 것을 아무것도 밝혀주지 않는다. 정확하게 다르마라자디라자는 아유티아의 왕이라는 것을 가정할 수 있을 것이다. 그렇지만 한편으로 이러한 가정이 거의 그럴법하지 않고 무용하다고 생각한다. 왜냐하면 아이모니에 씨에 따르면 다르마라자디라자라는 칭호는 시암의 군주들에게만 적용될 수 있으며, 푸르네로 씨가 알려주는 것처럼 오늘날에도 수코타이 지방의 보잘것없는 행정관도 이러한 칭호를 지니고 있다고 했기 때문이다.[208]

따라서 비문의 증언은 훨씬 덜 명백한 것 같고, 아이모니에 씨에 비해 훨씬 설득력이 없는 것 같다. 게다가 몇몇 다른 단서들은 아유티아 건설에 관한 전승되는 연도에 유리해 보인다. 아마도 회동관(會同館: 번역사무소)에서 나온 이중 언어의 탄원서들을 우선 원용했을 것이다. 1567~1572년에 시암의 왕은 중국의 황제에게 글을 써서, 1376년에 홍무제가 자신의 선왕들에게 하사한 섬라왕이라는 인장이 1570년 화재로 소실되었다는 것을 말하고 새로운 것을 요청했다.[209] 그런데, 시암의 탄원서에서[210] 이 시암왕은 아유티아 왕이라

207) 푸르네로(Fournereau), 「고대의 시암(Le Siam ancien)」, 249~254쪽.

208) 앞의 책, 274쪽.

209) 여기서 화재라는 것에 대해서 『명사』(권324, 8쪽)에서 충분히 볼 수 있는데, 거기에는 그 인장이 적국이 시암을 공격하러 오자 그에 맞서 싸운 승전과정에서 분실했다고 말하고 있다. 이 내용이 미얀마의 야자빈(yazavin)들이 기록한 내용과 근접하므로, 그 전쟁은 미얀마-페구인 군대에 의한 아유티아 약탈과 관계되는 것으로 보기에 충분하다. 이 아유티아 약탈은 시암사람들에 의해 1556년으로 되어 있다고 하지만(아이모니에, 『캄보디아』, II, 54쪽; 「고대의 시암(Le Siam ancien)」, 236쪽), 미얀마인들은 더 정확하게 1569년이라 하였다(파어, 『미얀마의 역사』, 114쪽).

210) 이 탄원서들은 옛날에는 회동관(會同館)에 보관되어 있었다. 우리는 중국에서 약간의 사본들을 찾을 수 있다. 시암의 탄원에 관한 중국 자료는 아

는 칭호를 가졌을 뿐만 아니라, 1376년에 중국의 황제가 그의 선왕에게 아유티아 왕의 인장을 하사한 것을 말하고 있다. 이로부터 필연적으로 1376년 섬라의 왕이 아유티아를 수도로 가지고 있었다는 것을 이끌어내지는 않는다. 그러나 텍스트가 절대적으로 진짜라면, 그 같은 것이 1570년 시암왕의 견해라는 것을 인정해야 한다.

그런데 아이모니에 씨가 생각하는 것처럼 아유티아가 1백 년 전부터 건설되었다는 것을 이 왕이 착각했다는 것은 상당히 이상하다. 불행하게도 이들 탄원서의 원문은 믿을 수 없을 것 같다. 그루베(Grube) 씨는 여진의 탄원서들이 중국의 역관들에 의해 중국-여진의 어휘들의 도움으로 다시 만들어졌다는 것을 알아냈다[211]. 백의

~ 미오(Joseph Amiot)의 『중국인들에 관한 기록(Mémoires concernant les Chinois)』, XIV, 266~271쪽에서 자유롭게 번역되었다. 이러한 탄원서들을 모은 책이 성나자로회 수도사들의 북경 미션을 통해 프랑스 학교에 비치되어있고, 라종끼에르 대장은 여기에서 언급한 탄원서에 관한 설명을 기꺼이 해주었다. 그 텍스는 다음과 같다. Si jŭtthaja mưâng luậng (틀림없이 "최고의", "거대한", "왕실의"라는 뜻을 가진 luâng일 것임) phla : ja(=phra : ja) năkhon (틀림없이 "도시"를 의미하는 năkhŏn일 것임) hŏng vu kảo pi khŭn fạ fậngti lăng văn (분명히 "보상하다"는 뜻의 rangvăn일 것임) si jutihaja mứâng luậng ngơn tla ("인장"의 tra) ning (nưng) duâng thưng("어디에 도착하다"는 뜻의 thừng) lŭngkhĭng sic ("4"를 뜻하는 sĩ) pi phuei fải măi ("화재"를 뜻하는 fãi mải)이다. 중국어 번역본으로 쓴다는 조건에서 번역하면, "시 아유티아(Si Ayuthia) 대국의 파라야 나콘(Phrayā Nakhon, 중국어 택스트에서 왕의 명칭)은 천자인 홍무9년(1376)에 아유티아 대국에 은인장을 하사했으나 융경(隆慶) 4년(1570)에 (이 인장이) 화재로 소실되었음을 (아룁니다)"란 뜻이다.

211) 그루베(W. Grube), 「여진의 언어와 문자에 관한 시고(Note préliminaire sur la langue et l'écriture jou-tchen)」, 『통보』, V, 336쪽; 『여진의 언어와 문자(Die Sprache und Schrift der Jučen)』, VII~VIII쪽을 참고하시오.

(白衣)의 탄원서들은 백의 문자로 옮겨 적은 순수한 중국어로 되어 있다.[212] 시암의 탄원서들 중에서 여기 주에서 인용된 구절은 시암어로 잘못 구성되었지만, 반대로 용어대로 중국 원문을 따르고 있다. 따라서 각 외국 사절 방문의 목적이 설명된 뒤에 황실의 전형적인 규칙에 따라 중국어로 탄원서를 작성하고 이 중국어 탄원서로부터 외국어본으로 만든 것이 회동관(會同館)이었다면, 시암의 왕이 새로운 인장을 요청한 탄원서로부터 16세기 후반에 시암이란 명칭이 중국 역관들의 어휘에서 아유티아로 번역한 것으로 생각할 수 있다. 그러나 우리는 이 논증에 대해 새로운 것을 전혀 확보하지 못했다. 따라서 이 의심스러운 주장을 고려하지 않는 것이 좋겠다.

그러나 중국 자료들은 적어도, 부인할 수 없는 연대상 실수에도 불구하고 『아유티아 연대기』, 특히 처음 2세기에 관하여 순수한 허구는 아니라는 것을 밝혀주는 것 같다. 중국 자료들은 태자를 소록군응다라체랄(昭祿羣膺哆囉諦剌)이라 명명했고, 그가 즉위하기 전에는 소문(蘇門)이란 속국의 왕이었으며, 1395년에 그의 부친을 계승했다. 『광동통지(廣東通志)』에 따르면[213], 그는 1415년에 죽었고, 중국은 1416년에 그의 아들 삼뢰파라마랄차적뢰(三賴波羅摩剌劄的賴)에게 임명장을 주었다.[214] 이미 드 로즈니(de Rosny) 씨는 먼저 이 왕들 중에서 수판나부리(Suphannaburī)의 왕으로, 1401년에 아유티아의 왕좌를 찬탈한 인타라샤(Intharaxa, Indrarāja), 둘째로 인타라샤의 아들로 시암의 연대기는 1416년 또는 1418년에 그

212) 뮐러(W. K. Müller), 「백의 언어로 된 편지(Ein Brief in Pa-Yi Schrift)」, 『통보』, V, 333쪽을 참고하시오.

213) 『도서집성』(「변예전」, 권 105, 시암 조목, 6쪽)에 인용된 구본(舊本, 틀림없이 1683년)과 1731년 본, 권58, 7쪽.

214) 특히 『명사』, 권324, 7쪽을 참고하시오.

의 부친을 계승했다[215)]고 하는 보롬마라샤티랏(Borommaraxathirat, Paramarājādhirāja)를 찾아냈다.[216)] 아이모니에 씨는 삼뢰(三賴)를 솜뎃(somdet)으로 생각했다.[217)] 앞의 두 명칭은 틀림없이 챠우 로콘 인드라디라자(Chau Lokhon Indrādhirāja)와 솜뎃 파라마라자디라자(Soṃdet Paramarājādhirāja)로 읽어야 한다.[218)] 아이모니에 씨는 드 로즈니 씨의 재구성과 이들 왕 중에서 두 번째 왕에 대해 『아유티아 연대기』와의 대조를 인정하면서 둘 다를 아유티아에서 수코타이로 옮겨 놓았다.

그러나 그의 선왕에 대해서 이미 수코타이의 마하다르마라자디라자(Mahādharmarājādhirāja)를 이 연대에 넣었고, 아이모니에 씨에 따르면 그는 시암의 최고 왕이었으므로, 그는 드 로즈니씨의 인드라자(Indrarāja)라는 재구성을 받아들인다고 만했지, 이러한 재구성이 『아유티아 연대기』에서 찾을 수 있는 근거에 관해서는 아무런 언급을 하지 않았다. 반대로 내가 보기에는 적어도 이 두 통치기간에 관하여, 시암의 연대기는 인드라라자와 파라마라자디라자가 아유티아에서 통치했다고 하는 반면, 당시 중국의 정보들은, 수도를 수코타이로 옮기는 것을 시도조차 하지 못하도록 『아유티아 연대기』에 충분한 정통

---

215) 팔르구와(Jean-Baptiste Pallegoix), 『타이 또는 시암 왕국에 관한 기술(Description du royaume Thai ou Siam)』, II, 76쪽에서는 1418년이라 했고, 아이모니에 씨는(「고대의 시암(Le Siam ancien)」, 238쪽) 1416년이라고 한다.

216) 『고대 중국인들이 알고 있었던 동방의 민족들(Les peuples orientaux connus des anciens Chinois)』, 218쪽.

217) 「고대의 시암(Le Siam ancien)」, 224쪽.

218) 우리는 또한 『명사』에서 소록군응(昭祿羣膺)이란 약칭을 찾을 수 있다. 우리는 『아유티아 연대기』를 통해 그것을 설명할 수 있는데, 라종끼에르 대장이 나에게 일러준 바에 따르면, 인타라샤 옆에, virāma와 함께 [Inthr]형태가 있는데 이것은 [in]으로 발음되어야 한다.

성을 부여하고 있는 것 같다.[219)]

결정적으로 당시 수도가 아니었던 수코타이에서의 비문들에서는 찾을 수 있지만, 아유티아에서는 찾을 수 없다는 것이 매우 이상

---

219) 시암의 연대기와 다른 자료에서 나온 연대기들 사이에 놀랍게 일치하는 다른 경우가 있다. 우리는 『알부케르크의 해설(Commentaires d'Albuquerque)』과 『세자라 말라유(Sejarah malāyu)』를 통해 이스칸다르 샤(Iskandar Shah)라고 불린 말라카의 군주를 알고 있다. 블래그덴 씨는 아주 정확하게 모간살간적아사(母幹撒干的兒沙, Muhammad Iskandar Shah) 또는 역사한답아사(亦思罕答兒沙, Iskandar Shah)로 확인했는데, 이 왕은 중국 자료에 따르면, 1414년 말라카 왕위에 올랐다(C.O. Blagden, 「말라카의 중세 연대기(The mediaeval chronology of Malacca)」, 245~246쪽; 슐레겔, 『통보』, X, 472~474쪽을 참고하시오. 흐루너펠트 씨가 우(于)와 간(幹)으로 읽은 것은 슐레겔이 생각한 것처럼 부주의에서 나온 것이 아니다. 우리는 몇몇 텍스트에서 이 글자들을 찾을 수 있다. 블래그덴 씨가 짐작한 것처럼 우(于) 자가 간(干) 자에 대한 잘못이라면, 알(斡) 대신에 간(幹) 자로 읽은 것은 블래그덴 씨의 재구성을 충분히 타당하게 해준다. 슐레겔의 아부 이스칸다르 샤(Abu Iskander Shah)보다 더 그럴법하다.) 한편, 바스티안 씨는 그의 저서 『동아시아의 민족(Die Völker des oestlichen Asien)』, I, 365쪽에서, 시암과 말라카의 보고에 관하여 1418년 중국의 칙령을 언급한 뒤에, 이때쯤 말라카의 왕 사카나다라(Sakanadhara)는 시암사람들과 반목했다고 했다. 바스티안 씨가 정보를 『알부케르크의 해설』과 『세자라 말라유』에서 가져 왔다면, 그가 이스칸다르 샤를 사카나다라로 변경한 것을 이해할 수 없다. 시암과 중국의 보고에 관한 중국 자료에 있어서 바스티앙 씨의 출처는 자신이 말하고 있는 것처럼(VIII쪽), 존 바우링 경의 책이다. 그런데 존 바우링의 책에는 분명 1418년의 칙령을 언급하고 있지만(I, 74쪽), 이스칸다르 샤에 관해서는 언급하지 않고 있다. 그러므로 바스티안 씨는 블래그덴 씨의 추정대로 사칸다라(Sakanadhara)라는 이 명칭을 시암의 자료에서 가져온 것 같다. 이는 시암의 이러한 연대기에서 모든 것을 배제해야 하는 것이 아니라는 새로운 증거이다. 시암학자들은 이 주제에 관해 결정을 내려 줘야 한다.

하다.[220] 그러나 한편으로 우리는 섬과 나혹의 보고에 관한 중국인들의 모든 정보를 거부하지 않고는 아이모니에 씨의 이론을 받아들일 수 없다. 이상 우리의 검토로부터 이러한 전복이 필수불가결한 것은 아니라고 결론지을 수 있다. 우리는 적어도 임시적으로는 중국 자료의 동일한 표현으로 만족할 수 있을 것이다. 섬(暹)과 나혹, 즉 수코타이와 롭부리의 지역은 우선 캄보디아인의 통치아래 공존했고, 13세기 후반에 시암 왕국이 독립하여 수코타이에 수도를 건설했지만 공국들 특히 나혹이 남아있었다. 14세기 중반에 지배권은 섬에서 나혹으로, 말하자면 수코타이에서 아유티아로 넘어갔다.[221] 결국 이러한 해결방안이 인정된다면 이렇게 주제를 벗어난 긴 논의를 끌어들인 추정들을 궁색하게 하지는 않을 것이다. 섬은 수코타이, 나혹은 롭부리이므로 단미류(丹眉流)를 리고르에 둘 수 있고 나월(羅越)이 항상 말레이반도의 남쪽부분에 있었다고 보증할 수 있다.

---

220) 아이모니에 씨가 아유티아의 건국으로 부여한 1460년부터 이 도시에서 비문들을 찾을 수 있다면 우리는 이 주장에 주목할 수 있을 것이다. 그러나 그런 비문은 없다. 푸르네로의 『고대의 시암(Le Siam ancient)』에서도, 슈미트(P. Schmitt, 『인도-차이나의 파비 미션(Mission Pavie Indo-Chine, 1879-1895, Vol. 2: Études Diverses)』에도 없고, 아유티아에서 나온, 어느 해의 유일한 비문의 설명을 찾을 수 있을 뿐이다. 아이모니에 씨는 그의 캄보디아』(II, 75~76쪽)에서, 그가 말하고 있는 것으로 판단하건대, 중요한 의미를 지니지 않는 어떤 하나를 말하고 있다. 하지만 그 비문은 아유티아에 있지도 않고 빨라도 1717년의 것이다. 아이모니에 씨의 주장이 그가 제기한 의미를 가지려면 그가 생각하는 연도보다 훨씬 더 낮추어야 함을 알 수 있다. 다행히도 1522년 피가페타(Pigafetta)에서 아유티아라는 이름을 언급한 것이 있어(율, 『영국-인도의 용어사전(Hobson-Jobson)』, Judea조목을 참고하시오) 우리를 난처하게 한다.

221) 이는 또한 제리니 대령의 견해이기도 하다(『AQR』, 1902, XIII, 131쪽을 참고하시오).

5. 가릉(訶陵)과 엽조(葉調)

나월(羅越)은 말라카 해협의 북쪽 해변에 있기 때문에 가탐은 남쪽 해변은 불서(佛逝)라는 나라가 차지하고 있다고 했다. 불서 또는 실리불서(室利佛逝)란 나라는 의정(義淨)과 『신당서』에 의해 우리에게 알려져 있다. 정확한 위치와 세력의 중심지를 추정하는 데에는 모순들이 있는데 이에 대해서는 좀 더 뒤에 살펴볼 것이다. 현재로서는 불서가 항상 수마트라만을 의미하는지 아니면 전체인지를 확인하는 것으로도 충분하다고 하겠지만, 8세기 말 가탐의 설명은 분명 이 섬의 동쪽과 어울린다. 가탐은 다음과 같이 덧붙였다. "불서의 동쪽으로 물을 따라 4~5일 가면 가릉(訶陵) 왕국에 도착한다. 남쪽 섬 중에서 가장 크다." 수마트라의 동쪽에 있는 가릉은, 해협에서 곧장 동쪽으로 향했다면 분명 보르네오일 것이고, 수마트라 해안을 따라가면서 가탐이 이 해안이 서쪽에서 동쪽으로 방향을 잡고 있다고 생각했다면, 그의 실제 방향은 북서쪽에서 남동쪽이라고 할지라도, 자바일 것이다.

내가 생각하기에 가릉이 자바인 것은 확실하다. 그러나 명확하게 하기 위해서, 몇 년 전부터 몹시 이상한 오해를 야기했던 자바와 중국의 관계에 관한 문제를 다시 다루어야 한다. 당나라 시기에만 언급된 가릉 이외에, 자바를 사바(闍婆)란 나라로 보는 것에 거의 동의하고 있는데, 사바가 중국에 처음으로 사신을 보낸 것은 433년이고 그 나라의 이름은 8세기 후반에 조와(爪哇) 또는 과와(瓜哇)라는 이름으로 바뀌었다.

반대로 슐레겔은 가릉과 사바가 말레이반도에 위치하고 있어야 하고, 조와(또는 과와)만이 자바에 해당하며, 옛날 중국인들은 팔렘방 남쪽을 결코 넘지 못했다는 것을 입증하려 했다. 만약 법현(法顯)이 자바라는 명칭을 실제로 언급한 것이 처음이라면, 말레이반도의 사바에 관한 설명들과 뒤섞인 자바에 관한 설명을 조여괄(趙如适)에게서 찾기 위해서는 13세기 초반이 되어야 한다. 13세기 말 쿠빌라이 칸의 원정 이전에 중국과 자바 사이의 공식적인 관계는 없었다. "엄밀한 의미에서 말하자면 자바는 명나라(1369년)이전에 중국에 어떠한 조공도 바치지 않았다."[222] 그렇다면 어떻게 아랍의 여행가들에게 그토록 익숙한 자바라는 이름이 오랜 중국의 교역사에서 알려지지 않은 채로 있을 수 있는지 의문을 품을 수 있다. 그러나 나는 정반대로 생각하므로 슐레겔의 이론이 처음부터 끝까지 거짓임을 밝히고자 한다. 나는 자바와 관계되는 것으로 보이는 가장 오래된 자료들을 연구하는 것으로 시작할 것이다. 우선은 송나라 초기에 사바가 자바를 지칭했다고 인정한 후, 당나라 시기의 자료들과 송나라 이후의 자료들에 관한 해석을 논의할 것이다. 그것들만이 추정(확인)을 담보할 수있을만큼 충분히 정확하다.

사바([슈]음을 가짐)란 이름은 자바(구개음과 함께 [djava]로 발음하시오)의 토착음 형태에 해당한다. 이는 자바의 산스크리트어 이름으로 "밀의 섬"이라는 의미를 가진 야바드위바(Yavadvīpa)에서 나왔다.[223] 우리는 『라마야나(Rāmāyaṇa)』에서 야바드위바를

222) 슐레겔은 우선 사바를 수마트라에 두었다(『통보』, IX, 273). 가릉, 사바 그리고 자바에 관한 그의 최근 연구는 『통보』, IX, 90~92, 273~287쪽과 X, 247~306쪽; N.S. IV, 228~250쪽에 실려 있다.

223) 케른(H. Kern), 「가장 오래된 자료에 따른 황금섬과 자바(Java en het Goudeiland volgens de oudste berichten)」, 『(네덜란드-인도의 언어, 나라, 민족학에 대한 기여, 세 번째 시리즈(Bijdragen tot de taal-, land- en volkenkunde van Nederlandsch-Indië 3e volgereeks)』 4, 1869, 638쪽 이하; 베트(Pieter Johannes Veth), 『자바: 지리, 민족, 역사(Java: Geo-graphisch, Ethnologisch, Historisch)』(제 2판), 4책중 1책, 1~6쪽을 참고하시오. 베트에 따르면 이러한 설명이 중국문헌에 있다고 하였다. 하지만 나는 그것을 찾지 못했다. 베트는 라쎈(Christian Lassen, 『인도의 고고(Indische Alterthumskunde)』(제

찾을 수 있지만[224] 이는 기원후 2세기 말, 우리가 연도를 추정할 수 있는 이아바디우(Iabadiu)와 함께 처음으로 그 이름을 언급한 것은 프톨레마이오스이다. 아마도 중국의 자료들을 통해서 좀 더 옛날로 거슬러 올라갈 수 있을 것이다.

25년에서 220년까지의 역사를 담고 있는 『후한서』, 권6, 3쪽 배면에서 다음과 같은 문장이 들어있다. 영건(永建) 6년(131) "12월(132년 초)에 일남(日南)의 경계 너머에 있는 엽조(葉調)와 탄(撣) 왕국이 사신을 보내 조공을 바쳤다."[225] 당나라 시기에 이루어진 주석에는 이에 관하여 『동관기(東觀記)』의 문장을 인용하고 있는데, "엽조 왕국의 왕이 사회(師會)라는 사신을 조정으로 보내 조공을 바쳤다. 사회를 '한나라에 복종하는 엽조라는 마을의 스승'으로 삼았다. 그리고 자주색 인끈을 하사했다.[226] 『전한서』 「남만전」(권116, 3~4쪽)

~ 2판), II, 1062쪽, 주1)의 주석을 근거하고 있다. 그리고 라쎈은 래플스(Sir Thomas Stamford Raffles)의 『자바의 역사(The History of Java)』, 부록, CVI쪽을 참조하게 하였다. 그러나 이 래플스의 참고문헌은 거짓이고 나는 그러한 문장을 찾지 못했다.

224) 케른, 앞의 책, 640쪽.

225) 十二月日南徼外葉調國撣國遣使貢獻. 이 텍스트에 따르면, 엽조와 선이란 왕국이 일남 경계 너머에 있는 두 나라였다는 것을 알 수 있다. 그러나 우리는 그에 대해 아는 것이 없다. 앞서 선국 왕의 사신이 운남의 남서쪽으로 왔다고 보았다(142쪽). 『후한서』의 외국전에, 엽조라는 명칭이 「남만전」에 보이는 반면 선국의 사신들은 「서남이열전」(권 116, 8쪽)에 설명되어있다.

226) 葉調國王遣使師會詣闕貢獻, 以師會為漢歸義葉調邑君, 賜其君紫綬. 나는 군(君) 자에 두 가지 의미를 부여했지만 달리 번역할 수 없었다. 『동관기』 또는 『동관한기(東觀漢記)』는 후한시기(25~220) 여러 저자들에 의해 연속적으로 편집된 주목할 만한 저술이다. 온전한 책은 일실된지 오래지만, 그 잔권들이 18세기 후반 무영전(武英殿)에서 간행되었다. 엽조에 관한 문장은 권3, 4쪽에서 찾을 수 있다. 거기에서 '漢歸義'는 '漢辨義'로 되어있다.

에서 우리는 이 동일한 사신에 관한 약간 다른 표현들을 찾을 수 있다. "순제(順帝) 영건(永建) 6년에 일남의 경계 너머에 있는 엽조의 국왕 편(便)이 사신을 보내 조공을 바쳤다. 황제는 편에게 황금 인장과 자주색 인끈을 하사했다."[227] 이밖에 엽조란 이 명칭을 찾아내지 못했다.

첫 번째 글자인 葉은 오늘날 정식으로는 [ye]로, 예외적으로는 [she]로 발음된다. 두 경우 모두 옛 발음에서는 모두 순음 종성을 가진다.[228] 1세기에 이 엽[또는 섭](葉) 자는 가섭(迦葉), 즉 Kāçyapa 이라는 이름의 음역으로 만날 수 있다. 이슈바라(Īçvara)의 음역인 이섭파라(伊葉波羅)[229], 아슈바카르나(Açvakarṇa)의 음역인 아섭파갈나(伊葉波羅)[230]에서도 같은 음가를 가진다. 6세기에 이 글자는 또

---

227) 順帝永建六年日南徼外葉調王便遣使貢獻, 帝賜調便金印紫綬. 나의 번역에서는 이현(李賢)이 주석에서 인용한 유반(劉攽)의 언급에 따라서, 명백히 가필된 두 번째 '편' 자 앞에 있는 '조(調)' 자를 뺐다. 펠리오는 분명히 『전한서』라고 밝혔지만, 실제로 이 문장은 『후한서』, 권 86, 「南蠻西南夷列傳」, 2837쪽(중화서국본)에 들어있다. 펠리오의 출처가 정확하다면 참고한 판본상의 문제일 것이다.

228) 이는 운(韻), 방언 발음, 음역에서의 적용된 예로서 입증할 수 있다.

229) 줄리앙(Stanislas Julien), 『중국 서적에서 만나게 되는 산스크리트어 명칭들을 옮기고 해독하는 방법(Méthode pour déchiffrer et transcrire les noms sanscrits qui se rencontrent dans les livres chinois)』, no. 87(89쪽)을 참고하시오. 이 음역은 5세기에 살았던 승려 이슈바라(Īçvara)의 이름으로 적용되었다. 난조 분유(南條文雄), 『인도 국무장관의 명으로 편집된 중국과 일본의 『불교대장경』 한역 목록(A Catalogue of the Chinese Translation of the Buddhist Tripitaka the sacred canon of the Buddhists in China and Japan compiled by order of the Secretary of State for India)』, 부록 II, 78쪽을 참고하시오.

230) 『일본대장경』, 地, IV, 66쪽. 이 두 경우에서 葉波(çap-pa)=çva를 呾羅(tan-la) 또는 怛羅(tat-la)=tra(줄리앙, 앞의 책, no. 1675, 1682, 1710을 참고하시오)와 동일한 형식으로 보아야 한다.

한 엽호(葉護)[231], 즉 얍구(Jabgu)라는 관직명에서도 보인다. 모든 경우에서 엽 또는 섭이 파열 순음을 뒤에 모음 [a]를 가지는 현상을 분명하게 볼 수 있다.

초성의 음가는 덜 명확하다. 가섭(迦葉), 즉 Kāçyapa에서 [she]의 초성은 준모음 [y]가 뒤이어 오는 치찰의 구개음인 [ç]에 해당한다. Açva와 Īçvara에서 초성은 단순한 치찰 구개음에 해당한다.[232] 얍구(Jabgu)란 단어는 구개음, 아니면 파열음, 아니면 유성슈음의 초성으로 발음된다. 아르메니어 제부(Djebou), 조지아어 잡구(Djibghou), 아랍어 잡구야(Djabghouya)라는 형태들을 고려하지 않고 마르크바르트(Marquart) 씨는 구개음의 초성을 다르게 설명하고 있는데 이는 그리스어 지에벨(Ziebel)에서 나온 것 같다고 하였다.[233]

---

231) 중국 주석가에 의해 여기에 명시된 엽호(葉護)라는 이 발음에 관해서는 빌헬름 라들로프(Wilhelm Radloff)의 『몽골의 오래된 터키 비문(Die alttürkischen Inschriften der Mongole)』, 두 번째 시리즈에 실린, 히어트(Friedrich Hirth), 「통주쿡 비문에 관한 에필로그(Nachworte zur Inschrift des Tonjukuk)」, 45~46쪽; 샤반느(Émmanuel-Édouard Chavannes), 「서돌궐에 관한 자료(Documents sur les Tou-kiue occidentaux)」, 24쪽을 참고하시오. 샤반느는 사(躭)와 섭(攝) 자를 [she]로 옮길 때처럼 [shehu]라고 했다. 그러나 이렇게 표기하는 것은 맞지 않는다. 세 글자[엽, 사, 섭]는 '석(石, shi)' 자의 동음이 아니라 사(舍, she)와 동음이다.

232) 『통보』, VII, 185쪽에서 슐레겔은 [she]는 고어 발음에서 초성의 치찰치음에 해당한다고 주장했다. 이는 알려진 것과 상반된다.

233) 히어트, 앞에서 언급한 곳; 마르크바르트(Joseph Marquart), 『모세 쇼레나치의 지리학에 따른 에란사르(Ērānšahr nach der Geographie des Ps. Moses Xorenac'i)』, 246~247쪽; 샤반느, 앞의 자료, 228, 321쪽을 참고하시오. 그 가설의 강점은 『당서석음(唐書釋音)』의 저자가 명백하게 [shehu]란 발음으로 일러주는 것에서 나왔다. 다만 이 저자는 송나라 시기에 살았음을 잊지 말아야 한다.

한편 중국의 모든 방언의 발음은 葉 자에 대해 준모음 [y]초성을 가진 형태와 연관된다. 그러므로 이러한 방언 발음이 형성되었을 때 일반 발음이 이와 같았을 것이다. 하지만 나는 葉 자의 [ye]와 [she]이라는 이중 발음이 동일한 글자로 쓰였을 두 단어와 본질적으로 다른 기원에 해당하는 것이 아니라, 동일한 글자의 두 발음으로부터 점점 분기된 진화에 해당한다고 믿는다. 불행하게도 다양한 방언발음을 추적해야 하는 시대의 불확실성 때문에 아무것도 정확히 할 수가 없다. 우리가 말할 수 있는 것은 1세기에 치찰 구개음의 초성을 가진 음절을 옮기기 위해 葉 자를 사용한 예들을 가지고 있다는 것이다.

이 음가는 정확히 葉 자의 예외적 발음인 [she]와 일치한다. 일반적으로 인정하는 것처럼 이는 또한 얍구(Jabgu)라는 관직의 음역에서 葉 자를 사용한 것이 [she]발음에 상응하는 것이라면, 이 슈음의 무성 초성이 유성의 슈음과, 심지어는 유성의 파열 구개음을 표시할 수 있다고 가정해야 한다. 가능한 재구성들은 [çap] 또는 [jap], 아마도 [jap(djap로 발음)]일 것이다. [ye]라는 일반적인 발음으로 설명되는 [yap]의 음가는 이론상 가능하지만 그에 해당하는 확실한 예가 없다. 조(調) 자는 조달(調達), 즉 드바다타(Devadatta)에 들어간다.[234] 따라서 그 음가는 파열치음+모음 [i] 또는 [e]+순음의 반모음으로, 즉 [tiv] 또는 [tev], [div] 또는 [dev]이다.

---

234) 조달(調達)의 [da]는 고음 [tat]이다. 조달은 두 2음절로 형성된 힌두어 단어가 2음절 중의 첫 번째 음절을 각각 옮기면서 단 두 개의 한자로 만드는 옛 중국어 음역 중의 하나이다. 나선(那先)이 나가세나(Nāgasena)이고, 보살(菩薩, p'u-sat)이 보디사트바(bodhisattva)인 것을 참고하시오. 음역에서 조(調) 자의 음가에 대해서, 『수경주』 권1에 자주 인용된 불도조(佛圖調)는 사실상 붓다드바(Buddhadeva)에 해당한다는 것을 참고하시오. 『수경주』(권1, 5, 16쪽)은 축지(竺芝)의 『부남기(扶南記)』와 강태(康泰)의 『부남토속전(扶南土俗傳)』에 따라 가나조어(伽那調御) 또는 가나조(迦那調)의 섬이라 불린 나

우리가 남해에서 어떤 명칭이 [ye]나 [diao]란 글자의 음가와 일치할 수 있는지를 찾는다면, 중국어로는 [Jap-div]로 되는 프톨레마이오스의 이아바디우인 엽조(葉調, Yavadvīpa)에서 찾는 것은 상당히 자연스러워 보인다.235) 유일한 난관이 초성에서 나온다. 프톨레마이오스의 형태와 조금 뒤인 5세기 초에 찾을 수 있는 법현의 형태는 반모음 초성인 [y]가 아직 유성 구개음 [j]로 되지 않은 발음에 해당하는 것 같다. 슐레겔에 따라236) 케른 씨는 [y]에서 [j]까지의 과정이 8세기 이전이 아니라고 생각했다. 그러나 뒤에서 내가 밝히고자 하는 것처럼, 사바(闍婆)가 바로 자바라면, [she]는 원칙적으로 [ça] 또는 [ja]에 해당하므로237), 사바라는 이 명칭이 나타날 때, 말하자면 5세기 초반부

~ 라를 언급하고 있지만 나는 이 명칭을 재구성해내지 못했다. 드위빠(Dvīpa)를 옮기는 조(調) 자의 예로서, 축지의 『부남기』를 인용한 『수경주』(권2, 3쪽)에서 심하드위빠(Siṃhadvīpa) 또는 시하디파(Sihadīpa)를 사가조(私訶條: 실론)로 옮긴 것을 참고하시오.

235) 여기에서는 종종 그렇듯이 중국어 음역이 프라크리트어의 형태상에서 만들어졌다는 것을 가정해야 한다. 프톨레마이오스와 법현에 의해 주어진 자바라는 명칭의 음역에 대해서도 마찬가지 경우이다. Yavadvīpa를 엽조로 볼 것을 제안하지만 그렇다고 해서 수마트라보다는 자바로 봐야 한다고 말하고 싶지는 않다. 프톨레마이오스가 부여한 명칭에 대응하는 것 그 이상은 아니다.

236) 『통보』, X, 289쪽. 슐레겔은 참고문헌을 밝히지 않아서 나는 안타깝게도 케른 씨가 어디에서 이 주제를 설명했는지 모른다. 또한 베트(Pieter Johannes Veth), 『자바: 지리, 민족, 역사(Java: Geographisch, Ethnologisch, Historisch)』(제 2판), 4책중 1책, 11쪽을 참고하시오.

237) 우리는 [jya], [jña], [dya], [dhya] 등을 음역하기 위해 사용된 이 사(闍) 자를 찾을 수 있지만 내가 알기로는 [ya]는 없었다(Stanislas Julien, 『중국 서적에서 만나게 되는 산스크리트어 명칭들을 옮기고 해독하는 방법(Méthode pour déchiffrer et transcrire les noms sanscrits qui se rencontrent dans les livres chinois)』, no. 96~123을 참고하시오).

터 자바에 대해 구개음의 초성을 가진 발음이 있었다는 것을 인정해야 한다. Yava와 Java(파열구개음을 가짐)사이에, 중국어에서 [Ye-diao], 즉 [Jap-div]가 표시하는 슈음을 가지면서 중계하는 발음이 있었다는 것은 불가능할까?[238)]

238) [ye]라는 일반적인 발음에 해당하는 [yap]이란 음가를 가지는 음역으로 葉 자가 사용된 경우가 있다면, 이 가정이 너무 견고한 것은 말할 것도 없으므로, 반론 없이 받아들여질 수 있다. 그렇다면 얍구(Jabgu)라는 관직에 대해 [yehu]가 아니라 [shehu] 발음이라고 한 『당서석음(唐書釋音)』의 주석이 잘못된 것이라고 볼 수 있다. 그런데 이는 불가능해 보인다. 슐레겔은 마단림(馬端臨)이 두 구절에서(권336, 16쪽과 권344, 1쪽) 엽호(葉護)가 아니라 업호(業護)로 썼다고 하였다(『통보』, VIII, 185쪽). 그런데 업(業) 자는 엽(葉) 자의 [섭]처럼 부수적인 음을 가지지 않는다. 유감스럽게도 나는 이 구절들을 고려하지 못했다. 왜냐하면 내가 가지고 있는 사씨(謝氏)의 1859년 간행본에는 두 경우 모두 엽호(葉護)로 되어있었기 때문이다. 에프탈(Ephthalites)에게 정복되기 이전 간다라 사람이 사용했던 그러나 업파라(業波羅)가 마르크바르트 씨가 생각하는 것처럼(Joseph Marquart, 『모세 쇼레나치의 지리학에 따른 에란사르(Ērānšahr nach der Geographie des Ps. Moses Xorenac'i)』, 246~247쪽), jabgu라는 관직을 숨기고 있다는 것을 인정한다면, 우리는 동일한 결과에 이르게 된다. 그런데 마르크바르트 씨의 근거는 매우 수긍할 만하다. 어쨌든 엽파(葉波, 또는 [섭])라고 쓴 이름을 찾을 수 있는 곳과 간혹 업파(業波)라고도 약칭하는 곳도 바로 이 업파라고 하는 나라인 것으로 보인다. 업(業) 자는 결코 [she]로 발음되지 않기 때문에 우리는 여기에서 엽(葉) 자의 [섭]이라는 부수적 발음을 인정해야 하는가? 나는 그렇지 않다고 생각한다. 마르크바르트 씨가 업파라와 염부알(閻浮謁)이란 형태를 연결했지만, 염(閻) 자에는 슈음의 초성을 가진 발음이 없다. 결국 그리스어 형태인 Ziebel이 jabgu에 대해 yabgou가 아니라 jabgou또는 djagou인 발음을 필요로 한다고 할지라도 [y] 초성을 가지는 동일한 한자가, 동일한

6. 제박(諸薄)

245~250년경 강태(康泰)와 주응(朱應)이 부남으로 간 사신 기록에서 자바에 관해 이야기하고 있다고 이해할 수 있는가?[239] 확언할 수는 없어도 가능하다. 강태가 돌아와 간행한 『부남토속전(扶南土俗傳)』[240] 잔권에는 여러 차례 제박(諸薄) 왕국을 언급하고 있는데, 그 나라의 동쪽으로 마오(馬五)라는 섬에 도착할 수 있다.[241] 『외국전』

~ 발음을 유지하면서 [y]로도 유성 구개음 [j]로도 옮기는 예가 없는 것은 아니다. 염부(閻浮)는 얌부(Jambu)라고 하는 반면 염마(閻摩)는 야마(Yama)라고 하는 것을 상기해보면 된다. 이 경우 jabgu에게 엽(葉) 자의 [섭]발음을 요청할 필요가 전혀 없다. 나는 쇄엽(碎葉)이란 강의 이름에 대하여 샤반느 씨가 [Soei-che(우리의 표기로는 Sui-she)]라고 읽고 수이(Soûj) 또는 수이-압(Soûj-âb)으로 복원했다(『서돌궐에 관한 자료(Documents sur les Tou-kiue occidentaux)』, 359쪽). 프랑스어 표기가 Soûj-âb이 맞다면, 그것은 [she]의 무성 슈음의 초성을 Soûj의 유성의 슈음 종성에서 찾으면서 [Sui-she]란 발음을 거의 해명하고 있다. Soûj-âb은 타당한가? 이것이 마르크바르트 씨가 Sūjāb이라(앞의 책, 82쪽) 쓴 것이다(샤반느는 앞의 자료, 10쪽에서는 Sûj-âb으로 옮겼다). 그런데 마크크바르트 씨의 [j]는 항상 우리의 [i] 또는 [y]이다(그의 책, 색인, 333~334쪽을 참고하시오). 따라서 Sūj-āb의 프랑스어 표기는 Soûy-âb일 것이고, [ye](고음에서는 yap)의 일반적인 음가를 葉 자에 두어서 [Sui-ye]가 [Sui-she]보다 Soûy-âb의 훨씬 더 정확한 표기이다. 송나라 시기의 저자들에도 불구하고, 이러한 주장이 jabgu라는 관직의 음역에서 葉 자에 [ye]라는 발음을 부여하기에 충분해 보인다면, [Ye-diao]를 [Jab-div]가 아니라 [Yap-div]로 복원할 수 있을 것이고, [Ye-diao]와 Java의 확인은 어떠한 반론도 야기하지 않을 것이다.

239) 이 사신행에 관해서는 『BEFEO』, III, 251, 268, 292~293, 303쪽을 참고하시오.

240) 이에 관해서는 『BEFEO』, III, 275쪽을 참고하시오.

241) 『BEFEO』, III, 264쪽과 『태평어람(太平御覽)』, 권787, 13쪽을 참고하시오.

에 따르면[242], 제박의 여인들은 꽃문양이 들어간 면직물을 짤 줄 안다. 강태의 사신행을 간접적으로 재론하고 있는 다른 자료에서 언급되었는데[243], 제박이란 이 나라는 부남의 동쪽, 해남의 중국해에서 말라카 해협까지 이르는 창해(漲海)에 있다고 하였다. 그런데 자바는 당연히 부남, 달리 말하자면 캄보디아의 동쪽에 있는 것이 아니라, 정 동쪽에 있다. 다만 중국의 설명이 전적으로 정확하다고는 할 수 없을 것 같다. 자바이외에는 보르네오 밖에 생각할 수가 없기 때문이다. 그런데 보르네오는 이론의 여지없이 캄보디아의 동쪽에 있지 않다. 좀 더 뒤의 수나라 시기(589~618)로 거슬러 올라가는 한 정보에 따르면 마찬가지로 두박(杜薄)이란 나라가 창해, 부남의 동쪽에 있다고 한다. 이번에도 우리는 자바를 생각할 수 있다.

제박이 자바라면 아마도 제박의 동쪽에 있는 마오라는 섬에서 발리를 찾아야 한다. 이 경우에는 분명히 마오를 마립(馬立) 또는 마리(馬里)로 바꾸어야 한다.[244] 마례(馬禮)는 우리가 발리(Bali)로 추정하는 약간의 근거가 있다는 것을 보게 될 바리(婆利)란 이름의 다른

---

242) 이 『외국전』은 『법원주림』(권 36; 『일본대장경』, 雨, VII, 49쪽)에서 인용된 『오시외국전(吳時外國傳)』임에 분명하고, 3세기까지 거슬러 올라갈 수 있다. 이 책은 사마천 [『사기』의] 주석자 중 한 사람(張守節, 『史記正義』)이 『강씨외국전(康氏外國傳)』(『BEFEO』, III, 275쪽)이란 이름으로 인용하고 있는 강태의 저서에서 확인하려는 경향이 강하다. 유일한 반론은 『오시외국전』의 인용과 비교해보면, 『법원주림』은 다른 『부남전』으로부터 인용하고 있다는 점이다. 그러나 아마도 『부남전』의 인용은 축지(竺芝)의 책에서 따왔을 것이다(『BEFEO』, III, 277쪽). 어쨌든 오마(五馬, 마오가 잘못된 것)라는 섬에 대한 『오시외국전』의 짧은 인용은 강태의 저술에서 따온 그대로 『태평어람』에서도 찾아볼 수 있다. 아래의 주244를 참고하시오.

243) 『BEFEO』, III, 264~265쪽을 참고하시오.

244) 『법원주림』(권 36, 49쪽)은 『오시외국전』의 이 문장을 다음과 같이 인용하고 있다. "오마라는 섬[五馬州]은 계설향(鷄舌香)을 생산한다." 이 문장은 정

형태로서 『신당서』에서 정확하게 언급되어 있다.[245] 그러나 모든 유보사항들을 열어둔 채 이러한 역어들을 제시할 뿐이다. 이러한 역어들은 제박과 두박의 박(薄)이 고음에서는 후음 종성을 가지는 글자였다는 사실로 그럴법한 가능성을 많이 잃고 있다.

중국 자료에서 확실하게 자바에 대한 새로운 언급은 5세기가 되어서야 찾을 수 있다. 414년 법현은 인도에서 돌아오면서 야파제(耶婆提)에서 몇 달을 보냈다.[246] 누구나 이 명칭을 야바드위빠(Yavadvīpa)로 읽는 것에 동의하므로 더 이상 강조하지 않겠다.

~ 확하게 강태의 책에서 따온 것으로, 『태평어람』(권787, 13쪽)에서 마오를 오마로 잘못 기록한 형태로 찾을 수 있다. 계설향은 『통전』과 『태평어람』의 조목에서 두박(杜薄)의 특산품들 중 하나이다. 계설향에 관해서는 브레치나이더(Bretschneider), 『중국 식물 사전(Botanicon sinicum)』, III, no 308을 참고하시오.

245) 『신당서』, 권 222하, 1쪽. 슐레겔, 『통보』, IX, 290~291쪽을 참조해보면, 그가 마라유로 설명하는 것을 수긍할 수 없다. 뒤에 그 이유를 말할 것이다. 발리는 13세기에 조여괄의 마리(麻篱)와 파리(琶離)로 불렸고, 또 17세기 『동서양고』(권 9, 7쪽)에서는 마리(磨里)를 찾을 수 있다. 슐레겔, 『통보』, N.S. IV, 238~239쪽을 참고하시오. 거기에는 아마도 다른 판본에 따라 마리(磨里)를 마리(麻里)라고 했을 것이다.

246) 레그(James Legge), 『불교 왕국들에 관한 기록(A Record of Buddhistic Kingdoms)』, 113쪽과 별첨되어 있는 원문의 42쪽; 슐레겔, 『통보』, N.S. IV, 228쪽을 참고하시오.

7. 사바(闍婆)와 가라단(訶羅單)

몇 년 뒤에 사바란 명칭이 모습을 드러낸다. 사바를 자바로 보는 『도서집성』은 과와(瓜哇, 자바)라는 조목에서 433년과 435년에 중국에 온 사바의 두 사신을 인용하고 있다.[247] 슐레겔은 여기에 두 가지 오류가 있다고 지적한다.[248] 첫 번째 사신은 『송서(宋書)』에 언급되지 않았고 두 번째 사신은 사바에서 온 것이 아니라 사바파달(闍婆婆達)에서 왔기 때문이라는 것이다. 적어도 한 경우에는 단어상의 문제이다. 왜냐하면 본기에서 433년 사바의 사신에 관한 언급이 없다 할지라도, 이 해, 6월에 "사바주(闍婆州) 가라단국(訶羅單國)이 사신을 보내 나라의 산물을 바쳤다"[249]라고 기록하고 있다. 그리고 『송서』 외국전에는 가라단(呵羅單)이란 나라가 사바섬을 통치했다고 한다.[250] 가라단이 처음으로 사신을 보낸 것은 433년이 아니다. 이미 430년에 금강(金剛)[251]으로 된 반지, 홍앵무, 인도[252]

---

247) 『도서집성』, 「변예전(邊裔典)」, 권97, 과와(瓜哇) 조목, I, 1쪽.

248) 『통보』, X, 251쪽.

249) 『송서』, 권 5, 5쪽. 슐레겔은 나에게 없는 1873년 남경에서 간행된 판본을 사용했다. 그러나 원문은 같을 가능성이 크다.

250) 『송서』, 권 97, 2쪽. 거의 동일한 내용을 보여주는 『남사(南史)』(권 78, 5쪽)에는 치(治) 자 대신에 도(都) 자를 쓰고 있다. 『송서』: 呵羅單國治闍婆洲; 『남사』: 呵羅單國都闍婆洲.

251) 금강은 다이아몬드를 말하지만 이 번역은 여기에서 적절하지 않다. 『송사』(권 489, 5쪽)에 실려있는 「삼불제(三佛齊)」조목에서 이 나라는 974년에 수정으로 만든 반지[水晶指環]을 바쳤다. 나는 여기에서도 이 해석을 채택해야 한다고 생각한다.

252) 인도란 명칭은 『송서』에서 천축(天竹)으로 쓰여 있지만 『남사(南史)』의 천축(天竺)이 정확하다.

의 거칠고 섬세한 면직물[253], 엽파(葉波)[254]라는 면직물을 바쳐

253) 거친 면을 지칭하는 고패(古貝, 吉貝, karpāsa)와 섬세한 면직인 백첩(白疊)의 구분에 관해서는 『BEFEO』, III, 269쪽, 주3을 참고하시오. 백첩을 처음으로 언급한 것은 남서 운남의 토착민족과 관련하여 『후한서』(권116, 8쪽)에서 찾을 수 있다. 그 명칭은 백첩(帛疊)으로 되어 있다. 앞에서(270쪽) 인용한 3세기의 『외국전』부터, 백첩(白疊)에 해당하는 형태를 정확히 제박(諸薄)에 관한 문장에서만 찾을 수 있다.

254) 슐레겔은(『통보』, X, 159쪽) "Çyapa rachṭra"로 복원했지만, 샤파(Çyapa)라는 단어는 없다. 엽파(葉波)라는 이 명칭은 『양서』(권54, 8쪽)에서, 3세기 강태(康泰)의 기록에 따르면, 중인도을 둘러싸고 있었던 16개의 큰 나라들 중 하나로 나타난다. 『책부원구』(권968, 10쪽)에서 엽파는 葉婆로 되어있다. 나는 葉의 [ye]라는 일반적인 음에 확실하게 해당하는 옛 음역에 관해 알지 못함에도 사바 또는 사파가 아니라 엽바 또는 엽파라고 읽었다. 바로 이 엽파가 5세기 중후반에 에프탈 왕국이 되었고, 간다라였던 업파라(業波羅) 또는 업파(業波)일 가능성이 매우 크다. 그런데 업(業) 자는 엽(葉)처럼 부수적인 음이 없다. 마르크바르트 씨는(『모세 쇼레나치의 지리학에 따른 에란사르(Ērānšahr nach der Geographie des Ps. Moses Xorenacʻi)』, 246~247쪽) 업파라를 야구(Jabgu)로 복원했다. 그의 근거들은 수긍할 만하다. 그러나 절대적으로 확정된 것은 아니다. 샤반느 씨는 『태자수대나경(太子須大拏經)』의 구절을 정사의 문장들과 비교하면서, 이 태자는 엽파(葉波)왕의 아들이라고 하였다. 그런데 수담스트라(Sudaṃṣṭra)는 자타카마라(Jatakamālā)의 비산트라(Vessantara)로 사위국(舍衛國)의 태자라고 하였다. [엽]이 아니라 [섭]으로 읽은 샤반느 씨는 섭파를 사위(舍衛)보았다(『서돌궐에 관한 자료(Documents sur les Tou-kiue occidentaux)』, 225, 314, 322쪽; 「송운의 여행(Voyage de Song Yun)」, 『BEFEO』, III, 416쪽을 참고하시오). 그러나 업파라, 또는 섭파가 사위(舍衛, Çibi)에 해당한다고 하기는 어려울 것 같다. 음역에서 [섭]의 모음 음가가 [i]가 아니라 [a]이다. 이는 파(波) 자에 있어서도 마찬가지이다. 마찬가지로 앞의 245쪽, 주238을 참고하시오. 보유: "5세기 중후반에 에프탈 왕국이 되었고"라는 문구는 "5세기 중후반에 에프탈 왕국에 의해 정복되었고"로 읽으시오.

다.[255] 또 436년, 449년, 452년에도 그 나라에 대해 언급하고 있다.[256] 사바가 자바라면 『송서』의 문장으로부터 가라단(呵羅單)이 자바에 있었음을 도출할 수 있다. 이는 슐레겔이 케란탄으로 추정하는 것과 모순된다.[257] 그러나 이 추정은 문제를 야기한다. 음성적으로는 가능하지만 그것이 전부이다.

슐레겔은 가라단에 관한 문장을 한쪽에서는 임읍과 부남 그리고 다른 쪽으로 "Po-houang (Pahang), Po-ta(Padar?), Chö-p'o(말레이반도의 Djavâ), 실론 그리고 가비려(迦毘黎, Kapilavastu)"라는 나라들 사이에 둔 『송서』 외국전에 기술된 순서를 근거로 들었다.[258] 그러나 파항에 관한 추정은 확실하지 않고 자바에 관한 기술은 당연히 부남과 천축(인도) 사이에 들어 있음을 지적해야겠다. 슐레겔에게 있어서 사바가 자바이므로 어떻게 자바에 관한 기술과 슐레겔이 자바에 위치시킨 가라단에 관한 다른 설명을 가질 수 있겠는가? 이는 바로

255) 『송서』, 권 97(중화서국, 2381쪽): 元嘉七年, 遣使獻金剛指鐶·赤鸚鵡鳥·天竺國白疊古貝·葉波國古貝等物.

256) 『송서』, 권 97, 2쪽. 『남사』, 권 78, 5쪽. 『송서』의 본기(권 5, 5, 6, 11쪽)에서 우리는 436년의 사신을 제외하고도 434년, 437년의 사신을 더 찾을 수 있다. 이는 『남사』에서도 마차찬가지이다(권 2, 2, 3, 5쪽).

257) 『통보』, X, 159~161쪽.

258) 마지막 나라에 대한 추정은 잘못이다. 가비려(迦毘黎)는 중국인들에게는 갠지스강의 명칭이고(『통전』, 권193, 6쪽) 부차적으로 나라이름이 되었다. 레비(Sylvain Lévi), 「왕현책의 인도 사신행(Les missions de Wang Hiuen-ts'e dans l'Inde)」, 『JA』, 3~4월호, 1900, 307쪽을 참고하시오. 『태평어람』, 권 787, 14쪽에는 비가려(毘伽黎)로 잘못되어 있다. 『송서』, 권97에 실린 서남이 왕국들에 대한 기술은 訶羅陁國, 呵羅單國, 媻皇國, 媻達國, 闍婆婆達國, 師子國, 天竺迦毗黎國 등의 순서로 되어 있다(중화서국, 2377~2386쪽). 슐레겔과 펠리오는 반(媻) 자를 파(婆) 자로 잘못 읽은 것으로 보인다. 판본상의 문제일 수도 있으나, 확인하지는 못했다.

자신의 이론에 충실하지 못한 숄레겔이 우리가 위에서 정확하게 구분한 사바파달(闍婆婆達)에 관한 기술을 사바라고 여겼기 때문이다.

그 외에, 『수서』의 한 구절에서[259], 적토(赤土)의 남쪽에 가라단(訶羅旦)이란 왕국이 있다고 하는 부분은 비록 글자는 다르지만, 유송시대의 가라단(呵羅單)임에는 틀림없다. 그런데 적토는 시암이라고 하고 시암의 남쪽은 말레이반도를 생각해야 한다고 한다. 그러나 먼저 적토가 시암인지 확실하지 않다. 어쨌든 시암이라면, 그에 할당한 경계가 이상하다. 동쪽과 서쪽에 닿는 나라들은, 예를 들어 부남과 진랍이라는 나라들을 예상하지만, 우리가 전혀 모르는 명칭들을 가지고 있다. 특히 적토의 북쪽은 "대해"에 닿아 있다고 한다. 숄레겔은 단순히 이 "대해"를 아무런 고려 없이 "중국해"로 주석을 달았으나 시암의 북쪽에 중국해를 놓게 되면 텍스트를 신뢰할 수 없거나 위치추정이 잘못된 것이다.

적토가 시암이고 그 나라는 가라단 남쪽에 있다고 하는 것을 인정하면 자바는 시암의 남쪽에 있다는 것이 되는데 이는 놀랄만한 것은 아니다. 가릉(訶陵)은 진랍(眞臘, 캄보디아) 북쪽과 가깝다고 한 『구당서』와 동일한 방식이다.[260] 숄레겔은 가릉이 캄보디아 남쪽 아주 멀리 위치한 자바라고 하는 이 문장을 어리석다고 생각했다. "아무리 유럽의 지리에 대해 모르는 사람도 비교하는 방법으로 이탈리아는 덴마크의 남쪽에 있다고 말하지는 않는다."[261] 그러나 나는 이탈리아와 덴마크 사이에 바다만 있다면 이와 같은 표현이 그렇게 쇼킹하다고는 생각하지 않고, 알제리는 프랑스 남쪽에 있다는 것을 당연하게 받아들인다. 보다 분명한 예를 들어보면, 『명일통지』는 마찬

259) 권, 82, 2쪽. 동일한 문장을 『북사(北史)』, 권 95, 5쪽에서도 찾을 수 있다. 『통보』, X, 161쪽을 참고하시오.

260) 『구당서』, 권 197, 2쪽과 아래 273쪽을 참고하시오.

261) 『통보』, IX, 276쪽.

가지로 "과와(瓜哇)는 점성(占城, 참파) 북쪽에 닿는다(抵)"[262]라고 말하고 있다. 그런데 아무도 과와가 자바라는 것을 의심하지 않는다. 적토가 어디에 있든지 간에, 사바 섬에 있는 가라단을 자바에 놓으려면 이 나라는 분명히 자바의 북쪽에 있어야 하는 것으로 그만이다.

435년 시바파달(闍婆婆達)의 사신의 경우는 더욱 모호하다. 이 나라가 정사에서 언급된 것은 바로 이에 관한 것이다. 게다가 명칭도 불확실하다. 적어도 『도서집성』의 도서를 통해 석판술로 인쇄된 그대로, 『송서』의 본기에서는 사바사달(闍婆娑達)로 되어 있다. 같은 책 외국전에서는 사바파달(闍婆婆達)로 되어 있고, 목차에서는 사바달(闍婆達)로 되어있다.[263] 『남사』는 목차와 외국전에서 사바달로 쓰고 있지만 본기에서는, 『송서』와 마찬가지로 사바사달(闍婆娑達)로 되어있다.

심지어 이 형태는 433년 사바에 관한 언급을 오염시켰다. 그래서 이 해 『남사』의 본기는 "사바사(闍婆娑)라는 섬의 가라단국"[264]이라 했다. 사바달, 사바파달 또는 사바사달이란 나라가 실제로 있었다면, 위치에 관한 언급도 없는 단 한 차례 나타나는 명칭으로 어떤 형태가 맞는지 결정하는 것은 어렵다.

나는 흐루너펠트 씨가 한 것처럼[265] 사바달을 야바드위빠(Yavad-vīpa)로 복원할 수 있다고 생각하지 않는다. 달(達) 자의 모음 발성과 종성(고음으로는 tat)과 배치된다. 우리는 이미 사바란 나라에 가라단을 위치시켰고, 흐루너펠트 씨도 나처럼 이 사바를 자바의 명칭으로 보고 있다. 그러나 슐레겔처럼 "아무런 의미도 없는" 자

262) 『명일통지』, 권 90, 10쪽.

263) 『송서』, 목차, 13쪽; 권 5, 5쪽; 권 97, 3쪽.

264) 남사』, 목차, 15쪽; 권2, 3쪽; 권78, 6쪽.

265) 흐루너펠트(Groeneveldt), 「말레이 군도와 말라카에 관한 주석」에서, 135, 138쪽.

파다(Djapâda)에 해당한다는 이유로 이 사바달을 분리하고, "무궁화 정원인 자파바타(Djapâvâta)"[266]를 끌어내기 위해 사바파달을 선호하는 것은 불가능한 재구성으로 거의 가능성이 없는 형태를 대체하는 것이다. 『송서』에서 둘로 나타나는 사바와 파달(婆達)이란 이름을 하나의 사바파달로 명명한 사가의 초기 실수 때문으로 보인다. 같은 435년에 두 나라 모두 사신을 보냈을 수 있지만 이는 하나의 가설에 불과할 뿐이다.

결국 『송서』는 433년 사바란 명칭을 처음으로 확실하게 보여준다. 그것은 가라단(呵羅單) 왕국을 형성하는 섬으로 나타난다. 그러나 이 시기부터 그 왕국이 중국인들에게 사바란 명칭으로 지칭 되었다는 것을 보여 주는 것은 종교적 자료이다. 519년에 편집된 『고승전(高僧傳)』에는 특히 구나발마(求那跋摩, Guṇavarman)의 전기가 들어있다.[267] 구나바르만은 가리발타(呵梨跋陀, Haribhadra)의 손자이자 승가아난(僧伽阿難, Saṅghānanda)의 아들로 계빈(罽賓, 캐쉬미르)의 왕실가정에서 태어났다. 한동안 종교적인 삶을 살다가 30세기 되었을 때, 캐쉬미르 왕이 자식 없이 죽는 바람에[268] 그를 왕위에 올리고자 했으나 그는 거절하고 실론으로 떠나 겁파리(劫波利) 마을에

266) 『통보』, X, 252쪽.

267) 『일본대장경』, 致, II, 권3, 15~16쪽. 또한 난조분유(南條文雄), 『인도 국무장관의 명으로 편집된 중국과 일본의 『불교대장경』 한역 목록(A Catalogue of the Chinese Translation of the Buddhist Tripitaka the sacred canon of the Buddhists in China and Japan compiled by order of the Secretary of State for India)』, 부록 II, no 79를 참고하시오.

268) 나중에 다시 보겠지만 구나바르만은 중국식으로 65세의 나이로 죽었고 분명 431년일 것이다. 이 『고승전』은 캐쉬미르 왕이 죽은 것을 396년에 두었다. 나는 5세기에 계빈(罽賓)은 여전히 캐쉬미르였다고 생각한다. 샤반느, 『서돌궐에 관한 자료(Documents sur les Tou-kiue occidentaux)』, 336쪽과 『BEFEO』, III, 340쪽 주석을 참고하시오.

서 살았다. 그 다음에 사바 왕국으로 갔다. 그가 도착하기 전날 밤에 황후는 범선을 타고 왕국으로 온 한 승려를 꿈에서 보았다. 아침에 구나바르만이 도착하자 황후는 그의 꿈을 확신하고 불교로 개종했다. 그녀는 자신의 아들이 그를 본받도록 영향을 주어 결국 그를 설득하게 되었다. 적들이 약탈하러 오자 왕은 구나바르만에게 저들과 맞서 싸우는 것이 종교적 신념에 어긋나지 않는지를 물었다. 구나바르만 그 도적들을 응징해야 한다고 대답하자 왕은 출정하여 승리를 거두었다.

조금씩 불교가 나라 전역으로 퍼져가자 귀의하고자 했던 왕은 신하들의 탄원에 따라 온 나라에서 생명체를 죽이는 것을 그만둔다는 조건에서 이 계획을 단념했다. 구나바르만의 명성은 멀리까지 퍼졌다. 424년에 중국의 승려들은 황제에게 구나바르만을 초청할 것을 요청했다. 이 일로 사신들이 구나바르만과 파다가(婆多伽)왕에게 파견되었다. 이 때 구나바르만은 상인 축난제(竺難提, Hindou Nandin)의 배를 타고 임읍(林邑, 참파)으로 떠났거나 떠나게 되었다. 순풍을 타고 그는 광주에 도착했고 431년 남경에 도착했다가 몇 달 뒤에 중국나이 65세로 죽었다.[269] 이것이 전기의 내용인데, 역사적 사실에서 조금 왜곡된 것들이 틀림없이 있다. 그럼에도 불구하고 사바가 자바라면, 414년 섬에서 불교도들이 너무 적어 "말할 것도

269) 구나바르만이 남경에 도착한 같은 해에 죽었다면 그에게 주어진 모든 번역을 해낼 수 있었다는 것은 조금 의아하다. 역경 목록에 들어있는 정확한 설명에 따르면, 그가 번역한 역경들은 431년으로 거슬러 올라간다(『개원석교록(開元釋教錄)』, 『일본대장경』, 結, IV, 43쪽을 참고하시오). 난조분유는 나처럼 원문을 해석했다. 그러므로 늦게 나온 『불조통기(佛祖統記)』(『일본대장경』, 致, IX, 34쪽)에 보이는 설명을 고려하지 않았다. 이에 따르면 구나바르만은 434년에 수계식를 행했다. 송나라 시기의 『승사략(僧史略)』(1883년 일본판본, 권상, 12쪽)에서는 434년 이 수계식에 관해 언급하고 있는데, 이 의식에서 처음으로 중국의 비구니들이 계를 받았으나 구나바르만은 거명되지 않았다.

없다"[270]라고 한 법현의 방문과 431년 구나바르만이 남경에 도착한 431년 사이에는 대대적인 포교가 사바에서 이루어졌을 것이다.

270) 레그(James Legge), 『불교 왕국들에 관한 기록(A Record of Buddhistic Kingdoms)』, 113쪽.

8. 두박(杜薄)과 염마나(閻摩那)

자바라고 하는 나라에 관한 새로운 언급을 한 문헌은 수나라(589~618)년이 되어서야 나타난다. 『통전』[271]과 『태평어람』[272]에서 거의 비슷해 보이지만 두박(杜薄)이라는 나라에 관한 기록이 들어있다. 이 나라는 창해(漲海), 부남의 동쪽에 있고 바다로 수십 일을 가야 도착할 수 있으며, 여인들은 꽃문양이 들어간 면을 짠다. 두박섬에는 10여 개의 도시들이 있는데 적어도 그 추장들은 왕의 칭호를 가졌다. 이렇게 우리는 수나라 시기에 이 나라에 관해 언급된 것을 이해할 수 있다.

나라의 명칭인 두박은 두(杜) 자가 종종 사(社) 자와 혼동되는 만큼 사바(闍婆)를 연상시키는데, 바로 사바(社婆)로, 『신당서』에서 사바의 이체로 보이고, 마단림의 책과 『도서집성』 석판본에서는 두바(杜婆)로 되어있다.[273] 두박(杜薄)이란 동일한 명칭이 『대장경』 판본중의 하나와 『태평환우기(太平寰宇記)』에 사박(社薄)으로 쓰여 있다.[274] 그렇지만 두박이 사박의 잘못된 형태이든 아니든, 보르네오 또는 자바에서 두박이란 이 섬을 조금도 확인할 수 없으므로[275] 사바

---

271) 권 188, 24~25쪽.

272) 권 788, 17쪽.

273) 『신당서』, 권 222하, 2쪽; 『문헌통고』, 1859년 판본, 권 332, 13쪽; 에르베이 드 생드니(d'Hervey de Saint-Denys)의 『남중국 외래 인들에 대한 민족분류(Ethno-graphie des peuples étrangers à la Chine, Méridionaux)』, 525쪽; 『도서집성』, 석판본, 「변예전」, 권 97, 과와(瓜哇, 자바) 조목, I, 1쪽(초판본은 내가 가지고 있지 않음). 슐레겔이 『신당서』를 인용한 것은(『통보』, IX, 274쪽) 『도서집성』을 따른 것으로 보인다.

274) 『일본대장경』, 雨, VII, 49쪽과 『태평환우기』, 권 177, 8~9쪽을 참고하시오.

275) 에르베이 드 생드니는 중국공사관의 보좌관이었던 양문회(楊文會)가 두파를 필리핀의 파나이섬으로 보았다고 했다(앞의 책, 514쪽). 이러한 추정의 유일

가 자바라면 두박을 그곳에 위치시키는 것도 상당히 자연스럽다. 그러나 이미 5세기에 알려졌는데 7세기부터 13세기까지 알려진 사바란 형태가 어떻게 6세기 말에 두박(사박 역시 마찬가지로)으로 바뀐 것일까?

우리는 이 새로운 표기가 607년 남해에 관해 매우 독특한 하나의 고유명사를 제시하고 있는 상준(常駿)이란 사신에게 거슬러 올라간다고 답할 수 있다.[276] 그렇지만 나는 두박이 수나라 시기 이전에 있었다고 생각한다. 『통전』에 따르면 그 나라는 수나라 시기에 알려졌고, 한편 『태평어람』은 두박에 관한 기술을 『당서』에서 가져왔다고 했다. 그러나 『태평어람』의 기술은 『구당서』, 『신당서』 어디에도 찾을 수 없다.

한편 『통전』의 문장은 수나라 시기에 이 나라에 관한 최초의 언급을 했다고 했으므로, 『통전』이 베낀 것은 『수서』에서 인용된 것이라 추측할 수 있다. 따라서 『태평어람』에서 당나라가 아니라 수나라로 읽어야 한다. 그러나 이러한 가정에서조차도 『수서』에서 두박에 관한 기술을 찾을 수 없으므로, 별다른 무엇을 얻을 수 없다. 다만 여기에서 두박의 경우를 『통전』에서 수나라 때 알려진 나라라고 하는 변두(邊斗), 도곤(都昆), 구리(拘利), 비숭(比嵩)이라는 나라들의 예와 비교해 볼 수 있다. 이들 나라에 대해 『태평어람』은 『수서』에서 인용했다는 기술을 할애하고 있다. 그러나 오늘날 전해지는 『수서』에서는 찾을 수 없다. 적어도 이들 나라 중에서 몇몇은 3세기부터, 틀

~ 한 실마리인 부남의 동쪽 방향에 있는 것은 분명하다. 그러나 중국인들은 부남과 연관 지어 부남으로 번역하는 나라들을 거명한 것일 뿐 결코 필리핀의 경우가 아닌 것으로 보인다.

276) 이 사신행을 통해 적토에 관한 기술인 『적토국기(赤土國記)』 2권을 남겼는데(『신당서』, 권58, 13쪽), 이 책은 없어졌다. 그래서 나는 발췌한 인용문을 찾을 수 없었다.

림없이 강태와 주응(朱應)의 사신행을 통해 알려져 있었다.[277)]

두박이란 명칭은 또한 3세기로 거슬러 올라가는 『남주이물지(南州異物志)』가 인용한 문장 속에 들어 있다.[278)] 따라서 두박이란 나

---

277) 『BEFEO』, III, 266쪽, 주2를 참고하시오. 거기에는 『법원주림』(권36, 『일본대장경』, 雨, VII, 49쪽)의 인용문들이 추가되어 있다.

278) 『법원주림』(권 36, 『일본대장경』, 雨, VII, 49쪽). 나는 『태평어람』이 가영(歌營)이란 나라에 관해 인용한 『남주이물지』에 관하여 그것이 만진(萬震)의 책이라는 것을 인정했다(『BEFEO』, III, 266쪽). 그런데 만진은 3세기에 살았다(『수서』, 권 33, 10쪽). 샤반느 씨는 『낙양가람기(洛陽伽藍記)』라는 흥미로운 텍스트를 소개해주었는데(『JA』,11~12월호, 1903. 530쪽), 그로부터 가영이란 나라는 불타발타라(佛陀跋陀羅, Buddhabhadra)가 509년 중국에 오면서 알려졌다고 생각할 수 있다. 따라서 가영이란 나라가 만진의 『남주이물지』에서 인용되었다는 것은 의심스럽다. 결국 가영이라는 나라에 관해 『남주이물지』를 인용한 『태평어람』은 이 책이 만진의 저작이라고 말하지 않았다. 내 추정으로는 『수서』의 문장에 근거했을 것이다. 사조(斯調)라는 나라에 관해 언급하고 있는 다른 문장에서, 『태평어람(太平御覽)』은 저자의 이름이 없는 『남주이물지』와 『만진남방이물지』에서 발췌한 것을 연달아 인용하고 있다. 그러므로 두 가지의 다른 책이라고 하더라도 여전히 의문은 남는 것 같다. 사실, 『신당서』(권58, 13쪽)와 마찬가지로 『수서』(권33, 10쪽)는 만진의 저서를 『남주이물지』라고 했다. 게다가 『태평어람』이 『남주이물지』를 따라서 인용한 오호(烏滸)에 관한 문장은 그보다 앞선 『후한서』(권116, 3쪽)의 이현(李賢) 주석에는 "만진남주이물지"로 되어있다. 『만진남주이물지』라는 다양한 다른 인용들은 장종원(章宗源)의 『수서경적지고증(隋書經籍志考證)』(권6, 21쪽)에 설명되어있다. 하지만 당나라 이전에 만진의 것과 다른 『남주이물지』, 심지어 『남방이물지』에 관한 설명조차도 찾지 못했다. 사실 브레트슈나이더(Bretschneider)는 더 늦은 5세기의 것인 『제민요술(齊民要術)』에 인용된 방천리(房千里)의 『남방이물지』에 관해 언급하고 있다(『중국 식물 사전(Botanicon sinicum)』, I, no544). 그렇지만 가영의 경우에는 도움이 되지 않는다. 왜냐하면 가영은 6세기에 알려졌을 뿐이기 때문이다. 그러나 브레트슈나이더는 실수를 범했다. 『제민요술』은 완전히 가필된 것이다(『중국 식물

라에 관한 기술은 수나라 시기로 잘못 인용되었고, 두박(또는 사박)은 제박(諸薄)의 이중어일 뿐이며, 제박을 사바, 즉 자바로 추정하려는 것을 용이하게 했을 것이다. 어쨌든 이 가정은 『통전』과 『태평어람』의 내용을 뒤집을 만큼 충분한 근거를 제공하는 것 같아 보이지는 않는다. 이것이 바로 3세기의 제박을 거기에서 찾아 자바에 위치시키려 하므로, 내가 우선은 두박에 관한 기술을 관례적인 수준으로 남겨두는 이유이다. 여기에서 또한 나는 두박이 제박과 동일하다면 이들을 동일하게 자바로 추정하는 것은 후음 종성을 가지는 박(薄) 자의 고음 때문에 어렵다는 것을 지적해두고자 한다.

~ 사전』, I, 77쪽). 그런데 방천리의 저술은 『수서』「경적지(經籍志)」와 장종원의 성실한 고증에도 아무런 언급이 없다. 그 책은 『신당서』(권58, 14쪽)에서만 보일 뿐이고, 그것을 인용한 마단림(권328, 28쪽)은 분명하게 방천리는 당나라 시기에 살았다고 하였다. 그렇지만 당나라 시기는 『태평어람』의 가영에 관한 기술과 관련하여 너무 늦다. 결국 불타발타라의 기술에서 가영 옆에 나타나는 나라들인, 구치(句稚: 拘利, 九離), 손전(遜典: 典遜), 노조(奴調) 또는 사조(斯調) 등은 3세기부터 알려졌다. 가영[加營으로 표기됨]은 또한 3세기 강태(康泰)의 사신행으로 알려진 제박(諸薄)과 함께, 인용한 것이 강태의 책이거나 동시대의 저술로 거슬러 올라가는 『통전』(권188, 26쪽)의 한 문장에서 분명히 나타난다. 이보다는 『낙양가람기』의 텍스트를 받아들여야 할 것 같다. 왜냐하면 한나라 위나라 시기에 가영이란 나라와 중국 사이의 관계가 없었기 때문이다. 그러나 양나라 이전에 어느 작가도 가영에 관해 말하지 않았다고 말할 수는 없다. 중국인들은 10세기까지 참파는 중국과 아무런 관계를 가지지 않았고, 13세기 말에 몽골인들이 자바를 발견했지만, 중국자료들은 이미 천 년 전부터 그에 대해 언급했다고 분명히 말해주고 있다(『신오대사』, 권74, 6쪽). 자바에 관한 슐레겔의 연구들은 글자 그대로 받아들이는 것이 얼마나 위험한 것인지를 보여준다. 따라서 나는 3세기의 어떤 저술이 가영을 언급하는 것이 가능하므로, 『법원주림』에 인용된 두박(杜薄)에 관한 구절을 만진(萬震)에게 돌려야 한다고 생각한다. 이 가정이 받아들여진다면, 두박이 강태의 제박(諸薄)과 동일하다는 것에는 의심의 여지가 없다.

7세기, 즉 당나라 시기의 정보들은 명확해졌다. 그러나 정사의 기술들을 검토하기 전에 자바라는 명칭이 현장의 기록에서 아주 확실하게 들어있다고 기억한다. 인도차이나 인도동쪽에 전혀 가지 않았던 현장이 인도에서 인도의 동쪽, 즉 불교를 믿으며 인도화한 나라들에 관해 말하는 것을 들었고, 그는 다음의 나라들, 즉 슈리크세트라(Çrīkṣetra), 카마란카(Kāmalaṅka), 드바라바티(Dvāravatī), 이샤나푸라(Īçānapura), 마하참파(Mahācampa)를 여러 차례 언급했다.[279] 참파 다음에 현장은 마지막 명칭으로, 참파의 남서쪽에 있는 염마나(閻摩那) 섬[洲]나라를 보여준다. 쥴리앙(Stanilas Julien) 씨가 살펴본 대로, 염마나는 산스크리트어 야바나(yavana)를 표시하지 않는다.[280] 인도차이나에는 야바나 사람들이 있다. 라오스 사람들과 주로 윤(Younes) 사람들이 시암인들과 미얀마인들에게는 야바나 사람들이다. 이 라오스 사람들과 윤 사람들이 『미란다왕문경(Milinda Pañha)』의 장면을 라오스에 위치시키도록 이끈다. 참의 비문들에서 안남인들은 야바나 사람으로 불렸다.[281] 그러나 7세기에는 라오스인들이 정치적 의미를 가지는 흔적이 전혀 없다.

---

279) 『대당서역기』, 권 10: 室利差呾羅, 迦摩浪迦, 墮羅鉢底, 伊賞那補羅, 摩訶瞻波.

280) 『대당서역기』, 권10, 『일본대장경』, 致, VII, 51쪽; 쥴리앙(Stanislas Julien), 『현장의 삶(Vie de Hiouen-tsang)』, 182쪽; 『대당서역기(Mémoires sur les contrées occidentales)』, II, 83쪽. 쥴리앙은 야바나(Yavanas)의 음역으로 『법원주림』에서 찾은 "Ye-mei-ni"(『BEFEO』, III, 341쪽에서 Ye-wei-ni라고 한 것은 착오임)를 염마나와 비교하였다.

281) 『국립도서관과 다른 도서관의 필사본 선집과 해제(Notices et extraits des manuscrits de la Bibliothèque nationale et autres bibliotheques)』, 27책에 실린, 베르갠느(Abel Bergaigne)의 『참파와 캄보디아의 산스트리트어 비문(Inscriptions sanscrites de Campa et du Cambodge)』, 283~284쪽과 보데(Mabel Haynes Bode)의 『사사나왐사(Sāsanavaṃsa)』, 서문, 5쪽을 참고하시오.

한편 통킹은 독립왕국이 아니라, 현장이 교주(交州)라는 일반적인 명칭으로 분명하게 알고 있었던 중국의 단순한 지방이었다. 라오스인들이 북서쪽과 안남 북쪽에 있다고 하는 반면, 현장은 염마나라는 나라를 참파의 남서쪽에 두었다. 결국 현장이 단순하게 국(國) 자를 붙인 다른 나라들을 언급했지만, 여기에서 그는 염마나와 국(國) 자 사이에 주(洲, dvīpa) 자를 넣고 명시했다. 자바의 위치가 참파에 비교하여 남서쪽이 아니라 정남쪽이라고 할지라도 야바나드위빠(Yavanadvīpa)는 야바드위빠(Yavadvīpa)가 변형된 것이고 인도식 이름을 가진 불교도의 이 섬이 자바임에 확실한 것 같다.

9. 바리(婆利)와 단단(丹丹)

우리는 이제야 가탐이 거명한 가릉(訶陵)이라는 나라에 이르렀다. 남해의 섬들 가운데 가장 큰 이 섬은 수마트라 불서(佛逝)의 동쪽에서 바다로 4~5일 여정에 있다. 이 가릉국은 두 『당서』에 전(傳)이 들어 있는데 『신당서』는 이 나라가 사바(社婆) 또는 사바(闍婆)라고도 불렸다는 정확한 정보를 제공하고 있다. 따라서 송나라 시기에 다시 찾아 볼 수 있는 사바, 즉 5세기의 사바일 가능성이 매우 크다. 그렇지만 슐레겔은 이들을 분리시켜, 가릉은 말라카 자체나 싱가포르 섬과 말레이를 분리하는 운하에 있다고 한 반면, 송나라 시기의 사바는 크다(Kedah) 쪽에 두었다.[282] 원문은 이러한 해결법에 적절한가?

이 자료들을 처음으로 연구한 흐루너펠트는 가릉(訶陵)을 자바에 위치시키고 『구당서』의 설명을 다음과 같이 번역했다.[283] "가릉은 남해의 한 섬에 있고 수마트라 동쪽과 발리의 서쪽에 있다. 북쪽으로는 캄보디아가 있고 남쪽으로는 바다이다." 이어서 흐루너펠트는 『신당서』의 문장을 다음과 같이 해석했다. "가릉은 자바라고도 불리는데, 남해, 수마트라 동쪽과 발리의 서쪽에 있다. 남쪽으로 바다가 있고 북쪽으로 캄보디아가 있다." 이 기술들은 겉으로 보기에 놀랄만한 것이 없다. 흐루너펠트가 [Ka-ling]으로 표기한 것은 가릉(訶陵)이다. 수바트라로 번역한 것은 원문에서는 바리(婆利)이고, 발리로 추정한 나라는 원문에서 타파등(墮婆登)이다. 주석에서 우리를 주의시키고 있는 사람은 바로 흐루너펠트 자신이다. 슐레겔은 흐루너펠트와 거의 동일한 번역문을 제시하고 있지만 다만 흐루너펠트가 바

282) 『통보』, IX, 286쪽. 이 설에 대해서는 이후 다시 검토할 것이다.

283) 흐루너펠트(Groeneveldt), 「말레이 군도와 말라카에 관한 주석」, 138쪽.

리를 수마트라 동쪽에 위치시킴으로써 가릉을 자바에서 찾는 것이 잘못이라고 평가했다. 왜냐하면 "이 해안의 동쪽에는 자바가 아니라 말레이반도가 있고"라고 했기 때문이다.

한편 슐레겔은 바리의 위치를 정확히 했는데, 그에 따르면, 수마트라의 동쪽 해안에 있는, 인도네시아 아사한(Asahan) 관할구의 푸로 푸리(Pulau Puli)라는 현재의 마을이라고 한다. 사실 아사한 동쪽에서 말레이반도를 찾을 수 있다. 이것이 바로 슐레겔이 가릉을 말라카에서 찾도록 이끈 것이다. 한편 가릉 동쪽으로 타파등이 있으므로, 타파등은 바리가 아니라 트렝가누 해안이다.[284]

안타깝게도 흐루너펠트 씨는, 슐레겔도 마찬가지로, 엄청난 오해에서 출발했다. 가릉의 서쪽에 바리를, 동쪽에 타파등을 두는 것이 아니라 거꾸로 바꿔야 한다. 서쪽에 있는 것이 타파등이고 동쪽에 있는 것이 바리이다.

『구당서』의 원문을 명확하게 번역하면 다음과 같다. "가릉 왕국은 남해에 있는 한 섬이다. 동쪽에는 바리, 서쪽으로는 타파등과, 북으로는 진랍에 닿아있다. 남쪽은 바다를 임해있다."[285] 그리고 『신당서』는 분명하지는 않지만 "가릉은 바사(婆社) 또는 사바(闍婆)라고도 불린다. 동쪽으로 바리, 서쪽으로 타파등에 이르고 남쪽으로는 바다로 뻗어있으며, 북쪽으로는 진랍이다"[286]라고 하였다. 이 해석

284) 『통보』, IX, 274, 276, 282, 285~286쪽.

285) 『구당서』, 권 197, 2쪽: 訶陵國, 在南方海中洲上居, 東與婆利, 西與墮婆登, 北與真臘接, 南臨大海.

286) 『신당서』, 권 222하, 2쪽: 訶陵, 亦曰社婆, 曰闍婆, 在南海中. 東距婆利, 西墮婆登, 南瀕海, 北真臘. 이 원문은 에르베르 드 생드니(d'Hervey de Saint-Denys, 『Ethnographie des peuples étrangers à la Chine, Méridionaux』, 525~526쪽)와 드 로즈니(de Rosny, 『고대 중국인들이 알고 있었던 동방의 민족들(Les peuples orientaux connus des anciens Chinois)』, 141쪽)가 가장 최근 편집된 판본에 따라 정확하게 번역되었다.

은 매우 자연스럽고, 슐레겔의 이전 번역에도 불구하고, 슐레겔이 어디에서 자신의 위치추정이 엉망진창이 되었는지 보지 못하고 두 차례나 채택했다는 점에서 강조할 만하다. 슐레겔은 『신당서』를 인용하며 한 차례 타파등을 언급했는데, "동쪽에는 가릉, 서쪽에는 미려차(迷黎車), 북쪽에는 바다가 있다"[287]라고 했고, 그러면서 그는 "당 왕조의 책들에서 바리는 가릉의 동쪽에 있는 것으로 언급했다"라고 밝혔다. 그는 완전히 정반대로 말한 가릉에 관한 그의 논문을 참조하도록 하였다.[288]

한 차례 수정이 행해졌지만, 바리가 아사한에 있는 푸로 푸리라면, 어떻게 바리에 서쪽에 있는 가릉이 자바가 될 수 있겠는가? 사실상 바리를 푸로 푸리에, 또는 수마트라에 놓을 아무런 근거가 없기 때문이다. 흐루너펠트 씨가 수마트라로 위치를 추정하기 위해 제시한 단순한 근거들은 중국 지리서들의 견해와 같은 것들이고 바리와 니코바르 섬과의 인접함은 그들의 견해를 정당하게 하는 충분한 하나의 증거이다.[289] 그렇다면 이 지리서들은 무엇인가? 19세기를 살았던 『영환지략(瀛環志略)』의 저자들과 같은 이후의 편집자들이 만든 것이다.[290] 이들의 위치추정에 관해 말하자면, 명나라 시기에 상상된 낭아수(狼牙修, 테나세림)를 실론에 위치시키는 것을 아무런 고증 없이 받아들였고, 벵갈의 이름을 찾기 위해 가비려(伽毘黎) 대신에 『태평어람』에서 나온 비가려(毘伽黎)라는 잘못된 표기를 채택했

---

287) 『통보』, IX, 284쪽. 문제의 문장은 『신당서』, 권 222하, 3쪽에서 가져왔다.

288) 『통보』, N.S., II, 118쪽.

289) 흐루너펠트(Groeneveldt), 「말레이 군도와 말라카에 관한 주석」, 207쪽.

290) 명나라 시기의 것일지라도 나는 이러한 위치추정을 제시할만한 단 하나의 옛 문헌을 찾지 못했다. 설령 있다고 하더라도 명나라 시기(1368~1644)에는 적어도 4세기부터 바리에 관해 말하는 것을 더 이상 듣지 못했다는 것을 잊지 말아야 한다.

으며, 분명히 대륙에 있는 비건(毘騫)을 바타비아(Batavia)에 두었다는 것을 지적하는 것으로 충분하다.[291]

바리와 니코바르 섬과의 인접성에 관하여, 이는 중국 자료에서 나오지 않았다. 흐루너펠트 씨가 니코바르로 확인한 나라는 중국어로 나찰(羅刹)이란 나라로 불렸다. 이 나라는 락싸사(Rakṣasa)인들의 나라를 의미한다.[292] 흐루너펠트 씨는 "오랫동안 니코바섬의 명칭이었다. 아마도 미개한 풍습과 원주민들에 대한 악명 때문이다."라고 하였다. 슐레겔은 또한 나찰이란 이 명칭이 일반적으로 중국인들이 알고 있는 니코바르섬을 지칭하는 이름이라고 하고, 그의 주석은 마르코 폴로의 가장 최신판에서 가져왔다.[293] 그러나 이 위치추정은 거의 불가능하다.

나찰이라는 나라에 관해서 우리가 가지고 있는 자료는 상준(常駿)이 607년 적토에 사신으로 간 기록으로 거슬러 올라간다. 한 문장에서는 이 사신행은 나찰까지 가는 것이라고 했고, 다른 문장에서는 이 사신행을 통해 나찰이 중국과 관계를 맺었다고 했다. 민족에 관한 정보로서 우리는 나찰의 사람들이 검은 피부에 붉은 머리카락을 가졌고, 무서운 야만성을 지녔으며, 유리구슬을 팔러 참파 해안에 왔지만 밤에만 교역을 했고, 낮에는 얼굴을 가린다고 알고 있다. 어떻

291) 『영환지략(瀛環志略)』, 권 2, 33쪽.

292) 17세기에 이 명칭은 알바치노(Albazino)의 러시아인들에게 적용되었다. 『BEFEO』, III, 686쪽을 참고하시오.

293) 흐루너펠트(Groeneveldt), 「말레이 군도와 말라카에 관한 주석」, 207쪽; 『통보』, IX, 178쪽; 율, 『마르코 폴로』(꼬르디에본), II, 308쪽.

294) 『신당서』, 권 222하, 1쪽; 『통전』, 권188, 22쪽; 『태평어람』, 권 788, 16쪽. 『문헌통고』(권 321, 23쪽)에서 인용된 것은 『신당서』의 텍스트이다. 그렇지만 에르베이 드 생드니(d'Hervey de Saint-Denys, 『Ethnographie des peuples étrangers à la Chine, Méridionaux』, 460쪽)의 번역에는, 상준이 돌아올 때 수행한 나찰의 사신에 관해서는 전혀 언급되어 있지 않다.

든 나찰은 항상 바리의 동쪽에 위치하고 있다.[294] 이 자료들은 나찰을 니코바로 추정하는 것과 상치된다. 적토의 정확한 위치가 어디든, 시암이라면, 607년 중국의 사신들은 말라카 해협을 넘어 갈 필요가 없다.

한편 니코바르섬과 안다만은 나인국(裸人國)이란 이름으로 불교도의 순례기록에서 나타는데, 코코넛을 철로 바꾸기 위해 배를 타거나 헤엄쳐서 온 이 야만인들은 참파에 교역하러 갈 수 있는 뱃사람들이 아니었음을 확인하기 위해서는 의정(義淨)의 이야기를 읽는 것으로 충분할 것이다.[295] 결국 바리가 수마트라임을 인정한다면 니코바섬은 수마트라의 동쪽에 있지 않다. 흐루너펠트 씨는 이러한 실수들은 "옛날에 종종 일어났다"[296]라고 하면서 문제로부터 벗어났다. 슐레겔은 "동쪽"을 "서쪽"으로 고쳤지만[297] 그가 얻고자 하는 바를 알 수 없다. 왜냐하면 니코바르는 수마트라의 서쪽이 아니라 북서쪽에 있기 때문이다. 그러나 적어도 위치추정 자체의 의미가 무엇인지 그리고 바리를 수마트라에 놓기 위해 나찰과의 인접성으로부터 추정해 낼 수 있다는 것을 알 수 있다. 슐레겔은 자체적으로 흐루너펠트 씨의 근거와 다른 것을 제시하지 않았다. 그러므로 오늘날 아사한 관할구, 즉 수마트라 북쪽 해안에 있는 푸로 푸리란 마을에서 이 옛 왕국을 찾아야 한다고 제안한 것은 바리에서 수마트라까지의 방향으로부터 나온 것이다. 1898년 이 가설이 발표된 이후, 그는 그것이 증명되었다고 생각하고 이후의 작업에서 새로운 것을 추가하지 않고 그것을 참조했다.[298]

루파에르(Rouffaer) 씨는 『네덜란드와 동인도에 관한 백과사전(Encyclopædie van Nederlandsch-Indië)』를 위해 쓴 주목할 만한

295) 샤반느, 『의정대당서역구법고승전』, 120~121쪽을 참고하시오.

296) 흐루너펠트(Groeneveldt), 「말레이 군도와 말라카에 관한 주석」, 207쪽.

297) 『통보』, IX, 177, 178쪽; N.S., II, 335쪽.

298) 『통보』, IX, 276, 282, 290쪽; N.S., II, 337쪽.

기사에서 음성적 유사함만 믿고 오늘날 막연한 한 마을로 5세기와 6세기에 알려진 한 나라를 위치 추정하는 것에 대한 훌륭한 반박을 가했다.[299)] 그렇지만 이러한 유사성은 상당히 완벽하지만 탁견이라 생각할 수 있는 것은 아니다. [파]가 [a]와는 다른 모음을 가지는 음절을 옮기는 것은 이례적이라는 것이다. 따라서 바리를 수마트라에 놓는 것을 반드시 포기해야 한다. 그리고 바리가 수마트라 불서(佛逝) 동쪽에 있는 가릉이라는 큰 섬 또는 사바의 동쪽에 있으므로 자연스럽게 가릉을 자바로 여기도록하고 바리를 자바의 동쪽에서 찾도록 이끈다. 그런데 자바의 동쪽에 있는 섬은 오늘날에도 여전히 발리로 잘 알려져 있다.[300)] 이러한 위치 추정은 심각한 이의를 제기하는가?

의정이 남해에 열거했고 우리는 이미 곤륜이라는 나라에 관해 언급할 기회가 있었던 이 섬들에 할애된 조목에서, 슐레겔은 의정이 언급한 바리(婆里)라는 섬은 발리일 수 없다고 했다. 왜냐하면 발리는 "의정이 가지 않았고 심지어 말하는 것을 듣지도 않았기" 때문이라는 견해를 케른씨에게 제공했기 때문이다.[301)] 이것이 케른 씨가 제기한 이의인지는 모르지만 어쨌든 어떠한 근거도 제시하지 않았다

299) 『네덜란드와 동인도에 관한 백과사전(Encyclopædie van Nederlandsch-Indië)』, II, 202쪽. 원래 흐루너펠트 씨에서 슐레겔로 이어지며 행해진 번역상의 실수를 의심하지 않았던 루파에르 씨는 바리가 수마트라에 있지 않는 이상 곧 성립하지 않을 설명을 찾아냈다.

300) 바리를 발리로 보는 위치 추정은 이미 드 로즈니 씨에 의해 제기되었다. 에르베르 드 생드니(d'Hervey de Saint-Denys), 『Ethnographie des peuples étrangers à la Chine, Méridionaux』, 457쪽; 드 로즈니(de Rosny), 『고대 중국인들이 알고 있었던 동방의 민족들(Les peuples orientaux connus des anciens Chinois)』, 141쪽을 참고하시오.

301) 『통보』, N.S., II, 118쪽. 케른(Kern) 씨는 1897년의 「네덜란드 인도를 위한 잡지(Tijdschrift voor Nederlandsch Indië)」에서 이 주제를 다루었다. 나는 아쉽게도 이 논문을 확보하지 못했다.

면, 그것은 의미가 없다. 의정이 발리에 갔든 안 갔든 간에 이는 정확하다. 그러나 내 생각에 어떠한 실마리도 의정이 소문으로 알았던 나라들의 목록을, 슐레겔이 말하는 것처럼 말레이반도와 수마트라에 한정하도록 하지 않는다. 열거하고 있는 11개 섬에서, 발리를 가릉, 즉 자바 옆에 표기하는 것이 뭐가 놀랍다는 것인가?

바리라는 이 나라에 관한 중국 자료들은 양나라 시기(502~556)에 시작한다.[302] 바리는 다음과 같이 기술되어 있다. 광주 남동쪽에서 이틀 여정 떨어진 한 섬에 위치 있고[303], 동쪽에서 서쪽으로 영토를 가로지르려면 50일이 걸리며, 북쪽에서 남쪽으로는 20일 걸린다. 136개의 마을이 있다. 사람들은 곱슬머리를 가졌고, 면포

---

302) 바리라는 이 나라를 마단림이 언급한(『문헌통고』, 권 332, 11쪽; 에르베르드 생드니(d' Hervey de Saint-Denys), 『Ethnographie des peuples étrangers à la Chine, Méridionaux』, 515쪽) 박리(薄利)라는 나라와 혼동해서는 안 된다. 박리는 아마도 『통전』(권188, 25쪽)에서 찾을 수 있는 박랄(薄剌)의 잘못된 표기일 것이다. 『태평어람』(권 788, 17쪽)에는 박자(薄刺)로 되어있다.

303) 원문(『양서』, 권 54, 6쪽): 婆利國在廣州東南海中洲上. 에르베르 드 생드니는 다음과 같이 이해하고 있다. "바리 왕국은 광주 동쪽에 있는 바다 한 가운데 섬에 위치해 있다." 그러나 남(南) 자 앞이 아니라 뒤에 구두해야 한다.

304) 『구당서』(권 197, 1쪽)의 원문은 다음과 같다: 男子皆拳髮, 被古貝布, 橫幅以繞腰. 분명하게 그것이 사롱과 관계되는 것임을 알 수 있다. 『양서』(권54, 6쪽)에서는 다음과 같다: 其國人披古貝如帊, 及為都縵. 흐루너펠트 씨는 이 문장을 다음과 같이 번역했다(「말레이 군도와 말라카에 관한 주석」, 204쪽). "이 나라 사람들은 관습으로 면을 사용하고 그것으로 사롱도 만든다." 슐레겔은 이러한 해석에 이의를 제기했다(『통보』, IX, 198~200쪽). 일반적으로 도만(都縵)은 간만(干縵, 또는 干漫, 또는 敢曼)으로 간주하고 간만은 사롱에 해당한다고 하지만 이러한 설은 잘못되었다. 간만은 여성들의 "가슴을 가리는" kĕmban이고, 도만은 아마도 "터번"을 뜻하는 아랍어 tûlbent를 음역한 것일 것이다. 따라서 슐레겔은 "이 나라 사람들은 숄처럼 면을 걸치고 그것으로 터번을 만들기도 한다"라고 번역했다. 간만에 대해 슐레겔이 제시한

를 입으며, 그것을 허리에 수평으로 두른다.[304] 왕은 여러 색깔로 된 천을 입고, 온갖 보석으로 장식된 왕관을 쓰고 황금으로 만든 왕좌에 앉는다. 주위의 시녀들은 보석으로 치장하고 있다.[305] 왕가의 이름은

~ 해석은 옹호해줄 만한 것이 아니다(『BEFEO』, III, 268쪽을 참고하시오). 도만에 관하여 그가 간만으로 본 것은 임읍(참파)에 관한 『양서』의 명확한 문장에서 증명된다(권, 54, 2쪽과 흐루너펠트, 앞의 책, 260쪽). "남녀들은 허리부터 아래까지를 수평으로 된 면 조각을 두르는데, 이것을 감만 또는 도만이라고 부른다"라고 하였다. 바리의 의복에 관한 『양서』의 문장에서 어려운 점은 파(帊) 자에서 비롯되는데, 이 글자는 일반적으로 "솥"이다. 그러나 여기서는 잘리지 않은 "띠 같은 천" 또는 "천 조각"이란 의미를 지녀야 한다. 15세기 중국의 여행자들이 사롱을 표현한 것은 거의 파(帊) 자와 같은 의미를 지니는 세(帨) 자였다(『서양조공전록』, 권상, 15쪽; 슐레겔은 앞의 책, 199쪽에서 『영애승람』을 인용하고 있음). 따라서 『양서』의 문장은 "이 나라의 사람들은 도만(사롱)으로 만든 띠 같은 천을 몸에 두른다"라는 의미인 것 같다.

305) 『신당서』(권 222하, 1쪽)는 바리를 언급한 다른 저술들과 거의 동일한 정보를 제공하고 있지만, 다음과 같은 문장이 섞여 있다. "사람들은 검은 몸과 붉은 머리카락에 곱슬머리, 매의 발톱, 맹수의 이빨을 가지고 있다." 이것이 바로 왕과 그의 측근들은 인도에서 이주해 왔고 그들에게만 궁정에서의 풍부한 장식에 관한 정보들이 해당되는 것이고, 그 나라에 사는 사람들은 반대로 바탁(Battak) 원주민들이었다고 슐레겔에게 말하게 했던 것이다(『통보』, N.S., II, 331쪽). 바리를 바탁이라 하지는 않지만 동일한 국가에 관하여 거의 양립할 수 없는 정보들이 병렬된 것을 보는 것이 놀랍지 않은 것은 아니다. 『신당서』의 텍스트는 잘못되었다고 생각한다. 바리에 할애된 문단에서 나찰이란 나라를 말하고 있다. 그런데 바리에 할애된 『구당서』(권 197, 1쪽), 『통전』(권 188, 18쪽), 『태평어람』(권 787, 14쪽)의 단락 어디에도 보이지 않는 매의 발톱과 맹수의 이빨을 가졌다는 문장은 오히려 나찰에 관해 쓴 특별한 조목에서 글자그대로 들어있다(『통전』, 권 188, 22쪽; 『태평어람』, 권 788, 16쪽); 에르베이 드 생드니, 『남중국 외래 인들에 대한 민족분류(Ethnographie des peuples étrangers à la Chine, Méridionaux)』, 489쪽을 참고하시오). 그렇

까웅딩냐(Kauṇḍinya)로, 517년에 사신을 보냈다. 522년에는 조정에 다른 사신을 보내왔다. 슈도다나(Çuddhodana)왕의 부인은 이 나라의 여인이라고 한다. 이것이 『양서』에서 알 수 있는 것들로[306] 내용이 상당히 빈약하다. 그럼에도 불구하고 인도화한 나라이며 상당히 발전한 문명을 가지고 있었음을 알 수 있다.

광주에서 남동쪽 방향은 결코 발리의 방향이 아니지만 수마트라 방향도 아니다. 동쪽에서 서쪽으로, 북쪽에서 남쪽으로의 거리는 설명될 수 없다. 중국의 자료들이 일반적으로 많은 오류를 가지고 있는 것은 그 거리에 따른 것이다. 그것을 받아들인다면, 그만큼 거대한 영역과 일치시킬 수 있는 답안은 하나뿐이다. 바로 바리를 보르네오로 추정하는 것이다. 그것은 607년 적토에 간 상준(常駿)의 사신행과 616년 사절이 온 것에 따른 수나라 시기의 바리에 관계된 것이다. 『수서』에 따르면[307], 이 나라로 가려면 교지(통킹)를 떠나 남쪽으로 가서 적토와 단단(丹丹)을 경유한다. 그리고 바리를 동에서 서로 횡단하려면 4개월, 북쪽에서 남쪽으로는 45일이 필요하다고 했다. 적토는 일반적으로 시암에 위치시킨다. 나는 이미 적토 북쪽에 바다가 있기 때문에 적토를 시암으로 추정하는 것은 이로써 심각한 난관에 부딪친다고 말했었다.

단단은 그다지 잘 알려지지 않은 나라이다. 이 나라는 528년

~ 지만 『신당서』의 이 기술은 거의 주의를 기울이지 않았음이 확실하다. 예를 들어, 이어지는 문장에서 『신당서』는 면이 들어 있는 아랍의 꽃으로 사람들은 천을 만든다고 하면서 "粗曰貝精曰氎"이라 했는데, 『구당서』(권 197, 1쪽)의 문장에 따라, 첫 번째 왈(曰) 자 뒤에는 고(古) 자를, 두 번째 왈 자 뒤에는 백(白) 자를 추가해야 한다. 그래야 중국인들이 면으로 만든 천에 부여한 고패(古貝)와 백첩(白氎)이라는 두 명칭이 된다.

306) 『양서』, 권 54, 6~7쪽. 『남사』, 권 78, 6쪽에 거의 동일한 텍스트를 찾을 수 있다.

307) 『수서』, 권 82, 4쪽.

과 535년에 사신을 보냈다.[308] 이 나라가 당나라 시기의 단단(單單)이라면, 해남의 남동쪽과 다라마(多羅磨)라는 알려지지 않은 나라의 서쪽에 있고 666~669년 사이에 사절을 보냈다고 한다.[309] 이곳은 아마도 의정이 말하는 달달(呾呾, Tat-tat)일 것이다.[310] 브레트슈나이더는 『양서』와 『수서』에서 바리에 부여한 거대한 영역 때문에, 바리가 보르네오라는 상당히 변호할 만한 생각을 했다. 결과적으로 그는 단단을 나투나(Natuna)섬에 두고자 했다.[311] 그래서 슐레겔은 바리를 수마트라로 위치를 추정하는 것으로부터, 반대로 말레이반도에서 단단을 찾았다. 자신의 가정을 뒷받침할 어떠한 지명도 찾지 못했기 때문에 그는 단단을 14세기 오도릭(Odoric)이 실론과 중국 사이에 두었던 신비의 돈딘(Dondin)이라고 생각했다. 곧이어 그는 이 명칭에 대해 말레이어 단어로 "장식", "줄기", "옷의 색" "두더지"를 의미하는 네 가지 어원을 제시했다.[312] 바리가 분명 수마트라가 아니므로, 슐레겔의 이 가정들은 모든 근거를 잃었고 더 언급하는 것은 무의미하다.

---

308) 『양서』, 권 54, 5쪽.

309) 『신당서』, 권 222하, 4쪽.

310) 다카쿠스(Takakusu), 『의정남해기귀내법전』, XLVIII쪽과 9쪽. 슐레겔의 고증은 결정적인 것은 결코 아니다(『통보』, N.S., 116쪽). 더 나중에 나오는 단단(旦旦)과 관련된 것이다. 이는 의정과 정사에서의 표기 사이에 중간 형태로 쓰인다.

311) 브레트슈나이더(Bretschneider), 『아랍과 아라비아 식민지들에 관해 고대 중국인들이 가졌던 지식에 관하여(On the Knowledge Possessed by the Ancient Chinese of the Arabs and Arabian Colonies)』(이 논문을 가지고 있지 않아, 나는 단단섬에 관하여 슐레겔, 『통보』, X, 459쪽에 따라 언급했다).

312) 『통보』, X, 459~463쪽. 꼬르디에(Henri Cordier), 『오도릭(Ordoric de Porenone)』, 237~239쪽을 참고하시오. 한편 단단을 돈딘으로 보는 것은 이미 슐레겔의 논문보다 이전에 이루어진 것 같지만(Takakusu, 『의정남해기귀내법전』, XLVIII쪽), 누구에 의한 것인지 모르겠다.

이처럼 양나라와 수나라 시기의 내용들은, 바리를 광주의 정남향에서 찾도록 이끈다면, 발리보다는 보르네오가 더 적합할 것이다. 부분적으로 630년 조정에 온 바리의 사신이 왔을 때로 거슬러 올라가는 『당서』의 기술들은 바리가 북쪽에서 남쪽으로 수천 리라고 한다.[313] 이러한 정보들이 놀랍지는 않지만 한편으로는 가장 명확하게 가릉의 동쪽에 이르는 것은 바리이고 보르네오는 자바의 동쪽이 아니라 북쪽과 약간 북동쪽에 있다고 말해주고 있다. 그러므로 『신당서』는 훨씬 더 명확하게 보르네오보다는 발리를 지칭하고 있는 정보를 제시한다.

『신당서』에 따르면, 바리는 또한 마례(馬禮)라고도 불린다고 하였다. 슐레겔은 동일한 한 나라에 주어진 바리와 마례라는 두 이름을 분리해야 한다고 생각한다. 그래서 그는 옛 바리를 푸로 푸리라는 모호한 마을로 추정하는 반면, 마례는, 비록 예는 없지만, 말라유(Malāyu)의 가능태인 마례유(馬禮游)에 대한 오기라고 생각했다. 동시에 말라유에 관하여 논쟁이 되는 문제는 아사한에 있는 푸로 푸리로 추정한 바리와는 다른 명칭이므로 말라유는 아사한에 있었던 것으로 해결되었다.[314] 그러나 바리는 말라유와의 그럴법한 근접성에 이끌린 마례유(馬禮游)라는 억측의 형태인 푸로 푸리가 아니고, 마례(馬禮)라는 이 명칭은 발리의 다른 음역으로 보는 것이 훨씬 더 자연스럽다. 우리는 발리에 대한 마례 형태가 13세기와 17세기에도 입증되었음을 보았다.[315] 브레트슈나이더 보르네오로 추정하는 가설의 가능성을 모두 인정한다고 하더라도,[316] 바리를 발리에 위치시켜야

313) 이어지는 정보들은 『구당서』, 권 197, 1쪽과 『신당서』, 권 222하, 1쪽에서 가져왔다.

314) 『통보』, IX, 290~291쪽. 조금 뒤에 마라유란 명칭에 대해 다시 언급할 것이다.

315) 앞의 248쪽, 주245를 참고하시오.

316) 그렇지만 바리가 보르네오였다면 아마도 중국인들이 바리의 왕에게 부여한 교진여(憍陳如, 일반적으로 Kauṇḍinya)라는 성씨를 케른 씨가 판독해 낸 코에

더욱 그럴법하다고 생각하는 것은 바로 이런 이유 때문이다. 두 명칭의 완벽한 음성적 일치를 제외하고도 바리라는 섬은, 가릉이 자바라면, 가릉의 동쪽에 있어야 한다.

~ 테이(Koetei)의 옛 비문에 들어 있는 다소 이상한 이름을 가진 Kuṇḍaṅgga와 비교할 수 있다(H. Kern, 『왕실 학술원 발표자료 및 보고서, 문학 분야(Verslagen en mededeelingen der Koninklijke Akademie van Wetenschappen, Afdeeling Letterkunde)』, 두 번째 시리즈, XI에 실린 「Over de opschriften uit Koetei」, 187쪽). 추정에 있어서 까웅딩냐(Kauṇḍinya)라는 이름은 상당히 명확하지 않은 단서일 뿐이다. 부남에서도 찾아 볼 수 있는데, 피노(Finot) 씨는 657년의 베트남 미선(Mỹ Sơn)의 한 비문에서 그 이름을 찾았다.

10. 가릉(訶陵)과 승기(僧祇)

이 마지막 나라의 동일한 명칭에 관하여, 중국인들이 당나라 초기에 부여하여 2세기 동안 유지된 명칭은 가릉이다. 우리가 640 또는 648년, 666, 676, 813또는 815, 818년에 사신에 관한 기록을 찾을 수 있는 것은 가릉이란 명칭으로이다.[317] 『당서』들은 8세기 말 남조(南詔)의 왕에 대한 위고(韋皐)의 능숙한 행동을 통해 중국으로의 복종을 이끌어낸 나라들 중에서 가릉을 언급하고 있다.[318] 의정은 남해의 섬들 가운데 가릉을 언급했고,[319] 그의 『남해기귀내법전(南海寄歸內法傳)』에서는 인도와 중국 사이에 있는 가릉에 머물렀던 승려들을 여러 차례 언급하고 있다.[320] 『송고승전』의 한 일문에는 가릉의 동의어로 파릉(波凌)을 제시하고 있는데 그 어원을 알기는 어렵

---

317) 『구당서』, 권 197, 2쪽; 『신당서』, 권 222하, 3쪽; 『당회요』, 권 100, 2쪽; 『책부원구』, 권 970, 9, 16쪽; 권 972, 3, 7쪽. 나는 가릉 또는 사바에 관한 전공논문을 쓰는 것이 아니므로 내가 찾은 사신 관련 설명들을 지적하는 것에 그친다. 그러나 누락된 것이 있을 수 있다. 또 640년 또는 648년, 813년 또는 815년과 같이 의심을 가질 만한 연도에 관해서 논의하는 것은 더 이상 유용하지 않다. 이러한 자잘한 문제들은 여기에서 다루고 있는 나라의 위치 추정에 있어 별달리 도움이 되지 않는다.

318) 『구당서』, 권 140, 2쪽; 『신당서』, 권158, 2쪽. 이 나라는 남해에 있는 가릉과 관계된다. 위고는 사천의 지방관이었다. 그 문장은 다음과 같이 풀이할 수 있다. 남조가 중국과 화친을 맺은 것은 그의 처신 덕분이다. 이 나라가 복종함에 따라서 표국(驃國, 미얀마)은 조정에 사신을 보냈다. 우리는 표국의 사람들이 가릉과 동일한 나라인 사바를 그들의 속국 중 하나로 표현한 것을 보았다. 앞의 53, 57, 169~170쪽을 참고하시오.

319) 다카쿠스(Takakusu), 『의정남해기귀내법전』, XLVII, 9쪽을 참고하시오.

320) 샤반느, 『의정대당서역구법고승전』, 색인, 가릉 조목을 참고하시오.

다.[321] 그 명칭의 가장 그럴법한 재구성은 오래전 메이어스(Mayers)에 의해 제기되었다. 이 나라는 인도의 동부에서 온 이주자들에 의해 식민화되었고 개화시킨 사람들, 즉 카링가(Kaliṅga)로부터 가릉이라는 명칭을 가져왔다고 한다.[322] 그러나 『신당서』는 가릉이란 이 나라가 사바라고도 불렸다고 하는 근거를 가지고 있다. 표국, 즉 미얀마의 사신들이 9세기 초반 중국에 제공한 정보에서 사바(闍婆)라는 명칭을 확인했었다.[323] 『구당서』와 『책부원구』가 820년 기록한 사신과 『책부원구』가 831년에 기록한 사신은 가릉이 아니라 사바라는 이름으로 되어있다.[324] 당나라 말기에 중국인들은 새롭게 이 나라를 자신들이 5세기에 부여한 옛 명칭으로 불렀고 그 명칭은 장차 13세기 말까지 유지되었다.[325]

모든 문맥과는 반대로 사바를 "중년부인들의 이중 문"[326]이라고 해석한 포티에(Pauthier)를 제외하고 모두 그것이 음역된 명사임을

---

321) 『일본대장경』, 致, IV, 75쪽; 샤반느, 앞의 책, 60쪽.

322) 메이어스(Mayers)의 「15세기 동안 중국의 인도양 탐험(Chinese explorations of the Indian Ocean during fifteenth century)」, 『차이나리뷰』, IV, 184쪽.

323) 앞의 57, 169~171쪽을 참고하시오.

324) 『구당서』, 권 16, 4쪽; 『책부원구』, 권 972, 7쪽과 9쪽.

325) 이 가정은 가릉에 관한 『구당서』의 기술에서 사바란 명칭이 없다고 하지만 이 기술은 818년에 그친다. 우리는 이미 참파에 관하여, 두 『당서』가 정확히 같은 시간대를 말하고 있는 것이라면, 『구당서』 외국전의 기술들은 『신당서』의 기술만큼 더 아래로 내려가지 않는다는 것을 살펴보았다. 앞의 123~124쪽을 참고하시오. 9세기 중반에 우리는 또한 『만서(蠻書)』(권 6, 5쪽)에서 사바란 이름을 찾을 수 있다. 이는 틀림없이 시암만(타이만)에 위치한 곳을 잘못 추정한 것이다. 그곳으로 파사(波斯, Perse), 사바, 발니(勃泥, 보르네오, 이 명칭으로는 가장 오래된 언급임), 곤륜의 바라문(婆羅門, 브라만의 나라, 인도) 사람들이 교역하러 온다고 하였다.

326) 포티에(M. G. Pauthier), 『마르코 폴로의 책(Le Livre de Marco Polo)』, II, 559쪽.

알고 있다고 생각한다. 아마도 『신당서』의 표국에 관한 기술[327] 초반부의 일반적인 해석으로 착각한 웰스 윌리엄스(Wells Williams)는 그것을 미얀마에서 찾아 아바(Ava)로 복원했을 것이다.[328] 1892년 자일스가 그의 사전에서 채택한 것이 이와 동일한 설명이다. 그러는 와중에 에르베이 드 생 드니(d'Hervey de Saint-Denys)는 낭아수라는 나라가 아바섬에 있다는 인쇄상의 실수를 했다.[329] 그 문장은 정확하게 『인도-중국에 관한 논문(Essays relating to Indo-China)』의 편집자들이 흐루너펠트의 「말레이 군도와 말라카에 관한 주석(Notes on the Malay Archipelago and Malacca)」에 결부시킨 견해에서 그대로 재인용되었다.[330] 그러나 아바는 아무런 관계가 없다. 음성적으로 사바와 아바란 두 명칭은 서로 환원되지 않을뿐더러, 아바는 14세기 중반에 건설되었을 뿐임을 잊지 말아야 한다.[331]

한편, 쥴리앙(Stanislas Julien), 에르베이 드 생드니, 흐루너펠트 씨, 드 로즈니(de Rosny) 씨는 사바를 자바로 보는 것에 동의하고 있다.[332] 음성적으로 자바의 발음이 유성구개음(Djava로 발음)을 가지는 것을 인정한다면, 이는 현대 원주민의 발음에서 나온 것으로, 사

327) 앞의 88쪽, 주195를 참고하시오.

328) 웰스 윌리엄스(Samuel Wells Williams), 『중국어 음절 사전(A Syllabic dictionary of the Chinese language)』, 704쪽.

329) 에르베이 드 생드니의 『남중국 외래인들에 대한 민족분류(Ethnographie des peuples étrangers à la Chine, Méridionaux)』, 958쪽.

330) 『인도-중국에 관한 논문(Essays relating to Indo-China)』, 두 번째 시리즈, I, 138쪽.

331) 율, 『영국-인도의 용어사전(Hobson-Jobson)』, Ava조목을 참고하시오.

332) 에르베이 드 생드니의 『남중국 외래인들에 대한 민족분류』, 958쪽(쥴리앙을 인용함); 흐루너펠트, 「말레이 군도와 말라카에 관한 주석」, 135, 138쪽 이하; 드 로즈니(de Rosny), 『고대 중국인들이 알고 있었던 동방의 민족들(Les peuples orientaux connus des anciens Chinois)』, 135쪽 이하.

바로 옮기는 것은 매우 정확하다. 슐레겔에 따라서, 케른 씨는 사실 13세기에 야바(Yava)에서 자바(Djava로 발음)까지의 추이를 설정했을 뿐이다.[333] 나는 말레이-폴리네시안 문헌에 문외한으로 이 관점에 대해 언급할 것이 없다. 그러나 사바가 자바임이 입증되었다면, 자바란 형태가 사람들이 제기한 것보다 더 오래되었다는 것을 인정해야 한다. 그렇지만 적어도 송나라 시기, 즉 10~13세기까지 그러한 의심은 가능하지 않았다는 것을 알게 될 것이다.[334]

그렇지만 사바에 대해 자바와는 다른 재구성을 채택할 아무런 근거가 없다. 슐레겔은 중국의 장미라는 산스크리트어 명칭(Hibiscus Rosasinensis)을 자파(Japā) 또는 자바(Javā)로 읽어야 한다고 주장했다. 이 설을 뒷받침하기 위해 그가 제기한 유일하면서 확실한 논거는 『건순세시기(乾淳歲時記)』에서 "중국의 장미"(Hibiscus Rosa sinensis)를 뜻하는 산스크리트어 자파(Japā)일 수밖에 없는 사바라는 식물 명칭을 찾을 수 있다는 것이다.[335] 문제의 텍스트는 어떠한 설명도 없이 단지 식물의 이름만 제시하고 있고, 중국의 장미가 더 일반적으

333) 앞의 244쪽, 주 236을 참고하시오.

334) 자바란 형태가 상대적으로 늦은 연도에 입증되었다고 하더라도, 야바(Yava)와 자바가 공존했을 가능성은 없을까? [y]에서 [j]로의 변화는 프라크리트어에서 일반적인 현상이다(Pischel, 『프라크리트어 문법(Grammatik der Prâkrit-Sprachen)』, 252장을 참고하시오). 그리고 야바니카(yavanikā) 옆에 있는 자바니카(javanikā)를 산스트리트어 자료 속에서 찾을 수 있다(S. Lévi, 『인도의 연극(Le Théâtre indien)』, 348쪽). 야바 옆에 자바가 같이 올 수 있는지는 인도학자들에게 물어야 할 것이다.

335) 『통보』, IX, 283쪽, 주 39. 문제의 인용은 『패문운부(珮文韻府)』, 권 20하, 85쪽에서 가져온 것이다. 『건순세시기』란 책에 대해서 나는 모른다. 슐레겔은 건순(乾淳)을 저자의 이름으로 생각했다. 그러나 그것은 명백히 연호이다. 아마도 이종(理宗, 1225~1264)이 취한 건순이란 연호일 것이다(『이씨오종(李氏五種)』에 수록된 『기원편(紀元編)』, 권 하, 3쪽을 참고하시오). 그

로는 부상(扶桑)이라는 이름으로 알려졌다고 할지라도[336] 사실 이 사바란 식물이 Japā였을 가능성은 크다.

그러나 그것이 사바란 나라의 이름과 동일한 복원을 채택해야 한다는 것을 이끌어 내지는 않는다. yava에서 나온 java와 japā 또는 javā란 명칭은 종교적 문헌들에서 매우 일반적이었으므로, 이들을 구분하기 위해 다른 음역자를 임의로 할당했다면 중국인의 음역에서 다르게 될 수 있다. 여기에서는 아무런 연관이 없고, 두 형태에 해당하는 한자들을 어느 재구성이 옳은지 같은 나라에서 찾아야 한다는 것이다. 특히 슐레겔은 이 관점을 취하고 있다. 그에 따르면 중국의 장미인 javā는 단순히 중국어 사바의 원형으로 봐야 하는 것이 아니라 자바라는 동일한 명칭의 어원으로 봐야 한다는 것이다. 일반적으로 "곡물"로 해석하는 것에 관하여 곡물은 말레이어로 java(djava로 발음)가 아니라 "자바의 과부"란 뜻의 란다 자바(randa java)이고, 여기에서 자바(java)는 밀 같은 곡물을 지칭하는 것이 아니라, "자바의 담즙"이란 뜻의 아삼 자바(asam java)라는 나무의 타마린드라는 말레이어 명칭이라고 반박했다.

슐레겔에 따르면, javā의 사바, 즉 "장미"의 어원은 자바에 딱 어울린다. 뿐만아니라, 단독으로 사용된 자바는 "언제나 수마트라 또는 소자바를 지칭하고", 엄밀한 의미에서 자바섬을 지칭하는 것은 대사바이라고 하였다.[337] 이처럼 사바가 어원적으로 자바와 다르지 않

~ 렇지만 이는 상당히 의아하다. 왜냐하면 이 연호는 실제로 사용되지 않았다. 건순이라는 다른 연호가 있는지는 모르겠다. 또한 흔히 볼 수 있는 것처럼 두 연호를 합친 것을 생각해 볼 수 있다. 이 경우라면 효종의 건도(乾道, 1165~1173)과 순희(淳熙, 1174~1189)일 것이다.

336) 브레트슈나이더(Bretschneider), 『중국 식물 사전(Botanicon sinicum)』, III, no568을 참고하시오.

337) 『통보』, IX, 273쪽.

고, 사바가 "무궁화"로 해석되어야 한다면 이는 자바섬이라는 동일한 명칭이 무궁화를 의미하는 범위 내에서이다. 어쨌든 이것이 1898년 슐레겔이 주장한 설이다. 다만 그가 산스크리트어 자료에서, 오늘날의 java와 분리할 수 없는 야바드위빠(yavadvīpa)를 망각했고, 한편으로 java가 섬에서는 곡물의 이름으로 알려지지 않았다고 생각한 것은 완전히 잘못임을 지적해야 한다. 그를 설득시키기 위해서는 베트(P.J. Veth)의 『자바: 지리, 민족, 역사(Java: Geographisch, Ethnologisch, Historisch)』의 첫 페이지를 읽도록 하는 것으로 충분할 것이다.

한편 슐레겔의 설들은 조금씩 사바를 말레이반도에서 찾도록 유도하므로, 그는 조용하게 위치를 변경했고, 1899년에는 인도 사람들이 자바를 yavadvīpa, 즉 곡물의 섬이라 명명했고 반면 말레이반도를 Djavâ vâta(Javāvāṭa), 즉 무궁화의 정원으로 불렀다고 밝혔다.[338] 그렇지만 이러한 구분이 적어도 설의 한 부분을 보충하기 위해 고안되었을 뿐이라고 볼 수는 없을까? "무궁화"를 뜻하는 japā 또는 javā란 명칭은 말레이반도를 지칭하기 위해 사용된 적이 결코 없으므로 어떤 텍스트로도 입증되지 않는다. 우리가 앞으로 보게 되겠지만 사바란 명칭이 송나라 시기(10~13세기)에 자바섬에 확실하게 적용되었으므로, 반대할 실마리가 전혀 없다. 그러므로 사바의 원형으로 복원해야 하는 것은 java와 단독으로 쓰인 java이다.

카링가와 자바를 당나라 시기의 가릉과 사바에 연결한다면 그들을 자바로 적용하는 것이 어떤 이유 때문에 문제가 되는가? 1898년에 슐레겔이 제기한 첫 번째 이의는 다음과 같다. 이는 그에게 있어 결정적으로 보인다. 『신당서』에 따르면[339], 813년 가릉은 다른 예물과

338) 『통보』, IX, 289쪽. 또한 『통보』, N.S., IV, 228쪽을 참고하시오. 거기에서 슐레겔은 야바드위빠(Yavadvīpa)가 곡물의 섬을 의미한다는 것을 단호하게 인정하고 있지 않음을 볼 수 있다.

339) 『신당서』, 권222하, 3쪽.

함께 승지노(僧祗奴)를 황제에게 바쳤다고 하였다. 슐레겔은 이 구절을 인용하고, 덧붙여 흐루너펠트 씨는 종종 만나게 되는 흑인들을 지칭하는 것 같은 이 용어의 기원을 식별하는 것이 아님을 밝혔다고 했다. 슐레겔은 "우연히 나는 『수서』에서 시암의 역사를 뒤져보면서 적토(시암)의 역사에서 시암의 왕이 승지라는 성에서 살았다……."라고 한 것을 찾아냈다고 덧붙였다. 슐레겔은 승지를 산스크리트어 "연합, 결합, 동맹"을 의미하는 saṃdhi로 보았다. 그는 "이 당시에 재위한 왕이 Çākyas라는 집안의 법명인 고타마(Gautama)라는 성을 가졌다"라고도 하였다. "노예"라는 뜻의 노(奴) 자에 관하여 그는 여기에서는 "여자 노예"를 가리킨다고 했고, 도읍의 이름을 왕국의 이름으로 보았기 때문에 승지노는 시암인 노예들일 것이라고 하였다. 슐레겔은 "그렇다면 가릉이 자바일 수 있다는 생각은 폐기되어야 한다. 왜냐하면 자바인들은[이 시암의 노예들을 조공으로 바쳤을 리가 없기 때문이다"[340]라고 결론지었다.

자바의 시암인 노예들을 데려오는 것이, 예를 들어, 슐레겔이 가릉을 위치시키려 했던 싱가포르의 지역의 시암인 노예를 데려오는 것보다 더 그럴법하지 않은 이유에 대해 슐레겔은 언제나 그 설명을 회피했다. 하지만 그의 설은 다른 쪽에서 결함이 있다. 그는 흐루너펠트 씨가 「말레이 군도와 말라카에 관한 주석(Notes on the Malay Archipelago and Malacca)」(두 번째 시리즈)에서 1887년부터 승지(僧祗)를 "페르시아 장기(Zanggi), 즉 장(Zang, Zanguebar)의 남자"[341]로 표현하는 것처럼 보고자 했던 것을 지적하고 그렇게 보도록 하는 논문을 발표했다. 몇 달 뒤에 특히 가릉에 관한 기사를 발표했는데, 슐레겔은

340) 『통보』, IX, 90~92쪽.

341) 흐루너펠트, 「말레이 군도와 말라카에 관한 주석」, 140쪽. 또한 베트(P.J. Veth)의 『자바: 지리, 민족, 역사(Java: Geographisch, Ethnologisch, Historisch)』, 두 번째 판, 44쪽을 참고하시오.

흐루너펠트 씨의 해석에서 나온 것에 대해서는 아무런 언급도 없이 그 해설을 논박하려 했다. 그에 따르면 승지(僧祗)는 "흑인"을 뜻하는 아랍어 젠디(zendj) 또는 잔디(zandj)를 표현한 것일 수 있다고 했다. 왜냐하면 젠디의 종성은 원래 [g]가 이후에 변경된 것이고, 한편 지(祗) 자는 여전히 아모이 발음으로 옛날에는 [di]로 발음되었기 때문이다. 그래서 그는 적토의 도읍 명칭인 승지는 산스크리트어로 삼디(Saṃdhi)라고 승지에 대한 해석을 유지했다.[342] 적토 수도의 실제 이름이 무엇인지 토착의 자료에는 나오지 않으므로, 적토라는 나라의 위치에 대한 불확실성을 정확하게 하기는 쉽지 않다.

어쨌든 음성적 관점에서 그다지 만족스럽지 않은 삼디(saṃdhi)란 재구성이 그 자체로 그럴법하지 않다고는 말할 수 있다. 그렇지만 나는 어떻게 고타마란 이름이 슐레겔의 가정을 견고하게 해주는지를 알려고 하지 않았다. 사실 적토의 도읍인 승지와 승지노 사이에 아무런 관계가 없다면, 옛날부터 존재했고 다른 곳에서 온 승지 사람들의 이름이고 그것은 뒤에 승지란 도시에 적용되었다고 말해야 한다. 왜냐하면 승지에 주어진 노예라는 의미에 관해서는 아무런 의문이 없고, 흐루너펠트 씨의 가정은 그 자체로 명확히 해야 할 필요가 있기 때문이다.[343] 『신당서』는 승지노에 관해 언급하고 있지만, 지(祗) 자는 끊임없이 기(祇) 자와 혼동되었다.[344] 표기에 있어서

---

342) 『통보』, IX, 278~279쪽.

343) 아이모니에(É. Aymonier, 「고대의 시암(Le Siam ancien)」, 190쪽)는 이 승지란 도시의 다른 이름을 승고(僧高)라고 하였는데, 이는 『신당서』(권 222하, 1~2쪽)에서 수진랍(水眞臘)의 북서쪽에 있는 한 왕국의 이름으로 주어진 것이다. 이러한 추정은 마땅하지도 않거니와 하나의 가설일 뿐이다.

344) 쥘리앙(Stanislas Julien)은, 『중국 서적에서 만나게 되는 산스크리트어 명칭들을 옮기고 해독하는 방법(Méthode pour déchiffrer et transcrire les noms sanscrits qui se rencontrent dans les livres chinois)』(no. 521)에서 사실상

거의 언제나 지(祗) 자가 아니라 기(祇) 자이다.[345] 특히 다른 텍스트에서는 승기(僧祇)라고 표기되어 있다.[346] 급기야 승지 또는 승기에 대해 승기(僧耆)라는 변형도 접할 수 있다.[347] 따라서 그 명칭은 승지가 아니라 승기로 읽어야 한다. 오늘날 젠디(zendj)의 아랍어 또는 페르시아어 형태가 무엇이든 간에 모든 말레이 군도에서 흑인들은 장기(zanggī) 또는 장기(janggī, 또한 jĕnggī, 바탁어로는 jonggī로도 발음됨)로 명명되었고, 정기(jĕnggī)는 이미 860년 자바 비문에서도

~ 지(祗) 자로 발음되는 글자에 기(祇) 자의 발음을 부여했고, 자일스도 그의 사전 색인에서 마찬가지였다.

345) 슐레겔이 근거한 『신당서』의 동일한 문장에 관하여 『도서집성』 석판본(「변예전(邊裔典)」, 권 97, 과와(瓜哇) 조목, I, 2쪽)은 사실상 승지(僧祗)로 되어있으나 『도서집성』 판본에 따라 간행된 『신당서』의 석판본은 『문헌통고』(1859년 본, 권 332, 13쪽)에서처럼 승기(僧祇)로 되어있고 『당회요』, 권 100, 2쪽에서 두 차례나 동일하게 되어있다. 승지 또는 승기의 표기는 『패문운부』에서는 기(祇) 자로 되어있다. 반대로 『신당서』(권 222하, 4쪽)의 석판본은 실리불서(室利佛逝)의 조목에서 승지로 되어있고 또한 『태평환우기』(권 177, 10쪽)에서도 승지를 찾을 수 있다. 실리불서 조목의 인용에서 『도서집성』 석판본(「변예전」, 권 102, 실리불서 조목, 1쪽)은 승지(僧秖)로 잘못되어 있고, 『책부원구』(권 972, 7쪽)에서는 더욱 잘못된 금저(金抵)로 되어있는 것을 찾을 수 있다. 아마도 승기를 가탐의 갈갈승지(葛葛僧祗)의 마지막 두 글자로 보아야 할 것이다. 이에 대해서는 다시 언급하겠다.

346) 쥘리앙(Stanislas Julien), 『중국 서적에서 만나게 되는 산스크리트어 명칭들을 옮기고 해독하는 방법(Méthode pour déchiffrer et transcrire les noms sanscrits qui se rencontrent dans les livres chinois)』, no. 521~530.

347) 『책부원구』, 권 971, 6쪽; 권 972, 7쪽을 참고하시오. 마찬가지로 『책부원구』, 권 975, 4쪽에 있는 가기(價耆) 또한 고쳐야 한다. 승기(僧耆)란 이름은 무엇에 적용한 것인지 알 수는 없지만 『만서』, 권 6, 6쪽에서 "종족"의 이름으로 나타난다.

발견된다.[348] 이 모든 경우에서 고어의 후음이 유지되고 있다. 이 형태들을 흑인을 지칭하는 중국어 승기와 대조해보면, 승기 그리고 장기(zanggī) 또는 장기(janggī)와의 절대적인 동일성에 관해 어떠한 의문도 남기지 않는다. 동시에 슐레겔이 가릉을 자바로 보는 것에 반하여, 승기 노예들이 시암에서 왔을 것이라는 주장의 근거도 사라지게 된다.

---

348) 케른(H. Kern), 『왕실 학술원 발표자료 및 보고서, 문학 분야(Verslagen en mede-deelingen der Koninklijke Akademie van Wetenschappen, Afdeeling Letterkunde)』, 두 번째 시리즈, X에 실린 「사카 782년 자바의 옛 문헌자료에 관하여(Over eene oudjavaansche Oorkonde van çaka 782)」, 91~92쪽과 슐레겔, 『통보』, IX, 278쪽을 참고하시오.

11. 다마장(多摩萇)과 천지불(千支弗)

『당서』들이 남해의 여러 나라에 대해 각각의 위치에 관하여 부여한 설명들은 더 이상 이러한 추정을 저해하지 않는 것 같다. 슐레겔이 바리의 동쪽에 위치한 가릉을 말레이반도 상에서 찾도록 이끈 것은 바리를 수마트라 아사한에 둔 것이다. 그러나 우리는 바리가 분명히 아사한에 있지 않고, 가릉은 바리의 동쪽이 아니라 서쪽에 있음을 보았다. 따라서 논증의 이 부분에 매달릴 필요가 전혀 없다. 슐레겔은 『당서』의 한 구절을 근거로 들었는데, 그에 대해 나는 아직 언급하지 않았다.

가릉 또는 사바에 관한 특별한 단락 이외에, 『신당서』에서[349] 가릉(訶陵)의 남쪽과 천지불(千支弗)의 북쪽에 있는 다마장(多摩萇)이라는 나라에 관한 언급을 찾을 수 있다. 슐레겔은 가릉을 말라카, 또는 반도와 싱가포르 섬을 구분하는 해협의 북쪽에 있는 말레이 해안에 두면서 다마장을 싱가포르와 동일한 섬으로 보고자 했다.[350] "분명 반지불(半支弗), 즉 판차 푸르(Pancha-pur)에 대한 인쇄상 오류인" 천지불은 말라카 해협의 섬들 속에서 찾아야 한다고 했다.[351]

---

349) 『신당서』, 권 222하, 3쪽.

350) 슐레겔은 싱가포르와 싱가포르가 속국이었던 팔렘방에 관하여 가장 당혹스럽게 하는 정보들을 제공하고 있다(『통보』, IX, 286쪽). 싱가포르는 "1376년 건설된 자바인의 식민지인 팔렘방의" 한 속국이었다는 것이다. 주에서 슐레겔은 "심하푸라(Siṃhapura)라는 명칭은 틀림없이 인도의 식민자들에 의해 부여되었다. 왜냐하면 그것은 현장이 방문했던 캐쉬미르에 있는 오래된 한 속국의 명칭이기 때문이다"라고 덧붙였다. 그러나 슐레겔 자신에 따르면, 팔렘방이란 이름은 분명히 조여괄(『제번지』, 권상, 7쪽)의 책에서 13세기부터 찾을 수 있으므로, 싱가포르란 명칭이 캐쉬미르 심하푸라에서 차용했다고 하기에는 아무런 근거가 없다.

351) 『통보』, IX, 279~286쪽.

이 텍스트에서 말하고 있는 가릉이 『당서』들이 조목을 할애한, 그리고 사바라고도 불리는 것과 같은 나라라면, 분명 이 사바를 자바라고 하는 것은 어렵다. 왜냐하면 다마장과 천지불이란 왕국들을 자바의 남쪽에 둘 곳을 전혀 알지 못하기 때문이다.

그렇다면 다마장 남쪽에 있는 이 가릉에 대하여 말레이반도에 위치한 두 번째 가릉을 생각해야 하는가? 그 자체로 절대로 불가능한 것은 아니다. 가릉이 카링가(Kaliṅga)라면, 케링(Kěling) 또는 클링(Kling)으로 되므로, 인도인들이 일반적으로 말레이반도, 시암, 캄보디아에서 지칭된 것은 바로 이 명칭이다.[352] 카링가와 비슷한 말이면서 분명히 그것과 관련된 테링가(Teliṅga)인데, 아마도 페구인들에게 주어진 탈라잉(Talaing)이라는 명칭으로 보아야 할 것이다.[353] 우리는 가릉에 관한 천문학적 관찰이 자바보다는 더 쉽게 말레이반도

352) 율, 『영국-인도의 용어사전(Hobson-Jobson)』, Kling조목; 쿠아즈(Mgr. Cuaz), 『프랑스-시암어 사전(Dictionnaire Français-Siamois)』, Hindou 조목; 베르나르(Jean Baptiste Bernard), 『캄보디아-프랑스어 사전(Dictionnaire cambodgien-français)』, 36쪽을 참고하시오. 코친차이나의 안남인들은 일반적으로 말레이 사람들에게처럼 인도사람들("Malabars")을 짜바(Chà-và)라고 하였다. 나는 어떤 통역자에게 서로를 구분할 수 없는지를 묻자 그는 사이공에서 인도인들을 차리(Cà-lì)라고도 하는데, 이는 클링(Kling)의 변형일 수도 있고, 하노이에서 말레이인과 인도인들은 아주 흔하게 서양의 흑인들인 타이 덴(Tây đen)이란 명칭으로 혼동한다고 했다.

353) 율, 『영국-인도의 용어사전(Hobson-Jobson)』, Talaing과 Telinga 조목을 참고하시오. 이는 파이어(Phayre)의 견해로, 포르크함메르(Forchhammer)가 그것이 완전히 잘못된 것임을 밝히기(『Notes on the early history and geography of British Burma』, II, 11~12쪽) 전까지는 거의 수용되었다. 그에 따르면, 탈라잉이란 명칭은 18세기 말 페구인들을 알롬프라(Alompra)가 결정적으로 승리를 했을 때로 거슬러 올라갈 뿐이다. 정복당한 자들을 조롱하기 위해 승자는 몽어로 "발아래 밟힌"이란 의미의 타라잉이란 이 명칭

에 의미상 어울리는 것을 보게 될 것이다. 그렇지만 이는 그럴법해 보이는 해결책이 아니다. 『신당서』의 천지불(千支弗)은 다마장(多摩萇)의 남쪽에 있고 남인도에 종속되었다고 한다. 그 나라는 "갠지스 강가에 있는"[354] 인도의 참파와 나란히 언급되어 있고, 슐레겔이 가장 자연스럽게 정정한 판차푸르, 즉 반지불(半支弗)일 것 같지도 않다. 내가 뒤에 밝히려 한 바와 마찬가지로 천지불은 간지불(干支弗)의 잘못이며, 남인도에 있는 오늘날 콩제베람(Conjeveram)인 칸치푸라(Kāñcīpura)를 지칭한다. 이러한 조건에서 천지불의 북쪽에 있는 다마장의 북쪽에 있는 가릉은 자바에서도 말레이반도에서도 찾을 수 없다. 이는 현장이 갈릉가(羯{食+麦}伽)[355]라고 알았던 인도의 카링가일 것이다. 이 경우, 『당서』의 이 문장은 다른 가릉을, 마찬가지로 사바라는 이름으로 알려진 가릉을 자바로 추정하는 것을 더 이상 방해하지는 않는다.

~ 을 주었을 것이다. 이러한 유래는 대중적인 어원임을 호소하고 있다. 저드슨(Adoniram Judson)은 알롬프라가 별칭으로 페구인들을 자극하려 했다면, 분명히 몽어가 아닌 미얀마어로 했을 것이라고 이미 지적한 바 있다(『미얀마-영어 사전(Burmese-English Dictionary)』, III쪽). 한편 포르크함메르의 설명은 17세기 초 중국자료에서 탈라잉이라는 명칭의 존재로 인해 오염되었다. 고조우(顧祖禹)의 『독사방여기요(讀史方輿紀要)』(권 119, 8쪽)는 대고라(大古喇), 또 파고(擺古, 페구)라고도 하는데, 이 나라 북쪽에는 동오(洞吾, Taunggu) 사람들이 있고, 남서쪽에는 득릉(得楞) 사람들이 있다고 하였다. 이 득릉 사람들은 고라(古喇)의 종족일 뿐이며 그들에게 고라라는 명칭을 부여하기도 했다고 덧붙였다. 1610년에 그들은 미얀마인들을 공격하기 위해 시암으로 갔다. 따라서 득릉 사람들은 이라와디 어귀 아니면 아마도 지리적 설명이 정확하지 않다면, 마르타반 해안에서 찾아야 할 것이다. 어쨌든 이것이 미얀마인들이 궁극적으로 페구인 전체에 적용한 이름임에는 거의 확실하다. 포르크함메르의 해석은 버리고 파어의 해석에 동조하는 것이 더 가능성이 크다.

354) 『신당서』, 권 222하, 3쪽.

355) 『대당서역기(Mémoires sur les contrées occidentales)』, II. 92쪽.

가릉(訶陵) 또는 사바를 자바로 추정하는 데 있어서 유일하게 심각한 문제는 『신당서』에서 나오는 천문학적 관찰에서 비롯된다. 그에 따르면, "하지에 지시침이 8척을 가리키면, 그림자는 지시침의 남쪽으로 2척 8촌에 나타난다"[356]라고 하였다. 다카쿠스 씨는 이러한 설명은 가릉을 북위 6도 이상으로 놓아야 한다고 계산했다.[357] 그러나 가탐의 텍스트는 명백하다. 가릉은 불서의 동쪽에 있고, 불서는 말라카 해협의 남쪽 해안에 있다. 따라서 가탐의 가릉을 『신당서』의 천문적 관찰대로 위도를 놓는 것은 불가능하다. 그렇다면 두 개의 가릉으로 봐야 하는가? 문제의 천문 관찰이 들어있는 곳은 사바라고도 불리는 가릉 조목에서이고, 사바는 음성적으로 자바일 가능성이 크다는 것을 상기해보자. 우리는 바르트(Barth) 씨가 이미 제시한 설명[358]을 따라야 할 것이다. 그 천문 관찰을 완전히 뒤집어, 말하자면 하지를 동지로 보아 그림자를 지시침의 북쪽 2척 4촌에 놓으면, 위도는 남방 6도 이상이 되므로 자바의 북쪽 해안 부분의 고도가 된다. 우리는 앞으로 수마트라에 대해서도 이와 비슷한 정정을 해야 할 것이다.

이러한 전복은 타당한가? 나는 이 점에서 가정을 시도하고자 한다. 중국인들은 말레이 섬들을 남반구로만 알았기 때문에 이 섬들에 대해 그다지 많은 관찰을 하지 않았다. 그들은 다소 부정확한 북극성의 높이에 상응하는 지시침의 그림자 길이에 따라 항로를 수정

---

356) 『신당서』, 권 222하, 3쪽. 夏至立八尺表, 景在表南二尺四寸.

357) 다카쿠스(Takakusu), 『의정남해기귀내법전』, XLVII쪽. 다카쿠스 씨는 정확하게 6도 8분이라고 하였다. 나는 확인할 방법이 없어 그 숫자들을 채택했지만, 마지막 8분은 실수로 10분으로 계산한 것 같다. 정확히 하려면 6도 58분이 되어야 한다. 샤반느와 다카쿠스 씨의 번역(1898년, 5월, 7월, 9월호 『학자들의 저널(Journal des savants)』, 13쪽에서 발췌한 「의정의 순례(Le Pèlerin chinois I-tsing)」)을 고려하여 바르트(Barth) 씨는 6도 18분으로 고쳤다.

358) 바르트(A. Barth), 「중국인 의정의 순례(Le Pèlerin chinois I-tsing)」, 14쪽, 주1.

해야 했고, 이러한 관찰들이 동지에 이루어졌음에도 북반구에 있었던 중국인들은 일반적으로 하지에 행했으므로 중국인들은 동지에 행해진 것이 그들에게는 상당히 놀라운 것이었으므로 쉽게 하지에 이끌렸다. 그렇지만 중국인들은 하지에 그림자가 지시침의 남쪽에 있는 열대 나라들 속에 있다는 것을 잘 알고 있었다. 이 점이 바로 두 번째로 수정을 해야 하는 이유이다. 나는 그 수정에 따라 설명을 하지만 또한 그것이 무엇을 야기하든지간에, 가정일 뿐이며, 이러한 가정만이 『신당서』의 천문학적 관찰과 가릉에 관하여 우리가 가지고 있는 다른 정보들을 통합할 수 있다고 생각한다.

당나라 시기의 이 가릉이라는 나라에 대해, 내가 이미 암시는 했지만 참고할 수 없었던 『남해기귀내법전』의 번역에 관한 케른 씨의 논문을 원용하면서, 슐레겔이 제기한 이의에 대해 한마디 해야 할 필요가 있다. 슐레겔은 "구법승 의정에 따르면, 카링(가릉)은 중국과 스리-말라유(Srî-Malayu)[359] 사이에 위치한다. 그러나 케른 교수가 정확하게 지적한 것처럼, 자바는 중국과 수마트라 사이에 위치하지 않는다. 그래서 케른 씨는 말라카 주변에서 가릉을 찾아야 한다고 생각했다"[360]라고 하였다. 케른 씨가 실제로 이렇게 표현했는지는 모르지만, 적어도 마지막 분분에서 이 견해는 수긍할 만한 것이 아니다. 우리는 곧 중국에서 올 때, 마라유에 이르기 전에 불서(佛逝)를 지나며, 아마도 가장 서쪽에 있었던 불서는 해협 동쪽 입구에 있는 수마트라의 동쪽 해안에 있다는 것을 확인할 수 있을 것이다. 그런데 가탐의 여정은 가릉이 여전히 불서의 동쪽에 있음을 보여준다. 어떻게 중국에서 인도로 가는 길인 말라카 해협의 입구에 있는 불서의 동쪽

359) 나는 이 스리 말라유에 대해 알지 못한다. 슐레겔이 실리불서(室利佛逝)와 말라유를 같은 명칭으로 합친 것같다.

360) 『통보』, XI, 277쪽.

에 있는 가릉이 말라카일 수 있는가?[361] 자바는 중국과 수마트라 사이에 있지 않다는 이러한 지적은 말하자면, 그것은 부분적으로만 맞을 뿐이다. 자바의 문명이 중국에서 인도로 가는 중국인들을 끌어들일 정도로 이미 상당한 번영을 누렸다면, 해협을 지나기 전에, 자바에 들리는 것은 매우 당연할 것이다.

한편 자바가 항해의 필수적인 단계가 아니라고 할지라도, 샤반느 씨가 번역하면서 주에서 밝힌 것처럼[362] 가릉에 대해 의정(義淨)이 기술한 것이 바로 그것이다. 우리의 추정에 결코 장애가 되지 않게 중국에서 인도로 가는 길에 간혹 가릉으로 우회할 수도 있고, 마찬가지로 해협의 푸로 콘도르로 가는 직항로를 택할 수도 있었다는 사실은 의문을 가질 수 없는 해결책으로, 새로운 논거이다. 사바라고도 불린 당나라의 가릉은 자바일 수밖에 없다.[363] 이는 송나라

361) 이 설은 불서를 팔렘방에 두는 사람들에게서 나왔으므로 슐레겔의 견해에 대해 놀라운 반응을 보인다. 한편 슐레겔이 팔렘방과 말라카의 상대적 위치에 관해 일반적으로 통용되는 지도와 좀 맞지 않는 생각을 하고 있었다고 말해야겠다. 『통보』(IX, 290쪽, X, 261쪽)에서 슐레겔은 말라카를 싱가포르의 남서쪽과 팔렘방의 북동쪽에 두었다. 또 한 번은(『통보』, X, 303, 304쪽) 팔렘방이 "동쪽으로 자바에, 서쪽으로는 말라카에, 남쪽으로는 큰 산맥에, 북서쪽(북쪽으로 된 곳도 있음)으로는 바다에 접해 있다"라고 말한 텍스트를 접했을 때, 두 차례나 이탤릭체로 된 이본인 "서쪽에"를 따랐다. 그리고 다음과 같이 덧붙였다. "여기에는 큰 오류가 있다. 왜냐하면 분명 팔렘방은 말라카 서쪽에 닿는 것이 아니라 동쪽에 닿기 때문이다. 서쪽으로 팔렘방은 벤쿨렌(Bencoolen) 산맥에 닿는다"라고 하였다. 따라서 가릉은 불서의 동쪽에 있고, 말라카는 팔렘방의 동쪽에 있으므로, 불서를 팔렘방에 놓은 슐레겔은 가릉을 말라카로 본 것을 이해할 수 있다. 그러나 지리의 가장 기본적인 내용도 무시하고 얻어진 해결책임을 알 수 있다.

362) 샤반느, 『의정대당서역구법고승전』, 42쪽.

363) 현재 우리가 아는 한, 가릉을 자바로 추정하는 것에 동의하거나 반대하는 것

시기(960~1278)의 자료에서 보이는 사바에 관한 정보들을 검토해 보면 더욱 명백하게 드러나는 것이다.

~ 으로 해석될 수 있는 텍스트들만을 여기에서 언급했을 뿐이다. 비문, 문헌 자료, 민간전승에서 중국 사서를 통해 언급된 몇몇 사적이나 이름에 관한 회고를 찾는다면 새로운 요인들이 고려되어야 한다. 특히 앞서 언급한(앞의 169~170쪽) 파회가로(婆賄伽盧) 또는 파로가사(婆露伽斯)라는 도시가 확인되기를 바란다. 가릉에 관한 두 『당서』의 기술들은 흐루너펠트와 슐레겔에게 종종 인용된 글에서 번역되었다. 그것을 참조하기를 바란다.

12. 사바(闍婆)와 대식(大食)

송나라 시기에 사바의 위치에 관하여 가장 중시되는 문헌은 14세기에 편집된 『송사』에서 나오는데, 그 이전 시대인 조여괄의 『제번지』[364]에 들어있는 동일한 문장들을 베껴 놓았다는 것이 거의 확실해 보인다. 『송사』에 따르면[365] 그 문장은 다음과 같다. "사바란 왕국은 남해에 있다. 동쪽으로 바다에 이르려면 한 달을 (가야 한다). 바다로 반달을 가면 곤륜 왕국에 도착한다. 서쪽으로는 바다에 이르려면 45일을 (가야 한다). 남쪽으로 바다에 닿으려면, 3일을 (가야 한다). 바다로 5일을 가면 대식이란 왕국에 도착한다. 북쪽으로 바다에 닿으려면 4일을 (가야 한다). 바다로 북서쪽으로 15일 만에 발니(勃泥, 보르네오)[366]에 도착한다. 15일을 더 가면 삼불제(三佛齊, 거의 팔렘방일 것임) 왕국에 이른다.[367] 이어서 7일을 더 가면 고라(古邏) 왕국에 이르고, 7일을 더 가면 시력정 왕국에 다다른다. 교지(交阯, 통킹)에 이르렀다

---

364) 『제번지』, 권상, 10쪽.

365) 『송사』, 권 489, 6쪽. 흐루너펠트 씨(「말레이 군도와 말라카에 관한 주석」, 144~142쪽)와 슐레겔(『통보』, X, 258쪽)의 이전 번역본들을 참고하시오. 闍婆國在南海中. 其國東至海一月, 汎海半月至崑崙國. 西至海四十五日, 南至海三日, 汎海五日至大食國. 北至海四日, 西北汎海十五日至勃泥國, 又十五日至三佛齊國, 又七日至古邏國, 又七日至柴曆亭, 抵交阯, 達廣州.

366) 발니(勃泥)는 발니(浡泥)라고도 쓰는데, 논란의 여지없이 보르네오 또는 보르네오의 한 부분이다. 브루네이 라는 일반적인 재구성이 솔깃하다. 이 복원이 이 명칭에 대한 과거의 언급이 있다면 거의 확실할 것이다. 내가 알기로 발니는 9세기의 『만서』(권 6, 5쪽. 앞의 276쪽, 주325를 참고하시오)에서 처음으로 보인다.

367) 삼불제의 위치를 더 멀게 말하고 있다. 15일 대신에 조여괄의 같은 문장에서는 10일이라고 했을 뿐이다.

가 광주에 도착한다." 이러한 내용으로부터 슐레겔은 사바가 자바도 수마트라도 아닌, 말레이반도라는 것이 "곧장 드러난다"라고 하였다.[368] 아무리 좋게 본다고해도 이러한 결과에 이를 수 없다. 원문에 이상한 설명이 있을 것이다.

대식은 일반적으로 아랍이다. 슐레겔은 『광동통지』와 『동서양고』의 한 문장을 인용했는데, 이들에 따라 아체 사람들은 옛날에 대식(大食), 즉 타지(Tâzî)라 불렸다.[369] 따라서 아랍의 타지와 수마트라의 타지를 구분해야 한다. 이는 수마트라, 즉 아체의 타지일 것이다. 이것이 『송사』의 문장에서 말하는 것이다. 이처럼 텍스트는 자바로는 설명할 수 없지만, 말레이반도에 있는 자바(Djavà)로는 명확해진다. 이 자바에서 출발한다고 가정하면 남쪽으로 3일을 가면 크다에 이르고, 정크선으로 5일이면 크다에서 아체까지 충분히 갈 수 있다.[370] 자바라는 이곳에서 3일이면 크다 북쪽의 내륙으로 갈 수 있다는 점에 주목하라고 하였다. 이는 슐레겔이 그 나라의 위치에 관해 기술한 것보다 정확하고 유일한 설명이다. 어쨌든 크다에서 아체까지 남쪽으로 가는 것이 아니라 약간 서쪽으로 간다. 그럼에도 불구하고 사바를 크다의 조금 북쪽에 둘 다른 근거들이 있다면, 아체 지역에서 대식이란 명칭을 적용한 용례가 있다면, 텍스트의 침묵으로 말미암아 바다로 항해하는 것은 육로로 가는 남쪽 방향이 아니라고 추측할 수 있고, 슐레겔의 해석을 받아들일 만하다는 것을 인정한다.

---

368) 『통보』, X, 253쪽.

369) 타지(Tâzî) 또는 타직(Tâdjîk) 형태 중 하나를 복원할 수 있다. 식(食)은 거성과 입성의 발음을 가진다. 의정의 다씨(多氏)는 분명 타지(Tâzî)로 거슬러 올라갈 것이다(샤반느, 『의정대당서역구법고승전』, 25쪽). 도쏜(Constantin Mouradgea d'Ohsson), 『몽골의 역사(Histoire des Mongols)』, I, 217쪽, 주를 참고하시오.

370) 『통보』, X, 259~260쪽.

다만 아체의 사람들은 결코 대식이라 불리지 않았다. 이러한 해석을 생각해 볼 수 있는 유일한 문장은 『신당서』의 가릉에 관한 조목에서 들어있다.[371] "상원(上元) 연간(674~675)에 (가릉국의) 사람들이 실막(悉莫)이라 부르는 여인을 왕으로 추대했는데, 그녀의 확고한 통치는 완벽하게 규칙에 따랐다. 길에서 사람들은 떨어진 것을 줍지 않았다. 대식의 왕이 그 말을 듣고, 한 자루의 금을 보내 거리에 두었다. 지나가는 모든 사람이 곧바로 피해갔다. 그렇게 3년이 지나갔다. 태자가 지나가면서 이 금을 밟았다. 화가 난 실막은 그를 참수하려고 했다. 신하들이 완고하게 중재하자 실막은 '원래 잘못은 발에 있으니 발가락은 잘라도 된다'라고 하였다. 신하들이 다시 중재했으나 본보기로 손가락을 잘랐다.[372] 대식 사람들은 이를 알고 (실막을) 두려워하여 감히 (그녀에 맞서) 군대를 일으키지 못했다." 이야기는 이와 같다. 흐루너펠트는 이로부터 가정하여 대식을 수마트라로 보아야 한다고 했다.

그러나 『통전』에서처럼 두 『당서』에는 대식에 관한 긴 조목이 있다. 그로부터 아랍제국과 아랍인들은 대식으로만 지칭되었음이 매우 분명하게 드러난다.[373] 이로써 가릉 조목에서 그 명칭에 다른 의미

---

371) 『신당서』, 권 222하, 3쪽. 흐루너펠트, 「말레이 군도와 말라카에 관한 주석」, 139쪽을 참고하시오. 至上元間, 國人推女子為王, 號悉莫, 威令整肅, 道不擧遺. 大食君聞之, 齎金一囊置其郊, 行者輒避, 如是三年. 太子過, 以足躪金, 悉莫怒, 將斬之, 羣臣固請, 悉莫曰, 而罪實本於足, 可斷趾. 羣臣復為請, 乃斬指以徇. 大食聞而畏之, 不敢加兵.

372) 원문에는 한번은 "발가락"을 뜻하는 지(趾)로, 한번은 "손가락"을 의미하는 지(指) 자로 되어있다. 이 경우에 두 글자 사이에 설정된 차이가 없다고는 생각하지 않는다. 그래서 나는 이렇게 번역했다. 흐루너펠트 씨는 지(趾) 자를 "발"로 번역했으나(「말레이 군도와 말라카에 관한 주석」, 140쪽), 이러한 번역을 용인할 만한 용례를 알지 못한다.

373) 『구당서』, 권 198, 12~13쪽; 『신당서』, 권 221하, 8~9쪽; 『통전』, 권 193, 22~24쪽. 두우는 부친인 두환(杜環)의 여행 이야기를 길게 인용하고 있다.

를 부여할 수 없고, 가릉 또는 자바에 관한 이러한 이야기의 마지막 문장은 행위에 상응하는 것으로, 이로써 아부 제이드(Abou Zeid)는 코마르(Comar, 크메르, 캄보디아)의 왕에 대한 자베즈(Zabedj, 자바)의 왕의 원정에 관한 이야기를 끝내고 있다. "이러한 사건들에 대한 소식이 인도와 중국의 왕들에게 전해지자, 마하라자(Maharadja)는 눈이 커졌다."[374] 실막 여왕은 대식에 유익한 경외심을 불러일으켰다. 그러나 그들이 서로 이웃하고 있다고 말하는 것은 아니다.

사바에 관한 기술의 애매한 이 문장 이외에 『송사』에는 또한 대식의 명칭에 대해 하나의 의미만이 있을 뿐이다. 대식에 할애된 긴 문단이 증명하는 것처럼, 그들은 당나라 시기에도 아랍으로 남아있었다.[375] 조여괄의 『제번지』에서 "대식국"[376] 조목으로 기술할 대상이었던 것 또한 아랍이었다. 명나라 시기에만, 대식이란 명칭이 실제 쓰임에서 사라지고, 그 실질적인 의미를 몰랐기 때문에 여행자와 지리학자들은 아랍을 수마트라에 두었다. 그러나 『광동통지』와 『동서양고』는 17세기의 것이지만, 우리가 무시할 수 없는 2백 년 이상 일찍이, 명나라 시기의 같은 지리학자들은 말레이반도의 옛날 낭아수(狼牙修)를 실론에 두었다는 추정을 찾아냈다.

이러한 견해의 의미는 정확히 『명사』의 이 문장으로 정확하게 주어진다.[377] "소문답랄(蘇門答剌, 수마트라)는 만랄가(滿剌加, 말라

~ 두환은 중앙아시아를 통해 751년 "서양"까지 갔다가 남해로 762년 돌아왔다(『통전』, 권191, 10쪽을 참고하시오).

374) 레이노(Joseph Toussaint Reinaud), 『아랍인과 페르시아인의 여행기록(Relation des voyages faits par les Arabes et les Persans)』, I, 104쪽.

375) 『송사』, 권 490, 7~9쪽.

376) 『제번지』, 권 상, 21~24쪽.

377) 『명사』, 권325, 4쪽. 슐레겔은 이 문장을 번역했으나(『통보』, N.S., II, 343쪽), 문장을 잘못 끊어, 『명사』에서 타직(Tâdjîks, Tâzî)이라는 두 왕국을 찾도록

카)의 서쪽에 있고, ……한나라의 조지(條枝, 칼데아)이고, 당나라의 파사(波斯, 페르시아)와 대식(아랍)이란 두 왕국의 자리이다." 대식이란 명칭이 실제로 사용되었음을 밝히는 데 있어 더 나은 구속력을 찾지 않는 한, 송나라 시기에 아체를 지칭한 것에 대해, 사바에 관한 『송사』의 기술에 나오는 대식이 원래는 아랍이어야 하고 그러한 언급으로부터 사바를 크다의 북쪽에 위치시킬 만한 근거는 전혀 없다.

한편 사바를 자바로 추정하는 것에 대해 더 이상 추론할 수 없는 것은 자명하다. 왜냐하면, 자바의 남쪽에는 대양뿐이기 때문이다. 서쪽으로 방향 변경을 상정하거나 5일 여정으로 대폭 늘려야 한다. 그러나 여전히 옛 항해에서 자바의 남쪽 해안은 결코 자주 드나들던 곳이 아니라는 점이 남는다.[378] 나는 이 문장이 실망스러워서 내가 가정한 해결책에서 이 문장 해석을 포기했다는 것을 자인한다.

~ 이끌고 있지만, 그 두 왕국은 사실 파사와 대식이다. 파사(波斯), 즉 페르시아라는 명칭을 수마트라의 한 부분에 적용한 옛 사례를 더 이상 찾을 수 없다. 빌(Samuel Beal)의 주석에 따르면(『인도의 불가사의한 것들에 관한 책(Le Livre des merveilles de l'Inde)』, 251쪽), 브레트슈나이더가 파사라는 이 명칭을 당나라 시기 수마트라의 북서지역을 지칭한 바로사(婆魯師) 또는 낭바로사(郎婆露斯)와 비교했던 것 같다. 나중에 다시 보겠지만, 바로사는 페르시아와 아무런 관계가 없는 것 같다.

378) 율, 『마르코 폴로』, II, 286쪽.

13. 미려(尾閭)와 사바(闍婆)

슐레겔은 자신의 설을 위해 곤륜이라는 왕국에 관해 언급했다. 일단 사바의 동쪽 해안에 이르러 반달을 더 가면 곤륜 왕국에 도착한다. 사바를 자바로 본 흐루너펠트 씨는 곤륜을 푸로 콘도르로 보았고 슐레겔도 동일한 의견을 표명했다.[379] 곤륜의 위치가 분명 그곳이라면, 사바를 자바로 추정하는 데, 유리하지 않은 것은 분명하다. 왜냐하면, 자바는 푸로 콘도르의 정 남쪽에 있고, 푸로 콘도르는 반대로 말레이 반도의 동쪽 또는 북동쪽에 있기 때문이다. 그러나 사실 그 어느 것도 푸로 콘도르를 가리키지 않는다. 나는 명청 시기의 많은 자료를 뒤졌는데, 거기에서 푸로 콘도르라는 섬은 곤륜의 "섬" 또는 곤륜의 "산"으로 불렸지 결코 곤륜 "왕국"으로 불리지 않았다. 우리는 앞에서 이 곤륜이란 명칭이 얼마나 부정확한 것인지를 보았다. 사바를 추정하는 데 있어 그로부터 끌어낼 것이 아무것도 없다. 그러나 일단 사바가 설정되었고, 그곳을 자바로 둔다면, 적어도 송나라 시기에 중국인들은 전통적으로 자바의 동쪽에 곤륜 왕국을 두었다고 말할 수 있다.

한편 『송사』가 사바의 경계에 관한 정보를 가져온 것으로 보이는 조여괄의 『제번지』에서, 『송사』에서 빼먹은 한 문장이 있는데, 사바의 동쪽 지역에 관하여 전설 같은 이야기를 보여주고 있다. 조여괄은 "(사바의) 동쪽으로는 바다에 이른다. 수면은 조금씩 낮아진다.[380] 거기는 여인들의 나라[女人國]이다. 더 동쪽으로는 미려(尾

379) 흐루너펠트, 「말레이 군도와 말라카에 관한 주석」, 142쪽과 슐레겔, 『통보』, X, 258~259쪽.

380) 水勢漸低. 나는 해수면이 수평적이지 않아(중국인에게 땅은 평평하다), 그로부터 급류가 경사진 방향으로 물이 휩쓸려 가는 것으로 이해한다. 슐레겔은 적절하게 이 문장을 몽골시대로 추정되는 자료와 비교했는데(『통보』, X,

閭)로 물이 빠지는 곳이다.[381] 더 이상 사람 사는 세상이 아니다. 배를 타고 반달이면 곤륜국에 도착한다"라고 하였다. 이처럼 『송사』가 빼버린 문장은 사실상 스스로 없앴을 수 있다. 왜냐하면 "배를 타고"란 단어 앞에 분명히 마지막 문장을 직접적으로 첫 번째 문장에 연결해 주는 "사바의 동쪽 끝에서"란 말이 보충되어야 하기 때문이다.

여인국과 미려에 관하여 슐레겔은 말레이반도 상에 있는 사바의 위치를 위해 이들을 원용할 수 있다고 생각했다. 그는 "옛 여인국은 자바의 동쪽에 있는 것이 아니라 중국의 동쪽에 있고", "그 나라는 아마도 일본 또는 일본 근처에 있었다"라고 하였다. 미려에 관하여, "나는 아무런 의심 없이 [Mi-liu, 미려][382]가 일본인들의 쿠로 시보(Kuro Sivo) 또는 암흑류임을 입증했다고 생각한다"[383]라고 하였다. 나는 자바보다는 말레이반도 상에 사바를 놓기 위해 사바의 동쪽에 있는 쿠로 시보와 일본에 관한 언급으로부터 유추할 수 있는 것을 알 수 없다. 오류는 두 경우 모두 상당히 심각하다. 특히 그것이 일본과 쿠로 시보에 관계되는 것임을 입증할 만한 근거는 없어 보인다. 중국인

302쪽), 거기에서 동일한 특성이 포모사 해협과 관련하여 언급되었다. 『원사』(권 210, 6쪽)에 들어있는 이 텍스트는 바다로 거기까지 이른 사람들은 돌아오지 못했다고 덧붙이고 있다(『강희자전』, 제(漈) 자에 인용된 『오학편(吾學編)』과 유사한 텍스트를 참고하시오). 이 두 번째 텍스트에서 슐레겔은 漸低를 "(바다가) 조금씩 낮아진다"라고 번역했고(『통보』, IV, 170쪽), 조여괄의 문장에 대해서는 같은 단어들임에도 "(바다의 힘이) 조금씩 줄어든다"라고 번역했다. 내가 생각하기에 첫 번째 번역만이 정확하고, 곧 언급될 『인도의 불가사의한 것들에 관한 책(Le Livre des merveilles de l'Inde)』의 이야기를 근거하고 있다.

381) 원문은 "愈東則尾閭之所泄"이다. 미려란 명사와 내가 "빠지다"라고 번역한 글자는 『장자』에서 가져온 것이다.

382) 미(尾)자의 중국 발음에 [mi]는 없다.

383) 『통보』, X, 302~303쪽.

들은 중국의 북동쪽, 티베트 쪽인 북서쪽, 인도차이나에서 많은 여인국을 알고 있었다.[384] 조여괄의 원문에서 양나라 시기 유명한 슈라마나(çramaṇa) 신회(神廻)가 불상(佛桑)의 동쪽으로 1천 리에 위치해 있고, 슐레겔이 일본에 둔[385] 여인국을 지칭하는 것은 아무것도 없다.

미려에 관하여 옛날 중국인의 인식에서 쿠로 시보는 확실히 아니다. 중국인들은 나라의 모든 강이 동해로 흘러든다고 알았기 때문에 어떻게 바다가 넘치지 않는지 몰랐다. 그들은 넘쳐나는 물들이 미려로 빨려든다고 상상했다. 가장 오래된 텍스트에서는 미려에 대한 이러한 언급이 없다. 그것은 사방 수천 리인 거대한 바위로, 너무 뜨거워 어마어마한 양의 물이 닿아 증발하는 것으로 알려졌던 것 같다.[386] 사람들은 그곳을 불상의 동쪽에 두었다. 왜냐하면, 불상은 세상의 동쪽 끝으로 알려져 있었기 때문이다. 슐레겔이 인용한 진윤형(陳倫炯)의 문장은 18세기로 거슬러 올라가는데, 일본의 동쪽에서 모든 물은 동쪽으로 흐른다고 하였으므로, 이것이 쿠로 시보를 암시할 수 있지만, 저자가 추가한 개인적 해설에 의한 것이다. "장자가 이 글자로 말하고자 했던 것은 바로 이곳이다. 미려는 그 물들을 흐르게 한다." 장자는 미려에 관해 말한 최초의 저자이다.[387] 그러나 그는 기

384) 슐레겔, 『통보』, III, 495쪽 이하; IV, 247쪽 이하; 부쉘(Bushell), 『JRAS』, N.S., XII, 531~532쪽; 『수서』, 권83, 5쪽; 『신당서』, 권221상, 3쪽; 『구당서』, 권197, 4쪽; 『만서』, 권10, 3쪽 등을 참고하시오.

385) 『통보』, III, 495쪽 이하.

386) 이는 『진서(晉書)』(권 89, 6쪽), 『오음집운(五音集韻)』(『강희자전』 려(閭)자에 인용됨), 『패문운부』(권 17, 94쪽, 沃焦)에 인용된 『현중기(玄中記)』의 문장에서 나온 것 같다.

387) 슐레겔이 장자로 돌린 문장은(『통보』, III, 166쪽) 장자의 것이 아니라 주석한 사람의 것이다. 장자의 텍스트에는 다음과 같이 말하고 있다. "하늘 아래 모든 강물 중에 바다보다 더 큰 것은 없다. 수만의 강물이 언제 멈추는지도 모르게 이르지만, (바다는) 넘치지 않는다. 미려(尾閭)는 언제 끝나는지도

원전 4세기에서 3세기까지 살았으므로 일본은 당시 전혀 알려져 있지 않았기 때문에, 무엇보다도 쿠로 시보가 끼어들 만한 곳이 없는 우주론적 개념일 뿐이다.

~ 모르게 물을 빼내지만, 비워지지 않는다." 대구로 보면, 미려는 그 앞의 구에 있는 "만천"에 해당하는 실사이다. 왜 미려란 명사가 장자의 세 번역본에서 빠졌는지 모르겠다(Frederic Henry Balfour, 『남화경(The Divine Classic Of Nan-Hua)』, 197쪽; Giles, 『장자(Chuang Tzŭ)』, 201쪽; James Legge, 『도교 문헌(The Texts of Taoism)』(Sacred Books of the East, Volume 39), 375쪽).

14. 사바(闍婆)와 여인국(女人國)

이처럼 조여괄의 원문에는 일본에 관해 말한 것이 없다. 그렇지만 조여괄이 취한 정보의 출처를 다른 곳에서 찾을 수 있다. 여기에서 조여괄은 1178년에 나온 주거비(周去非)의 『영외대답』을 베끼고 있다.[388)]해양 왕국들에 관한 단락에서 『영외대답』은 "사바의 동쪽은 거대한 동쪽 바다이다. 수면은 조금씩 낮아지는데 거기에 여인국이 있다. 더 동쪽으로는 미려를 통해 물이 빠져나가는 곳으로, 사람의 세상이 아니다."[389)]고 하였다. 보는 바와 같이 조여괄이 글자 그대로 베낀 것이다.

그러나 다른 조목에서 주거비는 더욱 자세한 정보를 제공하고 있다. "남동쪽 바다에는 사화공국(沙華公國)이 있다. 사람들은 종종 바다로 나가 노략질을 한다. 사람들을 사로잡아 묶어 사바에 판다. 더 남동쪽에는 근불국(近佛國)이 있다. 많은 야만의 섬으로 구성되어 있다. 그 곳은 야만의 도적들이 사는데 마라노(麻囉奴)[390)]라 불린다. 바람이 장삿배를 이 나라로 몰아가면 그들은 사람들을 잡아 굵은 대나무에 꽂아 구워 먹는다. 이 야만족의 추장들은 이빨을 뚫어 황금으로 박는다. 그들은 사람의 해골로 밥그릇을 만든다. 섬이 멀면 멀수록 이러한 도적들이 많다.[391)] 더 남동쪽에는 여인국이 있다. 물은 끊임없

---

388) 조여괄은 상당 부분 『영외대답』을 인용하고 있다. 육로로 중국에서 인도로 가는 길에 관하여 그는 가탐의 『황화사달기(皇華四達記)』를 인용하고 있는데(권1, 18쪽), 위에서 살펴본 통킹에서 운남을 통해 인도로 가는 여정일 뿐이다. 그러나 조여괄이 이 인용문을 베낀 것은 『신당서』가 아니라, 『영외대답』(권2, 5쪽)에서이다.

389) 『지부족재총서(知不足齋叢書)』본, 권 2, 9쪽.

390) "마라의 노예들"로 이해할 수도 있을 것이다.

391) 원문의 의미가 이와 같다고 생각한다. 其島愈深其賊愈甚.

이 동쪽으로 흘러 수년 만에 한 번씩 범람한다.[392] 물에 떠 있는 연의 열매[蓮肉]들은 1척 이상이나 되고 복숭아[核桃]는 2척이나 된다. 토착민들이 그것을 얻으면 여왕에게 바친다. 옛날 이 나라에 들어온 상선이 있었는데, 여인들이 (선원들을) 잡아 데려갔다. 며칠 뒤에 죽지 않은 사람이 없었다. 단 한 사람이 밤에 배로 달아나 겨우 목숨을 건졌다. 그 뒤에 그는 그 사실을 이야기했다. 이 나라의 여인들은 남풍이 불 때 옷을 벗고 바람을 통해 임신을 했다. 모두 딸을 낳는다."[393]

주거비는 이러한 이야기를 어디에서 가져왔을까? 주거비는 절강(浙江) 영가(永嘉) 출신이다. 영파(寧波)에서든 광동에서든 그가 직접 남해에 관한 정보들을 선원들에게 얻었음은 틀림없다. 다음 세기에 조여괄의 책은 동양의 무슬림 선원들에게 상당 부분 의존하고 있다. 일례로 우리는 실론에 관하여 그가 기술한 것과 아랍 지리학자들의 설명이 놀랍게 일치하고 있는 것을 볼 수 있을 것이다. 따라서 사바의 동쪽에 있는 여인국에 관한 이야기의 출처는 이쪽에서부터 찾아야 한다.

『인도의 불가사의한 것들에 관한 책(Le Livre des merveilles de l'Inde)』에는 인도양을 건너 중국으로 가는 상인들에 관한 언급이 있다.[394]

---

392) 원문: 數年水一泛漲.

393) 『영외대답』, 권 3, 5쪽. 이 원문은 『제번지』, 권상, 33쪽에도 인용되었다. 또한 쯔보이 쿠마조(Tsuboi Kumazo), 「주거비(周去非)의 이국에 관한 기술(Cheu Ch'üfe's Aufzeichnungen über die fremden Laender)」, 96~97, 120쪽을 참고하시오.

394) 리트(P.A. Van der Lith)가 아랍어를 편집하고, 드비치(L. Marcel Devic)가 불어로 번역한 『샤리야르 람호르무즈의 아들 보조르그 대장이 쓴 인도의 불가사의한 것들에 관한 책(Livre des merveilles de l'Inde, par le capitaine Bozorg, fils de Chahriyâr de Râmhormoz)』, 20~29쪽. 『인도의 불가사의한 것들에 관한 책(Kitāb 'Ajāib al-Hind)』의 이 문장은 이미 슐레겔에 의해 그가 일본에 위치시킨 여인국에 관한 중국 자료들과 비교되었다. 그러나 전설

"말라투(Malâtou)[395] 해에 이르러, 그들은 중국 근처로 나아가면 이미 몇몇 산봉우리들로 구별된다. 갑자기 폭풍이 불 때, ……이 바람은 카노프(Canope) 방향으로 그들을 이끌었다. 그런데 카노프가 정점에 있을 때까지 이 바다로 나아가면 그 누구도 돌아올 가망이 없어진다. 그는 가운데로 흐르는 거대한 물속에 던져지고, 배가 나아감에 따라 파도는 뒤에서 일어나고, 이쪽에서는 그 앞에서, 반대쪽에서는 물결이 낮아진다. 바람이 잔잔하건 거세건 간에 돌아오는 것은 막힌다. 물결은 거대한 대양으로 끌어간다.……이틀 밤낮을 이렇게 흘러간다.……셋째 날 밤 무렵 [선원들은] 이상한 불로 비추진 수평선이 그들 앞에 보인다. 공포감이 그들을 사로잡는다.……" 그러나 그들 중 한 스페인 무슬림이 그들을 안심시키며 "당신들이 보는 것은 바다의 파도가 부딪히는 산들로 둘러싸인 한 섬이오. 그래서 밤에는 그것을 모르는 사람들을 무섭게 하는 신비로운 불의 효과를 내는 것이오.

~ 의 이 나라들에 관한 자료들은 시기와 지역에 따라 분리되어야 한다. 북해에 있는 여인국에 관한 『후한서』의 문장은 『삼재도회(三才圖會)』(삼재는 하늘, 땅, 인간을 뜻하는 것으로, 슐레겔처럼 세 왕국을 말하는 것이 아님)의 원문과 혼동해서는 안 된다. 『삼재도회』는 1200년 이후의 것으로 여인국을 남동쪽 바다에 있다고 하였다. 이 『삼재도회』의 여인국이 아마도 주거비와 『인도의 불가사의한 것들에 관한 책(Kitāb 'Ajāib al-Hind)』의 기술과 같을 것이다.

395) 드비치(L. Marcel Devic)는 말라투(Malâtou) 대신에 말라유로 읽고자 했다(『인도의 불가사의한 것들에 관한 책(Le Livre des merveilles de l'Inde)』, 264쪽). 이 두 형태는 철자부호의 위치에 따라 달라진다고 알고 있다. 나는 이 교정이 그럴법하다고 생각한다. 한편 주거비의 원문에서 만났던 마라노(麻囉奴)란 명칭은 [t]의 두 획 중에서 하나를 삭제함으로써 더 미미한 변화를 가지는 한 형태, Malânou를 연상시킨다. 반 데르 리트(앞의 책, 257쪽, 258쪽)에 따르면, 마라유란 명칭은 아랍의 지리서에서 말라유(Malâyou)가 아니라 말라유르(Malâyour)라는 형태로 나타난다고 한다. 이 명칭에 대해서는 뒤에 다시 다룰 것이다.

태양이 뜨면 이 시각적 현상은 사라지고 물로 될 것이오. 이 불은 에스파냐란 나라에서도 볼 수 있소.……"[396)]라고 했다. 사람들은 무서움을 진정시키고 일출을 기다렸다. "그의 말대로 바람이 부드러워지고 바다는 고요해졌다. 그들은 일출과 함께 섬으로 접근했다.……배를 대고,……배에는 한 명도 남지 않았다.……갑자기 섬 안에서 신만이 그 숫자를 셀 수 있을 정도의 여인들이 나왔다. 그녀들은 한 남자에게 수천 명씩 덤벼들었다.……그녀들은 그들을 산으로 끌고 가 환락의 수단으로 삼았다. 이는 그녀들 사이의 끊임없이 거듭되는 싸움이다. 남자들은 지쳐 차례로 죽었다.……단 한 명이 살아남았다. 바로 에스파냐 사람이었는데, 단 한 명의 여인이 그를 데려갔었다. 그녀는 밤에 그를 찾아가 새벽까지 숨겨주었다.……마침내 바람이 바뀌었다.……그 남자는 펠루(felou)라고 부르는 보트를 타고 밤중에 물과 양식을 갖추었다. 그 여인과……그는……함께 출발하여 10일을 항해한 끝에 남자의 배가 출발했던 항구에 도착했다. 이것이 그가 모험한 이야기이다."

보조르그 대장의 이야기와 주거비의 문장을 비교해보면 모종의 유사성을 제시하고 있는 것 같다. 여인국으로 가는 길에 낮아지는 물, 아무도 저항할 수 없는 물살, 그리고 선원들의 죽음 등은 주거비가 아랍과 중국 상인들이 중국의 바다에 관해 말해준 이야기를 기술하고 있다고 인정할 정도로 상당히 비슷하다. 중국인에게 그 자체로는 물살이 아니라, 심연이나 암석으로 대양의 물을 빨아들이는 무서운 물살로 믿었던 미려라는 옛 명칭을 연상시키는 것은 쉽다. 결국, 여인국과 미려를 사바의 동쪽에 두는 것은 바로 자바인의 제국이 남해에서 더 동쪽에 있다고 알고 있었기 때문이다. 내가 제시한 설명이 세부사항에서 오류를 범했더라도, 조여괄이 베낀 주거비의 이 문장으로부터 사바를 말레이반도로 둘 만한 근거를 찾을 수 없다는 것은 확실하다.

---

396) 섬 쪽으로 물이 빨라지는 이 불의 섬이 중국의 미려와 어떤 관계가 있는 것일까?

15. 사바(闍婆)와 발니(勃泥)

사바의 북쪽 해안에서 발니(勃泥, 보르네오)까지 가기 위해서는 북서쪽으로 15일 가야 한다는 설명을 받아들인다면 이는 자바에게는 정확할 수 있다. 왜냐하면, 발니가 브루네이 지역에 있다면 보르네오의 남서지점을 우회하기 위해서는 우선 북서쪽으로 가야 하기 때문이다. 반대로 사바가 말레이반도에 있다면 이 정보에는 수긍할 수 없다. 슐레겔은 "북서쪽"에 다른 설명 없이 "북동쪽으로 읽으시오"라는 주석을 추가하는 것에 그쳤다.[397] 그렇게 할 바엔 간단하게 "동쪽"으로 고치는 것이 더 낫다. 왜냐하면, 보르네오는 말레이반도의 동쪽 해안의 정 동쪽, 크다의 위에 있고, 왜 여정이 여기에서 출발점으로, 곤륜에 대한 것처럼 동쪽 해안이 아니라 북쪽 해안을 제시했는지를 설명해야 하기 때문이다.

게다가 슐레겔은 자바로부터 4~50일 걸리는 반면, 말레이반도에서 보르네오의 북서쪽 해안까지 15일 만에 갈 수 있으므로, 동일한 항해 기간에 의해 자바를 배제했다고 밝혔다. 또한 『송사』[398], 발니 조목에서 발니에서 사바까지는 45일정이라고 할 때, 슐레겔은 곧바로 그 차이를 설명했다. 15일만 걸린다고 한 첫 번째 경우, 그 정보는 말레이반도의 사바에 관련된 것이고 그에 대해 『송사』가 별도의 조목을 두고 있는 것이며, 두 번째 경우에, 45일 여정에 관하여 자바와 같은 사바로 이해해야 한다고 하였다. 이처럼 사바가 동일한 저자에게서 다른 두 나라로 지칭되었다고 하더라도, 이 경우에 놀랄만한 것은 아니다. 『송사』는 사실상 몽골인에 의해 편집되었다.

---

397) 『통보』, X, 258쪽.

398) 『송사』, 권489, 7쪽.

그런데 슐레겔은 "당연히 몽골의 역사지리학자는 구술된 것에 따라 썼고, 闍婆(Djavà)라는 두 한자가 그가 그 음으로 알고 있었던 유일한 글자였기 때문에 자바와 마찬가지로 자오 오아(Djao-oa)를 옮기기 위해 이 두 글자를 사용했다"라고 하였다.[399] 이러한 근거는 잘못되고 위험한 것이 있다는 것을 알 수 있다. 잘못된 것은 우선 『송사』의 편집자인 탈탈(脫脫)은 송나라의 한문 자료를 활용했고, 그는 구두의 증거들을 쓰지 않다는 것은 논란의 여지가 없다.[400] 또 탈탈이 살았던 14세기에 자바의 명칭을 옮기는 가능한 방법이 있었고, 정확하게 말하자면 오늘날처럼 비슷하게 발음되는 사바(闍婆)란 한자가 명칭의 원래 형태에 상응하지 않기 때문이다.[401] 마지막으로 13세기 말부터 자바(Djavâ)를 향후 사바로 연결되는 글자들로 옮길 수도 있다는 부정확성 때문에 몽골인들은 사바를 조와(爪哇)로 옮겼다.

---

399) 『통보』, X, 260, 304쪽.

400) 『송사』 497권이 기록 자료를 토대로 하지 않고 다르게 편집되었다는 것은 상상할 수도 없다. 외국전에서도 마찬가지로 각 나라에 대해 탈탈은 사신들이 다녀올 때의 기록된 자료를 사용했다는 것이 명백하다. 슐레겔은 탈탈이 중국 출신이 아니었기 때문에 중국 자료들을 구두로 몽골어로 번역시켰다고 말하고 싶은 것인가? 그러나 탈탈은 중국어를 알았고, 중국어로 『송사』를 직접 썼다. 모든 것이 논의할 가치도 없다. 한편 슐레겔의 논거를 설명하는데 있어, 『송사』에 들어있는 보르네오에 관한 동일한 기술이 반세기 뒤에 마단림(馬端臨)의 『문헌통고』에 들어 있고(생드니의 『남중국 외래 인들에 대한 민족분류(Ethnographie des peuples étrangers à la Chine, Méridionaux)』, 566쪽을 참고하시오), 그 이전에는 『제번지』(권 상, 34쪽)에도 들어있다는 것을 지적하는 것으로 충분할 것이다.

401) 우리가 확인할 수 있는 방법을 가지고 있는 어떤 경우에도, 자음 종성이든, 매우 특징적인 [eul] 소리든, 몽골 시기 공식적인 중국어는 현재 중국어와 비슷하게 발음되었음을 알 수 있다.

탈탈이 글자 그대로 눈 아래 있는 이전 자료들의 표기를 베꼈으므로, 사바와는 다른 글자들로 자바를 표현하기가 훨씬 용이했을 것이다. 관점에 결함이 있는 슐레겔의 논거는 독단의 빌미가 될 수 있으므로 위험하기도 하다. 사바에 관한 기술에서 우리가 말레이반도가 아니라 자바에만 적용될 수 있는 정보들을 만날 때마다, 이러한 경우와 그들에게만 사바가 자바라는 명칭을 옮기기 위해 자의적인 방법으로 적용되었다고 말하는 것보다 더 용이한 것은 없다.

사실 『송사』에서 사바의 명칭에 두 가지 의미를 부여할 이유가 전혀 없다. 사바에 관한 기술에서 이 나라의 북쪽 해안을 보르네오 북서쪽 해안으로부터 15일 거리에 둔 것은 바로 동일한 거리를 부여한 조여괄 텍스트에 따른 것이다. 조여괄은 자신의 책 다른 곳에서 『송사』가 인용한 발니에 관한 한 조목을 할애했다. 이 두 조목 사이에 명백한 불일치가 존재하지만, 그것은 몽골 역사가가 한 것이 아니다. 사실 『제번지』에서 첫 번째 권을 끝내는 기술들은 시작하는 조목들과 다른 자료에서 나온 것 같다. 그런데 바다를 통한 이러한 여행 기간은 종종 두 배, 세 배로 다양해질 수 있다. 이 기간은 바다의 상태, 몬순바람, 항해하는 선박의 크기에 달려있다. 대부분의 중국 편집자들처럼 탈탈은 기술된 설명들을 통일시키는 것을 염두에 두지 않고 『제번지』를 베꼈다. 사바에서 발니까지 15일과 발니에서 사바까지 45일이라는 것으로부터 두 사바와 두 발니(勃泥)를 구분해야 하는 것으로 귀결되는 것은 결코 아니다.

동일한 사바에 대한 두 경우일지라도 이는 사바에 관한 기술에서 주어진 여정의 영향으로 나온 것으로 보인다. 슐레겔은 사바에서 보르네오까지 15일, 그리고 다시 사바를 출발하여 삼불제(三佛齊)까지 마찬가지로 15일, 이어서 삼불제에서 고라(古羅)까지는 7일 등으로 계산했다.[402] 그러나 새로운 단계가 삼불제와 고라에 대해 정확하

402) 『통보』, X, 258, 261쪽.

게 동일한 방법으로 서술되었다. 그 여정이 삼불제와 고라 사이에 이어지는 것이라면, 글자 그대로 번역하여 삼불제에 이르기 위해 15일의 거리는 사바에서 출발한 것이 아니라, 발니에서 보르네오를 계산한 것임을 인정해야 한다.[403] 그런데 사바 조목의 15일과 비교하여 발니에서 사바까지 45일을 제시하고 있는 동일한 발니 조목은 발니와 삼불제 사이의 15일 대신에 40일로 계산하고 있다.

한편 말레이반도와 자바로부터 팔렘방에 가기 위해 보르네오의 북서쪽 해안에 관해 동일한 물음표를 치는 것은 이상하다. 그러나 탈탈의 원문을 연구해가면서 우리는 이 텍스트가 첫 번째 출발점에서 마지막 도착점까지 가장 짧은 길을 가는 것으로 해석할 수 없는, 어느 한 곳에서 다른 곳으로의 거리를 제시하고 있음을 보게 될 것이다. 이러한 설명들이 너무 이상하기는 하지만, 텍스트의 글자와는 상반되게 슐레겔의 해석을 선호하여 새로 사바에서 출발하여 삼불제에 이르는 15일로 계산한다면[404] 말레이반도에 있다는 사바의 위치에 관해 아무것도 얻을 것이 없다. 슐레겔은 사실상 사바 조목에서 사바에서

403) 이것이 바로 에르베이 드 생드니(d'Hervey de Saint-Denys)가 마단림의 책에 들어있는 이 텍스트를 번역한 것이다(『Ethnographie des peuples étrangers à la Chine, Méridionaux』, 495쪽).

404) 나는 사람들이 텍스트의 내용을 이처럼 고쳐야 한다고 생각하는 것 이상으로, 삼불제에 이르기 위해서는 매우 그럴법하게 『송사』의 "15일"이 아니라 조여괄의 "10일"을 채택해야 한다고 생각한다. 우리는 사실 조여괄과 『송사』에서와 동일한 문장을 마단림의 책에서 찾을 수 있는데, 거기에서 삼불제에 이르기 위한 항해의 기간은 10일 걸리는 것으로 제시되어있다(『문헌통고』, 권332, 6쪽과 에르베이 드 생드니, 『Ethnographie des peuples étrangers à la Chine, Méridionaux』, 495쪽을 참고하시오). 마단림은 13세기 중반과 14세기 초에 살았고 그의 책은 『송사』 이전이다. 따라서 『송사』에서 삼불제에 이르는 데 필요한 15일은 사바와 발니 사이의 항해 기간으로 15일이라 설명한 많은 이전 문장들에 의해 이끌린 것 같다. 10일이 일반적으로 자바의

발니까지 15일을 발니 조목에서 발니에서 사바까지 45일을 대조하여, 말레이반도에서 45일은 자바에 어울리지만, 보르네오의 북서쪽 해안에 이르려면 사실 15일이면 된다고 했다. 그러나 발니에서 사바까지 가기 위해서 45일을 제시한 발리 조목은 발니에서 삼불제까지 40일로 계산했고, 발니(틀림없이 브루네이)에서 삼불제(틀림없이 팔렘방)까지의 거리는 브루네이에서 파타니 쪽의 말레이 연안까지의 거리와 거의 같다는 것에 의심의 여지가 없다. 그런데 슐레겔에 따르면, 15일 만에 건널 수 있다고 했다. 따라서 하나는 말레이반도에, 다른 하나는 자바에 있다는 두 사바를 상정하기 위해 15일과 45일이라는 이중의 기간과 관련하여 논쟁할 필요가 없다. 발니 조목에서처럼 사바 조목에서 사바는 내가 보기에 자바라는 같은 나라일 뿐이다.

~ 북쪽 해안과 팔렘방 사이를 정크선으로 가는 시간과 더 잘 부합한다. 슐레겔은 사바를 자바로 추정하는 것에서, 자바에서 팔렘방까지 8일밖에 걸리지 않는다는 15세기의 한 자료를 반박했다. 별다른 영향력이 없는 그의 이의제기는 조여괄과 마단림의 이본을 채택한다면 의미가 없어진다.

16. 사바(闍婆)와 시력정(柴歷亭)

탈탈이 설명하는 여정의 이후는 부분적으로 이해하기 쉽다. 탈탈은 삼불제에서 고라(古羅)까지 7일로 계산했다. 슐레겔에 따르면 고라는 말라카이다. 나중에 다시 언급하겠지만, 내가 보기엔 고라를 더 북쪽에 두어야 한다고 생각한다. 여기에서 중요한 의미를 가지는 것은, 우리가 접할 수 있는 다른 언급에 따르면, 고라는 분명히 인도에서 중국으로 가는 길에서 삼불제 전에 있다는 것이다. 7일 거리는 고라 너머에 둔 시력정(柴歷亭)은 확인되지 않았지만, 아마도 조여괄이 다른 곳에서[405] 언급한 일라정(日羅亭) 또는 일라정(日囉亭)과 비교할 수 있을 것이다.

이어서 통킹과 광주에 관해 언급한 것들은 거기에 가는 방법을 전혀 말하지 않아 그다지 도움이 되지 않는다. 나는 시력정 이후의 여정을 끊어야 한다고 생각하고, 아마도 여기에서 변경된 원문은 우리를 다시 사바로 데려간다. 왜냐하면, 통킹과 광주로 가는 곳은 사바의 북쪽 해안이라고 했기 때문이다. 조여괄과 탈탈의 기술은 결국 사바의 북쪽, 보르네오, 팔렘방과 말라카 해협을 경유하는 인도양 해안, 통킹과 중국의 해안으로부터 출발하는 선박들이 다녔던 주요 노선들이었다. 여기에 일정 부분 가설이 있고 그것이 정확하게 말해서 사바가 자바라는 나의 확신에 영감을 준 것이든 이것이 처음으로 내 뜻에 부합하는 것이다.

어떤 해답을 채택하든 이 해답은 사바의 위치에 관한 슐레겔의 설에 유리하지 않다는 것을 지적해야 할 것이다. 슐레겔은 사바를 자바에 둔다면, "문장을 전혀 이해할 수가 없다"라고 생각했다. 반

---

405) 『제번지』, 권 상, 7, 8쪽.

대로 "자바(Djavâ, 반도에 있는)로부터 팔렘방은……15일 만에 이를 수 있고……그리고 팔렘방을 떠나서 북동쪽(원문대로) 방향으로 항해해 가면, 말라카(Kora)는 7일 만에 가며, 또 1주일이면 교지(오늘날 코친차이나에 있는 하노이, 원문에 따름)의 변경에 있는 시력정에 이르고 거기에서 광동에 이른다."라고 하였고, 이어서 "이러한 해석으로는 모든 문제가 생겨난다."[406]라고 덧붙였다. 이는 사실 까다로운 것이 아니다. 우리는 위에서 슐레겔이 사바를 크다의 북쪽에서 3일 거리에 있는 말레이반도 안에 두었고, 이미 보르네오로 가려면 북서쪽을 북동쪽으로 고쳐야 한다는 것을 보았다. 이 두 번째 부분의 여정에 있어서, 그것이 사바에서 중국으로 가는 것이라면, 말라카 해협을 우회하게 되는 서쪽 해안으로부터도 아니고, 더구나 슐레겔에 따르면 푸로 콘도르인 곤륜국으로 가게 되는 곳인 동쪽 해안으로부터도 아니라는 것에 의아해할 것이다. 여기서는 반대로 출발점은 이미 이해하기 거북했던 북쪽 해안이다. 왜냐하면, 말레이반도에서 북쪽 해안은 없기 때문이다. 어쨌든 3일 만에 걸어서 이른다고 한, 이 북쪽 해안이 북동쪽에 있다고 인정하자. 왜냐하면, 그곳에서 보르네오를 가기 위해 출발하기 때문이다. 이것이 우리를 거의 파타니(Patani) 정도로 데려간다. 그래서 파타니 쪽 말레이반도의 동쪽 해안에서 출발하여 중국으로 가고자 하는 항해가들이 팔렘방과 말라카를 지나는지는 의문이다. 그곳이 바로 중국에서가 아니라 인도에서 오는 길이다.

결국, 내가 하고자 하는 대로 여정을 분할한다면, 이 해답은 자바로는 좋지만, 반도로는 더 이상 의미가 없다. 크다의 약간 북쪽에 있는 사바로부터 팔렘방과 말라카를 통해 반도 전체를 우회하면서 인도양을 가기 위해 출발하는 곳은 파타니가 아니라 바로 크다이

406) 『통보』, X, 258, 261쪽.

기 때문이다. 그러므로 "모든 어려움이" 일어나기는커녕, 어떤 방법을 취하든 간에 슐레겔의 설은 여정과 부합할 수 없다. 그의 설은 또한 조여괄과 『송사』가 사바 왕국에 관하여 기술한 형태와 규모면에서도 받아들일 수 없다. 동서남북 모두 바다를 가지고 있는 이 나라는 섬일 수밖에 없다. 말레이반도는 북쪽 해안이 없다. 한편 주요 해상루트들이 북쪽 해안에서 출발한다는 사실은 정확하게 자바에 적용된다. 결국, 이 왕국은 북쪽 바다로부터 4일, 남쪽 바다로부터는 3일, 동쪽으로는 한 달, 서쪽으로는 45일 거리에 있다. 그런데 섬이 아니라 반도일 수도 있다고 생각해보면, 이 같은 설명은 정확하게 말레이반도를 예상하는 설명과 반대된다. 말레이반도는 동서가 아니라 거의 남북으로 향하고 있다. 슐레겔에 따르면, 사실 중국인들은 말레이반도를 동쪽에서 서쪽으로 방향을 잡고 있는 것으로 알고 있었다고 한다.[407] 그러나 이는 이의 없이 받아들여지는 것으로 말하기 충분하지 않은 견해 중의 하나로, 근거나 용례가 있는 것은 아니다.

사바가 말레이반도 상에 있다고 한다면 모든 방향으로 바다까지 펼쳐져 있다고 하는 것은 불가능하다. 왜냐하면, 그 해안들은 우리가 뒤에 보게 될 수마트라에 있는 삼불제의 소위 속국들인 파항(Pahang), 케란탄(Kelantan), 트렝가누(Trengganu)와 같은 나라들로 이미 단절되어 있고, 이들 왕국에 대해 사바라고 말하지 않기 때문이다. 만약 반대로 사바가 섬이어야 하고, 우리가 추정한 자바라면, 동쪽에서 서쪽으로 펼쳐진 그 형태에 실제로 부합한다. 슐레겔은 사실 왕국의 수도인 사바로부터 남쪽으로 3일을 가서 바다에 이른다고 생각하게 한다. 그러나 자바를 남북으로 가로지르려면 3일 이상이 필요하다고 한다. 그럼에도 슐레겔은 한 차례 이상이나 자료의 설명에 주의하지 않고 있다. 『송사』는 바닷가에 수도를 두지 않았다. 왜냐

407) 『통보』, X, 258, 261쪽.

하면, 북쪽으로 바다에 닿으려면 4일이 걸리고, 따라서 북쪽 해안에서 사바의 남쪽 해안까지 가기 위해서는 총 7일이 필요하다고 했기 때문이다.[408] 이는 또한 자바에 적용될 수 있다. 이는 10세기와 13세기 사이에, 예를 들어, 마겔랑(Magelang) 쪽에 수도를 가졌을 수도 있다고 하는 자바에 관한 네덜란드 문헌에서 나온 것일 것이다.

408) 『통보』, X, 259쪽.

17. 문화적 관점에서 본 사바

이처럼 『송사』의 지리적 설명만 놓고 보면, 이를 통해 사바를 말레이반도에 놓을 수 있는 근거로 삼을 수 있지만, 반대로 이 텍스트는 사바를 자바로 확인하는 것을 설명할 수 있을 뿐이다. 그러나 사람들은 다른 논거를 내세운다. 토착의 언어와 관습 그리고 산물들이 사바를 자바에서 찾도록 설명하지 않는다는 것이다. 이점에 대해서 이제 검토해 봐야 한다.

자료에서 사바와 관련된 말레이어 단어의 등장은 이 나라를 자바로 추정하는 것과 양립할 수 없는 것은 아닌 것 같다는 것을 먼저 말해야겠다. 중국인들은 체계적인 사전을 만드는 것에 능통하지 못했고, 그들이 설명한 용어들은 이 나라와 그들의 관계가 모종의 일상용품을 지칭하거나 비슷한 개념들을 표현하도록 알려준 것들이다. 따라서 남해의 공통언어 속에 10세기와 13세기 사이 어떠한 말레이어적인 요소가 들어가지 않았다는 것을 밝히면 된다.[409] 이 논증이 이루어지지 않으면, 사바에서 말레이어의 존재로부터 그 나라의 위치에 관한 단순한 실마리와는 다른 것을 끌어낼 수 있다고 할지라도, 의정에 따르면, 거기 사람들은 철을 산스크리트 단어인 로하(loha)란 명사로 불렀기 때문에, 안다만과 니코바르 섬을 인도에 두지 않아야 하는가?[410]

---

409) 15세기 초에 중국인들은 자바의 사람들이 단검을 블라도(belādau)라고 불렀다고 하였다. 흐루너펠트 씨는 이 단어가 자바 사람들에게 사용되지 않았다고 지적하지만 아마도 그 단어는 전체 군도의 상업용어로 활용되었을 것이라고 하였다. 흐루너펠트(Groeneveldt), 「말레이 군도와 말라카에 관한 주석」, 172, 247쪽을 참고하시오.

410) 샤반느, 『의정대당서역구법고승전』, 121쪽.

그렇지만 실제로 조여괄의 문장을 부분적으로 따른 『송사』에 인용된 사바에 관련된 단어 중에서 말레이어를 전혀 찾을 수 없는 것은 아니다. 사바 사람들은 하노단(蝦猱丹) 나무로 술을 만든다고 하였다. 『송사』와 마단림의 책에는 노(猱) 자가 유(蝚) 자로 되어있다. 조여괄의 다른 표기는 두 경우 모두 하노단으로 읽도록 유도하고 있다.[411] 슐레겔은 [you]발음에서 시작하여 말레이어 케쥬탄(kĕdjutan)으로 복원하면서 "한편 그 명사는 미쿠엘(Friedrich Anton Wilhelm Miquel)의 『네덜란드 인도의 식물(Flora van Nederlandsch Indië)』, 필레트(G. J. Filet)의 인도 네덜란드어의 알파벳 식물 사전에도 찾을 수 없다. 따라서 자바어 명사가 아닐 수 있다"라고 하였다. 말레이어로 케쥬트(kĕdjut)는 "전율하다", "오돌오돌 떨다"라는 뜻을 가진다. 그러므로 케쥬탄은 "전율하게 하는 것"을 의미한다고 했다. 그런데 그리피스(William Griffith)가 아레카 호리다(Areca horrida)라고 명명한 일종의 빈랑나무가 말라카에 있다. 실제로 그리피스는 말레이인들이 비자스(bijas)라고 불렀다고 덧붙이고 있다. 그러나 말레이어 사전들은 비자스를 나무의 이름으로 부르지 않았다. 따라서 그 명칭은 잘못되었거나 그 나무가 케쥬탄이라는 명칭을 가졌을 것이다. "어쨌든 그 명칭은 말레이어지 자바어가 아니다"[412]라고 하였다. 이것이 그대로의 추론인데, 이로써 토착의 단어는 자바가 아니라 말레이반도의 사

411) 『제번지』, 권상, 12쪽; 『송사』, 권489, 6쪽; 『문헌통고』, 권332, 6쪽; 에르베이 드 생드니(d'Hervey de Saint-Denys), 『남중국 외래 인들에 대한 민족분류(Ethnographie des peuples étrangers à la Chine, Méridionaux)』, 497쪽. 『강희자전』에 들어 있는 두 글자를 참고하시오.

412) 『통보』, X, 267~268쪽. 슐레겔은 중국어의 [xia蝦]자를 [ke]로 설정했지만, 이러한 복원은 사바로 추정되는 확실한 단어인 무탸라(mutyāra) 또는 무티하라(mutihāra)에서, 동일한 하(蝦) 자의 초성이 기음(氣音)에 해당하지 파열후음에 상응하지 않는다는 사실로 거의 그럴법하지 않다.

바에서 찾아야 하는 것을 입증해 준다는 것이다. 그렇지만 알레카 호리다와 가정적인 "전율케 하는" 케쥬탄과의 비교가 어떠한 공고한 토대에 기초하고 있지 않다는 것은 너무나 명백하다.

『송사』는 또한 자바의 언어로 진주(眞珠)는 몰다하라(沒爹蝦羅)라고 하고, 아(牙, 상아)는 가라(家囉)라고 하고, 향은 곤돈노림(崑燉盧林), 서(犀)는 저밀(低密)이라 한다고 하였다.[413] 이들 단어 중에서 첫 번째 단어만 확실하게 복원되었다. 흐루너펠트 씨는 큰 어려움 없이, 무티하라(mutihāra) 또는 무탸라(mutyāra)로 보았고 그것은 말레이어로 진주를 의미하지만, 인도어의 어원을 가지며 같은 형태와 같은 의미로 자바어에서도 찾을 수 있다.[414] 다른 단어들에 대해서는 내가 아는 한 아직 자바어로 확인되지 않았다. 그러나 말레이어에서도 마찬가지로 아무런 결과가 없다. 슐레겔은 가라(家囉)는 분명히 산스크리트 카라(kara)로 "손"과 "코끼리 코"를 뜻한다고 했다. 이는 거의 가능성이 없다.[415] 곤돈노림(崑燉盧林)에 관하여 어떠한 가설도 나오지 않았다. 어떤 차용어를 표기한 것으로 추정된다.

413) 『송사』, 권 489, 7쪽. 동일한 문장을 마단림(『문헌통고』, 권 332, 7쪽)에게서도 볼 수 있다. 그러나 향을 지칭하는 말의 마지막 글자인 림(林) 자는 마(麻)로, 즉 곤돈노마(崑燉盧麻)로 되어있다.

414) 흐루너펠트(Groeneveldt), 「말레이 군도와 말라카에 관한 주석」, 143쪽; 『통보』, X, 272쪽; 월(H. von de Wall), 『말레이-네덜란드어 사전에 관한 부록(Aanhangsel op het Maleisch-Nederlandsch woordenboek)』, II, 143쪽; 파브르(Pierre Étienne Lazare Favre), 『자바-프랑스어 사전(Dictionnaire javanais-français)』, 436쪽. "진주"에 대한 무탸(Mutya)는 "진주 목걸이"란 뜻의 묵타하라(muktāhāra)의 변형된 형태인 무탸하라(mutyahāra)라는 어휘로 산스크리트어에서 확인될 뿐이다.

415) 나는 가라(家囉)란 단어를 중국 어휘에서 불교도들이 코끼리에 대해 부여한 명칭으로 종종 찾아볼 수 있는 가나(伽那)라는 단어와 비교하고 싶다(『강희자전』, 가(伽)조목을 참고하시오). 그러나 이 가나(伽那)는 이후 정확하게

"진주", "상아", "서(犀)"는 남방의 나라에서 중국에 바친 조공품으로 종종 등장하는 것을 지칭하고 있다는 것을 주목하자. 이 곤돈노림도 마찬가지일 가능성이 크다.

그러므로 이미 결정된 상품을 지칭할 것이다. 이 경우에 향만을 근거 있게 번역한 것은 바로 이 때문이다. 곤돈은 푸로 콘도르의 표기 중 하나이다. 이 명칭의 근접한 형태를 생각할 수 있다. 쿤두르(kundru)는 아랍어로 향을 의미한다.[416] 따라서 그 용어에 대하여 마단림의 책에서 찾을 수 있는 형태를 채택하여 곤돈노마(崑燉盧麻), 즉 "룸(Roum)의 향"이라는 뜻의 쿤두르 룸(kundur rûm)으로 해석하고자 한다. 저밀(低密)은 신화의 독극물인 티미(timi)를 연상시키는데, 이 우연한 일치로부터 끌어낼 것은 아무것도 없지만 말이다. 슐레겔은 중국인들이 말레이어로 티마(tīmah)라고 하는 주석을 지칭하려 한 것은 아닌지 의문을 품었다. 이는 전혀 그럴법하지 않은 가정이다.

관직명으로는 우리는 우선 조여괄의 책과 『송사』에서 찾을 수 있는 용어를 만날 수 있다.[417] 『송사』에 "중국처럼 (이 나라에는) 4명의 낙길련(落佶連)이 있는데, 이들이 함께 왕국의 문제를 처리한다. 그들은 중국의 재상(宰相)들과 같다."라고 하였다. 조여괄의 텍스트는 상당히 다르다. "중국처럼 (이 나라에는) 사마걸(司馬傑) 낙길련(落佶連)이 함께 왕국의 문제를 처리한다. 그들은 중국의 재상들과 같다"라고 하였다. 이 두 텍스트는 분명 유사하다. 사마(司馬)는 중국식 용어로 "대장", "장군"을 의미한다. 슐레겔은 조여괄의

~ 인용된 어휘를 처음에 잘못 표기한 것에서 나왔으므로, 나가(nāga)의 일반적 표기인 나가(那伽)로 읽어야 할 것이다. 나가(Nāga)는 중국어로 "용"으로도 "코끼리"로도 번역된다.

416) 쳉커(Julius Theodor Zenker), 『터키-아랍-페르시아어 사전(Dictionnaire turc-arabe-persan)』, 763쪽을 참고하시오.

417) 『제번지』, 권 상, 11쪽. 『송사』, 권 489, 7쪽.

형태로 출발하여 걸락길련(傑落佶連)을 말레이어로 "군사(軍師)", "투사" "영웅"이란 뜻을 가지는 데카르(dĕkar)의 변형인 케케카란(kekĕkaran)으로 복원했다. 케케카란은 "전사의 고문"을 의미하는 관념적인 구성일 것이라고 한다.[418] 그러나 이 모든 것은 가설일 뿐이다. 『송사』의 내용은 조여괄에까지 거슬러 올라가는 것이 확실해 보인다. 그렇지만 틀림없이 『송사』의 저자인 탈탈과 동일한 자료를 활용했지만, 반세기 일찍 쓰인 마단림의 책에서 『송사』와 정확하게 동일한 문장들을 찾을 수 있다.[419] 따라서 『송사』의 문장과는 달리, 슐레겔이 한 것처럼, 이 책이 무성의하게 편찬되었다는 것을 여기에서 논거의 변명으로 내세울 수는 없다. 탈탈이 직접 『제번지』의 문장을 베꼈다면, 『제번지』가 이본 또는 고쳐진 것으로 우리에게 전해진다는 것을 인정해야 한다. 왜냐하면, 마단림은 이미 탈탈과 동일한 표기를 제시하고 있기 때문이다. 아마도 『송사』 또한 단순히 마단림의 책을 베꼈거나 두 텍스트가 송나라 말부터 외국에 관해 편집된 전문서적을 사용했고, 그로부터 조여괄의 텍스트가 잘못 인용했을 수도 있을 것이다.

이처럼 우리는 현재로 독립되어 있지만 거의 동일한 의미를 지닌 두 전승을 가지고 있다. 텍스트를 검증하는 것만이 둘 중 하나의 이본을 결정하게 해준다. 여기에서 두 텍스트는 각각 다른 것에 들어있지 않은 특징적인 세부사항을 제공하고 있다. 『제번지』의 원문은 문제의 관직들이 사마 즉 "장군들"을 말하는 것 같고, 마단림과 『송사』는 이러한 관직들이 네 개라는 그럴듯한 설명만을 제시하고 있다. 따라서 정확도는 쌍방이 동일하다. 중국 문장들은 조여괄의 걸락길

---

418) 『통보』, X, 276~278쪽.

419) 『문헌통고』, 권 332, 6쪽; 에르베이 드 생드니(d'Hervey de Saint-Denys), 『남중국 외래 인들에 대한 민족분류(Ethnographie des peuples étrangers à la Chine, Méridionaux)』, 497쪽.

련(傑落佶連)이란 이본이 마단림과 탈탈의 낙길련(落佶連)보다 낫다는 것을 밝히기에는 충분하지 않다. 이런 이유로 근본적인 망설임이 있는 것이다. 그러나 슐레겔의 복원에는 확신하게 하는 증거가 없다. 낙(落) 자는 사실 치음의 초성을 표현할 수 있다. 특히 이 치음은 사실상 말레이어에서처럼 반설음(cérébrale)이다.[420] 그러나 낙의 초성에 대한 일반적인 음가는 [l] 또는 [r]임에는 틀림없다. 모음의 관점에서 [낙]은 일반적으로 모음 [a]를 가지는 음절을 옮기는 것이지, 여기 슐레겔의 복원에서처럼 [i] 또는 [e] 모음을 가지는 단어는 아니다. 결국, 케케카란(kekĕkaran)이란 형식은 고관의 고문에 적용된 경우가 없었을 뿐만 아니라 사전에서도 그것을 찾을 수 없었다. 슐레겔이 동일한 타입에서 나온 다른 것을 근거로 만들어 낸 것으로 보인다. 여기에서 또한 그의 가정은 거의 사실일 가능성이 없으므로, 사바의 위치에 관해 아무것도 끌어낼 수 없다.[421]

『송사』에서 알려진 사바에 관한 마지막 단어군은 993년 초에 중국 조정에 도착한 사신에게서 나온 것이다. 『송사』는 이 사신은 목

420) 『인도의 불가사의한 것들에 관한 책(Le Livre des merveilles de l'Inde)』, 308쪽에서 케른 씨의 주석을 참고하시오.

421) 슐레겔은 중국어 음역의 규칙에 상반된다는 이유로 자바어 형태인 락리안(rakryan) 또는 라카라얀(rakarayan)을 물리쳤다. 슐레겔은 누가 그것을 제시했고 문제의 단어가 무슨 의미인지를 말하지 않았다. 내가 유일하게 가지고 있는 파브르(Pierre Étienne Lazare Favre)의 사전에서, 락리안을 찾지 못했다. 그러나 낙길련은 절대적으로 규칙에 맞는 음역이라는 것을 확신한다. 슐레겔은 우선 중국인들이 락리안을 표기하기 위해 사용한 글자들을 복원해야 한다고 주장했다. 이는 완전히 독단적인 것이다. 락리안은 자바의 비문에서 "장관"을 뜻하는 만트리(mantri)와 결합하여 나타나는 만큼 중국어의 낙길련일 가능성이 커 보인다. 브란데스(J.L.A. Brandes), 『왕의 책(Pararaton)』, 80~81쪽을 참고하시오.

라차(穆囉茶)라는 왕이 보냈다고 했다.[422] 소위 이 이름에서 흐루너펠트 씨는 마하라자(mahārāja)라는 평범한 칭호로 생각했다. 슐레겔은 이 복원이 불가능하다고 하였다. 슐레겔에 따르면, 목(穆)은 모음 [a]를 가지는 음절을 어떤 경우에도 옮길 수 없다고 하였다. 차(茶)에 관하여 그 음가가 [ja]일 수 없다. 왜냐하면, 이 글자의 고음은 [da]이고 『강희자전』에서 보는 것처럼 그 발음은 직(直) 자와 가(加) 자로 발음된다. 음역들은 [da]와 동일한 발음을 구성하도록 이끈다. 왜냐하면 [차]는 드라비다(draviḍa)의 다(ḍa), 칸다라(cāṇḍāla)의 다(ḍā)를 옮겼고, 중국인들은 일관적으로 산스크리트어의 치음과 반설음을 치음으로 옮겼기 때문이다. 그래서 슐레겔은 1871년부터 제기한 재구성인 무라다(Mūlada)를 주장하며, "머리"를 뜻하는 무르다(Mūrdha)로 읽어야 할 것 같다고 하였다.[423] 불행하게도 그의 주장이 독단적이거나 잘못된 것이 아님을 확인할 만한 자료가 하나도 없다.

만약 우리가 불교의 엄격한 음역의 영역에 있다면, 목(穆) 자는 원칙적으로 모음 [a]를 가지는 음절을 옮기지 않는다는 것은 정확하다. 어쨌든 입성을 가지는 글자들에 있어서 규칙은 덜 엄격했던 것 같다. 사실 이 목(穆)은 승려를 뜻하는 마구(magu)를 음역한 목호(穆護)에 들어가 있는데, 그 첫 번째 음절은 모음 [a]를 가지고 있다.[424] 10세기 말 고음의 파열 종성은 완전히 묵음은 아니었을 것이다. 그렇다면 목(穆, 고음으로 [muk])은 마하(mahā)의 [h]에 해당할 수도 있다. 이와 비슷한 경우가 있다. 실론에 관하여 특징적인 한 예를 보게 될 것이다. 우리를 사로잡은 시기에 차(茶)의 발음이 [da]였다는 것은 완전히 거짓이다. 복주(福州)를 제외한 방언들은 이 글자에

---

422) 흐루너펠트(Groeneveldt), 「말레이 군도와 말라카에 관한 주석」, 143쪽.

423) 『통보』, X, 283~284쪽.

424) 샤반느, 「카라 발가쑨의 비문과 경교(Le Nestorianisme et l'inscription de Kara-Balgassoun)」, 『JA』, 1~2월호, 1897, 61, 74쪽을 참고하시오.

대해 구개음 초성, 또는 적어도 치찰음을 가지는 형태를 가졌다.[425] 그러므로 그 발음이 10세기 이후까지 [da]였다면 이러한 일치는 설명될 수 없다. 마찬가지로 『강희자전』은 차(茶) 자를 [da]라는 발음으로 설명하는 것이 아니라 직가(直加), 즉 [자]로 설명하고 있다.

슐레겔은 이러한 구개음 초성들이 늦게 나타났다고 말하고자 했으나 기원후 첫 세기부터 산스크리트어에서 구개음 초성을 가지는 음절들은 일반적인 규칙상 실제 언어에서 구개음으로 발음되는 한자들도 옮겨진 것은 사실이다. 게다가 [차]의 초성을 제시하는 직(直) 자는 복주의 발음에서 치음 초성을 가지지만 그곳뿐으로, 다른 여러 곳, 안남에서 한국까지의 방언들은 구개음 초성임을 가리키고 있다. 이러한 방언 발음들은 『강희자전』이 풀이를 인용하기 훨씬 이전으로 거슬러 올라간다. 따라서 『강희자전』에서 직(直) 자는 구개음 초성으로 읽어야 하고 차(茶) 자에 대해서도 그 초성이 직(直) 자로 주어지는 것이 그와 마찬가지였음을 알 수 있다. 그러므로 중국인들이 치음과 반설음을 음역하면서 결코 구분하지 못했다고 하는 것은 틀렸다. 중국인들은 반설음을 가지고 있지 않으므로, 그들은 그들의 언어가 제시하는 가장 가까운 소리, 말하자면 구개음 또는 치음으로 이 그룹의 글자들을 번역했음이 틀림없다. 그들이 가장 빈번하게 동원한 수단은 치음이 아니라 구개음이었다.[426] 슐레겔이 언급한 무라다

425) 꾸옥응으(quốc-ngữ, 국어)의 안남어 짜(tra) 형태는 눈을 현혹시키지 않는다. 초성의 자음군은 사실상 종종 구개음으로 발음된다. 그로부터 짜(tra)와 끼아(gia)의 쌍형어는 꾸옥응으의 쯔이(trơi)와 그러이(grơi)이다. 초성의 [tr]은 쯔억(trương)=장(張)인 것처럼 중국-안남어로 항상 중국어의 구개음에 해당한다. 중국어에서 유기음이 아닌 무성음의 치음 초성을 가지는 글자들은 중국-안남어로 유성의 치음으로 발음된다. 따라서 두 계열은 매우 뚜렷하다.

426) 사실 이 방면에서 불교의 음역들이 가장 확실한 가이드인데, 댜(dhya)에 해

(Mūlada) 또는 무르다(Mūrdha) 형태들이 음성적 관점에서 불가능한 것은 아니지만, 그 자체로는 그럴법한 것을 전혀 제공하지 않는다. 더 만족할만한 새로운 가설이 없는 한, 소위 목라차(穆囉茶)라는 왕의 이름을 마하라자(mahārāja)로 읽어야 할 것이다.

그 사신이 중국 조정에 있는 동안 그의 나라에 관하여 묻자, 그는 그중에서도 왕은 하지마라야(夏至馬羅夜)라는 칭호를 가졌고,

---

~ 당하는 차(茶)의 경우를 제외하면, 치음을 옮기는 차(茶) 자의 예를 보여주지 않는다. 그런데 이러한 유사한 예외가 구개음 초성을 가지는 글자 계열로 우리가 다루고 있는 글자를 배열하도록 떠민다. 결과적으로 [y]가 중국인의 귀에 거의 구개음처럼 디야(dya) 또는 댜(dhya)로 들리게 했기 때문이거나, 중국인들이 [y]가 선행하는 치음을 구개음화하는 프라크리트어 자료를 사용했기 때문이든(Richard Pischel, 『프라크리트어 문법(Grammatik der Prâkrit-Sprachen)』, 280장을 참고하시오), 디야(dya) 또는 댜(dhya)는 매우 자주 구개음 초성을 가지는 한자로 옮겨졌다. 화장을 의미하는 사유(闍維) 또는 다비(茶毘)라는 중국어 명사에 할애한 긴 주석에서, 슐레겔은 (Watters, 『중국어에 관한 논문(Essays on the Chinese language)』, 416쪽에 따라서) 이 용어를 팔리어로 "화장하다"란 뜻을 가진 자피다(jhäpita)로 볼 것을 주장했다(『통보』, IX, 269~271쪽). 사(闍) 자는 사바에 들어있는 글자와 같고, 이 글자는 원래 [a]가 이어지는 구개음을 옮긴다. 따라서 여기의 차(茶)는 구개음을 옮긴 것이므로 슐레겔은 이 경우에 [다비]가 아니라 [사비]로 읽어야 하는 것을 망각하지 않았다. 따라서 10세기에 차(茶)가 구개의 발음을 가진 것에 대해 품을 만한 아무런 의심이 없다. 그렇지만 『송사』의 참파에 관한 기술에서, 인드라(indra)와 루드라(rudra)에 대해 인차(印茶)와 율타(律陀) 가까이에 있는 율차(律茶)를 찾을 수 있다(권489, 2쪽과 4쪽)는 것을 지적해둔다. 현재의 참의 문자에 반설음은 더 이상 알려지지 않았고, 말레이 문자에서도 마찬가지이지만 말레이어의 치음들은 반설음처럼 발음된다. 인차 또는 율차가 인드라와 루드라의 치음을 반설음화 한 것에 해당한다고 볼 수는 없을까?

왕실의 부인[427]들은 낙견사파리(落肩娑婆利)라고 불린다고 했다. 흐루너펠트 씨는 첫 번째 명칭을 "아지 마라자(Aji Maraja) 또는 마하라자(Maharaja)"로 읽었다. 슐레겔은 아지 마라자라고 다시 밝히고 이 재구성을 설명하면서, 말라야(Malaya)는 실론에 있는 산과 인도에 있는 한 왕국의 명칭이라고 했다.[428] 그 칭호의 첫 부분인 하지(haji)는 의문스럽지는 않은 것으로 보인다. 그 용어는 "왕자" "왕"을 의미한다. 그렇지만 이것이 사바를 말레이반도에 두는 것에 그렇게 유리한 단서가 되는 것은 아닌 것 같다. 왜냐하면, 그 단어가 말레이어에서 간혹 보일지라도 유난히 더 자바어처럼 보이기 때문이다. 중국 텍스트들은 자바, 그리고 자바인의 식민지인 팔렘방과 관련하여 그것을 알고 있었다.[429] 마라야(馬羅夜)에 대해서 산 이름 또는 인도의 한 도시 이름이 말레이반도의 또는 자바의 왕 칭호에 들어가게 된 이유를 알 수 없다. 여기에서도 나는 흐루너펠트 씨가 정확하게 보았고, 하지 마하라자(haji mahārāja)로 만족해야 한다고 생각한다.[430]

427) 원문에는 왕비(王妃)라고 했다. 현재 다루고 있는 문제에 전혀 유용하지 않기 때문에 이 문장을 자세하게 논하고 싶지 않아 글자 그대로 번역했다. 왕의 칭호 뒤에는 왕후의 칭호가 나온다는 것을 지적할 뿐이다.

428) 흐루너펠트(Groeneveldt), 「말레이 군도와 말라카에 관한 주석」, 144쪽; 슐레겔, 『통보』, X, 273, 284쪽.

429) 월(Von de Wall), 『말레이-네덜란드어 사전(Maleisch-Nederlandsch woordenboek)』, I, 9쪽; 파브르(Pierre Étienne Lazare Favre), 『자바-프랑스어 사전(Dictionnaire javanais-français)』, 45쪽을 참고하시오. 사전들에 따르면, 현대 말레이어 형태는 āji이다. 반면 중국어의 하지(夏至)는 자바어 하지(haji)의 기음(氣音) 초성이 남아있다. 말레이어 아지(āji)에서 기음의 탈락이 최근인지는 말할 수 없다.

430) 마하라자(mahārāja)와 동일한 음역으로, 『신당서』(권 222하, 4쪽)의 표국(驃國)에 관한 조목에 보이는 마라야(摩羅惹)를 참고하시오. 야(夜) 자는 원

낙견사파리(落肩娑婆利)에 관하여 흐루너펠트 씨는 어떠한 가정도 삼가고 있지만 슐레겔은 둘로 보았다.[431] 먼저 그는 말레이어로 "하루의 정부"라는 뜻인 렉칸 사하리(rĕkkan săhari)를 제시했다. 그러나 중국어의 관점에서 파(婆)를 [ha]로 복원하는 것은 규칙적이지 않다. 게다가 렉칸 사하리라는 용어가 말레이어로 알려지지 않았다. 따라서 렉칸(rekkan) 또는 라칸(rākan)은 상업적 용어로, "시장", "창고" 간혹 "대상(大商)"을 의미하며, "상인"이란 의미를 가지면서 "결합된"이라는 의미를 지닌 라카난(rakānan)에서 파생되었다. 이처럼 왕실의 칭호와는 거리가 멀다.[432]

한편 슐레겔은 그 어원에 있어 그 절반만 충족시키고 있을 뿐이다. 왜냐하면, 그는 다른 부분에서는 시암어로 제시하고 있기 때문이다. "시암어에서 락칸(răkkăn)은 서로 사랑한다는 뜻과 천사(ǎ̃bsón) 만큼 아름다운 (한 여인)을 뜻하는 압소 락칸 자(absŏ-răkkăn-ja)에서처럼 사랑스럽다는 뜻이다"라고 하였다. 슐레겔은 팔르구와(Pallegoix)의 사전을 참조케 하였다. 락 칸(răk-kăn)은 바로 "서로 사랑하다"라는 뜻이지만, "사랑하다"라는 락(răk)에 "전체" "서로"를 뜻하는 칸(kăn)이 결합된 것이다. 소위 압소 락칸 자는 슐레겔이 잘못 읽은 것이다. 팔르구와는 정확하게 압손 칸자(absŏn-kănja)를 제시하고 압샤라칸나(apçarakaññā)로 썼다. 이 용어는 압사라스(apsaras)와 칸냐(kanyā)로 구성된 것으로, 락(răk)도 칸(kăn)도 들어있지 않다.[433]

~ 칙적으로 [ya]에 해당하지만, 그 동음어인 야(耶)는 『원사』(권 210, 3쪽)의 점파지라야(占把地囉耶, campādhirāja)에서 [ja]를 옮기고 있다.

431) 『통보』, X, 273~275쪽.

432) 개인적인 경험으로 이 말레에 용어를 말하는 것이 아니라 월(Von de Wall)의 사전, II, 144쪽에 따른 것뿐이다.

433) 팔르구와(Pallegoix)의 사전, 1896년 판본, 3쪽과 803쪽을 참고하시오.

이러한 왕과 왕비의 칭호 뒤에 나오는 『송사』의 한 문장을 흐루너펠트와 슐레겔은 다음과 같이 번역하고 있다.[434] "(사신들의) 말로는 상선의 책임자는 발하(勃荷)라고 불렸고, 왕의 부인은 발하비니속(勃荷比尼贖)이라 하였다." 여기에서도 슐레겔은 시암어를 생각하고 있다. 슐레겔은 샤 반다르(Shah Bandar)라는 페르시아 칭호가 들어오기 전에 상업 감독관은 프라 크랑(Phraḥ khlang), 포르투칼인들에게는 바르칼론(Barcalon)으로, 영국인과 네덜란드인들에게는 베르클람(Berklam)으로 불렸다. 이것이 바로 원문의 발하(勃荷)이다. 왕비의 이름에 관하여 첫 번째 요소는 여기의 프라(phraḥ)와 동일하며 뒤에는 비니샤(viniça?) 또는 "저장소"라는 뜻의 빈야사(vinyāsa)가 이어진다. 프라 빈야사(phraḥ vinyāsa)는 성스럽고 영예로운 "저장소"를 의미하는데, 슐레겔은 "왕의 부인에게 적절한 칭호"라고 덧붙였다. "이 어원이 정확하다면, 자바와는 거리가 멀고 오히려 말레이 반도와 가까우며, 시암의 이웃이다"라고 하였다.

한편 프라란 칭호는 말레이어로 파라(para)형태로 찾을 수 있다. "1403년에 말라카를 통치한 왕은 '아주 훌륭한' 이란 뜻의 파라+마(para+ma)와 '군주'를 뜻하는 이슈바라(īçvara)로 구성된 파라미수라(Paramisura), 즉 파라메슈바라(Parameçvara)라는 이름을 가졌다"고 하였다. 이 같은 가설들을 길게 논박할 필요가 없을 것 같아 몇 가지를 지적하는 것으로 그친다. 발하(勃荷)는 음성적으로 프라(phraḥ)에 상응하지 않고 한편으로는 "신" "왕실"이라는 단순한 말로 한 직책을 지칭하는 것도 이상하다. 빈야사(vinyāsa)는 근거도

434) 『송사』, 권 489, 7쪽(마단림, 『문헌통고』, 권 332, 8쪽을 참고하시오); 흐루너펠트(Groeneveldt), 「말레이 군도와 말라카에 관한 주석」, 144쪽(여기에서 마지막 칭호는 勃荷比尼로 되어 있음); 슐레겔, 『통보』, X, 273쪽. 사바에 관한 논문에서, 이 구절은 여기에서는 아무런 관계가 없다고 생각되는 한, 주석을 필요로 한다.

없고 그럴법하지 않은 복원이고, 10세기까지 시암어 단어들이 말레이반도의 남쪽으로 들어갔을 가능성도 전혀 없다.[435] 파라메슈바라(Parameçvara)는 프라(phraḥ)와 아무런 관계가 없다.

사바에 관한 단어들의 복원에 관하여 상당히 길게 상술했다. 왜냐하면, 이러한 음성적 비교들이 뚜렷한 명확성으로 인해 우리의 주목을 끌기 때문이다. 그래서 나는 내가 알고 있는 대로 그 나라의 위치에 관해 결정적인 그 어떠한 것도 유추할 수 없음을 보여주려 했다. 슐레겔이 부각시킨 일련의 주장들을 논의하는 것은 장황하고 무의미할 것이다. 그 몇몇 예들은 다음과 같다. 『송사』는 사바의 사람들이 청결하게 산다고 했고, 명나라 시기의 자료들은 자바의 사람들이 더럽게 산다고 했다. 사바가 자바였다면 거주하는 사람들이 10세기까지는 깨끗하게 살다가 14세기에는 더럽게 살았다는 것이 이상하다는 것이다.[436] 『송사』에 따르면, 사바는 992년에 삼불제를 침략했는데, 『명사』는 1377년에 자바는 삼불제를 정복했음을 알려주고 있다. 사바가 자바였다면, 어떻게 992년에 삼불제를 침략했던 자바인들이 1377년에 또 그 나라를 정복할 필요가 있겠는가하는 것이다.[437] 『송사』의 사바 조목은 혼례에서 정혼자는 처녀의 집에 예물을 보낸다고 했지만, 자바 조목에서는 그 처녀를 남편이 죽었을 때의 재산권자로 임명한다고 하였다는 것이다.[438]

그에 반하여 슐레겔은 사바와 간혹 말라카, 특히 시암과 참파로 돌릴 수 있는 관습들을 하나씩 찾아냈다. 그래서 그는 『송사』에 따라 "사바는 쌀, 마, 조(또는 옥수수), 콩을 생산한다. 밀은 없다. 사

---

435) 인도차이나 전역에서와 마찬가지로 시암어 프라(phraḥ)와 비슷한 형태들이 말레이 제도에 있지만, 그것으로부터 나온 것은 아니다.

436) 『통보』, X, 266쪽.

437) 『통보』, X, 288쪽.

438) 『통보』, X, 281~282쪽.

람들은 10분의 1을 세금으로 낸다"라고 하였고, 같은 문헌에서 참파에 관하여 "곡물들 중에서, (이 나라에는) 밀이 없지만, 산에서 나는 쌀, 조, 콩, 마가 있다. 중국인들이 한 곡(斛)의 종자를 주면, (그 사람들은) 수확의 100곡을 지불해야 한다"라고 하였다. 슐레겔은 이 두 경우에 "완전히 동일한 것"을 말하고 있다고 평가했다. 그로부터 그는 "우리는 사바를 자바에서가 아니라 코친차이나, 즉 말레이반도에서 찾아야 한다"[439]라고 결론짓고 있다. 이 같은 주장들은 아무것도 입증해 주지 않는다. 점성(占城)이 참파가 아니고 진랍이 캄보디아가 아니라고 잘못 추정한 만큼 쉽게 밝힐 수 있을 것이라고 확신한다.

슐레겔은 또한 화폐에 관한 증거들을 원용했다. 『송사』는 자바에서 사람들은 은을 잎 모양으로 잘라 화폐로 사용했다고 하였다. 그런데 슐레겔은 그와 비슷한 은전들이 자바에서는 발견되지 않고 네팔과 크다에서만 발견된다고 했다. 자바에서 사람들이 수집한 것은 불규칙하고 안으로 굽어 있으며, 매우 두꺼운 은 조각들로, 은을 잎 모양으로 자른 것으로 볼 수 없다고 하였다. 사바의 화폐에 관한 예시로 슐레겔은 『흠정전록(欽定錢錄)』에 묘사된 화폐를 인용하고 그것을 가릉(訶陵)의 것으로 돌렸다. 이 문헌에 따르면 그 화폐는 둥글고 매우 가벼우며 앞면에는 일문(一文)이라는 글자가 새겨져 있다고 하였다.[440] 그러나 이 비교는 어떠한 권위도 갖지 못하는 것 같다. 『흠정전록』은 18세기의 저술이고, 문제의 화폐는 주조된 것이 아니라 금속을 잎 모양으로 자른 것으로 보이고, 현대 중국의 화폐학자는 『송사』가 은을 잎 모양으로 자른 화폐를 『당서』에서 가릉이라 불리기도 했던 사바의 것으로 돌리고 있다고 상기시켰다.

---

439) 『통보』, X, 269, 280쪽. 여기에서 코친차이나란 명사는 안남에 적용되는 옛 개념으로 이해해야 한다.

440) 『통보』, X, 262~265쪽.

유추하자면, 슐레겔이 인용한 견본이 은이 아니라 구리로 된 것이라 할지라도 동일한 나라의 화폐였음을 짐작할 수 있다. 따라서 사바에 매우 가벼운 은전의 존재에 관해 그로부터 끌어낼 것은 없다. 그리고 『송사』의 설명은 밀리에스(Millies) 11번의 세 견본과 같은 부류로 자바의 화폐를 연관지어 볼 수 있다.[441] "평평하고 다른 두께로 은판을 대충 자른, 모난 조각들이다." 여기에서도 『송사』의 정보들은 사바를 자바로 보는 추정과 완벽하게 부합하고 있다.

마지막의 한 예는 자료에서 언급된 어떤 산품이 실제로는 거기에 없다는 것 때문에 한 나라의 추정을 제시하는 것이 얼마나 위험한 것인지 보여준다. 『송사』는 사바에서 금이 난다고 했다. 슐레겔은 자바에는 금이 없고 오히려 수마트라와 말레이반도에 많이 있다는 것으로 사바를 자바로 보는 것에 반대하고 있다.[442] 이는 매우 정확하다. 다만 자바는 어느 시기에나 금으로 잘 알려져 있었다. 틀림없이 근본적으로 자바 본섬과 소자바, 말하자면 수마트라 사이에 구분을 하지 않았기 때문이다. 야바드위빠(Yavadvīpa)는 자바의 동일한 명칭이므로 말레이반도에 위치한 하와이 무궁화(Hibiscus rosa-sinensis)의 자바(Djavâ)라는 나라와 연결되어 있다고 말할 수는 없다.

그런데 『라마야나(Rāmāyaṇa)』는 "금광을 갖추었다"는 의미의 수바르나카라만디타(suvarṇākaramaṇḍita)의 야바드위빠라고 하였다. 자바에서 발견된 연도를 추정할 수 있는 가장 오래된 비문은 기원후 732년에 야바(Yava)라 불린 드위빠(dvīpa)를 언급하면서 "금광(kanakākar)"이 풍부하다고 하였다.[443] 중국의 기술이 비문들보다

441) 밀리에스(H. C. Millies), 『인도양 군도와 말레이 반도의 고유한 동전에 관한 연구(Recherches sur les monnaies des Indigènes de l'Archipel Indien et de la Péninsule Malaise)』, 13쪽.

442) 『통보』, X, 261~262쪽.

443) 『베카시의 산스크리트어 비문, 언어, 토지 및 민족학에 기여(Een Sanskritop-

더 정확하다고 기대할 수 있을까? 슐레겔의 모든 비교는 너무 유동적이고 결정적이지 못해 꼬르디에 씨는 저자가 사바와 참파를 확인해 냈다고 생각하지 않았다.[444] 그가 제기한 어떠한 논증도 『송사』의 지리적 기술이 우리를 이끈 해답인 사바가 자바에 지나지 않는다는 것을 약화시킬 수 없다. 이렇게 정리되었으므로, 결론에 이르기 전에 내가 결정적이라 생각하는 몇몇 자료들을 언급하고자 한다.

~ schrift te Bekasih, Bijdragen tot de taal-, land- en volkenkunde)』, 네 번째 시리즈, X에 실린 케른(Kern)의 「654 사카의 자바 산스트리트어 비문(Sanskrit-inscriptie van Java, van den jare 654 çaka(A.D. 732))」, 127, 130, 138쪽을 참고하시오.

444) 율, 『마르코 폴로』, 꼬르디에 본, II, 270쪽.

18. 사바(闍婆)를 둘러싼 명칭의 혼동

상기해보면, 슐레겔은 『송사』에서 사바란 명칭이 몇 번은 자바를 지칭한 것임을 인정했는데, 그는 이러한 비정상적인 것을 구두의 전승에 따라 쓴 몽골의 역사가들이 사바와 자바의 다른 두 명칭을 하나로 혼동했다는 사실로 설명하고 있다.[445] 나는 이미 탈탈(脫脫)의 관점에서 이 논증을 생각해야 할 것을 말했지만, 적어도 슐레겔이 그 자료들을 읽었다면 동일한 "혼동"이 탈탈 이전의 저자들에게서 보이지 않아야 한다는 것은 분명하다. 하지만 전혀 그렇지 않다. 왜냐하면, 13세기 말부터 14세기 초에, 마단림의 책에서 탈탈이 이어가고 있는 동일한 문장을 찾을 수 있고, 슐레겔에 따르면, 거기에서 사바는 실수로 자바를 지칭하고 있다. 게다가 슐레겔은 별다른 설명을 하고 있지는 않지만, 이 "혼동"이 조여괄의 『제번지』에 있었다는 것을 알고 있었음에 틀림없다. 조여괄의 사바 조목은 우리가 앞에서 본 지리적 설명 바라 앞에, 『송사』에서 빠뜨린 다음 문장을 보여준다. "(이 나라를) 포가룡(莆家龍)이라고도 부른다." 그런데 슐레겔과 흐루너펠트 씨뿐만 아니라 그 누구도 포가룡이 자바의 북쪽 해안에 있는 페카롱간(Pekalongan)임을 의심하지 않았다.[446]

그다음은 우리가 『송사』에서 보았던, 슐레겔이 말레이반도와 연관 지으려 했던 지리적 설명들이 이어진다. 이 포가룡이란 명칭과 그 설명들을 비교해보면, 그 설명들이 바로 자바에 적용되는 것이 틀림없다. 조여괄이 복건에서 사바, 즉 자바에 가려면 순풍을 타고 한 달여 남짓이 걸린다고 하였으므로, 자바에서 보르네오의 북서쪽 해

445) 앞의 306쪽을 참고하시오.

446) 『제번지』, 권 상, 10쪽; 흐루너펠트(Groeneveldt), 「말레이 군도와 말라카에 관한 주석」, 166쪽; 슐레겔, 『통보』, N.S., IV, 233~234쪽.

안까지 적어도 40~45일이 걸린다는 슐레겔의 단언에 대해 고려해볼 필요가 있음을 알 수 있다. 페카롱간이란 명칭 때문에 한 달 이상이라는 이 기간이 자바에 관계되는 것임을 인정한 슐레겔은 조여괄의 조목을 잘라서, 이어지는 지리적 설명들을 말레이반도의 자바(Djavâ)로 설명했다.

마찬가지로 조여괄이 사바의 관습을 기술할 때 염두에 둔 것은 바로 이 자바이다. 하지만 그는 그 나라에서 어떤 화폐가 사용되었는지를 설명하고 있다. 어떻게 그 많은 양의 중국 동전들이 수입될 수 있었을까? 이는 자바의 것으로 보아야 한다. 자바는 조여괄이 이웃한 나라들과 사바의 속국들인 탄중푸라(Tanjung Pura), 발리(Bali), 티모르(Timor) 등을 열거하면서 언급되었다. 조여괄이 사바사람들의 약탈하는 버릇을 말할 때는 말레이반도의 자바로 거꾸로 되돌아가야 한다. 왜냐하면, 해적들이 머물기 유리한 곳이 바로 말레이반도라고 했기 때문이다.[447]

이 비슷한 논증에 대답할 수 있는 것은 없다. 한 나라의 조목에는 언제나 그 특성들과 비교하여 이웃한 나라들에 적용할 수 있는 일반적인 순서대로 설명한 것이 있다. 조여괄의 텍스트에서 몇몇 정확한 것을 되찾을 때마다 이 원문이 자바에 적용된다는 것을 아무리 보여준다고 해도, 다른 경우에 그 사바가 말레이반도의 자바라는 알려지지 않은 나라라고 말할 수는 있다. 그러나 이는 헛되이 싸우고자 하는 궤변이다.

다만 우리를 놀랍게 하는 것은 두 사바 사이에 지속된 이러한 혼동을 이렇게 조여괄, 마단림, 탈탈에게서 찾을 수 있다는 것이다. 적어도 13세기 전에, 사바는 말레이반도에 있는 슐레겔의 자바였다고 말해야 하는가? 전혀 아니다. 1178년의 『영외대답(嶺外代答)』에

447) 『통보』, N.S., IV, 234~240쪽.

서 주거비(周去非)는 중국으로 오려면, "사바와 동쪽 해안의 다른 나라들, 말하자면 대식(大食, 아랍), 고림(故臨, Coilam, Quilon), 그리고 서쪽 해안에 있는 나라들의 사람들은 삼불제(팔렘방)에 종속된 지역들을 지나야 한다"[448]라고 하였다. 이 책의 다른 구절에서 중국으로 가기 위해 선박들이 가는 루트들에 관한 새로운 설명을 찾을 수 있다. "삼불제에서 올 때는 정 북쪽으로 항해하여 상하축(上下竺)과 교(交)의 바다(통킹만)를 건너 중국의 변경에 이른다.……사바에서 올 때는 약간 북서쪽으로 항해하여, 십이자석(十二子石)을 지나, 축서(竺嶼)[449]의 기슭에서 삼불제의 해로와 합해진다. 대식에서 올 때는 작은 배로 남쪽으로 항해하여 고림국까지 온 다음, 큰 배로 갈아타

---

448) 『영외대답』, 권2, 11쪽.

449) 이 섬들은 조금 전에 언급한 상하축(上下竺)으로 보아야 할 것이다. 아마도 티오만(Tioman)섬의 남동쪽에 있는 푸로 아우르(Pulau Aur)일 것이다(앞의 156쪽, 주5를 참고하시오). 그러므로 13세기 말 몽골의 원정까지 중국인들은 항상 자바로 가기 위해 방카와 수마트라 사이에 있는 방카해협을 택했다고 말할 수는 없을 것 같다(『네덜란드 동인도 백과사전(Encyclopaedie van Nederlandsch-Indië)』, 자바조목, II, 121쪽을 참고하시오). 주거비의 설명은 가스파르(Gaspar) 또는 카리마타(Karimata)해협을 지나는 길과 어울리는 것 같다. 이러한 추정에는 가정적인 것이 들어있다. 필립스 씨가 출판한 『무비비서(武備秘書)』(『JChBrRAS』, XXI, 42쪽)의 지도는 틀림없이 상하축(上下竺)과 같은 동서축(東西竺)과 해협에서 중국으로 오는 길에서 더 이전에 있는 죽도(竹島)를 식별할 수 있다. 그러나 이 점에 대해서 아마도 지도가 잘못되었을 것이다. 십이자석은 이 지도에서 십이자산(十二子山)으로 되어 있고, 가리마달(假里馬達, 카리마타)과 만년(萬年, 보르네오) 사이에 있다. 이러한 위치는 내가 보기에 너무 동쪽으로 기운 것 같다. 보유: 축(竺)이란 섬들은 상하축(上下竺), 동서축(東西竺)과 동일하다. 반면 죽(竹)이란 섬은 메남강 어귀에 있다(『예해주진(藝海珠塵)』본 『해국문견록(海國聞見錄)』, 20쪽과 『통보』, IX, 197쪽을 참고하시오).

고 동쪽으로 가서 삼불제에 이른다. 이후는 삼불제의 (사람들)과 동일한 루트를 따른다."[450] 이 텍스트로부터, 주거비에 따르면, 사바는 삼불제(팔렘방)의 동쪽에 있지 말레이반도의 북서쪽에 있지 않다는 것을 분명하게 알 수 있다. 『영외대답』에서 언급한 사바란 섬에 관해 약간의 미심쩍음이라도 남았다면 마지막 인용문이 그러한 의문들을 없애 줄 것이다. "사바국은 또한 포가룡(莆家龍)이라고도 한다."[451]

우리가 사바를 자바로 확인하는 확실한 예를 가지고 있다고 할지라도, 자바에 관한 명칭으로 제기된 모든 문제가 해결되었다고 말하고 싶지는 않다. 자바란 명칭은 수마트라에 적용되기도 했고 그것은 어떤 경우, 변형된 방법으로 말레이반도를 지칭할 수도 있었다. 늦은 시기의 중국 자료에서는 말라카를 대사바(大闍婆)라고도 불렀다.[452] 『명사』는 사바의 한 사신을 기록하고 있는데, 당시 자바는 중국인들에게 조와(爪哇) 또는 과와(瓜哇)로 불렸다.[453] 자바란 명칭은

---

450) 『영외대답』, 권 3, 10~11쪽. 三佛齊之來也, 正北行, 舟歷上下竺與交洋, 乃至中國之境. 其欲至廣者, 入自屯門. 欲至泉州者, 人自甲子門. 闍婆之來也, 稍西北行, 舟過十二子石而與三佛齊海道合於竺嶼之下. 大食國之來也, 以小舟運而南行, 至故臨國易大舟而東行, 至三佛齊國乃復如三佛齊之入中國.

451) 『영외대답』, 권 2, 12쪽. 闍婆國又名莆家龍.

452) 『통보』, IX, 369~370쪽. 이 텍스트의 가치에 관해서는 심각한 의문이 있다. 이에 대해서는 중가라(重迦羅)를 언급할 주석에서 다시 다루기로 한다.

453) 『명사』, 권 324, 9~10쪽. 유사한 혼동이 사무드라(Samudra, 수마트라) 왕국에게도 존재했는데, 이 나라는 수문달나(須文達那)와 소문답랄(蘇門答剌)로 나뉘었다(『명사』, 권 325, 5~6쪽). 그러나 여기에서 그 혼동은 적어도 원나라 시기까지 거슬러 올라간다(『원사』, 권 12, 4쪽; 권 14, 4쪽; 권 210, 2쪽). 『원사』에서 또한 13세기 말에 사바라고도 했고 조와(爪哇) 또는 과와(瓜哇)라고 한 경우를 찾을 수 있다(『원사』, 권 10, 10쪽; 권 11, 3, 7쪽; 권 12, 3쪽; 권 17, 2쪽).

메콩 상류에 존재했던 것 같으며[454], 피노(Finot) 씨는 참의 비문에서 야바드위빠(Yavadvīpa)와는 다른 자바란 나라를 찾아냈다.[455] 결국, 안남 사람의 짜바(Chà-và), 캄보디아 사람의 츠바(Chvā)는 사실 말레이 사람들을 지칭하는 것이다.[456] 향후 이러한 문제에 대한 해답이 제시될 수 있을 것이지만, 사바란 이름은 자바란 명칭과 마찬가지로 간혹 확대 적용되었을 수도 있다. 그러나 사바와 자바의 근본적인 동질성을 무시하는 것은 명백한 것을 부인하는 것이다.[457]

---

454) 슈미트(P. Schmitt), 『인도-차이나의 파비 미션(Mission Pavie Indo-Chine, 1879-1895, Vol. 2: Études Diverses)』, 193쪽.

455) 피노(L. Finot), 「묘지명에 관한 주석, V. 판두랑가(Notes d'épigraphie, V. Pānduranga)」, 『BEFEO』, III, 641쪽.

456) 『BEFEO』, II, 129쪽. 코친차이나와 캄보디아에서는 조금이라도 자바사람들이 아니라 말레이 사람들과 관계가 있다. 이러한 의미에서 짜바(Chà-và)와 츠바(Chvā)는 더 특별하게 말레이 사람들에게 적용된다.

457) 중국과 자바의 관계에 관한 논의를 마치면서, 두 텍스트에 관해 몇 마디하고 싶다. 그 자료에서 우리는 자바가 인도화한 시기에 관한 "가장 중요하고 가장 정확한 증거"를 찾을 것으로 믿었다(Veth, 『자바: 지리, 민족, 역사(Java: Geographisch, Ethnologisch, Historisch)』(제 2판), 4책 중 1책, 18쪽). 『양서』(권54, 6쪽)의 낭아수(狼牙脩) 조목에서, 이 나라의 사람들은 건국을 400년 이상으로 거슬러 올라가게 한다(Groeneveldt, 「말레이 군도와 말라카에 관한 주석」, 136쪽). 흐루너펠트는 몇몇 어려움에도 불구하고 낭아수를 자바로 추정했고 베스는 이 견해를 결정적으로 받아들였다. 『양서』의 정보들이 6세기 초반의 것이므로 자바는 1세기 말경 또는 2세기 초에 인도화되었을 것이다. 단 낭아수를 자바로 추정할 어떠한 근거도 없다. 아마도 테나세림일 것이다. 이에 대해서는 나중에 다시 언급하겠다. 베스가 언급한 두 번째 텍스트는 흐루너펠트 씨가 『명사』(권324, 10쪽)로부터 다음과 같은 말로 번역했다(「말레이 군도와 말라카에 관한 주석」, 165쪽). "그들이[자바의 사람들] 1432년에 조공품을 가지고 와 자신들의 왕국이 옛날 1376년, 즉 한

~ 나라 선제(宣帝)의 원강(元康) 1년(기원전, 65년)에 건국되었다고 표현한 표문을 바쳤다." 흐루너펠트가 지적하고 있는 것처럼, 중국의 계산에는 분명 착오가 있다. 왜냐하면 1432년에서 1376년을 빼면 기원전 65년이 아니라 기원후 56년이기 때문이다. 게다가 흐루너펠트 씨의 번역은 정확하지 않다. 텍스트는 다음과 같이 말하고 있다(또한 아미오(Joseph Amiot), 『중국인들에 관한 기록(Mémoires concernant les Chinois)』, XIV, 102, 110쪽의 번역을 참고하시오). "선덕 7년(1432)에, 그들은 조공을 가져왔다. 그들의 표문에는 1376년, 즉 한나라 선제 원강 원년(기원전 65)이란 연도가 있었다. 그것이 바로 왕국이 건국된 연도이다." 이 연도들은 잘못된 것으로 인정된다. 어떤 방식에 따라 연도를 기입했지만, 중국의 기록은 자바 군주의 서신이 사카로 연도를 기입되었다는 것을 의미하고 있는 것으로 보인다. 기원후 78년 편지의 첫 부분은 자바인들에게 인도화한 최초의 왕인 아지 사카(Adji Sâkâ)의 즉위를 기록하고 있다(베트, 앞의 책, 14~16쪽). 보는 바와 같이 중국 자료들은 자바에 인도인들이 온 시기에 관해 알 수 있는 별다른 것이 없다.

19. 불서(佛逝)와 말라유(末羅遊)

"남쪽 섬 중에서 가장 큰" 가탐의 가릉(訶陵)은 사바라고도 불렸는데 이처럼 자바에 위치시켰기 때문에 불서(佛逝)로 돌아가야 한다. 불서는 말라카 해협의 남쪽 해안을 차지하고 있으며, 그곳을 통해 사람들은 가릉으로 간다. 불서에 관하여 이 여정 기록과 동일한 텍스트뿐이라면, 아무도 그곳을 수마트라의 동쪽 해안에 두는 것을 주저하지 않을 것이고, 불서는 이 동쪽 해안을 포함하는 것은 분명하지만, 동시에 별개의 문제일 수 있으므로 우리가 연구해야 하는 것은 바로 그 문제이다.

불서(佛逝)라는 명칭은 불서(佛誓)라고도 쓰는데, 더욱 완전한 명칭으로 실리불서(室利佛逝) 또는 시리불서(尸利佛逝)라는 형태로도 찾아 볼 수 있다.[458] 이 나라를 처음으로 알려 준 것은 쥘리앙(Stanislas Julien)의 『중국 서적에서 만나게 되는 산스크리트어 명칭들을 옮기고 해독하는 방법(Méthode pour déchiffrer et transcrire les noms sanscrits qui se rencontrent dans les livres chinois)』일 것이다.[459] 그는 이 명칭을 Çrībhoja로 복원했다. 1883~1886년, 『인도의 불가사의한 것들에 관한 책(Le Livre des merveilles de l'Inde)』을 출판할 당시 반 데르 리트(Van Der Lith)는 자베즈(Zabedj)의 속국인 세르보자(Serboza)란 나라에 관하여, 흐루너펠트 씨가 이 명칭을 비교하여 10세기 말에서 15세기까지 중국인들이 수마트라로 알았던

---

458) 이 명칭의 다양한 형태에 관하여, 샤반느의 『의정대당서역구법고승전』과 다카쿠스 씨의 『의정남해기귀내법전』의 색인, 『신당서』, 권 222하, 4쪽; 아래에 인용된 『책부원구』의 원문들을 참고하시오.

459) 『중국 서적에서 만나게 되는 산스크리트어 명칭들을 옮기고 해독하는 방법(Méthode pour déchiffrer et transcrire les noms sanscrits qui se rencontrent dans les livres chinois)』, no219.

삼불제란 나라의 명칭인 사르바자(Sarbaza)로 읽은 것을 상기시켰다.

이 삼불제라는 나라는 일반적으로 팔렘방에 위치된다.[460] 빌(Beal) 목사는 반 데르 리트에게 7세기 말에서 8세기 초까지 의정(義淨)의 책에서 여러 차례 나타나는 불서 또는 실리불서란 나라에 관한 주석을 제시했다. 두 번씩이나, 의정의 책에 달린 한 주석은 옛 말라유(末羅遊)는 오늘날 실리불서라고 하였다. 그런데 마르코 폴로는 13세기 말에 율이 팔렘방에 위치시키고자 했던 말라이우르(Malaiur)란 나라를 언급하고 있다. 빌은 의정의 말라유가 마르코 폴로의 말라이우르이고, 결과적으로 팔렘방임을 의심치 않았다. 그러나 말라유는 실리불서이다. 한편 삼불제란 나라는 팔렘방에 있었다. 따라서 실리불서와 삼불제라는 두 명칭이 결합되는 것은 상당한 가능성이 있다.

결과적으로 빌은 불서란 형태가 보자(Bhojas)이고, 실리불서가 슈리보자(Çrībhoja)임을 근거하여 삼불제를 "통일된 보자(Bhojas)"란 뜻인 삼보자(Saṃbhoja)로 복원하고자 했다.[461] 사르바자(Sarbaza, Serboza)에 관하여 그는 슈리보자와 같은 것으로 여겼다는 것을 공식적으로 언급하지는 않았다. 의정은 실리불서의 서쪽에 또 바로사(婆魯師)란 나라를 언급하고 있다. 빌은 몇몇 자료들은 수마트라의 동쪽 부분에 파사(波斯, Perse)라는 명칭을 부여한 것을 상기하고, 바로사 또는 파사는 마르코 폴로의 바스마(Basma), 말레이 사람들의 파세이(Pasei), 포르투갈 사람들의 바셈(Basem)으로 보아야 한다고 생각했다.[462] 결

---

460) 흐루너펠트(Groeneveldt), 「말레이 군도와 말라카에 관한 주석」, 187쪽; 데비치(Dévic)와 리트(Van Der Lith), 『인도의 불가사의한 것들에 관한 책(Le Livre des merveilles de l'Inde)』, 250쪽.

461) 『BEFEO』, II, 95쪽에서 나는 이 삼보자(Saṃbhoja)로 복원한 것을 쥘리앙과 빌에게 잘못 돌렸으나, 사실은 빌 한 사람이다.

462) 『인도의 불가사의한 것들에 관한 책(Le Livre des merveilles de l'Inde)』, 251~253쪽.

국 의정은 말라유로부터 갈다(羯茶)란 나라로 갔다고 말하고 있으므로 빌은 그곳을 잘 알려진 크다로 보았다.[463)]

1894년 의정의 『대당서역구법고승전(大唐西域求法高僧傳)』를 매우 상세한 역주를 출간하면서, 샤반느 씨는 실리불서의 문제를 연구해야 했다.[464)] 그는 당시 『인도의 불가사의한 것들에 관한 책(Livre des Merveilles de l'Inde)』이 수중에 없었기 때문에 빌의 주석을 몰랐다. 그는 "두 곳에서 의정은 중국에서 인도로 가면서 실리불서라는 나라를 지나, 말라유라는 나라로 간다고 알려주고 있다. 그런데 말라유란 나라는 아주 정확하게 마르코 폴로의 말라이우르에 해당하는 것 같다. 따라서 오늘날 팔렘방일 것이다.

알부케르크(Albuquerque)의 해설에 따르면, 팔렘방은 자바 사람들에게 말라요(Malayo)라 불렸다(율, 『마르코 폴로』, 제 2판, II, 263쪽). 그러므로 "슈리보자(Çrībhoja)란 나라는 중국에서 인도로 가는 길에 있는 팔렘방 이전, 말하자면 수마트라 섬의 남쪽에서 찾을 수 있을 것"이라고 하였다. 후주(後周, 951~960) 시기 의정의 책에 붙인 주석들에서, 두 차례 말라유라는 나라가 슈리보자로 통일되었다고 하였다. "그래서 슈리보자란 나라는 강력한 제국이 되었고, 이름이 유사했기 때문에 우리는 9세기 중반 아랍 여행가들이 말하는 자베즈(Zabedj)라는 이 유명한 제국으로 확인하게 되었다"라고 하였다. 샤반느 씨는 이러한 가정은 의정이 두 번씩이나 슈리보자라는 나라를 "황금의 섬"으로 부른 사실로 확인될 수 있다고 덧붙였다. 그런데 알베루니(Albérouni)는 글자 그대로 자베즈(Zabedj)라는 섬은 인도 작가들이 수바르나드위빠(Suvarṇadvīpa) 또는 황금의 섬이라 언급한 섬들에 해당한다고 하였다. 결국 실리불서의 서쪽에 있는 바로사(婆魯師)란

463) 빌(Beal), 「붓다 가야에 세워진 중국 승려의 두 비문(Two Chinese-Buddhist Inscriptions found at Buddha Gayâ)」, 『JRAS』, N.S., XIII, 560쪽.

464) 『의정대당서역구법고승전』, 30~37쪽.

나라에 관해, 샤반느는 『신당서』의 실리불서의 조목에서, 이 나라의 동쪽부분은 낭바로사(郞婆魯斯)라고 불렸다고 지적했다.

실리불서와 바로사라는 두 나라는 스타니라스 쥴리앙이 의정의 책을 역주한 제 3책에서 출판한 중국의 지도에 같은 섬에 놓여있다. 파로사는 마르코 폴로의 페르레크(Ferlec), 즉 다이아몬드 포인트(Diamond Point)의 토착민들에 의해 명명된, 파락(Parlak) 만이란 명칭에서 그 이름을 가지고 온 파락 왕국일 수 있다. 갈다(羯茶)에 관하여, 그곳은 크다가 아니라, 아체 곶 옆에 있는 수마트라의 북서쪽 끝에서 찾아야 한다고 한다.[465] 책을 인쇄해 내면서 샤반느 씨는 빌의 주석을 알게 되어, 「보유(Addenda)」에서 말라유는 빌이 말하고자 하는 것처럼 실리불서일 수도 있다. 왜냐하면 의정이 두 번씩이나 실리불서에서 말라유까지의 여정을 언급하고 있기 때문이다.[466] 그러나 이 「보유」에서 그는 세르보자(Serbza)도, 삼불제도 전혀 언급하지 않았다.

샤반느 씨의 역주가 나오자마자 다카쿠스 씨는 1895년 의정의 두 번째 기록인 『남해기귀내법전(南海寄歸內法傳)』을 번역해 냈다.[467] 그는 흐루너펠트 씨처럼 삼불제가 팔렘방이고 그곳이 바로 아랍인들의 세르보자임을 인정하는 한편, 빌처럼 실리불서와 삼불제를 추정해 냈다. 그러나 실리불서가 팔렘방이라면, 샤반느 씨가 바라던 대로 거기에 말라유를 위치시키는 것은, 의정이 불서 또는 실리불서에서 말라유까지의 여정을 말하고 있으므로 불가능해진다. 다카쿠스 씨는 마르코 폴로의 말라이우르라는 추정이 확실하지 않다고 반박하고, 알부케르크(Albuquerque)의 해설에 따라 팔렘방에 주어진 말라요(Malayo)라는 명칭으로부터 나오는 논거를 지적하지 않고, 바로스(Barros)가 타나말라유(Tanamalayu)를 팔렘방과 다른 나라로 언급한

465) 『의정대당서역구법고승전』, 105쪽.

466) 『의정대당서역구법고승전』, 202~203쪽.

467) 『의정남해기귀내법전』, 서론, 39~46쪽과 본문 7쪽을 참고하시오.

것을 지적하며, 그것을 분명하게 반박했다. 따라서 실리불서를 팔렘방에 놓았기 때문에 다카쿠스 씨는 스약(Syak) 강의 옆, 더 서쪽으로 말라유를 옮겨야 했다. 샤반느 씨처럼 다카쿠스 씨는 아체 곶 쪽에서 갈다(羯荼)를 찾으려 했다. 마침내 그는 의정의 원문에 대한 주석들이 10세기의 것이 아니라 의정 자신의 것이라고 주장했다. 1901년 같은 문제를 연구한 슐레겔은 실리불서를 삼불제로 보는 것을 인정하고 있다. 말라유에 대해서 그는 아사한(Asahan)에 두었고, 갈다는 그에게 있어 빌처럼 크다였다.[468)]

그 사이 바르트(Barth) 씨는 『학자들의 저널(Journal des savants)』에 「의정의 순례(Le Pèlerin chinois I-tsing)」란 제목으로 샤반느와 다카쿠스의 번역에 관한 연구를 발표했다. 바르트 씨는 말라유(末羅遊), 말라유(Malayu) 또는 말라이우르(Malaiur)를 팔렘방에 놓는 결정적인 근거들을 믿지 않고, 바로스와 알부케르크의 아들처럼 그로부터 더 멀어질 수 없다고 지적했다. 그러나 팔렘방 남쪽 수마트라 해변을 따라 실리불서와 말라유 사이를 의정이 계산한 15일의 여정에 필요한 여분이 전혀 남지 않는다. 그러므로 바르트 씨는 실리불서의 수도를 찾아야 하는 곳은 자바가 아닌지 자문하고 있다.[469)] 샤반느 씨가 『마드롤 가이드(Guides Madrolle)』를 위해 외국으로 간 중국인 여행자들에 관해 쓴 글에서, 실리불서를 람퐁(Lampong)으로 본 옛 추정을 포기하고, 실리불서의 중심은 자바섬에서 찾는 것이 가능하다고 인정했다.[470)] 불행

468) 『통보』, N.S., II, 108, 115, 174~180쪽.

469) 바르트(A. Barth), 1898년, 5월, 7월, 9월호 『학자들의 저널(Journal des savants)』에서 발췌한 「의정의 순례(Le Pèlerin chinois I-tsing)」, 10~13쪽.

470) 『마드롤 가이드(Guides Madrolle)』에 실린 「중국의 여행자들(Les Voyageurs chinois)」; 『남중국(Chine du Sud)』, Paris, 1904, 13쪽. 『마드롤 가이드』는 1902년 끌로디우스 마드롤(Claudius Madrolle)에 의해 만들어진 극동 지역을 중심으로 한 여행 가이드 집이다.

하게도 그 장소는 근거를 제공하기에는 너무 제한적이었다. 결국, 실리불서란 나라에 대해 옹호할 수 있는 두 가지 위치 추정이 있을 것 같다. 그것은 팔렘방 또는 자바의 동쪽 부분이다.

나는 여기에서 말라유 또는 실리불서를 언급한 텍스트들을 다시 거론하고 싶지는 않다. 가장 중요한 것들은 번역되었고 그것을 참조하는 것으로 그친다. 그렇지만 아직 알려지지 않은 몇몇 문장들을 인용하는 것은 무용해 보이지는 않는다. 그것들은 어떤 시기에 이렇게 다양한 명칭들이 알려졌는지를 알 수 있도록 해줄 것이다.

말라유란 명칭은 644년 또는 645년 초에 처음으로 나타난다. 『책부원구』에 따르면, 정관18년(644), "12월 마라유(摩羅游) 왕국은 사신을 보내 그 나라의 산물을 바쳤다"라고 하였다. 이 정보는 거의 동일한 말로 『당회요』와 『신당서』에도 보인다.[471] 마찬가지로 용어상 받아들일 수 없는 기술은 분명히 7세기의 정보들로 거슬러 올라간다. 그러나 그 기술이 제공하고 있는 명칭들이 이상한데, 그 기술은 『태평환우기』에 가장 상세한 모습으로 나타난다.[472] "금리비서(金利毗逝)[473]란 왕국은 수도의 남서쪽에 있

---

471) 『책부원구』, 권 970, 10쪽; 『당회요』, 권 100, 13쪽; 『신당서』, 권 221하, 7쪽.

472) 권 177, 14쪽. 동일한 텍스트가 약간의 이본들과 함께 『당회요』, 권 100, 14쪽에 들어있다. "여정"을 제외한 동일한 기술이 또한 『책부원구』(권 957, 8쪽)와 『태평어람』(권 788, 16쪽)에서 찾을 수 있다. 『태평어람』은 『당서』를 인용했다고 했다. 『신당서』는 이 백과사전보다 이후에 편집되었으므로, 『구당서』에서 누락된 문장이거나 위술(韋述)이 8세기에 개원(開元, 712~741) 시기까지 130권으로 편집한 『당서』의 부분임을 인정해야 한다『구당서교감기(舊唐書校勘記)』, 잠건공(岑建功)의 서문, 5쪽을 참고하시오).

473) 『당회요』에서는 금리비가(金利毗迦)로 되어있는데 이 이본은 다른 모든 텍스트에 영향을 주었지만, 이것은 금리비서(金利毗逝)가 변형된 것일 수밖에 없다. 나는 이 기술이 할애하고 있는 나라의 단 한 명의 사신에 관한 언급도 찾지 못했다. 아마도 명칭이 변형된 것 같은데, 단순히 우리가 다루고 있는

고, 4만 리에 있다. 단국(旦旦國)[474], 마하신(摩訶新)[475], 다융국(多

~ 실리불서로 보아야 할 것 같다. 이 나라에 관한 설명들은 남해에서 찾도록 이끌지만 한편 금리비서(金利毗逝)에서 광주까지 가기 위해 소위 지나야 하는 나라들은 무작위로 선택된 것 같다. 금리비서의 동서남북에 있다는 나라들에 관한 내용은 쉽게 받아들일 수 있는 것이 아니다. 따라서 이러한 정보들은 적어도 부분적으로는 허구일 것이다. 그런데 금리비서에 관한 기술을 하는 저술들은 실리불서에 관한 기술이 없다는 점에 주목해야 한다. 이렇게 빠진 현상은 『책부원구』에 가장 놀랍다. 이 나라가 사신을 보낸 해에 불서 또는 실리불서를 종종 언급하고 있기 때문이다. 어쨌든 적토, 임읍이란 명칭은 우리를 당나라 중 초반으로 거슬러 올라가게 한다. 게다가 이 텍스트와 구루밀(拘蔞密)의 경계를 설명하고 있는 텍스트(앞의 149쪽, 주370을 참고하시오) 사이의 유사성에 주목할 것이다. 그런데 구루밀의 사신이 중국에 온 것이 655년이다. 금리비서와 실리불서의 추정에 관한 나의 가설이 확인된다면, 금리비서에 관한 기술은 당나라 첫 세기로 거슬러 올라가며, 의정(義淨)의 여행보다 이전이라는 것이 그럴법해질 것이다.

474) 『당회요』에는 일긍(日亘)으로 잘못되어있는데, 이 실수는 수직으로 쓰는 서법에 따른 것으로 설명될 수 있다. 여기 단단(旦旦)은 정사에서 단단(丹丹)과 단단(單單)의 형태와 동일한데(가라단(訶羅單)을 가라단(訶羅旦)으로 쓰는 이본들을 참고하시오, 위의 249~251쪽), 서체상으로는 의정의 달달(呾呾)과 비슷하다. 이 형태는 중개자 역할을 하고 있는데, 이 모든 명칭을 서로서로 동일시해야 할 것 같다(앞의 272쪽을 참고하시오). 『당회요』는 단단(旦旦) 뒤에 가릉국(訶陵國, 자바)을 언급하고 있지만 『태평환우기』에서는 생략되어 있다.

475) 『당회요』는 마하신국(摩訶新國) 대신에 "마하국(摩訶國)과 신국(新國)"으로 되어있다. 이 마하신이 의정이 거명한 막하신(莫訶信)이란 섬이란 것에는 의심이 없을 것 같다. 다카쿠스 씨는 시리아의 주교 마신(Masin)과 비교했지만(『의정남해기귀내법전』, 서문 47쪽), 이 마신은 신(新)나라의 옆에서 태어났으므로 통상적인 마신은 분명히 마하치나(Mahācīna), 즉 중국으로 보아야 한다. 의정의 막하신에 관하여 다카쿠스 씨는 보르네오에 있는 반제르마신(Bandjermasin)으로 추정했다. 슐레겔은 만제르마신일 수 없다고 밝혔

隆國)[476], 자매국(者埋國)[477], 파루국(婆樓國)[478], 다랑국(多郎國)과 파황국(婆黃國)[479], 마라서국(摩羅逝國)[480], 진랍국(캄보디아), 임읍

~ 지만, 그 이유는 말하지 않았다. 그는 그 명칭을 베카신(Běkasin) 또는 보기스(Bogas)로 읽고, 이 나라를 수마트라에서 찾고자 했으나 그는 그곳에서 찾지 못했다(『통보』, N.S., II, 115쪽). 나는 사람들이 보르네오를 고려하는 이유를 모르겠다. 모든 문제는 바로 반제르마신이란 명칭이 나타나는 시기에 달려있다. 불행하게도 나는 이에 관한 정보가 없다(우리의 도서관에는 슈반너(Schwaner)의 『보르네오(Borneo)』라는 책도, 『베카시의 산스크리트어 비문, 언어, 토지 및 민족학에 기여(Een Sanskritopschrift te Bekasih, Bijdragen tot de taal-, land- en volkenkunde)』에 실린 더 클레르크(De Clercq)의 「반제르마신의 초기 역사(De Vroegste geschiedenis van Bandjermasin)」란 논문도 없다). 마하신(Mahasin) 또는 매우 비슷한 형태는 『태평환우기』와 『당회요』의 음역으로 확인되는데, 슐레겔의 베카신(Běkasin)을 배제하는 것만 있을 뿐이다. 11세기에 살았던 자바의 에르 랑가(Er-laṅga)왕의 한 비문에(이 왕에 관해서는 케른, 『베카시의 산스크리트어 비문, 언어, 토지 및 민족학에 기여』, 네 번째 시리즈, 10편, 1~21쪽을 참고하시오), 이 왕이 마하신의 왕을 상대로 벌인 전쟁을 언급하고 있다. 이것이 바로 우리의 마하신(摩訶新)일 수 있다. 불행하게도 이 비문을 연구한 논문집이 내 수중에 없어 베트(Veth, 『자바: 지리, 민족, 역사(Java: Geographisch, Ethnologisch, Historisch)』(제2판), 4책 중 1책, 49~50쪽)에 따라 언급할 뿐이다.

476) 『당회요』에는 다살(多薩)로 되어있다. 다융이란 명칭은 『신당서』(권 222하, 3쪽)에서 찾을 수 있는데, 거기에서 이 나라는 다마장(多摩萇)의 동쪽 경계에 있다고 하였다. 다마장의 위치보다 더 멀리 있다는 말일 것이다.

477) 나는 이 명칭을 다른 곳에서는 결코 찾을 수 없었다.

478) 『당회요』에는 파루(婆婁)로 되어있다. 가탐의 여행기 뒤에 파로(婆露)라는 한 나라가 언급되어있다.

479) 아마도 다랑파황국(多郎婆黃國)으로 보아야 할 것이다.

480) 마라서(摩羅逝) 대신에, 『당회요』에는 정확하게 마라유(摩羅游)라고 하였다. 텍스트에서 지속되는 서(逝) 자와 유(游) 자의 혼동은 유(遊)의 이체가 유(遊)라는 것에서 기인하는 것이리라.

국(참파)을 지나 광주에 이른다. (이 나라는), 동쪽으로 2천 리에 치물국(致物國)[481]이 있고, 서쪽으로 1500리에 적토국(赤土國)이 있으며, 남쪽으로 3천 리에 파리국(波利國)[482]이 있고, 북쪽으로 3천 리에는 유구(柳衢)[483]가 있다. 관습과 산물은 진랍과 마찬가지이다."

중국 문헌에서 마라유(摩羅游)란 명칭이 언급된 것은 결국 13세기 말 몽골시대이다. 지원(至元) 17년, 12월(1281년 초), "무인(戊寅)일에 목랄유(木剌由) 왕국의 사신 속랄만(速剌蠻)[484] 등을 초토사(招討使)[485]로 삼아, 황금으로 만든 판[佩金符]을 허리에 찼다."[486] 지원(至元) 18년 6월(1281)에 "목랄유국(木剌由國)의 사신 점사정(苫思丁)[487]이 참파에 갔을 때, 그의 선박이 부서졌다. 그는 사신을 보내 선박, 양식 그리고 보충할 군사를 요청하여 황명으로 1400여 석(石)의 쌀을 주었다."[488] 1293년 자바에 원정한 장군 이극목소(伊克穆

481) 이 명칭은 또한 『당회요』 구루밀(拘蔞密)에 관한 조목에서도 보인다. 앞의 149쪽, 주370을 참고하시오.

482) 이 파리(波利)가 앞에서 언급한 바리(婆利)란 나라임에 의심할 여지가 없다고 본다. 분명 의정의 바리(婆里)이기도 하다(다카쿠스, 『의정남해기귀내법전』, 서문 39, 48쪽을 참고하시오). 『당회요』에는 바(婆) 자 한 자만 남아있고 나머지 18자, 말하자면 아마도 한 행이 빠져 있다.

483) 이 명칭은 알려지지 않았다. 『태평어람』에는 유구 앞에 "北去" 두 글자가 빠져 있다.

484) 분명 술레이만일 것이다. 아마도 2년 뒤 캄보디아에 사신으로 가는 동일한 인물일 것이다(앞의 197쪽, 주128을 참고하시오).

485) 자일스(Giles)는 이 관직을 "명령권자" "총사령관"으로 번역했다. 여기에서는 그런 의미가 아닌 것 같다. 그러나 나도 정확하게 그에 대응하는 말을 모르겠다.

486) 『원사』, 권 11, 4쪽. 戊寅, 以奉使木剌由國速剌蠻等為招討使, 佩金符.

487) 아마도 "믿음의 태양"이라는 뜻의 참 웃 딘(Chams-ud-dīn)일 것이다.

488) 『원사』, 권 11, 6쪽. 奉使木剌由國苫思丁至占城船壞, 使人來言, 乞給舟糧及益兵, 詔給米一千四百餘石.

穌)[489]는, "정규(鄭珪)를 목래유(木來由)[490]와 다른 소국(小國)으로 보내 황명을 알렸다. (이들 나라의 왕들) 모두 아들 또는 형제를 보내 복종했다."[491] 1294년, 10월 "을사(乙巳)일에 남무리(南巫里)[492],

---

489) 이 이름은 『원사』, 권 210, 5쪽에 이렇게 쓰였다; 권 18, 4쪽에는 야흑미실(也黑迷失)로 되어 있고, 권 131, 8쪽에서는 역흑미실(亦黑迷失)로 되어 있다. 이극목소(伊克穆穌)의 전기는 흐루너펠트 씨가 「말레이 군도와 말라카에 관한 주석」, 253~255쪽에서 번역했다. 『원사』, 권 210에서 이극목소(伊克穆穌)를 찾을 수 없고, 흐루너펠트 씨는 이극목소(伊克穆蘇)로 옮기고 있지만 역시 보이지 않는다. 한편 18권이 아니라 17권이다.

490) 흐루너펠트 씨가 「말레이 군도와 말라카에 관한 주석」, 255쪽에서 부여한 명칭은 이와 같다. 따라서 이는 그의 판본의 형태이고, 이 형태는 그 자체로 매우 가능성 있다. 한편 1888년 석판본에서는 인쇄상 실수로 목유래(木由來)로 되어있음을 말해둔다.

491) 『원사』, 권 131, 8쪽. 又遣鄭珪招諭木來由諸小國, 皆遣其子弟來降.

492) 이 나라는 남무리(藍無里)라는 명칭으로 조여괄이 별도로 기술한 조목이다(『제번지』, 권상, 9쪽; 히어트, 『통보』, VI, 152쪽을 참고하시오). 바로 마르코 폴로의 람브리(Lambri)이고(율, 『마르코 폴로』, 꼬르디에 본, II, 299~301쪽을 참고하시오), 『인도의 불가사의한 것들에 관한 책(Le Livre des merveilles de l'Inde)』의 라므리(Lâmeri)이며(Devic와 Van Der Lith본, 233~237쪽), 오도릭(Odoric of Pordenone)의 라모리(Lamori, 꼬르디에 본, 135~137쪽) 등이다. 15세기 초 중국의 사신들은 남발리(南浡利)란 나라를 언급했고, 『명사』(권 325, 7쪽과 권 326, 6쪽)은 남발리(南渤利)와 남무리(南巫里)란 나라를 구분하고 있다. 나는 슐레겔처럼 이것이 잘못되었다고 생각한다(슐레겔, 『통보』, N.S., II, 353~359쪽을 참고하시오). 이 명칭은 우리의 지도에서 더는 찾을 수 없다. 그러나 바로스는 람브리란 이름으로 여전히 알고 있었지만(주앙 드 바로스(João de Barros), 『아시아의 수십 년(Decades of Asia)』, 1777년 리스본판의 5권 1장, 511쪽), 문제의 나라는 분명히 수마트라의 북서쪽, 아체 가까운 부분에 있었다. 14세기로 거슬러 올라가는 자바인의 서사시 『나가라크르타가마(Nâgarakretâgama)』에서 라무리는 마자파힛 제국의 수마트라 속국들 중에 인용되어 있다(이 시는 1902년에 번역을 계획한 브

속목답랄(速木答剌)[493], 계몰랄모(繼沒剌矛)[494], 담양(毯陽)[495]의 사

~ 란데스(Jan Laurens Andries Brandes)에 의해 편집되었다. 나는 『인도 가이드(De Indische gids)』, 1903년 3월, 352쪽에 실린 케른의 「마자파힛의 전성기 자바의 오래된 서사시(Een Oud-Javaansch geschiedkundig gedicht uit het bloeitijdperk van Madjapahit)」에 따라 기술한다.

493) 『원사』(권 131, 8쪽)에서 이 명칭은 속목도랄(速木都剌)로 되어있다. 또한 소목도랄(蘇木都剌), 소목달(蘇木達), 수문나(須門那), 수문달나(須文達那), 소문답랄(蘇門答剌)등의 형태를 찾을 수 있다. 이러한 모든 명칭들은 하나의 동일한 나라를 지칭하는 것 같다. 적어도 『명사』는 수문달나와 소문답랄을 구분하고 있으나 잘못된 것이다(『명사』, 권 325, 5쪽; 슐레겔, 『통보』, N.S., II, 337~349쪽을 참고하시오). 그렇지만 『원사』에서 이러한 추정이 어울리지 않는 몇몇 경우를 쉽게 찾아볼 수 있다(권 12, 4쪽; 권 14, 4쪽; 권 210, 7쪽). 어쨌든 이 주석의 대상이며, 원문에서 남무리 옆에 있는 속목답랄(速木答剌)은 『나가라크르타가마(Nâgarakretâgama)』가 바로 라무리(Lamuri) 바로 앞에 거명한(케른, 앞의 책, 352쪽) 수무드라(Sumudra), 즉 수마트라섬의 북서쪽 부분에 있으므로 그 명칭을 취한 사무드라(Samudra)라는 나라임이 확실하다. 이븐바투타는 14세기에 이 왕국이 번성했다고 했으나 13세기 초반에 조여괄은 그에 대해 아무런 언급을 하지 않았다. 그 나라는 1250년경에 건국된 것으로 보인다. 바로스는 16세기에 그 나라는 알려지지 않았고, 아쳄(Achem, 아체)이라고 불렀다고 하였다. 따라서 중국인들이 아제(啞齊, 아체)가 된 것은 옛 소문답랄이라고 하는 것에는 이유가 있었던 것 같다(『명사』, 권 325, 5쪽). 람브리(Lambri), 사무드라(Samudra), 아첸(Atchen)이란 왕국들과 연관된 텍스트들에 관한 자세한 연구는 이들의 상대적 위치와 지배했던 가능 시기에 대해서만 확정할 수 있게 해줄 뿐이다. 나는 나라의 명칭에 대하여 수마트라와 구분하기 위해 오늘날 전체 섬에 적용되는 파생된 형태인 사무드라(Samudra)를 채택했다. 보유: 사무드라와 이웃 나라들과 관련된 중국 자료들에 관한 한 논문이 『AQR』, 1900년 1월호에 발표되었지만 나는 그 논문을 가지고 있지 않다.

494) 알려지지 않은 이 명칭은 잘못되었으므로 첫 번째 글자를 삭제해야 한다. 그 첫 번째 글자는 음역에서 거의 사용되지 않는다. 이 경우, 몰랄모(沒剌矛)는 몰

신들을 돌려보내 자신들의 나라들로 돌아가게 했다. 이중의 진주가 있는 호부(虎符)와 금은부(金銀符), 황금, 비단, 의복을 차등에 따라 하사했다. 옛날 야흑미실(也黑迷失)[496]이 조와(爪哇, 자바)에 원정 갔을 때, 그는 (황제에게 복종시키기 위해) 바다 주변에 위치한 나라들을 불렀다. 이에 남무리 등의 나라들이 사람들을 보내 복종했다. 상선들이 바다를 나가는 것과 도읍에 머무는 것을 금지하였으므로, 이때(바로 1294) 통상 금지를 풀고 그들 모두를 돌려보내기 위함이었다."[497]

~ 랄여(沒剌予)로 고쳐야 한다. 이 여(予) 자는 마리여아(麻里予兒)란 음역에 들어있는데, 동일한 명칭을 표현하고 있으며 마찬가지로 몽골 시기로 추정된다.

495) 담양은 명나라 시기에 담양(淡洋)이란 이름으로 알려진 나라임이 틀림없다. 흐루너펠트는 델리와 아체 곶 사이에 있는 수마트라 북쪽 해안의 타미앙(Tamiang) 지역으로 추정했다(「말레이 군도와 말라카에 관한 주석」, 216쪽과 『통보』, VII, 116쪽; 슐레겔, 『통보』, N.S., II, 365~367쪽). 바로 『나가라크르타가마(Nâgarakretâgama)』에서 투미항(Tumihang)이란 형태로 수마트라에 언급된 나라이다. 이 투미항에 대해 케른 씨는 타미항(Tamihang)으로 교정했다(앞에 언급한 책, 352쪽). 『Encyclopédie van Nederlandsch-lndië』, III, 200쪽 수마트라에 관한 루파에르(Rouffaer) 씨의 논문을 참고하시오. 라시드 엣 딘(Rachid-ed-dīn)은 이 해역에서 달미안(Dalmian)이란 도시를 언급했는데(Elliot, 『인도의 역사가들이 말하는 인도사(The history of India as told by its own historians)』, I, 71쪽), 거기에서 율은 마르코 폴로의 다그로이안(Dagroian)으로 보려 했다(율, 『마르코 폴로』, 꼬르디에본, 297쪽). 루파에르 씨는 타미앙(Tamiang)으로 읽어야 한다고 생각했다(앞에 언급한 책, 204쪽). 이러한 해법들은 가능하지만 명확한 것은 아무것도 없다.

496) 이극목소(伊克穆蘇)와 동일인이다. 자바 원정 당시에, 사필(史弼)은 상륙부대의 대장을 맡았고, 이극목소는 함대의 운항을 담당했다(『원사』, 권 131, 8쪽).

497) 『원사』, 권 18, 4쪽. 乙巳, 遣南巫里, 速木答剌, 繼沒剌予, 毯陽使者各還其國, 賜以三珠虎符及金銀符, 金, 幣, 衣服有差. 初, 也黑迷失征爪哇時, 嘗招其瀕海諸國, 於是南巫里等遣人來附, 以禁商泛海留京師, 至是弛商禁, 故皆遣之.

황제가 섬(暹, 시암)사람들을 보호하기 위해 마리여아(麻里予兒)에 대한 싸움을 계속하라는 명령에 관해서는 위에서 언급했다.[498] 또한, 우리는 1299년에 몰랄유(沒剌由) 사람들이 섬(暹)과 나혹(羅斛) 사람들과 동시에 사신을 보내왔다는 것을 알고 있다.[499] 원정(元正) 5년(1301), 3월 "무오(戊午)일에 마래홀(馬來忽)과 바다의 다른 섬나라들은 조정에 사신을 보냈다."[500]고 했을 때와 동일한 나라들이다.

당나라 시기의 마라유(摩羅游)와 몽골 시기의 몰랄유(沒剌由) 또는 마리여아(麻里予兒)를 귀착시켜야 하는 원래의 형태는 어려움 없이 복원할 수 있다. 즉 말라유(Malāyu)로 읽어야 하고 그로부터 우리는 말레이어의 동일한 명칭을 끌어냈다.[501] 『인도의 불가사의한

---

498) 앞의 200쪽을 참고하시오.

499) 앞의 201쪽을 참고하시오.

500) 『원사』, 권 20, 5쪽. 다카쿠스 씨가 이 명칭을 바로스(Barros)의 타나 말라요(Taná Malayo, Tānah Malāyu)로 보는 이유가 있다면(Takakusu, 『의정남해기귀내법전』, 서문, 43~45쪽; Schlegel. 『통보』, N.S., II, 130~131쪽), 단마령(單馬令)에 관한 조여괄의 문단(『제번지』, 권상, 7~8쪽)과 이 텍스트를 연결해야 한다. 이러한 재구성은 음성적으로 매우 만족스럽지 못하다. 슐레겔은 "뜨다"는 의미를 가지는 팀불(timbul)에서 파생된 "부표"라는 본래의 의미로 팀불란(Timbùlan)을 읽어야 한다고 제기했다(『통보』, N.S., II, 130~131쪽). 이 명사는 가정적으로 수마트라 동쪽 해안의 어떤 강의 어귀에 건설된 뗏목위의 한 마을에 적용된다. 그러나 다카쿠스 씨와 슐레겔의 가설은 배제해야 한다. 왜냐하면 조여괄은 육로로도 단마령에서 능아사(凌牙斯)까지 갈 수 있다고 했기 때문이다(『제번지』, 권1, 8쪽). 그런데 우리는 조금 더 뒤에 능아사가 확실하게 말레이반도에 있다는 것을 보게 될 것이다. 따라서 단마령은 수마트라에 있을 수도 있다. 파항(Pahang)강의 한 주요한 지류는 템벨링(Tëmbĕling)이란 명칭을 가지고 있다. 그러나 동일한 명칭이 한 마을 또는 한 지역에 적용될 수 있는지는 모르겠다.

501) 샤반느(Chavannes), 『의정대당서역구법고승전』, 37쪽; 다카쿠스(Takakusu),

것들에 관한 책(Livre des merveilles de l'Inde)』의 말라투(Malâtou, Malâyou로 고치시오)의 바다에서 찾아야 하는 것은 바로 이 말라유(Malāyu)이다.[502] 원래 말리우르(Maliur) 또는 말라이우르(Malaiur)와 관계되는 중국어 마리여아(麻里予兒)는 나란히 동일하지는 않다. 왜냐하면, 몇몇 무슬림 저자들에게서 말라이우르(Malâiour)를, 마르코 폴로에서 말라이우르(Malaiur)를 찾을 수 있기 때문이다.[503]

~『의정남해기귀내법전』, 서문, 45쪽; 슐레겔(Schlegel), 『통보』, IX, 288~292쪽(슐레겔은 Maliur 또는 Malaiur와 Tānah Malāyu를 잘못 분리시켰다.); 흐루너펠트(Groeneveldt), 『통보』, VII, 122쪽; 율, 『영국-인도의 용어사전(Hobson-Jobson)』, 말레이 조목을 참고하시오.

502) 앞의 302쪽, 주394를 참고하시오.

503) 『인도의 불가사의한 것들에 관한 책(Le Livre des merveilles de l'Inde)』, 257~258, 263쪽; 율, 『마르코 폴로』, 꼬르디에 본, 280~283쪽을 참고하시오. 율이 『마르코 폴로』, 『영국-인도의 용어사전(Hobson-Jobson)』에서도 아랍의 말라이우르(Malâiour)와 마르코 폴로의 말라이우르(Malaiur)를 비교하지 않았다는 것은 이상하다. 이 놀라운 연구자의 연구에서 거의 모든 자료를 참고했다는 사실로부터 이는 의도적이었던 것 같다. 그렇지만 두 명칭의 추정에 대한 이의를 제기한 것으로 보이지는 않는다. 『마르코 폴로』(앞에 언급한 곳)에서, 율은 말라이우르의 마지막 글자인 [r]에 대한 로간(Logan)의 설명을 인용했는데 그 의미가 무엇인지 모르겠다. 나는 우선 말라유(Malāyu)에 대한 말라이우르를 버치(de Gray Birch) 씨가 참파라는 명칭을 찾아낸(III, 79쪽) 『알부케르크의 해설』의 캄파르(Campar) 형태와 비교해야 한다고 생각했다. 그러나 이 추정은 확실히 잘못되었다. 캄파르의 [c]는 구개음 초성이 아니라 후음에 해당한다. 그것은 스약(Syak)과 인드라기리(Indragiri) 강 사이에 있는 동일한 명칭의 강에 있는 수마트라에 건설된 캄파르(또는 Kampar)란 나라일 뿐이다. 캄파르국은 바로스(Barros)의 목록에서와 마찬가지로 (『아시아의 수십 년(Decades of Asia)』, III, 5권 1장, 511쪽), 『나가라크르타가마(Nâgarakretâgama)』(케른, 앞에 언급한 책, 352쪽)에 언급되었다.

말라유(Malāyu) 또는 말라이우르(Malaiur)란 나라와 그 수도의 위치에 관해서는 알려진 것이 거의 없다. 알부케르크의 해설에 나오는 한 문장은 율, 다음으로 샤반느 씨, 바르트 씨에 의해 설명되었는데, 그에 따르면, 팔렘방은 말라요(Malayo)라 불렸다. 마침내 이 텍스트는 크로포드의 『인도양 군도와 속국들에 관한 기술 사전(Descriptive Dictionary of Indian Islands and Adjacent Countries)』에서 번역되었는데[504], 그것은 말라카의 건국과 관련되어있다. "파라미소라(Paramisora)는 이 도시에 말라카란 명칭을 부여했다. 왜냐하면, 자바의 언어로 그가 도망한 말라요를 팔림바오(Palimbao, 팔렘방)이라고 불렀기 때문이고, 그가 왕이었던 팔림바오에서 도망쳐 살았는데, 그곳을 그는 말라카라고 명명했다. 혹자들은 말라카가 합치다, 모이다는 것을 의미하기 때문에 다양한 나라 사람들이 아주 짧은 시간 동안 동시에 온 많은 사람이란 이유로 말라카라고 불렸다고 한다." 잘못 구성된 이 텍스트는 팔렘방에 주어진 말라요란 명칭에 관해서는 정확하다.

그러나 알부케르크의 아들이 말하는 곳이 바로 이곳인지는 의문이 남아있다. 하클루트 협회(Hakluyt Society)의 판본으로 버치(W. de Gray Birch) 씨가 제시한 번역은 다음과 같이 해석된다.[505] "이 파라미슈라(Paramiçura)는 새로운 식민지에 말라카란 명칭을 부여했다. 왜냐하면 자바의 언어로, 팔림바오 출신의 어떤 사람이 도망

504) 크로포드의 저서는 내가 가지고 있지는 않지만, 말라카에 관한 그의 논문 대부분은 데니스(Dennys)의 『Descriptive Dictionary of British Malaya』에서 글자 그대로 인용되었다. 여기에서 문제의 문장은 데니스의 책, 201쪽에 따라 인용한다. 나의 번역은 축자번역이다.

505) 버치(Walter de Gray Birch)가 번역한 『알폰소 달부케르크의 해설(The Commentaries of the great Afonso Dalbuquerque)』, 하크루트 협회(Hakluyt Society)본, 런던, 1880, III, 76~77쪽. 우리의 도서관에는 포르투칼어 원본은 없다.

하여 그를 말라요라 불렀고, 그가 왕노릇을 한 팔림바오 왕국으로부터 이곳에 와서 말라카란 명칭을 이곳에 부여했기 때문이다. 혹자들은 여기저기에서 아주 짧은 기간에 온 많은 사람 때문에 말라카라 불렸다고 한다. 왜냐하면, 말라카가 합치다, 모이다는 뜻을 의미하기 때문인데, 그러므로……"[506]

우리가 본 두 번역본은 매우 다르다. 첫째는 팔렘방에 주어진 말라요란 명칭이고, 둘째는 "도망하다"를 의미하는 단어로 말레이어 명칭에 대한 자바어 설명을 암시할 뿐이라고 보아야 한다는 것이다.[507] 율은 말라카에 관한 단락에서 다른 참고사항들 사이에 크로포드와 알부케르크의 포르투갈어 텍스트를 인용했으나 그것이 실제 원본을 참조한 것인가?[508] 『알부케르크의 해설』과 유사한 바로스의 문장은 그레이 버치의 번역을 고려한 것이다. 바로스에 따르면 말라카를 건설하고 그곳을 명명한 사람은 파라미수라(Paramisura) 자신이 아니라, 파라미수라의 아들인 사퀴엠 다르샤(Xáquem Darxá, 즉 Iskandar Shah)이다. 그리고 바로스는 "그 나라 언어로 추방된 사람을 의미하므로 아버지의 추방을 생각하여 이 명칭을 부여하여 그로부터 사람들이 그를 말라이오스(Malaios)라고 불렀다."고 덧붙였

506) 그레이 버치(Gray Birch)의 번역에서 이해할 수 없는 부분은 점으로 대체했다. 그 부분은 "그러므로 모순되게 그 명칭을 부여했다(and therefore they gave it the name of city in contradiction)"이다.

507) 율, 『영국-인도의 용어사전(Hobson-Jobson)』, 말레이 조목과 파브르(Favre), 『말레이어 문법(Grammaire malaise)』, VII쪽을 참고하시오.

508) 율이 마지막으로 재검토한 『마르코 폴로』의 2판은 1875년에 출간되었고, 그레이 버치의 번역은 1880년이다. 그러나 율이 생존했다면, 말라카에 관한 기술을 제3판에서 수정했을 것이다. 결국, 1886년에 간행된 『영국-인도의 용어사전(Hobson-Jobson)』에서 그가 이 구절을 위해 채택한 것은 그레이 버치의 번역이다(『영국-인도의 용어사전』, 제2판, 말라카 조목을 참고하시오).

다.[509] 따라서 『알부케르크의 해설』과 바로스의 『아시아의 수십 년(Decades of Asia)』에서 추론할 수 있는 것은 말라카를 건설한 사람들은 바로 수마트라의 말레이인들이라는 것이다. 그러나 이조차도 정확하게 밝혀지지 않았다. 왜냐하면, 알부케르트의 아들은 바로스처럼 파라미쇼라(Paramiçora)를 자바인으로 보고 있기 때문이다. 마지막으로 말레이 연대기들은 직접적으로 팔렘방이 아니라 싱가포르의 말라카 시조들을 떠올리게 한다.[510]

따라서 말라유를 팔렘방에 두는 『알부케르크의 해설』의 구절을 설명할 수 없을 것 같다. 이러한 추정과는 반대로 바로스가 제시한 수마트라국의 목록을 원용할 수 있다고는 더더욱 생각되지 않는다. 바로스는 수마트라 29개의 나라들을 열거하면서 팔렘방 뒤에 타나 말라요(Taná Malayo)를 거명했다.[511] 흐루너펠트 씨는 말라유를

---

509) 『아시아의 수십 년(Decades of Asia)』, II, 6권 1장, 1777년 리스본판, 8쪽.

510) 『JStBRAS』, 13호, 62쪽 이하에서 번역된 발렌타인(Valentijn)의 이야기; 크로포드(Crawfurd), 『인도양 군도의 역사(History of the Indian Archipelago)』, II, 373~374쪽; 레이덴(Leyden), 『말레이 연대기(Malay annals)』, 88~89쪽. 팔렘방의 피난민들이 말라카를 건설했다고 하므로, 포르투칼 사람들에 의해 수집된 판본이 선본일 수 있다. 위에서 말라카의 건국을 14세기의 말에 두어야 한다는 것을 보았다(앞의 217쪽을 참고하시오). 그런데 자바인들은 1377년경에 팔렘방 제국을 무너뜨렸다. 이 정복은 말레이반도로의 이주를 야기했고 이어서 말라카의 건설을 결정지을 수 있었다.

511) 『아시아의 수십 년(Decades of Asia)』, III, 5권 1장, 1777년 리스본판, 511쪽. 이 판본에는 타나와 말라요 사이에 쉼표가 있는데, 이는 타나라는 나라가 있었을 것으로 생각되게 한다. 그러나 타나 말라유(Tānah Malāyu)는 너무 일반적인 형태로서 여기에는 해당하지 않는다. 한편 타나와 말라요를 분리한다면 바로스가 밝힌 29개의 나라는 30개가 된다. 이는 『나가라크르타가마(Nâgarakretâgama)』가 말레이반도에서 후중(Hujung)에 이어서 타나를 거명하고 있다고 케른 씨에게(「마자파힛의 전성기 자바의 오래된 서사

수마트라 동쪽 해안 팔렘방의 북서쪽에 있는 잠비(Djambi), 인드라기리(Indragiri) 또는 캄파르(Kampar)의 강에서 찾아야 한다고 결론지었다.[512] 따라서 실리불서가 팔렘방이라면 그곳으로 가야 한다. 그러나 이는 수마트라 북서쪽 지점에서 시작하여 동쪽 해안에서 순다해협까지의 나라들을 거명하고, 이어 서쪽 해안을 따라서 출발지점으로 다시 돌아오는 바로스의 설명을 전혀 고려하지 않는다.

팔렘방 이후에 오는 타나 말라요는 팔렘방의 서쪽이 아니라 동쪽에 있다. 실리불서인 팔렘방의 서쪽에 말라유를 위치시키도록 끌어댈 수 있는 것은 아무것도 없다. 그럴 경우, 바로스의 판단은 말라유를 팔렘방에 두는 것을 더는 방해해서는 안 된다. 요컨대 그 나라에 부여한 명칭인 "말레이의 땅"이라는 타나 말라요(Taná Malayo), 즉 타나 말라유(Tānah Malāyu)는 팔렘방 남동쪽에 있는 작은 나라로 보기는 상당히 어려울 수 있다. 그 형성에 의한 불확실한 지리적 의미로, 타나 말라유는 일반적으로 오늘날 말레이반도에 적용된다.[513] 팔렘방 왕국이 옛날 "말레이인의 땅"이라는 명칭은 통용했을 경우, 바로스가 팔렘방과 타나 말라유의 두 명칭을 나누어 두 나라로 본 것은 매우 그럴법하다. 그의 목록은 사용하기에는 불완전한 것 같다. 아마도 율이 주장하는 것처럼, 그가 언급한 처음 두 나라 람브리(Lambri)와 아쳄(Atchem)은 하나로 통일되었을 것이다.[514]

~ 시(Een Oud-Javaansch geschiedkundig gedicht uit het bloeitijdperk van Madjapahit)」, 352쪽) 말해줄 인쇄상의 오류이다. "땅의 끝"인 우종 타나(Ujong Tānah)는 일반적으로 말레이반도의 남단을 지칭한다(율, 『영국-인도의 용어사전(Hobson-Jobson)』, Ujungtanah 조목; 『JStBRAS』, 13호, 64쪽, 발렌타인의 번역을 참고하시오).

512) 『통보』, VII, 122쪽.

513) 『JStBRAS』, 13호, 64~65쪽, 발렌타인의 번역을 참고하시오.

514) 율, 『마르코 폴로』, 꼬르디에 본, II, 300쪽.

『나가라크르타가마(Nâgarakretâgama)』가 마자파힛(Madjapahit)의 속국들을 열거하면서 잠비, 팔렘방, 메낭카바우(Menangkabau), 스약(Syak), 캄파르(Kampar), 팔락(Parlak), 수무드라(Sumudra), 라무리(Lamuri), 람퐁(Lampong), 바로스(Baros) 등을 거명하고, "이 나라들과 다른 나라들이 한 말라유 나라에 있다"고 덧붙인 것에 주목하면 혼란은 더욱 가중된다. 그러므로 이 경우 말라유는 수마트라섬 전체를 지칭함은 틀림없다.[515] 그럼에도 불구하고 사람들은 『알부케르크의 해설』, 채택한 약간의 설명 그리고 바로스의 『아시아의 수십 년(Decades of Asia)』은 이 명칭에 대하여 우리를 말라유부터 수마트라까지로 이끄는 것에 주목한다. 그런데 말라유라는 명칭이 『나가라크르타가마(Nâgarakretâgama)』에서처럼 섬 전체의 명칭이 아니라 단지 남쪽 부분이었던 것과는 달리, 마르코 폴로의 이야기가 이끄는 것도 동일한 결과이다. 마르코 폴로는 로캇(Locac)에서 오면서 "당신은 펜탐(Pentam)이란 섬에 도착할 것이다.……이 두 섬 사이는 60마일 이상을 항해하여……[516] 당신이 60마일을 가서 또 30마일 이상을 가면 당신은 한 왕국을 형성하고 있는 섬에 도착할 것인데, 말라이우르라고 불린다.……당신이 펜탐 섬을 떠나서 거의 1백 마일을 항해하면 당신은 소자바섬에 도착할 것이다."라고 하였다. 펜탐을 지도상 해협의 입구에 있는 빈탕섬으로 보는 것에는 일치한다.

다시 소자바를 향해 항해를 시작하는 곳은 빈탕으로부터이다. 마르코 폴로는 페를레(Ferlée, 팔락), 바스마(Basma, Pasei), 사마라(Samara, Samudra), 람브리 등의 나라를 보고 난 다음에 소자바를 기술했다. 말라이우르에 관한 설명은 빈탕에서 수마트라의 북쪽 부분으로의 루트상에 위치하지 않은 어떤 나라에 관계된 것임이 틀림없다.

---

515) 케른(Kern), 앞에 언급한 곳, 346, 351~352쪽을 참고하시오.

516) 어떤 문제가 있었기 때문에 마르코 폴로는 빈탕(Bintang) 섬에 관해서만 언급했을 뿐이다.

따라서 율이 수마트라의 동쪽 해안의 남쪽 부분을 생각한 것은 옳았다. 여기에서 말라다이우르는 이 부분의 섬 중에서 가장 중요한 나라, 즉 팔렘방일 것이다.[517)]

곧 보게 되겠지만, 10세기와 14세기 마지막 해 사이에 수마트라에서 중국인들에게 가장 강력한 나라로 알려진 삼불제란 나라로 추정해야 하는 것은 바로 팔렘방이다. 13세기 초반에 조여괄은 수마트라섬 전체뿐만 아니라 말레이반도와 실론에 대해서도 지배권을 가졌던 삼불제란 대국에 관해 언급하고 있다. 그런데 이 삼불제란 명칭은 『원사』에 거의 보이지 않고, 거기에서는 도리어 마래홀(馬來忽) 섬, 목랄유(木剌由)의 사람들 그리고 마리여아(麻里予兒)사람들이 시암인들에게 대항했던 것을 언급하고 있다.

한편 말라유가 자바인의 자료에서 수마트라에 적용되었고 마르코 폴로의 말라이우르를 섬의 남쪽 부분에서 찾아야 한다는 것을 상기해 볼 때, 송나라와 명나라 시기의 중국인들은 수 세기를 걸쳐 잃

---

517) 율, 『마르코 폴로』, 꼬르디에 본, II, 280~281쪽. 흐루너펠트 씨는 율이 타나 말라요와 팔렘방을 분리시킨 바로스의 견해를 따르는 경향이 있다고 하였다(『통보』, VIII, 121쪽). 나는 이것이 율의 생각이라고 보지 않는다. 율은 두 가지 가설을 세우고 있다. 첫째 말라이우르는 싱가포르라는 것이고, 둘째는 팔렘방이라는 것이다. 이 두 해결책의 근거로 율은 알부케르크와 바로스가 둘 다를 말라요 또는 타나 말라요를 팔렘방 또는 팔렘방 근처에 두고 있으므로 그들의 문장을 환기했다. 알부케르크의 해설과 바로스의 텍스트와 상반되지 않으면서 율이 채택하고자 한 것은 말라이우르를 팔렘방으로 보는 이러한 추정이다. 슐레겔은 『통보』, IX, 288~290쪽에서 마르코 폴로의 문장을 논의했으나, 이 부분에서 상당히 잘못되어 보이는 포티에(Pauthier)의 텍스트를 따르면서(『마르코 폴로의 책(Le Livre de Marco Polo)』, 564~565쪽), 그의 텍스트는 마르코 폴로가 말라이우르를 지난 것으로 되어있다. 율의 텍스트와 결합해보면, 슐레겔이 원하는 것처럼 말라이우르와 타나 말라유를 분리할 어떠한 이유도 없다.

었던 옛 이름으로 팔렘방 제국을 계속 불렀고, 반면 전통에 대한 고려가 거의 없었고 정확한 용어를 더 고집했던 몽골인들은 말라유란 명칭을 삼불제에 부여하면서 동시대 고유한 용법을 따랐을 가능성이 커 보인다.[518)]

518) 자바의 자료들은 또한 수마트라 전체 섬이라는 말의 뜻보다 덜 일반적인 의미로 말라유를 사용했다. 그들은 『왕의 책(Pararaton)』(65쪽 이하)에서 자바의 왕 케르타나가라(Kĕrtanagara, 합지갈달나가랄(哈只葛達那加剌), 『원사』, 권 162, 5쪽, 바로 브란데스(J. L. A. Brandes)가 추정하는 하지 케르타나가라(Haji Kĕrtanagara)임)는 1275년 말라유를 상대로 전쟁을 벌여 1293년에 끝냈다고 말하고 있다(케르타나가라는 끝까지 생존하지 못했다. 그는 1275년에 죽었다. 크램프(Kramp) 씨는 『Album Kern』, 357~361쪽에서 브란데스 박사가 생각한 사람이 아니라 그는 중국의 사신들을 모욕주어 쿠빌라이가 1292~1293년에 복수하고자 했던 사람이라고 밝혔다). 여기에서 말라유는 수마트라의 여러 왕국 중에서 특정한 나라를 지칭하는 것으로 보인다. 브란데스 박사에 따르면 여기의 말라유는 수마트라의 동쪽 해안이 아니라 메낭카바우(Mĕnangkabau)라는 나라가 차지하고 있는 서쪽 해안과 관계되는 것으로 생각했다(『왕의 책(Pararaton)』, 127, 132쪽). 루파에르 씨도 이 견해를 따르고 있다(G. P. Rouffaer, 『백과사전-기사(Encyclopeadie-artikelen)』, 수마트라, 207쪽). 나는 이 설이 근거한 결정적인 증거가 무엇인지 그리고 어떻게 말라유 또는 말라이우르에 관한 마르코 폴로와 『원사』의 구절들이 섬의 동쪽 해안에 건설된 나라와 관계될 수 있을 뿐인지 모르겠다. 수마트라의 남부에 있는 말라유에 관한 모종의 민족지적인 적용에 관해서는 루파에르, 앞에 언급한 책, 209쪽을 참고하면, "원래 말레이 사람들의 기원을 가지는 나라인 타나 말라유는 팔렘방-잠비 지역에서 찾아야 한다"라고 하였다. 또한 『영국-인도의 용어사전(Hobson-Jobson)』, 제 2판에서(말레이 조목) 스키트(Skeat) 씨가 제기한 레이덴(Leyden)의 문장(『말레이 연대기(Malay annals)』, 20~21쪽)을 참고하시오.

20. 마(말)라유와 슈리보자

이처럼 10세기부터 15세기까지 보이는 삼불제란 명칭과 13세기와 14세기의 마라유란 명칭은 동일하며 사실상 팔렘방 왕국에 적용되었다. 자연스럽게 7세기의 마라유가 13세기의 것과 동일하다는 것을 인정한다면, 불서 또는 실리불서를 팔렘방의 동쪽에서 찾아야 한다. 그런데 의정은 불서에서 마라유(摩羅游)까지 15일[519], 마라유에서 갈다(羯荼)까지 15일로 계산했다. 마라유가 팔렘방이라면, 그리고 임시로 갈다가 크다임을 인정한다면, 수마트라의 해안은 팔렘방의 남동쪽, 팔렘방에서 크다까지의 거리와 감각적으로 동일한 거리에 있지 않다. 게다가 흐루너펠트 씨의 판단에 따르면, 람퐁 지역은 중요한 상업적 요충지일 수 없다.[520] 결국, 의정이 말한 루트는 말라카 해협을 지나는 것이지 순다 해협을 지나는 것이 아니므로[521], 문명이 있는 대국이 아니었던 것으로 보이는 수마트라의 한 부분으로, 물음표를 친 것을 이해할 수 없다. 따라서 실리불서를 더 동쪽으로 자바의 해안에서 찾아야 한다. 이것이 바로 바르트가 제기한 해법이었다. 샤반느 씨도 그것에 동조했다.

또한 이 가설을 위해 마지막 논거를 제시할 수 있다. 『신당서』, 실리불서(室利佛逝) 조목에서, "하지에 8척의 지시침을 세우면, 그 그림자는 지시침 남쪽으로 2척 5촌의 길이로 생긴다."[522]라고 하였다.

---

519) 더 정확히는 여기에 쓰여 있는 대로라면 말라유(末羅瑜)인데(샤반느, 『의정대당서역구법고승전』, 119, 114쪽을 참고하시오), 이 두 표기는 일치한다.

520) 『통보』, VII, 121쪽.

521) 이것이 크다까지의 중간 기착지를 논란의 여지 없이 설정한 것이다.

522) 『신당서』, 권 222하, 4쪽. 슐레겔, 『통보』, N.S., II, 178쪽을 참고하시오. 夏至立八尺表, 影在表南二尺五寸.

이 관찰은 글자그대로 따르면 받아들일 수 없다. 우리는 가릉에 관해서 동일한 조건에서 얻은 2척 4촌의 그림자 길이는 북위 6도 이상에 해당한다는 것을 보았다.[523] 실리불서에 대한 관찰은 보기에 15분 정도의 차이가 나는 동일한 결과를 제시하고 있다. 다만 관찰한 내용들을 보면 남위 6도와 7도 사이에 있는 자바의 북쪽 해안에 적용시킬 수 있도록 할 수 있었던 것을 상기시킨다. 여기에서 동일한 교정을 하게 되면, 남위 6도 이상을 얻을 수 있고 그것은 실리불서를 자바에 둔다.

그렇지만, 이 해결책의 장점들을 인정한다고 하더라도 나는 그것을 채택해야 한다고 생각하지 않는다. 실리불서는 수마트라 이외에서 찾아야 할 것 같지는 않다.

실리불서의 잘못일 수 있는 금리비서(金利毗逝)란 명칭에 대해 내가 제기한 가설을 접어둔다면, 『신당서』에 따르면, 실리불서란 나라는 함형(咸亨, 670~673) 시기부터 개원(開元, 713~741)시기까지 중국에 사신을 보냈다.[524] 나는 실리불서의 첫 번째 사신에 관한 텍스트를 찾지 못했다. 7세기 이전에 있었다고 할지라도 다음 텍스트는 다음과 같이 밝히고 있는 것 같다. "증성(證聖) 원년(695), 9월 5일에 황명이 조정에 온 외국 사신들에게 내려, 다음과 같은 조건으로 식량을 하사했다. 남천축, 파사(Perse), 대식(大食)인들에게는 6달치의 식량을 주기로 했고, 시리불서(尸利佛誓), 진랍(캄보디아), 가릉(자바) 등의 사신들에게는 5달 치의 식량을 하사했으며, 임읍(참파)의 사신들에게는 3달 치의 식량을 하사했다."[525]

523) 앞의 289쪽을 참고하시오.

524) 『신당서』, 권 222하, 4쪽.

525) 『당회요』, 권 100, 22쪽. 證聖元年九月五日敕. 蕃國使入朝. 其糧料各分等第給. 南天竺. 北天竺. 波斯. 大食等國使. 宜給六箇月糧. 尸利佛誓. 真臘. 訶陵等國使. 給五箇月糧. 林邑國使. 給三箇月糧.

나는 장안(長安) 원년(702년초), 12월에 불서(佛誓)의 사신[526]과 716년의 다른 사신[527]을 찾았다. 724년 음력 7월에 "실리불서국의 왕은 사신으로 구마라(俱摩羅, Kumāra)[528]를 보내어 두 난쟁이와 가기(價耆)[529] 여인, 악단 그리고 오색앵무(五色鸚鵡)를 바쳤다. (황제는) (구)마라에게 절충(折衝)[530]이란 (관작을) 내리고, 그에게 비단 1백 필을 하사하여 그의 나라로 돌려보냈다."[531]라고 하였다. 황제의 은총은 그 군주들에게도 미쳤다. 다른 텍스트는 같은 해 음력 8월에 칙령으로 실리불서의 왕인 시리시라발마(尸利施羅拔摩, Çrīndravarman?)에게 좌위위대장군(左威衛大將軍)이란 작위를 주었음을 알려주고 있다.[532] 728년에 불서(佛誓)의 왕은 다시 잡색의

526) 『책부원구』, 권 970, 18쪽.

527) 『책부원구』, 권 971, 2쪽.

528) 아마도 실리불서의 왕이 사신으로 쿠마라, 즉 세자를 보낸 것으로 이해해야 할 것이다.

529) 가기(價耆) 대신에 승기(僧祇)로 읽어야 한다. 이 용어에 관해서는 앞의 282~283쪽을 보시오.

530) 자일스는 이 관작을 "장군"으로 번역했다(『중국-영어사전(Chinese-English Dictionary)』, n° 291).

531) 『책부원구』, 권 971, 6쪽. 또한 『신당서』, 권 222하, 4쪽을 참고하시오. 尸利佛誓國王遣使俱摩羅, 獻侏儒二人價耆婦女一人雜樂人一部及五色鸚鵡, 授摩羅折衝, 賜帛一百疋放還蕃.

532) 『책부원구』, 권 964, 15쪽; 권 975, 4쪽. 『신당서』, 앞서 언급한 곳을 참고하시오. 두 번째 문장에서 『책부원구』는 실수로 왕(王) 자가 삼(三) 자로 되어있고 마(摩) 자 대신에 휘(麾) 자로 되어있다. 왕(王) 자를 삼(三) 자로 표기하는 것은 상당히 잘못 인쇄된 이 유서(類書)에서 예즈드레르드(Yezdegerd)라는 이름 앞에 오(五) 자를 왕(王) 자로 고치는 것보다 아무런 의심의 여지가 없다(샤반느, 『서돌궐에 관한 자료(Documents sur les Tou-kiue occidentaux)』, 172쪽). 또한, 나는 『장안지(長安志)』에 인용된 파사(波斯)의 왕인 피루즈(Piroûz)의 이름 앞에 삼(三) 자를 왕(王) 자로 읽어야 한다고 생각한다(『경

앵무를 예물로 바쳤다.[533] 개원 29년 12월, 즉 742년 초에 불서의 왕은 그의 아들을 조정에 보내 조공했다.[534] 같은 해인 742년 음력 정월에 유등미공(劉滕未恭)이라는 불서의 왕을 빈의왕(賓義王)이라 부르고 좌금오위대장군(左金吾衛大將軍)이란 작위를 내린 것도 같은 계기에서였다.[535] 이것들이 바로, 『당서』와 가탐의 여행기의 문단 이외에 종교와 무관한 문헌에서 찾은 언급들이다. 이미 샤반느 씨와 다카쿠스 씨의 번역으로 알려졌으므로, 여기에서 의정의 문장들을 다시 인용할 필요가 없다.

불서라는 명칭은 또한 바즈라보디(Vajrabodhi)의 전기에서도 나타난다.[536] 이 승려는 실론을 떠나 중국으로 향하면서 "동쪽으로

~ 훈당총서(經訓堂叢書)』본, 권10, 4쪽; 샤반느, 『JA』, 1897년, 1~2월호에 실린 「네스토리안과 카라-발가순의 비문(Le nestoriamsme et l'inscription de Kara-Balgassoun)」, 62~63쪽; 아브레(Henri Havret)의 『서안부의 기독교 비석(La stèle chrétienne de Si-Ngan-fou)』, 두 번째 부분, 257~258쪽을 참고하시오).

533) 『책부원구』, 권 971, 7쪽.

534) 『책부원구』, 권 971, 14쪽.

535) 『책부원구』, 권 965, 1쪽. 『신당서』(권 222하, 4쪽)는 앞의 두 텍스트를 요약하여 제시했지만 실리불서 왕의 아들에게 훈장을 주고 있는데, 『책부원구』에 따르면, 그것은 왕 자신에게 부여된 것이었다(흐루너펠트 씨가 『통보』, VII, 119쪽에서 생각한 것처럼 어떠한 작위도 "세자"를 의미하지 않는다. 다르게 말하자면 문제조차도 제기되지 않았다). 합당한 것은 바로 『책부원구』이다. 이 책은 외국의 다른 군주에게 하사할 같은 시기에 동일한 방식으로 다른 훈장을 보여주고 있다. 왕의 이름에서 찾아낼 것이 없다. 내 생각으로는 토착의 이름이거나 적어도 이 이름은 중국식으로 매우 변형되었다. 이는 이 『책부원구』의 텍스트에서 실리불서 왕의 이름에 붙이는 왕의 다른 이름에서도 마찬가지이다.

536) 이 전기들은 실뱅 레비(Sylvain Lèvi) 씨에 의해 『JA』, 1900년, 5~6월호, 418~421쪽에서 보고되고 연구되었다.

불서와 나인(躶人) 등 20여 왕국들을 지났다."[537] 다른 텍스트에 따르면, 35척의 페르시아 선박과 함께 실론을 떠나 "한 달의 여정으로 불서국(佛逝國)에 도착했다. 불서국 왕은 일산, 황금으로 만든 자리와 침대를 가지고 화상을 맞으러 왔다. 역풍을 만나 승려는 5달을 머물렀다. 바람이 잦아들자 그는 다시 길을 떠날 수 있었다." 또한, 그는 폭풍을 만나 왕국들을 석 달 동안 떠돌다가 720년 중국에 도착했다.[538]

의정의 저술에 관하여 이미 샤반느 씨가 지적한 것처럼, 이 텍스트에서 우리는 불서 또는 실리불서라는 명칭이 구분 없이 사용되었음을 알 수 있다.[539] 이러한 음역들을 복원하는 명칭으로 스타니라스 줄리앙은 슈리보자(Çrībhoja)로 읽었다. 사람들은 슐레겔이 스리보자(Sriboja)로 읽어야 하는 옛 발음으로 밝히기 전까지 이 복원을 채택했다. 슐레겔이 주장하는 이 옛 발음들이 산스크리트어를 중국어로 옮기는 확실한 습관들보다 우선시될 수 있는지를 주지시키자, 중국인들은 그 명칭을 말레이어로 알았고 그것은 구개 치찰음을 가지지 않는다고 대답했다.[540] 이러한 근거들은 네덜란드 문헌학자들에게 받아들여지지 않은 것 같고, 그들 중 몇몇은 의정이 방문한 나라의 명칭을 슈리보자(Çrībhoja)로 썼다.[541] 이 명칭이 인도의 어원을 가지는 것은 확실하다.

---

537) 『송고승전(宋高僧傳)』, 『일본대장경』, 致, IV, 70쪽.

538) 『정원신정석교목록(貞元新定釋教目錄)』, 『일본대장경』, 結, VI, 78쪽. 經一月至佛逝國. 佛逝國王將金傘蓋金床來迎和上. 緣阻惡風停留五月, 風定之後方得進發.

539) 샤반느, 『의정대당서역구법고승전』, 36, 125쪽을 참고하시오. 나는 다카쿠스 씨가 불서는 수도를, 실리불서는 나라를 지칭한다는(『의정남해기귀내법전』, 서론, 40쪽, 주2; 서론 45쪽 주4) 차이에 관한 실질적 근거를 찾지 못했다.

540) 『통보』, N.S., II, 174~177쪽; N.S., III, 199~200쪽; 『BEFEO』, II, 95~96쪽을 참고하시오.

541) 『네덜란드 동인도 백과사전(Encyclopaedie van Nederlandsch-Indië)』, 수마트라 조목, 202~203쪽. 한편 이 표기는 두 번째 부분에서 보자(bhoja)에서

슐레겔은 또한 의정의 책에서 찾을 수 있는 불서보라(佛逝補羅)라는 비슷한 명칭을 보자푸라(Bojapura), 여기의 보자(boja)는 산스크리트어로 "주이상스"를 뜻하는 보자(bhoja)라는 명칭의 말레이어에서 파생한 것이라고 설명하고 있다. 다만 말레이어로 "향락"을 뜻하는 보자(boja)라는 단어의 용례를 제시하지 않았다. 게다가 이는 당나라 시기 중국에서 치찰 슈음의 존재를 부정하는 확실히 잘못된 슐레겔의 설들 중의 하나이다. 이러한 관점에서 가장 확실한 영역은 산스크리트어 음역에 관한 분야이다. 그런데 일반적인 규칙상, 치음 치찰음이든 구개 치찰음 또는 산스크리트어의 반설음이든 당나라 시기 중국인에 의해 사용된 글자들은 여전히 오늘날에도 치음 치찰 또는 슈음으로 발음된다. 이에 대한 반론의 근거가 없으므로 초성으로 슈음을 가지는 예들을 통해, 중국인들이 실리(室利)를 쓸 때는, 스리(sri)가 아니라 슈리(çrī)로 복원해야 한다고 결론지을 수 있다.

한편 슈리보자(Çrībhoja)가 말레이어로 스리보자(Sriboja)로 된 것은 사실이고, 이 파생된 형태가 존재했는지는 확인하지 못했지만, 우리는 임시적으로 중국인들에 의해 제시된 형태를 취해야 할 것이다.[542)]

~ 파생된 보자(bodja)라는 말레이어 형태를 상정하고, 첫 부분에서 슈리(Çrī)라는 구개 치찰음이 말레이어에서는 치음 치찰음으로 바뀌지만 그대로 유지되고 있으므로 섞인 것 같다.

542) 의정의 책에서 실리불유(室利佛遊)란 형태를 찾을 수 있다(샤반느, 『의정대당서역구법고승전』, 64쪽). 빌은 그것이 잘못된 것이라고 주장했다. 슐레겔은 반대로 그것이 정확하다고 받아들였다. 그러나 유(遊) 자는 서(逝) 자의 서법상 변화이다(반대의 경우에 대해서는 앞의 355쪽, 주480을 참고하시오). 실리불서의 마지막 글자가 서(誓)로 쓰인 이본은 이점에서는 아무런 이의가 없다. 샤반느 씨가 제기한 두 경우 중 하나에서, 한국 판본은 선본을 가지고 있고(『일본대장경』, 致, VII, 78쪽), 다른 경우에서(『일본대장경』, 致, VII, 95쪽), 일본 편집자들은 그것을 바로 잡았다. 슈리보자(Çrībhoja)로 복원하는 데 있어 유일한 어려움은, 그것이 서(逝)이든 서(誓)이든, 마지막 글

의정의 보자푸라(Bojapura)에도 들어가고[543], 참의 수도인 불서[544]로 보아야 할지도 모르는 보자(Bhoja) 또는 슈리보자(Çrībhoja)라는 이 명사의 동일한 의미에 관하여, 인도의 보자스(Bhojas)의 추억을 연상시길 수 있을 정도로 많은 인도의 명사들이 인도차이나와 인도양 군도의 지리에서 사용되었다.

슈리보자(Çrībhoja) 또는 아마도 파생 형태인 스리보자(Sriboja)란 명칭은 거의 확실하게 아랍의 여행가들이 세르보자(Serboza)로 써서 전해주는 것과 동일하다.[545] 세르보자는 자베즈(Zabedj) 마하라자(mahārāja)의 속국이다. 슈리보자(Çrībhoja)는 야바드위빠(Yavadvīpa)의 재배권에 속해 있다는 것을 알아두기 바란다. 샤반느 씨가 슈리보자와 자베즈가 같음을 주장하게 된 것은 이 세르보자란 명칭을 고려하지 않았기 때문일 것이다. 음성적 유사성은 그가 주장하는 세 가지 근거 중 하나이다. 그러나 이 유사성은 세르보자보다 자베즈가 덜 완벽하다.

한편, 샤반느 씨는 의정의 원문에 붙은 주석들이 후주(後周, 951~960)까지 거슬러 올라간다는 것을 인정하고 있다. 이 주석들은 두 차례 마라유(摩羅游, 말라유)가 실리불서(슈리보자)의 전체를 이루는 부분이 되었다고 말하고 있다. 그런데 아랍인들이 자베즈 왕국

~ 자는 [a]모음 보다는 [i] 또는 [e] 모음이어야 한다는 것이다. 의정 자신도 제타(jeta)의 첫 번째 음절을 옮기면서 서(逝) 자를 사용했다(『일본대장경』, 塞, V, 74쪽). 그렇지만 실리불서에 관하여 [a]와 다른 모음을 가지는 어떤 형태로 복원할 수 있는지 모르겠다.

543) 다카쿠스(Takakusu), 『의정남해기귀내법전』, 서문, 39, 50쪽과 본문 10쪽; 슐레겔, 『통보』, N.S., II, 120, 175쪽.

544) 앞의 133쪽, 주319를 참고하시오.

545) 그 증명은 특히 리트(P.A. Van der Lith), 『인도의 불가사의한 것들에 관한 책(Le Livre des merveilles de l'Inde)』, 247~250쪽에서 이루어졌다.

에 관해 말하는 것은 9세기와 10세기이다. 그로부터 샤반느 씨는 10세기의 정복자인 이 슈리보자가 동시대 아랍인들이 알고 있었던 자베즈 왕국에 해당한다고 결론지었다.

그러나 다카쿠스 씨는 의정의 주석들이 바로 의정 자신이 쓴 것이라고 정확하게 밝혔다. 특히 『남해기귀내법전(南海寄歸內法傳)』에서 해설은 중요한 개념들을 훼손하지 않는, 필요한 주석이다. 남해의 섬들 목록은 주석을 구성하고 있고, 거기에는 "말라유(末羅瑜)는 현 실리불서국이다"라고 한 언급이 들어있다는 것에 주목하자.[546] 샤반느 씨의 견해를 결정짓는 것은 다음과 같은 말로 시작되는 몇 구절이다. "주나라 (언어로), ……라고 한다"[547]라는 것이다. 이는 이 주석들의 작자가 주(周)라고 불리는 왕조에서 썼다는 것을 의미한다. 그런데 의정은 당나라 시기에 살았다. 그러나 다카쿠스 씨가 상기시키고 있는 것처럼, 무즉천은 690년에 당이란 왕조명을 주(周)로 바

---

546) 축쇄판 『대장경』 일본판에서의 경우도 이와 마찬가지이다. 이 판본은 한국판본를 토대로 하고 있으며 송, 원, 명 판본들의 이본을 제시하고 있다. 그런데 이에 대해 아무런 언급이 없다는 것은 텍스트들이 일치하고 있는 것을 시사한다. 다카쿠스 씨는 주로 명나라 시기로 추정되는 인도 사무국 판본과 축쇄본 일본판에 관해 번역을 했지만(『의정남해기귀내법전』, 서문, 60, 63쪽), 그는 어떠한 견해도 제시하지 않았다. 따라서 그의 번역에서 원문과 주석이 섞였을 것으로 생각하지는 않는다. 다카쿠스 씨의 번역의 9쪽에서 "Going east"로 시작하는 주석은, 일본판본에 따르면, 10쪽 6행의 "of ordinary character"까지 연장되어야 한다. 거기에서 원문은 다시 "In the Siṃhala island"로 시작하여 "two schools have also been founded"까지 간다. 새로운 주석이 "Counting from the West"로 시작하여 그 페이지 아래에 있는 "cannot be all mentioned here"라는 말로 끝난다. 원문이 다시 거기에서 시작된다. 사고의 흐름은 이러한 구분과 완벽하게 일치한다.

547) 일본판본은 주(周)를 당(唐)으로 고쳤다. 『일본대장경』, 致, VII, 92, 93 등등의 쪽을 참고하시오.

꾸었다. 그녀는 705년까지 재위했으므로 정확하게 말하자면 의정의 두 기록이 편집된 것은 690년과 705년 사이이다.[548] 따라서 의정의 책에서 보이는 주석들을 의정 자신의 것으로 돌리는 것은 확실하다.

결과적으로 의정은 이미 7세기 말에 마라유에서 슈리보자로의 통합을 알고 있었고, 이러한 통일이 7세기의 슈리보자를 9세기의 자베즈로 추정하는 것에 찬반을 제기할 수 없다. 결국 샤반느 씨는 자베즈의 섬들이 인도어로 황금의 섬인 수바르나드위빠(Suvarṇadvīpa)라고 한 알베루니(Alberouni)의 문장을 근거하고 있다. 그런데 의정은 두 차례 슈리보자란 나라를 황금의 섬이라고 불렀다. 그러나 바르트 씨는 알베루니의 수바르나드위빠가 수마트라뿐만 아니라 자바를 지칭한다고 밝혔다.[549] 따라서 『인도의 불가사의한 것들에 관한 책(Livre des merveilles de l'Inde)』의 출간 이래로 일반적으로 인정되는 견해를 고려하여 세르보자를 슈리보자로 추정해야 할 것이다.

다만 이러한 가정에서 슈리보자를 자바에 두는 것은 어렵다. 여기서는 슈리보자의 한 속국, 즉 중심도시는 자바에 있지만 수마트라에 있을 수 있는 식민지일 수도 있고, 세르보자는 주요 시설이 있는 곳이 바로 나라의 수도임이 틀림없다는 것에 주목하자. 그런데 『인도의 불가사의한 것들에 관한 책(Kitāb 'Ajāib al-Hind)』에서 세

---

548) 다카쿠스(Takakusu), 『의정남해기귀내법전』, 서문, 53쪽과 본문 7쪽을 참고하시오. 다카쿠스 씨는 원주에서 중국을 지칭하기 위해 사용된 주라는 명칭에 대해, 동일한 용어가, 정확히 동일한 조건에서 의정의 같은 텍스트에서 찾을 수 있다고 밝히면서 결정적인 증거를 제공한다(『의정남해기귀내법전』, 214쪽; 『일본대장경』, 致, VII, 82, 92쪽을 참고하시오). 당시 당(唐)에 주어진 주(周)라는 명칭에 관한 비문상의 예들에 관해서는 『금석췌편(金石萃編)』, 권 62를 참고하시오.

549) 바르트(Barth), 「의정의 순례(Le Pèlerin chinois I-tsing)」, 12쪽, 주3.

르보자는 "라므리(Lâmeri) 섬의 끝에" 위치해 있다고 했다.[550] 우리는 라므리가 수마트라의 북서쪽 지점에 있었음을 보았다.[551] 그러나 많은 예문은 아랍사람들이 실론에서 중국으로 가는 길에 있는 첫 번째 나라의 전체 섬을 지칭했다는 것을 보여주고 있다.[552] 이는 수마트라를 사무드라라는 옛 왕국의 이름으로 부르고 거꾸로 자바인들은 동쪽으로 오면서 그것을 말라유라 명명한 것과 비슷한 방식이다.[553] 라므리 섬의 극단에 위치해 있고 인도에서 카라(Kalah)를 경유하여 중국으로 가는 길에 있는 세르보자는 잠비 또는 팔렘방 쪽의 수마트라 동쪽해안의 남쪽부분에 위치시켜야 한다.

그런데 위에서 밝힌 논거들에도 불구하고 중국 텍스트들이 슈리보자란 명칭으로 지칭하는 것으로 보이는 것은 바로 수마트라이다. 8세기 말에, 말라카 해협의 남쪽에 있으며, 가릉, 즉 자바를 동쪽에 가지는 불서로 가탐이 수마트라를 이해하고 있다는 것에는 논란의 여지가 없는 것 같다. 마라유는 확실히 수마트라에 있었던 만큼, 슈리보자와 마라유의 통합이 7세기 말부터 이루어졌다고 주장하고 있으므로, 불서의 수도가 자바에 있었음에도 불구하고 가탐이 여기에서 불서라고 부른 곳이 이 부분의 왕국이 아닐까? 이 해법은 내가 보기에 그럴법하지 않다. 『당서』는 가릉 또는 자바와 슈리보자를 정치적으로 혼동하지 않도록 해준다.

한편 그들의 명칭이 동일한 섬에 건설된 두 나라의 명칭으로 결코 비교되지 않았다. 그럼에도 불구하고 슈리보자의 수도가 자바에 있었다고 한다면, 가탐이 전체 왕국의 이름을 수마트라에 위치한 예속

550) 『인도의 불가사의한 것들에 관한 책(Le Livre des merveilles de l'Inde)』, 176쪽.
551) 앞의 345쪽, 주492를 참고하시오.
552) 『인도의 불가사의한 것들에 관한 책(Le Livre des merveilles de l'Inde)』, 233~237쪽.
553) 앞의 353~354쪽을 참고하시오.

된 지방으로 명명했고, 남쪽 섬들 중에서 가장 큰 가릉 섬을 말하면서, 그곳이 바로 가릉 또는 자바뿐만 아니라 슈리보자의 실제 중심이었음을 가탐이 말하지 않았다는 것을 인정해야 한다. 그러나 이는 전혀 그럴법하지 않다. 게다가 불서는 당연히 중국에서 인도로 가는 길에 있어야 하므로 자바로 가는 것에 대해서는 의문을 가져야 한다.[554)]

교정되었지만, 자바에 결코 적용될 수 없는 『당서』의 천문학적 관찰을 살펴보자. 그러나 이 증거는 슈리보자에서 춘분 추분시기에 서있는 사람은 중간에 있어 남쪽과 북쪽 어디에도 그림자를 드리우지 않는다고 한 의정의 증언과 팽팽하게 맞선다. 이는 자바보다 더 적도에 근접한 나라와도 전혀 맞지 않는다. 거기에서 사람의 그림자가 동지에는 북쪽으로 길고, 하지에는 남쪽으로 길다는 의정의 이 언급이 관계되는 곳은 적도와 근접한 어떤 나라일 것이다.[555)] 분명 엄격한 관찰일 수도 없고, 게다가 남위 2도 이상에 위치한 팔렘방을 지칭할 수도 없지만, 그래도 대략적으로나마 팔렘방에 대해서는 맞는 이것이 남위 6도 또는 7도에 있는 자바에는 더더욱 맞지 않다.

남해의 11개 섬을 열거한 것 중에서 슈리보자를 찾도록 이끄는 것은 역시 수마트라에서이다. 서쪽에서 동쪽으로 간다고 한 의정은 먼저 바로사(婆魯師)란 섬을 거명했다. 다른 문장에서 그는 중국에서 출발하여 "실리불서(슈리보자)국의 서쪽에 있는 바로사국"에 도착한 한국의 두 승려에 관해 말하고 있다.[556)] 샤반느 씨는 이 문장을, 실리불

554) 의정 책의 번역 색인을 참고해보면 가릉이 인도와 중국 사이의 여정에서 정기적인 기착지가 아니었다면, 오히려 우리가 충분히 정확한 정보들을 확보할 수 있는, 슈리보자를 경유하지 않는 여행자들이 거의 없었다는 것을 알게 될 것이다. 앞의 289~290쪽을 참고하시오.

555) 다카쿠스(Takakusu), 『의정남해기귀내법전』, 143~144쪽을 참고하시오.

556) 다카쿠스(Takakusu), 『의정남해기귀내법전』, 서문, 29, 40쪽과 본문 10쪽; 샤반느, 『의정대당서역구법고승전』, 36~37쪽.

서는 두 왕국으로 나뉘었고, 동쪽에 있는 나라는 낭바로사(郞婆魯斯)라고 불렸다고 한 『신당서』의 실리불서 조목과 정확하게 비교했다.[557] 바로사와 낭바로사의 음가에 관하여 일치된 견해를 보이지 않는다.

브레트슈나이더(Bretschneider)가 바로사에서 수마트라에 적용한 파사(Perse)란 명칭과는 가장 거리가 먼 흔적을 보고자 했던 것은 빌(Beal)의 두 문장에서 나온 것으로 보인다. 나는 이미 위에서 이러한 혼동이 나타난 어떠한 텍스트도 찾지 못했다는 것을 말할 기회가 있었다. 빌 자신도 바로사가 분명히 "수마트라 북부의 서쪽해안"에 위치해 있다는 전제를 말하면서 거기에서 마르코 폴로의 파세이(Pasei), 바스마(Basma)를 찾아야 한다고 주장했다.[558] 샤반느 씨는 마르코 폴로의 팔락(Parlak), 페르렉크(Ferlec)를 생각했고 다카쿠스 씨는 이 견해를 받아들였다. 흐루너펠트 씨는 약간의 음성적 유사성 이외는 서로를 추정할 수 있는 어떠한 중요한 근거도 없다고 밝혔다.[559] 유일하게 만족스러운 복원을 케른 씨가 제기했는데, 바로 바로사는 수마트라의 서쪽 해안에 있는 바로스일 것이라는 것이다.[560] 슐레겔은 이 복원을 인정했지만, 장뇌로 유명한 서쪽 해안의 바로스일 수

557) 샤반느, 『의정대당서역구법고승전』, 36~37쪽과 『신당서』, 권222하, 4쪽.

558) 빌(Beal), 「Two Chinese-Buddhist Inscriptions found at Buddha Gayâ」, 『JRAS』, N.S., XIII, 558쪽과 『인도의 불가사의한 것들에 관한 책(Le Livre des merveilles de l'Inde)』, 251~252쪽. 수마트라의 북서, 남동의 방향이 혼란을 야기했다. 나는 파세이, 스약(Syak), 팔렘방의 해안으로 "동쪽 해안"을, 바로스, 벤쿨렌(Bencoulen) 해안으로는 "서쪽해안"을 채택했다. 빌은 내가 "동쪽 해안의 북부"라고 한 것을 "수마트라 북부의 서쪽 해안"으로 이해했을 것이다.

559) 『통보』, VII, 123쪽.

560) 나는 케른 씨가 이러한 가정을 한 자료를 가지고 있지 않아, 『네덜란드 동인도 백과사전(Encyclopaedie van Nederlandsch-Indië)』, III, 203쪽에서 루파에르 씨가 수마트라에 관한 논문에 따라 언급한다.

있다는 것에는 부인했다. 그는 거기에 두 가지 근거를 제시했다. 먼저 현재 바로스는 의정 시기에 이 명칭을 가지고 있지 않았고, 두 번째로 의정은 거기에 결코 가지 않았다는 것을 들었다.[561]

현재의 바로스가 아랍의 저자들과 마르코 폴로에게서 판수르(Fansour, Fantsur)란 이름으로 나타나는 것은 사실이다. 이는 중국 자료에서 13세기에는 빈졸(賓窣), 15세기에는 반졸(班卒) 또는 반졸아(班卒兒)로 나타난다.[562] 슐레겔은 현재의 바로스는 중국어 바율(婆律)로 음역되는데 흐루너펠트를 참고하라고 하였다. 그러나 장뇌를 지칭하는 바율고(婆律膏)란 용어는 늦어도 양나라 시기(502~556)로 거슬러 올라간다.[563] 바율(婆律)이 바로스라면 그 명칭이 적어도 판수르(Fansour) 만큼이나 오래 되었고, 그곳이 9세기

---

561) 『통보』, N.S., II, 114쪽.

562) 『인도의 불가사의한 것들에 관한 책(Le Livre des merveilles de l'Inde)』, 233~236쪽; 율, 『마르코 폴로』, 꼬르디에 본, II, 299, 302~304쪽; 『영국-인도의 용어사전(Hobson-Jobson)』, 바로스 조목; 조여괄, 『제번지』, 권하, 1쪽; 필립스(George Phillips), 「인도와 실론의 항구(The Seaports of India and Ceylon)」, 38쪽; 『명사』, 권 324, 9쪽; 흐루너펠트, 「말레이 군도와 말라카에 관한 주석」, 164쪽. 율은 바로스가 『말레이 연대기(Sejarah Melāyu)』에서 파수리(Pasuri)라 불린 판추르(Fantsur) 또는 판추르(Pantsur)의 음성적 변화일 가능성이 크다고 생각했다(『마르코 폴로』, 꼬르디에 본, II, 302쪽). 수세기를 걸쳐 두 명칭이 공존했다는 것은 이 견해에 조금도 유리하지 않다. 판추르(Fantsur)란 형태는 반 데르 투크(Van Der Tuuk)의 것이다(『JRAS』, N.S., II, 132쪽). 또한 우리는 판추르(Pantsur)란 형태를 찾을 수 있는데(율, 『마르코 폴로』, 꼬르디에 본, II, 303쪽), 중국어 음역과 더 잘 부합한다. 왜 슐레겔이 아랍인들의 판수르(Fansour)를 스약(Syak)의 관할에 있는 말라카 해협의 한 섬에 위치시켰는지 그 이유를 모르겠다.

563) 슐레겔, 『통보』, N.S., II, 109쪽; 흐루너펠트는 「말레이 군도와 말라카에 관한 주석」, 261쪽에서 『본초강목』을 근거로 하고 있다. 바율고(婆律膏)의 의미에

에 이븐 코르다베가 보여주는 바루스(Bâlous)일 것이라는 것을 인정해야 한다.[564]의정이 그곳에 가지 않았기 때문에 바로스를 배제했던 슐레겔의 다른 논거는 검토할 필요가 없다. 의정의 텍스트에서 그 자신이 바로사(婆魯師)를 경유했다고 말하지는 않았지만, 두 명의 한국 승려가 거기에서 병으로 죽었다고 했다. 결과적으로 파로사가 음성적으로 바로스임을 인정한 슐레겔은 오늘날 알려지지는 않았지만, 17~18세기의 몇몇 지도상에서 인드라기리(Indragiri)와 팔렘방사이에 있었던 두 번째 바로스로 보고자 했다.[565]

그러나 이 의심스러운 명칭은 바로스로 주어진 수마트라의 왕국들 목록에서도, 13~15세기까지 중국인들이 남겨준 수마트라의 나라들에 관한 기술에서도 찾아 볼 수 없다. 수마트라의 동쪽 해안의 이 바로스는 서쪽 해안의 바로스와 혼동하여 나왔을 것이다. 슐레겔은 자신의 설명을 위하여 루파에르 씨의 권위를 환기시켰다. 그런데 루파에르 씨는 이 설명이 "여러 해에 걸쳐 쓰인 가장 이상한 '지리적 기술'"이라고 밝혔다[566] 이상에서 제기된 모든 가정들을 볼 때, 가장 그럴법한 것은 바로 케른 씨의 가정이다. 그렇지만 그 가정에 심

~ 관해서는 흐루너펠트의 설명을 참고하시오. 이 용어는 특히 『양서(梁書)』(권 54, 6쪽), 『신당서』(권 222하, 3쪽)에 보이고(이 문장들은 슐레겔이 『통보』, IX, 192, 283쪽에서 번역했다), 『송사』(권 489, 6쪽)에서도 보인다.

564) 『네덜란드 동인도 백과사전(Encyclopaedie van Nederlandsch-Indië)』, 수마트라 조목, 203쪽; 메이나르(Barbier de Meynard), 「도로와 지방에 관한 책(Le Livre des routes et des provinces)」, 『JA』, 1865, 3~4월호, 288쪽을 참고하시오. 우리의 도서관에 없어서 더 후예(De Goeje)의 연구들 직접 참고할 수 없어서 아쉽다. 율은 또한 아불 파즐(Abul Fazl)에 따라 Bālūs 형태를 보여주고 있다.

565) 『통보』, N.S., II, 110~113쪽.

566) 『네덜란드 동인도 백과사전(Encyclopaedie van Nederlandsch-Indië)』, 수마트라 조목, 203쪽.

각한 어려움이 없는 것은 아니다. 의정 자신과 그가 언급한 다른 중국 순례자들의 루트는, 1세기 뒤인 가탐의 여정도 마찬가지로, 말라카 해협을 경유한다. 그런데 바로스는 순다 해협을 경유하여 이루어진 항해에만 노선에 들어갈 수 있다. 달리 말하자면, 바로스란 이 나라는 섬을 가로질러 팔렘방으로부터 인도로 가는 여행자들이 크다로 가기 위해 방향을 변경하지 않을 때, 따라가는 것은 동쪽 해안임을 상정해야 한다. 이 같은 해법은 그럴법하지 않다. 요약하자면 바로사는 바로스일 수 있지만 확실하지는 않다. 어쨌든 의심할 수 없는 것은 바로사란 나라가 수마트라의 북서부에서 찾을 수 있다는 것이다.

『당서』가 슈리보자는 두 왕국으로 나뉘었고, 낭바로사(郎婆魯斯)가 가장 서쪽에 있다고 한 바로사 또는 낭바로사(郎婆魯斯)의 이러한 상황을 고려할 때, 받아들일만한 유일한 설명은 남동쪽에 있는 소위 슈리보자란 왕국과 북서쪽에 있는 낭바로사란 나라로 나뉜 수마트라 전체 섬을 슈리보자로 이해해야 할 것으로 보인다. 의정이 열거한 나라에서 파로사에 이어지는 언급들은 동일한 결론을 제시하고 있다. 바로사 이후에 의정은 "오늘날 실리불서 왕국인 마라유(摩羅游)섬, 마하신(摩訶新)섬, 가릉(訶陵)섬……"을 거명하고 있다. 그런데 아무도 마라유가 수마트라에 있는지 의심하지 않았다. 따라서 슈리보자가 원래 자바에 있었으므로, 의정의 열거에서, 그가 인도로 가기 전에 성운학을 배우기 위해 여섯 달을 머물렀고, 돌아올 때 10년 가까이 살았던 슈리보자가 보이지 않게 되었다는 것은 거의 받아들일 수 없는 것이다.

마지막 논거는 슈리보자를 수마트라로 추정하는데 유리하게 작용하는 것 같다. 가탐이 보기에 8세기 말에 불서는 확실히 수마트라에 있었음을 보았다. 그런데 10세기 말에 중국인들은 수마트라 해안, 틀림없이 팔렘방에 있는 삼불제(三佛齊)란 나라에 관해 알기 시작했다. 흐루너펠트 씨는 실리불서(室利弗逝)를 언급하기 전에, 삼불제와 아랍의 세르보자(Serboza) 사이의 유사성을 특기했다. 사실 이 명칭들이 비슷하고, 아랍의 세르보자는 슈리보자와 삼불제 사이의 중간 형태인 것처럼 보인다. 빌은 삼불제를 "통일된 보자들"이란 의미인 삼보자(Saṃbhoja)로 재구성했으나, 이는 그럴법하지 않다. 슐레겔은 피메리아 아쿠티포리아(Phimeria acutifolia)라는 말레이어 명사인 셈보자(Sĕmbhoja)로 복원시켰다. 셈보자 가까이에 켐보자(Kĕmbhoja)란 형태가 있으므로 슐레겔은 식물의 명칭이 원래 보자(boja)인데 셈(sĕm) 또는 켐(kĕm)이란 접두사가 붙은 것이라고 억측했다. 동시에 슐레겔은 스리보자(Sribhoja, Çrībhoja)와 보자푸라(Bodjapura)를 분리하면서, 보자(bhoja) 즉 셈보자 또는 켐보자의 사실상 어원으로 "예를 들어, 벌들이 꿀을 만드는 감미로운 정수처럼, 매우 좋고, 아름다우며, 부드러운 것을 지칭하는 말로 잘 알려진 말레이어"인 스리(sri)라는 접두사를 붙인 스리보자를 만들었다.[567] 이 설명은 논란의 여지가 많아 보인다. 켐보자 가까이에 셈보자란 형태가 있다는 것으로 셈 또는 켐이 접두사라는 것을 결코 도출해 낼 수는 없다. 어떻게, 언제 이중어 셈보자가 켐보자로부터 나오게 되었는지, 설명할 수 있는 것은 아니다. 그러나 사전들은 켐보자가 산스크리트어로 식물이름인 캄보자(kāmbojā)의 단순한 표기로 설명하고 있다.[568] 이 어원을 반박할 어떠한 근거도 찾지 못했다. 다만 이것이 삼불제가 셈보자(sĕmbhoja)의 음역일 수 있다는 것은 아니다.

567) 『통보』, N.S., II, 176~177쪽.

568) 클린케르트(H. C. Klinkert), 『새로운 말레이-네덜란드어 사전(Nieuw Maleisch-Nederlandsch Woordenboek)』, 538쪽; 파브르(Pierre Étienne Lazare Favre), 『말레이-프랑스어 사전(Dictionnaire malais-français)』, I, 349쪽; 월(H. von de Wall), 『말레이-네덜란드어 사전(Malay-Dutch dictionary)』, I, 288쪽, II, 541쪽; 『네덜란드 동인도 백과사전(Encyclopaedie van Nederlandsch-Indië)』, Boenga Kembodja 조목을 참고하시오.

이미 리트(Van Der Lith)는 『자바 땅의 역사(Babad Tanah Jawi)』에서 언급된 키 삼보자(Ki Sambodja)란 사람이 팔렘방 출신이기 때문에 그렇게 불리지 않았는지 자문하고 있다.[569] 브란데스 씨는 이 설명을 받아들여 삼불제는 "팔렘방의 옛 명칭이며 자바 텍스트에서의 삼보자"이라고 분명하게 말했다.[570] 이 경우에만 삼불제는 슈리보자 또는 스리보자라는 파생 형태의 전사(傳寫)라고 말할 수 있을 뿐이다. 두 명칭이 친연성을 가진다면, 중국인과 아랍인에게 알려진 옛 슈리보자 또는 스리보자는 이해되지 못하고 점차 삼불제라는 중국의 새로운 형태에 해당하는 꽃의 이름인 셈보자로 대체되었다는 것을 인정해야 할 것이다. 그럼에도 나는 팔렘방에 주어진 셈보자라는 명칭에 관해 의심이 남아 있다. 삼보자로 나타나는 자바의 자료들이 통합되어 평가되기를 바랄 뿐이다. 어쨌든 중국인들은 우리에게 보자(Bhoja) 또는 슈리보자와 삼불제로 표현되는 형태 사이의 중간 형태를 보여준다. 불서도 아니고 실리불서로도 돌릴 수 없는 첫 번째 사신은 삼불제란 명칭으로가 아니라 불제(佛齊) 왕국의 이름으로 왔다. 불서가 실리불서에 있는 것처럼 불제(佛齊)는 삼불제에 있는 것 같다.[571]

---

569) 『인도의 불가사의한 것들에 관한 책(Le Livre des merveilles de l'Inde)』, 250쪽.

570) 브란데스(J. L. A. Brandes), 『예술과 과학의 바스티안 학회 논고(Verhandelingen van het Bataviaasch Genootschap der Kunsten en Wetenschappen)』, XLIX에 실린 『왕의 책(Pararaton)』, 140, 185쪽. 그는 『자바 땅의 역사(Babad Tanah Jawi)』에서 키 삼보자(Ki Sambodja)와 그의 과부(raṇḍa Sambhoja)를 언급하고 있다. 브란데스, 『예술과 과학의 바스티안 학회 논고(Verhandelingen van het Bataviaasch Genootschap der Kunsten en Wetenschappen)』, LI에 있는 「『자바 땅의 역사』의 산문 전환에 관한 기록(Register op de prozaomzetting van de Babad Tanah Jawi)」, 47쪽을 참고하시오.

571) 904년 중국 조정에 온 이 사신은 『당회요』, 권 100, 24쪽과 『책부원구』, 권

~ 976, 15쪽에서 불제(佛齊)로 되어있다. 이 사신은 또한 『송사』, 권489, 5쪽에 수록된 삼불제 조목에서도 언급되어 있다. 불제란 명칭은 또한 더 흐루트(De Groot) 씨가 『에무이의 유명한 연간 축제(Les Fêtes annuellement célébrées à Emouy)』, I, 189쪽에서 연구한 관음보살의 전설에도 보인다(또한 『통보』, IX, 404쪽을 참고하시오). 그러나 이 전설은 섬라(暹羅)라는 명칭이 이미 나타나고 있으므로, 너무 늦은 연대 때문에 어떠한 결론도 뒷받침할 수 없을 것 같다.

21. 삼불제(三佛齊)와 수마트라

슈리보자는 인도와 중국 사이의 규칙적인 중간 휴식지였던 것 같다. 삼불제도 마찬가지였다. 12세기 아랍의 여행자들은 중간 기착지로 삼불제를 빠뜨리지 않았다.[572] 주거비(周去非)에 따르면 남해의 나라들 중에서 아랍의 나라들보다 더 부유한 나라는 없다고 하고, 이어서 사바 왕국을 들었고 세 번째가 삼불제국이다.[573] 13세기 초반에 조여괄은 삼불제의 속국들을 열거했는데[574], 감비(監篦, Kampei)[575] 또는 남무리(藍無里, Lambri)와 같은 수마트라 북서쪽의 나라들뿐만 아니라, 봉풍(蓬豐, Pahang)[576], 등아농(登牙儂,

572) 주거비(周去非), 『영외대답(嶺外代答)』, 권 2, 11쪽; 권 3, 11쪽을 참고하시오.

573) 『영외대답』, 권 3, 10쪽. 諸蕃國之富盛多寶貨者, 莫如大食國, 其次闍婆國, 其次三佛齊國, 其次乃諸國耳.

574) 이 목록은 슐레겔에 의해 『통보』, N.S., II, 126~137쪽에서 연구되었다. 그러나 슐레겔은 이 모든 속국들이 수마트라의 같은 섬에 위치시켜야 한다는 잘못된 생각으로 출발하여, 그가 추정한 대부분은 받아들일 수 없다.

575) 이 명칭은 슐레겔에 의해 잘 복원되었다. 이 명칭은 『나가라크르타가마(Nâgarakretâgama)』에서 캄프(Kampe)란 형태로 보인다(케른, 「마자파힛의 전성기 자바의 오래된 서사시(Een Oud-Javaansch geschiedkundig gedicht uit het bloeitijdperk van Madjapahit)」, 252쪽). 다카쿠스 씨가 [Lan-pi]로 읽고 잠비(Djambi)로 복원시킨 것은 잘못이다(『의정남해기귀내법전』, 서문, 43쪽).

576) 슐레겔은 이 명칭을 퐁공(ponggong) 또는 팡공(panggong)으로 복원하고 수마트라 파당(Padang) 거주지에 위치한 팡공이란 마을을 생각했다(『통보』, N.S., II, 132쪽). 이 명칭은 『명사』(권 325, 1, 7쪽)의 팽형(彭亨), 분형(湓亨), 팽갱(彭坑) 그리고 『해록』(『해산선관총서(海山仙館叢書)』본, 9쪽)에서 방항(邦項)으로 되어있는 파항(Pahang)임에 틀림없다. 중국자료에서 파항에 관한 다른 설명에 관해서는 흐루너펠트의 「말레이 군도와 말라카에 관한 주석」, 255, 257쪽; 뮐러(W. K. Müller), 『통보』, IV, 81~82쪽; 흐루너펠트,

Trengganu)[577], 길란단(吉蘭丹, Kelantan)[578], 능아사가(凌牙斯加,

~ 『통보』, VII, 114쪽; 슐레겔, 『통보』, X, 39~46쪽(여기에서 그는 5세기의 파황(婆黄)을 파항으로 추정한 것은 순전히 가설에 불과하다)을 참고하시오. 파항은 『나가라크르타가마(Nâgarakretâgama)』에서 마자파힛(Madjapahit)의 한 속국으로 언급되었다(케른, 앞에 언급한 책, 352쪽). 중국어에서 [f] 초성을 가지는 글자로 기음(氣音)을 전사하는 것을 설명하려면 조여괄이 복건에 살았고, 그곳 방언에 [f]초성이 [h]로 변하는 것을 상기해야 한다. [Peng-feng]=Pahang에 관하여 조호르(Johore)의 일반적인 전사가 유불(柔佛)인 것과 비교할 수 있다.

577) 이 명칭을 슐레겔은 텅가랑(Tengalang)으로 읽었으나(『통보』, N.S., II, 132쪽), 어디인지는 추정하지 못했다. 그것은 트렝가누로, 이 명칭은 『무비비서(武備秘書)』(필립스, 「인도와 실론의 항구(The Seaports of India and Ceylon)」, 40쪽)의 지도에서는 정가하로(丁加下路)로, 『해국문견록(海國聞見錄)』(『예해주진(藝海珠塵)』본, 17, 20쪽)에서는 정갈노(丁噶呶)로, 『영환지략(瀛環志略)』(권 2, 22쪽)에서는 정갈노(丁噶奴)와 정가라(丁加羅)로, 『해록(海錄)』(9쪽)에는 정가라(丁咖囉)로 되어있다. 『명사』(권 325, 8쪽)와 『동서양고』(권 4, 11~12; 권 9, 5쪽)에는 자바의 속국인 정기의(丁機宜)란 나라를 언급하고 있는데, 이 나라는 조호르라는 변경국가에 의해 종종 억압을 받았다. 흐루너펠트 씨는 이 나라를 수마트라에 있는 인드라기리(Indragiri)라고 했는데 이는 명백히 잘못된 것 같다. 문제의 나라는 말레이반도에서만 찾을 수 있을 뿐이다. 슐레겔이 찾은 것도 말레이반도 상이었다(『통보』, IX, 293~297쪽), 그러나 "높은"이란 의미의 팅기(Tinggi)로 복원하면서 추정해 낼 수 없었다. 『해록』(9쪽)은 정기의를 현 트렝가누라고 하였다. 그러나 트렝가누는 너무 반도의 북쪽에 있어 그 위치가 『동서양고』(권9, 5쪽)에서의 설명과 어울리지 않는다. 슐레겔이 지적하고 있는 것처럼 정기의라는 이 명칭은 『해국문견록』, 14쪽에 있는 완전히 다른 나라를 지칭하는 것 같다. 트링가노(Tringgano)라고도 쓰는 트렝가누는 『나가라크르타가마(Nâgara-kretâgama)』의 마자파힛의 속국들로 반도 상에 있는 나라들 가운데에서 들어있다(케른, 앞서 언급한 책, 352쪽).

578) 슐레겔은 이 명칭을 가길란단(加吉蘭丹)으로 읽었다. 길란단(吉蘭丹)의 표기

Lĕnkasuka)[579], 그리고 실론섬[580]까지 볼 수 있다. 이는 14세기에 마

~ 가 정확하게 말레이반도에 있는 케란탄에 사용된 표기들 중의 하나이므로 원문상의 실수라고 주장했다. 그러나 그는 팔렘방 주변 수마트라에서 알려진 케란탄은 없으며, 말레이반도의 케란탄은 논외의 것이라고 부연했다(『통보』, N.S., II, 132~133쪽). 길란단(吉蘭丹)이라는 명칭은 『제번지』(권상, 7쪽)에서 능아사가(凌牙斯加) 다음에 길란주(吉蘭舟)로 잘못 쓰여 나타나고, 한번은(8쪽) 등아농(登牙儂)이란 명칭 뒤에 가(加) 자로 분리되어 나타난다. 이것이 바로 슐레겔이 능아사(凌牙斯)와 가길란단(加吉蘭丹)으로 읽게 만든 것이다. 그러나 두 번째 경우에 능아사에 탈자가 있든지, 아니면 가(加) 자가 잘못 부연된 것이든, 분명 착오가 있다. 같은 단락에서 능아사가만을 언급하고 있고, 우리가 다음 주에서 보게 되겠지만, 이는 명칭의 완전한 형태임에 틀림없다. 따라서 동일한 맥락에서 길란단으로 읽는 것이 가능해진다. 그렇다면 말레이반도는 "논외의 것"이 아니게 된다. 왜냐하면 길란단 옆에 파항, 트렝가누란 명칭이 있기 때문이다. 케란탄에 관한 중국 자료들은 흐루너펠트, 「말레이 군도와 말라카에 관한 주석」, 257~258쪽; 슐레겔, 『통보』, X, 159~163쪽(그곳에서 5세기의 텍스트들은 케란탄과 관계되는 것이 아니다. 앞의 251~253쪽을 참고하시오)을 참고하시오. 『나가라크르타가마(Nâgarakretâgama)』에서 주어진 마자파힛의 속국들에서도 카란텐(Kalantĕn)을 거명하고 있다(케른, 앞에 언급한 책, 352쪽).

579) 능아사가(凌牙斯加)는 『제번지』(권상, 7쪽)에서 삼불제 속국들을 열거하는 가운데 보이고, 불라안(佛囉安) 조목에서도 보인다(『제번지』, 권상, 8쪽, 불라안 나라에 관한 내용은 슐레겔에 의해 『통보』, IX, 402~405쪽과 N.S., II, 134쪽에서 연구되었지만 그 복원은 매우 의심스럽고, 능아사가를 반도 상으로 두어야 한다면, 수마트라로 위치를 추정한 것은 받아들일 수 없다). 다른 경우 이 명칭은 능아사(凌牙斯)로 되어있다. 부록에서 능아사 또는 능아사가란 이 명칭을 재론하겠지만, 능아사가는 마자파힛의 한 속국으로 『나가라크르타가마(Nâgarakretâgama)』에서 말레이반도 상에서 언급된(케른, 앞서 언급한 책, 352쪽을 참고하시오) 렌카수카(Lĕnka-suka)임에 틀림없다.

580) 『제번지』에서 실론에 할애된 단락에 관해서는 뒤에서 다시 논의하겠다.

자파힛의 속국들 중에서 찾을 수 있는 동일한 명칭들이다.[581] 1377년 경 삼불제는 결정적으로 자바 왕국에 의해 정복당했다.[582]

이미 여러 차례 팔렘방이 옛날 슈리보자였던 삼불제 왕국의 중심이었음을 언급했다. 그렇지만 삼불제의 전통적인 이 위치추정은 약간의 문제를 제기하고 또한 잠비(Djambi)를 생각해볼 수도 있다. 13세기에 조여괄은 삼불제의 속국들을 거명했지만, 잠비는 보이지 않는다. 그러나 거기에서 팔렘방일 수밖에 없는 파림풍(巴林馮)을 찾을 수 있다.[583] 그런데 삼불제가 팔렘방이라면, 팔렘방이 동시에 삼불제의 속국으로 나타나는 것을 이해할 수가 없다.

---

581) 마자파힛의 속국들에 관해서는 이전 주석에서 인용한 케른 씨의 논문과 브란데스의 『왕의 책(Pararaton)』, 128쪽 주6을 참고하시오. 이 속국들 중에서 한 명칭인 투마식(Tumasik)은 브란데스 박사(『왕의 책(Pararaton)』, 125~126쪽)과 케른 씨(앞에 언급한 책, 351쪽; 또한 『네덜란드 동인도 백과사전(Encyclopaedie van Nederlandsch-Indië)』, 수마트라 조목, 201쪽의 루파에르 씨를 참고하시오)를 당황하게 했다. 『나가라크르타가마(Nâgarakretâgama)』는 이 나라가가 말레이반도에 있다고 하였고, 네덜란드 문헌학자들은 싱가포르를 생각했다. 중국인들에 다르면 말라카 해협의 동쪽 입구의 용아문(龍牙門)으로 불리는 곳과 길리문(吉里門, Karimen으로 『차이나 리뷰』, IV, 174쪽에서처럼 동일하게 쓰인 Karimon Java와 혼동하지 마시오)사이에 담마석(淡馬錫)이라는 문(門, 해협)을 통과한다(『동서양고』, 권9, 5쪽). 『무비비서(武備秘書)』(필립스, 「인도와 실론의 항구(The Seaports of India and Ceylon)」, 39쪽과 지도)의 지도상에서 단마석은 오늘날 조호르(Johore) 위치에 자리하고 있다. 따라서 단마석은 자바인과 말레이인의 투마식인 것 같다.

582) 흐루너펠트, 「말레이 군도와 말라카에 관한 주석」, 162, 193쪽; 슐레겔, 『통보』, N.S., II, 171쪽을 참고하시오.

583) 『제번지』, 권 상, 7쪽. 『통보』, N.S., II, 136쪽을 참고하시오.

한편 『송사』는 삼불제국에서 왕을 첨비(詹卑)라 한다고 하였고[584], 『영외대답』에 따르면, 1179년에 삼불제국은 "첨비국의 사신을 보내 조공을 바쳤다"[585]라고 하였다. 첨비란 이 명칭은 두 차례 삼불제와 동일한 나라의 명칭이었는데, 한번은 군주국의 명칭으로 잘못 간주되었다. 이후 『명사』는 또한 잠비란 나라가 삼불제의 언어로 "군주"를 의미하는 첨비라는 이름을 취했다고 하였다.[586] 게다가 잠비는 인도에서 중국으로 가는 길에서 팔렘방보다 더 좋은 위치를 차지하고 있다.

결국 삼불제를 팔렘방에 두기 위해 가장 많이 사용하는 논거 중에 하나는, 몰락한 삼불제는 구항(舊港)이라는 명칭을 받았다는 것이다. 옛 항구란 의미의 이 명칭은 팔렘방에 대한 중국식 이름으로 부여된 음가는 없는 것으로 보인다.[587] 사실 『무비비서(武備秘書)』의 지도는 수마트라 해안의 이 부분에 두 구항을 보여주고 있는데, 하나는 비록 필립스 씨가 팔렘방으로 보기는 했지만, 잠비인 것 같고, 약간 동쪽에 있는 다른 하나가 팔렘방일 것이다.[588] 따라서 삼불제에서 구항으로 명칭이 변한 것은 정확히 잠비에 적용될 수 있다. 『무비

584) 『송사』, 권 489, 5쪽; 흐루너펠트, 「말레이 군도와 말라카에 관한 주석」, 188쪽; 슐레겔, 『통보』, N.S., II, 125쪽을 참고하시오.

585) 『영외대답』, 권 2, 12쪽.

586) 『명사』, 권 324, 11쪽; 흐루너펠트, 「말레이 군도와 말라카에 관한 주석」, 196쪽; 슐레겔, 『통보』, N.S., II, 125쪽.

587) 흐루너펠트, 「말레이 군도와 말라카에 관한 주석」, 163, 195쪽을 참고하시오. "옛 항구"란 이 명칭은 글자그대로 "옛 하구"는 중국식 이름으로, 『무비비서』의 지도에는 동항(東港)과 서항(西港)이 이웃하고 있다. 슐레겔이 주장한 어원에 관하여 고려할 만한 것이 없다. 그의 주장은 구항(舊港)을 케낭케바우(Kĕnangkĕbau)에 있는 민달팽이 이름인 쿠캉(kukang)으로 보는 데 있다. 자바의 왕은 정복한 팔렘방 사람들의 연약함을 조롱하기 위해 이 명칭으로 불렀다는 것이다. 이 가설은 반박할 가치도 없다.

588) 필립스, 「인도와 실론의 항구(The Seaports of India and Ceylon)」, 39쪽과 지도.

비서』의 지도는 하나를 둘로 나누었을 수도 있으므로, 실제 용법만이 그 명칭이 팔렘방에 실제로 적용되었다는 하나의 보증이다.

논란의 여지가 있는 이 주장 이외에도 팔렘방에 관한 몇몇 다른 것을 내세울 수 있다. 1374년, 달마사나아자(怛麻沙那阿者) 왕의 통치하에서 첫 번째 사신은 1373년에 있었고, 1376년에 죽었는데[589], 그는 마나합보림방(麻那哈寶林邦) 왕이 보낸 삼불제의 사신으로 중국에 왔다.[590] 흐루너펠트 씨는 이 명칭의 두 번째 부분에서 팔렘방을 찾아내려 했다. 이러한 복원은 타당하고, 여기서는 이름이 아니라 관직으로, 틀림없이 "마하라자(mahārāja) 펠렘방", 즉 "팔렘방의 마하라자"로 읽어야 한다.[591] 15세기 초반에 영락(永樂) 환관들의 원정은 구항이 옛 삼불제이며 발림방(浡淋邦)으로도 불렸다는 것을 알려주고 있다.[592] 끝으로 『명사』는 1377년 자바의 정복이후 삼불제의 왕은 "첨비국"이라 불리는 곳에서 살았다. 그래서 옛 수도의 이름을 구항으로 바꾸었다고 하였다.[593] 이러한 이유들이 가장 확실한 것

589) 이 연도들에 관해 자세하게 논의하지 않고, 다만 『명사』를 인용할 뿐이다. 정효(鄭曉)의 『황명사이고(皇明四夷考)』(권상, 30쪽)의 정보들은 현저하게 다르다.

590) 『명사』, 권 324, 10쪽.

591) 흐루너펠트, 「말레이 군도와 말라카에 관한 주석」, 193쪽. 나의 가설에서 세 번째 글자가 잘못되었다는 것을 전제해야 한다. 마하라자는 달마사나아자(怛麻沙那阿者)의 아들 이름에서 마나자(馬那者)로 쓰였다(『명사』, 앞에 언급한 곳, 흐루너펠트, 앞에 언급한 곳). 슐레겔은 마나합(麻那哈)을 벤다하라(Bĕdahāra, 산스크리트어로는 Bhāṇḍāgāra)로 생각했다. 이 복원은 인정할 수 없을 것 같다.

592) 흐루너펠트, 「말레이 군도와 말라카에 관한 주석」, 197쪽

593) 이렇게 『명사』, 권324, 11쪽의 문장을 이해해야 한다. 흐루너펠트, 「말레이 군도와 말라카에 관한 주석」, 196~197쪽과 슐레겔, 『통보』, N.S., II, 125쪽의 번역은 틀렸다. 상기하자면, 음성적 유사성 때문에 점비국(占卑國)은, 나는 그 위치에 관해 알지는 못하지만, 853년 초와 871년 중국에 사신을 보내

으로 보이므로 삼불제의 수도를 팔렘방에 두는 전통적인 견해는 타당하다고 생각한다.[594)]

그러나 우리는 이러한 결론이 만들어내는 커다란 혼란을 볼 수 있다. 나는 마르코 폴로의 마라이우르, 중국인들의 마라유(摩羅游) 또는 마리여아(麻里予兒), 자바인들의 마라유가 수마트라에 있는 팔렘방에 지나지 않음에 수긍했다. 한편 슈리보자를 찾고자 한 것도 수마트라의 동쪽 해안이고, 그것은 펠렘방인 삼불제와 동일하므로, 내가 그것을 위치시키고자 하는 곳 또한 팔렘방이다. 그러나 마라유와 슈리보자가 팔렘방의 두 명칭일 뿐이라면, 어떻게 의정이 그 둘 사이에 15일이 걸린다고 했을까? 나는 이러한 이의제기를 인정하지 않을 수 없고, 그에 대해 만족할 만한 설명을 도출할 수 있을 것이라고 생각하지도 않는다. 단지 슈리보자가 팔렘방에 있지 않다면, 그것을 자바에서 찾아야 한다는 것을 잊지 않아야 하는데, 이러한 해법도 심각한 문제를 제기한다.

내가 선택한 가정은 분명히 지리적으로 의정의 마라유(摩羅游, 말라유)와 우리가 13, 14세기에 찾을 수 있는 말라유 또는 말라이우르를 구분해야 한다는 것이다. 아무튼 매우 느린 항해를 고려해야겠지만 이는 해협에서 일반적인 경우이다.[595)] 한 승려는 슈리보자에

~ 왔다(『당회요』, 권 100, 19쪽; 『태평환우기』, 권 177, 15쪽).

594) 여기에서 『동서양고』는 17세기의 저술에 불과하므로 그에 대해서는 말하고 싶지 않다. 적어도 권9, 6쪽에서 보여주는 정보들은 이 시기에 중국인들이 우리가 부여한 명칭을 잠비라고 불렀고 팔렘방을 구항으로 이해했음을 보여준다.

595) 블래그덴(C.O. Blagden), 「말라카의 중세 연대기(The mediaeval chronology of Malacca)」, 『제 11차 동양학 국제 학술대회 보고서(Actes XI° Congrès international des Orientalistes)』, Paris 1897, II, 237쪽을 참고하면, 옛날 선박들은 "말라카 해협에서 항해를 기대할 수 없다. 그곳에서 몬순 바람은 매우 약하고 상당히 가변적이었다." 어쨌든 팔렘방에서 크다까지 한 달이 걸린 승려들은 상당히 좋지 않은 시기를 만났음이 틀림없다.

서 15일이 걸려 이르렀고, 그곳으로부터 다시 15일이 걸려서야 크다에 도착한 의정의 마라유는 틀림없이 팔렘방과 크다 사이의 중간지점에 있었을 것이다. 정확하게 말하자면, 의정은 슈리보자에서 마라유까지 간 다음에 길을 바꾸어 크다에 이르렀다. 이 설명은, 수마트라의 해안을 계속해서 따라가야 했다면 이해할 수 없지만, 반대로 마라유가 예를 들어 스약(Syak) 옆에 있다면, 의정이 그곳에서 배를 타고 북쪽 크다 방향으로 가야 했던 것이 설명된다. 의정이 672년 중국에서 인도로 항해할 때, 마라유와 슈리보자는 여전히 분리된 두 나라를 구성하고 있었다. 그러나 샤반느 씨와 다카쿠스 씨가 번역한 여행기록을 편집할 때인 7세기 말에, 두 나라는 통합되었다. 이 시기부터 수도는 팔렘방이었던 것은 거의 확실해 보이지만, 둘 중 어느 나라가 다른 나라를 병합했는지를 말하는 것은 더 어렵다.

마라유가 언제나 팔렘방에 있었다면, 당초에는 자바에 중심지를 가졌던 슈리보자가 정복한 나라로 그의 수도를 옮겼다는 것을 인정해야 할 것이다. 즉 이는 예를 들어, 가탐과 『당서』에 따르면, 향후 불서(佛誓)가 수마트라에 있었음을 설명해 준다. 또한, 그로부터 "마라유는 오늘날 슈리보자라는 나라다"라는 것과 관련된 의정의 문장을 설명할 수 있을 것이다. 반대로 초기부터 팔렘방에 있었던 것이 슈리보자였다고 생각한다면, 원래 더 서쪽에 자리해 있었던 마라유가 슈리보자에 의해 정복되었으나 옛 거주민들, 즉 마라유 사람들은 새로운 제국에 그들의 명칭을 주는 것으로 만족할 만큼 충분한 장소였음을 알았다고 생각하게 될 것이다. 마라유와 실리불서의 이전 역사가 어떠했는지는 모르지만, 나는 8세기부터 마라유와 슈리보자란 명칭들이 같은 나라에 적용되었을 가능성이 크다고 생각한다. 특히 가탐의 불서는 넓은 의미의 수마트라겠지만 좁게는 팔렘방 제국을 지칭한다.

22. 갈갈승지국(葛葛僧祇國)에서 사자국(師子國)까지

가탐의 여정은 자바를 경유하지 않는다. 해협을 건너기 전에 많은 사람은 이 섬을 우회하기 때문에 그는 불서, 즉 수마트라의 동쪽에 있다고 자바를 언급했다. 그러나 그 여정이 중국과 실론 사이의 단계들을 밟아가기 위해 돌아오는 곳은 북쪽 해안에는 나월(羅越)을, 남쪽 해안에는 불서를 가지고 있는 해협이다. 가탐은 "해협을 나와 서쪽으로 3일을 가서 갈갈승지국(葛葛僧祇國)에 도착한다. 이 나라는 불서의 북서쪽 모퉁이에 분리된 섬이다. 이 나라의 사람들은 약탈을 일삼고 잔인하여 항해하는 사람들은 그들을 두려워한다. 북쪽 해안은 개라국(個羅國)이다. 개라국의 서쪽은 가곡라국(哥谷羅國)이다. 그리고 갈갈승지로부터 4~5일정을 가면 승등주(勝鄧洲)에 도착한다. 그다음 서쪽으로 5일정을 가면 파로국(婆露國)에 도착한다. 그 다음 6일정을 가면 파국(婆國)의 가람주(伽藍洲)에 이른다. 그다음 북쪽으로 4일정 가면 사자국(師子國)에 도착한다." 이 텍스트는 몹시 모호하게 쓰여 있어 그만큼 정당화하기가 어려울 것 같다. 내가 하고자하는 설명은 궁여지책일 뿐이다.

제기되는 첫 번째 문제는 바로 갈갈승지가 어디에 위치해 있는지 알아내야 하는 것이다. 가탐이 불서를 수마트라 전체 섬을 지칭하는 명칭으로 간주했다고 인정한다면, 갈갈승지를 중심 섬의 북서쪽 지점에 있는, 푸로 브라스(Poulo Bras) 또는 푸로 웨이(Poulo Way)와 같은 작은 섬 중 하나에서 찾아야 한다. 다만, 몬순 바람이 유난히 약하게 부는 해협에서 정크선으로 3일 만에 해협의 입구에서 푸로 웨이까지 가는 것은 불가능해 보인다. 게다가 푸로 웨이 또는 푸로 브라스의 서쪽에 가탐이 실론에 도착하기 전에 열거한 여러 나라를 두는 것은 더욱 어려워진다. 따라서 나는 불서를 『당서』에서 이 명칭이 가지는 두 번째 의미로 보고 싶다. 말하자면 수마트라 전체 섬의 명칭이지만 또한 더 특정하여 남동쪽 부분의 명칭이다. 반면에 북서쪽 부분은 바로사(婆魯師)로 불렸다.[596] 이러한 해석에서 갈갈승지는 브라워(Brouwers)[597] 섬 중 하나일 것이다. 나는 더 정확하게 해줄 어떠한 정보도 가지고 있지 않다. 갈갈승지란 명칭은 나에게 의문으로 남아 있다. 아마도 마지막 부분은 승기(僧祇)로 읽어야 할 것 같으나, 흑인을 지칭하는[598] 이 용어는 여기에서 어떠한 도움도 주지 않는다.

갈갈을 확인하는 것은 확실하지는 않지만 여러 곳에서 알려졌기 때문에 크게 문제되지는 않는다. 가탐의 동일한 텍스트는 두 가지로 해석될 수 있다. 갈갈을 갈갈승지의 북쪽 해안에 두든가 아니면 해협의 북쪽 해안에 두든가이다. 내가 보기엔 마지막 해법이 맞을 가능성이 크다. 여기에서도 가릉에서처럼 가탐은 반드시 경유하지 않는 한 나라에 관한 설명을 하고 있다. 그러므로 다음 단계는 다시 갈갈승지로부터 출발한다.

『신당서』에 따르면[599], 갈갈이란 명칭은 가라(哥羅)와 가라부사라(哥羅富沙羅)로도 표기되었다. 이 나라는 반반(盤盤)의 남동쪽에 있다.[600] 그 왕은 슈리파나메슈바라(Çrīparameçvara)라고 한다. 수도의 성벽은 돌을 쌓아 만들었다. 왕국에는 24개의 주(州)가 있다. 흐루너펠트 씨는 이 나라의 명칭을 코라(Kora)라고 복원하고, 북위 7도경, 말라카 해협의 서쪽 해안에 위치한 동일한 이름의 마을에서 찾으려고 했다.[601] 반반국이 말레이반도에 있으므로 가라(哥羅) 또한

596) 앞의 367~369쪽을 참고하시오.

597) 벵칼리스(Bengkalis)섬을 말한다. 17세기 네덜란드 핸드릭 브로워(Hendrik Brouwer) 장군의 이름을 따서 붙여졌다.

598) 앞의 281~284쪽을 참고하시오.

599) 『신당서』, 권 222하, 2쪽.

600) 앞의 177쪽을 참고하시오.

601) 「말레이 군도와 말라카에 관한 주석」, 241~243쪽.

그곳에서 찾아야 한다. 그런데 가탐의 여정은 그 나라를 서쪽 해안에 위치시키도록 할 뿐이다. 다만 흐루너펠트 씨에 의해 이루어진 비교는 다른 곳에서 바다 항구로 알려진 장소로 인도하지 않는다. 현대 중국인들은 당나라 시기의 가라를 말라카로 추정했고, 또한 그곳에 중가라(重迦羅)라는 명칭을 부여했다. 슐레겔은 이러한 추정을 채택했다.[602] 여기에서 중가라의 위치에 역점을 두지 않을 것이다. 『광동통지』가 이 명칭을 잘못 적용했을 가능성이 크다. 어쨌든 그곳은 15세기 비신(費信)의 여행기에서는 13세기 조여괄의 『제번지』에서와 동일한 의미를 가지며, 자바 또는 자바 근처의 어떤 섬에 적용되었다.[603]

---

602) 『통보』, X, 464~469쪽.

603) 비신(費信)과는 반대의 의미로, 『통보』, IX, 367~370쪽에 실린 슐레겔의 글을 참고하시오. 그러나 그 실제 위치는 흐루너펠트 씨가 번역한(「말레이 군도와 말라카에 관한 주석」, 182~183쪽) 『영애승람』의 원문과 융아로(戎牙路) 또는 중가로(重迦盧)란 나라에 관한 조여괄의 문장에서 나온다(『제번지』, 권상, 13쪽; 『통보』, N.S,. IV, 238~239쪽에 실린 슐레겔의 다른 번역을 보시오). 융아로의 어원에 관해서는 브란데스 박사의 『왕의 책(Pararaton)』, 104쪽의 중갈루(Junggaluh)을 참고하시오. 나는 그 문장에 관해 앞서 언급했는데(333쪽), 그에 따르면 말라카는 간혹 대사바(大闍婆)라 불렸다. 그러나 중가로에 대한 나의 해석을 받아들인다면, 중가로 또는 융아로가 대사바라고 처음 말해준 사람은 바로 조여괄이므로, 중가로와 대사바의 명칭들을 말라카에 준 명나라의 전승에서 두 번째 명칭을 끌어낸 것은 첫 번째 명칭이다. 중가로는 말라카에 더는 있지 않으므로 말라카는 결코 대사바로 불리지 않았다고 결론지어야 할 것 같다. 그렇지만 17세기에 뉴호프(Nieuhoff)는 말라카에 자콜라(Jakola)라는 옛 명칭을 부여했다는 것을(『Descriptive Dictionary』, 208쪽에서 데니스(Dennys)가 인용함) 지적하고자 한다. 이 형태가 입증된다면, 『광동통지』와 이후의 다른 저술들에서 중가로란 명칭을 말라카에 부여한 것을 조여괄과 비신의 텍스트에서 이 명칭의 의미를 고치지 않고 설명할 수 있을 것이다.

가라 또는 가라부사라에 관하여, 슐레겔은 Kora 또는 Kora Běsar로 읽었다. 그는 말라카의 옛 명칭으로 보았다. 마지막으로 그 나라 왕은 슈리파라메슈바라로 불렸는데, "파라미수라(Paramisura) 때문에 포르투갈인들에 의해 변형된 이 칭호는 언제나 말라카 왕에 대한 칭호였다"[04]라고 하였다. 이러한 논거는 아무런 의미가 없다. 왜냐하면 파라미슈라는 포르투갈어의 변형이 아니라 말레이어 형태로, 말라카 왕 중에서 한 사람에게 포르투갈과 중국의 자료들에 의해 부여된 칭호가 아니라 이름이다.[605] 따라서 당나라 시기 가라의 왕이 선호한 프라메슈바라라는 매우 일반적인 이름과 아무런 관계가 없다. 게다가 말라카가 근대에 건국되었음을 상기한다면 가라를 어떤 다른 곳에서 찾는 수밖에 없다.

흐루너펠트도 자신의 코라(Kora)를 아랍 지리의 카라(Kalah)와 비교하면서 우리를 올바른 길로 인도하고 있다.[606] 『인도의 불가사의한 것들에 관한 책(Livre des Merveilles de l'Inde)』이 출판되면서부터 이 카라는 크다에 지나지 않는다는 것이 거의 인정되는 것 같다.[607] 그런데 중국어 가라(哥羅)란 표기는 원래 코라가 아니라 카라(Kala 또는 Kara)에 대응한다. 한편 크다란 명칭은 중국 불교도들의

604) 『통보』, X, 465쪽. 슐레겔이 말한 것과는 반대로, 파라미실발라(婆羅米失鉢羅)라는 글자들의 "옛 발음"은 pa-ra-mê-çi-va-ra가 아니다. 실(失)과 발(鉢)은, 두 글자만 놓고 말할 때, 고음에서 치음의 종성을 가지는 글자들이다.

605) 블래그댄(C. O Blagden), 「말라카의 중세 연대기(The mediaeval chronology of Malacca)」, 244, 247, 253쪽을 참고하시오. 파라미슈라를 한 칭호라고 할지라도 우리에게 말라카 첫 번째 왕에게만 알려졌을 뿐이다. 우리는 파라미스바라(parameçvara), 파라미스바리(parameçvarī)의 여성형은 말레이어로 "여왕"을 의미하는 페르마이수리(permaisurī)임을 알고 있다.

606) 「말레이 군도와 말라카에 관한 주석」, 242~243쪽.

607) 리트(Devic et Van Der Lith), 『인도의 불가사의한 것들에 관한 책(Le Livre des merveilles de l'Inde)』, 255~264쪽.

저술에서 보인다. 의정의 책에서 여러 차례 갈다(羯荼)란 항구를 언급하고 있다. 슈리보자와 말라유에서 올 때, 인도로 가면서 들린 곳이 바로 그곳이다. 또 그가 돌아올 때 슈리보자에 이르기 전에 중간에 기착했던 것이 그곳이다.[608] 크다란 이 항구에서 빌(Beal)은 크다로 보았지만, 이러한 추정에 근거한 어떠한 논거도 제시하지 않았으므로, 즉시 인정되지는 않는다. 하지만 그 의심은 더는 가능하지 않은 것 같다.

갈다에 대해 고려해야 하는 이론적 형태는 카다(Kaḍa)이다.[609] 아랍어 카라(Kalah) 형태는 크다에 관하여 크로포드(Crawfurd)가 강조한 어원 카다(Kadah)와 마찬가지로, 첫 번째 음절에 모음 [a]를 가지는 옛 발음에 더 유리하다.[610] 두 번째 음절의 초성에 관하여, 말레이어 치음은 사실상 반설음이므로 갈다(羯荼)에서 구개음으로 나타내는 것이 원칙이다.

---

608) 샤반느, 『의정대당서역구법고승전』, 105~109쪽; 다카쿠스(Takakusu), 『의정남해기귀내법전』, 서론, 34쪽.

609) 샤반느, 앞의 책, 105쪽.

610) 『인도의 불가사의한 것들에 관한 책(Le Livre des merveilles de l'Inde)』, 앞서 언급한 곳; 율, 『영국-인도의 용어사전(Hobson-Jobson)』, Quedda조목(그러나 스키트(Skeat) 씨의 부연 설명을 고려해보면, "코끼리를 잡는 함정"이란 뜻의 크다란 단어는 스키트 씨가 지적하는 것처럼, 클린케르트(Klinkert)의 사전에도, 월(Von De Wall)의 사전에 들어있지 않다. 그러나 크다를 모음화하여 파브르 신부의 사전, I, 315쪽에서 설명되었다. 한편 이 크다는 동일한 의미를 가지는 힌두스탄어의 케다(khedā)와 비슷하다. 또한 율의 같은 책, Keddah조목을 참고하시오). 샤반느 씨는 카라(Kalah) 대신에 키라(Kilah) 형태를 이븐 코르다베에게 돌렸다(『Les Voyageurs chinois』, 13쪽). 이는 우리 도서관에는 없는 더 후예(De Goeje) 씨의 『Bibliotheca geographorum arabicorum』에서 채택한 모음화이다. 메이나르(Barbier de Meynard) 씨가 『JA』, 1865년, 3~4월호, 288쪽에 발표한 번역은 카라(Kalah)라고 했다. 이는 또한 『인도의 불가사의한 것들에 관한 책(Le Livre des merveilles de l'Inde)』(256쪽)에서 리트(Van Der Lith)의 주석에서 채

한편 이 명칭에 관해서는 일치를 보이는 것 같다. 왜냐하면, 다카쿠스 씨와 흐루너펠트 씨가 빌이 복원한 것을 배제한 것은 사뱐느를 따른 것이고, 사뱐느 씨가 이제 그의 첫 번째 해석을 포기했기 때문이다.[611] 만약 불교 승려들의 갈다가 크다이고, 아랍의 지리서들의 카라(Kalah) 또한 그곳이라면, 동일한 지역에 중국인들이 자주 드나들었던 가라란 항구가 바로 카라, 즉 크다이다. 아마도 표국(驃國, 미얀마) 사람들이 중국인에게 자신들의 속국으로 표현한 왕국 중의 하나인 게타(偈陀)로 생각해야 했을지도 모르겠다.[612]

이후 송나라 시기에 여러 차례 고라(古羅) 또는 고라(古邏)라는 나라를 언급한 것을 찾을 수 있다.[613] 흐루너펠트 씨는 그곳을 말레이 반도의 북서부에 위치시켰다. 편집자들의 한 주석에서 코라트(Korat)일 가능성이 크다고 밝히고 있다.[614] 이 마지막 가정은 받아들일 수 없다. 자료들은 고라가 인도에서 중국으로 갈 때 팔렘방에 도착하기 전,

~ 택된 모음화이다. 이드리시(Edrîsî)는 메르나르의 주석에 따라(앞에 언급한 곳, 288쪽) 카라(Kalah) 또는 키라(Kilah)를 제시했으나, 여기에서 또한 리트(Van Der Lith)는 카라(Kalah)로 썼다(앞에 언급한 책, 256쪽). 중국어 갈다 표기는 첫 번째 음절에서 [i] 또는 [e]로 규칙적으로 모음화를 이끄는 것은 아니다. 갈(羯) 자 계열에 속한 모든 글자들처럼, 갈 자는 원칙적으로 모음 [a]를 가지는 음절에 해당한다(Stanislas Julien, 『중국 서적에서 만나게 되는 산스크리트어 명칭들을 옮기고 해독하는 방법(Méthode pour déchiffrer et transcrire les noms sanscrits qui se rencontrent dans les livres chinois)』, nos 615-620).

611) 『마드롤 가이드: 남중국(Guides Madrolle: Chine du Sud)』에 들어있는 샤반느, 「중국의 여행자들(Les Voyageurs chinois)」, Paris, 1904, 13쪽.

612) 『신당서』, 권 222하, 4쪽.

613) 『송사』, 권 489, 6쪽(앞의 302, 322쪽을 참고하시오); 권 490, 8쪽; 『제번지』, 권 상, 24쪽.

614) 흐루너펠트, 「말레이 군도와 말라카에 관한 주석」, 142쪽.

말레이반도, 결과적으로 서쪽 해안에 있음을 증명해 주고 있다. 그러나 그곳이 아랍인의 칼라, 말하자면 크다라고 분명히 밝힐 수 없을 것 같다. 요컨대 음성적 동질성도 완벽하지 않다. 고(古) 자는 모음[u]를 가지는 음절로 전사되어야 한다. 게다가 고라를 언급한 조여괄은 크다일 가능성이 훨씬 더 커 보이는 길타(吉陀)[615]를 끌어댔다.

마지막으로 명나라 시기에, 중국인들은 대소의 고라(古喇)라는 명칭으로 페구 지역을 지칭했으므로[616], 바로 송나라 시기의 고라일 수 있다. 따라서 송나라 시기의 고라는 당나라의 가라(哥羅)와 동일하다는 것은 분명하지 않은 것 같다. 크다로 추정하는 것 중에 무리 없이 받아들일 수 있는 것은 가라에 대한 것일 뿐이다.

만약 『신당서』의 설명들이 가라를 말레이반도 상에 두도록 조금도 허락하지 않는다면, 가탐의 여행기는 이 점에서 상당히 큰 문제를 야기한다. 가라의 서쪽은 바로 가곡라(哥谷羅)이라고 하였다. 우

---

615) 『제번지』, 권상, 16쪽. 여기에서 조여괄은 삼불제(팔렘방), 감비(監篦), 길타(吉陀)란 나라들을 나란히 언급하고 있다. 히어트 씨는 가정적으로 감비와 길타를 캄파르(Kampar)와 카르타(Karta)로 복원했다. 그러나 감비는 『나가라크르타가마(Nâgarakretâgama)』의 캄프(Kampe)로, 캄파르와는 다르다(앞의 375쪽, 주575을 참고하시오). 카르타란 명칭은 추정할 만한 곳이 없다. 오히려 나는 크다일 것으로 생각한다. 길타를 크다에 둔다면, 또한 고라를 그곳에 위치시킬 수 없다. 이것이 고라를 카라(Kalah)로 추정하는 것을 받아들일 수 없도록 막는 이유 중 하나이다. 그 추정에 히어트(Hirth) 씨는 판단을 유보하고자 했다(「중국 자료에 따른 이슬람 나라들(Die Laender des Islam nach chinesischen Quellen)」, 『통보』, VIII, 보충, 32쪽). 히어트 씨의 작업에 붙은 한 주석에서(60쪽), 더 후예(De Goeje)는, 내가 보기에 모두 다른 세 나라 가라(哥羅), 고라(古羅), 고리(古里)를 한 나라로 혼동했다.

616) 앞의 286쪽, 주353를 참고하시오. 송나라의 고라에서와 마찬가지로 이 명나라의 고라에 대하여, 코라트(Korat)를 생각했다(Edward Harper Parker, 『미얀마(Burma)』, 60쪽). 또한, 두 경우 모두 그럴법한 것은 아니다.

리는 이 명칭을 위의 나월(羅越)에 관한 조목에서 보았다. 즉 『신당서』에 따르면, 나월의 남서쪽이 바로 가곡라라고 했다.[617] 이는 이미 쉽사리 어울리지 않는다. 왜냐하면, 나월은 말레이반도의 남쪽 전체였으므로, 크다의 서쪽에 있는 가곡라의 남서쪽에 어떻게든 놓을 수 있기를 원한다면, 북쪽으로 상당히 넓혀야 하기 때문이다. 게다가 크다의 서쪽에는 바다가 있으나, 사실 반도의 서쪽 해안에 가라를 위치시켰던 곳으로, 동일한 반론에 부딪힌다. 그럼에도 텍스트는 엄밀하게 말해서 정확하지 않고, 가곡라를 랑카비(Langkavi) 섬 또는 푸로피낭(Poulo Pinang), 즉 크다의 북서쪽 또는 남서쪽에서 찾을 것을 제기할 수 있다. 아랍의 지리서는 문제를 더 복잡하게 할 뿐이다.

말하자면, 중국인의 가곡라는 이상하게도 알 노와이리(Al-Nowaïri)와 특히 이븐바투타의 『아자이브(Adjaïb)』에 나오는 카콜라(Qaqola)를 연상시킨다.[618] 이븐바투타만이 이 카콜라에 대한 다소 정확한 정보들을 제공하고 있다. 그는 물 자우아(Moul Djâoua)란 항구라고 하였다. 그는 소모트라(Somothra, 수마트라의 Samudra)를 떠나 21일 밤에 걸쳐 소모트라란 나라를 따라간 뒤에 물 자우아에 도착했다.[619] 물 자우아란 추정은 불행하게도 우리가 바라는 만큼 확실하지 않다. 이븐바투타의 책을 번역한 사람들은 그곳을 자바로 봤지만, 근거를 제시하지 않았다. 그때부터 리트(Van Der Lith)는 물 자우아를 수마트라의 한 부분으로, 카콜라를 수마트라 서쪽 해안 상의

---

617) 내가 생각하기에, 다카쿠스 씨가 인용한 한 주석에서(『의정남해기귀내법전』, 129쪽) 두구(荳蔻)를 생산하는 나라로 언급된 나라 또한 가곡라지만, 나는 그 나라를 잘 모른다.

618) 리트(Van Der Lith), 『인도의 불가사의한 것들에 관한 책(Le Livre des merveilles de l'Inde)』, 237~245쪽을 참고하시오.

619) 드프레메리(Defrémery)와 상귀네티(Sanguinetti), 『이븐바투타의 여행(Voyages d'Ibn Batoutah)』, IV, 239쪽.

바탕 가디스(Batang Gadis)의 지류인 앙코라강으로 볼 것을 제안했다.[620] 이 해법은 긍정적으로 받아들여지는 것 같다. 이것이 정확하다면, 가곡라와 카콜라 사이의 공통으로 보이는 무언가를 단념해야 할 것이다.

카콜라와 물 자우아의 위치가 『아자이브(Adjaïb)』가 출간된 뒤로 새롭고 깊은 연구의 대상이었는지는 모르겠다. 따라서 조심스럽게 문제를 해결하고자 한다. 리트(Van Der Lith)의 주석을 읽어 보면, 다른 쪽으로 그럴법하지만, 그의 해법은 이븐바투타를 이상하게 빙빙 돌게 만드는 것 같다. 말하자면 소모트라란 나라(Samudra)는 수마트라의 동쪽 해안에 있으므로 이븐바투타는 서쪽 해안에 있는 카콜라를 경유하여 중국으로 가기 위해 섬의 북쪽 지점을 우회했을 것이다. 리트가 이 여정에서 근거를 찾았고, 그것은 인정할만하다는 것을 잘 알고 있으며 조금도 의심스러운 것이 없다. 이븐바투타의 텍스트로 만족해야 한다면, 율이 보는 것처럼[621], 물 자우아를 말레이반도에 위치시키는 것도 가능할 것이다. 현재로서는 중국 명칭과 아랍 명칭을 구분하는 것이 어려워 보일지라도, 이 비교가 가곡라에 대한 만족할 만한 추정을 제시하는 것으로 보이지는 않는다.

가라와 가곡라를 거명한 뒤에 가탐의 여행기는 갈갈승지(葛葛僧祗)에서 다시 시작된다. 4~5일정을 가면 승등주(勝鄧洲)에 이르고, 그다음 서쪽으로 5일을 가면, 파로국(婆露國)에 이른다. 이어서 6일정이면 파국(婆國)의 가람주(伽藍洲)에 도착한다. 갈갈승지를 수마트라의 북서쪽 지점에 둔다면, 승등주와 가람주를 위치시키기 상

620) 『인도의 불가사의한 것들에 관한 책(Le Livre des merveilles de l'Inde)』, 239쪽. 또한 『네덜란드 동인도 백과사전(Encyclopaedie van Nederlandsch-Indië)』, 수마트라 조목, 204쪽, 2행, 주1에서 루파에르(Rouffaer)을 참고하시오.

621) 율, 『마르코 폴로』, 꼬르디에 본, II, 279쪽.

당히 어려워진다. 나는 갈갈승지를 브라워 군도에서 찾는 것이 더욱 그럴법하다고 생각한다. 이 경우에 승등(勝鄧)은 주(洲)가 아니라 수마트라의 한 부분, 아마도 델리와 랑캇(Langkat)에 위치한 드위빠(dvīpa)일 것이다.[622]

한편 파로(婆露)는 의정과 『신당서』에서 수마트라의 북서쪽 절반을 지칭하는 명칭으로 보았던 바로사(婆魯師) 또는 낭바로사(郎婆魯斯)로 추정될 수 있다.[623] 마지막으로 가람섬 또는 가람군도는 니코바르(Nicobar)임에 틀림없다. 가람이란 명칭은 알려지지 않았다.[624] 니코바는 종종 중국어로 취람(翠藍)으로 불렸다.[625] 혹 가람(伽藍,

---

622) 주(洲) 자로 사용된 이 글자는 드위빠(dvīpa)에 해당하는데, 간혹 땅위에 있는 나라들에게도 사용된다. 반대로 도(島)는 갈갈승지에 적용되었는데, 진짜 섬에만 적용되는 말이다.

623) 앞의 367~370쪽을 참고하시오. 금리비서(金利毗逝) 조목에서 보이는 목록(앞의 341~344쪽 참고)은 너무 이상하여 이곳으로 그의 파루(婆婁) 또는 파루(婆樓)를 찾아야 할지 모르겠다. 우리는 『신당서』가 육진랍의 명칭 중 하나로 파루(婆鏤)를 제시하고 있는 것을 기억하고 있다(앞의 147쪽 참고). 그러나 금리비서 조목은 7세기 중반까지 거슬러 올라가므로, 두 진랍으로 분리되기 이전이라고 생각한다.

624) 나는 아랍 여행자들이 말하는 말한(Malhan) 또는 한한(Hanhan)일 것으로 생각하지 않는다(『인도의 불가사의한 것들에 관한 책(Le Livre des merveilles de l'Inde)』, 259~260쪽을 참고하시오).

625) 『통보』, IX, 182~190쪽에서 슐레겔이 통합한 텍스트를 참고하시오. 슐레겔은 안다만을 취람 섬들로 보았다. 니코바는 나찰(羅刹)이란 옛 나라일 것이고, 오늘날에는 모산(帽山)으로 불리는데, 그는 우리의 지도가 섬들 중 하나에 부여한 솜브레로(Sombrero) 섬의 명칭과 비교했다. 꼬르디에 씨는 이 견해를 받아들이고, 필립스(G. Phillips)가 취람을 니코바르로 번역하면서 니코바르와 안다만을 혼동했다고 생각했다(율, 『마르코 폴로』, 꼬르디에 본, II, 308쪽). 그러나 나는 필립스가 옳았다고 생각한다. 모산은 군도가 아니라 하

saṅghārāma)으로 알려진 용어에 오염되어, 근래의 어떤 저술은 니코바르란 명칭으로 취람 대신에 가람(伽藍)으로 표기하고 있다.[626] 이 명칭이 오래되었다면, 『당서』에서 유사한 변화를 제시할 수도 있을 것이다. 불행하게도 나는 15세기 초 이전에 취람을 찾지 못했다.

파국(婆國)은 파로(婆露)의 잘못된 형태로 보아야 하는가? 이 경우에 니코바르의 섬들은 수마트라섬 북부를 차지하고 있는 파

~ 나의 섬으로 간주된다. 게다가 나찰이란 나라의 명칭은 니코바르로 전혀 입증되지 않는다(앞의 266쪽). 나형만(裸形蠻)이란 명칭에 관하여, 슐레겔의 견해와는 반대로, 안다만 사람들에게만큼 니코바르 사람들에게도 적용되었다(샤반느, 『의정대당서역구법고승전』, 120~121쪽). 안다만이란 명칭은 중국어로 13세기 조여괄의 책에서 안타만(晏陀蠻)이란 형태로 처음 보이는데, 조여괄은 람브리에서 실론으로 갈 때, 이들 섬에서 표류하게 하는 것이 역풍이라고 특기했다(『제번지』, 권상, 32쪽; 히어트(Hirth), 『JChBRAS』, XXII, 103쪽). 반대로 텍스트들은 취람(翠藍)섬이 수마트라에서 실론으로 가는 일반적인 길에 있다고 밝히고 있다. 15세기의 저자들은 취람 섬 중 하나가 사독만(梭篤蠻, 슐레겔은 순다만(Sundaman)으로 읽었는데, 그 이유를 모르겠다)이라 불렸다고 하는데, 이 또한 안다만의 명칭일 수도 있다. 왜냐하면 『연감류함(淵鑑類函)』(권234, 24쪽)에는 안독만(按篤蠻)으로 쓰여 있기 때문이다. 그러나 취람이란 명칭은 간혹 두 그룹의 섬들에 적용되었지, 안다만만을 지칭하는 것은 아니라는 결론에 이르게 된다. 요컨대 『무비비서(武備秘書)』의 지도에서(『JChBRAS』, XX, 226쪽), 수마트라에서 실론으로 갈 때 정크선들은 모산의 남쪽, 취람서(翠藍嶼)의 남쪽을 지나며, 북쪽에는 안득만(安得蠻, 안다만)을 둔다.

626) 『영환지략』, 권 3, 5쪽. 이 문장은 록하르트(Lockhart) 박사가 테넨트(James Emerson Tennent)의 『Ceylon』에 붙인 한 주석에서 엉터리없이 번역되었다(I, 603쪽). 록하르트에 따르면, 『천하군국리병서(天下郡國利病書)』에서 가져온 것이라고 했는데, 이 책은 의학서가 아니라 단순한 지리서일 뿐이다. 문제의 문장은 권 119, 51쪽에 있고, 거기에서 니코바는 취람으로 정확하게 쓰여 있으므로, 『영환지략』이 잘못 베낀 것임이 틀림없다.

로(婆露, 또는 파로사 또는 낭파로사)란 나라의 속국 중 하나로 간주된다. 혹 아랍 여행자들의 이야기에서 이 섬들이 받은 라자바루스(Ladjabalous)란 명칭을 생각할 수도 있을 것이다. 그러나 이러한 해법들이 필요로 하는 가설의 상당 부분을 보았다. 정확하다면 아주 작은 정보라도 우리의 관심사를 더 논의해 나갈 수 있게 할 것이다.

23. 실론

실론에 도착하기 위해서는 마지막 교정을 해야겠다. 가탐은 가람섬에서 나흘 동안 북쪽으로 가면 그곳에 이른다고 했다. 한편으로 실론은 니코바르로부터 4일 이상이 걸림에 확실하고, 다른 편으로 남쪽이 아니라 동쪽으로 그곳에 이른다. 실론의 남쪽에는 섬이 없다.[627] 어떻게든 원문을 고쳐야 할 것 같다. 그래서 나는 북(北) 자를 십(十) 또는 입(廿) 자로 대체하고자 한다. 방향에 대한 새로운 설명이 없이 그 길은 니코바에서 서쪽으로 계속되고, 장차 14일 또는 24일을 가는 것은 다른 자료에서 보이는 여정과 거의 일치한다.

실론에 관한 중국 정보들은 오래전부터 연구되어왔다. 법현[628]과 현장의 기록에 대한 번역은 모든 동양학자들의 수중에 있었다. 테넨트경(Sir J. E. Tennent)은 『실론(Ceylon)』에서 1859년 "중국인에게 알려진 실론"에 관한 한 장을 저술했는데, 그 자료들은 훌륭한 중국학자 와일리(Wylie)에게 받은 것이었다. 그렇지만 그때부터 실론

---

627) 실론 남쪽으로 수천 리에 있는 나리케라(Nārikela), 즉 코코넛이란 나라에 관하여 현장이 수집한 전설적인 내용을 고려할 필요는 없다(『대당서역기(Mémoires sur les contrées occidentales)』, II, 144~145쪽). 율이 제기하는 것처럼(『마르코 폴로』, 꼬르디에 본, 307쪽), 이 전승이 최소한의 의미가 있다면, 남쪽 대신에 동쪽으로 읽어야 하고, 나리케라-드위빠(Nārikela-dvīpa)를 니코바르에 두어야 한다. 니코바르는 항상 코코넛으로 유명했다. 이렇다 할 성과는 없었지만, 사람들은 코코넛을 의미하는 단어들로 군도에 주어진 명칭을 설명하려 했다(율, 『영국-인도의 용어사전(Hobson-Jobson)』, 제 2판, 니코바르 조목을 참고하시오).

628) 법현의 책을 번역한 레그의 글에서 빌의 풍부한 상상에서(104쪽) 기인한 실론의 "시바 상인들"을 삭제해야 한다. 원문은 살박상인(薩薄商人)에 관해 말하고 있다. 살박(薩薄)이란 이 용어는 종종 불교 문헌에서 항상 상인들과 연

을 낭아수(狼牙修) 또는 적토(赤土) 같은 어떤 나라로 보는 것을 그만두게 되었음을 지적할 필요가 있다.[629] 필립스 씨는 명나라 시기 실론에 관한 기술들을 번역했고[630], 레비(S. Lévi) 씨는 최근 중국과 실론의 관계에 관해 전반적인 연구를 진행했다.[631] 모든 것이 잘 이루어졌으므로, 중국인들이 실론에 부여한 몇몇 명칭들을 제기하고, 실론을 조여괄의 세란(細蘭)으로 보는 것을 거부한 잘못을 지적하는 것에 그친다.

~ 관하여 나타난다(『일본대장경』, 暑, VII, 18쪽). 두 글자의 고음은 [sat-pak 또는 sat-bak]이다. 푼야타라(Puṇyatāra?)에 의해 번역된 『십송률(十誦律)』에서 살박이란 칭호는 바다를 상인들의 주인으로 여기면서 여러 차례 억이(億耳, Koṭīkarṇa)에 적용되었다(『일본대장경』, 張, IV, 56쪽). 그런데 동일한 이야기가 『디브야바다나(Divyāvadāna)』에 들어 있고, 코티카르나(Koṭīkarṇa)는 거기에서 "상인의 주인"이라는 뜻의 사르타바하(sārthavāha)로 언급되었다(4쪽 이하). 따라서 보살(菩薩)이 보디사트바(bodhisattva)인 형식에 따라, 살박이 사르타바하(sārthavāha)의 음역임에는 의심이 없다(앞의 234쪽, 주251을 참고하시오). 고음으로 이루어진 이 전사에서, 『십송률』은 4세기의 것으로 추정되기 때문에, [bo](고음으로는 pak 또는 bak)의 후음 종성은 바하(vāha)의 [h]에 해당한다. 이상한 것은 4세기에 푼야타라가 동일한 텍스트에서 살박(薩薄)을 사르타바하로, 왕살박(王薩薄)을 바사바(vāsava)로 옮기고 있다는 것이다(『십송률』, 앞에 언급한 곳, 56쪽; 『Divyāvadāna』, 1쪽).

629) 테넨트경(Sir J. E. Tennent), 『실론(Ceylon)』, I, 583~604쪽을 참고하시오.

630) 『JChBRAS』, XX, 211~214쪽.

631) 『JA』, 1900, 5~6월호, 411~440쪽. 중국 불교사에서 상당히 중요한 사실이 언급된 것 같지 않다. 426년경, 8명의 실론 비구니들이 남송의 수도 남경에 도착했다. 이들의 출현은 중국의 여인들에게 출가하려는 열망을 주었고, 이는 그때까지 없었던 일이었다. 그러나 계를 받기 위해서는 1명을 수장으로 하는 10명의 비구니가 모여야 했다. 몇 년 뒤에 새로 철색라(鐵索羅)를 대표로 3명의 실론 비구니가 도착했다. 비로소 434년 중국에서 알려진 최초의 수계가 이루어질 수 있었다(『대송승사략(大宋僧史略)』, 권상, 12쪽; 『고승전』,

남해의 나라들에 대한 탐문에서 3세기의 강태(康泰)는 실론에 관해 말하는 것을 들었을 가능성이 크다. 그렇지만 그 명칭은 『부남토속전(扶南土俗傳)』의 잔권에는 보이지 않는다. 고작 사조(斯調)라는 섬에서 그것을 찾을 수 있는데, 이 명칭은 시하디파(Sīhadīpa) 또는 심하드위빠(Siṃhadvīpa)의 매우 규칙적인 전사이다.[632] 그러나 위치에 대한 설명은 적합하지 않은 것 같다. 이어서 5세기 초 법현에게서 사자국

~ 권3, 『일본대장경』, 致, II, 16쪽; 『불조통기(佛祖統紀)』, 권36, 『일본대장경』, 致, IX, 55쪽을 참고하시오). 또 다른 점에 관하여, 『명사』(권326, 3쪽)와 『황명사이고(皇明四夷考)』(권하, 5쪽) 등과 같은 여러 기술은 중국과 실론의 관계사를 1459년까지 밀고 간다는 레비(Lévi) 씨의 글을 보완할 수 있다. 정화가 1411년 알라각코나라(Alagakkonāra)왕을 포로로 잡아가면서 사파내나(邪把乃那, 『황명사이고』에서는 耶巴乃那로 되어 있음)라는 옛 황실의 후손이 왕위를 잇게 했는데, 그는 1412년에 불랄갈마파홀랄비(不剌葛麻巴忽剌批, Parakkāma Bāhu Rāja, 마지막 글자가 査로된 판본도 있음)라는 칭호로 중국의 임명장을 받았다(테텐트, 『Ceylon』, I, 600쪽). 같은 해, 알라각코나라를 그의 나라로 돌려보냈다. 1445년에 실론 왕은 야파랄모적리아(耶把剌謨的里啞)의 지휘아래 사신을 보냈다. 1459년 갈력생하랄석리파교랄야(葛力生夏剌昔利把交剌惹) 왕의 이름으로 마지막 사신이 왔다. 이 연도에 파락카마 바후(Parakkāma Bāhu) 6세가 왕위에 올랐다. 따라서 파교(把交)는 파락카마의 약칭인 듯하고, 파교 앞의 두 글자 석리(昔利)는 시리(siri)로 읽어야 하며, 마지막 두 글자 랄야(剌惹)는 라자(rāja)에 해당한다. 레비 씨가 의심을 표한(434쪽) 것에 관한 필립스의 번역은 정확하다. 동일한 전승이 『명사』, 권 326, 3쪽에 있다.

632) 조(調)의 가능한 음가에 관해서는 앞의 243쪽 주234을 참고하시오. 사조(斯調)에 관해서는 특히 『태평어람』, 권 787, 13쪽과 샤반느 씨가 제시한(『JA』, 1903, 11~12월호, 531쪽) 『낙양가람기』(권 4, 20쪽)를 참고하시오. 또한 『낙양가람기』가 제시한 노조(奴調)라는 이본은 『태평어람』, 권 970, 22쪽에서 찾을 수 있다.

(師子國)이란 명칭을 찾을 수 있는데, 그 쓰임은 오늘날까지도 지속되고 있다. 5세기 후반에 그 명칭은 주체(朱棣)의 『부남기』에서 사하조(私訶條, Sīhadīpa)로 쓰였다.[633] 불교문헌을 번역한 것에는 사하첩(私訶疊), 사하혈(私訶絜)과 같은 유사한 형태로 되어있다.[634] 남해 섬들의 목록에서 사려(斯黎)라고 불리는 것 또한 실론일 것이다.[635]

『대장경』에서 보저(寶渚)란 형태를 찾을 수 있는데, 라트나드위빠(Ratnadvīpa)의 번역이다.[636] 현장은 또한 승가라(僧伽羅)와 승하라(僧訶羅, Siṃhala)라고도 칭했다.[637] 『통전』에서 두우(杜佑)는 부친인 두환(杜環)의 여행기에서 사자국(師子國)은 또한 신단(新檀)과 바라문(婆羅門)으로도 불렸다는 단락을 인용했다.[638] 바라문이란 명칭은 불교도의 섬에 대한 정확한 지칭은 아니고, 중국인들은 일반적으로 인도 본토를 지칭했다. 그러나 당혹스러운 것은 바로 신단이란 명칭이다. 나는 그것을 설명해 내지 못했다. 혼동에서 나온 것이 아니면, 신단이 인도의 서쪽 해안에 있는 아랍 여행자들의 센단(Sendân)은 아닐까?[639] 실론에 관한 몇몇 명칭들을 끝내면서, 원나라 시기 수차례에 걸친 원정들이 부처의 파트라(pātra)를 보기 위해

633) 앞의 243쪽, 주234을 참고하시오.

634) 『일본대장경』, 暑, VII, 28쪽과 36쪽을 참고하시오.

635) 레비(S. Lévi), 「인도-스키타이에 관한 주석(Notes sur les Indo-Scythes)」, 『JA』, 1897, 1~2월호, 24쪽을 참고하시오.

636) 이 명칭에 관해서는 특히 현장(玄奘), 『대당서역기(Mémoires sur les contrées occidentales)』, II, 125쪽 이하를 참고하시오.

637) 현장, 앞에 언급한 곳; 의정, 『의정대당서역구법고승전』, 66~84쪽.

638) 『통전』, 권193, 9쪽. 두환에 관해서는 앞의 294쪽 주373과 히어트, 『통주쿡 비문에 관한 에필로그(Nachworte zur lnschrift des Tonjukuk)』, 3쪽을 참고하시오.

639) 리트(Van Der Lith), 『인도의 불가사의한 것들에 관한 책(Le Livre des merveilles de l'Inde)』, 225~226쪽을 참고하시오.

승가랄(僧迦剌, Siṃhala)로 보내졌다.[640] 명나라 때부터 오늘날까지도 석란(錫蘭)이라 쓰고 있다.

송나라 시기 동안은 모순이 있기 때문에 그 시기를 유보했다. 히어트는 1895년, 『제번지』에서 삼불제(팔렘방)의 속국으로 석란(錫蘭)이 언급되었다고 알려주었다. 한편으로 이 왕국의 산에 관해 말하면서 그 꼭대기에는 거인의 족적이 있다고 하였으므로, 히어트 씨는 석란섬을 실론으로 보았고, 이 산을 아담 산으로 보았다. 히어트의 글에 붙인 한 주석에서 슐레겔은 석란을 실론으로 보는 추정을 받아들였다.[641] 그러나 1901년, 슐레겔은 조여괄의 석란(錫蘭)이 실론이 아닐 수 있고 그것은 수마트라의 한 부분임을 알아냈다. 그는 석란은 섬의 동쪽 해안인 델레 지역에 사는 네 종족 중의 하나로 구성된다고 했다.[642] 이 설명은 배제되어야 한다. 슐레겔은 조여괄의 세란(細蘭)이란 표기를 완전히 분리하고자 했다. 하지만 이 표기는 1178년 『영외대답』에서 보이는데, 참파, 캄보디아, 운남의 서쪽에 있으며 세란해(細蘭海)라 불리는 바다가 있었고, 이 바다에 세란섬이 있다고 하였다. 동일한 정보들이 실론해와 실론섬이 서천(西天)의 남쪽에 있다는 다른 단락에서도 보인다.[643] 결국, 조여괄의 동일한 텍스트는

640) 테넨트, 『실론(Ceylon)』, I, 598쪽을 참고하시오. 그곳의 정보들은 와일리(Wylie)에 의해 주어진 것들이다. 이러한 사신행 중에서 역흑미실(亦黑迷失)에 의해 지도된 한 원정은 자바와 마라유에 관하여 앞서 언급했다(앞의 345쪽, 주489; 『원사』, 권131, 8쪽; 흐루너펠트, 「말레이 군도와 말라카에 관한 주석」, 154쪽을 참고하시오).

641) 『통보』, VI, 150, 152~154, 163쪽.

642) 『통보』, N.S., II, 133~134쪽.

643) 『영외대답』, 권 2, 9쪽; 권 3, 4쪽. 『제 12차 동양학 국제 학술대회 보고서(Actes XII° Congrès international des Orientalistes Rome)』, 1899, II, 쯔보이 쿠마조(Tsuboi Kumazo), 「주거비(周去非)의 이국에 관한 기술(Cheu Ch'üfe's Aufzeichnungen über die fremden Laender)」, 98쪽을 참고하시오.

그래도 그렇게 생각하도록 내버려 둘 수 없는 히어트 씨의 번역보다 더 결정적이다.

히어트 씨는 아담 산에 관한 문장을 다음과 같이 번역했다. "이 나라에는 한 산맥이 있는데(山, 여기서는 틀림없이 섬을 가리킴), 세륜(細輪)이라 불린다. 거기에는 산이 다른 산 위에 서 있고 (그 꼭대기에) 6척에 달하는 한 거인의 족적이 보인다."[644] 그러나 내가 주석에서 제시한 문장은 틀림없이 다르게 구두해야 한다. 말하자면 다음과 같이 이해해야 한다. "세륜첩(細輪疊)이란 산이 있는데, 그 산 꼭대기에는 길이가 7척 이상인 거인의 발자국이 있다." 세륜첩은 세렌디브(Serendîb)의 음역이다. 우리는 아랍 여행자들이 간혹 시야란(Siyalân)이라 부르는 실론 전체 섬과 그들이 세린디브란 명칭을 예정해둔 아담 산 지역을 구분한 것을 잘 알고 있다.[645] 여기에서 한 번 더 조여괄이 복건에서 수집한 전승들의 신뢰성을 확인할 수 있다.

644) 有山名細輪疊頂有巨人跡長七尺餘.

645) 리트(Van Der Lith), 『인도의 불가사의한 것들에 관한 책(Le Livre des merveilles de l'Inde)』, 265~271쪽을 참고하시오.

24. 몰래국(沒來國)과 천지불(千支弗)

가탐은 실론에 관하여 "북쪽 해안은 남인도의 남쪽 해안에서 100리에 있다. 서쪽으로 4일정이면 몰래국(沒來國)을 가로지르는데, 그 나라는 남인도의 남쪽 끝에 있다"라고 하였다. 이 몰래국을 현장의 말라쿠타(Malakūṭa), 즉 말라바르 해안에 있으므로 그 이름을 취한 말라야(Malaya) 왕국으로 보아야 한다.[646] 『송고승전』에 들어있는 바즈라보디(Vajrabodhi, 금강지)의 전기에 따르면, 바즈라보디는 마뢰야(摩賴耶)라는 브라만 가문 출신이고, 그의 부친은 건지(建支, Kāñcī, 오늘날 Conjeveram)의 왕에게 복무했다.[647] 특히 『책부원구』 같은 중국의 문헌들에는 남인도로부터 온 몇몇 사신에 관한 언급이 들어있다. 단 이러한 일반적인 정보는 흔히 이 나라 아니면 저 나라라는 식으로 추정하는 것을 허락하지 않는다. 결국 인도의 이 지역에 있는 여러 나라들이 중국과 외교적 관계를 맺고 있었고, 692년에 마이소르(Mysore) 차루키아(Chalukya)의 사신에 대해 알고 있다. 한편 720년에 중국은 칸치(Kāñcī)의 슈리나라심하포타바르만(Çrīnarasiṃhapotavarman)에게 남인도 왕으로 임명장을 주었다.[648]

---

646) 현장, 『대당서역기(Mémoires sur les contrées occidentales)』, II, 121~124, 399쪽; 커닝엄(Sir Alexander Cunningham), 『인도의 옛 지리(The ancient geography of India)』, 549쪽 이하; 율, 『영국-인도의 용어사전(Hobson-Jobson)』, Malabar 조목을 참고하시오.

647) 『송고승전』, 권1, 『일본대장경』, 致, IV, 70~71쪽; 『정원신정석교목록(貞元新定釋教目錄)』, 권14, 『일본대장경』, 結, VI, 77~78쪽. 레비(Sylvain Lévi), 「왕현책의 인도 사신행(Les missions de Wang Hiuen-ts'e dans l'Inde)」, 『JA』, 1900, 5~6월호, 418~421쪽을 참고하시오.

648) 레비(Sylvain Lévi), 앞에 언급한 논문, 419, 425~426쪽; 샤반느, 「Notes

꼼꼼히 따져보면, 『신당서』와 모순을 일으키기는 하지만 『책부원구』의 텍스트에서의 말라야로 보아야 한다고 생각한다. 『신당서』[649]에서, 남해의 나라들, 말하자면 인도는 서쪽 나라에 들어있으므로 순전히 인도차이나에 관한 장 중간에, 다음과 같은 문장을 찾을 수 있다. "첨박(瞻博). 첨파(瞻婆, Campa)라고도 한다. (이 나라의) 북쪽에 긍가(兢伽, 갠지스)강이 이른다. 무리를 지어 다니는 많은 야생 코끼리가 있다. 현경(顯慶) 연간(656~660)에 파안(婆岸), 천지불(千支弗), 사발약(舍跋若), 마랍(磨臘) 등 네 나라와 함께 조정에 사신을 보냈다. 천지(千支)는 남서쪽 바다에 있는데, 분명 남인도의 속국이다. 반지발(半支跋)이라고도 하는데, 당나라 말로, 이 명칭은 다섯 개의 산을 의미한다. 북쪽으로 (이 나라는) 다마장(多摩萇)에 이른다. 가라사분(哥羅舍分)[650], 수라분(脩羅分), 감필(甘畢) 등 세 왕국이 있었는데, 산물들을 가지고 조공을 보내 왔다(확실히 갠지스강 유역에 있는 세 나라에 관한 기술이 이어지고 텍스트는 다음과 같이 다시 시작된다.) 동쪽으로 파봉(婆鳳)에 이르고, 서쪽으로는 다융(多隆), 남쪽으로는 천지불(千支弗), 북쪽으로는 가릉(訶陵)에 이르는 다마장(多摩萇)이 있다. 동쪽에서 서쪽으로 (가로지르려면), 한 달 여정이다. 북쪽에서 남쪽으로는 25일정이다."

~ additionnelles sur les Toukiue(Turcs) occidentaux」, 『통보』, V, 24, 44~45쪽을 참고하시오. 레비 씨는 {革+未}자를 [jia]로 읽었는데, 이는 이샤나바르만(Īçānavarman)과 나라심하포다바르만(Narasiṃhapotavarman)의 이름에서 교정해야 할 것이다. 그러나 『강희자전』에 보이지 않는 이 글자는 그 성부(聲部)에 따라 [wei]로 읽어야 전사가 규칙적으로 된다.

649) 『신당서』, 권 222하, 3쪽.

650) 가라사분(哥羅舍分)은 틀림없이 『신당서』(권222하, 3쪽; 같은 텍스트가 『구당서』, 권197, 2쪽에도 보이는데, 迦羅舍佛로 되어있음)의 다른 문장에 보이는 가라사불(迦邏舍弗)이라 불리는 나라와 같은 나라로, 반반(盤盤)의 북쪽

~ 에 있는 타화라(墮和羅) 또는 독화라(獨和羅)의 북쪽에 있었다. 수나라 시기부터 그 나라를 찾아볼 수 있는데, 그 나라는 608년 가라사(迦邏舍)란 이름으로 조정에 사신을 보냈다(『수서』, 권3, 35쪽; 『북사』, 권12, 5쪽, 거기에서 『도서집성』 석판본은 사(舍) 자 대신에 함(含) 자로 되어있다. 본기의 이 텍스트는 적토(赤土)에 간 상준(常駿)의 원정을 608년에 둔 반면, 해당 외국전에서는 607년이라 한 것에 주목하시오). 명칭의 세 형태는 카라샤푸라(Karaçapura)로 이끈다. 『카타사릿사가라(Kathāsaritsāgara)』(Tawney의 번역, I, 530쪽)는 수바르나드위빠(Suvarṇadvīpa), 즉 인도차이나 또는 인수린드에서 카라샤푸라란 도시를 언급하고 있다(『통보』, IX, 282쪽; 케른, 「가장 오래된 자료에 따른 황금섬과 자바(Java en het Goudeiland volgens de oudste berichten)」, 『베카시의 산스크리트어 비문, 언어, 토지 및 민족학에 기여(Een Sanskritopschrift te Bekasih, Bijdragen tot de taal-, land- en volkenkunde)』, 세 번째 시리즈, IV, 645쪽. 그곳에서 케른 씨는 틀림없이 코코넛을 뜻하는 자바어 카라파(kalapa), 말레이어 케라파(kelāpa)에 따라, 중국인들에게는 바타비아란 명칭으로 남아있는 카라파푸라(Kalapapura)로 고치고자 했다). 명칭들의 정확한 일치에도 불구하고, 같은 장소인지는 분명하지 않다. 왜냐하면, 타화라의 경계에 있다고 하는 『당서』의 설명을 고려하면, 중국인의 카라샤푸라를 바닷가에 두기가 쉽지 않고, 인도의 이야기에서 보이는 카라샤푸라의 경우도 마찬가지이기 때문이다. 우리는 반반이 말레이반도 상에 있다는 것을 보았다. 나는 그곳을 반돈(Bandon) 또는 리고르(Ligor) 위로 위치시키고자 했다(앞의 178쪽을 참고하시오). 타화라에 관하여, 한편으로 독화라(獨和羅)라는 이본을, 한편으로는 의정의 책에서 드바라바티(Dvāravatī)의 명칭으로 찾을 수 있는 사화발저(社和鉢底, 杜?, 위의 257~258쪽을 참고하시오), 사화라발저(社和羅鉢底), 두화라(杜和羅)라는 형태들을 고려하면(『남해기귀내법전』, 권1, 『일본대장경』, 致, VII, 68쪽; 권3, 같은 출처, 83쪽; 『대당서역구법고승전』, 권상, 같은 출처, 95쪽; 샤반느, 『의정대당서역구법고승전』, 69쪽; 다카쿠스, 『의정남해기귀내법전』, 10, 129쪽), 제리니 대령에 따라서, 『신당서』의 타화라 또는 독화라는 드바라바티(Dvāravatī) 뿐일 가능성이 커 보인다(앞의 187쪽, 주108을 참고하시오). 내가 생각하기에 이러한 추정에 제기될 수 있는 주요 반론은 『신당서』(권222하, 4쪽. 이 문장은 『구당서』에는 보이지 않음) 표국(驃國), 즉 미얀마의

『책부원구』는 656년에 파안(婆岸)의 사신과 657년 첨국(瞻國)과 박국(博國)의 사신에 관해 언급하고 있는데[651], 첨국과 박국은 『신당서』에서처럼 참파, 즉 첨박(瞻博)으로 통합되어야 한다. 이어서 다음과 같이 편집된 한 단락이 나오는데[652], "[현경(顯慶)] 3년(658), 8월

~ 남서쪽에 타화라를 놓는 것이다. 그러나 어쨌든 이 정보는 받아들일 수 없을 것 같다. 그래서 타화라를 말레이반도 어딘가에 있는 타콜라(Takola)로 보는 슐레겔은 여기에서 내가 제기하고자 하는 것처럼 남서쪽을 남동쪽으로 고쳐야 했다(『통보』, X, 157쪽). 『신당서』의 열전에서 표국 조목 첫 부분은 그다지 정확하지 않은 것 같다. 표국의 동쪽에 있는 육진랍(陸眞臘)을 언급할 때, 이 정보들은 9세기까지 거슬러 올라가고 진랍의 분열이 당시에는 없었으므로, 『구당서』(권 197, 7쪽)에서처럼 육(陸) 자를 린(隣) 자로 읽어야 할 것이다. 필사자의 실수는 마찬가지로 타화라에 관해서도 가능하고 그 논거가 드바라바티를 버리기에, 충분하다고 생각하지 않는다. 드바라바티는 메남 강 유역으로 위치될 수 있을 뿐이다(앞의 168쪽, 주51과 187쪽, 주108을 참고하시오). 따라서 드바라바티의 북쪽에 있는 카라샤푸라는 내륙에 있을 것 같다. 하지만 이 해법은 우선 받아들여질 수 없다. 그래서 나는 카라샤푸라를 타라화의 북쪽에 둔 『신당서』(권 222하, 3쪽)의 구절을 거부해야 한다고 생각한다. 같은 페이지 뒷면에, 한 텍스트는 남(南)과 동(東) 사이에 접해 있는 것으로 복원되어야 한다. 그렇게 고치면, 이 텍스트는 카라샤푸라를 타화라 서쪽에 두게 된다. 이는 『책부원구』(권 970, 15쪽)에서 동일하게 보인다. 한편 『신당서』에서 타화라에 주어진 경계의 정확도로는 이러한 정보들을 완전히 뒤집을 수 없으므로, 나는 중국인의 카라샤푸라를 시암의 북서쪽, 시탕(Sittang)강 어귀 근처에서 찾고자 한다. 이러한 해석에서 중국인의 가라샤푸라는 『카타사릿사가라』의 것일 수 있다. 아무튼 이러한 가정이 약하다는 것을 감추지 않는다. 『JRAS』, N.S., V, 86쪽에서 케른 씨는 수바르나드위빠를 "혹 자바를 포함하기도 하는 수마트라"로 해석했다.

651) 『책부원구』, 권 970, 14, 152쪽.

652) 앞의 책, 권 970, 15쪽. 7세기 중반에 이 사신들이 광주가 아니라 교주로 이르렀다는 것은 흥미롭다. 앞의 23쪽을 참고하시오.

에, 천사불(千私弗), 법타발저(法陁拔底)의 왕, 사리군(舍利君), 실리제파(失利提婆, (Çrīdeva)의 왕, 마랍(磨臘), 시파라지다(施婆羅地多, Çrī Bālāditya?)의 왕이 모두 사신을 보내 조공을 바쳤다. 세 나라는 모두 남인도에 종속되어 있었다. 이 왕국들은 너무 멀리 있어서 중국과의 관계를 더는 유지하지 못했다. 이때, 바다를 1개월 동안 항해하여 (보낸 사신들이) 교주(交州)에 도착하여 그들 나라의 산물들을 바쳤다"라고 하였다. 4년 뒤인 662년 우불(于弗)[653]과 마랍의 새로운 사신들이 가라사분(哥羅舍分), 수라분(脩羅分), 감필(甘畢)의 사신들과 동시에 이르렀다.[654]

『책부원구』와 『신당서』의 텍스트 사이의 유사성은 부인할 수 없다. 두 책이 언급하고 있는 나라들이 인도 또는 인도차이나에 위치해 있어야 하는지는 아직 모른다. 갠지스 유역의 인도에 관한 기술한 가운데에 보이는 이 나라들은 특별히[655] 천지불을 말레이반도에서 찾도록 한다. 몇몇 텍스트는 다마장을 섬[海島]에 두고 그 나라의 음악은 인도의 음악과 비슷하다고 한다. 이는 이 나라를 더는 인도 본토에서 찾을 수 없도록 한다. 나는 금리비서(金利毗逝)의 단락에서 보이는 나라들의 목록에서 다융(多隆)에 관한 언급과 알려진 명칭으로 인도의 어떠한 명칭도 들어있지 않다는 것[656]은 모두 이러한 해석에 유리하다고 덧붙일 것이다. 결국, 말레이반도에서 오늘날까지도 복원되지 않은 채로 남아있는 다마장 또는 다융과 같은 나라들을 찾는 것을 받아들인다면, 이들을 지리 목록이 잘 알려진 인도에 둘 가능성은 적다. 그렇지만 반론을 위한 근거들은 훨씬 더 강력한 것 같다. 『신당서』의 단락에서 인도의 나라들이 있다고 할지라도, 이것이 바

653) 나는 주저하지 않고 우불을 천사불(千私弗)의 변형된 형태로 본다.

654) 『책부원구』, 권 970, 15쪽.

655) 앞의 285~286쪽; 『통보』, IX, 279~283, 286쪽을 참고하시오.

656) 앞의 341~344쪽을 참고하시오.

로 갠지스강 남쪽에 있는 캄파(Campa)에 관한 언급임에 의심할 여지가 없다는 것이다.[657]

부언하자면 금리비서(金利毗逝)의 단락에서 이어지는 나라들의 목록이 무엇에 해당하는지 모른다. 그 목록은 매우 허구임을 증명하며, 인도란 명칭이 부득이하게 스며들었을 수 있다. 결국 『책부원구』는 마랍, 천사불, 사리군(舍利君) 등 세 나라가 남인도를 구성한다고 한다. 그런데 『당서』의 사발약(舍跋若)[658]에 해당하는 사리군은 알려진 어떤 것도 연상시키지 않는 것 같지만 다른 두 이름에 대해서는 사정이 다르다. 마랍은 마라야일 것 같다. 천지불(千支弗) 또는 천사불에 관하여, 슐레겔은 반지불(半支弗)로 교정하고 "판차-푸르(Pancha-pur)"로 그 명칭을 복원했다.[659] 이 교정은 정당화될 수 없을 것 같다. 『당서』는 사실 천지불의 다른 명칭으로 반지발(半支跋)을 제시하는데, 이는 "다섯 개의 산"을 의미한다. 당연히 판차파르바타(Pañcaparvata)로 복원하도록 이끈다. 그러나 천지불을 같은 형태로 이끌기에는 충분한 근거가 없다. 천(千) 자와 간(干) 자는 전사하는 과

---

657) 내가 아는 한, 인도차이나의 참파란 명칭은 결코 이런 방식으로 전사되지 않고, 더욱이 『신당서』에서 갠지스 남쪽의 캄파(Campa)에 관한 기술과는 독립된 별도의 기술이 있다. 인도의 캄파는 레그가 출판한 법현의 책에서 첨파(瞻波)로 불렸다. 그러나 이 문장을 인용하고 있는 『수경주』(권1, 16쪽, 무영전본)에서는 첨파(瞻婆)로 되어있다. 이것이 바로 현장이 표기하고 있는 곳이다. 『수경주』는 『석씨서역기(釋氏西域記)』의 한 구절을 인용하면서 또한 첨파라고 표기했는데, 그에 따르면 캄파의 수도 남쪽에 복구란(卜佉蘭, 佉下蘭이란 이본도 있음)이란 연못[池], 즉 『마하박가(Mahāvagga)』(IX-I, 1쪽; 복구란 형태는 푸스카라(Puṣkara)에 해당할 수 있음)의 각가라(Gaggarā, Gargarā)이다.

658) 첫 번째 글자는 공통적이고, 마지막 글자인 약(若) 또는 군(君)은 다른 글자로부터 변형되었다.

659) 앞의 285쪽을 참고하시오.

정에 하나를 다른 것의 자리에 복원하는 교정에 지나지 않은 것인 만큼 항상 혼동되었다. 우리가 간지불(干支弗)로 읽는다면, 이는 마라야처럼, 사실상 남인도에 있는 칸치푸라(Kāñcīpura)의 음역일 것이다.

한편으로 천지불이 다마장(多摩萇)의 남쪽 그리고 가릉의 남쪽에 있으므로, 다마장을 데칸(Dekkan)에서 찾도록 이끌며, 가릉은 카링가(Kaliṅga)일 것이다. 『신당서』에서 이러한 다양한 나라들의 기술 사이에 혼란이 야기된 것은 마라야, 칸치푸라(Kāñcīpura), 가라사분(哥羅舍分), 수라분(脩羅分), 감필(甘畢)의 사신들이 한꺼번에 왔기 때문이다. 이 기술의 가릉이 인도의 카링가임을 인정한다면, 인도 갠지스 유역의 가릉을 자바로 추정하는 것이 그로 인해 제기되는 반론 중 하나를 그로써 제거할 수 있었다는 것을 상기시켜준다.[660)]

660) 앞의 285~287쪽을 참고하시오.

25. 가탐의 종점

가탐의 바다 루트에 관한 연구를 코모린 만(Cape Comorin)에서 그친다. 그것이 바그다드까지 안내하고 있음에도 불구하고. 인도의 서쪽 해안을 따라서 페르시아만까지 추적하기 위해서는 나에게 부족한 자료 수집이 필요하다.[661] 독자들은 간략한 원문에 길게 주석을 단 것을 보고 놀랐을 것이다. 이 번역이 하나의 구실일 뿐이라는 것에서 벗어날 수 없으므로, 이에 대해 약간의 설명을 하고자 한다.

부남(扶南)에 관한 나의 논문[662]에 대한 호의적인 한 리뷰에서, 샤반느 씨는 내가 결론들을 확고하게 하려고, 주제와 관련하여 알려진 모든 자료를 번역하는 것으로 시작했다고 나를 칭찬했다. 사실 이는 이 분야에서 학문적 작업에 필수 조건이라고 생각하고, 이점에 관하여 샤반느 씨는 히어트 씨의 훌륭한 『중국과 동로마(China and the Roman Orient)』를 되살려냈으므로, 그 또한 『서돌궐에 관한 자료(Documents sur les Tou-kiue occidentaux)』와 더불어 연구의 표준을 제시했다고 말할 수 있다. 남해의 중국 민족학이 제기하는 문제들을 밝히기 위해서는 이와 동일한 방식으로 다루어야 할 것이다. 다만 이러한 상세한 연구를 하다보면, 학계에서 인정되는 몇몇 굵직한 실수들을 접하게 된다. 그것들에 반박하고자 하는 마음을 배제하는 대신에, 실질적 중요성을 띠는 텍스트에 의거하여, 문제들이 명확해지고, 어떤 해법이 임시로 받아들일 만한지를 말해주는 일종의 연구조사를 확립했다고 자임한다. 가정의 불가피한 부분은 우리 학교 구성원들이 나에게 준 도움으로 현저하게 줄였다. 그것에 얽매여 나를 믿지 않

661) 필립스의 「Nestorians at Canton」(『China Review』, VIII, 32~33)란 논문에서 여정의 이후에 관한 개요를 찾을 수 없다.

662) 『JA』, 1903, 11~12월호, 529쪽.

고, 나의 해석들을 확인해보고 싶은 전공논문들 속에서 각각의 문제들을 재검토하는 것이 남아있다. 향후 다른 사람 또는 나만의 작업이 여기 소개한 내 생각과 양립할 수 없다면, 솔직하게 내가 틀렸다고 말할 것이다. 너무 자주 철회하지 않으면 좋으련만!

III. 가탐(賈耽)에 따라 육로로 가는 길

IV. 가탐(賈耽)에 따라 바다로 가는 길

III. 가탐(賈耽)에 따라 육로로 가는 길

안남(도호부의 거점)[1]에서 교지(交趾)[2]와 태평(太平)[3]의 (현들을) 가로질러 1백여 리를 가면 봉주(峯州)[4]에 도착한다. 이어서 남전(南田, Nam Điền)[5]을 건너, 130리를 가면 은루현(恩樓縣, Ơn-lẩo)에 이른다. 그리고 물길로 40리를 가면 충성주(忠城州)[6]에 이른다. 이어

1) 하노이일 것으로 보인다. 서문, 24~26쪽을 참고하시오.

2) 교지(안남어, Giao-chỉ)의 현은 621년에 건설된 송평현(宋平縣, Tống-bình)을 분할하여 622년 건설되었다. 그러나 627년 교지현은 다시 송평현과 통합되었고 교지현이란 명칭은 한나라 시기의 교지군의 거점으로 양도되었다.

3) 태평현(太平縣, Thái-bình)은 『구당서』에도 『태평환우기』에도 안남도호부의 현들 가운데 언급되지 않았다. 반면 『신당서』(권 43상, 8쪽)와 『통전』(권 184, 23쪽)에서 제시되었다. 이 현은 도호부의 거점 서쪽에 있으나 정확한 위치는 알려지지 않았다. 당연히 하노이의 남동쪽에 있는 타이빈과 아무런 공통점이 없다.

4) 봉주(峯州, Phong-châu)는 일반적으로 로강(Sông Lô)과 홍강(Sông Hồng)의 합류점, 즉 비엣찌(Việt Tri) 맞은편인 백학(白鶴, Bạch-hạc)으로 확인된다. 여기에서 1백 리 이상이라 하였고, 『구당서』(권41, 83쪽)에서 물길로 150리라고 했으며, 뒤에서 번역한 『만서』의 여정에서 언급한 물길로 이틀이란 거리는 이러한 위치 추정과 모순되지 않는다. 그러나 행정의 중심지는 그곳이었고, 봉주에 대한 중국 당국의 직접 관할권은 적어도 선떠이(Sơn-tây) 성 전체에 미쳤음에 틀림없다(뒤무띠에(Dumoutier), 「호아뤄에 관한 역사적 고고학적 연구(Etude historique et archéologique sur Hoa-lư)」, 『역사와 기술 지리학 학보(Bulletin de géographie historique et descriptive)』, 1893, 39쪽, 『월사통감강목』, 서론, 권1, 1쪽을 참고하시오). 고병(高駢)이 866년 남조(南詔)의 침입을 물리치고 대승을 거둔 곳이 바로 봉주이다.

5) 이곳에 대한 어떠한 정보도 가지고 있지 않다. 한 명칭이 여기나 서론에서 아무런 주석이 없다면 그것은 내가 그 어디에서도 그것을 찾지 못했기 때문이다.

6) 충성주(忠城州, Trung-thành)는 봉주에서 170리에 있는 것으로 설명되었

서 2백 리를 가서 다리주(多利州)[7]에 도착한다. 그리고 3백 리 만에 주귀주(朱貴州, Chu-qui)에 이른다. 다시 4백 리 가면, 단당주(丹棠州, Đan-dàng)[8]에 이른다. 문명화되지 않은 료(獠)[生獠][9](의 나라들)이다. 또 450리를 가면 고용보(古涌步, Cổ-dõng-bộ)[10]에 이르는

~ 다. 분명히 『만서』에서 말하는 충성(忠誠)이라 쓰고, 봉주에서 5일 거리에 있다고 한 것과 같은 명칭이다. 그러나 170리를 가는데 5일을 필요로 하지는 않는다. 일반적인 방법으로 두 여정에서 주어진 거리만 봐도 충분히 두 여정이 드물게 일치하고 있다는 것을 알 수 있다. 전체의 거리가 충분히 정확한 방법으로 언급되었다고 할지라도, 단계들의 분할이 상당이 임의적이라는 것을 인정하지 않기는 어렵다. 『신당서』(권 43하, 12쪽)는 안남도호부에 속한 감당(甘棠) 기미주(羈縻州)를 구성하는 충성현(忠誠縣)으로 알고 있다. 그곳이 여기의 주(州)일 가능성이 있다.

7) 다리주(多利州, Đa-lợi)는 『만서』의 여정에서도 언급되어있다.

8) 이 단당이란 명칭을 찾지 못했다. 그러나 그것은 감당(甘棠)으로 교정되어야 하고, 『만서』에서의 감당주(甘棠州)가 바로 그곳일 것이다. 『신당서』(권 43하, 12쪽)는 안남도호부에 속한 감당(甘棠) 기미주(羈縻州)라고 하였다.

9) 료(獠)에 관해서는 서론, 33~34쪽과 마단림의 조목(d'Hervey de Saint-Denys의 『남중국 외래 인들에 대한 민족분류(Ethnographie des peuples étrangers à la Chine, Méridionaux)』, 106쪽과 그 이하)을 참고하시오.

10) 이 고용보(古涌步)는 『만서』 여정에서의 고용보(賈勇步)와 같은 것이다. 그곳은 통킹에서 남조의 수도로 가는 여정에서 중요한 단계임이 분명하다. 왜냐하면, 가탐은 안남도호부 거점에서 고용보를 물길로 나누고 전체 거리를 제시하고 있기 때문이다. 마찬가지로, 『만서』의 여정에서도 육로를 취할 때까지 따라가는 물길을 떠나는 곳이 바로 그곳이라고 하였다. 그러므로 고용보는 홍강(Sông Hồng) 상류로 항해해 가는 종점임에 분명하고, 사실상 오늘날 만모(蠻耗)에 해당한다. 『구당서』(권41, 38쪽)는 고용보를 보여주지 않지만, 『신당서』(권 43하, 12쪽)과 『태평환우기』(권 171, 18쪽)에서는 낭망(郎茫)과 고용(古勇)이 766년에 건설된 낭망기미주를 형성하는 두 현으로 설명되어 있다. 『구당서』가 낭망에 속한 현으로 설명하고 있는 용연(龍然)과 복수(福守)라는 두 현은 사실상, 『신당서』(권43하, 12쪽)와 『태평환우기』

데, 이곳은 물길로 안남(도호부의 거점)에서 1550리에 있다.[11)]

이어서 180리를 가서 부동산(浮動山, Phù-động)[12)], 천정산

~ (권 171, 18쪽)에 따르면, 『구당서』에서 빠진 용무(龍武) 기미주에 속한 용구(龍丘)와 복우(福宇) 두 현에 해당한다. 『운남통지』(권26, 21쪽)는 영창(永昌) 서쪽 1백 리에 고용현의 치소가 있었는데, 원나라 사람들에 의해 운남으로 철폐되었다고 하였다. 이 정보가 정확한지 모르겠다. 이와 관련하여 『원사』에서 아무것도 찾지 못했다. 오히려 『원사』(권 63, 19쪽)는 한편으로는 통킹과 다른 쪽에서는 광서와 운남의 경계에 있는 토착의 현 중에서 당나라 시기 고용과 같은 장소일 수 있는 고용현을 언급하고 있다. 궁극적으로는 안남국에 고용(Cổ-dõng)현이 있었지만(『천하군국리병서(天下郡國利病書)』, 권 118, 8, 18쪽을 참고하시오), 나는 어디에 있었는지 모른다.

11) 여행기에서 앞서 주어진 숫자들을 더해보면, 1550이 아니라 1620리에 이른다. 그 차이는 상세한 여정이 은루(恩樓)까지 육로를 취한 것에서 비롯했을 것이다. 『만서』에서처럼 일정으로 계산한 여정과 리(里)로 계산한 여정을 대응시키고자 한다면, 『자치통감(資治通鑑)』의 주석자인 호삼성(胡三省)에 따르면, 당나라 시기에 적용된 규칙은 다음과 같다(나는 1902년 상해 익지서국(益智書局)에서 간행한 『자치통감보정(資治通鑑補正)』의 석판축쇄본, 권 249, 6쪽에 따라 인용한다). "당나라의 규칙에 따르면, 육로로 여행하는 경우, 말로 가는 일정은 70리이고, 도보나 노새로 가는 경우는 50리이며, 수레로는 30리이다. 물길로 여행하는 경우는 배를 타고 가면서, 황하를 거슬러 올라간다면, 하루 일정은 30리이고, 청하를 (거슬러 올라간다면) 40리이다. 다른 물길을 (거슬러간다면) 그 일정은 45리이다. 배가 비었다면 청하를 (거슬러 올라간다면) 50리이고, 다른 물길을 (거슬러간다면) 60리이다. 물길을 내려오는 배의 경우는 그것이 무겁고 가볍든 간에(실려 있든 비어있든) 그 규칙은 동일하게 황하면 150리이고 청하면 100리이며, 다른 물길은 70리이다." 唐制:凡陸行之程, 馬日七十里, 步及驢日五十里, 車三十里. 水行之程, 舟之重者泝河日三十里, 江四十里, 餘水四十五里. 空舟泝河四十里, 江五十里, 餘水六十里. 沿流之舟, 則輕重同制, 河日一百五十里, 江一百里, 餘水七十里

12) 고용보가 만모(蠻耗)에 해당한다면, 몽자(蒙自) 고원 남서쪽에 앉아 있는 지맥들을 부동산과 천정산으로 보아야 한다. 그래서 사람들은 "1만 계단"으

(天井山)[13]을 지나는데,—이 산에는 협로들은 모두 천연의 균열들이고, 그 균열들이 간혹 겨우 발자국을 남긴다.—30리를 가려면 이틀을 잡는다. 탕천주(湯泉州)[14]에 이른다. 이어서 50리를 가서 녹삭주(祿索州)에 도착한다. 다시 15리를 가서 용무주(龍武州)[15]에 이른다. 모

~ 로 가파른 길을 넘어간다. 피숑(Pichon) 박사, 『운남으로의 여행(Un voyage au Yunnan)』, Paris, Pion, 1893, 82쪽 이하; 『중국의 상업적 탐사에 관한 리용인들의 미션(La Mission lyonnaise d'exploration commerciale en Chine)』, Lyon, Rey, 1898, 23쪽을 참고하시오.

13) 글자 그대로 천연의 우물을 뜻한다. 나의 번역은 『패문운부』(井 조목)에서 인용된 다음과 같은 정의를 근거하고 있다: 地陷曰天井. 이어지는 것은 삽입절로 보인다. 전체의 문장은 다음과 같다: 又百八十里經浮動山天井山山上夾道皆天井間不容跬者三十里二日行至湯泉州. 영창(永昌) 영내에는 천정산이 있었다(Devéria, 『중국과 안남의 경계(La Frontière sino-annamite)』, 118쪽; 『대청일통지(大淸一統志)』, 권 380, 2쪽을 참고하시오).

14) 당나라 시기에 탕주(湯州)의 소재지였던 탕천현(湯泉縣)이 있었다(『구당서』, 권 41, 32, 33쪽). 그러나 이 현은 광서 오주(梧州)에 속하므로, 본 여행기의 탕천보다 훨씬 더 동쪽에 있다. 그렇지만 "뜨거운 샘"을 의미하는 탕천이란 명칭은 모든 지역에 하나는 있다. 내가 보기에 탕천주는 현 몽자(蒙自)로부터 멀지 않아야 한다.

15) 용무(龍武)에 관해서는, 서론, 29쪽을 참고하시오. 용무군은 분명 홍강(Sông Hồng)으로 일본인 조형(朝衡)이 원정할 시기에 건설되었다고 한다. 그의 원정은 766년이고, 이는 결국 『구당서』와 『신당서』(권 43하, 12쪽)의 「지리지」에서 임도부(林覩符) 종족의 영내에 설치된 덕화(德化)와 낭망(郎茫) 기미주에 대하여 제시한 연도(永泰 2년)이다. 용무에 관하여, 『구당서』에서는 생략되었고, 『신당서』(앞에 언급한 곳)는 대력(大曆) 시기(766~779) 반귀국(潘歸國)의 땅에 세워졌다고 하였다. 그러나 영태 2년이 대력 원년과 혼동했을 가능성이 크므로 여기에서도 766년으로 읽어야 한다. 다른 장에서(권222하, 12쪽), 『신당서』는 덕화에 1만 가구가 있지만, 용무에는 5백 가구가 있다고 하였고, 덕화와 용무의 설치를 모두 대력 시기로 두고 있다. 용무는 두 현을 두었는데, 용구(龍丘)와 복우(福宇)이다. 앞의 414쪽, 주10을 참고하시오.

두 찬만(爨蠻)[16]의 (나라들)이다. 안남(도호부)[17]의 경계이다.

또 83리를 가면 당지돈(儻遲頓)에 이른다. 또 입평성(入平城)을 거쳐 80리를 가면 동조수(洞澡水)에 이른다. 그리고 남정(南亭)을 거쳐 160리를 가면 곡강(曲江)[18]에 이른다. 바로 검남(劍南)[19] 땅이다. 또 통해진(通海鎭)[20]을 거쳐 160리만에 해하(海河), 이수(利水)[21]

---

16) 서론에서 찬(爨)들이 남쪽으로 보두(步頭)까지 퍼져 있었던 것을 이미 보았다. 나는 보두를 임안(臨安)에 두고자 했고, 또한 여기에 용무가 위치되어야 한다고 생각한다. 그렇지만 여기에서 찬들은 하천까지 내려온 것으로 보인다.

17) 안남도호부는 북쪽으로 현 통깅의 경계를 넘어간다고 알고 있다. 운남이 중국의 행정조직에 거의 닫혀 있었으므로 독립된 조직이 설치될 수 없었고, 나라의 남동쪽 부분만이 안남도호부와 연결되어 있다. 반면 동쪽과 북동쪽 부분은 사천 서주부(叙州府)에 속한다.

18) 곡강은 서쪽에서 동쪽으로 흐른다. 이는 반강(盤江)의 지류이다. 곡강을 건너는 여울은 임안 북쪽 80리에 있다. 『독사방여기요(讀史方輿紀要)』, 권 115, 3쪽; 『속운남통지고(續雲南通志稿)』, 권 14, 6쪽을 참고하시오.

19) 당나라 시기에 명황제(明皇帝)에 의해 742년 시도된 임시적 조직화를 제외하고, 중국 황제는 두 도(道)로 분리했다. 검남도(劍南道)는 사천과 운남의 동쪽 북쪽 부분을 차지하는 반면 그 남동쪽 부분은 영남도(嶺南道, 통킹과 양광지역)에 속했다.

20) 통해는 오늘날 임안에 속한 현이다. 옛 통해의 토성이 오늘날 통해의 동쪽 5리에 있다(『속운남통지고』, 권 14, 7쪽). 통해는 남조(南詔)에 의해 조직된 두 도독부(都督府) 중 하나의 소재지이다(『신당서』, 권 222상, 1쪽).

21) 통해와 강현(絳縣) 사이에, 여기에서 언급한 두 강물을 확실하게 확인할 수 없었다. 강(絳)은 거의 오늘날 강천(江川)현에 해당하므로 여기의 두 번째 강물은 항하(港河)일 것이다. 이 강은 성운호(星雲湖, 인도차이나 지리국에서 1900년 7월에 간행한 『라오카이에서 곤명(昆明)까지의 지역(Région de Lao-kay à Yunnansen)』의 지도에는 강천호(江川湖)로 되어 있음)와 무선호(撫仙湖, 위와 같은 지도에서 징강호(澄江湖)로 되어있음)로 통한다. 이수(利水)에 대하여, 나는 기록호(杞麓湖, 위와 같은 지도에서는 통해호로 되어있음) 근처나 더 북쪽에서 성운호로 흘러드는 작은 강물에서 찾아야 할지 모르겠다.

를 건너 강현(絳縣)[22]에 이른다. 또 80리를 가면 진녕역(晉寧驛)[23]에 이른다. 바로 융주(戎州)[24]의 땅이다.

또 80리를 가서 자동성(柘東城)[25]에 이른다. 그리고 80리만에

---

22) 강현은 융주(戎州, 서주부)에 속한 여주(黎州) 기미주에 속해 있었다(『신당서』, 권 43하, 10쪽). 이조락(李兆洛)의 『역대지리지운편금석(歷代地理志韻編今釋)』은 옛 강현을 징강(澄江)에 속한 현 강천현(江川縣)의 약간 동쪽에 두고 있다. 반면 『속운남통지고』(권 14, 7쪽)는 강천 남쪽 4리에 두고 있다. 『속운남통지고』에 따르면, 오늘날 녹운이성(碌雲異城)이란 명칭으로도 불린다고 한다.

23) 진녕(晉寧)은 오늘날 연난센에 속한 한 주(州)의 명칭이다(이 명칭은 P. Stanislas le Gall의 『La Chine Géographie Générale』, 142쪽에서 착오로 보녕(普甯)으로 되어있다). 거의 강천(江川)과 연난센의 중간 길에 있다. 진녕은 당나라 시기에 곤주(昆州) 기미주에 속한 한 현이었다(『신당서』, 권 43하, 10쪽). 『속운남통지고』(권 14, 1쪽)에 따르면, 이 옛 현은 오늘날 진녕의 서쪽 2리에 있다. 같은 책에서는 오늘날 진녕 북서쪽 5리에 진녕 토성이 있다고 한다(권 14, 5쪽). 쌍방의 위치는 강현(絳縣)의 북쪽 80리에 있다고 하는 우리의 여행기에 나오는 진녕에 적합할 수 있지만, 『만서』(권 6, 2쪽)는 자동(柘東, 연난센)의 남쪽 80리에 두고 있다. 『만서』(앞에 언급한 곳)에 따르면, 진녕 지역에서 많은 찬(爨) 왕들의 무덤을 볼 수 있다고 한다.

24) 통킹의 봉주(峯州)처럼 융주(戎州)는 몇몇 기미주를 거느린 도독부(都督府)의 소재지였다. 융주는 민강(岷江)과 금사강(金沙江)의 합류점인 현 서주부(敘州府)에 해당한다.

25) 자동(柘東)은 현 곤명(昆明)이다. 이 성은 옛날에는 곤주(昆州)로 불렸고 융주(戎州) 지방관에 속했다. 그러나 천보(天寶, 742~755) 말에 남조(南詔)에게 넘어갔다. 765년(샤반느, 「남조 왕국의 비문(Une inscription du royaume de Nan-tchao)」, 『JA』, 11-12월호, 1900, 388쪽) 또는 767년(『독사방여기요(讀史方輿紀要)』, 권114, 1쪽)에 각라봉(閣羅鳳)의 명으로, 그의 손자 봉가이(鳳迦異)에 의해 확장되었고, 『신당서』와 『만서』(권 1, 1쪽)에서처럼 자동(柘東), 또는 개탁동경(開拓東境, 동쪽 경계를 개척한다는 의미)으로 이 명칭을 설명하고 있는 『자치통감』과 『구당서』의 표기에 따르면 탁동(拓東)이란 명칭을 얻었다. 탁동(拓東)은 『만서』(권 6, 1쪽)에서도 쓰였다. 『만서』의

옛 안녕성(安寧城)[26]에 이른다. 또 480리를 가서 영남성(靈南城)[27]에

~ 여정은 자동(柘東) 절도(節度)에 관해 언급하고 있고, 실제로 『신당서』(권 222상, 1쪽)에서 남조의 여섯 절도(節度) 중 하나로 설명되었다. 9세기에 자동은 선천(鄯闡)이란 이름을 받았고, 남조의 두 번째 수도가 되었다. 운남부(雲南府)란 현 명칭은 1382년으로 추정된다(『독사방여기요』, 권 114, 1쪽). 『만서』(권 4, 5쪽)에 따르면 자동은 하노이로부터 39일정에 있다고 하였다. 곤명과 대리(大理) 사이의 많은 단계에 관해서는 율, 『마르코 폴로』, 꼬르디에본, II, 80쪽; 『통보』, IV, 83~85쪽을 참고하시오. 『영외대답』(권3, 9쪽)은 선천(鄯闡)에서 대리(大理)까지 여섯 단계로 계산했다.

26) 현재 안녕(安寧)은 곤명(昆明) 남쪽에 있는 한 주(州)의 명칭이다. 당나라 시기에 곤주(昆州) 기미주에 속한 한 현(縣)이었다. 우리는 서론에서 중국인들이 어떻게 8세기 중반에 통킹으로 가는 길을 확보하기 위해 전진기지를 만들고자 했는지를 보았다. 그 지역은 곧 각라봉(閣羅鳳)의 수중에 들어갔다. 중국인들이 751년과 754년에 각라봉(閣羅鳳)을 정벌할 때, 하리광(何履光)은 안녕을 재정복하기 위해 통킹에서 왔고, 완전히 새로 만든 마원(馬援)의 청동 기둥들을 거기에 "세웠다." 중국인들은 이러한 기둥들이 실제 있는 곳을 몰랐기 때문에 그것들을 되찾지 못하고 곳곳에 세웠던 것으로 알고 있다. 파커 씨는 사람들이 "전체 경계선"을 세웠고, 마원이 국경을 경계 짓는 책임자 역할을 했다고 추정하는 이상한 생각을 했다(『차이나 리뷰』, XIX, 18쪽). 안녕은 그들에게 통킹으로 갈 수 있게 했을 뿐만 아니라, 중국인들은 거기에 중요한 염정(鹽井)이 있었기 때문에 상당히 중요하게 여겼다(아래 『만서』의 여정을 참고하시오). 남조에 점령된 안녕은 자동이 건설될 때까지 아마 그 중요성을 유지했을 것이다. 이것이 바로 『만서』(권 1, 1쪽; 권 7, 2쪽)가 한나라의 비문을 그곳에 두었을 뿐만 아니라 안녕에서 하노이까지의 거리, 즉 48일정(하노이와 곤명 사이의 39일정과 맞지 않음)을 알려주는 이유이다. 『속운남통지고』(권 14, 5쪽)에 따르면, 옛 안녕은 현 안녕의 조금 남쪽에 있다고 한다.

27) 이 영남성(靈南城)은 어디에도 언급되지 않았지만, 나의 판본이 가지고 있는 인쇄상의 오류든 아니든, 운남(雲南)으로 교정해야 하는 것에는 의심의 여지가 없다. 특히 이 운남성(雲南城) 지역에 있는 이 길을 따라가는 『만서』의 두 여정과 그 두 번째 여정은 그곳을 정확히 백애성(白崖城)으로부터 80리에 두고 있으며,

이른다. 또 80리를 가서 백애성(白崖城)[28]에 이른다. 또 70리를 가서 몽설성(蒙舌城)[29]에 이른다. 또 80리를 가서 용미성(龍尾城)[30]에 도착한다.

~ 이는 여기 영남성(靈南城)으로 명시된 거리이다. 오늘날에도 곤명(昆明)과 대리(大理) 사이에 대리에 속한 운남현이 있다. 바로 여기에서 말하고 있는 옛 운남성은 현 운남현 남쪽 60리에 있다(『속운남통지고』, 권 14, 6쪽). 남조(南詔)의 10검(瞼, 이 단어에 관해서는 드베리아, 『(중국과 안남의 경계(La Frontière sino-annamite)』, 101쪽; 샤반느, 「남조 왕국의 비문(Une inscription du royaume de Nan-tchao)」, 384쪽을 참고하시오. 『만서』, 권8, 3쪽에서는 천(川)으로 설명하고 있으며, 『신당서』, 권 222상, 1쪽에서는 주(州)로 설명되어 있음) 중 하나는 운남이란 명칭을 가지고 있다(『신당서』, 권 222상, 1쪽).

28) "흰 암석"을 뜻하는 백애(白崖)란 명칭(『기고전설(紀古滇說)』, 『운남비징지(雲南備徵志)』본, 권 5, 55쪽)은 동일한 의미가 있는 백암(白巖)이라고도 쓴다(『만서』의 여정과 권 1, 3쪽을 참고하시오). 백애는 남조의 10검(瞼) 중 하나였고(『신당서』, 권 222상, 1쪽), 현 조주(趙州) 동쪽 60리에 있다(『속운남통지고』, 권 14, 6쪽). 751년 원정에서 선우중통(鮮于仲通)이 양비강(瀼備江) 전투를 하러 가기 전에 백애성을 함락시켰다(『신당서』, 권 222상, 2쪽). 백애성은 794년 원자(袁滋) 사신 이후, 티베트 사람들과 단절되었을 때, 이모심(異牟尋)에 의해 재건되고 정비되었다(『신당서』, 권 222상, 4쪽). 『만서』(권 5, 4쪽)에도 기술되어 있다.

29) 몽설(蒙舌)은 당나라 시기에 남조의 10검(瞼) 중의 하나였다(『신당서』, 권 222상, 1쪽). 몽화(蒙化)의 북쪽 15리에 있는 현 고성(古城)이란 마을이 있는 곳에 있다(『속운남통지고』, 권 14, 9쪽). 남조의 한 부분으로서 이 성에 관해서는 『만서』, 권 5, 3쪽; 샤반느, 「남조 왕국의 비문(Une inscription du royaume de Nan-tchao)」, 382쪽을 참고하시오. 몽설은 백애(白崖)와 용미(龍尾)까지의 직선상에 있는 것이 아니라 조금 남쪽에 있다. 이것이 분명 『만서』의 첫 번째 여정이 그것을 언급하지 않은 이유이다. 용구(龍口) 대신에 용미(龍尾)로 이해해야 할 것으로 보이는 문장에서 『만서』(권 5, 2쪽)는 용구(龍口)에서 동쪽으로는 백애로 가고, 남쪽으로는 몽설로 가며, 서쪽으로는 영창으로 간다고 하였다.

30) 『속운남통지고』는 용미성(龍尾城)이 확인되지 않는다고 밝혔음에도 불구하고, 아주 충분한 근접성을 가지고 그곳을 위치시킬 수 있다. 대리성(大理城)

~ 은 동쪽에 대리호(大理湖)로, 서쪽에는 점창산(點蒼山)을 경계로 삼고, 남쪽과 북쪽에는 오늘날 북쪽의 상관(上關), 남쪽의 하관(下關)이란 명칭을 가지는 두 개의 좁은 관문으로 갇혀있다. 프랜시스 가르니에(Francis Garnier)는 "하관과 상관은 사실상 대리의 두 관문이다. 잘 방어된 이 두 관문은 침입할 수 없어서, 성으로 가려면 호숫길과는 다른 길이 있을 뿐이다"라고 하였다(『인도-중국의 탐사 여행(Voyage d'exploration en Indo-Chine)』, I, 511~512쪽). 용미(龍尾)라고 불리는 곳이 바로 여기의 남쪽 관문이고 북쪽의 관문은 용수(龍首)로 불렸다. 『신당서』(권 222상, 1쪽)가 전체 남조(南詔)에 적용할 수 있는 저미성(苴咩城)이란 명칭과 비교하여 설명한 용미란 명칭을 취한 것은 그곳에서 나온 것 같다. 그래서 파커 씨에게 분명해 보였던(『차이나리뷰』, XIX, 68쪽) 애뢰(哀牢)의 어원을 그곳에서 찾지 말아야 한다. 용수와 용미의 위치에 관해서는 『전계(滇繫)』, 권 8, 39쪽)의 곽송년(郭松年) 여행기[『大理行記』]; 『독사방여기요』, 권 113, 27쪽; 『기고전설(紀古滇說)』, 『운남비징지』본, 권 5, 52, 56쪽; 『전고(滇考)』, 『운남비징지』본, 권 11, 31쪽을 참고하시오. 『만서』는 이 명칭으로 용수란 관문을 언급하고 있는 것 같지 않다. 그러나 용구(龍口) 북쪽 15리에 있는 등천성(鄧川城)을 말할 때(권 5, 3쪽), 용구가 용수를 지칭하는 것이 분명해 보인다. 그 성은 점창산(點蒼山)의 남쪽 지맥들을 둘러싸기 위해 각라봉에 의해 건설되었고, 그곳으로부터 서쪽으로 영창에, 남쪽으로는 몽설에, 동쪽으로는 백애로 간다고 한 용구성(龍口城)에 할애된 단락에서(권 5, 3쪽), 그리고 몽설이 용구로부터 하루 일정으로 설명된 다른 문장에서(권 5, 3쪽), 용미, 즉 남쪽 관문을 북쪽 관문인 용구로 대체해야 한다는 것을 도출할 수 있다. 1253년 원정 당시, 몽골인들은 북쪽 관문으로 이르러 점창산을 올랐다. 이렇게 그들은 대리를 취할 수 있었지만, 대리왕은 출입이 자유로웠던 용미 관문으로 달아날 수 있었다(『원사류편』, 권 42, 57쪽). 1382년 원정에서 목영(沐英)은 더 성공적이었다. 자신은 남쪽 관문으로 왔지만, 부장 중 한 사람이 북쪽 관문을 장악하러 갔고, 세 번째 부대는 점창산을 올라갔으므로 아무도 달아날 수 없었다(『명사』, 권 126, 8쪽). 이것이 751년 선우중통(鮮于仲通)의 원정을 설명해 주는 것 같다. 766년의 비문에 따르면, 그는 강구(江口), 즉 북쪽에서 남쪽으로 점창산 서쪽으로 흘러 거기에서 대리호에서 출원하는 강과 합류하는 양비강(漾備江)까지 진격해갔다(샤반느, 「남조 왕국의 비문(Une inscription du

또 10리를 가서 태화성(太和城)[31]에 이른다. 또 25리를 가서 양저미성(羊苴咩城)[32]에 이른다.

~ royaume de Nan-tchao)」, 418쪽). 더 멀리 밀고 나가서, 그곳에서 그의 장군 중 왕천운(王天運)을, 북쪽과 동쪽으로 가서 점창산을 우회하거나 아마도 넘어서, 자신이 남쪽 관문으로 공격했던 남조 군대의 배후를 치도록 파견했다. 그러나 각라봉은 용미 측면으로부터 선우중통을 공격했고, 한편 북쪽에서는 그의 아들 봉가이(鳳迦異)가 왕천운을 패퇴시키고 참수했다(샤반느, 「남조 왕국의 비문(Une inscription du royaume de Nan-tchao)」, 418~422쪽에 있는 766년의 비문과 또한 『독사방여기요』, 권 113, 13쪽을 참고하시오). 이는 거의 확실한 것 같다. 샤반느 씨가 근거하고 있는(앞에 언급한 논문, 421쪽) 『전계(滇繫)』(권 1, 35쪽)에도 불구하고 766년 비문에서 언급된 전투장면을 요주(姚州)의 북동쪽, 말하자면 용미로부터 적어도 150킬로미터 떨어진 곳에 두는 것은 불가능해 보인다. 그렇지만 동일한 논문에서(387쪽) 샤반느 씨는 전쟁터를 말하면서, 내가 위치시킨 가까운 곳에 두고 있는 것 같다.

31) 태화(太和)는 오늘날에도 대리부(大理府) 소재지에 설치된 현의 이름이다. 옛 태화성은 대리의 남쪽으로 15리에 있는 현 태화라는 마을 자리에 있다(『속운남통지고』, 권 14, 6쪽). 그 명칭은 남조 언어에서 경사진 구릉을 화(和)라고 하는 것에서 비롯되었다고 한다. 실제로 태화의 주변에는 하나의 구릉이 있다(『신당서』, 권 222상, 2쪽). 천보(天寶, 713~741) 말에, 『구당서』(권 197, 5쪽)에 따라 더 정확히는 739년에 수도를 그곳으로 옮긴 사람은 피라각(皮邏閣)이다. 각라봉(閣羅鳳)은 부친이 건설한 수도를 유지했다. 이것이 바로 766년 그에 의해 세워진 비문이 옛 태화의 자리에 있는 것을 설명해 준다. 8세기 말에, 이모심(異牟尋)은 수도를 15리 더 북쪽인 양저미(陽苴咩), 즉 현 대리로 옮겼다. 『신당서』(권 222상, 2쪽)에는 대화(大和)로 되어있는 태화는 남조의 10검(瞼) 중 하나로 남았다. 『신당서』, 권 222상, 2쪽에 따르면, 이복(李宓) 장군이 754년 남조에 패배한 곳이 바로 태화이다. 그러나 766년의 비문은 더 북쪽으로 보이는 등천(澄川)을 말하고 있다(샤반느, 「남조 왕국의 비문(Une inscription du royaume de Nan-tchao)」, 426쪽). 이복의 여정은 오늘날까지 밝혀지지 않았다.

32) 양저미(羊苴咩)는 현 대리에 지나지 않는다. 양저미(羊苴咩)라고도 쓰고 저

양저미에서 서쪽으로 (가서), 옛 영창군(永昌郡)[33]에 이르려면, 3백 리이다. 또 서쪽으로, 노강(怒江, Salouen)[34]을 건너, 제갈량성(諸葛亮城)[35]에 이르려면 2백 리이다. 또 남쪽으로 낙성(樂城)에 이르려면 2백 리이다.

또 표국(驃國)의 경계를 넘고 만공(萬公) 등 여덟 부락(部落)(의 영토를)을 가로질러 실리성(悉利城)에 이르려면 7백 리이다. 또 돌민성(突旻城)을 가로질러 표국[36]에 이르려면 1천 리이다. 또 표국에서부터 흑산(黑山) 서쪽을 넘어 동인도의 가마파국(迦摩波國, Kāmarūpa)에 이르려면 1천 6백리이다. 또 북서쪽으로, 가라도하(迦羅都河, Karatoyā)를 건너 분나벌단나국(奔那伐檀那國, Puṇḍra-

~ 미(苴咩)라고 약칭하기도 한다. 이 성은 양검(陽瞼)이란 이름으로, 남조의 10검(瞼) 중 하나를 구성하고 있다(『신당서』, 권 222상, 1쪽; 『만서』, 권 5, 1쪽을 참고하시오). 이 성은 수도를 그곳에 옮긴 이모심(異牟尋)에 의해 정원(貞元, 785~805) 연간에 건설되었다. 대리 계곡의 성들에 관해서는 『원사류편』, 권 42, 55쪽을 참고하시오.

33) 영창(永昌)에 이르려면, 1세기부터 난창강(瀾滄江)이란 명칭으로 불린 메콩강을 건너야 한다. 오늘날처럼 강 위에 떠있는 현교(懸橋)가 『만서』, 권 2, 4쪽에 묘사되어있다. 용미로부터 일곱 번째 단계에 이르면, 대리 계곡을 떠나려면 그곳으로 다시 건너야 한다. 영창이란 명칭은 한나라 시기까지 거슬러 올라간다. 오늘날에는 부(府)지만, 당나라 시기에는 남조의 여섯 절도(節度) 중 한 곳의 소재지였다(『신당서』, 권 222상, 1쪽).

34) 『이십사사』 석판본에는 서(恕) 자로 되어있으나, 이는 분명히 인쇄상 오류이다. 『만서』(권 2, 1~2쪽)에서 살윈강은 노강(怒江)으로 지칭되었고 오늘날에도 그렇게 알려져 있다. 『신당서』의 이 문장을 인용하고 있는 『독사방여기요』(권 117, 2쪽)에서도 서(恕)가 아니라 노강으로 되어있다.

35) 미얀마에서 인도까지의 이 여정에서 보이는 모든 명칭에 관해서는 서론을 보시오.

36) 즉 표국의 수도를 말하는데, 바로 프로메(Prome)이다.

vardhana)에 이르려면 6백 리이다. 또 남서쪽으로, 항하(恒河) 남안(南岸)에 있고, 중인도의 동쪽 경계를 이루는 갈주온라국(羯朱嗢羅國, Kajiṅgala?)에 이르려면, 4백 리이다. 또 서쪽으로 마갈타국(摩羯陀國, Magadha)에 이르려면, 6백 리이다.

(다른) 길로, 제갈량성(諸葛亮城) 서쪽으로 등충성(騰充城)까지 가려면, 2백 리이다. 또 서쪽으로 미성(彌城)에 이르려면 1백 리이다. 또 서쪽으로 산들을 넘어 2백 리를 가면, 여수성(麗水城)에 이른다. 또 서쪽으로 여수(麗水, Iraouaddy)와 용천수(龍泉水)를 건너 2백리를 가면, 안서성(安西城)에 이른다. 또 서쪽으로 미낙강(彌諾江)을 건너서 1천 리를 가면 대진바라문국(大秦婆羅門國)에 이른다. 또 서쪽으로 큰 산맥을 넘어서 3백 리를 가면, 동인도의 북쪽 경계인 개몰로국(個沒盧國, Kāmarūpa)에 이른다. 또 남서쪽으로 1천 2백 리를 가면, 중인도의 북동쪽 경계인 분나벌단나국(Puṇḍravardhana)에 이른다. (길은) 표국의 (수도로부터) 미얀마로 가는 길과 (거기에서) 합쳐진다.

(다른) 길로, 환주(驩州)로부터 동쪽으로 이틀을 가면 당림주(唐林州)의 안원현(安遠縣)에 이른다. 남쪽으로 가서 고라강(古羅江)을 건너서 이틀을 가면 환왕국(環王國)의 단동강(檀洞江)에 이른다. 또 4일을 가면 주애(朱崖)에 도착한다. 또 단보진(單補鎮)을 가로질러 이틀을 가면 환왕국 도성에 이른다. 바로 옛 한나라 시기 일남군(日南郡)의 땅이다.

환주에서 남서쪽으로 이틀을 가서, 무온령(霧溫嶺)을 넘는다. 또 이틀을 가면 당주(棠州)의 일락현(日落縣)에 이른다. 또 나륜강(羅倫江)과 고랑동(古朗洞)의 석밀산(石蜜山)을 가로질러 사흘을 가면, 당주의 문양현(文陽縣)에 이른다. 또 시시간(𥻦𥻦澗)[37)]을 건너

37) 펠리오는 [Li-li]로 읽고 있으나, 이 글자에는 그에 해당하는 발음이 없다. 아마 착오로 보인다.

나흘을 가면, 문단국(文單國)의 산대현(算臺縣)에 이른다. 또 사흘을 가면 문단(文單)의 외성(外城)에 이른다. 또 하루를 가면, 내성(內城)에 이른다. (이 나라를) 육진랍(陸眞臘)이라고도 부른다. 남쪽에는 수진랍(水眞臘)이 있다. 더 남쪽으로 가면, 소해(小海)에 이른다. (이 바다의) 남쪽에는 나월국(羅越國)이 있다. 또 더 남쪽으로 가면, 대해(大海)에 이른다.[38]

---

38) 『신당서』「지리지(地理志)」(1151~1153쪽): 安南經交趾太平, 百餘里至峰州. 又經南田, 百三十里至恩樓縣, 乃水行四十里至忠城州. 又二百里至多利州, 又三百里至硃貴州, 又四百里至丹棠州, 皆生獠也. 又四百五十里至古湧步, 水路距安南凡千五百五十里. 又百八十里經浮動山、天井山, 山上夾道皆天井, 間不容跬者三十里. 二日行, 至湯泉州. 又五十里至祿索州, 又十五里至龍武州, 皆爨蠻安南境也. 又八十三里至儻遲頓, 又經入平城, 八十里至洞澡水, 又經南亭, 百六十里至曲江, 劍南地也. 又經通海鎮, 百六十里渡海河, 利水至絳縣. 又八十里至晉寧驛, 戎州地也. 又八十里至柘東城, 又八十里至安寧故城, 又四百八十里至靈南城, 又八十里至白崖城, 又七十里至蒙舌城, 又八十里至龍尾城, 又十里至太和城, 又二十五里至羊苴咩城. 自羊苴咩城西至永昌故郡三百里. 又西渡怒江, 至諸葛亮城二百里. 又南至樂城二百里. 又入驃國境, 經萬公等八部落, 至悉利城七百里. 又經突旻城至驃國千里. 又自驃國西度黑山, 至東天竺迦摩波國千六百里. 又西北渡迦羅都河至奔那伐檀那國六百里. 又西南至中天竺國東境恒河南岸羯朱嗢羅國四百里. 又西至摩羯陀國六百里. 一路自諸葛亮城西去騰充城二百里. 又西至彌城百里. 又西過山, 二百里至麗水城. 乃西渡麗水, 龍泉水, 二百里至安西城. 乃西渡彌諾江水, 千里至大秦婆羅門國. 又西渡大嶺, 三百里至東天竺北界個沒盧國. 又西南千二百里, 至中天竺國東北境之奔那伐檀那國, 與驃國往婆羅門路合. 一路自驩州東二日行, 至唐林州安遠縣, 南行經古羅江, 二日行至環王國之檀洞江. 又四日至硃崖, 又經單補鎮, 二日至環王國城, 故漢日南郡地也. 自驩州西南三日行, 度霧溫嶺, 又二日行至棠州日落縣, 又經羅倫江及古朗洞之石蜜山, 三日行至棠州文陽縣. 又經𩨷𩨷澗, 四日行至文單國之算台縣, 又三日行至文單外城, 又一日行至內城, 一曰陸真臘, 其南水真臘. 又南至小海, 其南羅越國, 又南至大海.

IV. 가탐(賈耽)에 따라 바다로 가는 길

광주(廣洲, Canton)에서 동남쪽으로 바다를 통해 2백 리를 가면 둔문산(屯門山)에 이른다. 이어서 순풍에 서쪽으로 이틀을 가면, 구주석(九州石)에 이른다. 또 남쪽으로 이틀을 가면 상석(象石)에 이른다. 또 남서쪽으로 사흘을 가면 점불로산(占不勞山)에 이르는데, 이 산은 환왕국(環王國) 동쪽 2백 리 바다에 있다. 또 남쪽으로 이틀을 가면 능산(陵山)에 이른다. 또 하루를 가면 문독국(門毒國)에 이른다. 또 하루를 가면 고단국(古笪國)에 이른다. 또 반나절을 가면 분타랑(奔陀浪, Pāṇḍraṅga)의 땅[洲]에 이른다. 또 이틀을 가면, 군돌농산(軍突弄山)에 이른다. 또 닷새를 가면 오랑캐들이 질(質)이라고 하는 해협에 이른다. 북쪽에서 남쪽까지는 1백 리이다. 북쪽 해안에는 나월국(羅越國)이 있고 남쪽 해안에는 불서국(佛逝國)이 있다. 불서국의 동쪽으로 물을 따라 4~5일을 가면 가릉국(訶陵國)에 이르는데, 바로 남해 섬 중에서 가장 큰 것이다. 또 서쪽으로 해협을 나와 사흘을 가면 갈갈승지국(葛葛僧祇國)에 이르는데, 불서의 북서쪽 구석에 외딴 섬[島]에 있다. 이 나라의 사람들은 노략질하고 난폭하여, 항해하는 사람들이 그들을 두려워한다. 북쪽 해안은 개라국(個羅國)이고 개라국의 서쪽은 가곡라국이다. 또 갈갈승지(葛葛僧只)에서 4~5일을 가면 승등(勝鄧) 섬[洲]에 이른다. 또 서쪽으로 닷새를 가면, 파로국(婆露國)에 이른다. 또 엿새를 가면, 파국(婆國)의 가람(伽藍) 섬[洲]에 이른다. 또 북쪽으로 나흘을 가면 사자국(師子國, Ceylan)에 이른다. 그 북쪽 해안은 남인도의 남쪽 해안에서 1백 리에 있다. 또 서쪽으로 나흘을 가면 몰래국(沒來國)에 이르는데, 남인도의 최남단이다.……[39)]

---

39) 『신당서』 「지리지(地理志)」(1153쪽): 廣州東南海行, 二百里至屯門山, 乃帆風

~ 西行, 二日至九州石. 又南二日至象石. 又西南三日行, 至占不勞山, 山在環王國東二百里海中. 又南二日行至陵山. 又一日行, 至門毒國. 又一日行, 至古笪國. 又半日行, 至奔陀浪洲. 又兩日行, 到軍突弄山. 又五日行至海硤, 蕃人謂之「質」, 南北百里, 北岸則羅越國, 南岸則佛逝國. 佛逝國東水行四五日, 至訶陵國, 南中洲之最大者. 又西出硤, 三日至葛葛僧祗國, 在佛逝西北隅之別島, 國人多鈔暴, 乘舶者畏憚之. 其北岸則個羅國. 個羅西則哥谷羅國. 又從葛葛僧只四五日行, 至勝鄧洲. 又西五日行, 至婆露國. 又六日行, 至婆國伽藍洲. 又北四日行, 至師子國, 其北海岸距南天竺大岸百里. 又西四日行, 經沒來國, 南天竺之最南境. ……

Ⅴ. 별첨자료

1. 안남부성(安南府城)에서 양저미(羊苴咩, 대리)까지의 여정[1]

(이 여정은 『만서(蠻書)』, 권1, 1~2쪽에서 발췌하였다.)

안남부성(安南府城)에서 만왕의 수도인 저미성(苴咩城)까지는 수륙으로 52일정이다. 이수(里數) 없이 날로만 계산했다. 안남(부)에서 물길로 봉주(峰州)까지 가려면 이틀이다. 등주(登州)[2]에 이르려면 이틀이다. 충성주(忠誠州)에 이르려면 사흘이고, 다리주(多利州)에 이르려면 이틀이며, 기부주(奇富州)에 이르려면 이틀이고, 감당주(甘棠州)[3]에 이르려면 이틀이며, 하보(下步)에 이르려면 사흘이요, 여무분책(黎武賁柵)에 이르려면 나흘이고, 고용보(賈勇步)[4]에 이르려면 닷새이다. 이상의 25일정(日程)은 모두 물길이다. 대중(大中, 847~859) 초에 (이 나라는) 모두 안남부의 관할에 속했고, 그 자사(刺史)는 현주민의 수령(首領)들에게 위임하여 일을 처리했다. 대중 8년(854)에 경략사(經略使)가 원주민의 구역[川洞]을 억압하여, 그 나라에 혼란이 일어났다. 원주민의 수령들은 만적(蠻賊)에게 유인되어 여러 곳이 적들의 수중으로 떨어졌다.[5]

고용보에서 육로를 취하여 의부관(矣符管)에 이르려면, 하루가 (걸린다). 의부관에서 곡오관(曲烏館)에 이르려면 하루요, 사하

---

1) 이 여행기에 관해, 엄격하게 필수불가결한 정보들에 대해서만 보충적인 주석을 가할 뿐이고, 이미 본 명칭들에 관해서는 가탐의 첫 번째 여정을 참조케 하였다.

2) 나는 이 명칭을 다른 곳에서 찾지 못했다. 아마도 『만서』의 다른 여정의 진등주(眞登州)가 그곳일 것이다. 아래의 부록 III을 참고하시오.

3) 감당(甘棠)은 『신당서』에서 언급되었다. 앞의 414쪽, 주8을 참고하시오.

4) 가탐의 고용보(古勇步)이다. 414쪽, 주10을 참고하시오.

5) 소 한 마리 값에 한 말의 소금을 원주민들에게 판 사람은 교주자사 이탁(李琢)이다. 소금은 이들 종족에게 가장 필요한 식료품이었으므로, 그들은 이 같은 요구에 따르지 않고 반란을 일으켰다. 통킹이 남조에게 정복되는 것은 이 반란의 결과이다(『신당서』, 권222중, 1쪽을 참고하시오).

관(思下館)에 이르려면 하루이고, 사척관(沙隻館)에 이르려면 하루이며, 남장관(南場館)에 이르려면 하루요, 곡강관(曲江館)[6]에 이르려면 하루이고, 통해성(通海城)에 이르려면 하루이며, 강천현(江川縣)[7]에 이르려면 하루요, 진녕관(進寧館)[8]에 이르려면 하루이고, 선천자동성(鄯闡柘東城, Yunnansen)에 이르려면 하루이다.

자동절도성(柘東節度城)으로부터 영식관(寧寔館)[9]에 이르려면 하루가 걸린다. 안녕관(安寧館)은 원래 한나라의 영군성(寧郡城)이었다. 안녕성에서 용화관(龍和館)에 이르려면 하루이고, 사자관(沙雌館)에 이르려면 하루이며, 곡관(曲館)[10]에 이르려면 하루이고, 사극

---

6) 곡강관은 곡강을 지나는 길에 있다. 앞의 417쪽, 주18을 참고하시오.

7) 강천현은 가탐 여정에서 강현(絳縣)에 해당한다. 당나라 시기, 남조의 수중에 들어가지 전까지는 이 두 명칭으로 불렸다.

8) 가탐 여정에서 말하는 진녕(晉寧)이다.

9) 지리적 위치뿐만 아니라 문맥도 안녕관(安寧館)으로 고쳐야 하는 것을 입증하고 있다. 곤명(昆明) 남서쪽에 있는 가탐의 안녕(安寧)이다.

10) 이 곡관(曲館)은 현 초웅주(楚雄州) 옆에서 찾아야 할 것이다. 바로 뒤에 나오는 사극관(沙郤館)은 현 진남(鎭南)이다. 게다가 곡관은 『만서』의 두 번째 여정에서 나오는 곡수(曲水)와 동일한 곳이어야 한다. 그런데 이곳은 현 진남주(鎭南州)의 동쪽 20~30리에 있었던 석고(石鼓) 바로 앞에 언급되었다. 같은 장소가 거꾸로 오는 여정을 기록한 『만서』(권 6, 1쪽)의 한 문장에서도 언급되었다. "운남(운남현, 위의 419쪽 주27을 참고하시오)의 동쪽 두 번째 단계에 흠사(欠舍) 계곡의 대도(大都) 부락이 있다. 세 번째 단계로 석고역(石鼓驛, 아래 부록 II를 참고하시오)에 이르는데, 옛 화천(化川)이다. 네 번째 단계로 곡역(曲驛)에 이르는데, 대람탐(大覽賧)과 소람탐(小覽賧)이 있으며 옛 한나라의 남주(覽州)이다."(나는 탐(賧) 자를 『강희자전』의 설명에 따라 [tan]으로 발음한다. 왜냐하면, 이 글자가 여기에서 검(瞼) 자와 같은 자인지 확실하지 않기 때문이다. 요컨대 등천검(邆川瞼)은 탐검(賧瞼)이란 다른 명칭을 찾을 수 있는데, 탐(賧) 자와 검(瞼) 자가 같은 의미를 지닐 가능성은 희박하다. 드베리아(Devéria), 『중국과 안남의 경계(La Frontière sino-

관(沙卻館)[11]에 이르려면 하루이며, 구증관(求贈館)에 이르려면 하루이고, 운남역(雲南驛)[12]에 이르려면 하루이며, 파대역(波大驛)에 이르려면 하루이고, 백암역(白巖驛)에 이르려면 하루이며, 용미성(龍尾城)에 이르려면 하루이다. 이밀(李謐)[13]이 이 성에서 만(蠻)과 싸웠지만, 섣불리 20만 이상의 사람을 잃어, 지금은 이곳을 만인총(萬人塚)[14]이

~ annamite)』, 101쪽; 샤반느, 「남조 왕국의 비문(Une inscription du royaume de Nan-tchao)」, 384쪽을 참고하시오.) 흠사(欠舍) 계곡은 현 진남(鎭南) 지역에 있다(『원사』, 권 61, 3쪽).

11) 사극관(沙卻館)은 현 진남주(鎭南州)의 소재지이다. 진남 계곡은 흠사(欠舍) 계곡으로 불렸다. 그곳에는 옛날 박락만(樸落蠻)들이 살았다. 진남주의 설치는 1285년이다. 『원사』, 권 61, 2쪽을 참고하시오. 『운남비징지(雲南備徵志)』본, 권 11, 31쪽의 『전고(滇考)』에서 사추섭(沙追睒)이라고 불린 것이 사극(沙卻)일 것이다.

12) 이 여정을 간행된 다른 것들과 비교해보면, 운남성(雲南城)을 운남역(雲南驛)으로 보아야 할 것이다. 『전계(滇繫)』(권 1-1, 23쪽)에서 언급한 운남역(雲南驛)이 아니다.

13) 이곳을 제외하면 이 명칭은 언제나 이복(李宓)으로 표기되었다.

14) 선우중통(鮮于仲通)의 군대 대부분이 있었던 전쟁터는 이 지역이었을 것이다(앞의 420쪽, 주30을 참고하시오). 그러나 실제로 어디에서 이복의 군대가 패했는지 알아내기는 쉽지 않다(앞의, 422쪽, 주31을 참고하시오). 766년의 비문은 각라봉(閣羅鳳)이 이복의 전사자들을 매장했다는 것을 기록하고 있다(샤반느, 「남조 왕국의 비문(Une inscription du royaume de Nan-tchao)」, 427쪽). 『명일통지(明一統志)』(『운남통지고』, 권 214, 16쪽에서 인용됨)는 만인총을 조주(趙州) 서쪽 25리에 두었고 이복의 패배와 마찬가지로 선우중통의 패배로도 추정했다. 『운남통지』(앞서 언급한 곳)는 용미(龍尾) 관문의 동쪽에 그 장소를 두었다. 조주(趙州)는 실제로 용미의 동쪽에 있고 그다지 멀지 않다. 따라서 이러한 설명은 『만서』의 여정과 일치한다. 『조주지(趙州志)』(『운남통지고』, 권 214, 16쪽에서 인용됨)는 만인총을 조주의 북쪽에 두었다. 합치되는 곳이 없으므로 여러 장소가 있을 수 있다.

라 부른다. 양저미성(羊苴咩城)에 이르려면 하루가 걸린다. 만왕(蠻王)은 태화성(太和城)의 거처를 저미성(苴咩城)으로 옮겼다.[15]

(『만서』는 계속하여 성도(成都)에서 양저미(陽苴咩)까지 단계별로 이수(里數)를 붙여 아주 완벽한 여정을 제시하고 있다. 이 여정은 구증관에서 다시 이전과 합치되므로 나는 그곳에서부터 다시 시작한다.)

……구증관에 이르려면, ……. 운남성(雲南城)에 이르려면 70리이고, 파대역(波大驛)에 이르려면 40리이며, 거람조관(渠藍趙館)에 이르려면 40리이고, 양저미성(羊苴咩城)에 이르려면 50리이다.

—— 從安南府城至蠻王見坐苴咩城水陸五十二日程, 只計日, 無里數. 從安南上水至峰州兩日, 至登州兩日, 至忠誠州三日, 至多利州兩日, 至奇富州兩日, 至甘棠州兩日, 至下步三日, 至黎武賁柵四日, 至賈勇步五日. 已上二十五日程, 並是水路. 大中初, 悉屬安南管係, 其刺史並委首領勾當. 大中八年, 經略使苛暴, 川洞離心, 疆內首領旋被蠻賊誘引, 數處陷在賊中. 從賈勇步登陸至矣符管一日. 從矣符管至曲烏館一日, 至思下館一日, 至沙隻館一日, 至南場館一日, 至曲江館一日, 至通海城一日, 至江川縣一日, 至進寧館一日, 至鄯闡柘東城一日案 : 「柘東, 」『舊唐書』及『通鑒』俱作「拓東胡」, 三省云, 言開拓東境也, 『新唐書』作「柘」, 從木, 與此同. 從柘東節度城至寧寔館一日, 安寧館本是漢寧郡城也. 從安寧城至龍和館一日, 至沙雌館一日, 至曲館一日, 至沙郤館一日, 至求贈館一日, 至雲南驛一日, 至波大驛一日, 至白嚴驛一日, 至龍尾城一日. 李謐伐蠻於龍尾城, 誤陷軍二十萬眾, 今為萬人塚. 至陽「陽」, 『新唐書』作「羊」苴咩城一日蠻王從大和城移在苴咩城.

15) 『만서』의 편집자들은 이 마지막 문장을 원문의 주로 생각하여 작은 글자로 인쇄하였다.

—— 從外彌蕩至求贈館案：此句下有脫文. 至雲南城七十里, 至波大驛四十里, 至渠藍趙館四十里, 至龍尾城三十里. 從龍尾城至陽苴咩城五十里, 以上一十九驛, 計一千五十四里案：十九驛, 共計一千六十九里, 與此數亦不符.

2. 자동(柘東, Yunnansen)에서 양저미(陽苴咩)까지의 여정

(이 여정은 『신당서』, 권42[1], 3쪽에 들어있다. 여정은 융주(戎州)에 속했던 옛 개변현(開邊縣)에서 시작하는데, 그곳은 현 사천성 서주(叙州)의 서쪽 150리에 있었다. 개변(開邊)에서 자동(柘東)까지 부분은 제쳐두고 가탐의 여정과 합치되는 지점으로부터의 여정을 취했다.)

……자동(柘東)에 이른다. 또 안녕정(安寧井)[2]을 지나서 90리를 가면 곡수(曲水)에 이른다. 또 석고(石鼓)[3]를 지나 120리를 가서 석문

---

1) 권 32로 고쳐야 함.

2) 이미 위에서(37쪽) 안녕(安寧)의 염정에 관하여 언급했다. 염정에 관해서는 율, 『마르코 폴로』, 꼬르디에본, II, 58, 66, 76쪽을 참고하시오. 샤반느는 옛날에 4개의 우물이 있었고 오늘날에는 5개가 있다고 하였다(「남조 왕국의 비문(Une inscription du royaume de Nan-tchao)」, 433쪽은 『전계(滇繫)』, 권 5-1, 21쪽을 따랐는데, 그 단락은 『독사방여기요(讀史方輿紀要)』, 권 114, 10쪽의 것을 그대로 옮긴 것이다). 그러나 하리광(何履光)이 다시 찾은 안녕정(安寧井)이 대리(大理) 북쪽에 있는 낭궁현(浪穹縣) 북서쪽에 있는 것이 아니라 연난센의 서쪽에 있는 안녕의 염정이라고 한다면, 『신당서』, 권 222상, 2쪽의 이 텍스트에 경의를 표해야 한다. "옛날에 안녕성은 다섯 개의 염정이 있었는데, 사람들이 (이 소금물)을 끓여 생필품으로 팔았다. 현종(玄宗, 713~755)은 특진(特進) 하리광을 보내 남조와의 군사경계선을 확정하게 했다. (하리광은) 성과 안녕정을 차지하고 새로 마원(馬援)의 동주(銅柱)를 세우고 돌아왔다." 이 텍스트는 『마르코 폴로』, II, 66쪽의 문장에 대한 최고의 주석이기도 하다. 初, 安寧城有五鹽井, 人得煮鬻自給. 玄宗詔特進何履光以兵定南詔境, 取安寧城及井, 復立馬援銅柱, 乃還.

3) 석고(石鼓)는 내가 초웅(楚雄)에 해당한다고 추정한 곡수(曲水)와 현 진남(鎭南)인 사극(沙郤) 사이에 있었다. 원나라 시기에도 같은 이름으로 존재했다. 원나라는 현(縣)을 설치하고 1287년에 폐지했다. 원나라의 이 현은 『운남통지』(권26, 18쪽)에 따르면 현 진남의 동쪽 30리에, 『속운남통지고』(권 14, 7쪽에 따르면 단 20리에 있었다. 또한 『원사』, 권 61, 3쪽; 『독사방여기요』, 권 115, 8쪽; 『운남통지고』, 권 211, 5쪽; 『전고(滇考)』, 『운남비징지』본, 권 11, 31쪽을 참고하시오.

(石門)[4]을 건너면 거용역(佉龍驛)[5]에 이른다. 또 60리를 가면 운남성(雲南城)에 이른다. 또 80리를 가면 백애성(白崖城)에 이른다. 또 80리를 가면 용미성(龍尾城)에 이른다. 또 40리를 가면 양저미성(羊苴咩城)에 이른다. 정원(貞元) 10년(794)에 황명으로 사부낭중(祠部郎中) 원자(袁滋)와 내급사(內給事) 유정량(劉貞諒)을 남조(南詔)에 사신으로 보냈는데[6], 이는 그들이 갔던 길이다.

---

4) 석문에 관해 여기에서 언급한 것 이외에 다른 언급을 찾지 못했다. 운남에서 가장 잘 알려진, 중국의 지방에서 그곳을 경유하여 운남성(雲南城)으로 가는 석문과 아무런 관계가 없다(연난센에 있는 것이 아니라 현 운남현의 남쪽에 있다). 이 두 번째 석문은 실제로 북동쪽의 융주(戎州)와 남서쪽의 연난센 사이에 있다(『만서』, 권 1, 2쪽). 그리고 샤반느가 출간한 1137년의 지도B에도 들어있다(「Les deux plus anciens spécimens de la cartographie chinoise」, 『BEFEO』, III, 214쪽과 이하).

5) 『신당서』(권 42, 2쪽)은 798년 남조(南詔)의 사신으로 간 유희앙(劉希昻)이 따른 여정을 제시하고 있다. 이 여정은 건창(建昌) 계곡 상부에 있는 청계(淸溪) 관문에서 시작한다. 여기 여정의 거용역(佉龍驛)에서 만나는데, 『신당서』의 텍스트는 융주에서 양저미(陽苴咩)로 가는 길이라고 지칭하였다. 『전고(滇考)』(『운남비징지』본, 권 11, 31쪽)는 석고(石皷)와 사추섬(沙追睒) 옆에 용거섬(龍佉睒)을 언급하고 있다. 사추(沙追)가 맞는다면, 위에서 내가 사극(沙卻)에 대해 추정했던 것처럼, 용거는 여기의 거용에 지나지 않을 것이다.

6) 이 사신행은 『신당서』(권 222상, 4쪽)에 언급되어있으나 사신 원자(袁滋)는 거기에서 부사로 방기(龐頎)를 데려갔다. 또한 『당회요』, 권 33, 26쪽을 참고하시오. 틀림없이 원자가 『신당서』 열전에서(권 58, 14쪽) 언급한 『운남기(雲南記)』 5권을 지은 것은 이러한 여행의 결과일 것이다. 어쨌든 『당회요』(권 36, 15쪽)에 따르면, 원자의 책은 818년 황제에게 바쳐졌다는 것에 주목할 필요가 있다.

— 戎州南溪郡, 中都督府. 本犍為郡, 治南溪, 貞觀中徙治僰道. 天寶元年更名. 長慶中復治南溪. 土貢:葛纖, 荔枝煎. 戶四千三百五十九, 口萬六千三百七十五. 縣五:有石門, 龍騰, 和戎, 馬湖, 移風, 伊祿, 義賓, 可封, 泥溪, 開邊, 平寇十一鎮兵;有奮戎城, 乾符二年置. 南溪, 中. 有平蓋山. 僰道, 中. 義賓, 中下. 本存阜馬阜, 武德二年省, 三年復置. 天寶元年更名, 又省撫夷縣入焉. 開邊, 中下. 貞觀四年以石門, 開邊, 硃提三縣置南通州, 五年析置鹽泉縣以隸之. 八年曰賢州, 是年州廢, 以石門, 硃提, 鹽泉置撫夷縣及開邊, 隸戎州. 自縣南七十里至曲州, 又四百八十里至石門鎮, 隋開皇五年率益, 漢二州兵所開;又經鄧枕山, 馬鞍渡二百二十五里至阿傍部落, 又經蒙夔山百九十里至阿夔部落, 又百八十里至諭官川, 又經薄口季川百五十里至界江山下, 又經荊溪谷, 水數溗池三百二十里至湯麻頓, 又二百五十里至柘東城, 又經安寧井三百九十里至曲水, 又經石鼓二百二十里渡石門至佉龍驛, 又六十里至雲南城, 又八十里至白崖城, 又八十里至龍尾城, 又四十里至羊苴咩城. 貞元十年, 詔祠部郎中袁滋與內給事劉貞諒使南詔, 由此. 歸順. 中下. 聖歷二年析存阜馬阜縣地, 以生獠戶置.

3. 안녕(安寧, 연난센의 서쪽)에서 통킹과 라오스로 가는 여정

(『만서』, 권 6, 2, 3쪽)[1)]

안녕진(安寧鎭)은 자동(柘東, Yunnansen) 서쪽으로 하루 일정에 있는데, 연연현(連然縣)[2)]의 옛 땅이다. 통해진(通海鎭)은 안녕의 …… 서쪽……에 있다.[3)] 세 번째 단계로 용봉역(龍封驛)에 이른다. 이 역 앞으로 장천(瘴川)이 가까이에 흐르는데, 자동으로부터 8일정에 있다. 한나라 시기 유원현(俞元縣)의 옛 땅이다.[4)] 양수천(量水川)[5)]은 한나라의 옛 여주(黎州)이다.[6)] 오늘날 티베트인들이 양수천이라 부

---

1) 『만서』의 이 단락은 대부분 이해할 수 없어 보두(步頭)와 고용보(賈勇步)에 대해 제기되는 문제를 그대로 드러냈다. 이 텍스트는 보두를 홍강 상류에 두는 것으로 보인다. 앞의 서론, 27~29쪽을 참고하시오.

2) 안녕(安寧)의 땅은 사실상 한나라 때 익주(益州)에 속했던 연연현(連然縣)으로 확인된다(『속운남통지고』, 권 3, 33쪽).

3) 바뀐 것으로 보이는 원문은 다음과 같다: 通海鎮去安寧西第三程至龍封驛. 통해와 용봉의 방향에 관한 연관성을 이 텍스트에서 찾고자 할지라도, 대략 안녕의 남남동쪽에 있는 통해의 동일한 위치 때문에 저지될 것이다.

4) 한나라 시기의 유원현(俞元縣)은 간혹 현 징강(澄江) 약간 남쪽에 두어지기도 했다. 그러나 이 위치는 논란의 여지가 있다. 왜냐하면, 징강은 한나라 시기의 승휴(勝休)이기 때문이다. 유원은 아마도 징강과 강천(江川)의 남서쪽에 있는 현 신흥주(新興州)에 해당할 것이다. 어쨌든 통해의 위도보다 더 북방의 위도에 있는데, 이는 텍스트의 순서를 이해하지 못하게 하고 있다.

5) 이렇게 표기된 명칭을 찾지 못했다. 『만서』의 편집자들이 지적한 것처럼, 양수(梁水)로 읽어야 할 것으로 보인다. 양수는 당나라 시기 여주(黎州) 기미주에 속한 두 현 가운데 하나였다. 여주는 통해의 북동쪽 현 영주(甯州)에 해당한다(『신당서』, 권 43하, 10쪽을 참고하시오).

6) 나는 한나라 시기에 있었던 여주(黎州)에 관해 모른다. 당나라 시기에 오늘날 사천성 청계현(淸溪縣)에 해당하는 여주가 있었다. 이곳은 논외의 것이다. 게다가 현 영주(甯州)에 해당하며 양수현(梁水縣)과 강현(絳縣, 강천 인

른다. 통해성(通海城) 남쪽으로 14일정을 가면 보두(步頭)에 이른다. 보두에서 강을 35일정 내려가면 남만(南蠻)의 (땅을) 벗어난다. 오랑캐[夷人]들은 배를 떠나지 않는다. 대부분 통해성 길을 취해 고용보(賈勇步)에서 진등주(眞登州)와 임서원(林西原)[7]으로 들어가 봉주(峯州) 길을 취한다. 양수천 남서쪽으로 가면 용하(龍河)[8]에 이른다. 또 더 남쪽으로 청목향(青木香) 산길과 (만난다?). 정남쪽으로는 곤륜국(崑崙國)에 이른다.[9]

~ 근, 앞의 418쪽, 주22를 참고하시오)을 관할하는 동일한 명칭의 기미주가 있었다. 그러므로 한나라는 여기에서 당나라로, 저자는 중국을 상대로 남조와 연합한 티베트의 수중에 넘어가기 전에 그 지역이 불렸던 명칭을 제시했던 것으로 보인다. 그렇지만 한나라 시기의 여주로 보는 동일한 추정이 『만서』(권 2, 3쪽)의 다른 문장에서 제시되었는데, 그것은 10세기 말부터 편집된 『태평어람』(권 789, 18쪽)에서 그렇게 인용되어 있으므로 바뀌었을 가능성은 거의 없다. 어쨌든 여전히 통해의 북쪽에 있다.

7) 이 명칭들은 『만서』, 권 4, 10, 11쪽의 두 문장에 들어있다. 임서(林西) 기미주는 『신당서』, 권 43하, 12쪽에 명시되어 있다. 안남의 『월사통감강목』(권 2, 37쪽)은 1033년 아래 진등주(眞登州, Chơn-dăng)를 언급하고 홍강, 홍호아(Hưng-hóa) 상류에 있는 현 임조(臨洮, Làm-dao)로 확인하고 있다. 『대월사략(大越史略, Đại Việt sử lược)』(권 2, 13쪽)에서도 1086년 아래 진등(眞登)을 찾을 수 있다.

8) 용하(龍河)에 대해 나는 모른다. 그다음의 원문은 현 징강(澄江)으로부터 남서쪽으로 가서 라오스로 들어가는 길과 합류한다고 설명하고 있는 것 같다. 그러나 정보들이 너무 불충분하여 더는 정확히 할 수 없다.

9) 이 문장에 관해서는 앞의 173쪽을 참고하시오.

—— 安寧鎮, 去柘東城西一日程, 連然縣故地也. 通海鎮, 去安寧西第三程至龍封驛. 驛前臨瘴川, 去柘東城八日程, 漢俞元縣故地也. 量水川案 :『舊唐書·地理志』黎州有梁水縣, 「量水」蓋即「梁水」轉音之訛, 漢舊黎州. 今吐蕃呼為量水川. 通海城南十四日程至步頭, 從步頭船行沿江三十五日出南蠻, 夷人不解舟船, 多取通海城路賈勇步入真, 登州, 林西原, 取峰州路行. 量水川西南至龍河, 又南與青木香山路直, 南至昆崙國矣.

4. 인도불교에서 말하는 아리야바르타(Āryāvarta)의 동쪽 경계로서의 푼드라바르다나(Puṇḍravardhana)

현장의 책과 가탐의 첫 번째 여정[1)]에서 인용된 푼드라바르다나란 명칭은 위베르(Huber) 씨가 나에게 알려준 근본설일체유부(根本說一切有部, Mūlasarvāstivādin)의 비야나 한 문장에서 다르게 표기되어 나타난다.[2)] 억이(億耳, Koṭīkarṇa)의 문제에 관하여 붓다는 변국(邊國, pratyantajanapada)에서 태어난 사람들에게 수계와 옷 등에 있어 특별한 허락을 해주었다.[3)] 당시에 우팔리(Upāli)가 붓다에게 어디에

---

1) 앞의 98~99쪽을 참고하시오.

2) 703년 의정이 번역한 『근본설일체유뷰백일갈마(根本說一切有部百一羯磨)』. 난조분유(南条文雄), 『인도 국무장관의 명으로 편집된 중국과 일본의 『불교대장경』 한역 목록(A Catalogue of the Chinese Translation of the Buddhist Tripitaka the sacred canon of the Buddhists in China and Japan compiled by order of the Secretary of State for India)』, no 1131과 『일본대장경』, 寒, 57쪽을 참고하시오.

3) 코티카르나(Koṭīkarṇa)는 그의 스승 마가가전연(摩訶迦旃延, Mahākātyāyana)의 나라에 필요한 많은 승려들이 모여야 한다는 문제점들을 예로 들었다. 『디브야바다나(Divyāvadāna)』(Cowell와 Neil본, 21쪽)에서, 이 나라를 언급한 문장은 다음과 같은 말로 시작한다: "asmāt parāntakeṣu janapadeṣu Vāsavagrāmake"이다. 문장의 앞부분은 몇 행 뒤에도 보인다(apasmārāntake, asyāparāntake의 형태로, 1, 18, 20쪽을 참고하시오). 마을의 명칭은 중국 율장에 보이는데, 푼야타라(Puṇyatāra)는 왕살박(王薩薄)으로(『일본대장경』, 張, IV, 56쪽 이하), 의정은 파색파(婆索婆)로 번역되어(『일본대장경』, 寒, IV, 107쪽), 문제를 일으키지 않는다. 그러나 편집자들은 아스맛(asmāt)를 어떻게 정당화할지를 잘 몰랐다. 의정은 한 텍스트에서 변국(邊國)으로 번역하였으나 다른 문장에서(『일본대장경』, 寒, IV, 107쪽)는 아슈마파란타(Açmaparāntaka, 阿濕婆蘭德伽)란 지명으로 알았으므로(레비 씨는 그곳을 중국의 몇몇 문헌에서 보이는 석실(石室)로 보고자 했다. 『JA』, 1896, 11~12월

~ 호, 465쪽을 참고하시오), 의정의 텍스트에서 보이는 명칭을 아슈마파란타카(Açmaparāntaka) 또는 Açmāparāntaka로 복원해야하고, 『Divyāvadāna』의 "asmāt parāntakeṣu"를 고쳐야 할 것으로 보인다. 쉬프너(Schiefner)는 티베트판본을 근거하여 이미 이러한 교정을 편집자들에게 알렸다(『디브야바다나』, 703쪽, 그들의 주석을 보시오). 그들은 아샤파란타카(Asyāparāntaka)는 asmāparāntake(=açmāparāntaka) 라고 쓰는 것과 아무런 차이가 없고, 그 1쪽의 apasmārāntake는 분명히 asmāparāntaka에 대한 서기의 실수이며, 두 필사본은 "asmāparāntakeṣu"로 되어 있다(19쪽)는 것을 받아들이지 않았던 만큼, 나로서는 이해하기 어렵다. 그러나 이 해법은 비나야의 다른 한역에 대해서 유효하지 않다. 다르마굽타카(Dharmaguptaka, 法藏部)의 비야나(『일본대장경』, 列, V, 54쪽)는 카티야야나(Kātyāyana)가 산 나라의 명칭을 아반제(阿槃提)라고 쓰고, "변국(邊國)"에 대해 일반적으로 아습파아반제(阿濕婆阿槃提)란 명칭으로 말하고 있다. 아반제는 우자인(Ujjain)의 이름인 아반티(Avanti)만을 표현하지 않는다. 정확하게 말하자면 『마하박가(Mahāvagga)』의 해당하는 문장에서(아래, 447쪽, 주13을 참고하시오), 이들 나라는 언제나 아반티닥키나파토(avantidakkhiṇāpato)란 이름으로 지칭되었고, 리스 데이비즈(Rhys Davids)와 올덴베르크(Oldenberg) 씨는 "남쪽의 나라와 아반티"로 번역했다. 아습파(阿濕婆)는 아슈바(açva)의 규칙적인 전사일 것이다. 그러나 의정이 말한 아슈마파란타카란 명칭은 아슈바를 떠올리게 한다. 이 복원은 결국 푼야타라가 한 사르바스티바딘(Sarvāstivādin)의 비야나 번역으로 보증된다(『일본대장경』, 張, IX, 56쪽 이하). 즉 카티야야나(Kātyāyana)가 산 나라와 변국들은 일반적으로 거기에서 아습마가아반지(阿濕摩伽阿槃地)이고, 아슈마카(Açmaka)와 아반티(Avanti)로 구성되는 것임에는 의심의 여지가 없다. 아슈마카는 어떤 텍스트에서는 인도의 남쪽에(타르카바샤스파티(Taranatha Tarkavachaspati)의 『산스크리트어 사전(Sanskrit dictionary)』, Açmaka 조목을 참고하시오), 다른 텍스트에서는 북서쪽에 있었던 한 민족의 명칭으로 알려져 있다(케른 씨가 번역한 『브르하짬히타(Bṛhatsaṃhitā)』, 『JRAS』, N.S., V, 85쪽을 참고하시오). 아슈마카와 아반티의 결합은 『가나파타(Gaṇapāṭha)』에서 아반티아슈마카(Avantyaçmakāḥ)를 찾을 수 있다는 마지막 지적을 연상시킨다(Böhtlingk, 『파니어 문법(Pâṇini's Grammatik)』, Gaṇapāṭha, 46, 104쪽을 참고하시오).

서 이 변국들이 시작하는지를 묻자, 붓다는 그에게 그것을 설명해 주었다. 이 텍스트는 『디브야바다나(Divyāvadāna)』에서(Cowell와 Neil 본, 21~22쪽. 거의 글자 그대로 들어있는데 다음과 같다. "붓다는 '동쪽 지역에 분도발달나(奔荼跋達那, Puṇḍravardhana)[4]라고 불리는 왕국이 있다. 그 성의 동쪽으로 가까운 거리에는 사라(娑羅, çāla)라는 (숲이) 있는데, 사람들은 분도각차(奔荼各叉, Puṇḍrakakṣa)라고 부른다. 이는 동쪽 경계라고 부르는 곳이다. 그 너머가 변국이라 부르는 곳이다. 남쪽 지역에는 섭발라벌저(攝跋羅伐底, Çabaravatī 또는 Çabalavatī)란 성이 있다. 성의 남쪽에는 섭발라벌저(攝跋羅伐底, Çabaravatī 또는 Çabalavatī)란 강이 있는데 남쪽 경계라 부르는 곳으로 그 너머는 사람들이 변국들이라 부르는 곳이다. 서쪽 지역에는 솔토노(窣土奴, Sthūṇā)와 오파솔토노(鄔波窣吐奴, Upasthūṇā)라고 부르는 마을이 있다. 이 두 마을은 브라만들이 (거주하는) 곳들이다. 바로 서쪽 경계라고 하는 곳으로, 그 너머는 사람들이 변국이라 하는 곳이다. 북쪽으로는 올시라기리(嗢尸羅祇利, Uçīragiri)라 부르는 산이 있는데[5], 바로 북쪽 경계라 부른 곳으로, 그 너머는 사람들이 변국이라 부르는 곳이다.'라고 말했다." 편집은 샤라(çāla)라는 언급만 없다면 완벽하게 분명하다. 그것을 나는 "숲"으로 보완했다. 좀 덜 상세하기는 하지만 같은 주제로 동일한 목록 또한 의정이 번역한 근본설일체유부(根本說一切有部, Mūlasarvāstivādin)의 비야나의 다른 부분에서도 나타난다.[6] 그러나 거기에서 푼드라바르다나를 거명하는 대

---

4) 이 텍스트에서, 다음에 나오는 것들도 마찬가지로, 도(荼)는 차(茶)와 같다고 보아야 한다.

5) 『수망갈라윌라시니(Sumaṅgalavilāsinī)』에서 리스 데이비즈(Rhys Davids)의 주석에 따르면(173쪽), 빌은 구법승들의 번역에서 이 산에 관해 말하고 있지만, 불행하게도 이 번역은 우리 도서관에는 없다.

6) 『일본대장경』, 寒, VI, 23쪽; 난조분유(南条文雄), 『인도 국무장관의 명으로

신에, "푼드라(Puṇḍra)의 숲"을 의미하는 분도림(奔荼林)만을 언급하고 있고, 남쪽 강의 이름은 섭벌라벌저(攝伐羅伐底)로 되어있는데, Çavaravatī 또는 Çavalavatī일 것이다. 마지막으로 계속해서 의정이 번역한 같은 비야나의 다른 부분에서 『디브야바다나(Divyāvadāna)』 초반부에 기술된 것처럼 코티카르나(Koṭikarṇa)의 이야기를 제시하고 있는데, 동일한 목록이 여전히 들어있다.[7] 그러나 푼드라바르다나의 문단은 조금 다르다: "동쪽 지역에는 푼드라(Puṇḍra)의 숲[奔荼林]이 있다. 이 (숲은) 푼드라라 부르는 강물을 가지고 있다." 남쪽 당의 명칭은 두 번째 텍스트에서처럼 섭벌라벌저(攝伐羅伐底, Çavaravatī 또는 Çavalavatī)로 되어있다.

의정이 번역한 이 모든 텍스트는 근본설일체유부(根本說一切有部, Mūlasarvāstivādin)의 율장에 속하는데, 의정은 그 교리를 가르쳤다. 근본설일체유부의 다른 갈래 율장은 『십송률(十誦律)』[8]이란 이름으로 번역되었는데, 코티카르나(Koṭīkarṇa)의 문제와 관련하여, 한 유사한 목록이 인용되었다: "남쪽 지역에는 백목(白木)[9]이란 마

~ 편집된 중국과 일본의 『불교대장경』 한역 목록(A Catalogue of the Chinese Translation of the Buddhist Tripitaka the sacred canon of the Buddhists in China and Japan compiled by order of the Secretary of State for India)』, no 1127.

7) 『일본대장경』, 寒, IV, 108쪽. 이는 『근본설일체유부비나야피혁사(根本說一切有部毘奈耶皮革事)』, 2권일 것이다. 이는 『고려대장경』에만 들어있기 때문에 난조분유의 목록에는 빠져있다.

8) 『일본대장경』, 張, IV, 59쪽; 난조분유, no1115. 이 번역은 캐쉬미르 출신 불약다라(弗若多羅, Puṇyatāra?)에 의해 404년에 이루어졌다.

9) 이 명칭은 『마하박가(Mahāvagga)』의 세타칸니카(Setakaṇṇika)에 해당하는 것 같다. 그러나 칸니카(kaṇṇika)와 닮은 어떤 형태에서 목(木) 자를 끌어낼 수 있는지 모르겠다.

을이 있고, 백목 마을 너머는 바로 변국들이다. 서쪽 지역에는 브라만들이 사는 마을이 있는데[?住婆羅門聚落], 브라만 마을 넘어는 바로 변국들이다. 북쪽 지역에는 우시라(優尸羅, Uçīra)라는 산이 있는데, 이 산과 가까운 거리에 부들 샘의 살라 나무[?蒲泉薩羅樹] (숲이) 있다.[10] (그 숲) 너머는 변국들이다. 동쪽 지역에서는 가랑(伽郞)이라 불리는 파락(波落) 마을이 있는데, 가랑 너머가 바로 변국들이다. 북동쪽 옆에 죽하(竹河)가 있는데, 죽하 너머는 바로 변국들이다."

다르마굽타카(Dharmaguptaka, 法藏部)의 비야나는 상당히 다른 목록을 제시하고 있는데, 다섯 명의 승려만으로도 수계식을 하는데 충분한 나라들에 관하여[11]: "동쪽 지역에는 백목조(白木調)라는 왕국이 있는데, (이 왕국) 너머는 허용된다. 남쪽 지역에는 정선탑(靖善塔)이라 부르는 탑이 있는데, (이 탑) 너머는 허용된다. 서쪽 지역에는 리쉬(ṛṣi) 일사리(一師梨) 종족의 산[?一師梨仙人種山]으로 불리는 산이 있는데, 이 지역 너머에는 허용된다. 북쪽 지역에는 주(柱)[12]라 부르는 왕국이 있는데, 이 지역 너머는 허용된다."

---

10) 살라(薩羅)가 나무인 çāla란 명칭의 일반적인 전사가 아님에도 불구하고, 다른 목록들의 한계가 여기에서 수정될 것 같다. 우시라(優尸羅, Uçīra)를 가로지르는 것은 바로 푼드라바르다나의 동쪽에 있는 샤라(çāla) 나무숲이다.

11) 다르마굽타카(Dharmaguptaka, 法藏部)의 비야나는 사분율(四分律)이란 명칭으로 한어로 존재한다. 캐쉬미르 출신의 붓다야샤스(Buddhayaças)에 의해 4세기 초에 번역되었다. 난조분유(南条文雄), 『인도 국무장관의 명으로 편집된 중국과 일본의 『불교대장경』 한역 목록(A Catalogue of the Chinese Translation of the Buddhist Tripitaka the sacred canon of the Buddhists in China and Japan compiled by order of the Secretary of State for India)』, no 1117; 『일본대장경』, 列, V, 53쪽을 참고하시오.

12) 주(柱)는 기둥을 의미한다. 위치의 차이에도 불구하고 나는 다른 목록에서 보이는 스투나(sthūṇā)란 곳으로 보아야 한다고 생각한다.

아르야바르타(āryāvarta)의 경계는 『마하박가(Mahāvagga)』에서 설명된 것 또한 수계식에 관한 것이다[13]: "동쪽에는 카장가라(Kajaṅgala) 성이 있고, 마하사라(Mahāsālā) 너머에……, 남서쪽에는 사라라바티(Salalavatī) 강이 있는데……, 남쪽에는 세타칸니카(Setakaṇṇika) 성이 있다……. 서쪽에는 투나(Thūna)라는 브라만 구역이 있다.…… 북쪽에는 우시라다자(Usīradhaja)라 불리는 산이 있다.……"

이들 목록에는 약간의 공통점이 있다는 것을 볼 수 있다. 매우 확실하게 현장, 가탐에 의해 언급된 나라이고 위에서 내가 카장가라(Kajaṅ-gala)로 읽은 카장가라는 중국의 어떤 목록에도 설명되지 않았다는 것에 주목한다. 『미란다왕문경(Milindapañha)』은 그곳을 히말라야 기슭의 한 마을로 본다.[14] 의정의 번역 중에서 유일하게 의심스러운 명칭은 남쪽 강의 이름이다. 『디브야바다나(Divyāvadāna)』의 필사본들은 Salavatī, Sarvāvatī, Savārāvatī를, 『마하박가(Mahāvagga)』의 필사본들은 Sallavatī, Saḷavati, Sallavati를 보여주고 있다. 『Jātakas』 제 1책에서 파우스뵐(Fausböll) 씨는 Salalavatī로 썼으며, 리스 데이비즈는 『수망갈라윌라시니(Sumaṅgalavilāsinī)』의 필사본에서 Salalavatī, Salaḷavatī, Saḷalavatī란 형태들을 찾아내고 첫 번째 것을 채택했다. 게다가 『마하박가』에서 나온 팔리어 텍스트들의 상

---

13) 『마하박가(Mahāvagga)』, V-XIII, 12쪽; 올덴베르크(Oldenberg)가 편집한, 『Vinaya Piṭakam』, I, 197, 380쪽; 데이비즈(Rhys Davids)와 올덴베르크(Oldenberg)가 번역한 『동방의 성서(The Sacred Books of the East)』, XVII, 38쪽. 이 목록은 자타카(Jātakas)의 서문(Fausböll, 『자타카(The Jātaka)』, I, 49쪽 ; 리스 데이비즈(Rhys Davids), 『불교 탄생 이야기(Buddhist Birth Stories)』, 61쪽)과 『수망갈라윌라시니(Sumaṅgalavilāsinī)』(리스 데이비즈 본, 173쪽)에 인용되었다.

14) 앞의 98쪽, 주225를 참고하시오.

대적 일치에도 불구하고 그들의 이본들이 최선인지는 분명하지 않은 것 같다. 『디브야바다나(Divyāvadāna)』의 편집자들이 채택한 Sarāvatī는 아마라코샤(Amarakoça)와 헤마찬드라(Hemacandra)의 샤라바티(Çarāvatī)를 떠올릴 필요가 있다.[15]

한편 『디브야바다나』의 다양한 Savārāvatī와 첫 번째 것을 Cabara-vatī 또는 Çabalavatī로, 다른 둘은 Çavaravatī 또는 Çavalavatī로 이끄는 중국어 번역들과 비교해보면, Çabalavatī 같은 형태도 전혀 받아들일 수 없는 것은 아닌 것 같다. 결국, 목록들이 다른 비야나들 속에서 일치하지 않는다면, 『디브야바다나』와 근본설일체유부(根本說一切有部, Mūlasarvāstivādin)의 비야나 사이에 절대적인 일치가 있다는 것에 주목하는 것이 무익하지는 않을 것이다. 이것이 이들 사이에서 언급할 수 있는 유일한 공통점은 아니다. 의정이 번역한 『근본설일체유부』의 비나야에서와 마찬가지로 푼야타라(Puṇyatāra?)가 번역한 『사르바스티바딘(Sarvāstivādin)』의 비나야에서도 코티카르나(Koṭīkarṇa)의 동일한 이야기를 찾을 수 있다.[16]

---

15) 크리스찬 라센(Christian Lassen), 『인도의 고고(Indische Alterthumskunde)』, 제2판, I, 120쪽, 주3을 참고하시오.

16) 앞의 395쪽, 주628; 442쪽, 주3; 444쪽을 참고하시오.

5. 8세기 중반까지 중국인들이 언급한 참왕의 임시목록[1)]

1. 구련(區憐). 안남 상부에 정착한 중국인들을 137년에 공격했다.[2)]
2. 구련(九連, 아마도 이전과 동일인일 것임). 동"한말에"(25~220) 그는 임읍의 왕임을 선언했다.[3)]
3. 범웅(范熊). 분명하지 않은 재위 기간 이후로 왕실의 부친계열 후손이 끊어졌다. 외가에 속했던 범웅이 왕위에 올랐다.[4)]
4. 범일(范逸). 범웅의 아들이지 계승자로, 336년에 죽었다.[5)]
5. 범문(范文). 원래는 참 군주의 노예였는데, 범일의 신뢰를 얻어 그의 후원자가 죽은 뒤에 그의 두 아들을 죽이고 왕위를 찬탈했다. 그는 중국 황제에게 호(胡, 오랑캐)를 써서 편지를 썼다. 347년에 안남상부를 침입했고 349년 죽었다.[6)]

---

1) 이 목록은 가변적이다. 우선 나는 옛 임읍(林邑)을 언급한 모든 자료를 찾지 못했고, 또 내가 읽은 것들조차도 충분히 심화시키지 못했기 때문이다. 옛 임읍에 관한 전문 논문만이 특히 여러 정사(正史) 사이에 혼란이 있는 5세기 참왕들의 연대기를 확정할 수 있을 것이다.

2) 앞의 114~115쪽; 『후한서』, 권 116, 4쪽; 샤반느, 『의정대당서역구법고승전』, 203~204쪽을 참고하시오. 참의 왕인지는 확실하지 않다. 아무튼, 임읍의 명칭이 그와 관련하여 언급되지는 않았다.

3) 『진서』, 권 97, 7쪽. 『양서』(권 54, 1쪽)는 구달(區達)이라 썼고, 『수경주(水經注)』(권36, 24쪽, 무영전본)에는 구규(區逵)로 되어있다.

4) 『진서』, 권 97, 7쪽; 『양서』, 권 54, 1쪽; 『수경주』, 권 36, 24쪽.

5) 『진서』, 권 97, 7쪽. 『양서』, 권 54, 1쪽. 『수경주』(권3 6, 24쪽)에 따르면, 범일(范逸)이 죽은 것은 331년이다.

6) 앞의 115~116쪽; 『진서』, 권 97, 7쪽; 『양서』, 권 54, 1쪽; 『수경주』, 권 36, 20, 24, 25쪽(22쪽의 태화(太和)는 영화(永和)의 명백한 오기이다. 이는 범문의 일남 원정을 347년으로 이끈다)을 참고하시오. 『수경주』에 기술된 전승에 따르면, 그는 양자강 위의 양주(揚州) 출신 중국인으로, 어릴 때 통킹에 노예로 팔려갔다가, 15~16세에 참으로 도망했다.

6. 범불(范佛). 범문의 아들이자 계승자. 373~375년 중국에 사신을 보냈다.[7]
7. 범호달(范胡達). 범불의 계승자로 그의 아들 또는 손자였다. 399년 안남 북부에 원정했고, 407년과 413년 중국에 패배했다.[8]
8. 범양매(范陽邁).[9] 부친 범호달을 계승했다. 421년에 사신을 보냈다. 446년 참파에 대한 단화지(檀和之)의 성공적인 원정으로 범양매(范陽邁)는 실의에 빠져 죽었다.[10]

---

7) 앞의 119쪽; 『진서』, 권 97, 7쪽; 『양서』, 권54, 1쪽(여기에서 애제(哀帝)는 목제(穆帝)로 교정되어야 한다); 『수경주』, 권36, 20쪽을 참고하시오.

8) 앞의 118쪽을 참고하시오. 『양서』에는 수달(須達)로 되어있다.

9) 『양서』의 목록은 범호달(范胡達) 또는 범수달(范須達)의 후계자로 시작하는데 『남제서』의 목록과 다르다. 일치하지 않는 시기는 5세기를 포함한다. 두 연대기 중에 선택하려면 깊은 연구가 필요하다. 나는 『남제서』의 연대기술을 따랐다. 『양서』의 것은 다음과 같다. 범수달(范須達)은 아들 적진(敵眞)을 수계자로 세웠다. 그의 동생 적개(敵鎧)가 그의 모친과 도망함에 따라, 적신은 조카에게 양위했는데, 그가 참 군주 아들에게 살해당하자 사람들이 적개의 이복형인 문적(文敵)을 왕위에 올렸다. 이번에는 문적이 부남왕의 아들 당근순(當根純)에게 살해되었다. 대신(大臣) 범제농(范諸農) "이러한 혼란을 평정하고" 스스로 왕이 되었다. 그는 421년에 사신을 보낸 아들 범양매(范陽邁)를 후계자로 삼았다. 그가 죽자 범양매는 아들 범돌(范咄)에 의해 대체되었고, 범돌은 부친이 가졌던 범양매란 이름을 다시 썼다. 두 범양매 중 누가 446년 중국 원정을 했는지 분명하게 말하지는 않았지만, 『양서』 텍스트의 흐름으로부터 두 번째 범양매임을 추론할 수 있다. 이어서 범신성(范神成)이 건원(建元, 효건(孝建)으로 읽으시오. 454~456년)과 대명(大明, 457~464) 연간 그리고 다시 472년에 걸쳐 여러 차례 사신을 보냈다. 남제(南齊) 영명(永明, 483~493) 연간에, 왕 범문찬(范文贊)은 여러 차례 사신들을 보냈다. 510년에 범문찬의 아들 범천개(范天凱)가 사신을 보냈다. 나는 범천개로 『양서』의 연대기를 『남제서』의 연대기에 연결했다. 『남사』(권 78, 1~2쪽)는 『양서』을 따르고 있다.

10) 『남제서』, 권58, 3쪽; 『송서』, 권 97, 1쪽; 『수경주』, 권 36, 27쪽을 참고하시

9. 범돌(范咄). 446년 19세의 나이로 부친을 계승하여 범양매(范陽邁)란 명칭을 가졌다.[11)]
10. 범신성(范神成). 458년과 472년에 사신들을 보냈다.[12)]
11. 범당근순(范當根純). 외국인으로 왕위를 찬탈했다. 491년 조정에 사신을 보냈다.[13)]

~ 오. 여기에서도 『양서』에서와 마찬가지로, 단화지(檀和之)의 원정이 일어났던 시기가 두 번째 범양매가 아닌지 의문스럽다. 『남제서』는 단화지의 원정을 445년에 두었다. 이는 (三을 二로) 읽은 필사자의 잘못이 틀림없다. 또한, 위의 118쪽을 참고하시오.

11) 그의 아버지와 동일한 참조 사항을 가진다.

12) 『남제서』, 권 58, 3쪽; 『송서』, 권 97, 1쪽. 임읍의 사신들은 사실 『송서』 본기, 458년과 472년 조목에서 언급되었고(『송서』, 권 6, 6쪽; 권 8, 8쪽), 내가 거기에서 언급된 것을 찾아낸 유일한 것들이다. 따라서 범신성의 많은 사신에 관한 『양서』의 기술들은(앞의 450쪽, 주9) 잘못되었을 것이다.

13) 범당근순(范當根純)의 찬탈을 5세기 초반으로 두고 있는 『양서』와 『남사』는 이 인물을 부남왕의 아들로 보고 있다. 『남제서』는 이 외국인이 누구인지 특정하지 않았다. 한편 『남제서』는 부남왕 자야바르만(Jayavarman)이 484에 그의 신하 중 한 사람인 구수라(鳩酬羅)가 왕위를 찬탈한 것을 하소연하는 표문을 수록하고 있다는 것을 알고 있다(『BEFEO』, III, 258~259쪽을 참고하시오. 그리고 『양서』의 정보들을 언급한 주석은 『양서』가 사실 범당근순의 찬탈에 대한 연도를 제시하지 않았고, 임읍의 통치에 관하여 따른 순서는 이 저술을 5세기 초에 두는 것을 의심하게 하지 않는다는 맥락에서 수정해야 한다). 『남제서』에서 임읍과 부남의 독립된 조목의 연도들이 일치하고 있는 것은 텍스트에서 이 역사의 연대기를 따르기로 한 동기 중의 하나이다. 다른 근거들은 『남제서』가 공식적인 역사인 남제(南齊)는 정확하게 『남제서』가 범당근순의 찬탈을 둔 시기에 군림했다는 것이고, 한편 6세기 초로 추정되는 『수경주』는 범양매를 범호달의 아들로 보았는데, 이는 『양서』의 연대기를 인정한다면 받아들일 수 없다는 것이다. 내가 새로 『양서』의 내용을 따른 510년에, 이 왕조는 502년부터 중국에 군림하고 있었었다. 따라서 그 공식 역사는 동시대적 사건들을 기술하고 있으므로, 이제 충분히 믿을 만하다.

12. 범제농(范諸農). 범양매의 후손이다. 492년에 찬탈자 범당근순을 전복시키고 중국에 사신을 보냈다. 495년에 다시 사신을 보냈다. 498년에 범제농은 중국에 가려고 배에 올랐으나 바다에서 폭풍을 만나 죽었다.[14)]
13. 범문관(范文欵). 범제농의 아들이자 계승자. 이 사람이 바로 『양서』의 범문찬(范文贊)으로 생각된다.[15)]
14. 범천개(范天凱, Dvaravarman?). 범문찬의 아들로 510년에 사신을 보냈고, 중국으로부터 임명장을 받았다. 511년, 514년에 사신들을 보냈다. 범천개는 병으로 갑자가 죽었다.[16)]
15. 필취발마(弼毳跋摩, Vijayavarman?). 부친 범천개를 계승했고, 사신을 보냈다.[17)]
    — 고식승개(高式勝鎧, Kū Çrī Jayavarman 또는 Vijayavarman). 이 왕은 필취발마와 같은 사람으로 보인다. 그의 이름은 여기에서 전사하지 않고 번역되었다. 526년에 사신을 보내와 중국으로부터 임명장을 받았다. 527년에 다시 사신을 보냈다.[18)]

---

14) 『남제서』, 권 58, 4쪽.

15) 『남제서』, 권 58, 4쪽; 위의 450쪽, 주9를 참고하시오.

16) 『양서』, 권 54, 2쪽; 『남사』, 권78, 2쪽. 두 자료에서 "승리"를 의미하는 개(凱) 자가 있다. 외래 이름을 번역하면서 이 글자를 사용한 예를 보지 못했다. 한편 『양서』는 몇 행 뒤에 분명히 자야바르만(Jayavarman) 또는 비자야바르만(Vijayavarman)을 번역한 왕의 명칭이 보인다. 만약 여기의 개(凱) 자를 개(鎧) 자로 교정하면, 그렇게 얻어진 천개(天鎧)는 드바바르만(Devavarman)의 규칙적인 번역이 된다. 『양서』의 본기는 502년 임읍의 사신을 언급하고 있으나(권 2, 3쪽) 어느 군주에게 돌려야 할지 모르겠다. 『양서』의 본기에는 512년의 사신은 있지만(권 2, 8쪽) 511년에는 없다.

17) 『양서』, 권 54, 2쪽; 『남사』, 권 78, 2쪽.

18) 『양서』, 권 54, 2쪽; 『남사』, 권 78, 2쪽. 식(式) 자 대신에 『남사』는 술(戌) 자

16. 고식율타라발마(高式律陁羅跋摩, Kū Çrī Rudravarman). 530년에 사신을 보내와 중국으로부터 임명장을 받았다. 534년에 다시 사신을 보냈다.[19)]
17. 범범지(范梵志). 605년 유방(劉方)에게 패배했다. 623년, 625년, 그리고 정관(貞觀, 627~649)초에 사신을 보냈다.[20)]
18. 범두려(范頭黎). 630년 631년 그리고 이어지는 해에 사신을 보냈다.[21)]
19. 범진룡(范鎭龍). 645년 그의 가족과 함께 살해되었다.[22)]
20. 범두려(范頭黎)의 브라만 사위.
21. 범두려의 딸.

~ 로 되어있다. 이는 필사자의 잘못이 틀림없다. 식(式) 자는 고음에서 구개 종성을 가짐에도 불구하고 슈리(çri)는 거의 확실해 보인다. 나는 이러한 비정상적인 전사를 추정하는 설명을 하지 못했다. 이점에 대해서는 위에서 이미 언급했다(앞의 125쪽, 주299를 참고하시오). 양나라 시기부터 종성 자음의 완전한 묵음화 탓이라고 가정할 수는 없다.

19) 『남사』에는 식(式) 자 대신에 술(戌) 자로 되어있다. 관계는 전쟁으로 단절되었던 것으로 보인다. 543년 참파의 왕은 통킹의 중국을 공격하여 패배했다(『양서』, 권 3, 9쪽). 이 루드라바르만은 미선(Mỹ Sơn)에 있는 샴부바르만(Çaṃbhuvarman)의 비문에서 언급된 왕일 수 있다(『BEFEO』, III, 207, 209~210쪽을 참고하시오).

20) 앞의 111, 120쪽; 『수서』, 권32, 1쪽; 『구당서』, 권 197, 1쪽; 『신당서』, 권 222하, 1쪽을 참고하시오. 534년의 사신과 605년 전쟁 사이에 적어도 두 나라 사이의 간헐적인 관계는 있었다. 그래서 『진서(陳書)』(권 4, 2쪽; 권 5, 3쪽)는 568년과 572년의 사신들을 언급하고 있다. 그러나 『진서』의 「외국전」에는 기술이 없고, 본기는 왕의 이름을 제시하지 않았다.

21) 앞의 119쪽; 『구당서』, 권 197, 1쪽; 『신당서』, 권 222하, 1쪽을 참고하시오.

22) 앞의 119쪽을 참고하시오.

22. 제갈지(諸葛地). 범두려 숙모의 아들. 그의 부친은 캄보디아로 달아났다. 그는 범두려의 딸을 배우자로 맞아 재위했다. 그는 653년 중국에 사신을 보냈다.[23)]
— 발가사발마(鉢伽舍跋摩, (Prakāçavarman). 669년에 사신을 보냈다. 비문에 보이는 프라카샤다르마(Prakāçadharma)로 제갈지와 동일인임이 틀림없다. 프라카샤다르마는 또한 비크란타바르만(Vikrāntavarman)라는 이름을 가졌다.[24)]
23. 건다달마(建多達摩, Vikrāntavarman?). 713년에 사신을 보냈다. 이 사람은 프라카샤다르마(Prakāçadharma)와 구분하여 비문이 이 시기로 알려주는 비크란타바르만임에 틀림없다.[25)]
24. 노타라(盧陀羅, Rudra[varman]). 749년에 사신을 보냈다.[26)]

---

23) 앞의 119쪽을 참고하시오.

24) 앞의 119쪽을 참고하시오. 제갈지(諸葛地)와 프라카샤다르마의 가능한 추정은 미선(Mỹ Sơn)의 비문에서 비롯되었는데, 피노(Finot) 씨가 내게 알려주고자 했던 것으로 나중에 출간할 것이다.

25) 앞의 119쪽을 참고하시오. 내가 122쪽, 주287에서 시사한 비문은 아마도 완전히 비크란타바르만이란 이름도 가졌던 프라카샤다르마의 것일 것이다. 그러나 피노(Finot) 씨는 또한 8세기 초에 재위한 어떤 비크란타바르만의 비문을 내게 알려주었다.

26) 앞의 123쪽을 참고하시오.

6. 부남(扶南)과 아이모니에 씨의 설

1903년 『BEFEO』[1]에서 나는 부남 문제에 관해 아이모니에 씨가 최근 내놓은 결과와는 상당히 다른 해법을 제기했다. 그때부터 아이모니에 씨는 『JA』[2]에서 자신의 결론을 변호했다. 특히 『캄보디아』, 제3책[3]을 출간하고, 거기에서 그는 상당히 자세하게 자신의 견해들을 발표했다. 내가 앞에서 가탐의 여정을 주해하고 있을 당시 아이모니에 씨의 제3권이 내 수중에 없었던 것이 아쉽다. 대신에 다소 엉성한 방법으로 재론할 수밖에 없었던 몇몇 견해들을 논의할 수 있었다. 나의 의도는 무엇보다도 부남에 관한 나의 첫 번째 자료조사를 새로운 몇몇 정보들로 여기에서 보완하고자 하는 것이다. 이어서 이전에 언급하지 않았던 아이모니에 씨의 설들을 검토할 것이다. 그것들은 부남에 관한 나의 논문과 현재의 논문에서 연구된 문제들과 관계된다.

1. 부남에 관한 나의 논문에서(254쪽) 혼궤(混潰)와 혼전(混塡)이 같음을 인정하고 혼궤가 혼전(混滇)의 잘못된 형태라고 추정했다. 그러나 혼전이란 형태에 관한 예를 인용하지 않았다. 하지만 하나가 있는데, 그것은 『태평어람』에 수록된 강태(康泰)의 『부남토속전』의 잔권에 있던 것이었던 만큼 빠뜨리지 않았어야 했다.[4] 이 문장은 다음과 같이 매우 짧다: "오문국(烏文國). 옛날 혼전(混滇)이 처음으로 거대한 상선을 타고 간

1) 『BEFEO』, III, 248~303쪽.

2) 「부남에 관한 새로운 견해(Nouvelles observations sur le Fou-nan)」, 『JA』, 9~10월호, 1903, 333~341쪽.

3) 아이모니에(E. Aymonier), 『캄보디아』, III, 818쪽. 캄보디아와 시암의 역사는 325~807쪽에 들어있다.

4) 『태평어람』, 석판본, 권 787, 13쪽.

곳이 이 나라가 되었다."[5] 이 오문국은 다른 곳에서는 알려지지 않았다.[6]

2. 『양서(梁書)』는 부남왕 범전(范旃)이 240~245년 사이에 인도로 보낸 사신에 관해 언급하고 있다. 즉 그 텍스트는 투구리(投拘利) 항구에서 배를 탔다고 한다. 이 명칭으로 레비(Lévi) 씨는 이 명칭을 그리스인들과 『미란다 왕문경(Milindapañha)』의 타콜라(Takola)로 보고자 했고, 나는 이 복원이 그럴법하다고 인정했다(앞에 언급한 논문, 271쪽). 사실 투구리가 확인된다면 따라야 할 것은 바로 이 해법이다. 그러나 텍스트의 오류에서 비롯되었을 수도 있다. 『양서』는 7세기까지 거슬러 올라가지만 6세기 초에 편찬된 『수경주』는 강태의 『부남토속

---

5) 나는 적어도 이렇게 그 원문을 이해했다. 그 원문은 다음과 같다. 烏文國昔混潰初載賈人大船入海所成此國. 그러므로 오문국이 형성된 것은 혼전에서 부남으로 온 것(1세기)과 강태(康泰, 245~250)의 사신행 사이일 것이다. "우선" "처음으로"라는 의미의 초(初) 자는 혼전 항해의 두 단계를 암시할 수도 있다. 틀림없이 인도에서 말레이반도까지 가는 것으로 육로로 가로지른 다음 다시 부남에 가기 위해 배를 탔을 것이다. 나는 혼전이 까웅딩냐(Kauṇḍinya)에 해당할 것이라고 했다(앞에 언급한 곳, 291쪽). 이 복원은 프랑크푸르터(Frankfurter)의 『시암어 기초 문법(Elements of Siamese grammar)』에 대한 서평에서 이미 슐레겔이 우연히 제기한 것이다(『통보』, II, 84쪽).

6) 『영환지략(瀛環志略)』에서(권 2, 33쪽), 오예(烏乂)로 잘못 쓰인 것은 바로 이 오문이다. 라쿠페리(Terrien de Lacouperie)가 아이모니에 씨에게 "캄보디아의 건국자는 오만에서 온 상선을 타고 도착했고 인도 해안을 중간 기착지로 삼았다"라고 쓸 때, 근거한 것은 틀림없이 동일한 이 원문이었을 것이다(아이모니에, 『캄보디아』, III, 362쪽). 음성적 유사성은 이 가정을 그럴법하게 하기에는 충분하지 않다. 아이모니에 씨는 캄라텡(kamrateṅ)처럼 어떤 크메르어 단어는 페르시아만에서 온 것일 수도 있음을 암시하는 것이다. 그것은 아리송하지 않은 방법으로 설명되었어야 했다.

전』의 다음과 같은 인용을 수록하고 있다.[7] "구리항(拘利港)을 출발하여 큰 만(灣)으로 들어가, 북서쪽으로 똑바로 향하면, 1년 남짓 만에 천축의 강 어귀(天竺江口)에 이르는데, 사람들은 항수(恒水, Gange)의 어귀라고 한다." 두 텍스트에서 출발점이 동일한 것은 분명하다. 한편 중국인들은 구리(拘利)란 나라가 말레이반도에 있다고 알았으므로[8], 그 명칭의 실제 형태는 『수경주』에 의해 주어진 형태일 수 있다.

3. 7세기에 편찬된 『법원주림』에서[9] 내가 위베르(Huber) 씨에게 설명을 빚진 텍스트는 다음과 같다. "제(齊)나라의 건원(建元, 479~482) 연간에, 오래전부터 번옹(番禺, 광주)에 있는 비야리(毘耶離, Vaiçalī)의 비하라(vihāra, 정사)에는 부남국의 석상이 있는데, 그 이야기는 어디에도 알려지지 않았다. 외관은 매우 놀라웠다. 그것을 없애 옮기려면 70~80명이 필요했다. 이 사원의 측간에서 불이 나서 번졌다. (사원의) 가옥은 바람 아래 있었고 화염은 이미 그곳에 이르렀다. 10여 명의 비구니는 대책 없이 쳐다만 보고 있었으나, 몇몇 비구니들이 정신을 차리고, 너덧 명이 그 석상을 들고자 했다. 1균(鈞) 또는 1석(石)이 못 되게 나가던 석상은 떠 있는 것처럼 들어 올려졌다. 석상이 옮겨졌을 때, 가옥도 불타버렸다. 신광주(神光州)의 병사들이 약탈해 가려 할 때마다, 땀과 눈물이 (석상의) 몸을 갑자기 덮었다. 사람들은 산[10]의 남쪽에서 이 정황증거

7) 『수경주』, 무영전본, 권 1, 16쪽.

8) 구리(拘利) 또는 구치(九稚)란 이 나라에 관해서는 『BEFEO』, III, 266, 주2와 3; 샤반느, 『JA』, 1903, 11~12월호, 530쪽을 참고하시오.

9) 권14, 『일본대장경』, 雨, VI, 1쪽.

10) 양광(兩廣)에 대한 통상의 명칭이다.

를 찾았다. 나중에 광주자사 유준(柳俊)[11]이 성 밖으로 (석상)을 옮기게 했다. 석상은 오늘날 옛 장주(蔣州)의 한 사원에 있을 것이다."[12]

4. 『양서』는 부남전에서 부남왕 까웅딩냐 자야바르만(Kauṇḍinya Jayavarman)이 503년에 보낸 사신에 관해 말하고 있다. 그 결과로 그는 안남장군부남왕(安南將軍扶南王)이란 칭호를 받았다. 이 사신은 본기에서도 503년 조목에 언급되었다.[13] 그러나 본기에서 한 텍스트를 더 찾을 수 있는데, 그것은 사신이 503년 조정에 갔다면 거의 1년 동안 머물렀음이 틀림없다는 것을 밝혀준다. 왜냐하면, 앞에서 말한 그 칭호가 부남왕에게 하사된 것은 504년이기 때문이다. 그 원문은 다음과 같다.[14] "[천감(天監) 3년(504)], 5월 정사(丁巳)일에 부남국왕 교진여사야발마(憍陳如闍邪跋摩, Kauṇḍinya Jayavarman)를 안남장군으로 삼았다."

5. 양나라 시기 중국과 부남에 관한 정보들 속에, 샤반느 씨가 알려준 『불조통기(佛祖統紀)』와 『낙양가람기』의 문장을 넣어야

---

11) 5세기 말에 살았던 유준의 전기는 『남제서』, 권 37, 1~3쪽에 들어있다.

12) 마지막 문장은 잘못 번역되었을 것이다. 나는 신광주(神光州)를 모르고, 광주(光州)가 있었을지라도, 신주(神州)에 관한 기술을 찾지 못했다. 장(蔣)이란 명칭은 호남 현 광주가 가지고 있다. 그러나 여기에서 언급하고 있는 것은 이 장(蔣)에 관한 것이다. 그 텍스트는 다음과 같다. 每有神光州部兵寇輒淚汗滿體. 嶺南以爲常候. 後廣州刺史劉悛表送出都. 今應在故蔣州寺中. 앞의 원문은 다음과 같다. "齊建元中, 番禺毗耶離精舍舊有扶南國石像, 莫知其始, 形甚異常, 七八十人乃能勝致. 此寺草茨, 遇火延及屋在下風, 煙焰已接. 尼眾十餘相顧無計, 中有意不已者, 試共三四人捧之. 飄然而起, 曾無鈞石之重, 像既移矣, 屋亦焚焉.

13) 『BEFEO』, III, 262, 269쪽을 참고하시오.

14) 『양서』, 권 2, 3쪽. 같은 원문이 『남사』, 권6, 9쪽에도 들어있다.

한다. 그 문장은 남해로 중국까지 가는 여행에서, 509년에 이르게 되는데, 불타발타라(佛陀跋陀羅, Bodhibhadra)는 부남을 경유했다.[15)]

6. 부남의 사신 중에서 『양서』 부남전은 511년과 514년의 사신을 언급하고 있는데[16)], 동일한 문장이 『남사』에도 들어있다.[17)] 그러나 511년의 사신은 『양서』의 본기에도, 『남사』의 본기에도 들어있지 않다. 반대로 외국전에 보이지 않는 512년의 사신은 본기에는 들어있다.[18)]두 경우는 단 한 번의 사신이고, 511년과 512년의 두 연도는 반드시 채택해야 할 본기에 의해 제시된 512년의 연도일 것이다. 그리고 본기의 편찬 방식은 이러한 필사자의 실수를 상정할 수 없게 한다.

7. 중국의 전승은 부남에 대한 진랍의 승리를 시트라세나(Citrasena)에게 돌린다. 『신당서』는, 거의 확실한 오류로서, 진랍의 승리를 조금 이후의 연도인, 이샤나세나(Īçānasena, Īçānavarman)의 재위시기로 두고 있다.[19)] 어떤 경우에도 이러한 정보들이 역사적 진실과 일치할 수는 없다. 왜냐하면, 시트라세나의 형

15) 샤반느(Chavannes), 『JA』, 1903, 11~12월호, 530~531쪽. 내가 활용한 『낙양가람기』(진체비서(津逮秘書)본)에는 구치(勾稚, 九稚, 九離)와 손전(孫典, 典孫) 사이를 11일로 계산하고 있지만, 샤반느 씨의 번역에서는 12일이라고 하였다.

16) 『BEFEO』, III, 262, 270쪽을 참고하시오.

17) 『남사』, 권 87, 4쪽.

18) 『양서』, 권 2, 8쪽; 『남사』, 권 6, 11쪽.

19) 『BEFEO』, II, 123~124쪽; III, 272, 275, 300쪽을 참고하시오. 『신당서』의 문장은 부남의 옛 왕들인 마지막 생존자들의 항복을 이샤나바르만에게 돌릴 때 유지 될 수 있을 뿐이다. 사실상 부남은 7세기 초반까지 중국인들에게 알려져 있었음을 알고 있다. 그러나 『신당서』는 정복자의 이름을 제외하고는 『수서』의 문장과 동일하다. 그러므로 같은 출처를 가지는 것으로 보인다.

이자 계승자인 바바바르만(Bhavavarman)의 통치 시기부터 비문은 우리에게 부남의 옛 영토 대부분을 차지한 역대의 캄보디아 왕들을 보여주고 있기 때문이다. 『당회요』가 “양나라 대동(大同, 535~545) 연간에, (진랍은) 처음으로 부남을 복종시키고 그 영토를 차지했다”라고 할 때는 더 정확하면서 별개의 전승을 보여주는 것은 아닌지 의문을 가지게 한다. 다른 출처의 것들처럼 이 정보는 빨라도 616년 또는 617년까지 거슬러 올라간다. 왜냐하면, 나라의 도읍이 동일한 텍스트에서 이샤나푸라(Īçānapura)로 언급되었기 때문이다. 중국인들은 바바바르만을 알지 못했으므로, 그들이 이름을 기록한 최초의 왕은 시트라세나일 것이고, 그들은 부남의 항복에 관한 문장을 잘못 기술했을 것이다. 더는 시트라세나를 알지 못한 『신당서』에서와 마찬가지로, 정복자가 된 사람은 이샤나바르만이다. 『당회요』는 오히려 초기 형태의 전승을 우리에게 남겨주었다. 그러나 『당회요』가 끌어온 출처에 대해 불확실하기 때문에, 어떠한 결정적인 결론을 허락하지 않는다.[20]

---

20) 『당회요』는 961년에 완성되었으므로 『신당서』보다 이전이다. 따라서 『구당서』에 빠진 많은 정보를 제시하고 있으며, 그것은 아마도 일실된 『위서』에 들어있던 부분이거나 『구당서』의 빠진 부분일 것이다. 사실은 『태평어람』이 『신당서』의 부남전에 보이는 백두(白頭)와 참반(參半)에 관하여, 『당서』에서 가져왔다고 한 정보들을 기술하고 있다는 점에 주목해야 한다(『BEFEO』, III, 274쪽; 『태평어람』, 권 786, 12쪽을 참고하시오). 그런데 『태평어람』도 『신당서』보다 이전인데, 부남에 관한 단락이 없고, 『구당서』에는 백두, 참반에 관한 단락이 없다(이와 비슷한 경우에 대해서는 앞의 341쪽, 주472를 참고하시오). 아마도 정사들이 두 『당서』의 「예문지」를 통해서만 알려진 『진랍국사(眞臘國事)』에서 정보를 가져왔을 것이다(『구당서』, 권 46, 19쪽; 『신당서』, 권 58, 13쪽을 참고하시오).

8. 양나라 시기 539년 부남의 마지막 사신에 관하여, 보충 주석을 발표했고[21] 독자들에게 그것을 참조하게 할 수 있었다.[22] 『남사』의 이본을 근거로 이 시기에 부남으로 붓다의 머리카락을 찾으러 갔던 승려가 운보(雲寶)가 아니라 담보(曇寶)라고 해야 한다고 제안했다. 같은 주석에서 파라마르타(Paramārtha) 삶의 과정에 주목하고, 부남의 사신을 따라서 인도로 간 중국 사신을 언급했다. 샤반느 씨는 이 텍스트를 『JA』에 발표했다.[23] 그는 내가 장사(張汜)라고 부른 중국 사신의 이름을 장범(張汜)으로 읽었는데, 두 형태 모두 가능하다. 나는 『일본대장경』의 표기를 따랐다.

9. 부남에 관한 중국 언급들을 말했을 뿐인데, 아이모니에 씨는 베나제(Alexandre Bénazet)의 『일본의 연극(Le Théâtre au Japon)』에 관한 책에 따라, 이 나라를 언급한 일본 텍스트에 주목했다.[24] 그는 사실 『일본기(日本記)』에서 543년 백제(百濟, 중국어로는[北濟], 일본어로는 [쿠드라])왕이 "부남의 산물과 두 노예를 예물로 가지고" 일본에 사신을 보냈다.[25]

---

21) 『BEFEO』, III, 271쪽을 참고하시오.

22) 『BEFEO』, III, 671~672쪽을 참고하시오.

23) 『JA』, 1903, 11~12월호, 532쪽을 참고하시오. 샤반느 씨는 또한 540년에 들어있는 『불조통기』의 한 텍스트에 관해 말했다(531쪽). 동시에 내가 사람들이 그것을 근거할 수 있다고 생각하지 않는 이유를 말할 기회가 있었다(『BEFEO』, III, 672쪽).

24) 이이모니에(Aymonier), 『캄보디아』, III, 394쪽; 베나제(Bénazet), 『일본의 연극(Le Théâtre au Japon)』, 61쪽.

25) 『일본기』, 아스톤(Aston)의 역본, II, 48쪽. 나는 일본인들이 이 이름에 대해 다소 장황한 설명을 제시하는지 모르겠다. 아스톤 씨의 주석은 정확하지 않다. 나는 플로렌즈(Florenz) 박사의 번역본을 가지고 있지 않다.

10. 나는 지금까지 『신당서』에서 언급한 무덕(武德, 618~626) 연간과 정관(貞觀, 627~649) 연간 사이 중국에 온 부남의 사신들에 대해 알지 못했다. 7세기 초반에 요사렴(姚思廉)[26]이 편찬한 『진서(陳書)』는 이러한 결점을 보완해 준다. 그 책 본기에서 다음과 같은 문장들을 찾아냈다. ① 권 2, 4쪽: 영정(永定) 3년(559), 5월, "병인(丙寅)일에 부남국은 사신을 보내 그 나라의 산물을 예물로 바쳤다." ② 권 5, 3쪽: 태건(太建) 4년(572), 3월, "을축(乙丑)일에 부남국과 임읍국이 각각 사신을 보내 그들 나라의 산물을 예물로 바쳤다." ③ 권 6, 5쪽: 정명(禎明) 2년(588), "6월, 무술(戊戌)일에 부남국은 사신을 보내 그 나라의 산물을 예물로 바쳤다."

11. 현재의 『수서』는 부남에 관한 기록을 포함하고 있지 않고, 이 나라에 관한 어떠한 사신에 대한 언급도 본기에서 찾지 못했다. 그럼에도 불구하고 부남에 관한 정보들을 어떤 『수서』에서 가져왔다고 하는 자료에 관해 말했다.[27] 남쪽의 나라들에 관한 자료들의 한 부분이 탈루되었다는 것은 사실 현 『수서』의 문장을 통해 입증된다.[28] 즉 "대업(大業, 605~616) 연간에, 조공을 바친 남쪽 변경의 10여 개국이 있었다. 그러나 이러한 사건들에 관한 대부분이 일실되어 더는 그들에 관하여 들을 수 없다. 현재 4개국에 관한 기술만 남아있을 뿐이다"고 한 것이다.

12. 중국의 황제들은 언제나 조정에 외국의 오케스트라를 가지고자 했으며, 오늘날에도 현 왕조의 위상은 안남과 같은 중앙아

---

26) 요사렴(姚思廉)은 또한 『양서』의 편집자이기도 하다. 『BEFEO』, III, 262쪽을 참고하시오.

27) 『BEFEO』, III, 283쪽을 참고하시오.

28) 『수서』, 권 82, 1쪽.

시아의 음악들로 가늠한다는 것을 알고 있다. 마찬가지로, 수나라 시기에 부남의 음악은 중국에 알려졌지만 선호되지 않았다. 『수서』는 개황(開皇, 581~600) 초에 확정된 악부(樂府)의 설치를 기술하고 있는데, 중국과 외국의 7개의 대규모 오케스트라에다가 카슈갈, 한국, 일본의 악공들이 있었고, 그중에는 부남의 악공들도 있었다.[29] 이 주제와 관련하여 우리가 가지고 있는 가장 완전한 텍스트는 『당회요』의 것이다.[30] "부남국과 천축국의 음악에 관하여, 수나라 시기에 인도 (음악의) 형식들을 사용했고, 악부에 들어갔지만[31] 부남의 음악은 사용하지 않았다. 수양제가 임읍을 평정했을 때[32], 부남의 예술가들을 데려왔지만, 그들의 포(匏)[33]와 금(琴)[34]은 거칠어 사용할 수가 없었기 때문이었다. 그들은 인도 악곡의 가사들을 옮기는 것으로 만족했다." 정확하게 말해서, 음악가들 옆에는 댄서

---

29) 『수서』, 권 15, 15쪽.

30) 『당회요』, 권 33, 25쪽. 『구당서』, 권 29, 4쪽에서도 거의 동일한 문장을 찾을 수 있다. 부남의 음악은 또한 『신당서』, 권 22, 3쪽에서도 언급되었다.

31) 인도의 음악은 『수서』(권 15, 15쪽; 『신당서』, 권 29, 5쪽)에서 언급한 7개의 오케스트라 중 하나를 구성했다. 인도인들은 동시에 광대들로 인식되었다. 인도 음악의 옛 번영에 관하여 『갈고록(羯鼓錄)』식의 제목에서만 그 흔적을 찾아볼 수 있을 뿐이다(이 책에 관해서는 와일리(Wylie)의 『중국 문헌에 관한 주석(Notes on Chinese literature)』, 초판, 113쪽을 참고하시오).

32) 605년 참파 원정을 말하는 것으로, 황제 자신이 직접 나선 것이 아니라 그의 장군 유방(劉方)에 의한 것이다. 앞의 111쪽을 참고하시오.

33) 포(匏)는 원래 "호리병박"을 의미한다. 꾸브레르(P. Couvreur)에 따르면(『중국어 경전 사전(Dictionnaire classique de la langue chinois)』, 102쪽), 그것은 "호리병박 모양의 작은 잔에 고정된 관이 있는 입으로 부는 작은 오르간"이다.

34) 금(琴)은 중국에서 5현 또는 7현으로 된 일종의 기타이다.

들이 있었다. 『신당서』는 "부남의 춤은 조하(朝霞)[35]와 붉은 가죽신을 (신은) 두 남자와 함께 행해진다."[36]

13. 부남에 관한 나의 첫 번째 논문에서, 7세기 초반에 중국에 온 부남의 사신들과 관련하여 『구당서』의 어떠한 텍스트도 인용할 수 없었다.[37] 그 이후로 이 주제와 관련하여 중국 지방의 행정 분류표에서 빠진 한 설명을 찾아냈다. 광서의 한 지역에 742년에 주어진 부남군이란 명칭과 관련하여 『구당서』는 그 곳이 정관(貞觀, 627~649) 연간에 중국에 사신을 보낸 부남국이 아니라고 밝혔다.[38]

---

35) 하(霞)는 원래 여명이나 황혼의 하늘이 가지는 분홍색을 지칭한다. 따라서 조하는 "새벽의 분홍"을 의미한다. 이 표현은 이미 『초사』에 보인다. 수당 시기에 이 용어는 분명 그 색깔 때문에 특별한 천에 적용되었던 것으로 보인다. 특히 참파(『신당서』, 권 222하, 1쪽)와 타원(陀洹)(같은 책, 3쪽)에 관하여 그 표현을 찾아볼 수 있다.

36) 『신당서』, 권 22, 3쪽; 『구당서』, 권 29, 5쪽을 참고하시오.

37) 나는 주석에서 이 침묵에 대해 의아해했는데(『BEFEO』, III, 295쪽), 이는 아이모니에 씨의 다음과 같은 지적이 있었다. "주석에서 펠리오 씨는 『신당서』에만 이러한 사신들이 보이는 것에 대해 이상하게 여긴 것 같다. 그런데 그는 이 늦게 편집된 자료가 자신이 근거하고 있는 세 텍스트 중에 둘을 제시하고 있다는 것을 망각하고, 그는 특목(特牧)과 나불나(那弗那) 성에 관련된 사실상 긍정적인 문자를 가지고 있는 이 문장 중 하나만을 제시했다. 내가 보기에, 『신당서』는 이 두 가지와 관련하여 옳고 그르든, 이 논의에 제공하는 동일한 논거의 권위를 가지고 있는 것 같다." 아이모니에 씨가 주장하는 역사 비판의 원칙들에만 동의할 뿐이다. 그러나 그가 나의 주석들 끝까지 읽었다면 그것을 진술하는 수고로움을 아꼈을 것이다. 나는 『구당서』의 침묵과 『신당서』의 본기를 언급한 뒤에, "내가 생각하기에, 이는 『신당서』의 증언을 배제할 만큼 논거는 아니다"고 덧붙였다. 아이모니에 씨가 나에게 제시한 견해와는 거의 반대가 된다.

38) 『구당서』, 권 41, 38쪽; 앞의 113쪽 주260를 참고하시오.

14. 『책부원구』에는 다른 어디에서도 찾을 수 없는 상당히 이상한 텍스트가 있다. "정관(貞觀) 17년(642)에 임읍왕은 사신을 보내 부남의 공격을 받았으니 지원군을 요청했다. 태종은 '산에는 맹수가 있어 여곽(藜藿)[39]을 채취할 수 없다. 너의 나라는 우리의 이웃인데, 어찌 부남이 감히 핍박할 수 있겠는가? 이것이 너의 걱정이겠지만, 사실 아무런 문제가 되지 않을 것이다'라고 했다. 나중에 다른 사신들이 왔을 때도 태종이 한 것과 같은 말을 들었다."[40] 이 문장이 진짜라면, 옛 부남이 아니라 진랍에 적용되는 것으로 해석할 수 있을 뿐이다.
15. 부남에 관한 나의 첫 번째 논문에서 내가 저자들을 표시할 수 없었던 두 책에 관한 정보는 다음과 같다.[41] 『오력(吳歷)』은 호충(胡沖)의 저작으로 6권으로 되어있다. 『수서』의 「경적지」에 보이지 않지만 『당서』에 언급되었다.[42] 『양사공자전(梁四公子傳)』의 저자는 유명한 관리였던 장열(張說, 667~730)이다. 내가 인용한 문장은 『설부(說郛)』에 들어있는 책의 부분들에는 들어있지 않다.[43]

이러한 새로운 몇몇 정보들은 매우 빈약하다. 이들 중 어느 것도 아이모니에 씨와 내가 이전에 부남에 관한 중국 자료로부터 끌어낸 결론들을 수정할 만한 것이 아니다. 나라의 위치에 관해서는 동의하지만,

---

39) 여곽(藜藿)은 명아주(Chenopodium album)임에 틀림없다(브레트슈나이더, 『중국 식물 사전(Botanicon sinicum)』, II, 261쪽을 참고하시오). 사람들은 그 싹을 먹는다.

40) 『책부원구』, 권 999, 14쪽. 642년 또는 전후의 연도에 임읍의 사신에 관해서는 두 『당서』의 외국전이나 본기에 언급되어있지 않다.

41) 『BEFEO』, III, 283쪽.

42) 『구당서』, 권 46, 13쪽; 『신당서』, 권 58, 3쪽. 또한 『수경적지고증(隋經籍志考證)』, 권 3, 11쪽을 참고하시오.

43) 장열(張說)에 관해서는 자일스, 『인명사전(Biographical Dictionary)』, no

부남이 진랍이 되는 방법에 관해서는 상당히 다른 견해에 이르렀다. 아이모니에 씨는 나의 논문이 자신의 이론들을 보강해 준다고 평가했는데, 반대급부로, 캄보디아의 역사에 관한 그의 마지막 연구의 한 단락[44]을 나의 설명으로 원용할 수 있어 다행이다. 아이모니에 씨는 부남이 진랍에 의해 정복당했다는 중국 자료들을 말하면서 "매우 그럴듯한 가설로 그것들을 해석할 수 있다. 거의 전체의 갈리아가 카페 왕조 왕권의 팽창으로 프랑스가 된 것처럼, 초창기의 진랍은 복종시키고 이어서 명칭을 양도한 옛 부남의 한 부분에 지나지 않았다"라고 덧붙였다. 그래서 아이모니에 씨는 진랍과는 별도로 큰 부남의 존재를, 더 정확하게 말해서, 특별한 이름과 자치적 존속을 갖춘 진랍은 원래 부남의 한 부분에 지나지 않았다는 것을 인정했고, 나는 다른 것을 말하지 않았다.

나는 한 주석에서 아이모니에 씨가 항상 충분한 참고사항을 제시하지 않은 것을 주지시켰다. 아이모니에 씨는 『JA』(1903, 9~10월호, 334쪽)에서 『캄보디아』 제3권은 이러한 관점에서 충분한 만족을 줄 것이라고 대답했다. 그러나 도리어 나는 심한 실망감을 느꼈다는 것을 고백해야겠다. 캄보디아의 비문에 관련된 것을 제외하고 아이모니에 씨는 2차 자료로 작업했다. 종종 인도, 무슬림, 말레이, 티베트 저자들에서 끌어온 정보들에 대해서는 그는 가르니에(Garnier)가 제시한 인용들을, 원서를 참조하지 않고 복제하는 데 그쳤다. 그러므로 독자가 각 정보의 흔적을 따라갈 수 있도록 해주는 것이 매우 중요하다. 한 페이지(400쪽) 아래에 "가르니에, 투르누르(Turnour)와 하르디

~ 134를 참고하시오. 장열의 소품들(서, 기, 비문 등등)은 무영전(武英殿)에서 25권으로 편집되었다. 또한, 슐레겔, 『통보』, III, 125쪽을 참고하시오. 장열의 이름으로 불교 문헌에서 저술을 인용한 것에 대해서는 『일본대장경』, 露, VIII, 92쪽을 참고하시오.

44) 『캄보디아』, III, 367쪽.

(Hardy)를 따름" 또는 "스타니라스 쥴리앙(Stanislas Julien), 포티에(Pauthier), 가르니에(Fr. Garnier)"(386쪽)라고 참고문헌을 적는 것은 작업을 쉽게 하는 것이 아니다. 아이모니에 씨는 그러한 체계의 첫 번째 희생자이다. 왜냐하면 "올덴베르크(Oldenberg), 제임스 다메스테터(James Darmesteter), 실뱅(Sylvain Lévi) 등등"(443쪽)으로 이해하려 하지 않고, 레비(S. Lévi) 씨의 논문을 참조했다면, "카니슈카(Kaniṣka)의 죽음부터가 아니라 즉위식에서" 사카력이 시작한다는 학자 중에 『인도-스키다이에 관한 주석(Notes sur les Indo-Scythes)』의 저자를 넣지 않았을 것이기 때문이다. 특히 쿠바(카불의 강)와 카쉬미르로 동시에 번역되는 것이 계빈(罽賓)이고, 계빈을 속디아나에 위치시킬(382쪽) 때, "구나바르만(Guṇavarman), 카쉬미르 쿠바(Kubhā)의 왕"이란 것을 참고사항 없이 말하는 것은 큰 실수로 책임져야 한다. 아이모니에 씨에 따르면(392쪽), 양나라 역사가 들은 "부남의 여인들이 머리만을 덮는다고 주장하는데, 더 놀라운 것은 그들이 부남의 연인들이 보이도록 내버려 두는 것은 숨겨야 하는 다른 민족들과 같지만, 순진하게 머리는 부끄러운 부분으로 여기지 않는다는 것을 지적한다는 점이다"라고 했다. 그런데 이 기발한 생각들은 『양서』에 보이지 않고[45], 중국 텍스트에서 찾을 수 없다. 왜냐하면, 부남의 여인들이 머리만 덮는다는 것은 오해이기 때문이다. 중국의 전승에 따르면, 그들은 사실 머리를 넣을 구멍이 뚫린 자루 같은 것을 입는다. 어디에서 그런 실수가 나왔는지 말하지 않았으므로, 아이모니에 씨가 아니라면 누구에게 이 잘못을 돌릴 수 있겠는가?

이러한 예들을 많이 찾을 수 있다. 내가 문제시하는 것 중의 하나는, 캄보디아의 중국식 명칭인 진랍에 관한 것이다. 아이모니에 씨는 다음과 같이 말했다(425쪽). "펠리오 씨는 같은 나라의 공식적인 명칭의 중국어 음역인 감포지(澉浦只, Kam-put-chi)는 17세기에 동

45) 부남에 관한 『양서』의 기록들에 관해서는 『BEFEO』, III, 262~272쪽.

포채(東埔寨)[46]가 되었다는 사실에 근거하여 아마도 칸라(Kanla), 칸다(Kanda)로 보아야 한다고 주장했다." 아이모니에 씨가 정확한 텍스트를 참조하도록 했다면, 내가 단절된 설명을 할 태도를 취했던 이 논거를 이상하게 여기는 데 있어 더 자유로울 수 있었다. 그러나 내가 그처럼 말했겠는가? 진랍의 명칭은 결코 칸다 또는 칸라로 읽어서는 안 된다.[47] 다음 문장에서 우리는 놀랍게도 캄보디아가 구진(九眞)으로도 불렸다. 구진은 사실상 안남의 해안에 있었다. 그러나 여기에서 아이모니에 씨는 그가 끌어온 곳을 말했는데, 아무도 엥보-위아르(Imbault-Huart)가 저지른 잘못이라고 전가할 줄을 생각하지 못했다.

이러한 "고증자료"의 불충분한 결함은 아이모니에 씨가 중국 자료에 따라 인도차이나의 지도를 재구성하려 했을 때 여실히 드러났다. 이전 연구에서 아이모니에 씨는 개라(箇羅), 바리(婆利), 나찰(羅刹), 낭아수(狼牙修), 간타리(干陀利)등의 나라를 부남으로 확인했으며, 캄보디아에 관한 마지막 책에서는 가라사분(哥羅舍分)을 추가했다. 나는 이러한 추정들을 위해 부각시킨 주장들이 종종 착각과 오해에서 나온 것임을 나의 첫 번째 논문에서 밝혔다. 그러나 내가 지나는 길에 행해졌다고 생각하는, 그리고 전혀 성립될 가능성이 없는 가설들에 대해 정상적인 논의를 시작하는 것이 무의미하고 생각했다. 그러나 아이모니에 씨는 고집했고, 그의 답변에 대해 내가 "나

---

46) 동포채(東埔寨)란 명칭에 관하여 내가 『BEFEO』, II, 126~127쪽에서 말한 것을 참조케 할 수 있을 뿐이다. 제리니(Gerini) 씨가 주장한 최근 설(『AQR』, 1904, 4월, 371쪽)은 받아들일 수 없을 것 같다. 아이모니에 씨가 레무사(Rémusat)에 따라 말한(759쪽) "Pou-se 동쪽"에서 찾아야 할 것은 바로 이 Tong-p'ou-tch'ai란 동일한 명칭이다.

47) 아이모니에 씨는 부남에 관한 자료에서 보이는 축전단(竺旃檀, 『BEFEO』, III, 252~253쪽)이란 명칭을 진랍과 비교했지만(388쪽), 이는 그럴 리가 없는 근거 없는 가정일 뿐이다.

찰과 간타리에 대해 침묵했다"라고 유감을 표했다. 내가 그의 초대에 가지 않는 것은 부당하고, 그는 자신의 설들을 『캄보디아』와 부남에 관한 논문에서 더 완전하게 발표했기 때문에, 나는 그의 비교들에 관해 아무것도 고려하지 않는다는 것을 그에게 말해주면 그만이다.

아이모니에 씨는 인도차이나를 기원후 몇 세기 전 원주민 부족들인 카(Kha)족, 참족, 크메르족, 몽족의 뿌리를 가지는 것으로 생각한듯하다. 미얀마족, 타이족 그리고 안남인들은 "어쨌든 우리가 정확하게 역사시기라고 부를 수 있는 것에 들어가면서 상대적으로 늦은 시기"(341쪽)에 인도차이나로 내려왔을 뿐이다. "정보들과 충분한 자료의 부족으로, 갠지스강 너머 반도에 살았던 원시 종족들의 언어적 유사성이 모호하고 아직 밝혀지지 않았지만, 대부분의 그들 방언, 특히 크메르족, 몽족 그리고 참족인 세 민족의 방언들은 여러 학자가 몽-안남 그룹이라 부르는 어족을 가지고 있다고 알고 있다"(342쪽). 참족들은 광주에서 시암만과 그랑 락(Grand Lac)까지 해안을 따라 이주했다(352, 362, 366, 378쪽). 크메르족은 참족의 서쪽에 있는 지역을 차지했고, 몽족들은 페구와 테나세림에 있었다. 그렇지만 북방의 민족들은 계속해서 남쪽으로 이주해 왔다. "기원 직후부터 현 안남인들의 선조들인 교지족들은 양자강 남쪽에 위치한 고장을 떠나 서서히 이주하여 오늘날 통킹이라고 부르는 홍강의 델타지역을 이미 차지하고 있었다."(361쪽) 마찬가지로, 우리가 일반적으로 생각하는 것보다 더 이른 시기에 타이족들은 인도차이나에 퍼져 있었다.[48] "이 지역에서 그들이 속국들을 설치한 것도 오래전으로 거슬러 올라간

48) 아이모니에 씨는 "현재인도-차이나 종족들뿐만 아니라, 중국의 남쪽 지역에는 오늘날까지 동화되지 않고 적어도 속성 대부분을 지닌 많은 타이 족속들이 있다는 것을 추정할 수 있다"(674)라고 하였다. 아이모니에 씨는 677쪽에서 다시 이러한 "가설"을 공식화했다. 중국의 타이족들에 관하여 20년 이래 발표된 것들을 모두 잊은 것인가?

다. 옛 중국의 학자들은 Youe-tchang(라오스)는 기원후 1년에 흰 공작을 바쳤다고……확인했다."(676쪽)

다른 자료들의 부족으로, 언어학적 관점으로 인도차이나의 민족들을 분류한다는 점을 인정해야 한다. 그것은 정확하게 민족학적 관점에서 말하는 것이 아니다. 그러나 무슨 근거로 규칙을 따르지 않고 참족을 몽-안남 그룹에 넣었는가? 그들의 어휘가 주로 말레이어이기 때문인가?[49] 어떤 자료도 안남 상부에 있는 꽝빈의 북쪽으로 그

---

49) 더구나 아이모니에 씨는 순수하게 캄보디아어의 몇몇 단어들이 말레이어에도 나타난다는 것을 인정하는 것 같다(683쪽). 그러나 인용된 예는 특히나 잘못 선택되었다. 말레이어 페르타마(pertāma), 자바어 프라타마(pratama)는 분명히 산스크리어 프라트마(prathma)이다. 어쨌든 아이모니에 씨는 인도차이나 대륙의 언어학적 다른 분류를 주장하고 있는데, "'신, 신성, 신성한'의 뜻을 가지는 단어가 캄보디아어의 브라(braḥ)에 속하는지, 참족의 얀(yāṅ)에 속하는지에 따른 두 개의 큰 어군으로"(345쪽) 나누자는 것이다. 그는 몽-안남 그룹의 하위분류로 보는 것 같다. 그러나 얀(yāṅ)은 말레이 폴리네시안 어족에 맞는 것으로 보인다(블래그덴(C.O. Blagden), 『JRAS』, 1902, 676쪽을 참고하시오). braḥ에 관하여, 아이모니에 씨는 바르트(Barth) 씨의 고증에도 불구하고—한편 그의 고증은 캄보디아어 관점에서 산스크리트어만큼 타당하다—브라만(brahman)과의 비교를 주장했는데(446쪽), 사람들은 그 단어에 대해 어원을 제시하려고 도모하지 않을 정도로 관심을 보이지 않았다. 이 차용어는 인도차이나의 여기저기, 다른 어족의 언어에서도 있는 만큼 언어학적 그룹을 잘못 특정했다. 아이모니에 씨에 따르면(676쪽), 이 braḥ란 단어를 미얀만인들과 시암인들에게 준 것은 크메르족과 언어적으로 유사한 페구인들이라고 했으나, 이는 어떻게 그 단어가 네덜란드령 인도에 있는지를 설명하지 못한다. 게다가 브라(braḥ)가 몽어에 존재했을 법하다면, 또한 그것을 밝혀야 한다. 나는 하스웰(Haswell)과 스티븐스(Stevens)의 어휘집에서 그 단어를 찾지 못했으며, 하노이에 살고 있으며, 몽어를 말하는 한 미얀마인은 그 단어를 모르는 듯했다. 결국, 안남인은, 몽-안남어 계열에도 속하는데, 브라(braḥ)그룹에 속하는가, 얀(yāṅ)그룹에 속하는가?

들을 소개하지 않는데, 왜 참족들을 광주까지 가게 하는가? 그리고 보이는 대로, 안남인을 크메르족, 몽족과 같은 어족으로 연결지어야 한다면, 그들의 사촌인 몽족과 크메르족은 인도차이나 남부에서만 모습을 드러내는 데, 양자강의 남쪽 지방의 안남인들을 내려오게 할 충분한 근거가 있는가?[50] 마지막으로 월상(越裳)[51]은 라오스도 아니고 타이도 아닌, 사실은 중안남의 한 지역이다.

아이모니에 씨에 따르면, 참, 크메르, 페구민족들은 상당히 이른 시기에 인도화되었다고 한다. "일반적으로 역사적 사실들은…… 우연히 역사가들이 기록했던 시기 훨씬 전으로 거슬러 올라간다. 따라서 로마인 히파루스 몇 세기 이전, 바다 교역이 우리가 기원전 7~8백 년으로 거슬러 올라가는 것으로 알려진 현저한 발전이 있기 이전에, 정교하고도 오래된 문명을 소유했던 서아시아 강대국의 항해가들은 이미 인도양에 몸을 맡겼다. 일반적으로 너무 온화했고, 몬순 바람의 규칙성을 활용할 줄 알았다. 귀중품, 향신료를 갈망한 이 상인들이야 어찌 되었든, 왜 역사는 존재하지 않거나 침묵하거나, 그들의 탐험이나 금전욕이 그들을 몰아간 먼 나라들에 대해 모호한 암시를 했을 뿐인가? 한쪽에서는 칼데아인, 이집트인, 유대인 그리고 이두메인, 이슬람 이전의 페르시아인과 아랍인, 다른 쪽에서는 인도인과 중국인은 아시아의 이쪽 끝에서 아시아의 다른 끝으로, 황해에서 페르시아만까지 서로 노를 저어 나아갔다.(348쪽)"

내가 이 단락을 길게 인용한 것은 이것이 아이모니에 씨 설의 논거이자 진술이기 때문이다. 일반적으로 받아들여지는 연대에 약 1천

---

50) 몽족의 명칭과 통킹 만(蠻)의 명칭들 사이의 불확실한 비교는(341쪽) 근거할만한 단서들이 부족하여, 기술될만한 가치도 없다.

51) [youe-tchang]이 아니라 [yue-shang]으로 발음해야 한다. 이는 사람들이 월상을 라오스에 두는 남장(南掌, Luang Prabang)과 월상 사이의 잘못된 연결에서 비롯된 것이다.

년을 고친 것을 뒷받침하는 그럴듯한 해답이나 희미한 논거조차도 제시하지 못했다. 아이모니에 씨는 계속하여 “사실 우리가 인도차이나에서 발굴한 가장 오래된 유물의 추정 시기는 기원전 3세기로 거슬러 올라가며, 그것은 순수하고 정통의 산스크리트어로 되어있다. 그러나 식민화와 인도문화의 현저한 증거에 선행하는 문명의 더딘 소산은 기원전 8세기 또는 10세기부터 시작되었을 수 있고, 더 가능성 있게는, 기원전 4세기부터는 충분히 개화되었을 것이다.(350쪽)”라고 하였다.

동인도 차이나의 인도화에 관해 우리가 가지고 있는 다소 정확하고 유일한 증거들은 개화한 사람들이 온 것을 기원후 1세기에 두도록 이끈다는 것을 상기해야 할까? 아이모니에 씨는 불교 포교를 내세웠다. 기원전 3세기 파탈리푸트라(Pāṭaliputra)의 종교회의 이후에, 포교사들이 황금의 땅으로 설교하러 왔다. “불교사의 편집자인 타라나타(Tarànàtha)는 이 시기, 즉 인도의 아쇼카 왕 시기에 시작된 부파(部派)들이 티베트의 저자가 코키(Koki)라고 부르는 이들 나라에서 수적으로 증가했다는 것을 확인했다. 그는 이 ‘청중들’이 가장 단순하고 원시적인 방식으로 새로운 종교를 믿었다고 했다. 이러한 정황은 바수반두(Vasoubandhou)의 출현 순간까지, 서기 즈음까지 지속하였다. 그런데 이 유명한 스승의 제자들은 마하야나(Mahāyāna)의 교리로 인도차이나의 이 나라들을 개종시켰다.(351쪽)” 주석에서 아이모니에 씨는 바수반두가 4세기경에 살았다고 했다. 그러나 사실 우리는 어느 시기에 포교승들이 인도차이나에 왔는지 모른다. 파탈리푸트라의 회의는 분명 전설적인 것이고 논증의 출발점으로 쓰일 수 없다.[52)]

---

52) 케른(Kern), 『인도의 불교사(Histoire du Bouddhisme dans l’Inde)』, 위에(Huet)의 역본, II, 304쪽 이하를 참고하시오. 특히 316쪽에는 “아마도 [무헨드라(Muhendra)에서] 실론까지의 포교사를 제외하면, 전설의 스타비라(Sthaviras, 상좌부)들에 의해 이루어진 개종에 관련된 모든 이야기는 분명

타라나타의 단락에서 나온 것에 관하여, 어디에서 아이모니에 씨 설의 근거가 되는지 모르겠다. 타라나타는 17세기 초에 그 책을 썼는데, 아쇼카 시기에 대해서 그의 편집은 권위 있는 것이 아니다. "청중들", 말하자면 슈라바카스(çrāvakas), 다르게는 히나야나(Hīnayāna)의 신도들이 "가장 단순하고 가장 원시적인 방식으로 불교를 신봉했다"라고 대승불교도에 관해 말한 것은 쉬프너(Schiefner)의 번역을 참고하지 않고 『인도차이나로의 탐사 여행(Voyage d'exploration en Indochine)』(I, 113쪽)에 따라 타라나타를 인용한 아이모니에 씨의 순수한 착각이다.

쉬프너는 가르니에(Garnier)가 풀이한 한 주석을 수정하면서 티베트인 저자로 추정했다. 타라나타가 바수반두를 서기 초에 살았다고 생각한 것과 같은 류의 실수이다. 가르니에(Francis Garnier)는 이 부정확한 합치를 괄호 속에 넣어 둔 반면 아이모니에 씨는 그것을 텍스트 속에 넣어버렸다. 설령 이러한 오류들에서 벗어났을지라도, 아이모니에 씨가 주장한 인도차이나의 인도화를 먼 옛날로 물리게 하는 그 어떤 것도 알려지지 않았다는 것에는 의심의 여지가 없다.

인도차이나에서 중국인들의 활동을 상당히 높이 거슬러 올라가는 것 또한 잘못된 것이다. "그들 또한 몬순 바람의 주기성을 활용

~ 실화지만, 비슷한 이야기를 낳을 수 있는 역사적 사실들로 표현되기는 어렵다. 실제 정황이었던 것을 제외하고, 그것들은 실제 역사와는 부합되는 것이 없다. 실제 역사는 몇 세기 뒤에 허위의 사건들에 비슷한 일화들을 만들어낼 기회를 제공한다"라고 하였다. 인도차이나에서 불교와 브라만교 각각의 역할에 관한 아이모니에 씨의 너무 절대적인 설들은(449쪽) 다른 실수를 저지르게 했다. 즉, 484년에 부남왕은 나가세나(Nāgasena)라는 승려를 중국에 사신으로 보냈다. 왕의 편지를 부정확하게 번역하고 있음에도 불구하고 가르니에(Francis Garnier)는 불교 승려일 것으로 추정했다. 그런데 아이모니에 씨는 반대로 브라만으로 보고자 한다(409쪽). 그러나 옳은 것은 가르니에이다(『BEFEO』, III, 257).

하여 북방의 사람들은 기원전 수 세기 전부터 수백 명이 타는 배를 타고 항해했다. 그들은 인도차이나에 제철, 연금 또는 직조술과 같은 산업들을 소개했을 것으로 추측된다. 기원전 3세기부터 중국의 지배력을 사실상 이룩한 진나라 사람들은, 다소 제한된 경계를 가지긴 했지만, 일종의 우주적 지배를 꿈꾸었고, 더 활발해진 관계에, 이웃 나라들에 관한 연구와 정복의 성격을 결정지었는데, 그러한 연구는 공식 사가들에게 더욱 체계적으로, 불완전하기는 하지만, 우리가 인도차이나에 관해 참고할 수 있는 가장 오래된 역사적 지리적 경험을 구성하는 지식을 모을 수 있도록 해주었다(357쪽)." "옛날 중국의 학자들은 진한(秦漢)의 (왕조들이) '온 세상을 복속시켰고, 그들에게 놀라운 예물을 받았다'라는 것을 확인해 준다(676쪽)." "진나라의 첫 번째 정복 시기인, 기원전 3세기에 임읍은 이미 강력하게 형성된 나라였고, 『변예전』이란 중국 책을 믿는다면 서남쪽에서 그랜드 락(Grand Lac)까지 펼쳐져 있었다(378쪽)." "효황제는……남향하여 진나라의 정복을 넘어섰다. 125년과 110년 사이 그의 군대는 인도차이나반도 거의 전체를 차지했고, 그들은 시간을 두고 다양한 방식으로 중국의 조공국이 되었다(378쪽)." "기원전 수 세기 전"에 "북방의 사람들"의 엄청난 횡단은 소설이지 역사가 아니므로 여기에서 언급하지 않는다.[53)]

---

53) 아이모니에 씨는 앙코르와트의 부조들을 옛날 캄보이아에 온 이 중국인들의 흔적이라고 본다(247쪽) 그는 "이상하고 아주 특별한 성격의 한 주제는 잘 조각된 한 바위에 반쯤 뒤집힌 중국의 큰 배가 좌초되어있는 것이다. 선주와 선원들은 그들의 용모와 등에 늘어뜨린 땋은 머리카락으로 알아볼 수 있다. 이 에피소드는 아주 오래전 그 나라에 온 최초의 중국인들에 관한 오래된 전승이나 지역의 전설과 관계된 것으로 보인다"고 하였다. 선원들이 등에 땋은 머리를 가지고 있다고 해서 중국인이 될 수는 없다. 왜냐하면, 중국인들은 17세기부터 머리를 땋기 시작했기 때문이다. 아이모니에 씨가 개인적인

진나라와 한나라의 정복에 관하여, 나는 아이모니에 씨가 "세계"란 용어에 큰 의미를 부여한 것은 아니라고 생각하지만, 그가 번역한 중국어 원문이 무엇인지를 알아야 한다. 그러나 확실한 것은 진나라와 한나라의 정복이 결코 안남 상부를 넘지 않았으며, 시암만의 나라들이 중국의 "조공국"이었다면 나중에 인도 또는 바드다드도 같은 자격이라는 것이다. "「변예전」이라 불리는 책"은 없고 『도서집성』이라는 총서의 한 부분이며, 다른 곳 어디에서도 마찬가지로, 임읍을 그랑 락(Grand Lac)까지 가게 하는, 진나라사 시기에 임읍이란 나라를 언급한 어떤 텍스도 없다.

사실 아이모니에 씨가 기원전 임읍을 상정한 것은 완전히 사실무근이다. 이 임읍은 그랑 락(Grand Lac)까지 펼쳐져 있었을 뿐만 아니라, "지역의 막연한 전승에 따르면……그 나라는 더 이전 시기에 상당히 많은 면적을 가졌을 것이고, 캄보디아와 안남은 소국이었던 것에 반해 발전된 문명의 중심이었을 것이다"(378쪽)라고 하였다. 참인들은 "쿡 테록(Kouk Telok)"이란 나라를 차지한 최초의 사람들이다. 이 쿡테록은 포이팅거 지도에 보이는 칼리프(Calippe)이고[54],

---

~ 기억에 따라 언급한 것이 아니라, 무라(Moura)의 문단(『캄보디아 왕국(Le Royaume du Cambodge)』, 316쪽)을 베낀 것이다. 그는 원래 텍스트에 좌초된 이 장면은 "매우 잘 조각되었다"라는 말만 추가했을 뿐이다. 이 형용사구는 무라가 기술한 화판과 같은 주제로 된 보로부두르(Borobudur)의 아름다운 부조와 순간적인 혼동으로 설명되는데, 이 보로부두르 부조가 실수로 앙코르와트의 부조가 된 것인가?(325쪽)

54) 아이모니에 씨는 378쪽에서 "프톨레마이오스의 칼리프"에 관해 언급하고 있는데, 프톨레마이오스가 칼리프를 거명한 것이 확실한가? 한편, 353쪽에서 카티가라(Cattigara)와 클라프로트(Klaproth)에 의거하여, 사이공에 있었던 시내(Thinae 또는 Sinae)를 만났을 때, 그는 프톨레마이오스의 지리학이 1826년부터 새로운 연구의 대상이었음을 의심치 않은 것 같은데, 사람들은 시내를 훨씬 더 북쪽에서 찾는데 이견이 없다.

안남인의 코룩(Co-lưc), 기원전 2세기 중국인의 가라(哥羅), 폰 우스토프(Van Wusthof)의 곡클록(Gockelock)으로, 달리 말하면, 프놈펜이다(353, 378~379, 770쪽). 북서쪽에서 온 크메르인들은 메콩강 중류로부터 그들을 쫓아냈으나, 참파는 계속해서 기원후 3세기까지 그 강의 델타 지역을 가지고 있었다(369, 389쪽)[55]. 기원전 1세기 중후반에 효황제의 원정 이래로 그랑 락까지의 인도차이나는 중국에 복속되었다. 그럼에도 불구하고 부남은 토착의 왕들을 잃지 않았던 것으로 보이는데, 우리는 기원후 1세기에 그들 중 몇몇 이름을 알고 있기 때문이다(381쪽).

3세기경에 임읍과 부남은 통킹만에서 시암까지 펼쳐진 바리(婆利) 또는 바로이(Ba-lơi)라는 대국에 속했던 것으로 보인다(371, 385, 388쪽). 이 파리는 특히나 더 부남에, 틀림없이 캄폿(Kampot) 지역에 해당한다. 바리아란 명칭은 아마도 그것의 잔재일 것이다(371, 373쪽). 마침내 임읍에서는 137년에 "Kung-tsao의 아들이자 토착의 군주인 Kiu-lien이 반란을 일으키고 황명으로 통치를 맡은 중국의 관리들을 살해했다, 여러 중국학자들은 이 사건을 263년으로 확정하고 있다. 그 오해는 중국인들이 Kiu-lien이란 명칭 또는 칭호를 부여한 사람으로 틀림없이 두 군주 또는 왕이 있었다는 데서 기인한다"(380쪽). "중국과 부남 사이에 끼어있던 이 임읍의 독립은 결정적으로 부남을 해방시켰다"(380쪽).

---

55) 여기에서 그럴법한 형태로 아이모니에 씨의 설을 소개했다. 그러나 389쪽에서 아이모니에 씨는 3세기 중국인들에게 포위된 임읍성은 "프놈펜과 호수 입구 사이에 있다"라는 가르니에의 견해를 받아들이면서 인용했다. 아이모니에 씨는 최근 부남에 관한 나의 가설들이 이 나라를 "땅 아래 또는 공중에서" 찾게 한다고 하였다(『JA』, 1903, 9~10월호, 341쪽). 임읍을 정확하게 동일한 장소에 두면서도 "프놈펜과 삼바우르(Sambaur)"(368쪽) 사이에 수도를 가진 그의 부남에 대해 사람들이 채택해야 하는 것은 두 해법 중 어느 것이기를 바라는가?

이 모든 확언은 오류의 사슬을 구성할 뿐이다. 칼리프가 프놈펜이든, 『포팅거 지도(Tabula Peutingeriana)』의 판본이 없으므로 논의할 수 없는 것이 문제이다. 그러나 음성적으로 칼리프를 "쿡 테록"(Kôk Tlok)으로 보는 것(353쪽)은 콕 틀록이란 명칭이 결코 실제로 적용되지 않았던 만큼 무모한 비교이다.[56] 나는 이미 코룩(Co-lưc)이 이돌룸 리브리(idolum libri)이고 이렇게 부르는 나라는 없었다고 말한 적 있다.[57] 폰 우스토프(Van Wusthof)의 곡클록(Gockelock)은 17세기에 알려진 매우 정확한 위치를 지칭하는데, 콕틀록과 아무런 관계가 없는 캄보디아의 신화적인 옛 명칭이다. 두아르 드 라그레(Doudart

56) 쿡 테록(Kouk Telok)은, 아이모니에 씨가 354쪽에서 제시한 전사 원칙에 따르면, "틀록 나무의 땅"이라는 뜻을 글자 그대로 곡 들락(Gok Dlak)으로 옮겨야 하고, 프랑스학교의 발음체계에 따른다면, 콕 틀록(Kôk Tlok)으로 되어야 한다. 아이모니에 씨가 한 것처럼 콕틀록의 kôk과 "Kouk Maha Réach=GukMahā Rāj"(191쪽)에서 그가 쓴 kouk 또는 gūk(guk이어야함)을 혼동할 이유가 없다. 아이모니에 씨는 인도차이나에서 프랑스인들에 의해 적용된 전사는 "모두 좀 기괴하여" 그래서 그는 "인도학자들이 산스크리트어를 표기하기 위해 채택한 아주 단순하고 합리적인 표기를" 받아들였다고 공언했다(345쪽). 사실 아이모니에 씨는 인도차이나에서 오늘날까지 일반적으로 적용되는 전사방식이 자기 사전의 것이었기 때문에 자기 죄를 고백한 셈이다(mea culpa). 그가 인도차이나에 살 때 감히 주장하지 못하고 오늘날 추천하는 개혁법은 얼핏 보면 훌륭해 보인다. 하지만 그것은 사용되는 언어에 대해서는 덜 유리하고 적절하지 않다. 예를 들어, 그 법칙은 포폭(popok)으로 발음되는 것을 바박(babak)으로 옮기게 하기 때문이다(『BEFEO』, II, 2쪽). 프랑스학교가 채택하고 있는 전사법에서 우리는 가능한 정도로 어원상의 실상을 실용적 필요성으로 조정하려 했다. 피노(Finot) 씨에 의해 확정되고, 프랑스의 바르트(Barth) 씨와 세나(Senart) 씨, 캄보디아에 있었던 푸레스티에(Fourestier) 씨가 받아들인 체계가 아이모니에 씨의 간략한 판단과 더 잘 어울리는 것 같다.

57) 『BEFEO』, III, 286쪽.

de Lagrée)가 호박섬 즉 Koḥ Khlôk으로 설명하는 것이 훨씬 더 만족스럽다. 한나라 시기(기원전 206~기원후 220년)에 알려진 가라(哥羅)는 기원전 2세기에 그의 왕을 "성(姓)으로는 Chi-lo-po-lo……, 이름으로는 Mi-chi-po-lo……"(379쪽)[58]. 그러나 이 가라는 가라(哥羅) 또는 가라부사라(哥羅富沙羅)로 그에 관해서는 이 연구를 하는 과정에서 이미 언급했다. 아이모니에 씨가 "Ko-lo, 또는 Kia-lo, 또는 Ho-lo(a. Hô-loc?)등 다양한 음절이 이어지는 명칭들을"(429쪽) 벵갈만에 두면서 뱅갈만 쪽에서 찾으려 했던 것이 바로 가라이다. "한나라 시기에 이 나라에 관해 말하는 것을 들었다"라고 하는 부정확한 단락에도 불구하고, 그것은 사실 당나라 시기에 나타날 뿐이다. 중국 역사가들에 의해 이름이 잘못 구두한 그 왕이 재위했던 것은 당나라 시기 전반 또는 빨라도 수나라 시기이다. 실수로 에르베이 드 생드니(d'Hervey de Saint-Denys)는 두 번째 글자를 [li] 대신에 [lo]로 옮겼지만, 그 전체는 다른 중국학자들이 이미 알고 있는 것처럼 틀림없이 슈리 프라메슈바라(Çri Parameçvara)에 해당한다.

가라 또는 가라부사라란 나라는 콕틀록, 캄보디아도 아닌, 확실히 말레이반도에 있었다. 나는 위에서 그곳을 크다로 추정했다.[59] 효황제의 전쟁은 샤반느 씨가 그의 사마천(司馬遷)의 서문에서 추적했는데, 한나라 군대는 결코 메콩강 중하류에 이르지 못했다는 것을 볼 수 있다.[60] 어떤 텍스트도 참왕국이 그랑 락(Grand Lac)까지 펼쳐졌다고 생각하게 하지 않는다. 여기에서 토착의 막연한 전승을 고려한다고 하더라도, 3세기까지 이러한 점령을 유지할 이유가 없다. 메

58) 아이모니에 씨는 가라(哥羅)가 "틀림없이 인도차이나와 궁극적으로 부남국의 일부로 예정된 땅에 있었다고 하였는데(380쪽)", 왜인가?

59) 앞의 383~391쪽을 참고하시오.

60) 샤반느, 『사마천의 사기(Les Mémoires historiques de Se-ma Ts'ien)』, I, 서문, 67~78쪽을 참고하시오.

콩강 가까이에 있었을 임읍이란 포위된 성에 관한 텍스트는 3세기에 들어있는 것이 아니라 5세기 중반에 들어있으며, 메콩강과 관계되는 것이 아니라 안남 해변의 어느 곳과 관계된다.[61)]

통킹에서 시암까지 펼쳐진 바리(婆利) 왕국의 존재는, 이 영토가 독립된 두 나라, 즉 부남과 참파에 의해 점령되었다는 정확한

---

61) 『BEFEO』, III, 278~279쪽을 참고하시오. 부남과 크메르쪽에 참인들과 비슷한 상당히 많은 비율의 민족이 없었다는 것을 말하는 것이 아니다. 나는 가장 오래된 크메르 비문에서 상당수의 참어를 찾아낸 것을 상기하면서 그 점을 인정했었다(『BEFEO』, III, 302쪽). 아이모니에 씨는 다음과 같은 말로 답변했다(『JA』, 1903, 9~10월호, 340쪽). "바바바르만(Bhavavarman)의 재위부터 이 지역에서 유일하며 크메르어로 말한 지배 종족을 보여주는 비문들이 나타난다. 즉 내가 왕국의 남동쪽에서 찾아낸 참인들의 영향들은 그다지 중요하지 않았고, 참파의 이웃이나 먼 옛날 참족의 점거에 기인하는 것이었다. 같은 지역에 있는 유일한 민족인 크메르인들—그리고 그들의 브라만들—캄보디아로, 이러한 기념비들이 보여주는 것처럼, 그들 출현의 서막, 즉 바바바르만의 재위는 6세기 중반 조금 뒤이다. 그들의 존재는 오래전부터 이와 같았음을 입증하므로, 이 시기에, 외국인에 의해 행해진 정복에 관련한 모든 가설을 배제해야 한다. 따라서 특목(特牧)과 나불나(那弗那) 성과 관계된 이야기들도 마찬가지로, 이 모든 격변은 캄보디아 역사가 많은 예를 제공하고 있는 것처럼, 왕들의 경쟁이나 내란일 뿐이다." 이것이 나의 논문에 대한 답변으로 쓴 것이다. 나에게는 한낱 가설에 불과했던 것과는 반대로, 옛 부남의 민족적 구성과 역사적 캄보디아인의 구성 사이의 차이는 없었다는 것을 밝히려는 의도인 것으로 보인다. 그렇지만 아이모니에 씨 자신이 한 역사 논문에서 발표한 견해에 동의한다고까지 말했으므로 나를 겨냥한 것으로 생각하기는 망설여진다. 아이모니에 씨는 하부 코친차이나를 3세기까지 참인들이 차지하게 했을 뿐만 아니라, "아마도 부남 해변들은 오래전부터 임읍에 사는 사람들의 형제인 참인들로 채워졌다"(369쪽)라고도 하였고, 부남의 "주요한 두 종족", 크메르인들과 , "아마도 그들의 조상들이 옛날 재배했던 이 땅의 한 부분을 유지해온 참인들"에 관해 언급했다 (397쪽).

자료들을 가지고 있지만, 쉽사리 이해될 수 있는 것은 아니다. 아이모니에 씨는 이러한 문제를 보고, 3세기에 두 나라의 일시적인 통합으로 생각하려 하지 않은 것은 아니지만, 그에 따르면, 바리는 이 시기 이외에는 더 제한적인 의미로 부남 그 자체였다. 사실 그 왕의 성(姓)은 부남에서처럼 까웅딩냐(Kauṇḍinya)였고, 605~616에 사신을 보내왔을 때, 그 왕은 아이모니에 씨가 잠정적으로 슈리 이샤나(Çri Īçāna)로 읽고자 했던 "Tsa-li-ye-kia"(419쪽)로 불렸다.

그런데 616년 또는 617년에 캄보디아, 말하자면 옛 부남의 왕은 이샤라바르만(Īçānavarman)으로 불린 것으로 알고 있다. 어떤 텍스트에 따르면, 바리는 임읍의 남동쪽에 있다고 한다. 그러나 아이모니에 씨에 따르면, 남서쪽으로 고쳐야 한다고 한다. 하지만 『수서』는 "Po-lo-sa 또는 Po-lo-tcha, 그 전체 이름은, 드 로즈니(de Rosny) 씨에 따르면, Po-li-lo-tchah"(669쪽)라는 나라를 적토(赤土)의 서쪽에 두고 있다. 아무튼 같은 텍스트에서 적토의 동쪽에는 파라랄국(波羅剌國)을 두고 있다. "Po-lo로 이름을 가지는 이 나라들이 시암의 동쪽과 서쪽(원문 그대로)에 위치했다면, 한 나라가 아닌지, 적토의 동쪽에 펼쳐져 있었던 바리, 즉 부남으로 추정해서는 안 되는 것인지 의문을 가질 수 있다. 게다가 Po-li-lo-tchah라는 두드러지는 표현은 Po-li와 Lo-tsa를 합한 것에 지나지 않는다. 말하자면 Parey rāja(?) 같은 것일 수 있는 토착의 표현을 중국어로 조합한 것으로 보인다(372~373쪽)."

아이모니에 씨는 또한 이 파레이(Pārey)란 형태를 캄보디아인들의 전설적 조상인 캄부 스바얌부바(Kambu Svāyambhuva)의 배우자를 지칭한 페라(Perā)란 명칭으로 보았다(401쪽)[62]. Lo-tsa 더 정확히 읽어서 Lo-tch'a[나찰(羅刹)]을 중국인들은 바리(婆利)의 동쪽

62) 피노(Finot) 씨는 나에게 페라(Perā)가 메라(Merā)로 바뀌어야 한다고 지적해 주었다. 베르갠느(Bergaigne)는 박세이 창크랑(Baksei Changkrang) 비문

에 둔다. 아이모니에 씨는 그곳을 사이공과 바리아 옆에서 찾는다. 그러나 실제로 이 파리는 이 연구서의 중간에 언급했던 나라에 지나지 않는다. 그에 대해 두 곳을 추정해 볼 수 있는데, 바로 보르네오와 더 정확하게 말하자면 발리(Bali)이다.[63] 까웅딩냐(Kauṇḍinya)란 명칭은 추정할 수 있을 정도로 충분히 특징적이지 않다.[64] Tsa-li-ye-kia, 더 정확하게 Tch'a-li-ye-kia는 슈리 이샤나(Çri Īçāna)에 대응하지 않는다. 아이모니에 씨는 tch'a-li를 kṣatriya로 종종 옮기는 것에 대해 중국학자들이 일치된 견해를 보이는 것과 반대로, 여기저기에서 실수를 저질렀다. tch'a-li-ye-kia는 kṣatriya라는 파생된 형태로 재현해야 한다. 이 "명칭"과 캄보디아 왕 이샤라바르만(Īçānavarman)의 이름 사이에는 아무런 관계가 없다.[65] 드 로즈니(de Rosny) 씨가 P'o-li와 Lo-tch'a란 명칭을 잘못 합쳐서 얻어진 P'o-li-lo-tch'a란 형태는 그가 인용한 늦은 시기의 책에서, 특히 17세기의 『동서양고』에서 분리된 두 나라로 남아있다.[66] 적토(赤土)의 경계에 관한 유일한 옛 텍스트에서 적토를 서쪽 경계로 가지는 나라의 명칭은 파라사(婆羅娑)이지 Po-lo-tch'a가 아니다.[67] 적토가 시암이라고 가정한다면, 파라사를 이 나라의 서쪽에서 동쪽으로 옮길 어떠한 이유도 없다. 아

~ 에서 세나르(Senart) 씨가 직역어에 따라 옮긴 것을 통해 그 명칭이 나온 것을 알았다(『JA』, 1882, 8~9월호, 151쪽 이하). [p]와 [m]은 아마도 베끼는 과정에서 빠진 것으로 보이는 '-'가 있느냐 없느냐에 따라 달라지는데, 탁본에는 분명하게 Merā로 되어있다.

63) 앞의 268~273쪽을 참고하시오.

64) 앞의 273쪽 주316을 참고하시오.

65) 아이모니에(Aymonier), 『캄보디아』, III, 418쪽; 『BEFEO』, III, 301쪽 주4를 참고하시오.

66) 『동서양고』, 권2, 8쪽; 드 로즈니(de Rosny), 『고대 중국인들이 알고 있었던 동방의 민족들(Les peuples orientaux connus des anciens Chinois)』, 198, 221쪽.

67) 『수서』, 권 82, 2쪽; 동일한 텍스트가 『북사』, 권 95, 5쪽에도 들어있다.

이모니에 씨는 나라 명칭으로 파레이(Pārey 또는 Parey)에 대한 참조 사항을 제시해야 했다. 이 명칭을 접할 수도 있겠지만 누구나 그것을 알아볼 정도로 흔한 것은 확실히 아니다.

바리아에서 바리란 명칭의 잔존에 관하여 나는 중국 주석의 어떤 잘못된 해석이 이러한 오류를 초래했는지 말할 기회가 이미 있었다. 어떠한 텍스트도 통킹에서 시암까지 펼쳐진 바리란 대제국에 관해 한마디도 꺼내지 않았다고 상기하는 것은 아이모니에 씨가 몰두한 고증작업의 수준을 보여줄 것이다. 내 생각으로, 가르니에(Francis Garnier)의 저서에서 이러한 유의 것이 있었는데, 아이모니에 씨가 그렇게 끌어왔다. 그러나 1873년부터 바리에 관한 중국의 기술들이 에르베이 드 생드니, 흐루너펠트(Groeneveldt) 씨, 슐레겔(Schlegel)에 의해 번역되었다. 그 명칭은 중국인들에게 6세기와 7세기, 말하자면 우리가 부남 또는 캄보디아에 관하여, 그리고 참파에 관하여 매우 정확하고 독립된 정보들을 가지고 있는 그 시기에 알려졌을 뿐이다. 바리에 관한 지리적 설명은 오히려 이 나라를 대륙에서 찾도록 아이모니에 씨를 우회시키기에 충분했을 것이다.[68]

아이모니에 씨는 137년 "Kung-tsao"의 아들인 K'iu-lien[구련(區連)[69]]의 반란에 관해 말할 때, 더 만족스럽지 못하다. 그 반란에 대해 몇몇 중국학자들은 다른 구련의 봉기와 혼동하여 263년으로 확정했다. 그러나 263년을 제시한 중국학자들이 실수한 것이다. 왜냐하면, 두 번째 구련의 봉기는 "한나라 말"의 자료들에 의해서 연대 추정되는데, 한나라는 220년까지만 유지되었다. "Kung-tsao"가 아니라 공조(功曹)란 관직을 가지는 어느 한 관리의 아들이라 말한 사람은 바로 3세기의 두 번째 구련이다. 구련에 관하여, 그는 참파의 왕이었는지 확실하지 않지만, 그에 관해 언급하고 있는 자료는

---

68) 바리(婆利)에 관해서는 앞의 268~273쪽을 참고하시오.

69) 『후한서』에서는 구련(區憐), 『양서』에서는 구달(區達)로 되어있다.

임읍을 전혀 언급하고 있지 않다.[70] 아이모니에 씨가 임읍의 남쪽에서 찾은 다른 나라들, 즉 판티엣(Phantiêt)인 반반(盤盤), 그가 송나라(10~13세기)의 Pin-t'o-lo로 추정했고 판랑(Phanrang)인 타화라(墮和羅)에 관해서는 내가 위에서 말한 것을 참조토록 할 뿐이다.

타라화는 시암의 옆에서 찾아야 하고, 반반은 말레이반도에서 찾아야 한다.[71] 입읍왕의 이름들도 마찬가지로 당황스럽다. 즉 "팜호닷(Pham-ho-dat)"은 Fan Wen-ti(388쪽)의 안남어 발음이 아니라 Fan Hou-ta이고, "팜훙(Pham-hung)"은 Fan Wen(388쪽)이 아니라 Fan Hiong이며, Fan Che-man[범사만(范師蔓)]은 결코 "군대의 대장"(385쪽)을 의미하지 않는다.[72] 마지막으로 T'o-houan, 더 정확

70) 위의 114~115, 449쪽; 샤반느Chavannes), 『의정대당서역구법고승전』, 203쪽을 참고하시오. 263년이란 연도는 내가 알기로는 처음으로 먼저 『흥미롭고 감동을 주는 편지들(Lettres édifiantes et curieuses)』에 삽입된 고빌(P. Gaubil)의 「코친차이나에 관한 역사적 주석(Notice historique sur la Cochinchine)」에 들어있고, 드 마이야(P. de Mailla)의 『중국 일반 역사(Histoire générale de la Chine)』, XII, 6쪽에서 인용되었다. 이 반란이 한나라 말에 일어났다고 했으므로 고빌은 삼국시대의 작은 한나라(221~263)의 마지막 연도를 확정했다. 그러나 중국 자료들이 다른 수식어 없이 한나라를 말할 때는 언제나 서한(기원전 206~기원후 24)과 동한(25~220)을 의미하며, 작은 한나라는 촉한(蜀漢), 즉 그들이 지배한 지역이 사천이므로 붙여진 명칭이다. 3세기 중반에 임읍과 중국의 전쟁을 알고 있으므로, 여기에서도 서한, 동한이라는 관습적인 의미로 '한(漢)'을 이해해야 한다는 것에는 의심이 없다.

71) 앞의 177, 402쪽을 참고하시오.

72) 아이모니에 씨는 가르니에의 한 단락(『인도차이나로의 탐사 여행(Voyage d'exploration en Indochine)』, I, 116쪽)을 착각한 것 같다. 거기에서 가르니에는 "수상" 범사만에 관해 언급했다. 그리고 텍스트의 문자 그대로 그는 "군대의 대장"이었다고 덧붙였다. 사실 범사만의 의미가 아니라, 중국 문헌들이 범사만에게 부여한 대장(大將)이란 칭호이다(『BEFEO』, III, 257, 265쪽을 참고하시오). 캄보디아에 관해 말한 중국 사가들이 모두 24명이었다고 아이

히 T'o-yuan(마단림을 제외한 모든 자료가 원(洹)이라 했지 환(桓)이라 하지 않았음) 그리고 환주(驩州)는 모두 참파에 주어진 환왕(環王)이란 명칭과 잘못 연결되었다(362, 427, 428쪽). 자료들은 명확하게 임읍, 말하자면 환왕 또는 참파의 타원(陀洹)[73]을 구분했고, 환주는 하띤(Hà-tĩnh)과 응에안(Nghệ-an)의 지역이다. 다양한 명칭들에 들어있는, 원(洹), 환(環), 환(驩) 자들 사이에 어떠한 공통점도 없다. 마지막 글자인 환(驩) 자는 순수하게 중국어이다.[74]

아이모니에 씨가 부남으로 추정한 나라들에 관하여 가라와 바리를 삭제해야 한다는 것을 방금 보았다. 그가 아쉬워했던 나찰(羅刹)에 관해서 나는 아무 말도 하지 않고 자료들은 이 나라를 인도양 군도에 있는 바리의 동쪽에 두었음을 상기시켰다. 게다가 사는 사람들에 관한 정보들은 너무 부정확하거나 전설적이어서 확실한 추정을 할 수 없었다. 그런데 아이모니에 씨는 부남의 상업에 관하여 다음과 같이 언급했다(394쪽). "따라서 상업이 없었던 것은 아니다. 그러나 놀랍고 설명할 수 없지만, 중국의 여러 저자에 따르면, 시장들이 밤에 열렸고 사람들은 얼굴을 가리고 갔다." 그러나 사실상의 의미가 무엇인지를 물을 만한 이 텍스트는 바리와 나찰에만 관계되는 것이고,

~ 모니에 씨가 나에게 말한(418쪽) 것 또한 같은 부류의 부주의함이다. 24사(史)가 있지만, 모두가 캄보디아를 언급한 것은 아니고, 또한 이 나라는 중국 정사에 들어가지 않는 주달관(周達觀)의 책에서도 알려져 있다.

73) 예로, 『신당서』, 권 222하, 1, 3쪽을 보시오.

74) 예외 없이 임읍과 관련하여, 에르베이 드 생드니(d'Hervey de Saint-Denys)가 마단림의 책을 번역하면서(『Ethnographie des peuples étrangers à la Chine, Méridionaux』, 555~557쪽) 제시한 중국어 Ki-yang-kiun을 삭제해야 한다(525쪽). 마단림의 원문에서 길양군(吉陽軍)은 해남도 남쪽 해안에 있는 현애주(崖州)에 해당하는 한 지역의 명칭이다(『이씨오종(李氏五種)』, 『역대지리지운편금석(歷代地理志韻編今釋)』, 권8상, 24쪽을 참고하시오). 생드니가 번역한 이 단락은 오해의 연속이다.

심지어 나의 해석에 따르면 나찰에만 관계되는 것이다.[75] 아이모니에 씨가 인정하는 것처럼 그와 같았다면, 어떻게 전적으로 부남에 할애된 그 어떤 자료에도 그것을 언급하지 않았을까? 그리고 나찰에 관해서 중국의 사가들이 제공하는 내용들을 부남에 연관시킨다면, 왜 부남의 사람들이 나찰의 사람들처럼 "검은 신체에, 붉고 곱슬한 머리, 매의 발톱과 맹수의 이빨을 가졌다"라고 결론짓지 않는가? 따라서 나찰이란 이 나라에 관하여 제안할 만한 추정이 없다. 그러나 내가 보기에 아이모니에 씨가 바라는 대로(372~373쪽), 부남 전체라든가 좁은 의미로 메콩강 어귀 지역을 지칭할 어떠한 가능성도 없다.

가라사분(哥羅舍分)을 부남으로 보는 추정은 560년 사신과 관련하여 부수적이고 가정적인 방법으로 아이모니에 씨에 의해서만 강조될 뿐이다. 내가 이미 위에서 이 나라와 관련하여 어떻게 문제가 제기되며 어떤 해법이 좋고, 가능해 보이는지를 말한 만큼 더는 강조하지 않겠다.[76]

간타리(干陀利) 또는 근타리(斤陁利)는 아이모니에 씨가 부남을 찾고자 한 마지막 두 나라들중 하나이다. 그는 "452년과 520년에 사신들을 보낸 이 나라는 슐레겔 등등과 같은 몇몇 중국학자들에 의해 수마트라섬, 팔렘방 지역에 있는 칸다리(Kandari) 또는 켄더리(Kenderi)로 추정되었다. 이 나라의 명칭과 5세기 옛 왕국의 명칭의 동음현상은 단순히 우연한 것일 뿐이지만 아주 약한 근거를 제공할 수도 있을 것 같다. 마단림의 Kan-to-li에 우리의 방식을 적용해보면, 이 나라와 적토(赤土)란 나라가 공유하고 있는 여러 특성을 즉각 알아차릴 수 있다. 게다가 적토란 명칭은 7세기로 늦게 나타날 뿐이고, 주지하고 있는 것처럼 이 나라는 메남강 하류를 차지하고 있다가 오늘날에는 시암왕국이 되었다. Kan-to-li의 관습은 임읍과 부남의 것

75) 앞의 266~271쪽을 참고하시오.

76) 앞의 402쪽을 참고하시오.

과 비슷하다. 따라서 이들 왕국 중 하나, 틀림없이 후자(부남)에 속할 수 있었다. Kan-to-li의 왕들은, 적토의 왕들과 마찬가지로, 불교를 신봉하는 것으로 특징져진다. 요컨대, 502년에 Kan-to-li의 왕은 그의 칭호에 Kiu-tan이란 두 용어를 가지고 있는데, 우리는 적토 왕의 이름들 속에서 동일한 것들을 찾을 수 있다. 따라서 Kan-to-li란 지칭은 어느 시기 동안, 나중에 메남강 중하류에 있었던 적토라 불린 나라에 적용되었다고 생각할 수 있다."라고 하였다.

아이모니에 씨가 이미 거의 같은 말로, 부남에 관한 그의 첫 번째 논문에서 발표한 논거들도 이와 같은데, 그는 내가 침묵하고 있는 것에 의아해했다. 솔직하게 그 이유를 말하겠다. 간타리가 팔렘방이라고 밝혔다고 생각하지 않는다면, 똑같은 다른 것으로 가설적인 견해를 바꾸는 것은 무용해 보이기 때문이다. 칸다리 또는 켄더리(Kĕndĕri)란 명칭이 팔렘방으로 확인되었다면, 아이모니에 씨보다는 덜 회의적이므로, 나는 충분히 근거를 둔 현재의 견해를 믿겠다. 그러나 켄더리(Kĕndĕri)는 인수린드의 많은 지명이 식물 이름이라는 것에 근거한 슈게겔의 복원이고, 켄더리는 말레이어로 일종의 등나무(glycine)를 지칭한다.[77] 아이모니에 씨는 착각하여 이 명칭이 실제로 팔렘방 지역에 적용된다는 것으로 생각했다. 이미 알려진

77) 『통보』, N.S., II, 123~124쪽을 참고하시오. 사전들에 따르면(Von De Wall, II, 552쪽; 클린케르트(H. C. Klinkert), 『새로운 말레이-네덜란드어 사전(Nieuw Maleisch-Nederlandsch Woordenboek)』, 354, 547쪽), 켄더리(kĕndĕri)만이 일종의 등나무인지 정확하지 않고, 사가 켄더리(saga kĕndĕri)가 되어야 한다. 켄더리만으로는 금의 무게를 지칭한다. 그 단어는 한 식물에 적용하는 타밀어 형태에서 나온 것 같으므로, 원래의 의미를 지닐 것일 것이다. 켄다리 또는 칸다리는 사실 어떤 강과 셀레베스해의 남동쪽 부분에 있는 나라의 명칭이다. 나는 이미 위에서 왜 내가 케른(Kern) 씨가 주장한 것처럼, 간타리(干陀利)를 푸로 콘도르로 추정해야 한다고 생각하지 않는지 말했다(위의 160쪽, 주18을 참고하시오).

454년부터 520년까지의 사신들에[78], 563년의 사신[79]도 추가해야 한다. 어떤 경우에도 이 나라의 위치에 관한 설명은 들어있지 않다. 아니면 남해의 "섬"에 있는데, 주(洲)라는 단어가 간혹 대륙에도 쓰일 수 있으므로 하나의 실마리에 지나지 않는다. 따라서 우리는 옛 간타리를 팔렘방에 두는 중국 전승으로 한정될 수밖에 없다. 흐루너펠트 씨는 이 전승이 직접적으로 간타리를 알았던 시기부터 끊임없이 전해졌을 수 있다고 추측했다. 그래서 「말레이 군도와 말라카에 관한 주석(Notes on the Malay Archipelago and Malacca)」의 편집자들은 이 추정이 리트(Van Der Lith)의 『인도의 불가사의한 것들에 관한 책(Livre des Merveilles de l'Inde)』에서 확인되었다고 덧붙였다.

그러나 『인도의 불가사의한 것들에 관한 책』에는 그렇게 볼만한 것이 아무것도 없고, 명나라 시기(1368~1644) 이전으로 간타리를 팔렘방으로 추정하는 것을 찾지 못했다. 따라서 일반적으로 인정되는 해법은 그 어느 것도 확실하지 않은데, 아이모니에 씨의 것도 마찬가지이다. 임읍과 부남의 것과 비슷한 관습들은 중국인들이 동남아시아의 인도화된 민족들에게 부여한 것들로, "culte de Fo" 즉 불교 또한 마찬가지이다. "어떤 사람들은(드 로즈니, 슐레겔) 붓다의 이름인 고타마(Gautama)의 중국어 전사로 생각한다(664쪽)"라고 한 "Kiu-tan"이란 "칭호"는 아이모니에 씨에게는 "현 타이족의 Chao-Than(671쪽)"을 상기시켰다. 그러나 드 로즈니 씨와 슐레겔이 맞았다. 502년에 사신을 보낸 간타리의 왕은 틀림없이 고타마 수바드라(Gautama Subhadra)였을 것이다. 부분적으로 불교도의 민족들에게 고타마란 이 명칭은 그다지 특징적인 것이 아니다. 그래서 적토가 시암에 있었다는 것을 가정하면, 간타리도 그곳에 있을 것이다. 그렇지

78) 이 사신들에 관해서는 흐루너펠트, 「말레이 군도와 말라카에 관한 주석」, 185~187쪽; 슐레겔, 『통보』, N.S., II, 122~124쪽을 참고하시오.

79) 『진서』, 권3, 5쪽.

만 다른 곳에서 찾아야 할 가능성도 없는 것은 아니다. 상반되는 자료가 전혀 없으므로 중국 자료들이 말하고자 하는 것처럼 한 섬에 위치시키는 것이 더 그럴법하다.[80]

시암의 양쪽에 관하여 아이모니에 씨는 상당수의 새로운 추정을 했다. 내 생각도 마찬가지지만, 그는 부남이 원칙적으로 인도양의 해안까지 펼쳐지지 않았을 것으로 생각했다.[81] 예를 들어, 3세기 팽

---

80) 아이모니에 씨가 간타리에 관해 제시하고 있는 정보들에서, 그는 에르베이 드 생드니(d'Hervey de Saint-Denys)에 따라, Ki-sun이라 불리는 한 청동기에 관해 언급했다. 이는 오해이다. 원문에는(『문헌통고』, 권 331, 21쪽), 어떠한 고유명사도 없다. 그래도 아이모니에 씨는 다음과 같이 지적했다(664쪽). "Kan-to-li에서는 반짝이는 천을 짠다고도 한다. 이것은 언제나 현재 시암인 나라의 특산이었던 것 같다." 아이모니에 씨가 이 근거에 큰 의미를 둔 것 같지는 않다. 그는 생드니의 번역을 근거로 하고 있는데, 반포(斑布)라고 한 것이 단지 "여러 색의 천"을 의미하지 빛난다는 발상은 없어 보인다. 마찬가지로 『예기』에서 글자 그대로 "흰색으로 뒤섞인 사람"을 뜻하는 반백자(斑白者)는 머리카락이 희어진 사람을 말한다.

81) 나는 이미 "잠부드위빠(Jambudvīpa)의 남쪽 구석"이라는 부남에 관한 의정의 문장이, 부남이 벵갈만까지 닿았다는 것을 의미하지 않는 것 같다고 말했다(『BEFEO』, III, 289쪽). 의정은 "바다의 섬이 아니다"라고 덧붙이고 있으므로, 나는 의정이 여기에서 일반적으로 대륙인 잠부드위빠로 이해했을 것이라고 추론했다. 그렇지만 일반적으로 불교도들에게 잠부드위빠는 인도임을 인정하고 있으므로(세인트 피터스부르그의 사전 설명도 이와 같음), 나는 근거한 자료들을 인용해야 했고, 내가 가지고 있었다면 그렇게 했을 것이다. 의정과 유사한 다른 문단(샤반느, 『의정대당서역구법고승전』, 145쪽)은 잠부드위빠를 "인도"로, "대륙"으로 해석할 수도 있으므로 의심스럽다. 그러나 여러 불교국에서 나온 자료들이 있는데, 거기에서 잠부드위빠는 인도만을 지칭하지 않았다. 1767년의 미얀마 비석에서 나온 문단은 다음과 같다. "[우리 세상에] 4개의 대륙과 500개의 섬이 있는데, 그들 중에 잠부드위빠는 니르바나(Nirvâna)로 가는 출발점이고, 따라서 주대륙이다. 이 대륙에

창의 시기에 그곳에 닿았다고 할지라도, 이쪽의 정복은 일시적이었던 것 같다. 심지어 진랍(眞臘)으로 바뀐 시기에도, 메남강 유역을 차지하지 못했다. 그러나 7세기 중반에 엄밀하게 말해서 캄보디아 전역을 복종시킨 이샤나바르만(Īçānavarman) 또는 그의 후계자는 서쪽으로 군대를 돌렸던 것으로 보인다.[82] 다만 이러한 정복의 자세한 것에 대

~ 는 가장 큰 아바(Ava)라는 대국이 있다. 금, 은, 루비, 호박 등등 귀한 광물이 풍부하기 때문이고, 다음과 같이 불리는 많은 조공국을 가지고 있었기 때문이다. Sunâparanta, Tampadipa, Kampoja, Yonaka, Haripuñca, Khemâvara, Khemâratha, Mahanagara, Zeyyavaddhana, Sirikhetta, Mahîsaka, Âlavî, Ayuddhaya, Tâmalitti 그리고 Sein이란 나라[중국]……"(『파간, 피니야 그리고 아바의 비문들(Inscriptions of Pagan, Piniya and Ava)』, 18~19쪽). 시암인의 불교적 우주론에 따르면, 잠부드위빠는 인도뿐만 아니라 인도차이나 전체를 포괄한다(제리니, 『AQR』, XIII, 142, 144쪽을 참고하시오). 527년 반반(盤盤)의 왕이, 당시 양자강 상류의 양주(揚州)에 군림했던 중국 황제에게 보낸 편지에서, 중국황제를 양주염부제진단천자(揚州閻浮提震旦天子), 말하자면 "양주에 (군림하는) 잠부드위빠의 치나스타나(Cīnasthāna)의 하늘 아들"이라 불렀다(『양서』, 권54, 5쪽). 따라서 불교도들에게, 적어도 인도 밖의, 잠부드위빠는 인도 만에 제한되지 않았다는 것은 분명해 보인다.

82) 캄보디아의 수도는 당시에 틀림없이 프레이 크레바스(Prei Krebas)성에 있는 앙코르보레이(Angkorborei)인 위야다푸라(Vyādhapura)에 있었다. 아이모니에 씨는 이와 관련하여 주베르(Joubert) 박사의 다음 문장을 인용했다(430쪽). "앙코르란 도시가 번영했던 시기 캄보디아 역사에 관해 자세한 기술을 한 (중국의) 한 역사가는 오늘날에는 찾아볼 수 없는 두 호수를 언급했는데, 그는 그랑 락(Grand Lac)을 언급하지 않고 앙코르를 큰 강의 가장자리에 둔 것 같다." 아이모니에 씨는 이에 덧붙여 "이 저자의 이름을 제시하지 않은 프랑스 탐험가는 물의 흐름과 산악에 있어서 역사적 시기에 나타난 변화들로 귀결지었다. 진실은 더 단순하다. 그것은 10세기부터 수도였던 앙코르 톰(Angkor Thom)과 관련된 것이 아니라 위야다프라이다.……"라고 하였다. 진실은 더 단순하다. 위야다푸라에 관련된 것이 아니라, 앙코르 톰이

해서는 아이모니에 씨와 일치하지 않는다. 『당서』에서는 수진랍(水眞臘)의 북서쪽에 위치한 승고국(僧高國)에 관하여 언급하고 있는데, 그 나라는 영휘(永徽, 650~655) 이후 캄보디아에 점령되었다.[83) 아이모니에 씨는 "모든 증거로" "지리적 상황만큼이나 명칭 때문에" 이 나라를 Seng-tshe라고 부르는 수도를 가진 적토에 있는 것으로 추정해야 한다고 알았다.[84) "우리는 승고(僧高)를 중국의 많은 순례자가 의정 시기 이전인 7세기에 인도의 유명한 사원들에 참배하기 위해 가로지른 Tsang-ko[장가(牂牁)]로 추정해야 하지 않을까 하는 의문만 하고", 장가로 가는 길이 "가장 짧지만, 더 위험했다(672, 673쪽)." 사실 우리는 승고(僧高)를 추정하기에 충분한 자료들을 가지고 있지 않다. 적토는 시암이 아닐 수 있고, 그 수도에 주어진 Seng-tshe, 또는 Seng-k'i라는 이상한 명칭은 승고와는 완전히 다른 것을 표현할 수도 있다. 장가에 관해서는 논외의 것이다. 중국인들은 사천에서 광서와 운남까지 펼쳐진 중국의 남쪽과 남서쪽의 부분을 장가라 불렀다. 번역된 텍스트로만 말하자면, 마단림의 책에는 장가족에 관한 상

~ 다. 중국의 저자는 주달관(周達觀)으로 그는 오늘날 다 말라버린 두 호수를 앙코르 주변에 놓았으나, 아이모니에 씨는 그 흔적들을 찾았다(『캄보디아』, III, 652쪽을 참고하시오). 사실 레무사(Rémusat)의 번역에서 그랑 락은 언급되지 않았다.

83) 『신당서』(권 222하, 2쪽)의 원문은 마단림의 원문(『문헌통고』, 권 331, 23쪽)과 마찬가지로, 진랍에 의한 승고국의 점령을 영위 연간 '이후'로 두었지 아이모니에 씨가 따른 부정확한 번역본에서의 '동안'이 아니다(429쪽). 같은 장소에 거명된 다른 모든 나라도 마찬가지이다(429~430쪽). 그 나라들은 650~656년 아니면 655년에 정복되었을 것이다.

84) 아이모니에 씨는 [Seng-k'i](僧祇)로 읽었다. 아마도 위에서 언급한(위의 289~291쪽) 승기노(僧祇奴)와 아무런 관계가 없다면, [Seng-tche]로 읽어야 할 것이다. 사실상 적토의 수도에 대해 Seng-tche[승지(僧祇)]만 찾았을 뿐이다.

당히 긴 설명이 있다.[85] 다른 모든 이유를 제쳐놓더라도, 어떻게 아이모니에 씨는 적토를 메남강 하류에 놓으면서, 운남과 미얀마를 통해 중국에서 인도로 가는 직선 루트에 있는 장가로 추정할 수 있는지 의문스럽다.

한편 아이모니에 씨는 소위 캄보디아 서쪽에 있는 모든 나라의 이름을 이상하게도 뒤섞었다. "종종 동일한 나라들에 주어진 다른 명칭들과의 혼동은 이 방면으로 나아가는 데 큰 문제가 되는 것 같다. 우리는 거기에서 진리부(眞里富), 파사란(波斯蘭) 등을 만날 수 있고, 또 더 너머 등류미(登流眉) 또는 주미류(州眉流)는 아마도 650~656년 사이에 정복된 Kieou-mi일 것이다. 또한 Po-lo(a. Bô-lac?), Ko-lo, 또는 Kia-lo, 또는 Ho-lo(a. Hô-lac?)등 다양한 음절이 이어지는 나라들이 있고, 또 650~656년 사이에 정복된 Fou-na 또는 Fan-no가 있으며, 마찬가지로 같은 시기에 진랍에 의해 흡수된 Kia-tsa(또는 tcha)가 있고, 옛날 부남의 조공 국이었던 Tun-sun(틀림없이 테나세림)이란 나라가 있으며, 또한 655년에 정복된 Fou-po라고도 불린 Ho-ling(Ou-ling, Wou-ling)이 있다. 이 가릉(訶陵)이란 나라는 삼불제(三佛齊)와 자주 전쟁을 했고, 사람들은 그 나라를 수마트라섬으로 위치시키는 것에 동의한다. 말레이반도에서 멀리 떨어진 이 모든 나라는 난잡하게 대륙의 Cha-va(자바) 또는 안남 연대기들의 '산들'로, 그 연대기들은 거기에 크고 작은 Côn-nôn(Kouen-lun)을 두었고 299 종족에 달하는 Bô-lac과 같은 나라들을 우리에게 말해주고 있다(429~430쪽)."

---

85) 에르베이 드 생드니(d'Hervey de Saint-Denys), 『남중국 외래 인들에 대한 민족분류(Ethnographie des peuples étrangers à la Chine, Méridionaux)』, 82, 87쪽에 언급한 이 큰 기미주에 관한 것은 빼고, 86~91쪽을 참고하시오. 중국인에 의해 부분적으로 설치된 토착민 구역인 기미주에 관한 것이다.

진리부, 파사란은 송나라 시기(10~13세기)에만 알려져 있을 뿐, 둘 중 어느 나라도 확인되지 않았는데, 아이모니에 씨가 파사란을 캄보디아 서쪽에 두는 것은 잘못이다. 즉 『송사』와 마단림은 캄보디아의 남동쪽에 두고 있다.[86] 등류미 또는 주류미(더 정확히는 丹眉流)에 관해서, 나는 위에서 이 나라를 가정하여 리고르(Ligor)에 위치시켰고, 이 나라 역시 송나라 시기에 알려졌다.[87] 아이모니에 씨가 이어서 언급한 나라 중에서 명칭을 내가 알아볼 수 있는 나라들에 대해 말한 것은 당나라 시기에는 반대였다. 바라(婆羅)는 안남어로 Bô-lac이 아니라 바라(Ba-la)이고, 이 나라는 699년에 사신을 보냈으며[88], 그 위치는 적토의 위치가 확정될 때 결정될 수 있을 것이고 인수린드에서 찾아야 할 가능성이 있다. Ko-lo는 가라(哥羅) 또는 가라부사라(哥羅富沙羅)임이 틀림없는데, 아이모니에 씨는 부남으로 보았고 나는 크다(Kedah)로 추정했다.[89] Kia-lo는 내가 모르는 것이지만, 최소한 송나라 시기의 가라희(加羅希)로 보아 캄보디아의 중부에 두어야 할 것이다.[90] Ho-lo는 5세기와 6세기에 알려진 가라단(訶羅旦)임이 틀림없지만, 안남어 발음은 Hô-lac이 아니다.[91] 우리는 아이모니에 씨가 상상으로 "다양한 음절이 따라오는 이 명칭들"을 나눈 것을 보았다.

---

86) 『송사』, 권 489, 5쪽; 『문헌통고』, 권 332, 4쪽; 에르베이 드 생드니(d'Hervey de Saint-Denys), 『남중국 외래 인들에 대한 민족분류(Ethnographie des peuples étrangers à la Chine, Méridionaux)』, 488쪽.

87) 앞의 182~185쪽을 참고하시오.

88) 『신당서』, 권 222하, 1쪽을 참고하시오.

89) 앞의 385~389, 478쪽을 참고하시오.

90) 『송사』, 권 489, 5쪽; 에르베이 드 생드니, 『남중국 외래 인들에 대한 민족분류(Ethnographie des peuples étrangers à la Chine, Méri-dionaux)』, 486쪽.

91) 앞의 249~251쪽을 참고하시오.

또 Fou-na[부나(富那)]라는 나라가 있는데, 그 나라 왕인 슈리드바바르만(Çrīdevavarman, 屍利提婆跋摩)이 638~650년 사이에 구밀(鳩密)의 왕 시리구마(屍利鳩摩, Çrīkumāra?)와 동시에 중국에 사신을 보냈다.[92] 그러나 이 나라가 Fan-no라고도 불렸는지는 모르겠다. 당나라의 구밀(鳩密)을 송나라의 등류미로 추정할 근거가 없다. Tun-sun[돈손(頓遜)]에 관하여 이미 한참 앞에 언급했지만, 이 명칭이 7세기 중국에서 여전히 사용되었는지는 모르겠다. 『당서』는 655년 이후에 캄보디아에 흡수된 무령(武令)이란 왕국을 언급하고 있으나[93], 암암리에 근거 없이 이 나라를 가릉(訶陵), 즉 자바로 추정한 사람은 아이모니에 씨이다. [Fou-po]가 아니라 도파(闍婆), 더 정확히는 사바(闍婆)로 불린 나라는 가릉 또는 자바이다.[94] 그리고 캄보디아는 7세기 중반에 자바를 정복하지 않았다. 무령은 『당서』의 이 단락에서만 보이는데, 팔렘방과 전쟁을 했던 사바, 옛 가릉, 바로 자바이다.[95] "대륙의 Cha-va(자바)"는 존재하지 않았고 그것은 아마도 테오필 르 그랑(Théophile Le Grand de la Liraye)이 잘못 해석한 텍스트에서 나온 것 같고, 그 모든 단락은 사실상 『신당서』에 있는 표

---

92) 『신당서』, 권 222하, 1쪽; 『문헌통고』, 권 331, 23쪽. 이렇게 에르베이 드 생드니, 『남중국 외래 인들에 대한 민족분류(Ethnographie des peuples étrangers à la Chine, Méridionaux)』, 461쪽을 고쳐야 한다.

93) 『신당서』, 권222하, 2쪽; 에르베이 드 생드니(d'Hervey de Saint-Denys), 앞에 언급한 책, 461쪽.

94) 앞의 257, 260쪽을 참고하시오. 두박(杜薄)이란 이본은 첫 번째 글자에 있어 사(社) 자를 두(杜) 자로 잘못 표기한 것에서 나온 것이다.

95) 아이모니에 씨는 슐레겔의 설에서 나온 사바에 관한 정보를 여러 차례 제시했다. 나는 이에 대해 재론하지 않겠다. 467쪽에서 아이모니에 씨는 법현이 중국에서 인도로 가는 길에 폭풍우 때문에 자바에 갔다고 하는데 인도에서 중국으로 가는 길로 읽어야 한다.

국(驃國, 미얀마)의 조목의 초반부에서 나온 것이다.[96] 대소의 곤륜을 말해주는 것은 바로 표국 조목으로 이에 대해서는 위에서 살폈다.[97]

안남어 Hô-lac과 Bô-lac으로 발음되는 나라들의 명칭에 관해 말하자면, 삭제되어야 한다. Hô-lac은 테오필 르 그랑의 책에서 나왔는데, 인쇄상태가 좋지 않지만 내가 보기에는 Hà-lụ̈c 같다. 어쨌든 그 명칭은 짜바(Chà-và)의 이칭으로 주어졌고, 그것은 분명히 사바(중국-안남어, Chà-và)의 다른 명칭인 가릉(訶陵, 중국-안남어 Hà-linh)을 가륙(訶陸, 중국-안남어, Hà-lụ̈c)으로 잘못 읽은 것에서 비롯되었다. 또한, Bô-lac이란 나라가 나온 곳은 표국의 조목에서이다. 거기에서는 표국에는 298개의 부락(299가 아님)이 속해있다고 했다. 여기서 종족을 의미하는 부락(部落)이란 명칭이 중국-안남어로 Bô-lạc으로 발음하므로, 테오필 르 그랑이 어떤 착각으로 한 나라의 명칭을 Bô-lạc으로 말했다는 것을 알 수 있다.[98]

아이모니에 씨가 부남으로 추정하거나 연결한 나라들에 관하여 우리가 다루어야 할 나라가 하나 남았는데, 바로 낭아수(狼牙修)이다. 좁은 의미로 말하자면 짠타분(Chantaboun) 지역일 것이다. 이 견해의 타당성에 대해 의문을 제기하지만, 나 자신도 그 해법을 제시하지 못했다. 아이모니에 씨는 답변에 그것에 대해 다음과 같이 확인해 주었다(『JA』, 1903, 9~10월호, 335쪽). "어쨌든 그는(펠리오 씨) 두 차례 이 나라가 현장의 카마란카(Kamalaṅka)[迦摩浪迦國]에 지나지 않다고 확언한다. 나는 중국학에 있어 보잘것없는 사람이지만

96) 『신당서』, 권 222하, 4쪽. 테오필 르 그랑(Théophile Le Grand de la Liraye), 『안남 민족의 역사를 이해하기 위한 주석(Notes pour servir à l'histoire de la nation annamite)』, 67쪽.

97) 앞의 167쪽을 참고하시오.

98) 테오필 르 그랑(Théophile Le Grand de la Liraye), 『안남 민족의 역사를 이해하기 위한 주석(Notes pour servir à l'histoire de la nation annamite)』, 67쪽.

수긍하기 어렵다. '정사(正史) 사가들의' 낭아수는 분명 작은 나라로, 사실상 6세기만 나타날 뿐이다. 그리고 그 명칭이 중국 자료에서 더 늦은 시기에도 남아있다면 그것은 전승이나 반복에 의한 것이라고 추측한다. 이는 이러한 책들에서 흔히 보이는 것 같다. 그런데 7세기의 중국의 유명한 구법승은 그가 멈춘 갠지스강 어귀에 관한 정보들을 취하면서, 대분열을 볼 수 있었고 실제로 인도차이나에서 보았다. 말하자면 이렇게 먼 나라의 주요 민족들 또는 중심 도시들을 열거하는 것에 그쳤다." 이 논증은 반론의 여지가 다분하다. 우선 아이모니에 씨는 중국과 낭아수의 관계에 관해 정확한 견해를 가지고 있지 않은 것 같다. 그의 책 『캄보디아』(III, 411쪽)에서 낭아수의 왕은 "516년에 중국 조정에 사신들을 보냈는데, 그 첫 번째 사신은 Ngo-sa-to라고 불렸다. 그런데 적어도 이러한 국명으로 알려진 다른 사신이 없다." 문제의 사신은 515년에 왔고, 사신의 이름은 분명 아살다(阿撒多)가 아니라 아철다(阿撤多)였다.

아이모니에 씨는 이 나라에 관한 슐레겔의 논문[99]에서 523년과 531년에도 사신들을 보내왔다는 것을 보았을지도 모른다. 또 568년 중국에 사신을 보내왔으므로[100] 마지막 사신은 전혀 맞지 않는다. 따라서 이 작은 나라는 그렇게 알려지지는 않았다. 그런데도 아이모니에 씨는 다음과 같이 말하면서 자기모순에 빠졌다. "우리는 해변에, 아마도 캄폿, 짠타분에 있을 낭아수는 이렇게 불확실한 시기, 즉 부남이 진랍으로 바뀌는 7세기 말에 나타나는 것을 보았다(426쪽)." 그렇다면 515년의 사신을 말하는 것인가? 낭아수는 또한 『신당서』의 문장에도 보이는데, 거기에서 반반(盤盤)은 이 나라와 가깝다고 하였다.[101] 틀림없이, 『수서』「적토전」에 보이는 낭아수(狼牙須)로

99) 슐레겔, 『통보』, IX, 193쪽.
100) 『진서』, 권 4, 2쪽; 『책부원구』, 권 969, 1쪽.
101) 『신당서』, 권 222하, 2쪽; 앞의 177쪽.

쓰인 명칭으로 보아야 할 것이다. 즉 적토에 이르기 전에 사신 상준(常駿)은 낭아수(狼牙須)의 해변 서쪽 멀리에서 알아봤을 것이다.[102] 아이모니에 씨는 적토를 시암에 두었으므로, 이 문장에서 출발하여 메남강으로 들어가기 전에 서쪽이 아니라 북동쪽 해변을 볼 수 있을 것으로 말하면서 원문을 고쳤는데, 이는 낭아수 또는 낭아수(狼牙須)를 짠타분 옆에서 찾게 한다고 하였다. 그러나 나중에 내가 강조할 다른 근거를 제외하면, 말레이반도에 있는 반반이란 나라에 관한 조목은 도리어 낭아수를 찾을 수 없게 한다. 상준(常駿)의 여정에서 낭아수를 언급한 것은 적토를 시암으로 추정하는 것을 버리지 못하게 하는 유일한 근거이고, 아마도 그것이 모순될지라도 낭아수와 낭아수(狼牙須)를 분리해야 할 것 같다. 그러나 적토가 시암이고, 낭아수(狼牙須)가 낭아수의 다른 표기에 지나지 않는다고 추정한다면, 적토의 수도가 메콩 강가보다는 메남 강가에 있었다는 것이 확실하지 않은 것 같다. 또 이 수도를 메남강에 놓아야 하고, 이 강어귀의 서쪽 또는 북서쪽에서 육지를 볼 수 있다면, 낭아수 또는 낭아수(狼牙須)가 자료들이 설명하고 있는 대로 서쪽에 있다는 것을 인정해야 한다. 그러나 중국 사신들은 멀리 있는 산으로 구분해야 한다고 생각하고 있었기 때문에 착각했다. 짠타분은 확실하게 현장과 의정의 목록에서 배제되었다.

사실 현장의 카마란카(Kāmalaṅka)와 낭아수의 추정을 확인하는 데 있어, 아이모니에 씨는 샤반느 씨의 『의정대당서역구법고승전』와 다카쿠스(Takakusu) 씨의 『의정남해기귀내법전』를 참고하지 않은 것 같다. 현장은 한 차례 이상 그 나라를 상기하기 위하여 인도차이나에서 슈리크세트라(Çrīksetra)[室利差呾羅], 카마란카(Kāmalaṅka), 드바라바티(Dvārava tī)[墮羅鉢底國], 이샤나푸라(Īçānapura)[伊奢那城], 마하참파(Mahācampa)[摩訶瞻波國]를 거명

102) 『수서』, 권 82, 2쪽; 슐레겔, 『통보』, IX, 194쪽.

했고[103], 또 비슷한 문장으로 의정은 슈리크세트라, 낭가수(郎迦戍), 사화발저(社和鉢底, Dvāravatī), 임읍(참파)을 열거했다.[104] 슈리크세트라, 드바라바티, 참파는 이 두 목록에서 공통적이다. 의정은 이샤나푸라, 즉 캄보디아에 대해서는 아무런 언급을 하지 않았다. 내가 보기에 그의 책은 자신이 침묵한 이유를 제시하고 있는 것 같다. 인도차이나에서 그가 열거한 나라들은 실제로 불교를 신봉하고 있는 나라들이다. 그런데 우리에게 캄보디아로 알려진 이 나라는 부남이라고도 불렸고, 옛날 불교가 번성했으나 근래에 고약한 왕이 불교를 박해했다.[105] 결국, 슈리크세트라와 드바라바티 사이에 거명된 낭가수(郎迦戍)에 관하여 현장이 그곳을 카마란카에 두고 있고, 두 나라가 동일하다는 것은 분명하다.

한편, 의정의 낭가수가 정사에서 말하는 낭아수임을 확인할 어떠한 근거도 없다. 의정이 열거한 것은 낭아수를 슈리크세트라(프로메)와 드바라바티(시암) 사이에서, 말하자면 하부 페구 또는 테나세림의 옆에서 찾도록 한다. 바로 반반국 조목에서 낭아수를 위치시킨 것으로 보이는 그곳이다. 의정은 중국에서 인도로 가는 승려들이 낭가수(郎迦戍)를 경유했다고 여러 차례 말했으므로[106], 사람들은 낭

103) 현장, 『대당서역기』, II, 82~83쪽. 우리는 마하참파 뒤에 또 야바나드위빠(Yavanadvīpa)[閻摩那洲國]를 거명한 것을 기억하고 있다. 아이모니에 씨는 이 마지막 명칭이 안남에 적용되는 것이 아니라고 확신했는데(『캄보디아』, III, 431쪽), 나는 위에서 이 견해는 지지할 수 없다는 것을 말할 기회가 있었다(앞의 261쪽).

104) 샤반느, 『의정대당서역구법고승전』, 57~59쪽; 다카쿠스(Takakusu), 『의정남해기귀내법전』, 9~10쪽.

105) 다카쿠스(Takakusu), 『의정남해기귀내법전』, 10쪽; 『BEFEO』, III, 284쪽을 참고하시오.

106) 다카쿠스(Takakusu), 『의정남해기귀내법전』, 57, 78, 100쪽을 참고하시오.

가수를 끄라(Kra) 또는 테나세림의 지협 옆으로 두고자 했다. 그곳을 통해 사람들은 말라카 해협으로 우회하지 않고 반도를 넘어 인도로 갈 수 있었다. 그런데 위베르(Huber) 씨는 테나세림이란 도시의 페구 명칭이 [Ñaṅkasoï]로 발음되는 난카소이(Ñaṅkasī)라고 알려주었다.[107] 테나세림은 옛날 극동 무역의 중요한 정거장이었으므로 그곳이 낭아수일 가능성이 크다. 단 테나세림이 중국인들에게 3세기부터 전손(典孫) 또는 돈손(頓遜)이란 명칭으로 알려졌다고 이의를 제기할 것이다. 슐레겔은 전손을 시암어 돈 수언(Dŏn-suén) 또는 딘 수언(Din-suén), 즉 "정원의 땅"으로 보았는데, 이는 그 나라 많은 꽃을 산출한다는 것을 암시하고 있고 "꽃의 땅"이라는 뜻을 가지는 타나 사리(Tānah Sāri)라는 말레이 명칭에 해당한다.[108] 그러나 시암어 명칭은 3세기의 테나세림이기 때문에 받아들일 수 없다. 전손(典孫)을 테나세림의 동일한 명칭으로 생각해 볼 수 있지만, 이 나라가 6세기와 7세기에 중국인들에게 낭아수 또는 낭가수란 새로운 이름으로 불렸으므로, 기원후 몇 세기에 우리가 오늘날 부여한 것과 동일한 명칭으로 불렸다는 것은 이상하다. 다만 테나세림이 슐레겔이 말하고자 하는 대로 꽃의 땅은 아닐망정, 적어도 기쁨의 땅[109]을 의미한 말

107) 아래에서 『나가라크르타가마(Nâgarakretâgama)』에 관한 케른(Kern) 씨의 논문에 대한 위베르 씨의 비평을 보시오. 하스웰(Haswell), 『페구어 사전과 문법적 주석(Grammatical Notes And Vocabulary Of The Peguan Language)』, 제2판, 랑군(Rangoon), 1901, 8절판, 341, 352쪽을 참고하시오.

108) 슐레겔, 『통보』, X, 33~38쪽을 참고하시오. 양나라 시기에만 이 나라가 알려졌다고 한 자료들을 고려하지 않았고, 그의 주제와 관련된 정보들은 강태(康泰)와 주응(朱應)의 사신행으로 거슬러 올라가야 한다. 『BEFEO』, III, 263, 266쪽과 『법원주림』(『일본대장경』, 雨, VII, 49쪽)에서 인용된 발췌문장들을 참고하시오.

109) 이에 관해서는 『영국-인도의 용어사전(Hobson-Jobson)』, 제 2판, 테나세림 조목의 그레이(Gray)의 주석을 보시오.

레이어 형태로부터 파생되었다는 것을 인정해야 할 것 같으므로, 여기에도 그 명칭은 3세기로 거슬러 올라갈 수도 있지만, 사실 15세기 전에도 여전히 그것을 가리키지 않았다.[110]

한편 말레이반도 상에 있는 전손(典孫)의 가능한 위치는 이 나라가 예를 들어 조호르는커녕 테나세림이라는 것을 전혀 의미하지 않으므로, 이러한 이유로 테나세림이란 도시의 페구어 명칭으로 낭아수를 추정하는 것에 대해 제기할 이의가 없을 것이다. 그렇지만 낭아수란 명칭은 14세기까지 지속했을 수 있다. 『나가라크르타가마(Nâgarakretâgama)』는 마자파힛의 속국 중에 말레이반도에 위치한 렌카수카(Lĕngkasuka)란 나라를 거명하고 있는데, 분명히 이전 세기의 『제번지』에서 삼불제(三佛齊)의 속국 중에 나타나는 능아사(凌牙斯) 또는 능아사가(凌牙斯加)가 그곳이다.[111] 그래도 난카소이(Ñaṅkasī)일까? 문제를 해결하기 위해서는 난카소이, 테나세림, 렌카수카의 명칭들에 관해 내가 가지고 있지 않은 정보들이 필요하다. 조여괄의 단마령(單馬令)을 확인할 수 있다면, 능아사가를 위치시키기에 상당히 쉬워질 것이다. 어쨌든 낭아수가 짠타분에 있을 수 있을 충분히 보았고, 나는 아이모니에 씨에게 낭아수와 카마란카의 추정을 관철할 것이라는 믿음을 가지고 있다. 다만 이제 낭아수가 현장의 구절에서만 나오는 이 모호한 카마란카란 명칭으로 확인되기에는 중국인들에게 너무 잘 알려진 것처럼 보인다는 것이 걱정스러울 뿐이다.

---

110) 율이 『영국-인도의 용어사전(Hobson-Jobson)』에서 인용한 텍스트에, 『무비비서』의 지도(『JChBRAS』, XX, 221쪽)에 들어있는 답나사리(答那思利)를 추가할 수 있을 것이다. 쉬프너(Schiefner)가 여러 차례 중에서 한 번은 “Pajigu” 즉 페구의 옆에 둔 타라나타(Tāranātha)의 다나슈리드위빠(Dhanaçrīdvīpa)가 그곳이다(Schiefner, 『인도 타라나타의 불교사(Târanâtha’s Geschichte des Buddhismus in Indien)』, 142, 157, 263, 264쪽).

111) 앞의 376쪽을 참고하시오.

아이모니에 씨가 이 카마란카란 명칭을 페구에 있다고 생각한 것은 사실상 새로운 오류에 의한 것이다. 아이모니에 씨는 우선 376쪽에서 페구에 관해 다음과 같이 언급했다. "페구는 중국인의 기술에서 여러 이름으로 나타나는데, 그 명칭 중에서 우리는 6세기의 Pi-kien, 10세기의 Piao가 있고 11세기와 12세기에 P'ou-kan을 찾아냈다(376쪽)." 좀 더 가서 현장이 제공하는 인도차이나의 불교 국가들 목록을 언급하고 있는데, 그들 중 첫 번째와 두 번째 명칭은 다음과 같이 확인되었다. "Che-li-tcha-ta-lo(아라칸(Arrakan)의 S'rī Kṣatra), Kia-mo-lang-kia (Kamalaṅka, Ramanalaṅka, Ramanya, Pégou)…… (431쪽)."

슐레겔이 7세기 미얀마를 언급했던 것처럼 아이모니에 씨는 다음과 같이 지적했다. "미얀마는 당시 페구였다. 그러나 이 페구는 의미가 없다(432쪽)." P'ou-kan이란 명칭은 602쪽에서 더 길게 연구되었는데, "마르타반(Martaban) 연대기는 좁은 의미로 푸캄(Phou Kam)은 인그바(Ingvah, Ava, 미얀마의 수도)와 팍호(Phakho, 파간, 페구의 수도) 사이에 있는 속국이었다고 추정할 수 있게 한다.……한편으로 표현의 외관은 페구인, 미얀마인과 수 세기에 걸쳐 싸운 타이족 또는 샨(Shan)족 계열의 언어에 속하게 하는 것으로 보인다는 점을 잊지 않아야 한다. …… Bu 또는 Phu에 선행하는 캄(Kâm)은 타이어로 '남자'를 의미하는데, 시암인과 아마 다른 타이인들이 캄보디아인, 페구인, 미얀마인에게 적용한 명칭인 캄(Khâm)과 친연성을 가질 수 있다. 푸캄(Phu Khâm)이란 표현은 원래 캄보디아인, 페구인 그리고 미얀마인에게 적용되었을 수 있다. 이들 세 종족은 그들의 눈에 비슷했을 수가 있다. 그러나 최종적으로는 미얀마인으로 확정되었고, 그만큼 그들의 이웃인, 페구인들과 접점을 가지고 있었으며, 그들은 종이나 주인이 되었다.……이미 타라나타(Taranâtha)가 채택한 곳은 바로 미얀마이다.……그는 사실 발구(Balgu)해에 인접해 있는 푸캄

(Pukham)이란 나라인 한사바티(Hansavati, 페구)와 구분한다." "수천 년 전부터 크메르족과 분리된 형제들인 몽족들의 이 옛 나라 이전에 불렸던 다른 명칭은 표(驃)라는 것이었고, 레무사(Rémusat)가 생각한 대로라면, 중국인들은 좁게는 진랍과 병합된 나라로, 서쪽에 Chau Ba, 즉 인도와 접경하고 있는 Tchou-kiang과 같은 명칭이었다고 한다(603쪽)." "거대한 왕국인 표국은 큰 수도를 가졌고, ……도시 중에서 슈리크사트라(S'rī Kṣatra) 또는 타르 케타라(Thare Kettara)를 수도로 일찍부터 언급했다.……수도의 나머지들도 이라와디강 근처의 현 프로메(Prome)란 도시의 동쪽 수 마일에서도 볼 수 있었다. 파이어(Phayre)에 따르면, 타툰(Thahtun, Tbaton, Satœun)이란 이주 식민지역이 한사바디(Hansâvadi) 속칭으로는 바고(Ba-go), 파코(Pha Kho), 파간(Pagan) 또는 페구(Pégou)를 건설했는데, 이 명칭은 유지되었고 왕국으로 이어졌다.……그러나 우리는 영국 저자가 착각하여 이후 시기에 델타 지역은 더 나중에 나타난 힌두교의 영향으로 라만야(Ramanya)로 불렸다고 덧붙였을 것으로 본다. 우리의 생각으로는 원인과 결과는 더 멀리 거슬러 올라가야 한다. 어쨌든 라만야란 명칭이 싱갈어 저서에서 아라만나(Aramanna), 팔리어 책에서 아리마단나(Arimaddana)로 번역되는 것은 사실이다(603쪽)."[112)]

아이모니에 씨가 미얀마의 지도를 한 번이라도 봤다면, 위의 모든 인용문에서 반복되는, 시탕(Sittang) 강어귀에 위치하는 페구와,

---

112) 미얀마에 관한 아이모니에 씨의 설명에서 두 차례(429쪽, 603쪽) 진랍 서쪽에 위치한 Piao-nan-pin바다를 언급했다. 이 이상한 실수가 누구의 책임인지는 모르지만, 이것은 『신당서』(권 222하, 2쪽)에서 나왔다. "진랍은……서쪽으로 표(驃)에 닿고 남쪽으로는 바다에 이른다(西屬驃南瀕海)." 여기 촉(屬) 자에 관해서는 『신당서』 같은 곳, 명멸(名蔑) 조목을 참고하시오. 이 문장을 잘못 번역하여 "(진랍은) 서쪽으로 Piao-nan-pin이란 바다에 닿는다"라고 했다.

프로메와 만달레이(Mandalay) 사이의 이라와디강 중류에 있는 파간을 하나의 도시로 통합되었다고 주장하는 엄청난 실수를 저지르지 않았을 것이다. 아이모니에 씨의 추정들을 다시 상세히 검토하여 명확히 해야 할 것은 바로 판별해 내는 것이다. 우선 P'i-k'ien[비건(毘騫, 毗騫)]이 음성적으로 페구에 상응하는지 매우 의심스럽다. 정확한 위치를 모르는 비건이란 이 나라는 틀림없이 3세기부터 중국인들에게 알려졌다.[113] 페구란 명칭이 그렇게 옛날로 거슬러 올라갈 가능성은 거의 없고 15세기 전에도 만날 수 없다.[114] 표(驃)는 페구가 아니라 미얀마이고, 당나라 시기에 그 수도는 슈리크세트라, 즉 프로메였다.[115] P'ou-kan[포감(蒲甘)]은 페구가 더더욱 아니라 파간이다.[116] 페구는 라만야(Rāmaṇya, Rāmañña)라는 힌두교의 명칭을 가진 것이지 아이모니에 씨가 현장의 라만야와 카마란카(Kāmalaṅka)의 중간 형태인 라마나란카(Ramanalaṅka)로 복원할 아무런 근거가 없다.[117]

한편 아이모니에 씨가 카마란카를 페구라고 했고 페구를 프로메로 이해하고 있으므로[118], 슈리크세트라(프로메)를 아라칸(Arakan)

113) 『BEFEO』, III, 264, 273쪽을 참고하시오.

114) 율, 『영국-인도의 용어사전(Hobson-Jobson)』, 페구 조목에 주어진 참고사항을 보시오.

115) 앞의 82~85쪽을 참고하시오. 페구로 수도를 옮긴 것은 파간의 왕들에 의해 실제보다 이전으로 잡힌 것이다.

116) 앞의 93쪽을 참고하시오.

117) 아이모니에 씨는 카마란카(Kāmalaṅka)는 페구였을 라마란카(Rāmalaṅka)에 대한 쥴리앙(Julien)의 번역이 인쇄상 잘못된 것이 아닌지 의문을 품은 파이어(Phayre)의 가정에서(『미얀마의 역사』, 32쪽) 출발한 것으로 보인다. 이 가설은 두말할 것도 없이 폐기되어야 한다.

118) 포르크함메르(Emanuel Forchhammer)에 따르면(『영국령 미얀마의 초기 역사 및 지리에 관한 기록(Notes on the early history and geography of British Burma)』, 13쪽), 라마란데사(Rāmaññdesa)는 본래 동쪽의 살윈강, 서쪽의 시

에 있는 슈리크사트라(Çrīkṣatra)와 분리하게 되었는데, 이는 변호할 수 없다. 페구는 싱갈어 책에서 아라만나로, 팔리어 책에서 아리마다나로 불리지 않았다. 그러나 실론의 연대기에 보이는 아르라마나(Arramana)는 라만야(Rāmaṇya)에 해당하지만[119], 아리마다나는 파간의 힌두교식 명칭이다.[120] 중국인의 포감(蒲甘)과 파간이란 도시의 동치에 의문이 없고, 파간이란 명칭이 결코 다른 적용을 보이지 않으므로, 파간 또는 포감의 어원을 원래 크메르족을 지칭하지만, 미얀마의 도시 이름으로만 찾을 수 있는 푸캄(Phu Khâm)으로 생각해야 함을 알 수 있다. 타라나타(Tāranātha)는 푸캄(Pukham, 파간)이 발구(Balgu)해와 인접해 있다고 말하지 않았고, 아이모니에 씨는 쉬프너(Schiefner)의 텍스트를 참고하지 않았으며 가르니에(Garnier)의 번역을 잘못 읽었다. 발구는 "바다에 접해 있는 푸캄"[121]으로 독립된 나라의 명칭이다. 나는 레무사가 표국은 Tchou-kiang과 같은 나라였다고 말하지 않았다고 알고 있다. 그랬다면 잘못된 것이다. 그러나 아이모니에 씨에게 "Chau-ba"란 이 명칭을 제공한 사람은 확실히 그가 아니다. 이 명칭은 인도를 지칭하는 것이 아니라 미얀마의

~ 탕강으로 경계 지워진 지역을 포함한다고 하였다. 15세기에 미얀마의 왕들은 바싸인, 페구 그리고 마르타반 세 지역을 이 명칭으로 함께 묶어 불렀다.

119) 또세인꼬(Taw Sein Ko), 『칼야니 비문에 관한 몇 가지 언급(Some remarks on the Kalyani inscriptions)』, 1쪽을 참고하시오.

120) 라만나(Rāmañña)와 아르리마다나(Arrimaddana)는 『마하왐사(Mahāvaṃsa)』(색인을 보시오)에 들어있으나, 어떤 경우에 아리마다나(Arimaddana)가 미얀마 왕의 동일한 이름이 된 것은 모종의 실수 때문일 것이다. 파간의 왕인 아누룻다(Anuruddha, Anôyat'ā)가 라만나(Rāmañña)의 왕으로 불린 이름으로부터 의미를 확장한 것으로 보인다.

121) 쉬프너(Schiefner), 『인도 타라나타의 불교사(Târanâtha's Geschichte des Buddhismus in Indien)』, 262쪽; 가르니에, 『인도차이나로의 탐사 여행(Voyage d'exploration en Indochine)』, I, 113쪽을 참고하시오.

옛 명칭으로 『신당서』[122]가 제시하고 있는 주파(朱波)라는 곳에 대한 안남어 발음이다.[123]

결국, 부남과 이웃 나라들에 관해 아이모니에 씨가 제기한 추정들로부터 건질 만한 것이 없다. 그런데도 그는 나의 첫 번째 고찰에 따라, 『JA』(1903년, 9~10월호, 336쪽)에서 그가 발표한 답변의 문장을 내가 잘 이해했는지 그 고찰의 정확도를 의심하고 있다. 그는 "내가 언급한 모든 나라들[즉 Lo-tch'a, Kan-t'o-li, P'an-p'an, Lang-ya-sieou, Ko-lo, P'o-li]은 부남과 접점을 가지고 있다는 것에는 조금의 의심도 남기지 않고, 그들이 다른 지역에 위치한다고 입증되지 않은 만큼, 나는 다소 직접적으로 이 나라와 연결할 것을 고수한다." 라고 하였다. 문제의 나라들이 부남과 "접점"을 가지든 말든 나는 그것을 입증하고 싶지는 않다. 그들 중 어떤 나라들이 간혹 부남의 속국이었다는 것은 여전히 가능하지만, 나폴레옹 제국으로 합병되었다고 해서 크로아티아가 프랑스가 아닌 것처럼, 이 나라들이 부남이라는 것을 끌어낼 수는 없다. 그런데 이는 아이모니에 씨가 전혀 말하지 않는 "다소 직접적인 비교"가 아니다. 그리고 이 문제에 관해 생각이 변했는지, 그는 그렇게 말했다. 달리 말하자면 우리는 『캄보디아』에서 나오는 다음과 같은 진술에 이의를 제기할 권리가 있다. 부

122) 『신당서』, 권 222하, 4쪽.

123) 아이모니에 씨가 또한 미얀마로 설명한 To-lo-tchu-to-po란 명칭에 관해서는(603쪽), 에르베이 드 생드니(d'Hervey de Saint-Denys)의 To-lo-tchu-tou-po를 베낀 것이다(『남중국 외래 인들에 대한 민족분류(Ethnographie des peuples étrangers à la Chine, Méridionaux)』, 228쪽). 앞의 88쪽, 주 195을 참고하시오. 604쪽에서 아니모니에 씨는 파이어(Phayre) 씨가 텐가라자(Thenga-Rāja)라고 부른 왕이 아마도 비간뎃(Bigandet)의 푸파-짜우(Pouppa-dzau)와 동일한 사람으로 추정했다. 파어는 원래 그대로 말하자면 같은 왕이 두 이름을 가졌다고 했다(『미얀마의 역사』, 279쪽).

남은 "본래의 명칭이 다양하고 여러 개일 수 있는" 나라이다. "이러한 모든 본래의 명칭 중에서 우리는 이미 중국인들이 Ko-lo……Po-li……그리고 Lang-ya-sieou로 전사한 것들을 채택할 것을 주장했다(391쪽)." P'o-li, Ko-lo라는 명칭들은 "사실상 우리는 안남의 옛 저자가 부남 자체일 수밖에 없는 한 나라에 적용한 Ba-lơi, Co-lực을 연상시킨다(370쪽)." 그는 또 "Po-li라는 나라는 우리에게 부남국에 지나지 않는다(381쪽)"라고 하였다. "중국인들의 Po-li란 나라는 안남인의 Ba-lơi에 지나지 않으므로 부남의 다른 명칭이다(371쪽)." "Lang-ya-sieou란 나라는 부남 또는 적어도 이 나라의 분국 중 하나에 지나지 않는 것 같다(372쪽)." "결론적으로, Po-li, Lang-ya-sieou, Lo-tsa는 전체가 아니면 적어도 부남의 다소 큰 지역들에 해당한다(373쪽)." 내가 반대해야 한다고 생각하는 것은 바로 이러한 설에 대해서이다. 덜 집요하게 할 수 있었지만, 아이모니에 씨는 그것을 이해시키기 위해 더 많은 논증이 필요하다고 지적했다.[124)]

---

124) 나는 여기에서 현대사를 다루지 못했지만 이 주제에 관해 아이모니에 씨가 상세하게 연구한 주달관의 『진랍풍토기』를 언급하는 기회로 삼고자 한다. ○616쪽. 아이모니에 씨는 그 중국 여행자는 Tcheou Ta-kouan 또는 Tchao Ta-kouan이라 하는데, 사실 이후에 전자 혹은 후자로도 쓴다고 하였다. 이는 잘못이다. [Tcheou Ta-kouan]으로 읽어야 한다. 조(趙)와 주(周), 두 가문은 전혀 다르다. ○619쪽. Kampong Chei는 배제해야 한다. 주달관의 책에서 그 이름은 확실히 Kan-p'ang일 뿐이다. ○620쪽. "외국을 기술하고 있는 책들에서"는 "『제번지』에서"로 읽어야 한다. 『BEFEO』, II, 140쪽을 참고하시오. 『제번지』는 13세기의 책이다. 이 해석은 아이모니에 씨의 가설에 유리하지는 않지만, 의문을 일으키지는 않는다. ○632쪽. 아이모니에 씨가 주장한 pou-kien을 p'ou-lan으로 고쳐야 한다는 것은 정확하다. 내가 그 책을 번역할 때 유의하도록 해주었다. 이러한 교정은 이미 위베르(Huber) 씨가 내게 알려준 것이었다. ○634쪽. 중국의 9월이 아니라 카덱(kàděk)으로 시작하는 캄보디아의 9월로 계산한 아이모니에 씨의 해석은 정확한 것 같아서 나는

~ 주저 없이 동조한다. ○634쪽. 1283년의 새로운 비석은 확실히 캄보디아와 시암에서 사용하는 동물 연력의 실체 명칭에 문제를 어렵게 만들고 있지만, 그것이 아이모니에 씨가 추론하고자 하는 결론들을 이끌어 내는 것 같지는 않다. 아이모니에 씨의 분석에 따르면(611쪽), 1283년의 이 비석은 남방의 법령에 관한 것으로 시암을 통에 캄보디아로 온 것 같다고 한다. 실제 순환하는 명칭들은 동시에 올 수 있다. 다만 그들의 사용이 일반적인 것은 아니다. 왜냐하면, 주달관은 캄보디아 자체의 언어에서 차용한 주기적 명칭들을 알았기 때문이다. 치앙 마이(Xieng Maï) 주변에서 나온 1586년의 비석에 관하여, 그것은 아무것도 입증해 주지 않는다. ○635~638쪽. 아이모니에 씨는 반힐(班詰)과 팔사유(八思惟)에 대해 내가 제시한 해석을 받아들여야 한다고 생각하지 않았다. 그러나 그가 참족의 바사이(Baṣaiḥ)와의 비교를 용이하게 하려고 팔사(八思)라는 잘못된 형태들 유지한 것은 잘못이다. "목의 줄"은 브라만들의 특징이다. 반힐은 그것을 지니지 않는다는 텍스트의 문자와 반하여 추론할 아무런 이유가 없다. 아이모니에 씨가 말한 아미오(Amiot)의 번역은 원문을 미화하여 고려할 만한 것이 없다. 레무사(Rémusat)의 번역은 『명사』(324, 6쪽)에 보이는 텍스트를 보여주는데, 그것은 모두 주달관의 책에서 나온 것이다. 나는 다음과 같이 해석하고자 한다. "반힐에 대해 그들이 어떤 책들을 읽는지 모른다. 높은 직책을 차지한(? 爲華貫) 이 계층에서 나와 벼슬을 하는 자들이다. 먼저 (반힐들은) 목에 흰 줄을 매어 자신들을 구별한다. 그들이 높은 지위에 이르렀을 때도 예전처럼 흰 (이 줄을) 지닌다(班詰不知讀何書, 由此入仕者為華貫. 先時項掛一白線以自別, 既貴曳白如故.)" 마지막 문장은 주달관의 "목의 줄을 종신토록 벗지 않는다(項上之線終身不去)"는 것에 해당한다. [나는 팔사유란 것에 관하여 여기에서 한마디 덧붙이는 것이 유용하다고 생각한다. 나는 펠리오 씨에게 파슈파타(Pāçupata) 종파에 관한 가능한 추정을 제시했다. 아이모니에 씨는 파슈파타들은 "브라만교의 종교적 위계질서에 속하는 사람들로서 두 번째의 작은 부류인 시바교 신도들의 단순한 분파가 될 수 없었다"라는 이유로 받아들이지 않았다. 그런데 아이모니에 씨에 따르면, 작은 뉘앙스들은 주달관과 같은 피상적인 관찰자에게는 보이지 않을 것이라고 했다. 이 피상적 관찰자가 주달관이라면, 그는 적어도 오늘날 우리가 막연하게 상상할 수밖에 없는 사실들을 그의 눈으로 볼 수 있다는 이점을 가졌다. 아이모니에 씨는 자료들이 입증해 주지 않는 13세기 캄보

우리는 아이모니에 씨의 역사적 작업에서 너무나 많은 오류가 있다는 것을 알고 있다. 그 저자가 인도차이나 고고학에 상당한 도움을 줬다는 것을 알기 때문에, 그의 이름에 수반되는 권위가 그의 가설들을 지속적으로 유행하게 하지나 않을까 염려하게 하는 만큼 더 신중하게 개입해야 했다. 나는 특히 그가 논쟁의 여지가 있는 견해들을 진술하는 위엄에 놀랐다. 그는 시암의 연대기에 넣어야 할 교정사항을 찾아냈다고 생각하고 그것을 다음과 같은 말로 알려주고 있다. "우리는 좋든 싫든, 이 장을 실제 무대를 구성하는 확인된 사실들로 정당화하고 종결해야 하는 전혀 예상하지 못한 역할을 해야 한다(663쪽)." 논증은 이런 식으로 종결되었다. 그렇지만 아이모니에 씨가 아유티아의 건설에 관한 연도와 관련하여 확신한 것은 너무 빈약한 논거에 의거하고 있다. 사실상 아이모니에 씨는 매우 종종 자신이 활용한 자료들의 희생자였지만, 우리가 그를 비난할 것은 정확하게 이 주제에 관한 것이다. 그는 중국학으로서 인도문화 연구가 저명한 학자들에 의해 전형이 된 도시에서 사는 행운을 가졌고, 그들은 그가 원한다면

~ 디아의 종교 상황에 관해 상당히 확신에 차 말했다. 13세기의 한 중국인이 시바교를 따르는 두 종파를 구분하는 것이 20세기 중국인들이 영국을 여행하면서 침례교의 높다란 교회를 구분해야 하기보다 더 어렵지는 않았을 것이다. 내가 주장한 설은 확실한 사실에 근거하고 있다. 바로 샤이바(Çaiva)와 구분되는 파슈파타파가 캄보디아에 있었다는 것이다. 아이모니에 씨의 가설에는 조금도 근거한 것이 없다. 팔사유를 바사이(Baṣaiḥ) 참족과 비교한 것은 순전히 임의적인 것이다. 아이모니에 씨가 13세기 참족 성직자들의 실제 이름이 가진 형태를 찾아내고 이 명칭이 참파에서뿐만 아니라, 캄보디아에서도 사용되고 있었다는 것이 논증될 때 그의 가정은 의미 있게 될 것이다. 그러나 감히 이러한 논증이 이루어지지 않을 것이라고 예단할 수 있을 것이다.—루이스 피노(L. Finot)] ○740쪽. 내가 영락(永樂)의 사신들이 캄보디아를 방문하지 않았다고 추정한 것은 명백히 틀렸다. 이러한 실수를 고칠 기회가 빨리 오지 않은 것을 유감으로 생각한다.

조언을 아끼지 않았을 것이다. 공동 노력의 필요성을 확신하지 못하고, 그는 학문적 분야에서 개인주의적 연구를 원했다. 이보다 더 위험한 것은 없다. 그가 말한 것처럼, 아이모니에 씨는 『남중국 외래 인들에 대한 민족분류(Ethnographie des peuples étrangers à la Chine, Méridionaux)』를 취했고, 그가 "많은 중국학자가 암암리에 그를 인용하며 활용한다(329쪽)"라는 이 번역으로부터 끌어낸 이득을 기꺼이 인정했다. 그러나 원서들을 가지고 있었던 사람들은 사실상 열악하게 편집된 나쁜 판본을 만들어냈을 뿐이다. 『캄보디아』는, 색인이 없음에도 불구하고 서술적 부분에서 공헌했고, 현대사에 관한 장에는 훌륭한 것들이 들어있다. 그러나 중국학적 관점에서, 모든 시기를 놓고 볼 때는 부족한 연구이다. 초반 몇 단락에서 저자가 우리에게 약속해준 만큼, 더욱더 실망이 크다. 아이모니에 씨는 다음과 같이 말했다. "우리의 모든 가설이 매우 깔끔하고, 명백하거나 확실하지 않을지라도, 우리가 실수들을 남겨두었을지라도, 우리는 적어도 이러한 집요한 역사 연구에 있어 큰 한 걸음, 즉 우리의 탐사들이 위치, 명칭, 존재를 이전에는 새까맣게 몰랐던 많은 유적에 관한 지식을 가져온 것과 비교할만한 진일보를 이루어낸 것으로 만족한다." 나는 이 같은 판단에 동의할 정도로 아이모니에 씨의 고고학적 발굴들을 훌륭하게 생각한다.

찾아보기

가

다

마

자

타

파

하

역자 후기

뱁새가 황새를 따라가면 가랑이가 찢어진다고 할까. 아니면 나의 견문이 좁은 것을 탓해야 할까. 번역하고 주석하는 작업이 어려운 것은 사실이지만, 펠리오의 나이 겨우 26세(1904년)에 쓴 이 글을 읽고 따라가는 데에는 유난히 조심스럽고 힘들었다. 또 저자는 당시 열악한 학문적 토대에서 자신의 판단을 유보할 수밖에 없었기 때문에 더더욱 논의의 맥락을 파악하기 어려웠다. 출간을 미루면서라도 좀 더 파고들까 하고 생각도 보았지만, 분명 그것은 혼자서 해낼 문제가 아니었다. 그가 유보한 판단의 배경을 독자들과 공유하여 함께 해답을 찾아가는 것이 효율적이라고 판단했다.

펠리오가 당시까지 이용할 수 있는 거의 모든 연관 자료를 망라하여 분석한 저력과 언어적 능력은 간혹 경외심마저 들게 한다. 이 작업을 통해 나는 최소한 티베트, 베트남, 미얀마, 태국, 말레이, 네덜란드어의 발음을 익혀야 했고, 펠리오가 인용하고 있는 자료들에 대해서도 눈인사라도 해두어야 했다. 수차례 교정하며 읽었지만 남는 것은 미흡한 느낌과 상대적 무력감 그 자체였다. 확인이 가능한 몇몇 언어는 문제가 없었지만, 겨우 발음만 뗀 자료는 확인하지 못하고, 저자의 학문적 신뢰도에 의지해야만 하는 무력감과 미흡함 말이다. 실제 번역하는 것은 그리 긴 시간이 필요하지는 않았다. 문제는 항상 그 이후에 있었다.

분출하는 용암의 파편처럼, 곳곳에서 불꽃을 튀기며 문제를 일으켰다. 되풀이하며 교정했다가 다시 되돌리기를 반복했다. 그뿐만 아니라 이 논문은 그가 선택한 두 문명, 즉 중국과 인도 사이의 서남쪽 방면의 모든 지역을 포괄하고 있다. 말 그대로 '여정'이므로 그는 닿는 곳마다, 역사적 탐구를 시도하며 선행 연구들을 검토하고 비교했다. 이 점에서 중국의 학자 풍승균 씨가 중간에 번역을 중단하고 마무리한 이유가 설명된다. 인터넷을 통한 아카이브에 접근하지 못했다면, 이 번역은 불가능했을 것이다. 당시 여건에 따라, 발음은 프랑스식 중국어 표기로 되어있고 한자의 사용에는 인색했으며, 외국 지명들조차 프랑스식 발음으로 읽었을 뿐만 아니라, 접근하기 어려운 참조사항도 수두룩했다. 그야말로 '괴물' 같은 책이다. 그러나 그의 논의는 거대한 쓰나미처럼 우리의 일반 상식을 뒤엎어 놓았다. 분명, 펠리오는 당시까지 논의된 문제들을 해결하지는 못했지만, 그는 쟁점이 무엇이고 어느 방향으로 해답을 찾아갈 것인가에 대한 지침을 제시했다.

본문과 주석교정에 힘쓰다 보니 아쉽게도, 지도 두 장 첨부하는 것에 그쳤다. 그래도 인용된 동서양의 학자와 자료들을 색인에 넣어 찾아보기 쉽게 하였다. 역자가 임의로 나눈 소제목들에는 큰 의미를 둘 필요는 없다. 모두 자신이 설정한 여정에 따라 줄줄이 이어지는 논의들이기 때문이다. '…인 것 같다'라든가, '…로 보인다'라거나 '내 생각으로' 등과 같은 표현이 곳곳에서 등장한다. 어찌 보면 학자로서 무책임한 말로 들릴 수도 있지만, 내용에서 보는 바와 같이 그 누구도, 그 어떤 자료라도 이 표현들을 바꿀 만한 힘을 부여하는 것은 없다.

알파벳으로 표기된 수많은 지명과 인명들을 그대로 노출 시킬 수 없어 가능한 우리나라 발음으로 표기하려 노력했다. 대부분이 기준 표기 방식이 없는 것들인 만큼 부담이 컸다. 또 한자로 표기된 지명에 대해서는 현대 중국어로 표기해야 했지만, 종종 한글 독음이 더 원래 명칭에 부합하는 예도 있었고, 중국어 발음까지 독자들에게 떠넘길 수 없어 한글 발음으로 표기했다.

동남아, 우리에게는 서남아시아 나라들의 역사, 문화, 언어, 예술을 연구하는 분야에서 폴 펠리오의 이 성과는 1세기가 지난 지금에도 가장 믿을만한 레퍼런스로 인용되고 있다. 그는 가탐(賈耽)이 적어 놓은 겨우 몇 줄에 불과한 중국 운남(雲南)에서 인도로 가는 육로의 여정과 자신이 상정한 해로(海路)의 여정에 자리하고 있는 나라들에 대해 연관된 모든 증언을 한곳에 모았다. 이들을 차례로 분석하고 설득력 있는 제안들을 3백여 페이지의 역작으로 발표했다. 이 책에는 중국 자료는 물론이거니와 때로는 고려대장경, 신라 승려들의 증언, 아랍 여행자들의 견문, 마르코 폴로의 기술들, 심지어는 바닷가에 잊힌 비문들까지 들어있다. 나아가 미처 들어보지도 못한 서구 동양학자들의 목소리들을 종합하여 논리적이고, 실증적 고증을 파노라마처럼 펼쳐 보였다. 너무나 당연시했던 사실들뿐만 아니라 이름도 생소한 풀이나 돌멩이까지에도, 쉼 없는 물음표와 추론을 남겼다. 이 책에 담긴 그의 수많은 질문과 가설들이 우리에게 지혜를 요청하고 있다.

번역하는 내내 펠리오의 수많은 중국학 연구가 어떻게 한 편도 우리나라에 소개되지 않았을까 하는 의문에 사로잡혔다. 내가 아는 한, 전공자가 없어서는 아닐 것이다. 또 펠리오가 연구한 결과들이 학문적 가치가 없어서도 아닐 것이다. 완전 무지했기 때문일까? 아니면 경제적인 문제일까? 인문학을 길 위에서 방황하게 만든 범인들은 누구일까? 번역이 없는 '연구'는 위태롭다. 뒤따라오는 사람에게 조금이라도 같은 수고로움을 면제해주고 싶은 마음에 이 번역서를 내놓는다. 어느 한 사람이라도 나의 잘못된 독해를 바로 잡아 준다면, 이 책의 역할은 임무를 다했을 것이다.

펠리오의 이 연구는 중국 남부와 서남아시아에 대한 정보들을 돌아보게 하고, 새로운 접근이 가능하도록 해준다. 아무리 낯선 곳이라도, 역사를 알면 익숙해지고, 아무리 익숙한 것이라도 시공간이 바뀌면 생소해진다. 이 쌍방향의 채널 전환이 우리의 여행을 더욱 풍요롭게 만들어 줄 것이다.

메토도스인문과학연구소에서

2020년 12월 15일 역자 씀

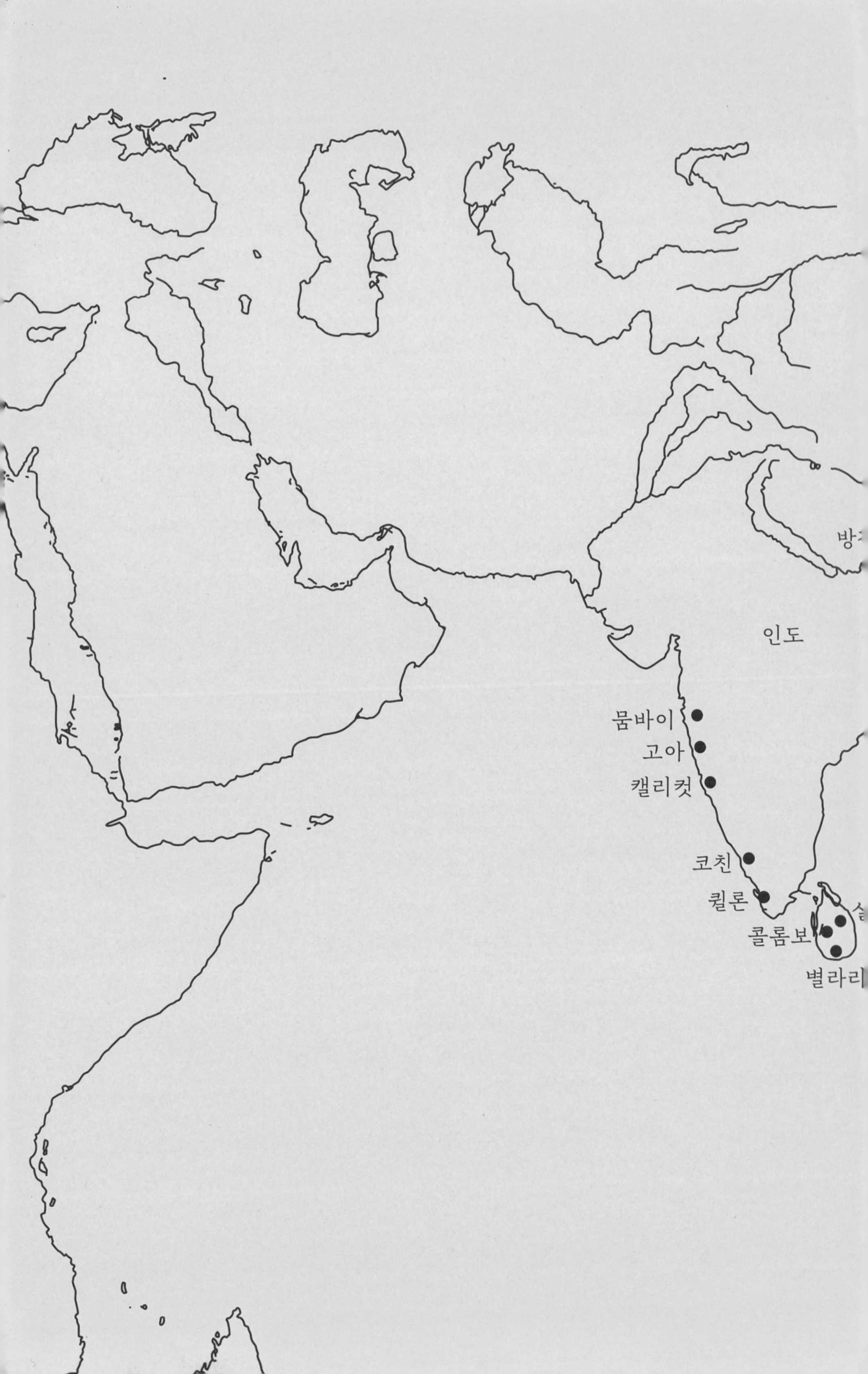
인도
뭄바이
고아
캘리컷
코친
퀼론
콜롬보